원서 2판

복합외상에 대한 정서중심치료

통합적 접근법

SANDRA C. PAIVIO · ANTONIO PASCUAL-LEONE 공저 | 김영근 역

Emotion-Focused Therapy for Complex Trauma:
An Integrative Approach (2nd Ed.)

학지사

Emotion-Focused Therapy for Complex Trauma: An Integrative Approach,
Second Edition
by Sandra C. Paivio and Antonio Pascual-Leone

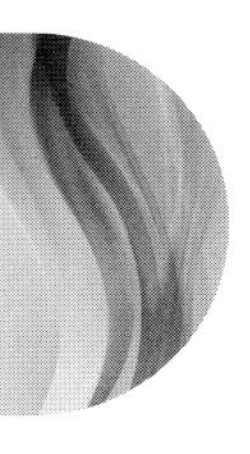

역자 서문

정서에 대한 나의 관심은 상담심리학으로 석사학위를 취득하고 청소년상담 분야에서 인턴 상담원으로 훈련받은 후 첫 직장을 가지게 되면서부터 시작되었다. 당시 나는 교과서만으로는 도저히 모두 이해하기 어려운 청소년 문제를 '상담실 안팎'에서 다루는 데 있어서 청소년과 그들의 부모의 정서를 이해하는 것이 아주 중요할 수 있겠다고 어렴풋하게나마 알게 되었다. 석사과정에서 정신역동적 관점으로 오리엔테이션된 나였지만, 직장 동료와 함께 슈퍼비전을 받으러 가는 길에서 '정서'가 중요하냐, '인지'가 중요하냐를 놓고 논쟁 아닌 논쟁을 한 경험도 생생하게 기억난다. 지금 돌이켜보면 이러한 경험 하나하나가 오히려 나에게 좋은 자양분이 되었다.

청소년상담 분야에서 만 6년을 근무하고 나서 교육상담으로 박사과정에 진학한 이후 정서에 대한 나의 관심은 보다 실제적이 되었다. 지도교수님께서 재학생들에게 "상담에서 '머물러 있음(staying on it)'에 대해 알아봐 봐."라고 하신 한 마디로 시작된 나와 팀원들의 탐구는 '정서' '정서처리' '정서조절' 등의 키워드에 대한 탐색으로 이어졌다. 당시 이러한 키워드로 해외 학술지를 '눈이 튀어나오도록' 샅샅이 뒤졌던 때가 떠오른다. 결국 이러한 과정은 「상담과정에서 정서의 활성화 및 반복적 수용의 역할」이라는 나의 박사학위논문을 탄생하게 만들기에 이르렀다. 재미있는 것은 박사학위논문을 준비하면서, 보다 세부적으로 말하면 상담과정에서 정서를 다루는 것에 대한 원리를 철저히 찾으면서 신기하리만치 계속 마주하게 되는 이론이 바로 '정서중심치료(Emotion-Focused Therapy: EFT)'였다는 것이다.

정서중심치료에 대한 나의 관심은 대학에서 학생들을 가르치면서도 지속되었다. 강의에서, 슈퍼비전에서, 무엇보다 상담에서 정서중심치료의 원리를 적용하고 가르치게 되는 모든 과정이 이제는 나에게 중심적인 길이 되었다. 그 길 위에서 감사하게도 정서중심치료의 창시자 Leslie Greenberg 박사님이 소개해 주신 그의 제자 Antonio Pascual-Leone과 함께 캐나다 윈저대학교에서 나의 첫 연구년을 보낼 수 있게 되었다. 마치 유학생이 된 것처럼 정서중심치료에 대한 그의 생생한 수업을 청강할 수 있었고, 다시 수련생이 되어 정서중심치료를 적용하고 슈퍼비전을 받을 수 있었던 것은 내게 큰 행운이었다.

바로 이러한 과정에서 번역할 수 있었던 이 책은 내게 너무나도 값지고 귀하다. '정서'와 함께 또 다른 나의 주된 연구 관심 키워드 중 하나인 '외상(trauma)', 그것도 최근 들어 그 중요성이 더욱 대두되고 있는 복합외상에 대한 책이자 이를 정서중심치료를 바탕으로 다루는 이 책은 곧바로 나의 관심을 끌기에 충분했고, 연구년 기간 내내 옆에 끼고 집중해서 재미있게 번역할 수 있었던 책이기도 하다. 더욱 감사한 것은 이 시기에 한국심리치료상담학회 운영진과 함께 번역하여 최근 출간된 『정서중심상담의 실제』에 이어 이 책이 내가 홀로 번역하게 된 값지고 귀한 두 번째 정서중심치료 책이 되었다는 것이다.

내가 어떻게 정서중심치료를 만나고 지금까지 그 관심을 이어 가게 되었는지에 대한 소개를 하다 보니 나의 개인적인 이야기가 길어지게 되었다. 하지만 이 책을 집어 든 당신도 역시 나와는 다른 경험일지라도 상담에서, 교육에서, 슈퍼비전에서 정서에 대한 중요성을 이미 인식한 분이리라 생각된다. 상담에서 정서를 어떻게 다룰 것인가에 대한 답을 찾고 외상을 포함한 복합외상을 진지하게 다루어 나가고자 하는 당신에게 이 책이 깊은 이론적 · 경험적 토대와 함께 실제적인 상담 원리를 생생하게 전달해 줄 것으로 기대한다. 무엇보다 복합외상을 경험한 내담자들의 충족되지 못한 진정한 욕구를 만나고 건강한 자기감을 회복해 나갈 수 있도록 이 책이 귀한 역할을 감당할 수 있기를 소망한다.

역자 서문을 작성하고 있는 이 순간 감사한 마음을 전하고 싶은 분들을 떠올려 본다. 그야말로 '빡세게' 공부할 수 있도록 좋은 교육 환경을 조성해 주시고, 무엇보다 내가 정서중심치료를 만날 수 있도록 다소 '어리둥절하게' 만드는 키워드를 던져 주신 김창대 선생님께 감사드린다. 나의 귀한 첫 연구년 동안 나를 초청해 주시고 정서중심치료에 대한 깊은 가르침을 주신 캐나다 윈저대학교의 Antonio Pascual-Leone 박사님께도 심심한 감사의 마음을 전한다. 그리고 이 책이 나오기까지 꼼꼼하게 검토 과정을 함께해 준 나의 귀한 '정서 변화와 성장 랩(애칭 '정서의 후예들')' 학생들에게 애정 어린 고마움을 표한다. 또한 이 책이 탄생할 수 있도록 믿고 번역을 맡겨 주신 학지사 김진환 사장님, APA와의 계약 과정을 잘 이끌어 주신 이수정 대리님 그리고 교정 작업을 성실하게 맡아 주신 이희주 선생님께도 감사드린다. 마지막으로, 이역만리 타국에서 각자의 삶을 열심히 살아 나가고 있는 나의 소중한 세 자녀와, 아이들을 위해 고생하고 있는 아내에게 고마움을 전한다.

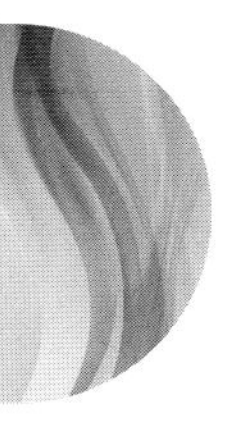

한국의 독자를 위한 서문

이 책의 초판과 개정판은 15년 동안 전 세계 치료자들에게 복합외상에서 회복하는 데 도움을 주는 지침서로 사용되어 왔다. 이 정서중심 접근법은 정서의 뉘앙스와 개인적인 의미에 주의를 기울이고 우리 모두의 내면에 있는 인간성의 재발견을 촉진할 수 있도록 외상을 다루는 새로운 방법을 제시한다. 나는 김영근 박사와 여러 차례 만나 커피를 마시며 이 번역본의 미묘한 뉘앙스에 대해 논의했다. 그리고 우리는 이 책이 중요한 시기에 나왔다고 믿는다.

대한민국 보건복지부 통계에 따르면, 2023년 아동학대 건수는 약 45,800건으로 추정된다. 이는 10년 전 전체 아동학대 건수보다 약 3배 증가한 수치로, 꾸준히 증가하는 추세에 있다. 한국 아동학대의 4분의 3은 친아버지와 친어머니에 의해 가정 내에서 은밀하게 이루어지고 있으며, 안전한 안식처가 되어야 할 가정이 침해당하고 있다. 나머지 4분의 1은 이웃, 교사, 코치, 성직자, 확대 가족, 또래 등 사회 구성원들에 의해 신뢰를 배신당한 상태에서 가해진다. 이러한 아동학대의 유형에는 신체적 · 성적 · 정서적 학대뿐만 아니라 해로운 방임도 포함된다. 2023년 전체 사례의 약 절반이 여러 형태의 학대와 관련이 있었지만, 정서적 학대가 가장 흔한 학대 유형이었으며 신체적 학대 사례가 그 뒤를 이었다.

지난 10년 동안 이러한 다양한 유형의 학대 분포는 일정하게 유지되었지만 전체 사례 수는 계속 증가하고 있다. 아동학대의 증가는 학대로 인한 사망 건수에도 반영되어 2023년에는 44건에 달했으며, 이는 10년 전보다 거의 3배나 증가한 수치이다. 어린 시절 학대를 받고 살아남은 사람들은 성인이 되어서도 과거의 외상으로 인한 부담과 싸워야 한다. 이러한 증가 추세는 한국 국민에게 사회적 위기를 초래한다.

또한 다른 많은 국가와 마찬가지로 한국에서도 가정 폭력, 정치 폭력 및 관련 외상, 여성과 아동의 성매매, 인신매매 등 다양한 종류의 관계외상이 성인기에 발생하고 있다. 또한 UN(2020)에 따르면 오늘날 전 세계 인구의 1%가 폭력, 박해, 정치적 위협, 인권 침해로부터 탈출하기 위해 난민으로 살고 있다. 한국인에서 이재민은 주로 국내에서 발생하고 자연재해로 인한 경우이지만, 더 넓은 세계적 불안이 영향을 미칠 위험이 있다. 외상, 학대, 삶의 터전에서 쫓겨나는 것은 일반적으로 비인격적이거나 단발적인 사건이 아니라 깊은 관계성을 지니며 공동체와의 유대감, 인간성에 영향을 미치는 경우가 많다.

고통에도 불구하고 심리치료에 대한 인본주의적 관점은 우리의 회복탄력성에 주목한다. 한국인은 역경 속에서도 언제나 놀라운 인내와 회복력을 보여 왔다. 하지만 역경을 이겨 내는 강인한 훈련 방식에는 발달 효과도 있다. 어린이와 성인 모두 이러한 효과는 그들이 살아온 힘든 시간을 훨씬 뛰어넘어 오래도록 남는다. 아동학대의 성인 생존자나 복합외상을 견뎌 낸 성인들을 돕는 것은 이제 한국인의 정신건강 관리의 중요한 영역으로 떠오르고 있다. 이 책은 복합외상 치료에 대한 인본주의적 접근과 경험적 근거를 바탕으로 정신건강 실무자에게 지침을 제공하는 치료 매뉴얼이다. 김영근 박사의 세심한 번역에 감사드리며, 정신건강 전문가로서 사람들이 개인의 외상을 인정하고 극복할 수 있도록 돕는 용감하고 인간적인 작업에 함께 기여하고자 이 책을 바친다.

Antonio Pascual-Leone

차례

제2부 실무

치료의 초기 단계

치료의 중기 단계

치료의 후기 단계

외상에 대한 정서중심치료 소개: 발달, 특징 정의, 강점 및 기여

외상은 일반적으로 심리적 · 신체적 · 사회적으로 치명적인 영향을 미칠 수 있는 정서적으로 압도적인 경험을 수반한다. 특히 복합외상은 애착 관계에 있는 사람과의 사이에서 폭력과 신뢰의 배신에 반복적으로 노출되는 것을 포함한다. 양육자와 사랑하는 사람에 의한 학대와 방임은 모든 연령대에 걸쳐 치명적일 수 있지만, 어린 시절에 이러한 경험이 발생하면 발달에 해로운 영향을 장기적으로 미칠 수 있다. 기록된 후유증으로는 만성 외상 후 스트레스 장애(Posttraumatic Stress Disorder: PTSD), 불안장애, 우울증, 물질 의존, 자해 행동, 성격 병리, 지속적인 신경발달장애(예: 신경계 조절장애, 감정표현불능증) 등이 있다. 아마도 가장 치명적인 것은 이러한 경험이 정서 발달과 능력, 자기감(sense of self), 대인관계 능력에 미치는 부정적인 영향일 것이다. 학대와 방임의 경험은 무력감과 공포감을 수반할 수 있지만, PTSD가 반드시 뒤따르는 어려움을 정의하는 특징은 아니다. 두려움 외에도 많은 고통스럽고 위협적인 정서는 학대의 역사를 가진 개인에게 상당한 고통의 근원이 된다. 여기에는 피해에 대한 죄책감, 수치심, 자기비난, 폭력과 학대에 대한 분노, 외상과 관련된 많은 상실, 특히 사랑하는 대상이 저지른 외상에 대한 슬픔 등이 포함된다.

아동학대는 일반 인구와 임상 표본 모두에서 충격적일 정도로 흔하다. 아동학대의 병력은 성인의 거의 모든 형태의 정신병리와 관련된 위험 요소이다(American Psychiatric Association, 2013; Ingram & Price, 2010). 게다가 아동학대 외상은 반복적인 피해의 중요한 위험 요소이기 때문에 대부분의 피해자는 여러 가해자의 손에 의해 여러 유형의 학대와 방임에 노출된 경험이 있다. 간단히 말해, 대부분의 치료자는 복합외상의 병력이 있는 내담자들과 함께 작업하게 되므로 효과적인 치료 접근법에 대한 수련이 필요하다.

이 책은 연구에 활용할 수 있을 만큼 구체적이고 엄격하면서도, 다른 한편으로는 치료자가 일상의 실무에서 활용할 수 있을 만큼 유연하게 매뉴얼화된 치료법을 제시한다. 이 책은 대학원 수련 프로그램에서도 활용할 수 있으며, 근거 기반 접근법에 대한 수련을 제공하라는 미국심리학회(APA)의 권고사항과도 일치한다. 궁극적으로 이 책의 목적은 다양한 이론적 관점을 가진 치료자가 전체 패키지를 적용하거나 모델의 측면을 현재 실무에 통합할 수 있을 만큼 충분히 구체적으로 연구를 뒷받침할 뿐만 아니라, 외상에 대한 정서중심치료(Emotion-Focused Therapy for Trauma: EFTT)의 이론적·실무적 측면을 제시하는 것이다. 이 모델은 외상 유형 및 심각도, 증상 프로파일 및 심각도, 치료 기간 측면에서 다양한 내담자의 요구를 충족하기 위해 주요 개입 원리를 유지하면서 수정할 수 있다.

EFTT란 무엇인가

노출 기반 절차는 외상을 겪는 사람들을 돕기 위한 기본 접근법으로 간주된다. 그러나 이는 내담자에게는 어렵고 혐오스러운 경험이기 때문에 이러한 접근법의 불이행과 중도 탈락률이 매우 높은 것으로 악명 높다. 따라서 치료자가 다른 효과적인 치료법에 대해 인식하는 것이 특히 중요하다. 게다가 복합외상에 대한 지속되는 치료는 단순히 '두려움과 고통을 덜 느끼게 하는 것'뿐만 아니라, '더 건강한 정서를 느끼도록 하는 것'이다. EFTT는 포괄적인 초점을 제공하고 이 분야의 이론, 연구 및 실무에 강력하고 독특한 기여를 하는 효과적인 개인 치료법(Paivio et al., 2010; Paivio & Nieuwenhuis, 2001)이다.

EFTT는 복합외상과 관련된 일련의 장애를 대상으로 한다. 고통스러운 증상과 기능 문제 외에도 EFTT는, 특히 대개 애착 대상인 과거 학대와 방임 가해자와 관련된 문제를 해결하는 데 중점을 둔다. 내담자는 자신의 현재 문제로 인해 방해받을 뿐만 아니라 이러한 특정한 정서적 상처를 치유할 수 없었다. 주요 타자와의 문제를 해결하고 강력한 치료적 관계를 구축하면 증상의 고통이 줄어들고 자기존중감이 높아지며 전반적인 대인관계 기능이 향상된다. 이 책에 제시된 EFTT 표준 모델은 다양한 유형의 아동학대(정서적·신체적·성적 학대, 정서적 방임)를 다루는 사람들을 위한 16~20회기 정도의 단기적인 개인 치료를 포함한다. 이 치료가 시작될 때 내담자는 경험의 유형과 치료에서 집중하고 싶은 학대적이거나 방임적인 타자를 정한다. 그 후, 프로토콜은 내담자 개인의 치료에 대한 요구를 해결할 수 있도록 충분히 유연하다. 게다가 연구는 아동학대 생존자에 초점을 맞추었지만, 이 작업은 성인기에 다른 친밀하거나 주요한 관계에서 발생했을 수 있는 관계적 외상으로 더 광범위하게 확장된다.

정서중심 접근법의 발전

EFTT는 특정 장애에 대한 정서중심 접근법으로 확인된 심리치료의 성장 집단 중 하나이다(Greenberg & Goldman, 2019a 참조). 이와 같이 현재 복합외상에 대한 치료는 Greenberg와 Paivio(1997)가 처음 제안한 일반적인 정서중심치료 모델을 수정하고, 그 구조와 강조점을 외상 피해자의 특정 요구에 맞게 조정하여 적용하고 있다. 이러한 발전은 1993년에 시작된 장기 연구 프로그램을 기반으로 하며 대상 집단에 더 잘 맞추기 위해 원래 모델과의 몇 가지 주요 차이점을 도출했다.

예를 들어, 정서중심치료로 우울증 치료를 받는 내담자와 달리, 만성 대인외상은 증상 관리와 정서조절 곤란의 문제를 해결해야 하는 경우가 많다. 게다가 PTSD나 복합 PTSD를 가진 사람은 내러티브 기억에 장애가 있고 자신의 감정에 대한 명명 또는 설명하는 데 어려움(즉, 감정표현불능증)을 겪는 경우가 많다. 만성 회피와 그로 인한 내적 정서경험에 대한 인식 부족도 이 내담자 집단에서 매우 흔하게 나타나는데, 성공적인 외상 치료를 위해서는 이러한 결함을 해결해야 한다. 또한 이러한 내담자는 사회불안을 공병으로 가지고 있고 새로운 관계에서 말을 하지 않는 경우도 많다. 이러한 모든 내담자의 어려움을 해결하는 데 있어서 치료자의 보다 지시적인 스타일, 보다 명시적인 정서 코칭 및 안내 그리고 원래의 정서중심치료 모델에서 강조점의 변화가 필요할 수 있다.

게다가 오랜 대인관계 문제나 주요 타자와의 '미해결 과제'를 해결하기 위해 정서중심치료에서 사용되는 고전적인 빈 의자 과정은 학대 가해자와의 문제를 해결할 때 원래의 형태대로 되돌리는 것이 항상 적합하거나 적절한 것은 아니다. 외상에 시달리는 내담자는 가해자와 심상적으로 대면하는 데 상당한 어려움을 겪을 수 있으며, 개입 시 이러한 개인에게 정동조절 또는 대체 개입의 적용에 더 많은 주의를 기울여야 하는 경우가 많다. 원래의 모델에 비해 EFTT의 이 과업에는 점진적인 외상 노출 원리를 보다 명확하게 포함한다. 따라서 복합외상을 다루는 작업은 고유한 치료 요구 사항을 해결하기 위해 기억 작업을 추가할 뿐만 아니라 개입 방법을 변경해야 했다.

마지막으로, 정서중심치료의 일반적인 모델에는 자기비난이나 자기방해 과정, 오랜 대인관계 상처를 다루는 과업이 포함될 수 있지만, 이러한 과업들이 동시에 발생하거나 특정 순서로 발생하는 것은 아니다. 이와는 대조적으로 복합외상 희생자를 대상으로 한 치료 관찰에 따르면, 치료는 사실상 항상 자기 관련 장애와 타자 관련 장애를 모두 해결해야 하는 것으로 나타났다. 더욱이 우리는 내담자가 자기 관련 장애(두려움, 회피, 자기비난)가 먼저 줄어들 때까지 과거의 대인관계 문제를 해결할 수 없다는 것을 발견했다. 그 결과, EFTT는 순차적으로 세 단계로 구성된 혁신적인 치료법이며, 각 단계는 나중에 재귀적인 방식으로 재검토할 수 있다.

치료 지표 및 제약 조건

EFTT에 대한 내담자 적합성의 특성은 대부분의 외상 치료법에 대한 최선의 실무와 일치한다(예: Courtois et al., 2017; Ford & Courtois, 2020). 일반적으로 EFTT는 몇 번의 회기에 걸쳐 치료적 관계를 형성하고 과거의 제한된 문제(이 경우 아동기 외상)에 집중할 수 있는 단기 외상중심치료에 적합한 내담자를 위해 설계되었다. 표준 버전의 EFTT는 자신이나 타인에게 해를 끼칠 위험이 있는 심각한 정동조절 장애가 주된 문제이거나, 과거의 문제보다 현재의 문제(예: 가정폭력, 물질 의존)가 우선시되거나, 과거의 관계보다는 현재의 관계(예: 양육 문제, 결혼생활의 어려움)에 주로 초점을 맞추고자 하는 내담자에게는 적합하지 않다. 하지만 정서조절 기술을 훈련하고 과거 외상의 후유증일 수 있는 현재 삶의 어려움을 해결하는 데 더 많은 시간을 할애하는 장기적인 치료에는 EFTT의 측면이 적용되어 있다.

EFTT의 강점 및 차별적인 특징

EFTT의 두 가지 주요 변화 과정은 치료적 관계와 외상 기억의 정서처리이다. 이는 외상에 대한 다른 심리치료법에서 제시하는 변화 과정과 일치한다. 그러나 정서중심치료는 이러한 변화 과정을 이해하고 촉진하는 데 뚜렷한 기여를 한다. 첫째, 치료 전반에 걸쳐 사용되는 주요 개입으로 고도의 공감적 반응을 강조한다. 공감적으로 반응하는 치료적 관계는 정서조절을 향상시키고, 정서 인식과 역량을 증진하며, 초기 공감적 실패의 영향을 교정하는 데 도움이 된다. 둘째, EFTT와 같은 정서중심치료는 다양한 정서 상태와 처리를 이해하고 치료하는 고도로 차별화된 접근 방식이 특징이다. 예를 들어, 슬픔과 상실의 고통 및 우울과 관련된 '나쁜 감정(상실에 대한 슬픔을 포함할 수 있음)'은 모두 혐오적이며, 사람들은 이러한 두 가지 유형의 경험을 피하기 위해 상당히 고군분투할 수 있다. 그러나 여기에는 다양한 변화 과정이 포함되고 차별적인 개입 전략이 필요하다. 마찬가지로 거절에 대한 적대적이고 거부적인 분노, 사랑하는 사람들에게 폭력적인 해를 끼치는 격노, 위반에 대한 억제된 분노, 피해를 당한 자기에 대한 분노는 서로 다른 경험으로 차별적인 개입 전략이 필요하다.

정서중심 접근법의 가장 큰 특징은 합리적 인지나 해석이 아닌 정서로 정서를 변화시키는 데 중점을 둔다는 점이다(Greenberg & Goldman, 2019a). 이것이 바로 EFT의 핵심인 정서 변화의 과정이다. 학대에 대한 분노 및 상실에 대한 슬픔과 같은 건강한 적응적 정서와 관련된 정보는 두려움 및 수치심과 같은 정서와 관련된 부적응적 의미를 수정하는 데 사용된다. 이는 피해를 입은 많은 사람이 적응적 분노와 상실의 감정을 억압하는 방법을 학습하여 대인관계 경계를 주장하고 중요한 상실을 애도할 수 없기 때문에 복합외상에 대한 치료와 특히 관련이 있다. EFTT는 또한 경험회피를 극복하고, 억압된 정서에 접근하고, 의미 구성 과정을 촉진하고, 애착 상처를 해결하기 위해 경험적 치료의 전통에서 잘 발달된 기술을 활용한다. 이 책에서는 강력한 치료적 동맹을 구축하고, 이러한 다양한 유형의 정서 및 정서처리의 어려움에 특별히 맞추어진 차별적인 개입을 실행하기 위한 지침을 제시한다.

통합적 접근법으로서 EFTT의 개발 및 개정판의 업데이트

EFTT를 포함한 정서중심치료는 정서 이론과 연구, 정서를 적응 지향 체계로 강조하는 정동 신경과학의 중요한 발전을 통합한다(예: Damasio, 1999, 2010; Frijda, 2016; Izard, 1977, 2002; LeDoux, 2012). 적응 과정에 대한 EFTT의 강조는 외상 회복력과 외상 후 성장 현상에 대한 최근의 관심과도 일치한다. EFTT는 특히 외상과 애착 분야의 방대한 이론, 연구 및 실무 문헌을 활용한다(예: Ford & Courtois, 2020). 예를 들어, 인지 및 행동 전통의 강점에는 변화의 기제로서 외상 기억에 대한 노출과 정서처리의 구성, 기억 작업 및 정서조절 기법의 사용이 포함된다(예: Cloitre et al., 2006; Foa et al., 2019). 정신역동적 전통과의 유사점으로는 부정적 애착 관계의 영향과 교정적 정서 체험으로서의 치료적 관계를 통해 작업하는 데 명시적으로 초점을 맞춘다는 것을 들 수 있다(Herman, 1992). 정서중심치료 전통을 벗어나 엄밀히 말하면 EFTT는 치료자의 공감과 경험에 가까운 해석을 강조하는 최근의 경험적·역동적 또는 관계적 접근법(예: Fosha, 2021)과 가장 유사하다. 게다가 이 책에서는 개념과 치료 개입을 설명할 때 다른 치료 접근법과의 비교를 통해 유사점과 차이점을 강조한다. 결과적으로 이 매뉴얼은 다양한 이론적 관점과 전문적 배경을 가진 실무자에게 유용할 것으로 기대한다.

EFTT는 이론, 연구, 실무 및 수련 수준에서 완전히 통합되어 있으며, 각 측면은 서로에게 정보를 제공한다. 첫째, 앞서 설명한 바와 같이 이 모델은 견고한 이론적 토대를 기반으로 한다. 둘째, EFTT는 과거의 주요 타자(특히 애착 대상)와의 '미해결 과제'를 해결하는 과정의 단계를 식별하는 경험적으로 도출된 모델에 기반한다(Greenberg & Foerster, 1996; Greenberg & Malcolm, 2002). 이 과정 모델은 무선할당 임상실험(예: Paivio & Greenberg, 1995; Paivio et al., 2010; Paivio & Nieuwenhuis, 2001)과 복합외상을 겪고 있는 내담자와의 수백 건의 녹화된 치료 회기 관찰 및 분석을 포함하는 수년간의 프로그램 연구를 통해 더욱 발전하고 개선되었다(예: Paivio et al., 2001). 이러한 과정-성과 연구는 치료에서 가정된 변화 기제를 뒷받침하므로 임상 실무와 매우 관련이 깊다.

일반 모델에 대한 EFTT의 공헌

EFTT는 EFT의 일반 모델에 몇 가지 기여를 한다. 첫째, 빈 의자 개입은 특정 기법[즉, 가구 및 문자 그대로의 실연(enactment) 사용]이 아닌 외상 관련 과정을 강조하기 위해 심상적 직면(imaginal confrontation)으로 재개념화되었으며, 이제 외상 치료를 위해 일하는 더 넓은 커뮤니티와 소통할 수 있게 되었다. 이러한 재구성은 상당수의 내담자가 외상 감정, 기억, 어려움에 직면할 때 스트레스를 받는다는 점을 고려한 것이다. 따라서 심상적 직면 절차를 거부하는 내담자에게 스트레스가 덜한 대안으로 환기적 탐색(evocative exploration) 프로토콜을 개발하고 평가한 것이 일반 모델에 대한 EFTT의 또 다른 공헌이다(Paivio et al., 2010). 이는 중요한 근거 기반 치료 옵션을 제공했다.

심상 속의 가해자를 직면하는 것에서 관찰된 내담자의 어려움과 일관되게, 외상에 대한 EFTT 모델은 회피와 경험의 장애물 해결의 중요성을 강조한다. 여기서 '회피'라는 용어는 고통스럽고 압도적이며 위협적인 경험에 대처하기 위해 일반적으로 인식되는 자기보호 전략(의식적 또는 무의식적)을 의미한다. 회피는 단기적으로는 자기보호적이지만, 장애를 지속시키는 것으로 알려진 PTSD의 증상군 중 하나이다.

이 책의 초판에서 제시된 바와 같이, EFTT는 치료 과정을 치료의 초점이 되는 정서의 유형(미분화, 부적응, 적응)에 따라 정의된 단계로 공식화하여 치료자가 지속적으로 사례를 구성하는 데 도움을 주었다. 이러한 EFTT의 혁신(Paivio & Nieuwenhuis, 2001)은 내담자의 변화를 이해하는 핵심 방법으로서 Pascual-Leone와 Greenberg(2007)의 일반적인 경험적 정서처리 모델과 일치한다(제3장 참조). 이 변화 모델을 실제 임상 실무에 적용하는 것(즉, 과정 연구 모델을 넘어서는 것)은 나중에 다른 다양한 EFT 저자들이 채택한 사례가 되었다(예: Greenberg & Goldman, 2019a의 장 참조).

개정판의 업데이트

이 책의 초판이 출간된 이후 10년 동안 외상학, 일반적인 정서중심치료, 특히 EFTT 분야에서 많은 중요한 발전이 있었다. 이 개정판에는 이러한 발전이 반영되어 치료자에게 최신의 관련성을 제공한다.

첫째, 이 개정판의 문헌 고찰은 외상 및 외상 치료의 다양한 이론적 관점에 걸쳐 가장 최신 학문, 연구 및 실무 지침을 포함하도록 업데이트되었다.

둘째, 이 책의 초판 발행 이후 EFT의 정서 변화 과정 연구에는 복합외상을 포함한 다양한 내담자 문제와 관련한 다양한 치료 접근법에 대한 25편 이상의 연구가 포함되었다(Pascual-Leone, 2018). 이러한 연구 프로그램은, 특히 EFTT에 적용되는 이 변화 모델의 타당성을 뒷받침한다. 이와 관련하여, 다양한 심리치료 접근법에서 '정서처리'의 다양한 하위 유형이 확인됨에 따라(Pascual-Leone & Greenberg, 2007) 이 개정판의 제5장에 소개된 평가 및 내담자 사례개념화에 대한 새롭고 체계적인 접근법이 개발되었다. 이 접근법에는 치료 과정에서 개입을 안내하기 위해 특정 내담자의 정서처리 어려움을 파악하는 것이 포함된다.

셋째, 지난 10년간 EFTT에 대한 풍부한 연구는 치료적 관계, 경험하기의 깊이, 적응적 정서 및 내러티브의 질에 있어서의 역할을 포함하여 치료 모델 및 회기 내 변화 과정에 대한 추가적인 뒷받침을 제공한다(예: Carpenter et al., 2016; Harrington et al., 2021; Holoway & Paivio, 2012; Khayyat-Abuaita et al., 2019; Mundorf & Paivio, 2011). 이러한 연구 결과는 이 책 전체에 걸쳐 설명되어 있다.

이번 개정판의 임상 자료에는 기억 작업과 외상 재경험에 대한 새로운 강조점과 장이 포함되어 있다(제7장 참조). 기억 작업을 별개의 치료 과업으로 강조함으로써 EFTT는 정서처리와 변화에 필수적인 외상 기억의 정서적 재경험을 지원하는 외상 치료 연구의 맥락에서 확고하게 자리 잡게 되었다.

이와 관련하여 이번 개정판에서는 기억 작업이 외상성 공포로부터의 회복뿐만 아니라 애착에 기반한 핵심적인 수치심을 줄이는 데 어떻게 핵심적인 역할을 하는지 처음으로 명시적으로 설명한다. 제9장에서는 정서중심치료의 일반적인 모델을 특징짓는 자기비난적 과정에 대한 두 의자 대화 대신 기억 작업을 사용하기 위한 지침을 제시한다. 표준 두 의자 대화에서 고통스러운 내면화된 비판적이고 비하하는 진술을 강화하는 것은 메시지가 너무 해롭거나, 압도적이거나, 피해를 주거나, 다시 외상을 유발하는 경우(우울증에서의 자기패배 진술처럼) 금기일 수 있다. 이러한 상황에서는 핵심 수치심에 기반한 자기감이 형성된 과거의 사건이나 이러한 자기감이 활성화된 최근의 사건에 대한 에피소드 기억을 활성화하고 탐색하는 것이 더 생산적이라는 사실을 발견하였다.

내담자가 외상 기억을 생산적으로 재경험하도록 돕는 과정에는 외상 사건에 대한 내담자 스토리텔링의 내용과 질에 대한 치료적 관심이 포함된다. Paivio와 Angus(2017)의 최근 저서에서는 EFTT의 내러티브 과정의 중요성을 명확히 설명했으며 해당 정보는 이 책 전체에 통합되어 있다. 정서중심치료의 일반 모델에는 내러티브 과정에 대한 관심이 포함되어 있지만, 이는 주로 맥락적 요인에 따른 것이다. 이 EFTT 개정판은 내러티브–정서 과정에 대한 Angus의 방대한 연구(Angus et al., 2017; Paivio & Angus, 2017)를 바탕으로, 개입에 정보를 제공할 수 있는 평가의 보조 수단으로서 외상 내러티브를 EFTT의 전면과 중앙에 배치한다.

또한 EFTT는 외상에 시달리는 사람들을 치료하기 위해 EFTT 모델을 사용한 다년간의 수련과 임상 경험을 바탕으로 한다. 이러한 경험은 치료의 이론적 토대를 지속적으로 형성하고 개선해 왔다. 또한 이 책의 초판이 출간된 이래로 우리는 캐나다, 미국, 유럽, 남미, 아시아, 호주, 뉴질랜드에서 EFTT에 관한 수많은 워크숍과 수련 과정을 진행했다. 이러한 수련 과정에 참여한 다양한 직업적·문화적 배경을 가진 수십 명의 대학원생 및 전문 수련생과의 대화를 통해 이 모델은 더욱 개선되었다.

마지막으로, 비록 별도의 항목이지만 이 개정판의 부록 D는 심리적 외상과 관련된 신체적 경험을 다루기 위해 몸 기반 개입이 어떻게 EFTT에 통합될 수 있는지에 대한 지침을 제공한다. 이 항목은 외상에 대한 요가 치료의 원리와 과정을 상세히 설명하며, 이는 내담자의 어려움을 해결하고 표준 EFTT 개입을 향상시키는 데 사용될 수 있다.

이 책의 개관

이 책은 두 부분으로 구성되어 있다.

제1부 이론에서는 치료 전반에 걸쳐 중요한 일반적인 개념을 소개한다. 외상의 관련 특징(제1장), EFTT가 이러한 특징을 다루는 방법에 대한 모델(제2장), 정서처리의 핵심 구성(제3장)의 세 장으로 구성되어 있다.

제2부 실무에서는 EFTT의 각 단계별 과정과 절차에 대해 설명한다.

- 제4장부터 제6장까지는 치료의 초기 단계를 다룬 내용이다. 여기에는 모든 과업과 절차의 기초가 되는 안전하고 협력적인 치료적 관계를 구축하고 내담자의 경험하기를 촉진하는 방법에 대한 지침이 포함된다. 그다음에는 가해자와의 문제를 해결하기 위해 치료 전반에 걸쳐 사용되는 주요 심상적 직면 절차(또는 스트레스가 덜한 대안인 환기적 탐색)를 소개한다.
- 제7장부터 제9장까지는 외상 기억을 재경험하고 자기 관련 어려움을 해결(즉, 두려움과 회피를 줄이고 죄책감, 수치심, 자기비난을 변화시키는 것)하는 데 중점을 두는 치료의 중간 단계에 대한 내용이다. 이러한 과정은 외상 기억에 대한 정서적 참여와 가해자에게 피해에 대한 책임을 적절히 묻는 데 방해가 된다.
- 제10장에서 제12장까지는 학대에 대한 적응적 분노와 상실에 대한 슬픔에 접근하여 과거의 대인관계 문제를 해결하는 데 초점을 맞춘 치료의 후기 단계에 대한 내용이다. 이러한 정서와 그와 관련된 의미를 경험하고 억제하지 않고 표현하는 것은 가해자와의 문제를 해결하는 촉매제가 된다. 제12장에서는 치료의 종결에 초점을 맞춘다.

제2부의 개입 장에는 다양한 유형의 정서와 외상에서 흔히 나타나는 정서처리 어려움을 구분하기 위한 지침이 포함되어 있다. 또한 이 장에서는 개입을 수행하고 치료적 과업을 완료하기 위한 단계별 지침을 제공하면서 핵심 원리와 목표를 개괄적으로 설명한다. 마지막으로, 이러한 유형의 치료에서 일반적으로 발생하는 내담자의 어려움과 치료자의 실수를 해결하기 위한 지침을 제공한다.

이 책은 외상 치료에 대한 현재 유망한 접근법의 맥락에 EFTT를 배치하고, 향후 EFTT의 발전을 위한 몇 가지 새로운 방향을 제시하며, 내담자의 외상 자료에 대한 깊은 정서적 참여가 치료자에게 미치는 영향에 대해 논의하는 맺는말로 마무리된다.

단계별 치료 과정을 설명할 때, 이 책은 실제 내담자로부터 가져온 다양한 사례 자료를 제시하며, 이들 모두는 전문적 의사소통에 자신의 자료를 사용하도록 허락받았다. 다른 사례는 APA에서 발행한 DVD와 미공개 비디오테이프에서 발췌한 것이다. 또 다른 사례는 합성물이다. 모든 내담자의 식별 정보는 삭제하거나 익명 처리되었다. 일부 사례에서 발췌한 내용은 축어록으로 그대로 제시하고, 다른 사례에서는 개입 원리를 더 잘 설명하기 위해 대화를 수정하였다. 이 책에서 특정 사례가 반복적으로 언급되는 경우, 독자들이 치료 과정 전반에서 내담자의 다양한 측면을 살펴볼 수 있도록 연속성을 제공하기 위해 가명을 사용했다.

제1부

이론

제1장

외상과 그 영향

외상에 대한 Sandra Paivio의 관심은 심리학자(psychologist)로서의 경력 초기에 한 내담자와 치료를 진행하면서부터 시작되었다. '모니카'는 30여 년 전에 어머니가 총으로 자살한 사건에 대해 대처하기 위해 치료를 받았다. 어머니의 자살 이후 가족은 뿔뿔이 흩어졌다. 아버지는 몇 년 후 알코올 중독으로 사망했고, 세 자녀는 여러 위탁 양육 시설에 맡겨졌다. 아무도 어머니의 죽음에 대해 이야기하지 않았고, "잊어버려라. 그냥 놔둬. 그녀는 아픈 사람이었어. 네 삶을 살아라."라는 메시지가 전부였다. 어머니의 자살은 가족의 '추악한 비밀'이 되었고, 모니카는 이를 잊을 수 없었다. 모니카는 겉으로는 매우 잘 지냈지만, 반복되는 외상 후 스트레스 장애(pastraumatic stress disorder: PTSD; 예: 기억의 회피, 주기 반응)와 죽은 어머니에 대한 수치심, 우울증, 어머니가 저지른 '잔혹 행위'에 대한 분노, 버림받았다는 감정으로 어려움을 겪었다. 모니카와의 치료 작업은 외상 치료의 풍부함, 도전과 보람 그리고 외상 생존자들의 놀라운 회복탄력성과 용기를 보여 주었다. 모니카와의 치료 과정은 여러 이론적 관점에서 분석되었으며, 이 사례는 외상에 대한 정서중심치료(emotion-focused therapy for tauma: EFTT)의 영감이자 원형이 되었다. 이 글 전체에서 이 내담자와의 치료 측면을 언급한다. 이 장의 전반적인 목적은 외상의 본질과 그 영향을 설명하는 것이다. 이러한 영향이 EFTT에서 어떻게 다루어지는지는 치료 모델을 개괄적으로 설명하는 제2장에서 제시한다. 따라서 이 장들은 한 쌍으로 읽어야 한다.

외상의 정의

『정신질환의 진단 및 통계 편람(DSM-5)』(학지사, 2015, diagnostic and statistical manual of mental disorders 5thed.; DSM–5; American Psychiatric Association, 2013)에서는 PTSD의 진단 범주에 속하는 외상을 사건의 성격에 따라 정의하는데, 이는 자신이나 타인에 대한 사망, 심각한 부상 또는 성폭력의 실제 또는 인지된 위협을 수반해야 한다. 이러한 관점에서 병리학의 초점은 공포라는 정서에 맞춰져 있다. 그러나 PTSD를 가진 내담자를 관찰하고 내담자가 보고하는 정서를 구체적으로 조사한 연구에 따르면 그렇지 않다. 예를 들어, 외상 진료소에서 PTSD의 기준을 충족하는 사례의 50% 미만은 불안을 주요 정서로 표현한 반면, 절반이 조금 넘는 내담자가 슬픔, 분노 또는 혐오감을 불안보다 더 지배적인 정서로 보고했다(Power & Fyvie, 2013). 게다가 Power와 Fyvie(2013)는 불안 기반 PTSD를 가진 내담자가 노출 기반 인지행동치료의 혜택을 받을 가능성이 가장 높다는 사실을 발견했다. 이는 저자들로 하여금 발표 사례의 절반 이상이 표준 노출 기반 치료의 유용성에 대한 의문을 제기하게 만들었다. 이러한 관점에서 외상은 많은 정서와 정서적 어려움을 수반한다. 특히 아동학대로 인한 외상은 외상 또는 PTSD에 대한 'DSM–5' 기준을 충족하지 못하는 경우가 많다.

외상 사건의 유형

수많은 유형의 외상성 사건은 그 내용과 관련된 관계 및 정서의 특징이 서로 다르다. 다양한 유형의 사건(예: 자연재해 대 성폭행, 낯선 사람에 의한 폭행 대 사랑하는 사람에 의한 폭행)의 뚜렷한 특징은 치료에 영향을 미치는 다양한 문제와 관련이 있다. 예를 들어, 범죄의 가해자가 신원이 밝혀지지 않았거나 체포되지 않은 경우, 치료는 재범의 실질적인 위험을 관리하는 데 초점을 맞춰야 할 수 있다. 심각한 신체적 상해를 초래하지 않는 범죄는 다른 사람들에 의해 최소화되어 피해자가 자신이 타당화 받지 못하고 고립되었다고 느낄 수 있다. 범죄 및 교통사고는 기소를 수반할 수 있으며 평생 재활 및 심리적 치료가 필요한 신체적 부상을 포함하여 심각한 자기손실을 초래할 수 있다.

외상 문헌에서는 외상 노출의 유형, 심각도 또는 영향의 폭이 다른 두 가지 범주를 가장 자주 구분한다(Ford & Courtois, 2020). 교통사고나 산업재해, 자연재해, 한 번의 폭행과 같은 '단일 사건' 또는 '제한된 노출 외상'은 PTSD를 특징짓는 장애를 유발하는 것으로 여겨진다. 이 경우 장애를 유발하는 것은 사건의 심각성이나 극단성일 수 있다. 사랑하는 사람의 자살이나 신체적·성적 폭력과 같은 일부 단일 사건은 장기적으로 심각한 영향을 미칠 수 있다. 예를 들어, 모니카의 경우처럼 사랑하는 사람의 자살은 단일 사건이지만 일반적으로 수년간의 가정 내 어려움(예: 정신질환, 물질 남용)의 맥락에서 발생하며 평생 지속될 수 있는 연쇄적인 사건으로 이어질 수 있다. 이 같은 상황과 영향은 외상 노출의 두 번째 광범위한 범주인 복합외상이라는 관점에서 더 잘 이해된다.

'복합외상(complex trauma)'은 사회적 · 정치적 · 가정적 폭력(피해자 또는 목격자로서)과 아동학대(EFTT의 주된 관심사)를 포함한 폭력의 위협에 반복적으로 노출되는 것을 말한다. 복합외상은 항상 본질적으로 대인관계에서 비롯된다. 이 범주 내에서는 발병 연령, 기간, 가해자와의 관계, 가족적 · 사회적 · 문화적 맥락을 고려하는 것이 중요하다. 이러한 경험의 영향에는 정동조절 장애와 부적응적 의미, 특히 자기와 타자에 대한 인식 문제가 포함된다.

전쟁과 전투 외상은 베트남전 참전용사들의 경우처럼 그 심각성, 피해자와 가해자의 혼재, 때로는 사회적 지원의 부족이라는 특징이 있는 복합외상의 예이다. 난민 외상 생존자와 망명 신청자가 경험하는 고문과 정치적 폭력은 종종 공동체 전체의 파괴를 수반하며, 피해자가 아는 가해자가 연루되었을 수도 있고 그렇지 않았을 수도 있다. 그러나 대인외상의 피해자는 가해자를 알고 있는 경우가 많다. 예를 들어, 가정폭력 및 성적 학대의 경우 친구나 사랑하는 사람이 가해자인 경우가 가장 많으며, 수치심과 최소화 또는 거부, 사회적 고립이 뒤따른다. 이러한 범죄는 주요 타자와 관련한 신뢰에 대한 배신, 해결되지 않은 분노와 슬픔을 수반한다. 또한 피해자는 경제적 · 신체적 · 정서적 상황으로 인해 지속적인 학대 상황에 갇힐 수 있다. 개인은 피해를 최소화하려는 도움이 되지 않는 주변 사람들, 수치심과 자기비난을 유발하는 강간에 대한 잘못된 통념, 사법 체계의 절차로 인해 더 큰 피해를 입을 수 있다. 문서로 보고된 성폭행의 영향으로는 PTSD, 성기능 장애, 죄책감, 수치심, 자기비난 등의 인지적–정동적 장애가 있다.

마지막으로, 친밀한 타자가 저지른 대인외상은 심리적 혼란에 대한 취약성이 높은 발달 단계에서 발생할 수 있다. 예를 들어, 외상에는 보호자의 배신 및 안전에 대한 욕구, 존중, 대인관계의 경계, 정상 발달을 저해하는 근본적인 도덕적 가치 또는 신념의 위반이 포함될 수 있다. 이러한 외상 경험에서 가장 잘 알려진 유형은 아동기 신체적 · 성적 학대와 악의적인 폭력(성폭력, 가정폭력)에 노출되어 피해를 입은 경우이다. 어머니의 자살로 사실상 버림받은 모니카의 사례처럼 주요 애착 대상에 의한 배신은 발달에 치명적인 영향을 미칠 수 있다.

또 다른 주목할 만한 외상 노출 유형으로는 외상화된 내담자를 치료하는 건강 관리 전문가들의 '대리 외상(vicarious traumatization)' 현상에 관한 것이다. 이는 전형적으로 반복적인 노출(즉, 내담자 외상 내러티브)을 수반한다는 점에서 복합외상과 닮아 있다. 이러한 대리 외상은 최근 상당한 이론과 연구의 주제가 되어 왔으며(예: Harrison & Westwood, 2009; Pearlman et al., 2020), 치료자의 자기돌봄은 임상 수련 프로그램의 구성요소가 되었다. 이는 이 책의 독자와 분명히 관련이 있다. 장애 발생의 위험 요인은 이 장의 후반부에서 소개하는 외상 사건에 직접 노출되는 경우와 닮아 있다. 여기에는 내담자의 외상 경험에 대한 생생한 묘사에 반복적으로 노출되는 것, 특히 아동학대와 같이 해결되지 않은 대인외상, 완벽주의적 특성, 자기비난, 내담자 회복에 대한 과도한 책임감, 치료자가 자신의 경험을 처리할 기회가 제한되는 비지지적인 근무 환경 등이 포함된다. 이에 상응하는 명백한 보호 요인으로는 외상을 겪은 내담자의 수를 제한하는 균형 잡힌 실무(가능한 경우), 과거의 외상을 해결하기 위한 개인 치료, 전문가와 동료의 지지를 구하는 것 등이 있다. 외상 사건에 직접 노출되는 경우와 마찬가지로, 대리 외상에 효과적으로 대처하려면 외상과 관련된 여러 가지 강렬한 부정적 정서를 경험하고 표현하는 역량이 필요하다.

유병률 및 위험 요인

외상에 노출되는 것과 장애가 발생하는 것을 구분하는 것은 중요하다. 외상에 노출되는 사람이 진단이 가능한 장애로 발전하는 사람보다 훨씬 더 많다. 하지만 일반적으로 노출과 장애의 위험은 노출될 때마다 증가한다. 안타깝게도 처음부터 취약한 상태일수록 외상에 노출되어 장기적으로 부정적인 영향을 받을 가능성이 더 높다. 다음 유병률 및 위험 요인에 관한 통계 자료는 이 분야에 대한 효과적인 치료 옵션과 임상 수련이 필요하다는 점을 강조하기 위한 것이다.

일반적으로 외상 사건에 노출되는 것은 더 이상 드문 일이 아니다. 최근의 문헌 검토(Sareen, 2018)에 따르면 미국 내 5,692명의 응답자 표본에서 82.7%가 심각하고 잠재적인 외상이 될 수 있는 사건에 노출된 것으로 나타났다. 게다가 역학 연구에 따르면 여러 번의 외상 사건에 대해 노출되는 것은 매우 흔한 일이다(Kilpatrick et al., 2013). 이는 DSM-IV-TR(American Psychiatric Association, 2000)에 나타난 '사건'이 아닌, '외상 사건(들)'에 대한 노출을 의미하는 DSM-5의 PTSD 준거 A의 현재 정의에 반영되어 있다.

이 비율은 현재 선진국에 거주하고 있는 난민 외상 생존자의 증가 추세를 반영하지 않았다. 유엔난민고등판무관실(United Nations High Commissioner for Refugees: UNHCR, 2020)에 따르면, 처음으로 전체 인구의 1%가 난민으로 전락했다. 2019년 말에 발표된 보고서에 따르면, 지난 10년 동안 1억 명이 넘는 사람들이 폭력, 박해, 정치적 위협, 인권 침해를 피해 강제로 이주한 것으로 나타났다. 오늘날에도 약 8천만 건의 사건이 해결되지 않은 채 남아 있으며, 그중 40%가 어린이이다(UNHCR, 2020).

이 수치는 정신건강 서비스의 새로운 지평을 열어 가고 있음을 보여 준다. 이들 중 상당수는 고문의 피해자를 포함해 여러 가지 복합외상을 겪은 경험이 있다. 여기서 핵심 치료 문제는 타자와의 관계에서 개인의 정체성에 대한 심오한 실존적 문제를 포함한다. 마찬가지로, 관계 및 정체성 문제가 내포되어 있기 때문에 전투 관련 외상은 종종 보이는 것보다 더 복잡해질 수 있다(Cox et al., 2014). 인신매매는 이제 선진국에서 고질적인 문제로 인식되고 있다. 피해자는 성 산업에 강제 동원된 젊은 여성뿐만 아니라 강제 노동에 투입된 남성과 소년을 포함한다. Polaris(2020)에 따르면, 미국에서 5년(2015~2019년) 동안 발생한 인신매매 사건은 63,000건 이상이며, 그중 70%가 18세 미만인 것으로 나타났다. 일반적인 통념과는 달리 대부분의 피해자는 국경을 넘지 않고 지역사회에서 피해당했으며, 피해자가 가해자와 아는 사이인 경우가 많았다.

점점 늘어나는 복합외상 사례에 대해 효과적인 치료를 제공하는 것은 정신건강 서비스 제공자에게 어려운 과제이다. 정서중심 접근법은 전투 관련 외상(Blow et al., 2015; Mikaeili et al., 2017), 난민 외상 생존자(Paivio & Kuo, 2007), 인신매매 피해자(Pascual-Leone et al., 2017)에게 효과가 있는 것으로 나타났다.

아동학대

복합외상의 경우, 가정폭력과 아동학대 문제에 대한 공공정책 및 정신건강 전문가들의 관심이 높아졌음에도 불구하고 최근 조사에 따르면 일반 인구의 아동학대가 여전히 놀라울 정도로 흔한 것으로 나타났다. 현재 가정 내 외상에 반복적으로 노출되는 것이 단일 사건으로 인한 외상보다 훨씬 더 널리 퍼져 있는 것으로 알려져 있다. 게다가 일반적으로 한 가정에서 여러 유형의 학대가 함께 발생하기 때문에 피해자는 여러 유형의 외상에 노출된다.

최근의 메타분석 연구에서는 다양한 유형의 아동학대에 대한 국제적 발생률을 조사했다(Moody et al., 2018). 이 연구에 따르면 학대 유형, 성별, 대륙에 따라 발생률이 다른 것으로 나타났다. 예를 들어, 북미와 호주 여아 성적 학대 발생률은 각각 20.4%와 28.8%로 나타났으며, 일반적으로 남아의 경우 이보다 낮은 비율을 보였다. 신체적 학대 비율은 여아 12.0%, 남아 27.0%인 유럽을 제외하고는 성별에 따라 비슷했다. 일부 대륙에서는 신체적 학대 비율이 높았는데, 예를 들어, 아프리카에서는 여아의 50.8%, 남아의 60.2%가 신체적 학대를 당한 것으로 나타났다. 이는 개발도상국에서 문화적으로 규범적인 신체적 훈육의 비율이 높기 때문일 수 있다. 정서적 학대 비율은 북미의 경우 여아(28.4%), 남아(13.8%)로 더 높게 나타났지만, 유럽에서는 여아 12.9%, 남아 6.2%로 상대적으로 낮게 나타났다. 다른 곳에서의 비율은 성별에 따라 유사한 것으로 나타났다. 방임 비율의 중앙값은 북미에서는 여아 40.5%와 남아 16.6% 간에 차이가 있었지만, 아시아에서는 비슷했다(여아: 26.3%, 남아: 23.8%). 방임 비율은 아프리카(여아: 41.8%, 남아: 39.1%)와 남미(여아: 54.8%, 남아: 56.7%)에서 가장 높았지만, 이는 소수의 연구에 근거한 것이다. 이러한 다양성에도 불구하고 이 결과는 전 세계적으로 아동학대의 발생률이 높다는 것을 보여 준다. 이 글을 쓰는 현재, 전 세계적인 코로나19 대유행 기간 동안 사회적 고립, 가정 내 감금, 경제적 스트레스가 증가함에 따라 전 세계 아동 보호 서비스에서는 친밀한 파트너 폭력 및 모든 형태의 아동학대 비율이 증가했다고 보고하고 있다(Katz & Fallon, 2020).

정서적 학대에 대한 연구는 많지 않으며, 학대의 특성, 정의, 평가된 학대 유형, 조작적 정의의 부족(최적 기준의 부재) 등으로 인해 보고된 발생률 추정치의 변동성이 더 크다. 그럼에도 불구하고 Taillieu 등(2016)은 미국 성인 인구의 14%가 18세 이전에 부모나 보호자로부터 아동기 정서적 학대를 경험한 적이 있다고 보고하였다. 응답자 중 6.2%는 방임만, 4.8%는 학대만 경험했다고 답했으며, 모든 유형에서 다른 유형의 학대, 특히 신체적 학대가 함께 발생했다.

보고된 발생률은 대인 발달 외상의 영향에 대한 효과적인 치료법이 특별히 필요하다는 것을 의미한다. 게다가 앞서 살펴본 바와 같이, 조기 피해는 가정폭력이나 강간과 같은 범죄 피해와 같은 후속 노출의 위험을 증가시킨다. 임상 표본에서 아동학대 이력의 매우 높은 발생률과 더불어 이러한 위험이 복합적으로 작용하기 때문에 아동기 경험의 장기적인 부정적 영향에 대해서는 의심의 여지가 없다.

장애의 유병률

앞서 언급한 바와 같이, 아동기 역경은 거의 모든 주요한 성인 정신병리의 위험 요인이다(Ingram & Price, 2010; DSM-5). 18세 이상의 응답자 23,395명을 대상으로 한 캐나다 지역사회 건강 조사(Afifi et al., 2014)에서는 세 가지 유형의 아동학대(신체적 · 성적, 친밀한 파트너 폭력)의 영향을 연구하였다. 연구 결과, 세 가지 유형의 아동학대는 모두 자살 사고 및 시도를 포함한 모든 유형의 정신장애(범불안장애, 공황장애, 강박장애, 우울증, 물질남용)와 관련이 있는 것으로 나타났다. 학대 유형이 많을수록, 정신질환이 발생할 확률이 더 높았다.

아동기 역경과 관련된 장애 중 PTSD는 특히 외상 노출과 관련이 있다. 외상 사건에 노출된 대부분의 사람들은 PTSD에 걸리지 않는다. 그럼에도 불구하고 일반 인구에서 이 장애의 추정된 발병률은 높으며, 외상 사건 이후 수개월 또는 수년간 발병이 지연될 수도 있다. 연구에 따르면 외상 사건의 유형에 따라 PTSD 발병률과 증상 발현이 다르며, 대인외상이 비대인외상보다 PTSD 발병률이 높고 증상이 더 심각하게 나타나는 경우가 많다(예: Kessler et al., 2017). 여러 연구에 따르면 주로 여러 유형의 외상이 축적되는 것으로 정의되는 누적 외상(cumulative trauma)은 더 큰 PTSD 위험 및 증상 심각도와 관련이 있는 것으로 나타났다(예: Wilker et al., 2015).

최근 미국과 캐나다의 일반 성인 인구에서 PTSD 유병률에 관한 문헌을 검토한 결과(Sareen, 2018), 평생 유병률은 6.1%에서 9.2%, 1년 유병률은 3.5%에서 4.7%로 보고되었다. 보호구역에 거주하는 아메리카 원주민과 외상성 스트레스가 만연한 국가에서 온 난민을 포함한 미국 내 측정 인구 하위 집단에서 일반 미국 인구에 비해 더 높은 PTSD 유병률이 발견되었다. 요인은 불분명하지만, 북미 이외의 지역(예: 유럽과 호주)에서는 더 낮은 유병률이 발견되었다.

개발도상국의 PTSD 유병률에 대한 잘 통제된 연구는 부족하지만, 많은 학자는 재난을 예방하고 그 여파를 완화할 수 있는 자원이 부족하기 때문에 이들 국가의 PTSD 유병률이 경제적으로 발전한 지역보다 높다고 믿고 있다. 북미 지역에는 개발도상국과 '실패한 국가' 모두에서 난민 외상 생존자가 점점 더 많아지고 있다. Sareen(2018)은 대규모 분쟁과 강제 이주에 관한 PTSD 유병률에 대한 보고서를 검토하였다. 전 세계 64,332명의 난민 및 기타 분쟁 피해자를 대상으로 한 145개 연구를 메타 분석한 결과, 평균 PTSD 유병률은 30.6%로 나타났다. 고문 경험, 잠재적 외상 사건에 대한 누적 노출, 분쟁 이후 짧은 시간, 정치적 테러의 평가 수준 등이 PTSD 유병률 증가와 관련된 요인으로 밝혀졌다.

더욱이 난민 인구의 PTSD 유병률 및 관련 건강 문제는 과소 평가되었을 가능성이 높다. 난민들은 재정적 · 언어적 장벽과 불확실한 난민 지위 때문에 정신건강 서비스를 이용하기를 꺼리는 경우가 많다. 게다가 이들은 응급 진료소에 도착했을 때 외상 병력에 대한 질문을 거의 받지 않는다. 이러한 대규모 이주는 비교적 최근에 일어난 현상이며, 많은 의료 전문가가 이 집단의 정신건강의 요구에 대해 무지하다.

외상의 영향

외상으로 인한 증상과 개인이 어떻게 영향을 받는지를 설명하면 치료의 목표와 외상으로 고통받는 사람들이 경험하는 더 깊은 문제를 설명하는 데 도움이 된다. 외상으로 인해 발생하는 합병증은 초기 증상을 넘어서는 치료의 문제이다. 이 절에서는 외상이 증상, 자기 관련 및 대인관계 문제, 정서조절곤란에 미치는 영향과 다양한 유형의 발달 외상이 미치는 구체적인 영향에 대해 간략하게 설명한 후, 마지막으로 치료적 시사점으로 마무리한다.

증상 발현

기본적인 외상 이론에 따르면 외상 경험은 기억에 복합적인 정보 네트워크 또는 공포 구조로 부호화된다(Foa et al., 2019). 정보에는 외상 상황의 신경생물학적 · 인지적 · 정동적 · 자극-반응적 측면이 포함되며, 외상 사건과 유사한 자극이 전체 네트워크 또는 구조를 활성화한다. 외상 증상의 발현에 대한 이러한 이해는 EFTT를 포함한 대부분의 외상 치료의 기초를 형성한다. 학습의 관점에서 볼 때, 고전적 조건형성은 만성 PTSD의 발현을 설명하는 것으로 생각되는 반면, 조작적 조건형성은 장애의 유지(즉, 외상 감정과 기억의 회피는 부적 강화물)를 설명하는 것으로 생각된다. 외상을 상기시키는 자극뿐만 아니라 중립적이지만 강렬한 자극(예: 큰 소음)에도 PTSD 반응이 나타나며, 이는 자극 변별력이 상실되고 유발 요인에 대한 신경계 조절의 '인내의 창(window of tolerance)'이 점점 좁아지고 있음을 나타낸다(Pessoa, 2013; Pores, 2011).

대부분의 연구에 따르면 외상 기억은 암묵적이고 행동적이며 신체적인 경향이 있다. 또한 지나치게 일반화되고, 파편화되고, 불완전할 수 있으며, 따라서 무질서한 개인적 내러티브와 연관될 수 있다. 영향력이 큰 이론과 연구(van der Kolk & McFarlane, 1996)에 따르면 외상 경험은 주로 우뇌의 경험적(비언어적) 기억에 정서 · 심상 · 신체 감각의 형태로 부호화되지만, 상징적 또는 언어적 수준에서 처리되지 않고 다른 삶의 경험과 통합되지 않은 채 남아 있다. 외상 기억을 회상하는 사람들에 대한 신경 영상 연구 결과(예: Lanius et al., 2004)에 따르면 감각 처리, 특히 시각 정보 처리의 증가와 함께 언어 처리의 감소가 나타난다. 이러한 결과는 외상 생존자의 언어적 처리 능력은 낮고 감각적 경험은 높다는 임상 관찰 결과와 일치한다. 이는 경험적 기억에 접근하고 내담자가 그 의미를 언어적으로 상징화할 수 있도록 돕는 EFTT과 같은 치료적 절차의 필요성을 뒷받침한다.

외상 노출의 신경생물학적 영향, 즉 외상과 관련된 공포 반응은 과각성(투쟁 또는 도피)과 신경계 차단(얼어붙음), 스트레스 호르몬 분비, 근육 긴장을 초래한다는 사실에 대해서도 의견이 일치하고 있다. 복합외상에서와 같이 반복적으로 노출되면 이러한 영향이 강화되고 고착화되어 만성적인 신경계 조절 장애를 초래한다(Ford, 2020; van der Kolk, 2020).

외상 후 스트레스 장애

DSM-IV-TR에서는 PTSD를 불안장애로 분류했지만, 이제 DSM-5에서는 PTSD 및 기타 유사 장애를 외상 및 스트레스 요인 관련 장애로 분류하고 있다. 그럼에도 불구하고 PTSD는 정동 장애이며, 심리치료에서는 이론적 방향 및 기법과 관계없이 이러한 정동 장애를 해결해야 한다. PTSD는 외상 사건 이후 1개월 동안 증상이 지속되면 진단받을 수 있다. 증상은 침습, 회피, 인지 및 기분 변화, 각성 및 반응성 변화의 네 가지 군집으로 분류된다.

침습 증상은 악몽과 플래시백 같은 현상이 포함된다. 본질적으로 외상 경험은 잊을 수 없고, 개인의 일상적인 경험을 벗어나며, 현재의 의미 체계에 쉽게 통합되지 않는다. 침습 기억, 반추, 보속성은 외상을 처리하고 통합하려는 시도로 개념화된다(Foa et al., 2019). PTSD 진단을 받으려면 DSM-5의 침습 증상 군집에 나열된 다섯 가지 증상 중 적어도 한 가지가 인정되어야 한다. 외상 기억을 처리할 수 있도록 심각한 침습 증상을 관리해야 한다.

회피는 본질적으로 침습에 대한 보상이다. 회피 전략에는 '차단', 해리, 외상에 대한 감정과 기억 억제, 외상을 연상시키는 상황 회피, 물질 남용 및 자해와 같은 부적응 행동이 포함된다. 무감각은 PTSD의 특징이며 우울한 차단과 관련이 있는 것으로 알려져 있다. 회피는 단기적으로는 적응적이지만 장기적으로는 외상의 처리와 통합을 방해하고 외상 증상을 지속시키는 것으로 생각된다(Foa et al., 2019). DSM-5 진단을 받으려면 이 군집에 나열된 두 가지 회피 증상 중 하나가 인정되어야 한다.

각성 및 반응성의 변화는 종종 과각성(hyperarousal)으로 경험되는데, 이는 신경계의 만성적인 과잉 자극으로 인해 신체가 지속적으로 위험에 대해 경계하는 상태를 말한다(van der Kolk, 2015). 증상으로는 외상과 유사한 소리, 심상, 생각에 대한 반응으로 심박률, 혈압, 피부 전도율 증가 등이 있다. 과각성(hypervigilance)과 만성 불안은 외상 생존자, 특히 예측할 수 없고 피해에 대한 위협이 있는 환경에서 자란 사람들에게서 흔히 나타난다. 만성적인 과민 반응과 분노도 특히 문제가 될 수 있는 증상이며, 분노 조절 문제는 종종 PTSD와 공병으로 나타나는 경우가 많으므로 개입의 우선순위가 될 수 있다. PTSD 진단을 받으려면 DSM-5의 과각성 군집에 나열된 여섯 가지 증상 중 두 가지가 인정되어야 한다. 과각성으로 인해 정신 신체적 증상과 두통, 고혈압, 요통, 위장 장애와 같은 신체적 문제가 발생할 수 있다.

인지 장애는 DSM-IV-TR에서 PTSD 진단의 상관관계로 간주되었으며, 이제는 DSM-5에서 하나의 증상 군으로 추가되었다. 이러한 인지 장애는 기억 공백, 자신과 세상에 대한 부정적인 관점, 자기비난, 대인관계 소외 등이 포함된다. 기억 공백은 정보 처리를 방해하는 공포 수준, 사건 발생 시 주의 집중력 저하, 의미 생성 및 자서전적 기억을 관장하는 뇌의 외상 영역의 기능으로 생각된다.

PTSD를 정의하는 자기 · 타인 · 현실에 대한 변화된 관점은 Janoff-Bulman(1992)이 외상에 관한 고전적인 책에서 설명한 '산산조각 난 가정(shattered assumptions)'이다. 사람들이 자기와 세상에 대해 가지고 있는 기본적인 가정에는 상처를 입힐 수 없음, 개인적 안전, 타인은 대부분 신뢰할 수 있는 존재, 정의로운 세상에 대한 가정이 포함된다. 외상은 이러한 가정과 양립할 수 없는 새로운 데이터를 제시한다. 외상에 노출된 후 사람들은 과각성되고 수치심, 자기비난, 생존자 죄책감, 불신, 소외감 등 깊은 감정을 경험할 수 있다. 외상으로 인한 사회와 인간성으로부터의 소외감을 구체적으로 다루기 위해 환각제(psychedelic)를 사용하는 흥미로운 새 보조 치료법이 등장했다(M. W. Jonhson et al., 2019). 따라서 중요한 것은 PTSD 인지 장애 증상 군에는 신념이나 지각뿐만 아니라 자기, 타인, 세상에 대한 강렬한 부정적 감정도 포함된다는 것이다. 외상에 대한 정서중심적 관점에서 볼 때, 이는 핵심적인 인지적-정동적 과정이며 또한 최신 신경과학과도 일치하는 견해이다(Pessoa, 2013).

이러한 부적응적 감정과 신념은 부분적으로 가해자의 명시적 진술이나 암묵적 메시지(즉, 경험)에 기인한다. 특히 죄책감, 수치심, 자기비난은 '근본적 귀인 오류', 즉 상황이나 환경이 아닌 피해자를 비난하는 사회 · 심리적 귀인 오류에 기인한다. 외상 생존자들은 이러한 경향을 내면화했다. 심각한 피해의식은 또한 심각한 무력감, 통제력 상실, 굴욕감을 수반한다. 대인관계 소외는 부분적으로 타인의 비난을 예상하고 굴욕감의 경험을 개방하는 데 어려움을 겪을 뿐 아니라 다른 사람들이 그러한 극단적인 경험을 이해하지 못할 것이라는 신념과도 관련이 있다. 게다가 전국 동반 질환 연구(American Psychiatric

Association, 2000)에 따르면 PTSD는 주요 우울 장애, 물질 관련 장애, 공황장애, 광장공포증, 강박장애, 범불안장애, 사회공포증, 특정 공포증, 양극성 장애, 경계선 성격장애의 발병률 증가와 관련이 있는 것으로 나타났다. 이러한 증상은 PTSD의 선행, 후행 또는 동시 발생으로 나타날 수 있다.

따라서 PTSD에 대한 심리치료는 여러 가지 장애를 해결해야 하는 경우가 많다. EFTT는 우울증을 초기 애착 관계에서 발달한 약하고 나쁜 핵심 자기감(core sense of self)이 활성화되고 무력감과 무가치감으로 무너지는 것으로 본다. 마찬가지로 EFTT는 불안장애를 애착 대상에 의한 두려움, 불확실성, 지속적인 부정적 평가의 환경에서 성장한 결과라고 본다. 이는 불안전하고 결함이 있고/또는 열등하여 피해, 부정적 평가 및 버림받기 쉬운 핵심 자기감의 발달로 이어진다. 이러한 내담자의 문제는 치료적 관계에서 안전과 신뢰를 구축하고 주요 개입에 참여하는 데 어려움을 겪는다는 점에서 치료 과정에 영향을 미친다.

복합외상 스트레스 장애

복합외상 스트레스 장애(complex traumatic stress disorder; Ford & Courtois, 2020)는 어린 시절부터 대인관계 폭력에 반복적으로 노출되는 것과 관련된 복합적인 장애를 설명하기 위해 현재 일반적으로 사용되는 구인이다. DSM-5에서는 이를 별도의 진단 범주로 인정하지 않았지만, 복합외상 후 스트레스 장애(complex posttraumatic stress disorder: CPTSD)는 국제 질병 및 관련 건강 문제 통계 분류(International Statistical Classification of Diseases and Related Health Problems 11th ed.: ICD-11, World Health Organization, 2019)에 진단 범주로 포함되었다. CPTSD는 재경험, 회피, 과각성의 세 가지 PTSD 기준과 정서조절곤란, 대인관계의 어려움, 부정적 자기개념으로 정의되는 자기조직의 세 가지 장애 등 여섯 가지 증상 군으로 구성된다. 다시 말하면, PTSD 증상은 이 배열의 일부이지만 CPTSD 진단의 특징은 자기의 장애(disturbance of self)이다. 즉, 두려움 외에도 격노, 수치심, 체념과 같은 다양한 정서가 장애의 핵심이다. CPTSD는 경계선 성격장애와도 함께 발생한다(Jowett et al., 2020).

CPTSD를 별도의 진단 범주로 인정한 것은 이 분야의 풍부한 연구를 바탕으로 한 것이다. 외상 증상이 특히 심각하고 오래 지속될 수 있는 경우는 외상이 복합적이고 대인관계에서 비롯된 경우, 특히 이러한 외상 경험이 어린 시절에 발생한 경우이다. 전반적으로 복합적인 대인외상에 장기간 노출된 경우, 효과적인 심리치료를 위해서는 다차원적이고 통합적인 치료가 필요하다는 것은 분명해 보인다.

자기 관련 및 대인관계 문제

애착 손상과 연관된 자기 관련(self-related) 및 대인관계 문제는 모두 잘 문서화되어 있다(예: Ford & Courtois, 2020). 초기 애착 관계에서 형성된 자기와 타자에 대한 인식은 기억에 부호화되어 현재의 지각과 행동에 영향을 미치는 지속적인 원형으로 작용한다. 애착 이론가들과 연구자들(예: Shore, 2019)은 건강한 자기표상 및 타인표상과 안전한 애착 유대를 형성하기 위한 기초로서 부모의 공감이 중요하다고 강조한다. 결과적으로 이러한 유대는 정서 인식, 조절 능력, 자기확신, 대인관계 신뢰의 발달을 위한 기초가 된다. 감정과 욕구에 대한 공감적 반영(empathic mirroring)을 통해 아이는 정서적 경험을 인식하고, 명명하고, 묘사하는 방법을 배운다. 이는 의사소통 기술의 발달을 통해 자기통제, 자기정의, 대인관계의 연결성에 기여한다.

● 자기 관련 문제

아동학대로 인한 자기감의 손상에는 타자와 분리된 자기감을 형성할 수 있는 내적 경험(즉, 감정, 소망, 욕구, 가치)에 대한 제한된 인식이 포함된다. 이는 정체성 혼란과 분열, 학대에 대한 죄책감과 자기비난 그리고 만연한 무가치감, 무력감, 피해의식을 초래한다. 부모의 적절한 정서 코칭과 지지가 없는 경우, 이러한 극심하게 고통스러운 부정적 감정과 경험은 결국 정동 조절, 혼자 남겨지는 것과 비판에 대한 내성, 자기진정 능력, 개인적 주체감의 저하와 관련이 있다. 이러한 차원은 다양한 정서도식(emotion schemes)에 대한 정서중심치료의 구성개념과 관련되어 있고(Greenberg, 2019; Greenberg & Paivio, 1997), 이 경우 세상에서의 자기감을 조절하는 부적응적 정서도식이 이에 해당한다.

외상을 통한 자서전적 기억과 내러티브 과정의 장애 영역은 최근 상당한 주목을 받고 있다. 앞서 살펴본 인지적-정동적 과정에 대한 외상의 영향(주의, 정보 처리, 회피)으로 인해 외상 생존자들은 자신의 경험과 관련 감정을 이해하지 못하는 경우가 많다. 이러한 장애는 파편화되고 일관성이 없으며 통찰력과 정동 내용이 제한적인 불완전한 외상 내러티브에서 분명하게 드러난다. 더욱이 이러한 요인들이 암묵적·명시적 비난 메시지와 결합되어 외상 내러티브 내용에서 잘못된 해석을 초래한다.

궁극적으로 빈약한 자서전적 기억과 개인적 내러티브는 개인의 자기정체성, 자기감, 현실을 반영한다. 이는 결국 기능, 특히 대인관계 기능에 부정적인 영향을 미친다. 내러티브 치료 접근법은 이 영역을 직접적으로 목표로 하지만, EFTT를 포함한 의미 구성 과정을 목표로 하는 모든 접근법은 자서전적 기억과 외상으로 인해 방해받은 내러티브 과정을 다룰 것이다. 이것이 제5장의 명시적인 초점이다.

● 대인관계 문제

발달 과정의 복합외상으로 인해 발생하는 자기조직화 문제는 본질적으로 대인관계 문제이기도 하다. 여기에는 친밀감과 신뢰, 자기주장, 대인관계의 경계, 결혼 및 육아 문제, 전반적인 고립감과 소외 등의 어려움이 포함된다. 외부에 집중하고 위험의 징후에 예민하게 반응하는 생존자들은 자신의 감정과 욕구를 인식하는 대신 지나치게 경계하고 타인의 욕구에 매우 예민하게 반응할 수 있다. 생존자들은 특히 분노 신호에 민감할 수 있으며, 분노를 빠르게 감지하는 능력은 위협적인 환경에서 적응적이지만 이러한 편향성은 학대 상황 외의 대인관계에 해로울 수 있다.

요약하면, 발달 과정에서 복합 대인외상에 노출된 개인의 성격 구조와 핵심 자기감은 두려움과 수치심 그리고 이러한 경험을 조절하는 어려움을 겪는 데 중점을 두고 있다. 따라서 자기존중감, 신뢰, 충동성, 내적 경험에 대한 부적응적 회피 문제가 이 집단에 만연해 있다.

● 결혼생활의 고통

앞서 살펴본 바와 같이 외상은 대인관계 연결성, 친밀감, 안전한 애착, 즉 편안함, 안전, 지지에 반응하고 제공할 수 있는 개인의 역량을 방해할 수 있다. 예를 들어, 광범위하고 극심한 외상에 노출되어 민간 사회로부터 고립되고 소외감을 느끼는 PTSD 증상이 있는 전투 요원들에게서 이러한 현상이 관찰된다(Weissman et al., 2017). 이러한 사람들은 부부관계에서 거리를 두거나 화를 낼 수 있으며 죄책감과 플래시백과 같이 방해되는 증상을 경험할 수 있다. 결혼생활의 고통은 또한 개인의 친밀감과 신뢰 능력을 방해한 초기 애착 외상으로 인해 발생할 수 있다.

커플을 위한 정서중심치료의 대표적인 접근법(S. Johnson, 2002)은 애착 이론에 기반을 두고 있으며, 해결되지 않은 외상으로 인한 결혼생활의 고통에 적용되었다. 관계의 한 배우자가 외상의 영향을 받고 있는 경우, 안전 애착을 위한 능력이 심각하게 손상될 수 있다. 외상에 시달리는 커플을 위한 치료의 목표는 분노와 거리두기 행동을 통해 방어하고 있는 자신과 배우자의 정서와 애착 욕구에 다시 연결되도록 돕는 것이다. 외상에 대한 개인 치료를 받는 많은 내담자도 결혼생활의 고통을 경험하며, 애착 손상과 외상을 해결하면 부부 관계 개선으로 이어질 수 있다. 여전히 커플을 위한 정서중심치료는 중요한 추가 자원이다.

● 외상의 세대 간 전이와 양육의 어려움

후성유전학에 관한 최근의 연구(Yehuda & Lehrner, 2018)는 외상 경험의 세대 간 전이를 강력하게 뒷받침한다. 잘 문서화된 효과 중 하나는 해결되지 않은 어린 시절 외상과 양육의 어려움 사이의 관계이다. 예를 들어, 성인 애착 면담(Adult Attachment Interview)을 통해 평가한 어머니의 해결되지 않은 외상이 유아의 혼란스러운 애착을 예측한다는 중요한 연구 결과가 있다(Main, 1991). 자신이 적절한 양육을 받지 못했고 안전 애착을 위한 능력을 적절히 발달시키지 못한 보호자는 적절한 양육을 제공하는 데 어려움을 겪는 것으로 보인다. 연구에 따르면 이러한 문제를 가진 여성은 영유아의 행동을 악의적인 의도로 잘못 해석하는 경향이 있는 것으로 나타났다. 더욱이 불안해하는 영유아를 진정시켜 주기보다는 과도하게 자극하고 겁을 주며 자녀의 정서적 욕구에 적절하게 반응하지 않는 것으로 밝혀졌다. 마찬가지로, 해결되지 않은 외상과 높은 상관관계가 있는 산모의 우울증은 아동 방임과 관련이 있다. 예를 들어, 홀로코스트 생존자의 자녀나 부모가 전쟁으로 폐허가 된 나라에서 이민을 왔거나 이란이나 중국과 같이 폭력적인 혁명을 겪은 경험이 있는 내담자도 PTSD, 우울, 불안 증상을 보일 수 있다. 양육의 어려움에 대한 전통적인 개입 방식은 양육 기술을 가르치는 것이었다. 그러나 이러한 부모가 외상과 애착 손상을 해결하도록 돕는 것은 양육 행동 개선에 기여할 수 있다. 실제로 EFTT에서 많은 내담자가 치료를 받는 동기는 더 나은 부모가 되어 학대와 방임의 악순환을 끊기 위해서라는 사실이 밝혀지고 있다.

정서적 역량의 결함

정서적 역량의 결함에는 정서에 대한 인식과 조절 능력의 저하가 포함되며, 이는 결국 정서에 대한 성찰 능력을 방해한다. 이러한 장애는 외상, 특히 복합외상으로 인한 장애의 핵심이다. 정서적 경험을 인식하고 명명하는 데 어려움이 있는 경우(감정표현불능증, alexithymia)는 여러 가지 장기적인 기능 장애와 관련 있다. 마찬가지로, 어린 시절의 정동 조절 곤란과 회피 문제는 핵심 발달 과업을 방해하고 정동 경험을 다루는 습관적인 방식이 될 수 있다. 더욱이 이러한 조절 곤란의 문제는 만성 우울 및 불안, 정동 경험의 무감각, 분노 조절 문제, 앞서 언급한 자기존중감 및 대인관계의 어려움 등 장기적인 문제를 초래할 수 있다.

Shore(2019)에 따르면, 안전 애착은 공격성을 포함한 동기 상태의 적응적 조절에 중추적으로 관여하는 우뇌의 경험 의존적 성숙을 촉진한다. 심각한 외상성 애착은 초기 발달 우뇌의 구조적 한계를 초래하며, 기능적 결함에는 스트레스 상황에서 정서 상태(공포나 두려움, 공격성 모두)를 조절하지 못하는 것이 포함된다. 수많은 신경생물학 연구에서 아동학대가 발달 중인 뇌에 미치는 영향에 대해 설명했다(Cabrera et al., 2020).

사회 발달적 관점에서 Gottman(1997)은 자녀의 감정과 욕구에 대한 부모의 반응과 부모의 정서 사회화 및 코칭(정확한 명명과 적절한 표현)이 자녀의 정서적 역량을 향상시키는 데 중요하다는 점을 강조한 저명한 연구 결과를 발표했다. 효과적인 정서 조절은 아이들이 정서적으로 힘든 경험을 성찰하고 이해하는 데 필요하다. 정서 발달의 관점에서 볼 때 정서 조절에는 모든 범위의 정서 경험에 접근하고, 정서 경험의 빈도와 강도를 조절하며, 자신의 정서와 관련 욕구를 적절하게 표현하는 능력이 포함된다(Gross, 2015). 양육자의 공감적 반응을 통해 아동은 특정 상황에서 감정을 완화하거나 강화하는 방법을 배우며, 분노나 두려움과 같은 부정적인 감정은 문제 해결이나 지지받기 같은 긍정적인 결과와 개선과 관련이 있다. 하지만 폭력적이고 학대적이며 방임적인 환경에서는 정서적 경험, 특히 부정적인 경험에 대해 소통하고, 지지받고, 이해하고, 적절하게 표현할 기회가 제한적이다. 적절한 정서 코칭과 지지가 없으면 아동은 학대에 대한 반응으로 발생하는 강렬한 감정에 대처하기 위해 회피에 의존하는 방법을 배우게 된다. 종종 정서적 과잉 통제는 높은 수준의 내적 고통에 대처하기 위한 전략이며, 개인은 과소 조절과 과잉조절의 두 가지 극단 사이를 번갈아 가며 사용할 수 있다.

● 정서 과소 조절의 영향

만성적인 폭력의 위협이 기억에 내재된 극도의 정서적 각성을 초래할 수 있다는 사실은 오래전부터 알려져 왔다(van der Kolk & McFarlane, 1996). 자동 경보 반응은 과거의 경험과 유사한 현재 자극에 의해 부적절하게 계속 촉발되어 공포 기억을 활성화한다. 이는 PTSD의 침습 및 각성 증상에서 분명하게 드러난다. 환경에 의해 생성된 압도적인 정서는 사고와 행동에 혼란스러운 영향을 미치고 학습, 수행 및 사회적 관계를 방해한다.

성인 생존자들 사이에서 과소 조절의 문제에는 강렬한 경보, 격노 또는 수치심 반응과 불안, 우울, 과민성 등 만성적인 '나쁜 감정'뿐만 아니라 자신을 불안전하거나 무가치한 존재로 여기는 만연한 자기감이 포함된다(Schore, 2019). 해리 및 물질 남용, 자해와 같은 행동은 압도적인 정동에 대한 반응일 수 있다. 분노 조절 문제와 공격적인 행동은 해결되지 않은 외상(즉, PTSD의 과민성, 과각성 증상 군)과도 높은 상관관계가 있으며, 특히 신체적 폭력에 노출되면 대인관계에 심각하게 해로운 영향을 미칠 수 있다. 가정폭력에 대한 조기 노출과 이후의 대인 폭력(Wolfe, 2007)과 전투 참전용사들 사이에서 극도의 분노와 공격적인 행동의 발생률이 높은 것과 관련이 있다(Novaco, 2007)는 강력한 증거가 있다. 분노와 공격성 문제는 제10장에서 자세히 설명한다.

● 정서 억제 및 과잉조절의 영향

외상 감정과 기억을 회피하는 것은 PTSD의 특징이자 침습과 과각성 증상에 대처하기 위한 전략이다. 외상 생존자들은 종종 외상 사건과 관련된 감정과 기억을 없애고 싶어 하지만 회피는 과거 경험으로부터 이익을 얻을 수 없음을 의미한다. 게다가 회피가 완료되면 이러한 사람들은 자신의 지각과 반응적 행동을 이해하지 못한다. 이는 내적 경험과 정서가 정보의 귀중한 원천이라는 관점과 경험 회피가 물질 남용, 우울, 불안의 나쁜 성과와 관련이 있다는 저명한 이론 및 연구와 일치한다(Hayes et al., 2012). 예를 들어, 억제 이론에 따르면 외상 감정과 기억을 만성적으로 억제하는 것은 면역체계 붕괴에 기여한다(Pennebaker & Chung, 2011). 왜냐하면 생각, 특히 속상한 사건과 관련된 감정을 의도적으로 억제하려면 체계 에너지(즉, 외상 사건은 잊을 수 없는 것)가 필요하기 때문이다. 장기간에 걸친 이러한 억제는 유기체에 스트레스를 가중시켜 결국 면역체계의 붕괴를 초래한다. 이는 복합 PTSD의 일부인 신체적 증상과도 일치한다.

외상 사건과 관련된 생각과 감정을 만성적으로 억제하는 것도 PSTD 증상을 지속시키고 회복을 방해하는 것으로 알려져 있다(Foa et al., 2019). 따라서 외상 경험과 관련 의미는 처리 되지 않고 기억에 '동결된' 상태로 남아 있으며, 현재 자기, 타인, 현실에 대한 인식에 계속해서 부정적인 영향을 미친다. 억제된 핵심 내적 경험은 통합을 압박하고 현재의 인식을 방해하는 '미해결 과제'로 남아 있다(Paivio & Greenberg, 1995). 마찬가지로 EFTT 관점에서 보면, 아동학대 생존자가 고통스러운 정동을 관리하기 위해 사용하는 해리, 부인, 과잉 통제와 같은 전략은 적응 기능에 도움이 될 수 있는 정서 경험과 관련된 정보로부터 자신을 단절시킨다. 결과적으로 생존자들은 자신을 주장하지 못하거나 중요한 상실을 슬퍼하고 치유하지 못하는 경우가 많다. 이는 일상적인 기능에 추가적인 파괴적 영향을 미친다.

이러한 어려움은 정서 경험을 인식하고 묘사하는 능력의 결핍을 수반하는 감정표현불능증에서 분명하게 드러난다. 현재 통용되는 사회 발달 이론에 따르면 이러한 결핍은 어린 시절의 정서 코칭 부족에서 비롯된다고 제안한다. 감정표현불능증에 대한 초기 연구를 개관한 결과, 이 상태는 신체화, 우울, 사회불안, 사회적 지지 부족 등 광범위한 장애와 관련이 있는 것으로 나타났다(Taylor et al., 1997). 외래환자 집단에서 감정표현불능증은 아동학대의 영향과 성인이 되어 신체화 증상을 보이는 것 사이의 관계를 매개하는 것으로 나타났다(Ogrodniczuk et al., 2014). 학부생을 대상으로 한 연구에서는 아동학대와 열악한 모성 정서 사회화가 나중에 성인 관계에서 불안정 애착을 예측하는 데 공동으로 영향을 미치는 연관성을 감정표현불능증이 매개하는 것으로 나타났다(Mlotek, 2019). 또한 감정표현불능증은 아동학대와 칼로 긋기 또는 화상 입히기 같은 자해 행동(self-injurious behaviors: SIBs) 사이의 관계를 매개하는 것으로 밝혀졌다(Paivio & McCulloch, 2004). 게다가 SIBs(및 기타 자기파괴적 행동)가 정동 상태, 특히 분노를 조절하는 데 자주 사용된다는 사실은 널리 알려져 있다. 이러한 연구 결과를 종합해 보면 학대의 역사는 부분적으로 정서 경험을 식별하는 데 어려움을 겪는 것과 인과관계가 있으며, 이는 신체화 증상, 자기파괴적 행동, 관계에서 안전함을 느끼지 못하는 문제로 이어질 수 있음을 시사한다.

발달 과정에서 다양한 유형의 외상이 미치는 구체적인 영향

외상 노출의 가장 광범위한 장기적인 영향은 누적되고 복합적인 외상, 특히 발달 과정 중 대인외상과 관련이 있다. 아동학대의 영향과 관련해서는 전반적으로 여러 학대 유형에 걸쳐 차이점보다는 공통점이 더 많다. 이는 부분적으로는 한 가정에서 여러 유형의 학대가 동시에 발생하기 때문이다. 게다가 학대 유형이 많을수록 정신병리가 더 심해지는 것과 관련이 있다. 그럼에도 불구하고 학대 유형에 따른 차별적 영향을 파악하는 연구는 효과적인 치료에 잠재적으로 영향을 미칠 수 있기 때문에 학대 유형에 따른 차이를 파악하는 데 중점을 두고 있다. 아동학대의 영향에 관한 문헌은 주로 여성 성적 학대에 초점을 맞추고 있으며, 신체적 학대에 초점을 맞춘 연구도 균형을 이루고 있다.

풍부한 연구에 따르면 성적 피해는 성생활과 성적 발달뿐만 아니라 정동적 · 신체적 · 인지적 · 사회적 영역 전반에 걸쳐 발달과 자기조절에 미치는 해로운 영향을 뒷받침한다(van der Kolk, 2020). 아동기 성적 학대의 뚜렷한 특징은 성과 신체적 경험에 집중되어 있다. 여기에는 성기능 장애(예: 회피, 성적 문란), 수치심(신체 수치심 포함), 신체화, 낙인화, 피해자화에 대한 취약성이 포함된다. 아동기 성적 학대는 또한 점점 더 보편화되고 있는 피해 형태인 사이버 집단따돌림 및 성적 약탈에 대한 고등학생의 취약성을 증가시키는 것으로 밝혀졌다(Hébert et al., 2016).

아동기 신체적 학대는 신체적 위험이나 공포뿐만 아니라 불신과도 관련이 있는 경우가 많다. 연구를 개관한 결과, 성적 피해에 대해 기록된 것과 동일하게 아동기 신체적 학대 이력과 상관관계가 있는 것으로 나타났다(Ford, 2020). 하지만 신체적 학대의 뚜렷한 영향은 특히 남성의 경우 분노 조절 문제와 공격적인 행동에 집중되어 있다.

현재까지 정서적 학대의 장기적인 영향과 정서적 학대와 방임의 차이에 대한 연구는 드물었다. 정서적 학대의 정의에는 아동의 가치감이나 안녕감에 대한 공격, 나이 많은 사람이 아동에게 가하는 모욕·비하·위협하는 행동이 포함된다. 개인은 자신이 경험한 것이 '학대'인지 확신하지 못할 수 있으므로 그 영향을 무시할 수 있다. 경험에 따르면 이러한 유형의 정서적 학대는 성인이 된 후 자기비난 과정, 부정적인 평가에 대한 두려움, 사회불안과 관련이 있는 경우가 많다. 이러한 관찰 결과는 치료적 관계와 주요 치료 개입에 대한 참여에 분명한 영향을 미친다.

정서적 학대에는 사랑하는 사람에게 가해진 폭력, 반려동물에 대한 학대, 자신이나 타인에 대한 위협, 무기로 징계당하는 것을 목격하는 것도 포함될 수 있다. 이러한 경험 중 일부는 두려움과 공포를 수반하므로 DSM-5 기준 A의 외상에 대한 정의에 부합한다. 또한 EFTT에서 이러한 내담자에 대한 우리의 경험은 우울증에 대한 취약성, 즉 사랑하는 사람을 보호할 수 없는 무기력함과 무력감에 직면하여 무너질 수 있음을 시사한다. 최근 연구에 따르면 배우자 폭력을 목격한 아동은 기능 장애와 유의한 관련이 있는 다른 유형의 외상을 네 가지 이상 겪을 가능성이 두 배 이상 높은 것으로 나타났다(Stover et al., 2019). 게다가 성인이 분노 문제로 치료를 받을 때 처음에는 복합외상과 관련된 근본적인 문제를 파악하지 못할 수도 있다. 하지만 분노 문제의 동반 질환에 관한 유일한 연구 중 하나에 따르면 폭력적인 행동(예: 친밀한 배우자 폭력)으로 인해 자발적으로 치료를 받은 남성의 18% 이상이 PTSD 진단을 받은 것으로 나타났다(Askeland & Heir, 2014).

아동기 정서적 학대의 영향에 대한 연구(Taillieu et al., 2016)에 따르면 이러한 경험은 다른 형태의 아동학대 및 가족 기능 장애와 관련이 있는 것으로 나타났다. 더욱이 학대와 방임 모두 우울, 불안, 물질 남용, 성격장애 등 여러 정신장애와 관련이 있으며, 일부 영향은 다른 형태의 아동학대 및 가족 기능 장애와 무관한 것으로 나타났다. Taillieu 등(2016)은 정서적 학대가 특히 해로운 이유는 아동에게 부정적인 메시지(예: 너는 쓸모 없어)를 직접적으로 전달하기 때문일 수 있다고 추측했다. 이 연구는 또한 정서적 학대가 방임에 비해 더 일반적이며 전 생애에 걸쳐 광범위한 정신장애로 나타난다는 사실을 발견하였다. 저자들은 특정 유형의 정서적 학대(예: 공포 대 가혹한 비난)가 정신건강에 특정한 영향(예: 공포 대 수치심 관련 장애)을 미친다고 제안하였다.

하지만 정서적 방임은 양육자가 아동의 기본적인 심리 · 정서적(애착) 욕구를 충족시키지 못하는 것을 말한다. 방임의 영향은 정서적 학대보다 더 모호하기에 더욱 교묘하다. Taillieu 등의 연구(2016)에 따르면 아동기의 정서적 방임은 특정 정신장애(예: 주요 우울장애, 사회공포증, 분열성 · 분열형 · 경계선 · 회피성 성격장애)의 평생 진단과 관련이 있는 것으로 나타났다. 이러한 장애는 사회적 철수와 대인관계의 어려움을 시사하는 것으로 보인다. 정서적 방임을 특징짓는 애정과 지지의 부족은 전 생애에 걸쳐 애착 유형에 영향을 미칠 가능성이 높다(Bowlby, 1988). EFTT에 대한 연구결과, 정서적 방임의 이력이 있는 내담자는 얼핏 보기에 사회적으로 불안하고 정서적으로 위축된 것처럼 보이는 경우가 많다는 것을 관찰했다. 그러나 더 중요한 것은 이러한 내담자들은 내적 경험에 대한 명확성이 근본적으로 부족하거나 불확실성을 특징으로 하고 치료자를 포함한 다른 사람들에게 방향을 찾고 있다는 점이다. 여기서 시사하는 바는 이러한 사람들은 자신의 내적 경험에 대해 명명하고 방향을 찾는 데 더 많은 지지가 필요하다는 것이다.

치료에 대한 시사점

앞서 인용한 통계에 따르면 특히 어린 시절에 외상과 학대에 반복적으로 노출되면 정신건강에 여러 가지 누적적이고 장기적인 악영향을 미치는 것으로 나타났다. 이는 많은 사람이 이러한 영향을 해결하기 위해 치료를 받는다는 것을 의미한다. 전 세계적으로 망명 신청자의 수가 증가함에 따라 외상에 초점을 맞춘 심리 서비스에 대한 필요성도 증가하고 있다. 한 개인의 삶 전반에 걸친 다각적인 장애와 여러 개별적인 외상의 누적된 특성을 다루는 포괄적인 치료가 필요하다. 외상 경험은 대부분 경험적 기억에 부호화되어 있기 때문에 외상의 영향에 대응하기 위한 효과적인 개입은 경험적 체계를 불러일으켜야 한다(van der Kolk, 2020).

EFTT는 포괄적이고 경험에 초점을 맞춘 치료법이다. EFTT에서 외상의 영향에 대응하는 치료적 경험은 치료적 관계, 가해자와의 심상적 직면, 기억 작업 및 재경험 절차, 이전에 억제된 적응적 정서 경험에 대한 접근에 초점을 맞추는 것을 통해 이루어진다. EFTT

기법은 외상 경험에 내재된 강렬한 정서에 접근하고 이를 처리하도록 촉진한다. 핵심 정서에 접근하면 자기의 해리되고 무시된 측면과 적응적 기능을 안내하는 건강한 자원을 포함하는 정서적 경험과 관련된 정보에 접근할 수 있다. 이러한 자서전적 정보와 자기성찰은 보다 적응적이고 일관된 내러티브를 구성하는 데 있어서 중요하다. 다음 장에서는 이론적 모델을 제시하고 EFTT가 복합 대인외상의 영향을 어떻게 다루는지 개략적으로 설명한다.

제2장

EFTT 치료 모델

이 장의 목적은 외상에 대한 정서중심치료(emotion-focused therapy for trauma: EFTT)가 이전 장에서 설명한 외상으로 인한 장애를 개념화하고 해결하는 방법을 제시하는 것이다. 이 장은 EFTT의 기원과 발전으로 시작하여, EFTT를 외상 치료에 대한 다른 접근법 및 일반적인 EFT 모델과 구별하는 이론적 토대와 특징에 대해 설명한다. 이 장은 치료의 단계와 과업, 개입 원리, 치료에서 일반적으로 사용되는 특정 절차 또는 기법 등 치료 모델에 대한 설명으로 마무리된다.

서론에서 설명한 바와 같이, EFTT는 30년 이상에 걸친 연구 프로그램과 수십 명의 내담자 치료를 통해 개발되고 개선되었다. 이 프로그램은 아동학대 외상 문제를 구체적으로 다루고 있는 내담자를 대상으로 한 임상 관찰과 '미해결 과제'에 대한 정서중심치료의 과정 분석(Paivio & Greenberg, 1995)으로 시작되었다. 이러한 관찰과 분석을 통해 EFTT의 몇 가지 주요 특징이 드러났다.

첫째, 외상과 관련된 문제를 다루는 내담자에게는 치료에서 주로 사용되는 '심상적 직면(imaginal confrontation: IC)' 절차에 참여하는 것이 더 어려워 보였다. 이 절차에서는 내담자가 빈 의자에 앉아 있는 학대 가해자를 상상하고 자신의 생각과 감정을 가해자에게 직접 표현해야 한다. 처음 이 치료법을 도입했을 때 일부 내담자는 당황했고, 다른 내담자는 가해자가 치료실에 있다는 생각에 겁을 먹었으며, 또 다른 내담자는 참여를 거부했다. 이후 내담자가 IC에 참여하려면 이러한 어려움을 탐색하고 해결해야 했다. 예를 들어, 어머니가 자살한 내담자 모니카에게 어머니가 빈 의자에 앉아 있는 상상을 하도록 요청하자 모니카는 당황하여 블라우스를 움켜쥐고 호흡곤란을 일으켰다. 개입을 통해 그녀는 이 고통을 관리하는 동시에 심상 속 어머니의 자살에 대해 느꼈던 고통과 분노를 직면할 수 있었다.

아동학대 외상을 겪는 내담자에게 지속적으로 나타나는 또 다른 과정은 외상에 대한 수치심과 자기비난이며, 이는 종종 우울증으로 나타나기도 한다. 이러한 문제를 해결하는 것이 모니카와의 치료의 핵심 요소였다. 모니카는 학대를 받지는 않았지만 어머니의 '잔혹함'으로 인해 '더럽혀졌다'고 느꼈고, 어머니의 자살에 자신과 형제자매가 어떤 식으로든 책임이 있다고 생각했으며, 어머니에게 그렇게 끔찍하게 버려지고 외상을 겪을 만큼 자신이 중요하지 않았을 거라고 생각했다. 개입을 통해 그녀는 수치심과 두려움 그리고 자신이 사랑받고 있다는 확신을 얻고자 하는 갈망을 극복할 수 있었다.

또한 아동학대를 구체적으로 다룬 '미해결 과제' 연구(Paivio & Greenberg, 1995)의 내담자들은 잔인하고 학대적인 것으로 인식되는 타자를 상상하면서 슬픔과 같은 취약한 감정을 표현하기를 원하지 않는 것으로 관찰되었다. 이 경우, 이러한 정서에 대한 효과적인 작업에는 내담자가 IC 절차에서 벗어나 필요한 연민과 지지를 제공할 수 있는 치료자에게 이러한 감정을 표현하는 것이 포함되었다. 취약한 감정은 IC 절차에서 연민으로 반응을 할 수 있다고 인식되는 심상화된 타자에게 표현되었다. 모니카의 경우, 어머니에게 버림받고 배신당했다고 느꼈지만 어머니가 잔인하거나 학대적이라고 인식하지 않았고, IC 절차를 통해 상상한 어머니에게 자신의 고통과 슬픔을 직접적으로 표현할 수 있었다. 그녀는 어머니의 행동이 자신과 가족에게 미친 파괴적인 영향에 대해 분노를 표현한 후에 이 작업을 더욱 온전히 할 수 있었다.

내담자가 IC 개입을 거부하거나 참여할 수 없는 경우, Paivio 등(2010)은 내담자가 '마음의 눈'으로 가해자를 상상하고 치료적 관계의 맥락에서 모든 자료를 논의하는 스트레스를 덜 받고 대안적인 '환기적 탐색' 절차를 개발하고 평가하였다. 여러 연구를 종합한 결과, 심상적 직면을 물리적으로 실연하는 것이 몇 가지 독특한 이점을 제공하지만, 이 작업의 본질적인 측면은 개입에 대한 계획에서의 정서처리 단계라는 것을 알 수 있다.

마지막으로, 아동학대를 다루는 내담자에게는 두 가지 다른 해결 경로가 관찰되었다. 첫째, 일부 내담자의 경우, 특히 주 애착 대상이었던 가해자에 대한 수용과 온정이 높아진 것이 중요한 성과였다. 모니카의 경우 내면화된 어머니와의 관계를 치유하는 것이 치료의 주요 목표였다. 해결 방법에는 어머니에게 자신이 일으킨 피해에 대한 책임을 묻고 어머니가 후회하고 그 피해에 대해 전적으로 책임을 지는 것을 상상하는 것이 포함되었다. 이로써 모니카는 어머니를 용서할 수 있었다.

다른 사례에서는 약간 다른 해결 경로를 나타냈다. 내담자는 치료가 끝날 때 가해자와의 문제를 해결했지만, 일반적으로 가해자를 더 수용하고 용서하지 못했다. 특히 가해자가 잔인하고 뉘우치지 않는 것으로 보였을 때 이런 현상이 두드러졌다. 이 경우, 내담자는 여전히 비열한 사람으로 인식되던 가해자가 이제는 덜 위협적이고 '병든' 또는 한심한 사람으로 여겨지면서 상대방과 더 분리되었다고 느꼈다. 해결을 향한 이러한 각 경로의 적합성은 규정적인 것이 아니고, 치료 과정에서 둘 중 하나에 대한 선호도가 분명해지며 전적으로 내담자의 독특한 과정과 해석에 따라 달라진다.

EFTT의 지속적인 개발은 표준 EFTT 절차에 대한 내담자의 어려움을 관찰하는 것을 기반으로 한다. 여기에는 정서조절곤란과 불안뿐만 아니라 정서 경험에 주의를 기울이는 능력 부족도 포함된다. 이러한 두 가지 어려움은 고통스러운 내적 경험에 대한 참여와 탐색을 방해하고, 정서 변화와 개인적 변화에 필수적인 건강한 적응 경험에 접근하는 내담자의 일반적인 역량을 방해한다. 다음 절은 EFTT 치료 모델의 이론적 기초를 소개한다.

이론적 기초

EFTT는 정서중심치료에 대한 최신 이론과 연구(예: Greenberg & Goldman, 2019a; Greenberg & Paivio, 1997; Paivio & Greenberg, 1995)에 기반을 둔 통합적 접근 방식이며 행동(예: Hembree & Foa, 2020), 인지행동(예: Jackson et al., 2020), 애착 기반 정신역동적 접근법(예: Fosha, 2021; Fosha & Thoma, 2020)과 외상 관련 장애의 치료에 대한 특징을 공유한다. 그러나 EFTT는 오랜 전통의 경험적 치료법의 일부이며, 이러한 다른 치료법의 측면을 광범위한 경험 지향적 체계 내에 통합하는 중요한 이론을 제공한다.

기능의 일반 이론

건강한 인간 기능에 대한 일반적인 정서중심치료 이론은 애착, 경험적 치료 및 정서 이론의 원리를 바탕으로 한다. 이러한 원리는 다음 절에 자세히 설명되어 있다.

정서중심치료는 자기의 발달과 타자에 대한 기대에 있어 초기 애착 경험의 중심성을 강조한다. 인본주의 치료의 관점에서 볼 때, 이는 자기발달에 있어 무조건적 긍정적 존중의 중요성에 대한 Roger(1980)의 견해에 기원을 두고 있다. 이 접근법은 애착 관계 내에서 정동적 경험의 발달적 중요성에 특히 중점을 둔다. 따라서 건강한 애착 관계는 탐색적 행동을 촉진하는 안전감과 안정감, 가치 있고 유능한 자기감, 지지적이고 신뢰할 수 있는 친밀한 타자에 대한 감각을 제공한다(Bowlby, 1988). 또한 애착 대상의 적절한 정서 사회화와 코칭(Gottman, 1997)을 통해 아이들은 정서적 경험을 조절하고 이해하며 괴로움을 겪을 때 스스로를 진정시키는 법을 배운다. 이러한 학습은 중요한 삶의 경험에 대한 내러티브–정서처리를 포함하는 양육자–자녀 간 대화에서 이루어진다. 결과적으로 내러티브 과정은 개인의 정체성 발달에 중심적인 역할을 한다(Paivio & Angus, 2017).

외상 관련 기능 장애 이론

여기서 논의되는 이론적 개념은 특히 외상 영역과 관련이 있다. 외상 관련 기능 장애에 대한 EFTT의 관점은 이전 장에서 제시한 자료를 기반으로 한다. 간단히 설명하자면, 첫째, 기초 외상 이론에 따르면 미해결된 외상 경험은 우뇌 경험 기억에 부호화되어 외상과 유사한 현재 자극에 대한 반응으로 활성화된다고 한다(van der Kolk & McFarlane, 1996). 예를 들어, 외상 후 스트레스 장애(PTSD)의 증상(예: 악몽, 플래시백)을 다시 경험할 때 이러한 현상이 뚜렷하게 나타난다. 둘째, 양육자의 손에 의해 외상에 반복적으로 노출되는 것은 특히 치명적인 영향을 미친다. 이러한 경험은 현재의 자기개념과 친밀한 대인관계에 지속적으로 영향을 미치는 부정적인 자기–타인 표상을 초래할 수 있다. 셋째, 발달 초기의 복합외상은 정서적 능력, 특히 정서조절능력의 발달에 해로운 영향을 미친다. 위협적인 자극에 대한 공포 반응(즉, 투쟁, 도피, 얼어붙음; LeDoux, 2012)이 더욱 일반화되고 고착화되어 만성적인 신경계 과잉 활성화를 초래한다. 아이들은 이러한 경험으로 인해 발생하는 고통스럽고 강력하며 혼란스러운 감정에 대처하기 위해 회피에 의존하여 자신의 고통을 차단하는 방법을 배운다. 경험회피가 만성화되면 물질남용, 자해 행동, 대인관계 문제, 사회적 지지 부족 등 여러 가지 장애와 관련이 된다(Hayes et al., 2012). 더욱이 만성 회피는 외상 증상을 지속시키고, 회복을 방해하며, 면역체계의 붕괴를 초래하는 것으로 알려져 있다(Foa et al., 2011).

정서 능력의 다른 문제는 정서적 경험에 대한 인식 장애와 관련이 있다. 예를 들어, 어린 시절부터 신체적 학대를 받은 경험이 있는 사람들은 단순히 과민 반응을 보이거나 반응 편향이 심하지 않다. 오히려 학대를 경험하지 않은 사람들보다 분노와 공포의 정서적 신호를 더 빠르고 더 예민하게 인지하는 것이 일반적이다(Ford, 2020). 그러나 동시에 외상의 병력이 있는 아동은 슬픔의 표현을 식별하는 속도와 자신감에서 뒤처지는 것으로 보인다(Pollak & Sinha, 2002). 이와 같은 정서 지각의 개인차는 회기 내에서 환기적 개입을 사용하는 데 실시간으로 영향을 미친다. 이는 내담자가 자신의 정서적 반응을 이해하도록 돕고자 하는 치료자에게 중요한 고려 사항이다.

임상 관찰과 경험 연구에 따르며 다양한 정서적 경험과 반응이 외상 및 PTSD와 관련이 있는 것으로 나타났다(Power & Fyvie, 2013 참조). 이 분야의 이러한 광범위한 정서적 경험에 대한 인식은 정신 질환의 진단 및 통계 편람 5판(Diagnosed and Statistic Manual of Mental Disorder 5th ed.: DSM-5; American Psychiatric Association, 2013)의 불안장애 절에서 PTSD를 삭제하고 외상 및 스트레스 관련 장애 절에 새로 포함한 것에 반영되어 있다. 더욱이 새롭게 포함된 '인지 변화' 증상군은 이제 불안 외에 분노, 죄책감, 수치심 등 다양한 정서처리를 명시적으로 표현한다. 안타깝게도 외상을 다루는 많은 노출 기반 접근법은 여전히 불안장애로써의 PTSD에 대해 부분적으로 구식 이해와 밀접하게 연관되어 있으며, 여전히 공포를 소거하는 데 초점을 맞추고 있다. 이제 그 어느 때보다 외상을 다루는 데 있어 보다 포괄적인 경험 및 정서중심의 접근 방식이 필요하다.

EFTT의 변화 이론

EFTT의 두 가지 전반적 변화 과정은 안전한 치료적 관계 제공과 외상 기억 처리이다. 치료적 관계의 측면에서 대부분의 경험적 치료의 기본 가정은 치료자의 연민, 진솔성, 공감이 변화를 위한 필요(충분하지는 않더라도) 요소이다. EFTT에서 관계는 변화를 촉진하는 두 가지 방식으로 작용한다. 첫째, 공감적이고 협력적인 치료적 관계는 내담자가 재경험 절차에 참여하도록 지원한다. 둘째, 이러한 관계의 질은 이전 애착 관계의 공감적 실패에 대응하는 데 도움이 된다. 안전과 지지의 경험은 내면화되고, 자기발달과 대인관계 신뢰를 촉진하며, 다른 관계로 일반화되어 외상으로 인해 중단된 대인관계 연결 능력을 회복하는 데 도움이 된다. 따라서 EFTT는 치료적 관계의 기능에 대한 인지행동치료('마취제'로써의 관계)와 관계적 정신역동(직접적 치료로써의 관계) 관점의 특징을 모두 공유한다.

EFTT에서 두 번째로 가정된 변화 과정은 외상 기억의 정서처리이다. 대부분 외상 전문가는 외상에서 회복하려면 안전한 환경에서 외상 감정과 기억을 재경험하여 정서처리, 즉 새로운 정보의 수용을 통한 탐색과 수정에 이를 이용할 수 있다는 데 동의한다(Foa et al., 2019). 행동적 관점에서 볼 때 정서처리는 주로 둔감화 과정을 통해 개인이 외상에 의해 파괴되지 않고 견딜 수 있다는 것을 학습하는 것을 포함한다. EFTT의 관점에서 정서처리에는 제3장에서 설명하는 보다 복잡한 일련의 과정이 포함된다. 일반적으로 복합외상의 정서처리에는 고통스러운 감정과 기억에 대한 둔감화뿐만 아니라 새로운 고유한 의미, 즉 자기와 타자, 외상 사건에 대한 보다 적응적이고 일관된 관점을 적극적으로 구성하는 것이 포함된다. 외상 기억을 처리하려면 경험 체계에 부호화되어 있지만 처리되지 않았거나 불완전하게 처리된 외상 자료에 합리적 · 언어적 과정을 적용해야 한다. 그러므로 해결의 지표는 외상 경험에 대한 내담자의 내러티브가 보다 일관성 있고, 개인적이고, 정동적으로 집중되며, 자기성찰적으로 되는 것이다. 이러한 특성은 제5장의 초점인 경험의 구성에 반영되어 있다.

요약하자면, 대인 발달 외상으로 인한 장애의 핵심은 정동과 내러티브 장애이며, EFTT는 이러한 어려움을 해결하는 데 매우 적합하다. 내담자는 대인관계 지지에 의존하는 방법을 배움으로써 이전에 회피했던 자료를 견디고 자기와 타자, 외상 경험에 대해 보다 적응적으로 이해할 수 있게 된다. EFTT 이론의 이러한 특징은 성인 생존자를 위한 다른 잘 확립된 치료법과 일치한다(Ford & Courtois, 2020 참조). 그러나 EFTT는 복합외상 스트레스 장애의 개념화와 치료에도 몇 가지 뚜렷한 공헌을 하고 있다.

EFTT의 구별되는 특징

다음 하위 절에서는 EFTT의 특징과 다른 접근법들과의 차이점을 간략하게 설명한다.

건강과 적응적 자원에 중점

EFTT는 두려움이나 수치심과 같은 부적응적 정서를 수정하는 데 주의를 기울이지만, 내담자의 강점과 회복탄력성을 명시적으로 강조하고 이전에 억제된 적응적 정서에 접근하는 것을 강조한다. 다시 말하면, 위반에 대한 분노에 접근하면 무력감, 희생감, 자기비난에 대응하는 데 도움이 되고, 슬픔을 경험하면 자기에 대한 연민과 상실을 슬퍼하고 앞으로 나아가는 데 도움이 되는 자기진정 능력에 접근하게 된다. EFTT 개입은 이러한 적응적 정서와 관련 자원에 내담자의 주의를 집중시킨다. 적응적 자원에 대한 이러한 강조는 외상 회복탄력성 개념에 대한 관심이 급증하는 것과 일치한다(Harvey et al., 2003). 정신병리와 회복탄력성은 상호 배타적이지 않다. 게다가 회복에는 일부 영역의 강점을 활용하여 다른 영역에서 도움을 주는 것이 포함된다. 이를 위해 회복 과정 초기에 개인의 회복탄력성 역량을 파악하고 이를 활용하여 회복을 촉진하는 것이 중요하다. Harvey 등(2003)의 연구에 따르면 시간 경과에 따른 타인과의 관계, 집단 구성원, 성공 경험(예: 직업, 양육), 자기관리, 책임 또는 선택에 대한 귀인 등의 요인이 내담자의 회복탄력성과 관련이 있는 것으로 나타났다. EFTT 개입은 자기를 강화하는 방법으로 이러한 요소와 기타 개인의 강점 및 자원에 대한 내담자의 관심을 명시적으로 강조하고 유도한다.

치료자의 공감적 반응에 대한 의존

모든 효과적인 심리치료는 내담자의 감정과 욕구에 대한 치료자의 공감적 조율에 달려 있다. 이것이 치료 목표의 기초이다. 그러나 경험적 접근법은 조율뿐만 아니라 고급 공감적 반응에도 특별한 관심을 기울여 공감적 반응 및 관련 기능에 대한 분류체계를 개발했다(Watson, 2019). 내담자의 감정과 욕구에 대한 공감적 반응은 EFTT 전반에 걸쳐 사용되는 주요 개입이다. 이는 특히 이전 장에서 설명한 복합외상의 핵심인 정서조절 결함을 해결하는 데 사용된다. 따라서 정확한 공감적 반응은 아동 정서 발달 전문가들이 확인한 정서조절능력을 향상시킬 수 있다(Gross, 2015). 즉, 내담자가 전체 범위의 정서와 관련 의미에 접근하고, 식별하고, 정확히 명명하고, 정서의 강조를 조절하며(상향조절 및 하향조절), 적절한 정서 표현을 할 수 있도록 돕는다.

심상화와 실연

외상 작업에서는 경험적 기억에 접근하고 강렬한 정서처리를 촉진하는 기법도 필요하다. 정서와 신체 및 감각 활성화를 포함하는 개입은 이러한 우뇌 상향식 처리를 촉진한다(즉, 일반적인 개념 지식을 기반으로 하는 하향식 처리와 달리 구체적인 감각 경험에 기반을 두고 있다). EFTT는 오랜 경험적·인본주의적 전통과 잘 개발된 기술을 바탕으로 경험회피를 극복하고, 정동 경험을 불러일으키며, 경험적 자각을 촉진한다. 이러한 기술은 언어적 상징화와 결합하여 외상의 영향을 역전시키는 데 도움이 될 수 있다. 환기적 공감, 경험적 포커싱, 게슈탈트에서 파생된 절차에는 핵심 과정(즉, 경험적 기억 속에 부호화된 외상 자료)을 빠르게 불러일으켜 탐색, 통합 및 변화에 사용할 수 있도록 하는 심상화와 다중 모드 실연(multimodal enactments)이 포함된다. 이 책에서는 기억 작업과 재경험 절차의 맥락에서 심상화 기법을 새롭게 강조한다(제7장).

표식 주도 및 과정 지향적 개입

정서중심치료가 치료 문헌에 기여한 주요 공헌은 '표식 주도(marker–driven)' 개입이라는 아이디어이다. 여기에는 특정 치료적 개입을 시작하기 위한 회기 내 표식으로써 다양한 유형의 정서와 관련 처리 어려움(Goldman, 2019; Greenberg & Paivio, 1997)을 식별하는 것이 포함된다. '만약 그렇다면' 접근법은 특정 사례를 이해하는 더 넓은 맥락에서 '만약 내담자가 표식 X를 제시한다면, 치료자는 개입 Y를 수행해야 한다.'고 제안한다. 이후 장에서 논의되는 개입에서 이러한 방식으로 생산적인 과정의 순간을 촉진하는 것 자체가 '작은 성과'로 간주된다. 예를 들어, 적응적 일차 정서에 접근하고, 부적응적 정서를 탐색하고 변화시키며, 자기비판이나 애착 손상과 같은 복잡한 어려움을 해결하는 것 등이 여기에 포함된다. 이러한 어려움은 여러 영역에 걸쳐 있으며 개입 측면에서 세계적인 진단 범주보다 더 많은 정보를 제공한다. 예를 들어, 미해결된 애착 손상과 자기비판적 과정은 PTSD나 주요 우울장애 모두의 근원이 될 수 있지만, PTSD를 가진 내담자가 모두 애착 문제를 가지고 있는 것은 아니며, 주요 우울장애가 모두 자기비판으로 인해 발생하는 것은 아니다.

순간순간(moment-by-moment) 과정에 중점을 두다 보니 개입을 실행하기 위한 매우 구체적이고 명료한 지침이 만들어졌다(Greenberg & Goldman, 2019a 참조). EFTT는 이러한 지침을 바탕으로 한다. EFTT 치료자는 지속되는 과정 진단을 활용하여 내담자의 정동 상태와 잠재적 개입에 대한 준비 수준을 모니터링하고 주의를 기울인다. 순간순간, 특히 생산적인 처리 방식의 내담자 표식에 익숙해지면 치료자가 내담자의 새로운 변화 패턴에 방향을 잡는 데 도움이 될 수 있다(Pascual-Leone, 2009). 더욱이 이러한 표식은 치료자가 개입을 위한 과정 지향적 선택을 돕고 '내담자가 이미 피상적으로 정서를 파악하고 계속 맴돌고 있는데, 무엇이 더 깊이 들어가도록 도울 수 있을까?' '문제가 발생했을 때, 내담자가 위반의 주관적 경험이나 가해자의 동기를 탐색하도록 돕는 것이 더 생산적일까?' '내담자는 진전을 보이지만 항상 무망감을 느끼는데, 이것이 생산적인가?'와 같은 질문에 답하는 데 도움이 될 수 있다. 내담자의 경험 변화에 대한 인식을 높이고 생산적인 과정 패턴에 익숙해지면 치료자는 개입의 정확성을 높일 수 있다. 이러한 기술은 EFTT의 기초가 되는 처리 모델(예: 제6장에서 설명한 애착 손상 해결 과정의 단계)을 효과적으로 사용하는 데 필요한 기술이다. 이러한 모델은 개입을 안내하고 내담자가 해결에 더 가까이 다가갈 수 있도록 도와주는 지도 역할을 한다.

특정 애착 대상과의 문제 해결에 중점

복합외상에 대한 많은 치료법은 기술을 발전시키고 현재의 자기 관련 및 대인관계 문제를 변화시키는 데 중점을 둔다(예: Ford & Courtois, 2020). 관계적 정신역동 모델도 부적응적인 대인관계 패턴을 파악하고 이러한 패턴을 변화시키기 위해 치료자와 함께 교정적 체험을 제공한다(예: Lowell et al., 2020). 이와 대조적으로 EFTT는 아동기 학대와 관련된 성인 장애를 주로 특정 개인, 일반적으로 애착 대상과 관련된 미해결된 문제와 관련된 것으로 개념화한다. 내담자는 현재의 어려움뿐만 아니라 이러한 개인에 대한 표현되지 않은 강렬한 감정, 충족되지 못한 욕구, 불안한 기억으로 인해 지속적으로 괴로워한다. 애착의 관점에서 볼 때, 그들은 감정을 표현하고 처리하며 과거 경험이 만족스럽게 해결될 때까지 분리하고 충족되지 못한 욕구를 놓아 버리며 앞으로 나아갈 수 없다. 예를 들어, 내담자 모니카는 버림받은 것에 대한 혼란스러움, 수치심, 분노와 평생 '엄마 노릇'에 대한 충족되지 못한 욕구로 인해 괴로워했다. EFTT에서 사용되는 IC 절차는 이러한 특정 개인의 문제를 해결하기 위해 고안되었다. 치료적 관계와 함께 이러한 문제를 해결하는 것은 내적 대상관계를 변화시키는 것, 즉 애착 대상과 관련된 내적 자기표상을 변화시키는 것과 유사하다. 이는 다른 관계로 일반화되어 대인관계의 연결 능력을 향상시킨다.

경험적 지지

복합외상에 대한 개인 치료를 뒷받침하는 몇 가지 독립적인 성과 연구가 있지만(예: Ford & Courtois, 2020), 30년 이상에 걸친 체계적인 과정 및 성과 연구 프로그램을 기반으로 한 이러한 유형의 치료는 EFTT가 유일하다. 이전 절에서 언급했듯이 EFTT는 IC 절차의 기초가 되는 빈 의자 기법(Greenberg & Foerster, 1996; Greenberg & Malcom, 2002)을 사용하여 주요 타자와의 미해결 과제를 해결하는 경험적으로 검증된 과정 모델에서 발전했다. 대인관계 문제를 해결한 내담자와 그렇지 않은 내담자를 경험적으로 구분하는 이 과정의 구체적인 단계는 적응적 정서 및 관련 욕구 표현, 충족되지 못한 욕구에 대한 자격, 자기와 타자에 대한 인식 변화 등을 포함한다. 이러한 문제를 해결한 내담자는 자기권한과 자기존중감을 높이는 자세로 전환하고, 대상 타인에 대한 보다 차별화된 관점을 발전시키며, 자신이 아닌 타인에게 피해에 대한 책임을 적절히 묻는다.

초기 성과 연구(Paivio & Greenberg, 1995)는 일반 임상 표본을 통해 이 모델을 기반으로 한 개인 치료의 효과성을 뒷받침하였다. 내담자들은 여러 영역에서 큰 향상을 보였으며 이는 추수 치료에서도 유지되었다. 이 표본에는 아동학대 문제를 다루는 하위 집단이 포함되었다. 이후 이들에 대한 72회의 치료 회기를 분석한 결과 아동학대 외상 해결을 위한 EFTT가 개발되었다. 기존 모델의 개선 사항에는 회피와 자기비난이라는 이차적 문제에 더 많은 관심을 기울이고, 이러한 문제를 해결하기 위한 치료 과정을 더 길게 하며, 노출 기반 및 대인관계 과정을 강조하기 위해 빈 의자 개입을 재구성하는 것이 포함되었다. '심상적 직면(imaginal confrontation)'이라는 용어는 외상 관련 과정에 대한 이러한 강조점을 보다 더 잘 포착할 수 있기 때문에 채택되었다.

성과 연구는 IC를 사용한 EFTT의 효과성을 뒷받침하는 반면(Paivio & Nieuwenhuis, 2001), 과정–성과 연구는 변화의 기제로써 IC를 실시하는 동안 치료적 관계 및 외상 자료에 대한 정서적 참여를 뒷받침한다(Paivio et al., 2001). 한 임상 실험(Paivio et al., 2010)에서는 두 가지 버전의 EFTT를 평가했는데, 하나는 IC를 사용한 것이고 다른 하나는 의자 작업을 포함하지 않는 새로운 환기적 탐색 개입을 사용한 것이었다. (두 절차 모두 제6장에 자세히 설명되어 있다). 연구 결과, 두 조건 모두에서 내담자들은 여러 측면에서 임상적으로 유의미한 큰 향상을 보였으며, 이는 1년 추적 관찰에서도 유지되었다. 증상 고통(PTSD, 우울, 불안), 자기존중감, 대인관계 문제, 특정 학대 및 방임하는 타자와의 문제 해결 등 10가지 종속 측정에 대한 사전–사후 효과 크기의 평균은 1.3 표준편차였다. 이는 효과적인 치료를 위한 미국심리학회의 권장 기준(0.8 표준편차)을 훨씬 초과하는 수치이다. 중요한 것은 이러한 결과가 이러한 내담자 집단을 위해 스트레스가 덜한 효과적인 치료 대안을 추가로 제시한다는 점이다.

성별, 심각도 및 학대 유형에 걸친 광범위한 적용 가능성

EFTT(Paivio et al., 2010; Paivio & Nieuwenhuis, 2001)는 다양한 유형의 아동학대 외상(정서적 · 신체적 · 성적)을 겪고 있는 남성과 여성 모두를 위한 최초의 근거 기반 개인 치료법이다. EFTT가 개발되기 전에 발표된 연구는 거의 전적으로 아동 성적 학대 이력이 있는 여성을 대상으로 한 집단 접근법이었다(예: Morgan & Cummings, 1999; Saxe & Johnson, 1999). 그 후 발표된 소수의 연구들에서 개인 치료를 평가했지만(예: Chard, 2005; Cloitre et al., 2002; Resick et al., 2003), 이 역시 아동 성학대 이력이 있고 PTSD 진단을 받은 여성에게만 초점을 맞추었다. 그러나 아동학대 및 관련 장애의 유병률에 대한 이전 장에서 제시된 문헌은 학대 경험이 여성에게만 국한되거나 성학대 경험에 국한되지 않음을 나타낸다. 게다가 복합적이고 누적된 외상을 경험한 많은 사람이 PTSD 외에도 다양한 장애에 대한 치료를 받는다. EFTT는 남성과 여성 모두에게 공통적으로 나타나는 외상 관련 장애와 여러 유형의 학대 경험을 다룬다. 여러 외상 경험의 이력이 있는 내담자를 치료할 때 한 가지 문제는 치료에서 어떤 사건에 집중하는 것이 가장 생산적인지 파악하는 것이다. 치료를 시작할 때 내담자는 가장 문제가 되고 치료에서 집중하고 싶은 학대 경험의 유형과 학대하거나 방임하는 타자를 파악하도록 요청받는다. 이 프로토콜은 내담자 개인 치료 과정 및 욕구를 충분히 유연하게 다룰 수 있으며, 결국 이러한 핵심 문제의 해결은 현재 기능 영역으로 일반화된다.

EFTT의 적용 가능성을 논할 때는 이 책의 서론에 제시된 지표와 금기사항에 대한 자료를 반복해서 살펴볼 필요가 있다. 다음 페이지에서 제시된 표준 EFTT 치료 모델은 외상에 초점을 맞춘 단기(16~20회기) 접근 방식이다. 따라서 정서조절능력이 어느 정도 있고 과거의 제한된 외상 사건에 집중하는 내담자에게 적합하다. 지속적인 자해 행동을 하고 공병 장애(예: 물질 남용)와 심각한 정동조절 장애가 있는 내담자의 경우 여기에 제시된 표준 모델을 수정해야 한다. 이러한 내담자의 어려움을 해결하는 다른 치료 접근법(예: 기술 훈련)의 측면을 더 긴 치료 과정에 통합할 수 있다. 또는 내담자가 정서 활성화와 탐색을 할 준비가 되었을 때 EFTT의 측면을 다른 접근법에 통합할 수도 있다.

EFTT와 정서중심치료의 일반 모델 간의 차이점

정서중심치료의 일반 모델(Greenberg & Goldman, 2019a) 및 기타 현재의 경험적 치료와 구별되는 외상에 특화된 EFTT의 특징을 파악하는 것이 유용하다. 앞서 언급했듯이 이러한 뚜렷한 특징은 복합외상을 겪고 있는 일부 내담자(모니카 포함)를 대상으로 한 치료의 맥락에서 나타났다. 이러한 뚜렷한 특징은 치료가 해결하도록 고안된 집단과 문제의 특성, 접근법이 개발된 연구 맥락, 외상 치료에 대한 다른 접근법(예: Ford & Courtois, 2020)의 지침과 강점을 통합하는 데 의도적으로 강조하는 등 여러 출처에서 비롯된 것이다.

우선 Elliott 등(2004)은 일반적으로 정서중심치료의 전형적인 과업을 명시했다. 다음 과업은 특히 EFTT의 외상 작업과 관련이 있다.

첫째, '공감 기반 과업'에는 내담자의 어려움과 고통에 대한 연민을 전달하고, 정서적 의미를 이해하며, 내담자 집단과의 치료에서 자주 나타나는 취약성의 표식(예: 새로운 경험에 대한 두려움과 수치심)에 구체적으로 주의를 기울이는 것 등이 포함된다.

둘째, '관계적 과업'에는 장애의 원인이 되는 애착 문제(예: 무가치감, 불안감, 불신)에 주의를 기울이고 치료 과정에 대한 내담자의 불안을 해소하는 것이 포함된다. 후자는 내담자의 불안을 타당화하고, 외상 반응과 회복에 대한 정보를 제공하며, 치료 과정과 내담자 및 치료자 역할에 대한 명확한 기대를 제공함으로써 부분적으로 달성할 수 있다. 관계적 과업에는 치료에서 사용되는 다른 유형의 과업(예: 경험하기, 실연)을 통해 내담자의 어려움을 모니터링하고 해결하는 것도 포함된다.

셋째, '경험하기 과업'은 일반적으로 내담자가 정동적 경험의 의미를 탐색하도록 돕는 것을 포함한다. 이는 감정을 식별하고 명명하는 데 어려움(감정표현불능증)을 겪고 대처 전략으로 회피에 의존하는 법을 배운 많은 외상 생존자에게 특히 어려울 수 있다. 그러므로 특정 경험하기 과업은 내담자가 혼란스럽거나, 압도당하거나, 멍해 있거나, 무감각할 때, 불분명하거나 추상적인 감정을 표현하거나, 상황이나 행동에 외적으로 집중할 때 주의를 기울이는 것을 유도하는 과업을 자주 포함한다. 경험하기 과업은 내담자가 감정과 그 의미에 대한 질문에 대답하고, 식별하고, 탐색하는 데 어려움을 겪을 때도 적합하다.

넷째, 외상 감정과 기억을 다시 떠올리는 EFTT의 '재처리 과업'은 특히 무섭고, 고통스럽고, 어려울 수 있다. 여기에는 끔찍한 심상과 신체적 고통뿐만 아니라 자기를 사랑받지 못하고, 무가치하고, 더럽고, 하찮은 존재로 재경험하고, 애착 대상이 악의적인 존재로 재경험하는 것도 포함될 수 있다. 따라서 EFTT는 다른 내담자의 문제에 대한 정서중심치료보다 훨씬 더 극도로 무섭고 고통스러운 경험에 초점을 맞춘다. 이번 개정판에는 특히 기억 작업과 재처리 절차에 초점을 맞춘 새로운 장(제7장)이 추가되었다. 기억 작업 애착에 기반한 수치심과 자기비판적 과정을 변화시키기 위해 두 의자 대화보다 중요하고 때로는 선호되는 대안이기도 하다.

EFTT는 특히 외상 사례에서 관찰할 수 있는 내러티브–정서 과정(예: 해리에서 관찰되는 정서나 일관된 내용이 없는 스토리텔링)에 대한 연구(Paivio & Angus, 2017)에서 도출된 내러티브 과정에 대한 정보를 통합한다. 비록 일반적으로 치료자가 해당 임상 개입을 선택할 때 안내해 주는 내러티브 표식은 확인되지 않았지만, 외상 경험에 대한 내담자 내러티브의 내용과 질은 모든 외상 치료의 핵심이다. 외상 치료의 특징이기도 한 재경험하기 개입은 내담자가 외상 경험을 생산적으로 다시 서술하고 재처리하는 데 도움이 된다. EFTT는 생산적인 외상 내러티브 재처리에 관한 방대한 문헌을 바탕으로 한다.

내담자가 위협적이고 고통스러운 경험에 접근하고 이를 허용하며 환기적 개입에 참여하는 데 어려움을 겪는다. 중요한 것은 EFTT가 특히 외상 내담자 치료에서 흔히 나타나는 내담자의 외상 감정과 기억 회피를 줄이는 데 초점을 맞춘다는 것이다(제8장).

EFTT는 또한 다른 문제에 대한 정서중심치료보다 더 구조화되고 내용 지시적일 수 있다. 예를 들어, 치료자는 내담자에게 단순히 외상이 떠오르는 표식에 반응하는 것이 아니라 의도적으로 외상 기억을 공개하도록 지시한다. 또한 치료자는 부적응 행동을 해결하기 위해 해석으로 간주될 수 있는 현재의 염려와 과거 상황을 연결 짓는 것과 직면을 사용할 수도 있다. 더욱이 치료에는 심각한 정동조절 장애 문제가 있거나 물질 남용이나 자해와 같은 자기파괴적 행동을 하는 내담자를 위한 관리 전략이 자주 포함된다. 부분적으로는 외상으로 주로 고통받는 내담자에게는 보다 명확한 지원이 필요한 경우가 많기 때문에 이러한 지시적인 스타일이 더 많이 사용된다. 이들에게 필요한 추가 지원에는 외상에 대한 교육, 당면한 순간순간의 과정에 대한 명시적인 안내, 정서를 다루는 작업에 대한 명확한 지시가 포함된다. 내담자가 반대하지는 않더라도 순전히 발견 지향적이거나 로저스식의 접근 방식은 이러한 내담자에게 불안감을 줄 수 있으므로 치료자가 때때로 명시적인 방향성을 제시하고 경험적 과업을 사용하는 방법에 대한 지침을 제공하면 도움이 된다. 외상을 심하게 겪었거나 성격장애와 공병인 경우 이러한 접근 방식이 더 자주 사용된다.

치료 모델

EFTT는 일반적으로 16주에서 20주 동안 매주 한 회기 1시간으로 구성된 반구조화된 접근법이다. 그러나 정확한 치료 기간은 개별 내담자의 치료 과정과 욕구에 따라 달라진다. 외상의 심각성이 높고 지속 기간이 길며 반복적인 피해의 경우에는 치료 기간이 더 길어질 수 있다. 특히 안전과 신뢰를 구축하고, 해리 및 부적응적 회피를 줄이며, 보다 효과적인 정서조절능력을 개발하는 데 더 많은 시간이 필요할 수 있다. 최근 난민 외상 생존자들과의 작업에서 EFTT는 정체성 및 적응 문제에 대한 보다 지지적이고 현재에 초점을 맞춘 작업을 포함했다.

EFTT의 단계와 과업

EFTT는 순차적인 단계(stage)나 선형 모델이 아니지만, 일반적으로 치료의 특정 단계(phase)에서는 특정 과정이 지배적이다. 내담자는 단일 회기에서 모든 단계의 측면을 순환할 수 있으며 개별 단계를 진행하는 데 필요한 시간은 다양하다. 요컨대 내담자는 역동적이고 반복적인 과정을 통해 치료의 단계를 거치면서 "두 걸음 앞으로, 한 걸음 뒤로"(Pascual-Leone, 2009) 나아간다. 이러한 비선형적인 치료 단계의 내담자 진전은 전체 치료 기간 동안 내담자를 순간순간 그리고 누적적으로 관찰함으로써 경험적으로 입증되었다(Pascual-Leone & Kramer, 2019).

● 1단계: 동맹 구축하기

EFTT의 첫 세 회기는 안전한 애착 유대를 형성하고, 내담자의 정서처리 어려움을 평가하고 치료 목표와 이를 달성하는 방법에 대해 협력하는 등 협력적 사례개념화에 전적으로 전념한다. 안전 애착 유대는 주로 내담자의 안전과 신뢰를 구축함으로써 형성된다. 안전과 신뢰는 내담자의 과거와 현재의 고통과 이에 대처하기 위한 노력에 대한 진정한 연민을 전달함으로써 조성되고(예: 치료자는 "아이가 그런 추악함에 노출된 것은 끔찍한 일이지요. 특히 혼자서 그런 일을 겪어야 했다니 안타깝네요."라고 말할 수 있다), 고통스러운 감정과 위로, 통제, 정의 등에 대한 욕구에 공감적으로 반응한다. 이렇게 하면 더 많은 개방을 촉진하고 고립감을 줄이기 시작할 것이다. 협업은 내담자가 외상 감정과 기억의 재경험의 중요성에 동의하고 이것이 어떻게 자신의 목표(예: 외상 증상과 정서적 짐에서 벗어나기, 부적응적 행동 변화, 자기에 대한 기분 개선, 더 건강한 관계 형성)를 달성하는 데 도움이 되는지 이해하는 것을 포함한다. 기억 작업과 감정에 초점을 맞추는 것의 근거는 개별 내담자의 목표와 치료 욕구에 맞게 조정되어야 한다.

아동학대와 관련된 대인관계의 상처를 해결하는 것이 치료의 주요 과업이며, 이를 위해 가장 자주 사용되는 절차가 IC이다. 초기 IC에서 성공적인 과업 협업을 위해서는 내담자의 정서조절능력과 외상 자료 및 절차에 대한 참여도를 모니터링해야 한다. 예를 들어, 모니카는 어머니가 도움을 받을 수 있었으면 좋았겠지만 그러지 못한 또 다른 사건에 대해 불평하며 3회기에 들어왔다. 이것은 모니카에게 빈 의자에 앉아 있는 어머니를 상상하고 분노에 대해 이야기 하도록 요청하는 데 이상적인 표식이었다. 이것은 공포와 호흡곤란을 불러일으켰다. 치료자는 모니카의 취약성과 고통에 공감하고 호흡법을 지도한 후 무슨 일이 일어나고 있는지 개방하도록 권유했다(고립감과 두려움을 줄이기 위해). 모니카는 이미 죽은 어머니를 깨우려다 피가 흥건했던 끔찍한 장면과 관 속에 있는 어머니의 모습 그리고 이러한 사건을 둘러싼 상황에 대한 더 자세한 설명을 개방했다. 치료자는 IC에 참여하는 간단한 근거를 제시하고 시각적 심상화 없는 절차에 참여하는 전략에 대해 모니카와 협력하였다. 치료자는 과정 전반에 걸쳐 안내, 안심, 지지를 제공하였다. IC에 참여할 수 없거나 참여하지 않으려는 내담자의 경우 치료자와의 상호작용을 통해서만 자료를 처리하는 것으로 개입을 전환할 수 있다. 중요한 점은 외상 자료에 계속 집중하고 해결 모델의 단계를 따르는 것이다. 이에 대해서는 제6장에서 자세히 설명한다. IC의 도입과 핵심 과정의 활성화는 EFTT의 초기 단계에서 중기 단계로의 전환을 의미한다.

● 2단계: 두려움, 회피 및 수치심 감소시키기

EFTT의 두 번째 또는 중기 단계에서는 대인외상과 애착 손상을 해결하는 데 장해가 되는 자기 관련 과정을 줄이는 데 중점을 둔다. 이러한 과정에는 내적 경험에 대한 명확성 부족, 정동 경험에 대한 두려움과 회피, 자기비판과 자기비난이 포함된다. 1단계에서 안전이 확립되면, 특정 외상 기억과 감정을 명시적으로 재경험함으로써 내담자가 그러한 경험을 견디고, 처리하고, 이해하는 데 도움이 된다. 결과적으로 이는 자기, 타인, 사건에 대한 보다 적응적인 해석을 발전시키는 데 도움이 된다. 자기 관련 문제에는 우울이나 불안 그리고 이와 관련된 취약하고 불안전하거나, 결함이 있는 핵심 자기감도 종종 포함된다. 예를 들어, 모니카는 어머니의 행동 때문에 다른 사람으로부터 판단을 받고 낙인이 찍힐까 봐 두려웠고, 이것이 자신의 '추악한 비밀'이 되었다. 그녀는 또한 자신이 희생당하고 결핍되었다고 느꼈다. 다른 내담자들은 '나쁜 부모'를 내면화하여 자해적인 정신 내적 과정이 되기도 한다. 이러한 어려움을 탐색하고 해결하기 위해 IC와 더불어서 두 의자 대화, 경험적 포커싱, 환기적 탐색이 사용된다. 개입은 건강한 내적 자원(자기보호, 자기진정)에 접근하고 부적응적 회피 행동을 변화시킴으로써 내담자의 자기감을 강화하는 것을 목표로 한다.

● 3단계: 외상 및 애착 손상 해결하기

EFTT의 후기 단계에서는 학대하고 방임하는 특정 타자와의 문제를 해결하는 데 초점을 맞추며, 적응적 분노와 슬픔 및 관련 의미에 접근하는 것이 포함된다. 모니카와 같은 내담자의 경우, 이는 중단된 외상 상실을 애도하는 복잡한 맥락에서 이루어진다. 외상과 버림받은 것에 대한 깊은 분노와 수년간의 혼돈, 고통, 책임감이 한 번도 타당화받지 않은 채 계속 그녀를 갉아먹고 있었다. 치료 목표에 분노를 표현하고 타당화하여 분노가 계속 진행되도록 허용하고, 슬픔과 애도를 온전히 경험하고 표현하는 것이 포함되었다.

억제되지 않은 적응적 정서의 경험과 표현은 치료의 마지막 단계에서 외상성 애착 손상을 해결하는 촉매제가 된다. 회피와 자기비난이 감소함에 따라 내담자는 심상화된 학대적이고 방임하는 타자와 점차 더 잘 직면할 수 있게 된다. 개입은 내담자로 하여금 학대가 자신에게 미치는 영향을 충분히 표현하도록 장려한다. 또한 내담자의 직면에 대한 심상화된 가해자의 반응을 끌어내는 것도 중요하다. 이를 통해 타자의 이해, 공감, 후회하는 능력에 대한 내담자의 관점을 파악할 수 있다. 예를 들어, 모니카는 시간이 지남에 따라 어머니가 자신이 행한 일을 깊이 후회하고 자신이 초래한 피해에 대해 전적으로 책임을 질 것이라고 믿게 되었다. 어머니를 실연하면서 자신이 사랑받았다는 확신을 얻었고, 어머니와의 행복한 시간과 사랑스러운 상호작용에 대한 기억(예: 어머니의 머리를 빗겨드린 기억)에 접근할 수 있었다. 이에 대해 모니카는 어머니가 돌아가신 후 처음으로 따뜻하고 사랑받는다는 느낌을 받았다고 말했다.

한 가지 목표는 내담자가 학대하고 방임하는 타자에 대해 보다 차별화된 관점을 갖도록 하는 것이다. 모니카의 경우처럼 타자(이 경우에는 어머니)는 더 복잡하고 인간적인 존재로 여겨진다. 내담자가 타자를 휘우치는 사람으로 볼 수 있다면, 내담자는 타자에 대해 연민과 사랑을 더 느낄 수 있다. 다른 경우에는 타자가 한심하고 이해할 수 없는 사람으로 인식되는 경우도 있다. 어느 쪽이든, 가해자는 실물 크기로 보이고 덜 강력한 존재로 인식된다. 내담자가 타자를 실연하거나 심상화하는 것도 내담자의 공감적 자원을 이끌어낼 수 있는데, 예를 들어, 모니카는 어머니가 느꼈을 절망감을 어느 정도 감지한다. 이는 애착 관계를 치유하는 데 있어 특히 중요할 수 있는데, 일례로 부모 중 한 명 또는 양쪽 모두 피해자였거나 제한된 자원을 가지고 있었다는 사실을 이해하게 되는 것이다.

EFTT의 마지막 단계에는 치료 종결과 관련된 문제도 포함된다. 마지막 몇 회기에서는 가능한 한 문제를 완전히 해결하고 변화를 평가하고 통합하기 의해 최종 IC를 도입한다. 내담자는 가해자를 상상하는 현재의 경험과 초기 대화 당시의 경험을 비교하도록 요청받는다. 예를 들어, 모니카는 매듭에 묶여 있고, 희생당하고, 결핍된 느낌에서 자신을 강한 생존자로 보는 것으로 바뀌었다. 또한 어머니에 대한 분노에 찬 거부감과 어머니를 피상적이고 자기중심적인 사람으로 보던 것에서 연민을 가지고 어머니를 바라보는 시각으로 바뀌었다. 그녀는 어머니의 자살을 절망적인 행동, 할 수만 있다면 되돌릴 수 있는 끔찍하고 비극적인 실수라고 생각하게 되었다. 치료 종결에는 내담자의 치료 경험(어려움, 성공, 도움이 된 측면)과 상호 피드백을 처리하는 과정도 포함된다. 또한 내담자의 미래에 대한 계획과 목표에 초점을 맞추고 이를 지원하는 논의도 이루어진다.

기본 개입 원리(치료자의 의도)

개입 원리는 공감적 반응, 질문, 지시 등 여러 가지 반응 모드를 통해 실현할 수 있는 치료자의 의도와 같다. 치료 전반에 걸쳐 가장 자주 사용되는 EFTT 개입 원리는 다음과 같다(괄호 안의 예는 치료자의 반응임).

- 자전적 기억을 불러일으키기(예: "…… 때를 기억하시나요?" "그때로 돌아가 봅시다…….

저를 위해 생생하게 되살려 주세요."). 괴롭고 고통스러운 사건에 대한 일화적 기억을 불러일으키는 것은 정서도식을 활성화하기 때문에 모든 치료 과업에 대한 내담자의 정서적 참여를 심화시킨다. 또한 이것이 외상 작업의 핵심이다. 제7장에서는 부적응적 핵심 자기감이 형성되거나 활성화된 과거(외상) 또는 최근의 문제 상황에 대한 기억을 별도의 독립된 작업으로 의도적 탐색을 하는 데 중점을 둔다.

- 간단한 반영(예: "정말 고통스러웠겠어요."), 질문(예: "속으로는 무슨 일이 있었나요?") 또는 지시("이 얘기를 할 때 몸에 집중하세요.")를 사용하여 내담자가 내면의 경험(생각, 감정, 신체 감각)에 주의를 기울이고 표현할 수 있도록 유도한다.
- 공감, 타당화, 안심시키기를 통해 정서적 강도를 조절하거나 환기적 공감(예: "당신은 관심에 너무 굶주렸군요." "어떻게 그가 감히!"), 지시(예: "다시/더 크게 말해 보세요.") 또는 심상화나 실연 기법을 통해 강도를 높임으로써 정서적 강도를 조절한다. ("그녀의 표정이 어떤 것 같나요?" "그래서, 당신은 스스로 말하지 못하게 막습니다, 스스로 재갈을 물립니다. 해 보세요, 당신의 입에 손을 올려 보세요."). 내담자가 압도당하지 않고 정서도식을 최적으로 활성화하려면 정서 욕구의 각성을 조절해야 한다.
- 정서적 경험의 의미를 말로 상징화한다(예: "그래서 그때 최악의 부분은 ……이었나요?" "그것에 관해 정말 중요한 부분이 있군요."). 내담자가 고통스러운 정서적 경험을 이해하도록 돕는 것은 정서처리와 최적의 학습의 기초이다.
- 의도, 바람, 소망 및 욕구를 밝힌다(예 : "당신이 어렸을 때 필요했던 것은 ……이었네요." "그래서, 당신은 ……를 더 이상 참지 않으려는 거네요." "당신에게 가장 중요한 것은 ……이네요."). 이렇게 하면 목표, 핵심 가치와 기준에 대한 인식을 높여 변화의 동기를 강화한다.
- 내담자의 취약성과 불확실성을 인정한다(예: "그 기억과 접촉하는 것이 얼마나 힘든지 잘 알고 있습니다. 천천히 하세요, 잘하고 계세요."). 고통스럽고 수치스럽고 두려운 경험에 다가갈 때 내담자가 얼마나 취약하고 안전하지 않은지 공감적으로 인정하면 불안과 외로움을 줄일 수 있다. 내담자의 취약성에 반응하는 것은 고통스러운 경험을 탐색하기 전에 반드시 필요하다.
- 인식과 경험을 타당화한다(예: "물론입니다." "당연하지요." "이것은 피해의 또 다른 부분입니다."). 이러한 반응은 내담자 경험을 정상화하기 위한 것이고, 취약성을 인정하는 것과 같으며, 불안감을 줄여 내적 경험을 탐색할 수 있도록 하기 위한 것이다.

'기억 환기'에서 생산적 기억의 중요한 특징은 다음과 같다. 구체적이고, 자전적이며, 정동적이고, 감각적이라는 것이다(Paivio & Angus, 2017). 이는 경험적 기억에서 외상 자료의 부호화를 뒷받침하는 연구 및 이론과 관련이 있다(예: van der Kolk, 2015). 이러한 관점에서 볼 때, 실제 자서전 사건의 구체적인 특징에 대한 자세하고 상세한 기억은 일반적인 추상적 기억보다 더 많은 처리를 위한 대안을 제공한다. 자기 관련(자서전적) 및 정동적으로 충만한 사건은 더 많은 주의 집중을 유도하고 감각적 경험을 증가시키기 때문에 더 기억에 남는다. 이런 방식으로 기억을 다루면 기억을 수정된 경험으로 재구성할 수 있다. 이에 대해서는 제7장 외상 기억의 재경험에서 자세히 설명한다.

내적 경험에 주의를 기울이는 것을 안내하고, 경험의 표현을 유도하고, 경험의 의미를 탐색하는 것은 경험적 치료의 '핵심'이다. 주의 집중을 안내하는 것은 이러한 모든 개입 원리의 기초이다. 주의 집중 과정은 사람들이 무엇을 경험하는지 결정하고 진정으로 새로운 경험과 성과를 창출하는 데 핵심적인 역할을 한다. 이전에는 최소화되거나 간과되었던 경험의 새로운 특징에 주의를 기울이면 새로운 인식과 새로운 의미를 창출할 수 있다. 내담자의 주의를 집중시키고 적절한 탐색적 질문을 던지면 새로운 정보를 얻을 수 있다. 상향식 처리(즉, 감각-지각-정서적 데이터 대 개념에 대한 주의)는 패턴 인식에 더 도움이 되는 사전 지식과 기대에 비해 새로운 정보를 발견하는 데 더 도움이 된다(Pascual-Leone & Greenberg, 2007). 표현 기술을 지나치게 강조하는 초심 치료자는 주의 집중을 안내하는 것을 소홀히 하는 경우가 많다. 그러나 진정한 표현은 내면의 경험에 주의를 기울일 때 내면에서 우러나오는 것이다.

의미 탐색은 핵심 과정이며, 의도를 파악하는 것은 이 과정의 중요한 하위 과정이다. 반응은 내담자의 소망, 욕구, 바람, 갈망(예: 칭찬받고 싶거나 존중받고 싶은 것, 관심을 받고 싶은 것)과 핵심 가치와 기준, 가장 깊은 관심사를 명시적으로 강조한다. 치료자가 이렇게 반응하면 내담자의 동기를 강화하고 성장을 촉진하며 치료 과정을 진전시키는 데 도움이 된다.

구체적인 개입 및 절차

몇 가지 치료 과업과 구체적인 절차가 책 전체에 걸쳐 자세히 설명되어 있다. 이러한 과업은 구체적으로 정의되어 있지만, 주어진 프로토콜이나 절차를 엄격하게 고수하기보다는 유연하게 사용하는 것이 중요하다. 치료자는 특정 개입과 전체 치료의 기본 원칙에 익숙해지면 치료의 정신과 경험적으로 도출된 가이드라인에 부합하는 방식으로 과업을 시작하고, 수정하고, 때로는 전환하거나 변경할 수 있다. 다음에서는 치료에서 사용되는 네 가지 주요 과업과 절차에 대해 간략하게 설명한다.

● 공감적 반응

공감적 반응은 EFTT 전반에 걸쳐 사용되는 주요 개입이다. 이는 단독으로 또는 다른 모든 절차와 함께 적극적이고 의도적인 개입으로 사용된다. 외상 생존자 치료의 기초로써 '끊임없는 공감'의 중요성에 대한 인식이 높아지고 있다(Harrison & Westwood, 2009). Paivio와 Laurent(2001)는 초기에 EFTT에서 공감적 반응이 치료적 관계를 발전시키고, 내담자의 회피와 자기비난을 줄이고, 복합외상을 탐색하고 해결하는 데 어떻게 사용되는지 설명했다. 이는 EFTT 치료 모델의 기초가 되었으며 구체적인 개입의 장에서 자세히 설명한다.

내담자의 취약성과 각성 수준에 대한 공감적 조율은 재외상화의 위험 때문에 외상 치료에서 특히 중요하다. 또한 Paivio와 Laurent(2001)는 아동학대 치료에서 공감적 반응의 상호 연관된 이점을 명시했다. 첫째, 전문가의 입장에서 내담자의 경험을 지시하거나 가르치거나 해석하는 것이 아니라 내담자의 과정을 반영하거나 따르는 공감적 반응은 최소한의 위계질서를 유지하고, 과정에 대한 내담자의 통제력을 극대화하여 내담자의 안전감과 통제감을 높인다. 둘째, 공감적 반응은 효과적인 협업에 필수적인 내담자의 어려움, 우려 사항, 목표에 대한 정확한 이해를 보장한다. 또한 협업은 내담자의 안전감과 통제감을 높이는 데에도 기여한다. 셋째, 공감적 반응은 이해 · 수용 · 지지를 전달하여 질문 · 도전 · 해석으로 인해 유발될 수 있는 방어적인 태도를 최소화한다. 사회불안과 부정적인 평가에 대한 두려움은 아동학대 생존자들에게 흔히 나타나는데, 이러한 치료적 관계의 측면은 교정적인 대인관계 체험을 제공한다. 넷째, 공감적 반응(적절히 잠정적인)은 직접적인 질문이나 지시와는 달리 정서적 경험에 대한 정확한 명명과 설명을 암묵적으로 가르친다. 이전 장에서 언급했듯이 언어 사용은 외상 경험을 통합하는 데 필수적인 것으로 여겨지며(van der Kolk, 2020), 아동학대 경험이 있는 많은 사람에게는 이러한 기술이 부족하다. 다섯째, 공감적 반응은 정서적 진정성, 경험에 대한 개방성, 연민을 모델링하여 아동학대 생존자에게 흔히 관찰되는 불안한 자기관찰을 최소화하고 자발성 역량을 높이는 데 도움이 된다. 마지막으로, 공감적 반응을 통해 치료자는 내담자의 고통에 압도되지 않고 스스로 정서적인 접촉을 할 수 있으므로 효과적인 정서조절을 모델링하고 친밀감과 신뢰를 높일 수 있다.

이러한 장점 외에도 치료자 공감의 세 가지 상호 연관된 기능은 내담자의 정서적 자기통제와 외상 자료의 재처리에 기여한다. 이러한 기능은 외상에 관한 이전 장에서 설명한 건강한 정서조절의 기준(Gross, 2015)에 해당하며 다음에 요약되어 있다.

정서적 경험에 대한 인식과 이해를 높이기 공감적 반응은 암묵적 정서 인식 훈련의 한 형태이다. 다시 말하면, 많은 아동학대 생존자는 자신의 내적 경험에 주의를 기울이는 대신 외부적으로 경계하는 법을 배웠으며, 자신의 감정을 인식하고 설명하는 데 어려움을 겪는다. 내적 경험에 대한 인식이 부족하면 개인의 정서적 자기통제 능력이 제한된다. 공감적 반응은 내적 경험에 주의를 집중하여 내담자가 감정을 정확하게 분류하고 정서적 경험의 의미를 명확하게 표현할 수 있도록 도와줌으로써 인식을 향상시킨다.

공감적 반응이 자기인식과 정서조절에 기여하는 첫 번째 방법은 내담자의 내적 경험에 주의를 집중하고 관심을 전달하며 그 사람과 그 사람의 감정과 인식이 주목할 만한 가치가 있음을 보여 주는 것이다. 이는 자신의 생각, 감정, 소망, 욕구를 나쁘다, 위험하다, 유효하지 않다, 중요하지 않다고 학습된 평가에 대응하는 데 도움이 된다. 정서적 자기통제 능력을 발휘하기 위해서는 내면의 경험에 주의를 기울이는 것도 필요하다. 이러한 기능을 하는 공감적 반응은 일반적으로 내담자가 적응적(예: "정말 무서웠겠군요.") 또는 부적응적(예: "자신감이 없는 것은 괜찮지 않다고 느끼는 것 같군요.")일 수 있는 내적 경험의 특정 측면에 주의를 기울이도록 치료자가 간략하게 설명하는 것이다.

정서적 경험에 대한 정확한 명명을 가르치는 것은 공감적 반응이 내담자의 인식과 효과적인 정서조절에 기여하는 두 번째 주요 방법이다. 내면의 경험을 말로 설명하는 능력은 사람들이 자신의 경험을 이해하는 데 도움이 되며, 이는 동시에 각성을 줄이고 대인관계의 연결성을 향상시킨다. 치료자가 잠정적으로 표현한 공감적 반응(예: "정말 굴욕적이었겠네요.")은 질문과 지시에 의해 유발될 수 있는 방어 · 철수 · 폐쇄를 다시 최소화한다. 이는 특히 자신이 어떤 감정을 느끼는지 모르거나(즉, 감정표현불능증을 겪고 있는 경우) 부정적인 평가(즉, 사회불안)를 두려워하는 내담자들에게 효과적이다.

공감적 반응이 자기인식과 정서조절에 기여하는 세 번째 방법은 내담자가 자신의 정서적 경험의 의미를 상징화하거나 표현하도록 돕는 것이다. 정서적 의미는 자신의 감정과 관련된 욕구, 우려, 지각, 신념, 행위 경향성, 기억 및 심상에서 비롯된다. 공감적 반응은 이러한 정서적 경험의 내포된 측면을 언급하며 내담자가 말한 내용의 요점, 핵심 관심사 또는 가장 가슴 아픈 측면을 강조한다(예: "그래서 그렇게 상처받은 것은 어머니가 당신을 해치고 싶어 한다는 생각 때문이었군요."). 공감적 반응은 또한 상세한 설명(예: "그녀의 얼굴 표정에서 뭔가 ……한 것이 느껴지나 봐요?")과 내담자의 경험에 대한 추측을 유도한다. 예를 들어, 내담자가 자신의 수동공격적인 행동을 설명하는 것에 대해 치료자는 "그녀가 당신에게 상처를 준 만큼 그녀에게도 상처를 주고 싶어 하는 것 같군요."라고 말했다. 공감적 반응은 정서적 의미의 적응적 측면(예: 슬픔과 관련된 위로에 대한 욕구)과 부적응적 측면(예: 수치심을 유발하는 자기비판적 사고)을 모두 언어로 상징한다.

정서 경험 조절하기 공감적 반응은 정서적 강도를 줄이거나 높일 수 있다. 공감은 이해 · 수용 · 지지를 제공함으로써 각성을 줄일 수 있다. 관계적 관점에서 볼 때, 치료자의 공감은 안전한 애착 유대를 형성하는 수단이다. 따라서 정서적으로 반응하는 애착 대상과 함께 있으면 고통스럽고 두려운 감정을 견디기가 더 쉬워진다. 이러한 치료자의 공감 기능은 내담자가 외상의 기억을 다시 경험할 때 특히 중요하다. 내담자의 취약성을 확인하는 공감적 반응은 내담자의 취약성이나 당혹감을 나타내는 지표에 의해 단서가 되며, 내담자가 판단받는 것에 대한 불안을 줄이고 고통스럽고 위협적인 경험을 허용하고 공개하도록 도울 수 있다(Elliott et al., 2004). 공감의 또 다른 중요한 기능은 경험을 타당화하거나 정상화하는 것이다. "그래요, 당신이 그토록 멀리하려고 애썼던 그 감정에 가까이 다가가고 싶지 않았겠지요."와 같은 반응은 두려움에 대한 이해를 전달하고, 내담자의 정서적 현실을 인정하며, 대처 전략으로써 회피를 정상화한다.

치료자의 이해와 반응은 내담자가 점차 내면화하여 자기진정 · 자기지지 · 자기수용 능력을 강화하여 격렬한 정서를 관리하는 능력을 향상시킨다. 내담자의 감정과 욕구에 대한 공감적 반응은 대인관계의 신뢰도 증진시킨다. 내담자는 강렬한 정동을 관리하기 위해 다른 사람에게 의지할 수 있다는 것을 배우게 되며, 이는 치료 외의 관계로 일반화될 수 있다. 필요할 때 사회적 지지를 구하는 것은 중요한 정서조절 기술이다.

공감적 반응은 불안을 줄이는 데 도움이 될 뿐만 아니라 필요할 때 정서적 경험의 강도를 높이는 데도 사용할 수 있다. 치료 초기 단계에서는 많은 내담자가 끔찍한 학대 일화를 공개하지만 자신의 감정에 대해 경험적으로 공감하지 못한다. 환기시키는 단어나 문구(예: "격분한" "어떻게 감히" "당신을 찢어 놓을 거야.")는 각성을 높이고 정서적 경험과 기억을 활성화하여 탐색할 수 있도록 한다. 내담자를 어린아이로 언급하는 반응은 특히 기억을 떠올리게 할 수 있다. 또한 어린 시절 충족되지 못한 욕구에 대한 내담자의 자격을 촉진하여 자기권한강화(예: 존중하는 대우에 대한 '주장', 학대를 받아들이지 않는 '거부')를 촉진하는 데 도움이 될 수 있다.

또한 치료자는 환기적 공감을 사용하여 불안 · 분노 · 수치심 또는 정서적 과잉 통제의 원인이 되는 내적 메시지에 대한 인식을 높일 수 있다. 이러한 과정은 두 의자 실연에서 살펴볼 수 있다. "어떻게든 그 일을 기억하면 죽거나 미쳐 버릴 거예요."와 같은 반응은 내담자의 극단적인 입장에 직접적으로 도전하기보다는 오히려 증폭시킨다. 이는 재앙적인 기대를 믿지 않는 자기의 일부에서 반응을 불러일으킬 수 있다. 이러한 반응은 내담자가 부정적인 정서를 관리하고 허용하는 데 도움이 되는 건강한 내부 자원으로 작용한다. 마지막으로 "다시 말해 보세요." 또는 "더 크게 말해 보세요."라는 명시적인 강화 지시와 함께 사용되는 공감적 반응은 이러한 개입의 효과에 기여할 수 있다. 이러한 반응은 내담자의 경험을 정확하게 이해하고, 정서적 자기통제 능력과 함께 정서적 강도를 모델링하며, 깊은 슬픔과 같은 격렬한 정서적 경험(예: "눈물이 너무 많이 나네요……. 눈물이 흐르도록 내버려 두세요.")을 지원할 수 있다.

감정·의미·우려 사항을 적절하게 소통하기 공감적 반응은 또한 암묵적으로 의사소통 기술을 가르친다. 감정을 파악하고 소통하는 데 어려움이 있으면(감정표현불능증) 친밀감을 형성하는 능력이 떨어지고 고립감과 외로움을 느끼게 된다. 마찬가지로, 외상 경험 및 외상 후 스트레스 장애와 자주 연관되는 소외감은 부분적으로 대부분 사람이 경험하는 영역을 벗어난 극단적인 경험을 전달하는 데 어려움을 겪기 때문이다. 감정에 대한 정확한 명명, 의미의 언어적 상징화, 적절하게 조절된 정동적 자료를 모델링하는 공감적 반응은 내담자의 의사소통 능력을 향상시키고 치료자와의 관계는 물론 치료 회기 밖에서도 대인관계 회복에 도움이 된다.

전반적으로 치료자의 공감적 반응은 정서적 경험의 의미에 대한 인식, 표현, 조절 및 성찰과 관련된 내담자의 역량을 강화하는 데 도움이 된다. 공감적 반응은 또한 정서가 이후에 활성화될지(즉, 환기를 사용하고 각성을 상향조절할지) 아니면 억제되고 진정될지(즉, 각성을 하향조절할지)에 대한 방향성에도 영향을 미친다. 이는 특정 내담자와 특정 순간에 필수적인 정서 과정을 의도적으로 선택하고 촉진함으로써 부분적으로 이루어진다. 모든 EFTT 과업과 절차에서 생산적인 내담자 참여는 외상 경험을 처리하고 변화를 촉진하는 것을 목표로 한다.

● 심상적 직면 절차

학대하고 방임하는 타자의 IC는 외상적 애착 상처를 해결하는 주요 수단이다. 자기와 이러한 특정 타자에 대한 해결과 변화된 인식은 다른 관계로 일반화된다. IC 절차는 치료적 관계의 안전과 신뢰가 구축된 후 가능한 한 치료 초기에(일반적으로 4회기) 도입된다. 이를 통해 두려움과 수치심을 포함한 핵심 과정을 빠르게 불러일으켜 탐색할 수 있도록 한다. IC 중 치료자의 작업은 다음과 같이 설명되어 있다(Greenberg et al., 1993; Paivio et al., 2010). 즉, ① 심상화된 타자와의 심리적 접촉 촉진(예: 타자에 대한 생생한 묘사, 상상된 타자와의 대화에서 '나—너' 언어 사용), ② 학대와 관련된 일화 기억 불러내기, ③ 경험의 장애물을 탐색하고 극복하도록 내담자 돕기, ④ 적응적 감정(예: 분노, 슬픔) 및 관련 의미와 전반적인 고통 및 속상함, ⑤ 충족되지 못한 욕구의 표현과 이러한 욕구(예: 보호 · 사랑 · 정의)에 대한 자격을 촉진하고, ⑥ 자기와 심상화된 타자에 대한 인식 변화를 탐색한다. 또한 치료자는 내담자의 순간순간 경험을 따라가는 것과 과정을 지시하는 것 사이에서 균형을 유지한다. IC 개입은 개별 내담자의 치료 과정과 치료 요구에 따라 치료 전반에 걸쳐 신중하게 사용된다. 가장 최근의 임상 실험 결과(Paivio et al., 2010)에 따르면 16회기 치료에서 평균적으로 5회기에 상당한 IC 작업이 포함되었으며, 그 범위는 2~8회기였다.

● '의자' 없는 심상적 직면

IC 사용의 대안으로 '환기적 탐색(evocative exploration)' 개입이 있는데, 이는 의도된 심상화 과업에 참여하기를 꺼리거나 할 수 없는 내담자를 위해 스트레스가 덜한 절차로 개발되었다. 많은 재경험 절차와 마찬가지로, 가해자와 심상으로 대면하는 것은 너무 자극적이어서 잠재적으로 압도적인 외상 감정과 기억을 활성화할 수 있다. 또한 자기감(자아강도)이 약한 내담자는 심상 속 타자와 대화하는 것보다 치료자와 눈을 맞추는 것을 선호할 수 있으며, 수행불안이 있는 내담자는 불안을 너무 자극할 수 있다. 외상 자료에 대한 환기적 탐색은 앞서 설명한 해결 모델 및 개입 원리 측면에서 IC와 동일하다. 내담자는 '마음의 눈'으로 학대하거나 방임하는 타자와 외상 사건을 생생하게 심상화하고 심상 속 타자와 대화하는 대신 자신의 생각과 감정을 치료자에게 표현하도록 권장된다. 연구 결과에 따르면 이 절차는 IC보다 스트레스가 덜하다는 견해를 뒷받침한다. 이러한 연구 결과와 환기적 탐색 대안을 실시하기 위한 지침은 제7장에서 IC 절차에 대한 내담자의 어려움을 해결하는 맥락에서 자세히 설명한다.

● 기억 작업과 재경험 절차

기억 작업과 외상 사건의 재경험에 초점을 맞추는 것은 외상 치료의 핵심이며, 이 책의 새로운 장으로 소개된다. 외상 기억은 심상적 직면, 환기적 탐색 또는 기타 과업과 절차에서 자연스럽게 떠오르거나, 의도적으로 활성화하여 독립된 과업으로 탐색할 수 있다. 주의할 점은 내담자가 이러한 사건에 대한 명시적인 기억이 없는 경우(즉, 억압된 기억이 있다고 제안하는 것은 잘못된 관행임) EFTT 치료자는 절대로 어린 시절에 학대를 당했을 수 있다고 내담자에게 제안하지 않는다. 대신, 치료자는 내담자가 제시하는 기억(제한적이지만)을 가지고 현재에 대한 내담자의 개인적인 의미를 촉진하기 위해 작업한다. 기억 작업의 표식에는 부적응적 핵심 정서도식과 자기감이 발달했거나 활성화된 과거(외상) 또는 최근 상황에 대한 기억의 출현이 포함된다. 개입에는 사건에 대한 상세한 순차적 처리 또는 특히 기억을 떠올리게 하는 기억의 조각에 대한 심층적 탐색이 포함될 수 있다. 두 경우의 목표는 경험을 생생하게 되살리고, 정서적 참여를 심화하며, 새로운 적응 자원에 접근하여 정서적 변화를 촉진하는 것이다. 일반적으로 두 경우 모두 가해자와의 심상적 직면 그리고/또는 자기진정을 통해 자기비난을 줄이고 자기에 대한 연민을 증가시킬 수 있다. 제7장과 제9장에서는 이러한 두 가지 유형의 기억 작업을 수행하기 위한 구체적인 표식과 지침을 제시한다.

● 경험적 포커싱과 두 의자 실연

내적 경험에 대한 혼란, 내적 경험에 대한 두려움과 회피, 수치심과 자기비난 등 자기 관련 어려움을 탐색하고 줄이기 위해 다른 경험적 절차가 사용된다. 개입에 대한 지침은 다른 곳에서 명확하게 설명되어 있다(Greenberg & Goldman, 2019a 참조). 포커싱에는 신체적 느낌이나 신체적 경험에 대한 주의와 언어적 상징화가 포함된다. 두 의자 실연에는 자기의 두 부분, 예를 들어 지배적인 자기비판적 부분과 모멸감을 느끼는 '경험하는' 부분 간의 대화가 포함된다. 목표는 나쁜 감정에 기여하는 부적응적 과정과 주체성에 대한 인식을 높이고 이러한 감정에 도전할 수 있는 대안적인 적응적 내부 자원에 접근하는 것이다. 변화의 과정에는 이러한 자기조직에 대한 설명과 통합이 포함된다.

심상화 대화에 저항하거나 꺼려 하는 내담자의 경우, 앞서 설명한 모든 개입은 치료자와의 상호작용을 통해서만 수행할 수 있다. 중요한 것은 특정 기술이 아니라 개입 원리다. 정서처리와 경험의 두 가지 구조는 이후 장에서 설명하는 모든 과정의 핵심이다. 다음 장에서는 이러한 과정에서 정서의 구체적인 역할 자체에 초점을 맞춘다.

제3장

정서를 가지고 작업하기

정서중심의 치료에 대해 논의할 때 정서 그 자체가 치료의 초점이라고 잘못 전달할 위험이 있는데, 그렇지 않다. 정서는 암묵적인 정보와 암묵적인 의미에 접근하기 위한 수단이라는 점에서 가치 있는 것으로 생각해야 한다. 게다가 원초적인 정동(raw affect)은 생각, 심상, 신체 및 감각적 경험과 함께 외상과 관련된 경험적 기억의 한 측면일 뿐이다. 단순히 정서를 표현하는 것이 아니라 감정과 의미를 탐색(경험)하는 것이 외상에 대한 정서중심치료(emotion–focused therapy for trauman: EFTT)에서 새로운 정보의 주요 원천이며 새로운 의미가 구성되는 방식이다. 요컨대, 치료 과정의 모든 단계(EFTT의 모든 단계에 해당)에서 정서는 수단이고, 더 깊은 경험(제5장)은 목적이다.

그럼에도 불구하고 우리가 정서부터 시작하는 이유는 몇 가지가 있다. 첫째, 제1장에서 자세히 설명했듯이 정서와 정서적 과정은 변화의 주요 메커니즘으로써 모든 범위의 정서적 경험, 정동적 혼란, 정서처리를 포함하는 복합외상의 중심이다. 둘째, 정서와 정서적 과정은 외상 치료의 분명한 목표이다. 사람들은 '나쁜 감정'을 바꾸기 위해 치료를 받으러 오는 것이지, 자기와 타자에 대한 부적응적인 인지나 작동 모델을 수정하거나 새로운 의미를 구성하기 위해 치료를 받는 것이 아니다. 이 장에서는 현재 정동에 대한 관심의 맥락에서 EFTT를 살펴보고 앞으로 이어질 장에서 사용되는 기본 개념을 검토한다. 이 장의 목표는 정서에 대한 포괄적인 이론을 제시하는 것이 아니라 일반적으로 정서중심치료의 주요 구성 요소(예: Greenberg & Goldman, 2019b; Greenberg & Paivio, 1997; Pascual–Leone & Greenberg, 2007)를 복합외상에 적용할 때 검토하는 것이다.

EFTT의 기반이 되는 정서 이론에 대한 개관

다음 하위 절에서는 주요 구성을 검토하고 다양한 유형의 정서 및 관련 정서처리 어려움에 대한 분류법과 이러한 어려움을 해결하기 위한 개입 원리를 제시한다. 또한 정서처리 구조를 구성하는 변화 과정의 하위 유형을 검토하고 생산적인 개입에 대한 정보를 제공한다.

적응적 기능에서 정서의 역할

첫째, 정서 체계는 적응 지향 체계이다. 개별적인 기본 정서는 특정 정보와 연관되어 있다. 여기에는 생존에 중요한 특정 목표 지향적 행동에 동기를 부여하는 특정 신경학적 활동, 표현적 운동 패턴, 행동 성향이 포함된다. 따라서 둘째, 정서는 행동 성향이자 동기 부여이다. 또한 정서는 중요한 상황에 신속하게 대응할 수 있는 효율적이고 자동화된 방법을 제공함으로써 생존을 돕는다. 정동은 인지보다 더 빨리 처리되고 더 적은 중재(더 적은 수준의 처리)를 필요로 한다는 것은 잘 알려진 사실이다(LeDoux, 2012). 따라서 인지적 목표는 정동의 방향 설정 및 행동 기능에 의해 자극을 받는다.

셋째, 정서는 그 두드러짐을 통해 우선순위를 알려 준다. 예를 들어, 부정적인 정서는 우리의 주의 체계를 부조화와 일관성 없는 방향으로 이끌 수 있다. 분노나 슬픔과 같은 부정적인 정서 반응은 충족되지 못한 특정 욕구의 경험과 관련이 있으며 신호를 보낸다. 여기서 가정하는 것은 부정적인 정서적 과정을 해결하고자 하는 내적 일관성에 대한 기본적인 욕구 또는 추동이 있다는 것이다. 따라서 부정적인 정서의 긴박함은 어떤 문제에 집중하게 하고, 생산적으로 사용될 경우 그 경험을 '심화 및 차별화'하여 해결될 수 있도록 조직화한다(Greenberg, 2019). 반대로 긍정적인 정서는 자신의 욕구가 충족되는 경험에 관한 것이다. 좋은 느낌은 애착, 개인적 성취, 유대감 등 경험을 '확장하고 구축'하는 데 도움이 된다(Fredrickson, 2001). 긍정적 · 부정적 · 적응적 · 부적응적 정서 경험은 내면의 일관성 정도와 불일치 해결의 필요성에 대해 알려준다. 정서가 뇌에서 수행하는 통합 기능은 이 아이디어의 신경적 기질이다(Schore, 2019).

넷째, 정서는 기억에 부호화된 인지 · 정동 · 동기 · 신체 · 행동 · 관계 정보 네트워크와 연관되어 있다. 정서적 경험과 반응은 이 연관 네트워크의 활성화에 의해 매개된다. 이러한 네트워크 또는 정신 구조는 역동적이며 새로운 경험에 의해 지속적으로 정교화된다. 따라서 정서는 신체적 경험, 인지 및 기타 요소와 결합하여 자신의 가치와 관심사를 포함한 사건의 고유한 의미에 대한 정보를 제공한다. 이러한 방식으로 정서는 상황의 모든 관련 측면을 전반적인 본능적 경험으로 통합할 수 있는 매우 복잡한 의미 체계로 이해될 수 있다. 따라서 정서는 자기에 대한 정보를 제공하는 동시에 암묵적이거나 명시적인 목표를 향해 자기를 이끌기도 한다. 정서 경험은 욕구에 대한 접근을 포함하며, 그 욕구에 대한 평가이다(Frijda, 2016).

마지막으로, 정서는 다른 사람에게 더 가까이 다가가거나 물러나라고 말하는 대인 의사소통 체계이다. 정서를 경험하고 적절하게 표현하면 대인관계에서 필요한 욕구가 충족될 가능성이 높아진다. 요약하자면, 적응적 정서 지향 체계를 방해하는 복합 대인외상과 같은 경험은 적응 기능에 여러 가지 장애를 초래한다.

정서구조 또는 도식

정서 기억은 생리적, 정동적, 인지적, 동기 부여 정보의 연관 네트워크로 구성된다. 이 정보 네트워크를 지칭할 때 가장 자주 사용되는 용어는 정서구조의 행동적 구성이다(Foa et al., 2019). 이 관점에서 보면 외상 경험은 공포 경험을 중심으로 한 정서구조에 부호화된다. 외상과 유사한 현재의 자극은 두려움과 무력감, 관련 신체 경험, 위험에서 벗어나 피해를 피하려는 욕구, 외상 당시 형성된 자기와 상황에 대한 신념을 활성화할 수 있다. 노출 절차는 이러한 공포 구조를 활성화하여 부적응적인 요소를 수정할 수 있도록 하기 위한 것이다. 활성화는 외상 기억의 감각 및 신체적 측면에 주의를 기울임으로써 이루어진다.

정서중심 이론가들은 이 복잡한 정보 체계를 지칭하기 위해 '정서도식(emotion scheme; Greenberg, 2019)'이라는 용어를 선호한다. 여기서 이 개념을 간략하게 소개하는 이유는 임상에서 정서를 다루는 원리를 강조하기 위해서이다. '구조(structure)'라는 용어는 정적인 표현을 연상시키는 반면, '도식(scheme)'이라는 용어는 정서에 필수적인 목표 지향적 행동을 강조한다. 따라서 정서도식은 경험의 표현인 동시에 행동 계획 또는 의도의 표현이기도 하다. 따라서 정서중심치료의 관점에서 볼 때 정서 경험을 표현한다는 것은 내담자가 환경에서 그러한 의도를 수행하도록 조직화하는 욕구 또는 의도를 의미한다. EFTT 치료자는 내담자가 정서적 경험과 정동적 의미의 이러한 측면에 주목하고 표현하도록 강조하고 명시적으로 도와주며, 이는 내담자의 목표 지향적 행동을 활성화하는 데 도움이 된다.

이러한 정신 구조를 지칭하는 데 사용되는 또 다른 용어인 '대상관계(object relations;

Fairbairn, 1952)' 또는 자기와 타자의 '내적 작동 모델(internal working models; Bowlby, 1988)'과 같은 용어가 파생되었다. 이러한 복잡한 정신 구조는 감정, 심상, 충족되거나 충족되지 못한 욕구에 대한 기억, 애착 관계에서 형성된 자기와 친밀한 타자에 대한 암묵적 또는 명시적 신념과 기대 등으로 구성된다. 다시 말하면, 이러한 구조에 포함된 전체 정보 네트워크는 현재 상황에서 활성화되어 현재의 지각과 행동에 영향을 미칠 수 있다. 일부 애착 기반 이론(예: Bowlby, 1988)은 정보 네트워크의 표상적 · 개념적 측면(즉, 지각 · 신념 · 기대)을 강조하지만, 이러한 정신 구조는 애착 대상과의 정동적으로 충만한 경험에서 형성된다는 것이 보편적으로 인정되고 있다. EFTT 이론과 실제는 이러한 정신 구조의 중심적인 측면인 정서에 명시적으로 초점을 맞추고 있으며, 자기와 타자에 대한 정동적 의미가 개입의 대상이다.

또한 EFTT는 다중 자기(multiple selves) 및 자기조직화에 대한 구성주의적 이해를 바탕으로 개인이 다양한 인지적-정동적-행동적 자기의 측면을 가지고 있으며, 한 측면이 어느 시점에서 가장 두드러질 수도 있고 시간이 지나고 상황에 따라 전반적으로 두드러질 수도 있다는 점을 강조한다. 그럼에도 불구하고 가장 극단적인 경우를 제외하고는 덜 두드러지는 다른 자기조직화도 새로운 경험에 인식하고 통합할 수 있다. 복합외상으로 인한 두드러진 자기조직화는 일반적으로 취약성 · 무가치함 · 열등감 · 무능감을 중심으로 이루어진다. EFTT의 변화는 자기의 보다 적응적인 측면(예: 자비로운 자기 또는 회복탄력성 있는 자기)을 활성화하고 강화함으로써 발생하며, 이러한 측면은 시간이 지남에 따라 더욱 두드러지게 나타난다. 전반적으로 의도를 강조하는 '정서도식'과 다중 자기의 잠재력을 강조하는 '자기조직화(self-organization)'라는 용어는 목표 치료 개입을 강조하고 정신 조직의 구조적 특성보다는 이러한 역동적 특성을 포착한다(Pascual-Leone, 2009; Pascual- Leone, Yeryomenko et al., 2016).

미묘하지만 중요한 이론적 차이를 간과할 위험을 무릅쓰고, 정서를 정적인 표상이 아닌 동적인 행동 계획으로 강조한다는 의미에서 '정서도식(emotion scheme)'과 '정서구조(emotion structure)'라는 용어를 혼용하여 사용하고 있다. 또한 자기조직화, 내적 표상(internal representation), 대상관계라는 용어는 애착 대상과의 정동적으로 충만한 경험에서 형성되고 현재의 정동적 경험에 의해 활성화되는 핵심 정동적 의미 체계를 지칭하는 서술어로 이해한다.

정서의 유형: 찾아야 할 사항

정서중심치료의 일반적인 모델의 특징 중 하나는 정서에 대한 고도로 차별화된 관점이다. Greenberg와 동료들(Greenberg & Paivio, 1997; Greenberg et al., 1993)은 이 분야에 다양한 종류의 정서와 이와 관련된 정서처리 어려움에 대한 분류법을 도입했다. 이는 정서에 대한 사실을 설명하기 위한 것이 아니라 적절한 개입을 안내할 수 있는 유용한 경험적 방법(heuristic)을 제시하기 위한 것이다. 하지만 지난 10년 동안 정서처리와 이 분류법에 대한 연구는 실증적인 테스트를 거쳤다. 심리치료에서 정서에 대한 연구를 통해 이 프레임워크 내에서 정서를 개념화하는 것이 측정 가능하고 치료 성과의 중요한 측면과 관련이 있다는 사실이 확인되었다(예: Herrmann et al., 2016; Pascual-Leone, 2018). 회기에서 이를 사용하여 어떤 정서 과정에 집중할 것인지에 대한 임상적 판단은 개별 내담자, 성격 스타일 및 장애에 대한 지식뿐만 아니라 내담자의 순간순간 경험에 대한 공감적 조율에 의해 결정된다. 이 분류법은 EFTT에서 정서 평가와 개입의 기초가 된다.

● 일차 정서

첫 번째 유형의 정서는 환경에 대한 즉각적이고 직접적인 반응으로, 다른 인지적-정동적 요소에 의해 환원되거나 매개되지 않는다. 주요 이론과 연구에 따르면 일차 정서는 예측 가능한 발달 단계에서 문화 집단에 걸쳐 나타나는 분노 · 슬픔 · 두려움 · 수치심 · 기쁨 · 호기심 또는 흥미를 포함한 제한된 수의 개별적인 기본 정동에 해당한다(Eckman & Friesen, 1975). 따라서 정서중심 이론에서 일차 정서는 현재 상황에 대한 초기의 근본적인 반응을 나타낸다. 상황, 해당 정서의 강도(각성 수준) 및 개인의 학습 이력을 기반으로 정서가 불러일으킬 수 있는 암묵적 의미에 따라 일차 정서는 적응적이거나 부적응적일 수 있다. 예를 들어, 일반적인 상황에서 위험에 직면했을 때 느끼는 두려움은 매우 적응적인 경험이다. 그러나 신체적 또는 성적 학대를 당한 경험이 있는 사람은 사랑과 애정을 표현하거나 선의의 불일치에 대한 반응으로 두려움을 경험할 수 있다. 따라서 감정은 내담자에게 어려움의 원인이 되기도 하고 자기계발을 위한 잠재적인 지침이 될 수도 있다.

● 적응적 일차 정서

적응 기능인 일차 정서적 반응은 건강한 자원과 행동을 동원한다. 임박한 위험에 대한 두려움은 위협을 피하기 위해 행동을 동원하는 일차적이고 적응적인 정서의 명백한 예이다. 그러나 심리치료 과정에서 가장 대표적인 적응적 일차 정서의 예는 위반에 대한 분노와 상실에 대한 슬픔과 같은 감정인 경우가 많다. 예를 들어, 대인관계 위반에 대한 분노는 자기보호 자원과 행동을 동원한다. 동시에, 이별이나 상실에 대한 슬픔은 치유를 촉진하기 위해 철수하거나 접촉과 위로를 추구하게 한다. 적응적 일차 정서와 관련된 처리 어려움은 그 강도를 조절하는 데 문제가 있어 과소조절(underregulation) 또는 과잉통제(overcontrol)를 초래한다. 두 경우 모두 경험과 관련된 정보는 적응 행동을 안내하는 데 쉽게 이용할 수 없다. 복합외상을 겪은 생존자는 분노나 슬픔의 적응적 경험에 압도당할 수 있으며, 이러한 감정을 만성적으로 회피할 수 있다. 이러한 감정의 표현을 잘라 내고 회피하면 이 정서가 제공하는 적응적 조직 중 하나가 사라진다. 그 결과 피해의식과 무력감, 자기비난, 반복되는 우울증, 자기주장과 적절한 대인관계의 경계 설정에 어려움을 겪게 되는 경우가 많다.

상실에 대한 슬픔이나 거절에 대한 수치심과 같은 일차 정서적 경험은 고통스럽기 때문에 피하는 경우가 많다. 이러한 유형의 정서는 기본 정서보다 더 복잡하지만 그럼에도 불구하고 자기에 손상이 발생했음을 알려 주기 때문에 적응력이 뛰어나다. 이러한 고통스러운 정서는 허용되고 충분히 경험되어야 현재의 의미와 자기감에 통합될 수 있다. 일반적으로 억제된 적응적 일차 정서에 대한 적절한 개입에는 보통 자각, 상징화, 건강한 표현을 늘리는 것이 포함된다. 이러한 개입의 목적은 정서 및 관련 적응 정보에 접근하고 경험의 적절한 표현을 촉진하는 것이다.

최근까지 임상 문헌에서 자주 논의되지 않았던 영역은 긍정적인 정서에 관한 것이다. 호기심과 기쁨과 같은 정서는 건강한 경험을 확장하고 구축하는 기능을 하는 일차 적응적 경험으로 간주된다(Fredrickson, 2001). 자기연민은 개별적인 정서는 아니지만 치료적 변화에 중요한 긍정적 정서 경험으로 간주된다(Gilbert, 2014). 이외에도 인간 발달의 기본 과정인 애착은 (무엇보다도) 긍정적인 감정을 제공하는 긍정적이고 따뜻한 관계를 찾도록 유도하는 정동적 체계에 의해 주도된다. 복합 대인외상은 긍정적인 정동과 건강한 애착을 위한 개인의 능력을 방해하며, EFTT는 이러한 능력을 회복하는 것을 목표로 한다.

● 부적응적 일차 정서

부적응적인 일차 정서는 즉각적이고 직접적인 반응이지만 적응 기능을 수행하지 않는다. 심리치료 과정에서 가장 대표적인 부적응적 일차 정서의 예는 외상성 공포와 수치심이며, 이는 종종 죄책감이나 외로움과 같은 다른 건강하지 않고 소외된 경험을 뒷받침한다(Pascual-Leone, 2018). 이러한 경험은 또한 조건화된 부적응 반응을 일으킬 수 있다. 한 가지 명백한 예는 외상 후 스트레스 반응과 관련된 지나치게 일반화된 두려움이다. 이러한 경우의 개입에는 부적응적 공포 반응의 역조건화(counterconditioning; 새로운 연상 연결 고리 만들기)와 동시에 내담자의 감정을 확인하고 실제 외상이나 피해의 원인을 탐색하는 것이 포함된다.

복합외상의 많은 경우, 그 사람의 핵심 자기감은 부적응적 일차 정서, 특히 두려움과 수치심을 중심으로 구성되며, 그 결과 만성적인 긴장·폐쇄 또는 과민 반응의 신체적 상관관계와 함께 붕괴나 철수 증상을 초래한다. 자신을 불안정하거나 받아들일 수 없는 존재로 여기는 총체적이고 만연한 경험은 현재 상황에서 자동으로 활성화된다. 그러나 취약성이나 수치심 경험은 다른 기저의 인지적–정동적 과정에 의해 명백하게 유발되거나 선행되는 것은 아니다. 자기비판, 특히 가혹한 정동적 어조로 전달되는 자기비판은 부끄러울 정도로 나쁘거나 결함이 있어 비판을 받아 마땅하다는 핵심 자기감이 활성화된 결과로 이해될 수 있다. 적절한 개입을 위해서는 부적응적 일차 공포의 역조건화에 사용되는 것과 유사한 과정이 필요하다. 여기에는 부적응적 핵심 자기감(일반적으로 기억 환기를 통해)을 구성하는 생각·감정·신체 및 감각 경험에 접근하는 동시에 보다 건강한 자원(예: 적응적 정서)에 접근하여 새로운 연관 고리를 만들어 자기감을 재구성하는 것이 포함된다.

● 이차 정서

이차 정서는 보다 일차적인 인지적 또는 정서적 과정, 즉 회기에서 쉽게 관찰할 수 있는 일련의 생각 그리고/또는 감정에 뒤따르거나 그 결과이다. 이러한 형태의 정서 경험은 일차 정서의 경우처럼 현재 상황에 대한 즉각적이고 일시적인 반응이 아니라 오래 지속된다. 한 가지 어려움은 정서가 부적응적인 자기진술이나 생각에 대한 이차적인 반응일 때 발생한다. 외상 후 스트레스 반응에서 자주 관찰되는 예는 파국적 기대(예: 세상은 위험하다, 다른 사람들은 상처를 줄 것이다.)로 인한 불안이다. 이러한 신념은 비합리적일 수 있지만, 궁극적으로 대처하거나 생존할 수 없다는 더 깊은 감각에서 비롯되며, 이는 자신의 취약성에 대한 더 깊은 부적응적 일차 정서를 의미한다. 이차 정서의 또 다른 예로는 자기비판적 발언으로 인한 수치심이 있다(예: 내담자가 "나는 정말 바보야! 내가 더 잘 알았어야 했는데."라고 말하는 경우). 자기비판은 때때로 더 깊은 부적응적 일차 과정을 구체화하지만, 때로는 이러한 가혹한 자기비판이 학습된 명령이나 부정확하거나 부적절한 부정적 신념으로 더 잘 이해될 수 있다. 그 결과로 나타나는 이차 정서는 인식을 촉진하고 부적응적인 의미를 바꾸기 위해 탐색해야 한다. 자기비판적인 내담자는 부정적인 자기진술의 내용과 가혹함 그리고 이러한 진술의 경험적 영향을 모두 인식해야 한다. 이러한 경험적 인식은 가혹하거나 불공정한 자기진술에 대한 적응적 분노를 바탕으로 보다 자기인정적인 태도를 활성화하는 데 도움이 될 수 있다.

다른 경우에는 이러한 정서가 더 핵심적인 정서 경험에 이차적이며 이를 가리는 경우도 있다. 외상 생존자는 부모에 대한 분노를 두려워하거나 죄책감을 느낄 수 있으며, 때로는 자신의 더 취약한 두려움이나 수치심에 대해 분노로 반응하기도 한다. 이와 같은 이차적이거나 방어적인 정서는 우회하여 보다 핵심적인 정서 경험 및 이와 관련된 정보에 접근해야 한다. 예를 들어, 대인관계에서 사소한 일에도 일상적으로 분노를 표출하는 내담자는 기저의 상처나 슬픔의 감정에 접근할 필요가 있다. 마찬가지로, 폭력의 기억에 눈물을 흘리며 무너지는 내담자는 더 강력한 원망과 분노의 감정에 접근할 필요가 있다.

다른 복잡한 이차 정서 반응으로는 전반적 고통과 불안 및 우울이 있다. '전반적 고통(global distress)'은 높은 각성과 낮은 의미를 특징으로 하는 미분화된 정서 반응으로, 그 기저에 있는 구성 요소로 구분할 필요가 있다. 내담자가 괴로움을 느낄 때는 그 경험을 조절하고, 억제하고, 그 기저에 있는 보다 근본적인 경험을 표현할 수 있는 적절한 단어를 찾는 데 도움이 필요할 수 있다. 때로는 전반적 고통이 슬픔과 같은 적응적 정서로 분화되기도 하고, 다른 경우에는 고통의 근원이 명백히 부적응적인 정서(예: 예전의 수치심)일 수도 있다.

우울과 불안은 종종 외상 후 스트레스 반응과 관련이 있다. 우울과 관련된 무력감, 패배감, 공허감은 인지적-정동적 순서 또는 부적응적 핵심 자기감의 활성화에 의해 생성되는 복잡한 '나쁜 감정'이지만, 이는 전반적이고 일반적이다. 예를 들어, 우울은 관계 상실에 대한 해결되지 않은 슬픔과 거절당했다는 수치심, 기본적으로 사랑할 수 없는 존재라는 핵심 자기감, '그런 패배자'라는 자기경멸, 혼자가 될 운명이라는 신념, 무력감과 절망으로 무너지는 것 등으로 구성될 수 있다. 여기서 다른 이차 정서와 마찬가지로 개입 전략은 핵심 자기감에 접근하고 기저의 인지적-정동적 및 감각적 구성 요소를 탐색하여 위반에 대한 억압된 분노와 상실에 대한 슬픔과 같은 보다 적응적인 자원에 도달하는 것이다.

● 도구적 정서

세 번째 광범위한 범주는 '도구적 정서(instrumental emotion)'로, 의식적이든 무의식적이든 다른 사람에게 영향을 미치기 위해 사용하는 정서이다. 대표적인 예로는 동정이나 관심을 끌기 위해 '악어의 눈물'을 흘리거나 다른 사람을 제압하거나 통제하기 위해 분노로 목소리를 높이는 것 등이 있다. 이러한 유형의 표현에는 진정한 정서가 동반될 수도 있고 그렇지 않을 수도 있다. 그러나 도구적 정서가 반드시 거짓인 것은 아니며, 진정한 각성과 함께 실제 정동적 경험을 수반할 수 있으며, 많은 경우 개인은 자신이 정서를 사용하는 방식을 인식하지 못할 수도 있다. 예를 들어, 자신의 요구가 받아들여지지 않을 때 분노를 폭발시킨 경험이 있는 남성은 진정한 분노와 좌절의 경험을 하고 있을 가능성이 높다. 하지만 분노를 터뜨렸을 때 대개 자신의 뜻대로 된다는 사실은 그의 분노 행동에 반복적인 강화를 제공한다. 이러한 유형의 정서는 변화가 필요하다. 개입에는 정서의 도구적 기능을 직시하고 해석하며 자신의 욕구를 충족시키는 보다 적응적인 방법을 가르치는 것이 포함된다.

이차 정서와 도구적 정서 모두 강도의 수준에서 문제가 될 수 있으며, 이러한 경우 개입에는 정서조절 전략이 포함되어야 한다. 모든 정서 유형은 만성성 또는 빈도 수준에서 문제가 될 수 있으며, 분노 · 공포 또는 슬픔이 지배적인 정서로 경험되거나 표현되는 경우 문제가 될 수 있다. 이러한 경우 개인은 다른 감정에 대한 인식과 접근이 제한적일 수 있으므로 암묵적 또는 명시적 정서 코칭 또는 인식 훈련으로 개입이 이루어진다. 〈표 3-1〉에는 다양한 종류의 정서와 그에 따른 어려움, 개입 원리가 요약되어 있다. 이러한

표 3-1 정서의 유형, 관련 어려움 및 개입 원리

정서의 유형	어려움	개입 원리
	적응적	
일차	조절곤란 또는 과잉통제(예: 실제 위험에 대한 두려움) 부적절한 표현	각성을 감소시키거나 증가시키기 표현 기술을 모델링하거나 가르치기
고통스러운 정서	회피(예: 상실에 대한 고통)	허용하고 탐색하기
	부적응적	
일차	과잉 일반화된 반응(예: 외상 후 스트레스 장애에 대한 두려움)	타당화, 역조건화하기
핵심 자기감	상황 전반에 걸쳐 활성화됨(예: 무가치한 자기)	접근하고 재구조화하기
이차	부적응적 인지에 대한 반응(예: 파국적 기대로 인한 불안)	인지를 탐색하고 수정하기
방어적	보다 핵심적인 정서를 가리기(예: 수치심을 가리는 분노)	핵심 정서를 우회하고 접근하기
복잡한 '나쁜 감정'	상황 전반에 걸쳐 활성화됨(예: 무력감)	집중하고 탐색하기
도구적	타인을 통제하기 위해 사용(예: 분노 또는 눈물)	직면하고, 욕구에 접근하고, 욕구를 충족시키기 위한 방법을 가르치기
모든 부적응적	조절 곤란 만성성 또는 빈도	각성을 줄이기 다른 정서에 접근을 증가시키기

각 유형의 정서에 대한 개입은 특정 변화 과정이나 정서처리 유형을 활성화하도록 설계되었다. 다음 절에서는 이러한 부분에 중점을 준다.

변화 과정: EFTT에서의 정서처리

외상의 감정과 기억을 회피하면 장애가 지속될 수 있으며, 치유를 위해서는 이러한 고통스러운 경험을 직면해야 한다는 데 널리 동의한다(Foa et al., 2019). 외상 영역 외에도 나쁜 감정을 탐색하면 기분이 나아진다는 개념은 여러 심리치료 학파에서 널리 통용되어 왔다(예: Freud, 1933/1961; Perls et al., 1951; Rogers, 1980). 그럼에도 불구하고 기분을 좋게 하기 위해 내담자의 기분을 나쁘게 만드는 것은 직관적이지 않으며 내담자와 치료자 모두에게 장애물이 될 수 있다. 최근에는 '정서처리'가 정확히 무엇이며 어떻게 발생하는지에 대한 수수께끼에 관심이 높아지고 있다. 이 수수께끼에 대한 해답은 거의 모든 이론적 성향을 가진 치료자가 극도로 고통스러운 정서를 극복하거나, 극복할 수 없어 괴로워하는 내담자와 마주 앉았을 때 중요하다.

일반적으로 '정서처리(emotional processing)'란 치료에서 정서구조나 도식이 활성화되어 새로운 정보가 체계에 통합될 수 있도록 하는 변화의 과정을 말한다. 활성화의 수단, 변화의 목표, 새로운 정보의 출처는 접근 방식에 따라 다르다. 예를 들어, 인지행동치료(cognitive behavior therapy: CBT)에서는 심상적 노출 절차를 통해 공포 구조와 이를 구성하는 부적응적 연상 연결, 반응, 자기비난과 같은 잘못된 귀인을 활성화하는 데 사용된다. 새로운 정보의 출처에는 둔감화를 통한 새로운 학습, 부적응적 인지 도전, 외상에 대한 심리교육이 포함되다. 관계 정신역동적 접근법에서는 외상 경험이 치료적 관계에서 더 일반적으로 탐색되고, 부적응 요소에는 방어 과정과 대인관계 패턴이 포함되며, 새로운 정보의 주요 출처는 치료자의 해석이다.

정서처리의 구성은 노출 기반 치료에서 변화의 주요 메커니즘이며(Foa et al., 2019), 다른 접근 방식에 더 광범위하게 통합되었다. 예를 들어, CBT에서는 '뜨거운 인지(hot cognitions)' 또는 정서적으로 충만한 생각(emotionally charged thoughts; Safran & Greenberg, 1987)의 구성과 정동적으로 충만한 경험(affectively charged experience)을 탐색할 때 생각에 접근하는 과정에 대한 강조가 점점 더 커지고 있다. 이는 이러한 방식으로 접근한 부적응적 사고가 더 독특하고 개인적으로 의미 있고 관련성이 있으며 기억에 남는다는 인식에 기반한다. 최근의 이론은 정동과 의미 구성에 대한 탐색의 중요성을 인식하고 이를 새로운 인지 모델에 통합했다.

EFTT의 정서처리는 다른 심리치료 접근법에서 설명하는 것보다 더 구체적으로 이해되며 다면적인 구조로 이루어져 있다. 이전 장에서 설명한 것처럼 EFTT는 외상, 특히 복합 외상에는 단순한 두려움보다 더 복잡한 정서가 수반된다는 점을 인식하고 있다. 일반적인 노출 기반 개입은 두려움을 줄이기 위해 고안되었지만 슬픔 · 분노 · 죄책감 또는 수치심과 같은 다른 감정을 수정하는 데는 효과적이지 않은 것으로 밝혀졌다. 외상과 아동기 학대는 개인에게 부정적인 영향을 미쳐 세상을 제한적이고 부적응적인 방식으로 경험하게 한다. 따라서 EFTT의 목표는 내담자의 감정과 관련된 범위 · 깊이 · 의미를 높이는 것이다. 정서중심 접근 방식은 '정서처리'라는 광범위한 용어에 포함되는 여러 과정을 통해 정서적 역량을 증진하는 데 도움이 된다. 이러한 하위 과정과 이 과정이 목표로 하는 특정 정서가 이 장의 나머지 부분에서 다루는 주제이다.

표현되는 정서를 가장 잘 다루는 방법은 주로 내담자가 표현하는 문제의 성격과 치료의 장단기 목표에 따라 달라진다. 따라서 정서를 다루는 데 있어 필수적인 과업은 내담자가 특정 정서를 표현할 때 어떤 종류의 처리가 가장 유용한지 평가하는 것이다. 대부분의 치료자는 내담자가 여러 가지 정서를 연달아 표현하는 경험을 해 본 적이 있을 것이다. 예를 들어, 내담자가 어머니의 끊임없는 비판에 대해 심하게 불평하고, 어머니의 자기중심성과 미성숙함에 대해 경멸을 표현하고, "가망이 없어요, 어머니는 절대 변하지 않을 거예요."라고 눈물을 흘리며 울다가, 어머니를 자신의 삶에서 떼어 내고 싶지만 어머니의 도움이 필요하다는 갈등으로 전환하고, 자신의 안전에 대해 걱정하는 경우이다. 이 모든 것이 중요한 문제이자 과정이다. 치료자는 무엇에 집중해야 할지 고민할 수 있다. 어떤 정서가 가장 중요한가? 내담자가 정서를 계속 처리하기 위해 무엇을 해야 하는지 어떻게 파악할 수 있나?

정서중심치료 이론가들(Greenberg & Goldman, 2019b; Greenberg & Pascual-Leone, 2006)은 정서를 생산적으로 다루는 주요 방법을 확인했으며, 이들 모두 외상 치료 및 EFTT와 관련된 정서 변화 과정의 여러 하위 유형을 설명한다. 이러한 다양한 변화 과정에는, ① 정서적 자각 및 각성, ② 정서강도의 하향조절, ③ 정서에 대한 성찰, ④ 부적응적 정서가 다른 적응적 정서의 출현으로 변화하는 정서 변화가 포함된다. 예를 들어, 학대를 당했다는 수치심과 자기비난은 분노와 가해자에게 피해에 대한 책임을 묻거나 자신의 고통에 대한 슬픔과 연민으로 변화될 수 있다.

자각 및 각성

통찰중심치료는 정서적 경험, 즉 부적응적 정서의 기원, 의미, 결과에 대한 내담자의 인식을 높이는 것이 중요한 변화 과정이라는 가정에 기초한다. 정서에 대한 인식과 정서적 각성은 외상과 관련된 별개의 과정이다. 예를 들어, 둔감한 내담자는 높은 수준의 고통(각성)을 경험하지만 특정 정서에 대한 인식이 없는 반면, 다른 내담자는 특정 정서(예: 분노)를 명확하게 식별할 수 있지만 무감각하거나 감정이 실려 있지 않다. 이처럼 개인마다 변화 과정은 다르다. 그럼에도 불구하고 정서중심치료 이론가들이 함께 논의한 이유는 인식을 높이려면 나쁜 감정과 정서적 고통에 대해 어느 정도 각성하고 몰입해야 하는 경우가 많기 때문이다. 다시 말하지만, 이는 노출 기반 절차의 효과에 있어 기본이 되는 요소이다. 이는 정서적 통찰과 도전적인 뜨거운 인지라는 변화 과정의 근간이 되는 가정이기도 하다.

이는 특히 내적 경험으로부터 단절되고 접근이 제한된 복합외상의 병력이 있는 내담자와 관련이 있다. 이들은 최소한 정서적 고통을 어느 정도 분별할 수 있을 때까지는 변화의 과정을 진행할 수 없다. EFTT 치료자는 치료 시작부터 내담자의 각성과 인식을 촉진해야 한다. 치료자는 추가 처리를 촉진하기 위해 어떤 경험에 주목할지 신중하게 선택해야 한다. 내담자가 외상 경험에 대해 이야기하고 자세히 설명할 때마다 치료자가 집중할 수 있는 경험의 여러 측면이 있다. 그러나 이러한 경험의 모든 측면이 내담자의 진전을 위한 동일한 잠재력을 가지고 있는 것은 아니다. 정서를 억압하거나 회피하여 내담자가 무감각하거나 무력감을 느낄 때는 의도적으로 각성을 높이는 것이 생산적이다. 이는 카타르시스의 목적이 아니라 정서구조를 활성화하여 정서 경험과 관련된 정보에 대한 인식을 높이기 위한 것이다. 정서의 각성은 분명히 중요하지만, 단순히 정서를 해소하거나 배출하는 것은 생산적인 과정이 아니다. 오히려 정서의 의미(예: 원인, 충족되지 못한 욕구, 자기 및 관계에 미치는 영향)에 대한 명료한 표현과 표현된 각성을 포함하는 정서에 대한 깊은 경험이 가장 발전적인 과정이다(Greenberg, 2002). 요컨대, 각성은 인식을 유도하고 활기를 불어넣는 데 중요한 역할을 한다.

내담자가 방어적이거나 이차적인 반응이 아닌 정서에 다가갈 때 정서 인식을 높이는 것이 생산적이다. 단호한 분노, 슬픔 또는 비난하지 않는 상처의 표현은 모두 의미가 담긴 일차적이고 적응적인 정서이며, 유용한 목적을 위해 더 깊이 탐색하고 경험할 수 있다. 경험적 접근 방식에 충실하게, EFTT에서 이를 위한 주요 개입은 공감적 탐색이다. 공감적 반응은 이전 장에서 설명한 대로 단독으로 또는 다른 절차와 함께 사용된다.

EFTT 치료자는 의도적으로 내담자의 주의와 인식을, 특히 정서의 새롭고 자발적으로 떠오르는 측면에 집중하도록 유도한다. 가족과 소원해졌고 가장 최근에는 여동생과 사이가 멀어진 한 내담자가 이 과정의 예이다.

내담자: 그녀의 행동에 너무 지쳤어요. 다시는 그녀를 보지 않아도 된다면 정말 행복할 것 같아요!

치료자: 그렇게 말할 때 당신 안에서는 무슨 일이 일어나나요?

내담자: [한숨] 글쎄요, 그냥 슬픔이 느껴져요.

치료자: 슬픔이요.

내담자: 네. 행복한 시간들, 별장에서의 여름, 우리 아이들이 함께 놀던 시간들이 기억나거든요. 다시는 그런 시간을 갖지 못할 거라는 생각에…….

치료자: 그럼 엄마를 잃은 슬픔 같은 건가요?

내담자: [눈시울을 붉히며] 네, 누구보다 그녀를 잃은 게 너무 슬프네요.

자각과 각성을 높이는 것은 내담자의 자기의 중심이 되는 부적응적 일차 정서를 다루는 데 있어서도 중요한 변화 과정이다. 내담자는 취약성과 무가치감을 없애고 무시하기 위해 많은 노력을 기울이고, 치료자는 이러한 경험에 접근하고 강화하는 것을 꺼려 할 수 있다. 그럼에도 불구하고 관련 정보에 대한 내담자의 인식을 높이기 위해 회기에서 이러한 경험을 활성화할 필요가 있다. 이는 핵심 자기감이 발달한 상황(외상 사건)에 대한 기억을 불러일으키고 탐색하거나 핵심 자기감이 활성화된 현재 상황을 탐색함으로써 달성할 수 있다. 예를 들어, 한 내담자는 어렸을 때 아버지에게 강간당한 경험을 처음으로 이야기하고 있었다. 이 기억은 항상 매우 고통스러웠고, 그 경험에 대해 기억할 수 있는 것은 두려움과 고통뿐이었기 때문에 그녀는 금방 마음속에서 지워 버렸다. 치료자는 이를 확인하고 더 많은 것을 물어보았다.

치료자: 네, 정말 고통스러웠겠어요. 극복할 수 있었나요? 어렸을 때 어린 마음에 다른 일이 있었나요?

내담자: [생각에 잠김] "아빠들은 어린 딸에게 이렇게 한다."라고 말했던 게 기억나요.

치료자: 계속하세요. 그 말을 들었을 때 어떤 생각이 들었나요?

내담자: 그 당시에는 너무 혼란스러웠어요. 제가 뭔가 잘못한 게 분명해서 어머니가 화를 내실 거라고 생각했던 게 기억나요. 하지만 제가 뭘 잘못했는지 알 수가 없었어요.

치료자: 그래서 당신이 잘못한 게 있는 걸까요, 나쁜 여자애인가요?

여기서 각성을 높이고 외상 기억을 활성화함으로써 내담자는 이전에는 이용할 수 없었던 정보, 즉 부적응적 핵심 수치심과 당시 형성된 자기에 대한 부적응적 신념에 명확하게 접근할 수 있다. 이제 이러한 정보를 탐색하고 변화시킬 수 있다. 수치심을 어떻게 변화시킬 수 있는지는 다음에서 논의할 또 다른 변화 과정이다.

정서의 하향조절

외상 기억 탐색의 앞선 예는 자각을 위한 정서적 각성을 촉진하는 것과 격렬한 정서를 관리하는 것 사이에는 미묘한 균형이 있다는 것을 보여 준다. 일반적으로 내담자가 자신의 정서에 대해 성찰적인 자세를 취하여 감정을 활성화하면서도 새로운 의미를 탐색하고 창조하는 데 유용하도록 충분히 조절할 수 있을 때 가장 생산적이다.

정서조절과 이와 관련된 자기진정은 모든 외상 치료에서 필수적인 과정이다. 복합 외상에 대한 현재의 CBT 및 안구운동 둔감화 재처리(eye movement desensitization and reprocessing; Shapiro, 2018) 접근법(예: Jackson et al., 2020)에서는 외상 탐색 전에 치료 초기 단계에서 정서조절 전략을 가르친다. 현재의 경험적 접근법에서 정서조절은 치료의 전반적인 구조의 일부이며, 안전하고 공감적인 치료적 관계를 제공함으로써 주로 이루어진다. 이러한 관계는 고통스러운 외상 경험을 처리하는 데 적합한 맥락을 제공한다.

치료자는 고통스러운 정서를 처음 드러내는 EFTT 초기 단계에서 내담자의 정서조절 능력을 염두에 두어야 한다. 이후 중간 단계에서는 내담자가 고통스러운 정서를 견디고 극복할 수 있도록 자기진정 및 조절 전략을 통해 자주 코칭을 받아야 한다. 공황 발작에서처럼 내담자가 고통, 분노와 같은 이차 정서 또는 수치심이나 두려움과 같은 부적응적 일차 정서에 압도될 때는 정서의 하향조절을 촉진하는 것이 중요하다([그림 3-1] 상단 참조). 정서조절의 단기적인 목표는 내담자가 이러한 경험으로부터 심리적 거리를 확보하여 강도를 낮출 수 있도록 돕는 것이다. 이러한 경우의 개입에는 내담자의 취약성에 대해 공감적 인정을 한 다음, 내담자가 정서적 고통의 의미를 명확히 표현하도록 돕는 것이 포함된다. 이러한 공감적 정동조절의 장기적인 목표는 치료자의 진정 반응을 내면화하고 고통스러운 경험을 더 이해하고 관리할 수 있는 의미를 구성함으로써 내담자가 스스로를 진정시키고 위로할 수 있는 능력을 개발하도록 돕는 것이다.

예를 들어, 어렸을 때 신체적·정서적 학대를 겪은 EFTT 중간 단계의 한 내담자는 사회적 환경에서 수치심을 느낀다고 설명했다. 내담자는 매우 괴로워했지만 치료자는 이 고통스러운 정서에 수반되는 의미를 공감적으로 탐색하는 데 동참했다.

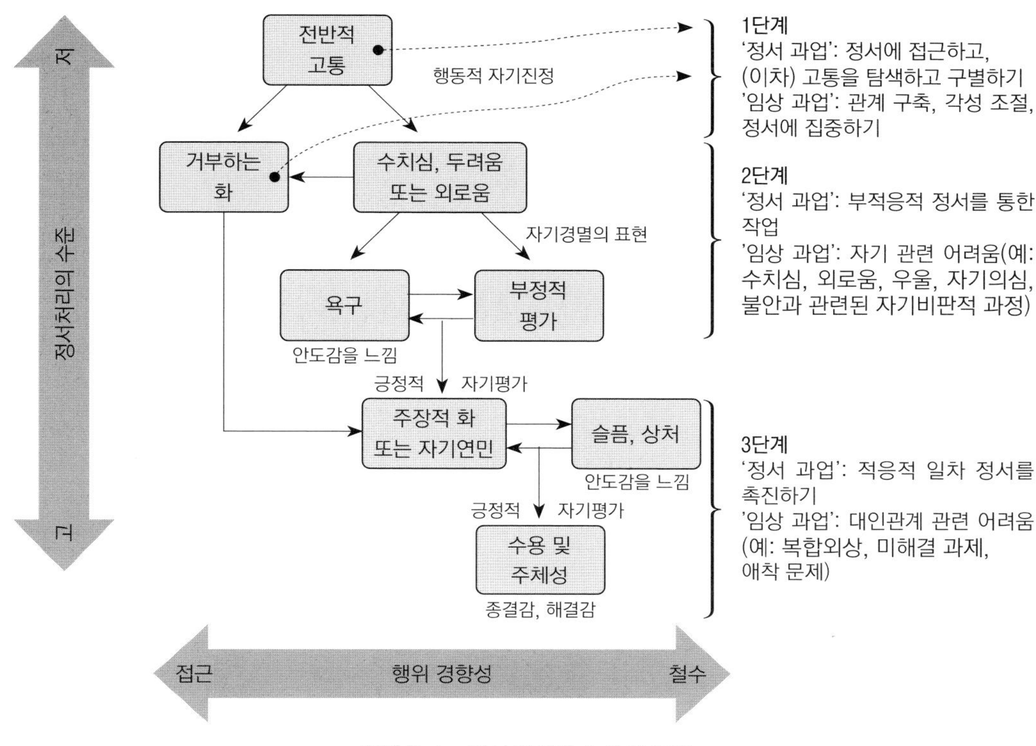

그림 3-1 정서처리의 순차적 모델

"Emotional Processing in Experiential Therapy: Why 'the Only Way Out Is Through,'" by A. Pascual-Leone and L. S. Greenberg, 2007, *Journal of Consulting and Clinical Psychology*, 75(6), p. 887 (https://doi.org/10.1037/0022-006X.75.6.875)에서 수정됨. American Psychological Association (2007) 저작권.

내담자: 음. 내가 말하는 모든 것이 약간 이상해요……. 다른 사람들이 어떻게 보는지 또는…… 이야기하는 방식에서 벗어났어요. [목소리가 갈라지고 심하게 흐느낌]

치료자: 그런 말을 하는 건 정말…… 가슴이 아파요……. 뭐가 그렇게 아픈지 말씀해 주시겠어요?

내담자: [코를 훌쩍거림. 잠시 멈칫함]

치료자: 그냥 부적절한 느낌이 드는 건가요, 아니면……?

내담자: 네, 저는 제가 말하는 모든 것을 모니터링해야 해요. 심지어 제가 말하는 동안에도요. 제가 말하는 모든 것이 조금 잘못되었다는 것을 알거나 느낍니다……. 사람들은 저를 두 번 쳐다보거나 미쳤다고 무시할 테니까요.

이 예에서 내담자는 정서를 회피하거나 절망에 빠지는 대신 치료자의 세심하고 공감적인 주도권을 따르기 시작하고 자신의 감정의 의미를 명확하게 표현하기 시작한다.

이 과정에서 내담자의 각성을 생산적인 범위로 조절하는 역할을 하는 것이 바로 이자적(dyadic) 과정이다.

정서의 성찰

정서를 성찰하는 과정은 자기자각을 높이는 결과를 가져온다. 여러 연구 결과에 따르면 외상성 정서적 기억을 상징화하고 설명할 수 있으면 일관된 개인 내러티브에 동화되어 치유를 촉진한다는 사실이 여러 맥락에서 밝혀졌다(Paivio & Angus, 2017; Pennebaker & Chung, 2011). 외상성 사건의 맥락에서 개인은 때때로 자신, 타인 또는 사건의 본질에 대해 나중에 믿을 수 없는 평가를 내리기도 한다. 예를 들어, 초등학교 시절 부모가 숙제를 '도와주던' 기억을 떠올린 한 여성은 정서적으로 불안정한 어머니가 숙제로 힘들어하는 자신을 향해 몸을 구부리고 소리를 지르며, 오답이 나오면 주기적으로 아버지가 구타했다고 설명했다. 성인이 되어 치료를 받고 있는 그녀는 어린 시절 울면서 지쳐서 자신이 똑똑하지도 못하고 무능하다고 생각했던 기억을 떠올렸다. 그러나 자신이 느꼈던 공포를 떠올린 후, 그녀는 결국 어떤 아이라도 그런 조건에서는 어려움을 겪었을 것이라는 결론을 내렸다. 인지적 관점에서 정서에 대한 성찰은 내담자의 가정적 틀을 바꾸는 방법으로 이해될 수 있다(Beck, 2021). 정서중심치료의 관점에서 볼 때 의미에 대한 생산적인 성찰은 항상 '뜨거운' 것이거나 현재 느끼는 정서적 경험에 근거를 두고 있다.

모든 유형의 정서는 성찰하기에 적합한 대상이며, 이는 EFTT의 모든 단계에서 중요한 과정이 될 것이다. 수치심에 대한 분노와 같은 이차 정서에 대해 성찰하는 것은 내담자가 일부 감정의 반응적 특성을 인식하는 데 도움이 될 수 있다. 마찬가지로 적응적 일차 정서와 관련된 의미의 현재적 · 역사적 맥락을 고려하면 내담자가 자신의 필요를 이해하고 적절한 조치를 취하는 데 도움이 된다. 예를 들어, 대인관계의 경계 위반에 대한 분노는 내담자가 순간적으로 분노가 일어났을 때 분노가 너무 확산되지 않고 경계를 설정하는 데 집중하도록 도움이 될 수 있다. 마지막으로, 부적응적 일차 정서에 대해 생각해 보고 관리하거나 견디기 어렵지 않은 심리적 거리에서 생각해 보는 것도 유용할 수 있다. 이를 통해 내담자는 자신의 삶의 흐름이나 패턴을 한눈에 파악할 수 있다.

통찰은 정서에 대한 성찰의 고전적인 형태이다. 전통적인 정신역동적 개입은 통찰을 촉진하기 위해 해석을 전달하는 것이다. 해석은 일반적으로 내담자와 관련된 핵심 주제에 대한 치료자의 평가를 기반으로 한다(예: "이것은 당신이 아버지에게 경험했던 무력감 및 우울과 매우 비슷해 보이며, 격노를 경험하기보다는 무너지는 것 같네요."). EFTT의 치료자는 내담자의 탐색 과정을 안내할 수 있지만 내담자의 경험이나 역동에 대한 전문가라고 가정하지 않는다. 이 개입 원리에 따라 치료자는 내담자의 관점에서 떠오르는 통찰을 명확하게 표현하도록 장려한다. 마지막으로, 정서에 대한 성찰은 치료자와 내담자 모두가 내담자의 정서 이야기를 이해하려고 노력하는 발견 지향적 접근 방식을 모델링함으로써 촉진된다(예: "왠지 당신은 그 힘없는 어린 소년처럼 무너지는 느낌이 들어요. 어떻게 그런 일이 일어날까요? 내면에서는 무슨 일이 일어나고 있나요?"). 정서적 의미 탐색을 촉진하고 이 과정에서 새로운 의미를 구성하는 것이 EFTT에서 새로운 정보나 통찰의 주요 원천이며 다음 장의 초점이다.

정서적 변화

정서적 변화를 촉진하기 위해 치료자는 먼저 내담자가 적응적 일차 정서에 접근하여 관련 적응 정보를 이용할 수 있도록 도와야 한다. 또한 다른 이유일지라도 부적응적 일차 정서에 접근하고, 탐색하고, 구체화해야 한다. 정서적 고통의 핵심 문제인 부적응적 일차 두려움이나 수치심을 분별해야만 상처받거나 부적응적인 경험의 측면을 재구성할 수 있다. 따라서 EFTT의 초기 및 중간 단계에서 나타나는 정서적 경험(전반적 고통, 두려움, 수치심, 차갑거나 파괴적인 분노)은 그 자체로는 치료가 되지 않을 수 있지만, 그러한 정서를 풀고 탐색하면 우려 사항을 명확히 파악하고 건강하고 생산적인 방식으로 재구성할 수 있는 기회를 얻을 수 있다. 따라서 EFTT의 원칙 중 하나는 고통스럽고 심지어 부적응적 정서에 공감적으로 반응하면서 적응적 정서 반응의 잠정적 출현을 지속적으로 지원하는 것이다. 이러한 방식으로 나쁜 감정은 그 자체로 제거되거나 배출되지도 않고 약화되지도 않으며, 오히려 부적응적인 감정과 대조되는 다른 감정이 동시에 유발된다(Pascual-Leone & Greenberg, 2007). 분노나 슬픔과 같은 적응적 정서가 반드시 즐거운 것은 아니지만, 이러한 정서의 변화는 부분적으로는 두려움이나 수치심과 같은 부적응적 정서와 양립할 수 없다는 사실 때문이다.

EFTT의 중간 단계에서 정서적 변화와 개입의 초기 목표([그림 3-1] 참조)는 무능하고 나쁘고 사랑할 수 없는 핵심 자기감을 암묵적으로 구현하는 복잡하고 역기능적인 정동적 의미의 상태인 부적응적 일차 공포와 수치심이다. 이는 논리적이거나 이성적으로 쉽게 변화되지 않는 언어적 경험으로 구체화되어 있다. 예를 들어, 아버지에게 강간을 당한 내담자는 "아버지가 어른이고 나는 어린아이에 불과하다는 것을 알지만 여전히 내 책임이라고 느껴요."라고 말했다. 또 다른 내담자는 "저는 제 마음속으로는 제가 성공한 사람이라는 것을 알고 있어요. 맙소사, 저는 박사 학위도 가지고 있다는 것을 알고 있어요! 하지만 여전히 뭔가 오해나 실수가 있었다는 느낌을 항상 가지고 있어요."라고 말한다. 이러한 감정은 이성적인 사고를 거스르는 것이기 때문에 부적응적 정서를 직접적으로 바꾸기는 어렵다.

요컨대 부적응적 일차 정서는 적응적 일차 정서에 접근하고 불러일으킴으로써 변화된다. 이 과정은 일반적으로 중간 단계가 끝날 무렵과 EFTT의 후기 단계에 걸쳐 발생한다. 이러한 변화 과정을 공식적으로 적용할 수는 없지만, 과정 연구에 의해 뒷받침되는 몇 가지 원형적인(prototypic) 경로가 있는 것으로 보인다(Pascual-Leone & Greenberg, 2007). 예를 들어, 학대 가능성이 있는 타자에게 먹이가 될 수 있다는 부적응적 두려움은 내담자가 자신의 경계와 존엄성을 적극적으로 방어하는 주장적 화의 동시 출현을 지원함으로써 변화될 수 있다. 마찬가지로, 손상되고 사랑받을 수 없다고 느끼는 수치심은 자신에 대한 슬픔과 연민에 동시에 접근함으로써 변화될 수 있다. 외상과 관련된 수치심과 부적응적인 자기비난도 실제 가해자에 대한 정당한 분노에 접근함으로써 변화될 수 있다.

EFTT에서 정서적 변화를 촉진하는 치료자의 개입은 자세히 연구되어 왔다(예: Paivio et al., 2001). 예를 들어, 타자에 대한 감정이 해결되지 않은 경우, 피해의 가해자에 대한 심상적 직면은 정서적 변화를 촉진하는 주요 방법이다. 자기 관련 어려움의 맥락에서는 자기의 적응적 부분과 부적응적 부분 사이의 두 의자 실연이 유용하다. 이러한 실연 과정에서 치료자는 내담자가 인식의 주변부에만 있을 수 있는 경험의 측면에 주의를 기울이도록 안내한다.

다음 치료 내용에서 우울증 진단을 받은 한 여성은 어머니가 돌아가신 후 어린 시절 자신을 정서적으로 버린 아버지와의 관계를 설명한다. 내담자는 부적응적인 수치심 상태에서 시작하여 마치 자신에 대해 거부당해도 마땅한 무언가가 있는 것처럼 느낀다. 이 감정을 탐색하면서 분노를 느낀다. 이를 알아차린 후 치료자는 내담자의 주의를 전개되는 경험의 이러한 측면으로 유도하여 무가치감을 보다 강력한 자기주장으로 변화시킨다.

내담자: 그는 제 곁에 있어 주지 않았어요. 제가 겪은 모든 고통은 제 탓만 하는 것 같아요.

치료자: 왠지 사랑받을 자격이 없다는 느낌이 드는군요…….

내담자: [눈물 흘림] 제 인생에서 너무 많은 상실을 겪은 것 같아요. 너무 불공평한 것 같아요. 혼자서 너무 많은 일을 감당해야 했어요. 그가 한 짓이 너무 미워요.

치료자: 그가 무슨 짓을 했는지 말해 보세요. [빈 의자를 가리키며]

내담자: 당신은 깨닫지 못하는 것 같아요……. 당신이 저를 대하는 방식 때문에 제 모든 인간관계와 모든 것이 훨씬 더 힘들어졌어요. 매일매일 그걸 이겨 내야 했어요…….

치료자: 무엇이 원망스럽나요? 말해 보세요…….

내담자: 당신이 나를 사랑하지 않은 것이 원망스러워요. 이기적이고, 배려심이 없고, 저를 무시하는 당신이 싫고……. 그리고…… [긴 침묵] 나를 우선시하지 않아서 미워요. [잠시 침묵] 항상 그런 게 필요했던 건 아니지만…….

치료자: 방금 무슨 일이 있었나요? 무슨 변화가 있었나요?

내담자: 제 자신이 안쓰러워요.

치료자: 알았어요. 거기까지 가지 마시고 지금은 분노에 머물러 보세요……. 힘들다는 건 알지만, 분노에 대해 더 얘기해 보세요.

내담자: 당신과 대면하기는 어렵지만 이 말은 꼭 해야겠어요. 당신은 저에게 좋은 아버지가 아니었어요. 제 어린 시절의 대부분을 저를 버리고 방치하셨고, 저는 그것에 대해 화가 나요.

이 예에서 부적응적 수치심은 분노라는 지배적인 감정과 건강한 자격감이 전면에 등장하면서 미세한 변화를 겪는다. 이 과정을 통해 내담자는 결국 적응적인 주장적 분노를 표현하게 되고, 치료자는 이 분노가 내담자의 새롭고 건강한 레퍼토리의 일부가 될 때까지 치료 과정에서 이를 지지한다.

변화 모델 및 EFTT의 단계

다음 절에서는 EFTT의 과정을 안내하는 순차적인 정서 변화 과정의 모델을 제시한다.

통합적 변화 모델을 뒷받침하는 연구

최근의 양적 및 질적 연구는 EFTT 단계의 중심이 되는 다양한 유형의 정서와 변화 과정을 명확히 설명하는 데 도움이 되었다. [그림 3-1]은 이 연구의 주요 결과를 보여 준다(Pascual-Leone, 2018). 이러한 결과는 내담자 모니카가 참여한 연구를 포함하여 다양한 문제(우울, 불안, 적응장애, 성격장애, 특히 경계선 성격장애)에 대한 다양한 치료 접근법(예: 정서중심, 변증법적 행동, 단기 역동, 애착 기반 가족, 정신과 관리)에 대한 25개의 과정-성과 연구를 기반으로 한 것이다. 분석에 포함된 이러한 모든 문제는 복합외상과 공병이므로 EFTT와 관련이 있다.

[그림 3-1]에 제시된 모델에 대한 경험적 지원은 회기 중 정서 사건이 생산적인 성과를 가져올 때 정서의 주요 단계가 순차적인 패턴으로 나타날 가능성이 높다는 것을 나타낸다(Pascual-Leone, 2018). 이 모델의 일반화 가능성은 치료자가 이 책에 제시된 EFTT 치료 접근법을 이미 가장 익숙한 치료와 통합할 수 있는 정도를 강조한다. 실제 치료와 관련하여, 이 모델에서 확인된 정서의 하위 유형을 식별하는 것은 치료자에게 중요한데, 이는 특정 정서처리 개입의 대상이 되기 때문이다. 또한 정서처리 모델은 EFTT의 기초가 되는 해결 모델에 해당하며(제6장 참조), EFTT 치료 모델의 여러 단계를 설명하는 데 사용할 수 있다.

모델을 통한 이동: 역동적 과정

[그림 3-1]에 제시된 변화 모델은 전반적 고통에서 시작하지만, 복합외상을 겪은 많은 내담자의 경우 처음에는 고통의 명백한 징후가 없을 수도 있다는 점을 기억하는 것이 중요하다. 따라서 어떤 내담자는 이차(증상적) 정서가 쉽게 촉발되고 압도되는 반면, 다른 내담자는 자신의 감정에 대해 상대적으로 무관심하고 회피하는 모습을 보일 수 있다. 회피적인 내담자의 경우, EFTT의 첫 번째 목표는 인식의 시작점인 정서적 참여를 촉진하는 것이다. 제6장부터 제8장까지는 이를 위한 구체적인 전략을 제시한다. 내담자가 자신의 기저의 정서적 경험에 관여하기 시작하면 다음 목표는 고통스러운 감정을 구별하는 동시에 견딜 수 있는 각성 범위를 유지하는 것이다.

[그림 3-1]의 이 모델의 시작점(즉, 전반적 고통)에서 내담자는 이미 정서에 몰입한 상태이다. 이때부터 정서처리를 향한 경로는 비선형적이며 내담자가 정서를 처리하는 방식은 여러 가지가 있음을 보여 준다. EFTT의 단계는 특정 목표 정서 및 정서처리의 특정 하위 유형과 관련이 있지만, 경험적 과정은 일반적으로 주기적이고 반복적이며 내담자는 정서적 진전과 붕괴 사이를 오가는 것이다. 따라서 지금까지 설명한 모든 정서처리 하위 유형은 내담자에 따라 치료의 여러 순간에 유용하게 사용될 수 있다. 그럼에도 불구하고 치료의 단계에 따라 정서처리의 강조점이 달라질 수 있다.

이 모델 [그림 3-1]에 따르면, 내담자는 처음에는 미분화되고 불충분하게 처리된 특정 반응적 감정을 극복해야 한다. EFTT의 초기 단계에서 내담자는 외상 경험과 관련된 목표 불만을 식별하고, 이를 통해 특정 정서 내용에 접근하기 시작한다. 이차적이고 전반적인 고통의 감정이 관여되고 핵심 문제인 보다 기저의 일차 감정으로 분화된다([그림 3-1] 상단 참조). 이를 달성하는 데 가장 유용한 두 가지 유형의 정서처리는 한편으로는 강도를 활성화하고 관리하는 정서조절과 다른 한편으로는 정서인식을 통한 정서조절이다.

정서적 변화를 설명하는 한 가지 방법은 내담자가 자신이 겪은 외상에 대해 이야기할 때 표현되는 정서를 고려하는 것이다. 최근의 한 연구에서는 EFTT에서 남성과 여성의 이야기를 조사하여 회기 초반과 후반의 이야기를 비교했다(Khayyat-Abuaita et al., 2019). 첫 번째 발견은 내담자가 핵심 정서 경험(예: [그림 3-1] 하단에 제시된 주장적 화, 슬픔, 자기연민)을 표현하면 80%의 사례에서 좋은 치료 성과를 예측한 반면, 이러한 정서가 없거나 낮은 수준이면 70%의 사례에서 좋지 않은 성과를 예측했다는 것이다. 두 번째 발견은 치료의 단계에 따라 정서가 역동적으로 변화하며, 이는 회기에서 일하는 치료자가 쉽게 관찰할 수 있다는 것이다. 치료 초기에 내담자의 외상에 대한 이야기는 대부분 전반적 고통으로 구성되었다. 그러나 후기 단계에서는 이러한 내담자의 내러티브에 주장적 화, 자기연민, 슬픔, 수용과 주체성의 감정 등이 포함되게 되었다. 이는 내담자가 외상과 관련하여 더 풍부하고 적응적인 정서 경험으로 발전시켰다는 것을 보여 주었다. 마지막 이야기를 할 무렵, 내담자들은 실존적 욕구(예: 안전 · 존중 · 사랑 · 숙달)를 더 많이 표현하는 것으로 나타났다. 마지막으로, Khayyat-Abuaita 등(2019)의 연구에 따르면 치료 과정이 순조롭게 진행될 때 정서가 예측 가능한 순서로 나타난다. 요컨대 이 모든 연구는 [그림 3-1]이 특히 복합외상 치료와 관련된 정서적 고통을 극복하기 위한 '과정 지도'를 제공한다는 것을 시사한다.

이러한 종류의 정서적 변화는 항상 역동적이고 비선형적이며 '두 걸음 앞으로, 한 걸음 뒤로' 이동하지만, 내담자마다 장기적으로 관찰할 수 있는 패턴이 뚜렷하게 다르다는 점에 유의하는 것이 중요하다. 일부 내담자는 동일한 종류의 정서 발달(예: 순서)을 반복적인 회기에서 연습하며 매번 새로운 내용 영역에 변화 과정을 적용한다. 이는 하나의 핵심 외상을 해결하면 이후 다양한 다른 학대 경험에 걸쳐 일반화되는 한 가지 방법이다. 다른 내담자들은 지난 회기보다 더 나은 곳에서 각 회기를 체계적으로 시작하면서 중심 외상을 천천히 해결해 나간다(Pascual-Leone & Kramer, 2019). 이러한 패턴은 사례공식화 및 치료 계획에 영향을 미친다.

내담자 모니카와의 치료는 시간에 따른 정서 변화의 역동적인 과정을 설명하는 데 사용할 수 있다. 그녀는 어머니의 자살을 이해하지 못하고 극복하지 못했으며 고통스러운 감정과 기억으로 괴로워했다. 그녀는 돌아가신 어머니에 대한 이차 분노와 적응적 일차 분노가 모두 포함된 매우 괴로운 상태에서 치료에 들어갔다. 초기 단계 후반부에 심상화된 어머니를 직면하면 어머니의 죽음에 대한 끔찍한 기억과 공황 및 불안한 공포의 회기

내 반응이 떠올랐다([그림 3-1] 참조). 정서처리는 모니카가 이러한 고통스러운 기억을 직면하면서 고통을 관리하고 동시에 자신의 감정을 탐색하고 풀어서 이해하기 시작할 수 있도록 도와줌으로써 이루어졌다.

EFTT의 중간 단계에서는 내담자가 부적응적 일차 두려움, 수치심, 때로는 격노 및 거부하는 화의 감정과 씨름하는 자기 관련 어려움을 다룬다([그림 3-1]의 중간). 이러한 종류의 두려움과 수치심의 변형은 외상 후 스트레스 장애에서 위협에 대한 지나치게 일반화된 공포 반응 또는 자신이 결함이 있고 '나쁘다'는 느낌으로 대표된다. 또한 내담자는 거부하는 화의 상태(항상 그런 것은 아니지만 보통 이차 정서)에 빠져 상대방을 밀어내거나 파괴하려는 행위 경향성을 보일 수 있다(예: "난 그 사람한테 관심조차 없어, 그는 내게 죽은 목숨이야.").

충족되지 못한 욕구를 포함하여 이러한 감정의 의미를 상징화하는 것은 이 두 번째 치료 단계를 진행하는 데 매우 중요하다([그림 3-1]의 중간). 더 깊은 수준의 처리에서는 부정적인 핵심 자기평가(예: 나는 패배자다.)를 표현하면 대조적인 실존적 욕구(예: 가치 있다고 느끼고 싶다.)가 활성화되고, 이는 변화의 중추적인 단계로 작용하여 때때로 내담자에게 안도감을 주는 경험을 선사한다. 적응적 감정과 욕구를 활성화하면 자신에 대한 새로운 긍정적인 평가와 경험을 발달시킴으로써 변화(정서적 변화)를 촉진할 수 있다.

모니카의 경우 평생 어머니의 자살에 대해 깊은 수치심을 느끼며 이 사실을 세상에 숨겨 왔다. 그녀의 가장 큰 두려움은 어머니가 자신을 사랑하지 않았다는 것인데, 그렇지 않다면 왜 자신을 버리고 그렇게 큰 고통을 주었을까 하는 것이었다. 치료의 결정적인 변화의 순간은 심상적 직면을 통해 심상 속의 어머니에게 이러한 두려움과 사랑받고 싶은 욕구를 표현했을 때였다. 그녀는 할 수만 있다면 어머니가 안심과 보살핌, 사랑으로 반응할 것이라고 심상화했고, 이를 통해 위로를 받았다고 느꼈다.

이러한 순서에 이어 적응적 일차 정서가 이어진다([그림 3-1]의 하단). 한편으로 내담자는 불평이나 자기동정 없이 자신이 받은 상처와 개인적 손실을 인정하는 상처 또는 슬픔의 상태에 빠질 수 있다. 반면에 내담자는 공정한 대우, 가치 그리고/또는 타자와의 관계에 대한 건강한 자격을 확인하는 주장적 화를 통해 동력을 얻게 된다. 마찬가지로, 내담자는 자신의 실존적 욕구를 충족하기 위한 방법으로 자기연민 상태에 들어갈 수 있다. 내담자는 자신을 받아들이면서 이러한 상태 사이를 이동할 수 있다.

과거의 대인관계 문제 해결로 초점이 이동하는 EFTT의 후기 단계에서는 적응적 일차 정서가 완전히 드러나는 것이 특징이다. 치료자는 내담자가 가해자가 피해에 대해 책임을 져야 한다는 주장적 화와 자신이 겪은 상실에 대한 적응적 일차 슬픔을 더 깊이 경험하도록 돕는다([그림 3-1] 하단). 외상 역사의 현실을 받아들이면 내담자는 일차적이고 비난할 수 없는 정서적 고통에 직면했을 때 자기진정과 자기양육의 적응 자원에 접근하고 이를 개발할 수 있다. 두 번째 단계에서와 마찬가지로 내담자는 결국 또 다른 정서적 변화를 통해 이러한 대인관계 문제를 놓아 버리거나 용서하고 넘어간다. EFTT의 중간 및 후기 단계(자기 관련 및 타자 관련 어려움)에서는 내담자가 자신의 감정을 처리하고 자기와 타자에 대한 새로운 개인적 내러티브를 구성할 때 정서적 의미에 대한 성찰을 특별히 활용한다. 따라서 적응적 정서의 종합은 해결된 수용의 상태로 이어지고, 과거를 놓아 버리며, 개인적인 선택권을 얻게 된다.

치료 후반기에 모니카는 어머니의 자살에 대한 분노와 슬픔 사이를 오갔다. 시간이 지나면서 모니카는 어머니의 행동으로 인한 피해와 파괴에 대한 분노를 적극적으로 표현하고 그에 대한 자격을 느낄 수 있게 되었다. 이는 그녀의 자기감을 강화하는 데 도움이 되었다. 또한 그녀는 자신이 견뎌 온 수많은 상실의 막대함을 충분히 인정하고 슬퍼할 수 있었다. 그녀는 자신에 대한 연민을 느끼고 자신을 결핍의 위치가 아닌 강한 생존자로 바라볼 수 있었다. 모니카는 이제 자신의 어머니를 더 연약하고 후회하는 사람으로 심상화했고("과거를 되돌릴 수 있다면 그렇게 할 것"), 어렸을 때 자신을 양육하고 사랑했던 어머니를 기억했다. 그녀는 어머니를 용서하고 놓아줄 수 있었다.

치료가 종료될 때 모니카와 같은 내담자는 치료에서 탐색한 어려움과 문제를 다시 살펴보면서 정서를 계속 처리한다. 이는 치료 초기에 탐색한 경험에 대한 일종의 요약 또는 복습이다. 치료 종결 처리는 치료적 관계의 경험과 치료의 초점이었던 정서적 경험('경험하기')의 의미를 강조할 때 가장 생산적이다. 안전하고 협력적인 관계를 조성하고 내담자의 '경험하기'를 촉진하는 것은 EFTT의 기본이며 다음 두 장의 초점이다.

제2부

실무

치료의 초기단계

제4장　동맹 구축하기
제5장　경험하기의 증진
제6장　심상적 직면의 절차

치료의 중기단계

제7장　EFTT에서의 기억 작업
제8장　내적 경험에 대한 두려움,
　　　불안 및 회피 감소시키기
제9장　죄책감, 수치심, 자기비난 변화시키기

치료의 후기단계

제10장　적응적 분노를 통한 대인외상의 해결
제11장　슬픔 및 비탄을 통한 대인외상의 해결
제12장　종결

제4장

동맹 구축하기

외상에 대한 정서중심치료(emotion-focused therapy for trauma: EFTT) 1단계의 주요 과제는 안전하고 협력적인 치료적 관계를 구축하는 것이다. 이는 처음 세 번의 치료 회기에서 집중적으로 이루어진다. 치료적 관계 또는 동맹은 오랫동안 치료 접근 방식과 내담자 집단 전반에 걸쳐 보편적인 변화 요인으로 확인되어 왔으며(Horvath & Symonds, 1991), 아동학대 외상 생존자 치료의 기초로 간주된다(Ford & Courtois, 2020). 연민과 공감, 협력적인 치료적 관계에는 두 가지 주요 기능이 있다. 첫째, 내담자에게 고통스러운 감정과 기억을 되살릴 수 있는 안전한 환경을 제공한다. 둘째, 이러한 관계의 질은 초기 애착 손상과 공감 실패의 영향을 바로잡는 데 도움이 되는 새로운 대인관계 경험이 될 수 있다.

이 장에서는 동맹의 질을 정의하고, 강력한 동맹을 육성하기 위한 기본 개입 원리를 설명하고, EFTT 1단계에서 동맹 발전의 목표를 논의하며, 처음 세 회기를 진행하기 위한 구체적인 지침을 제공한다. 이 장은 이 치료 단계에서 가장 자주 발생할 수 있는 동맹의 어려움과 치료자의 오류를 해결하는 절로 마무리된다. EFTT는 유대감과 협력적 요소의 관점에서 동맹의 질을 정의한다. 우리는 연구와 치료자가 강력하고 생산적인 동맹을 구축하기 위한 지침으로 짧은 버전의 작업동맹척도(Working Alliance Inventory: WAI; Horvath & Greenberg, 1989; 부록 B 참조)를 사용한다. 애착 유대감은 관계의 정동적 측면, 즉 상호 호감과 신뢰를 의미한다. 협력적 요소는 치료의 목표와 이러한 목표를 달성하기 위해 사용될 회기 내 과정 또는 절차에 대한 합의를 의미한다. EFTT에서는 치료의 단계와 관계없이 관계 과제가 항상 다른 과제보다 우선한다.

관계 및 전이 문제가 치료의 초점이 되는 정신역동적 접근법과 달리, EFTT에서는 전이 문제가 다른 치료 과정을 방해하는 경우, 즉 내담자가 치료적 관계에서 불신, 적대감 또는 경계를 위반하는 경우에만 전이 문제가 치료의 초점이 된다. 이는 일반적으로 내담자가 대인관계 기능에 오랜 어려움을 겪어 왔고 치료자와 좋은 협력 관계를 형성하는 데도 비슷한 문제가 있을 때 발생한다. 이는 관계 자체에 대한 새로운 대화를 시작하기 위한 표식(marker)이며, 전이에 기반한 성찰은 이를 위한 한 가지 방법이다. 그러나 생산적인 협력에 장애가 되지 않는 한, 학대하고 방임하는 타인이나 애착 대상과의 문제 해결을 위해 치료자와의 문제 해결을 우선시하는 것이 좋다.

생산적인 동맹을 발달시키기 위한 개입 원리

외상 생존자 치료의 초기 단계와 가장 관련이 있는 개입 원리 또는 치료자의 의도는 다음 하위 절에 자세히 설명되어 있다.

연민을 전달하라

연민은 치료적 접근 방식과 대중문화 전반에서 점점 더 중요한 구성 요소가 되고 있다. 일반적으로 '연민(compassion)'은 인간의 고통과 아픔에 대한 애정 어린 친절, 부드러운 마음, 슬픔의 자질을 말한다(Gilbert, 2014). 이는 특정 경험의 의미를 이해하는 공감(empathy; 나중에 설명)과는 구별된다. 연민은 비언어적으로 그리고 "당신이 그동안 얼마나 힘들어했는지 알겠어요. 어떤 아이도 이런 일을 겪어서는 안 돼요. 당신이 그런 일을 겪게 되어 정말 유감이에요."와 같은 진술을 통해 전달된다. 또한 연민에는 돕겠다는 약속도 포함된다는 것이 일반적으로 받아들여지고 있다. 이는 인간적인 유대감을 제공하고 내담자가 내면화하는 고통과 아픔에 대한 태도의 본보기가 된다. 따라서 연민을 전달하는 것은 변화를 촉진하는 데 필수적인 요소이다.

공감하라

공감적 반응은 모든 원칙이나 의도를 실현하기 위해 치료 전반에 걸쳐 사용되는 주요 개입이며, 초기 단계에서 치료적 관계를 발전시키는 데 특히 중요하다. 제2장에서 설명한 바와 같이, 외상을 경험한 개인에 대한 치료자의 공감의 두 가지 주요 기능은, ① 정서적 강도를 조절하고 ② 내담자가 자신의 정서적 경험과 과정에 대한 인식과 이해를 높이는 것이다(Paivio & Laurent, 2001). 이러한 과정은 내담자의 자기발전과 정서조절에 기여하며, 이러한 내담자의 역량 강화는 치료적 관계를 강화하는 데 도움이 된다.

정서조절 측면에서 간단히 살펴보면, 치료자의 공감적 반응은 이해와 수용, 지지를 전달함으로써 고통과 고립감을 줄일 수 있다(예: "당신이 얼마나 심각한 피해를 입었는지 알아요."). 또한 이러한 공감적 반응은 판단을 받는다는 불안감을 줄여 대인관계의 신뢰를 증진할 수 있다. 내담자의 취약성을 확인하는 공감적 반응은 내담자가 고통스럽고 위협적인 경험을 허용하고 개방하는 데 도움이 된다. 반대로, 치료자의 환기적 공감 반응(예: "그래요, 당신이 무슨 해충처럼 취급받아서 얼마나 고통스러웠겠어요!")은 의도적으로 정서적 강도를 높이고 정서적 경험과 기억을 활성화하여 탐색할 수 있도록 하는 데 사용될 수 있다. 반응이 빠른 치료자와 정서적 경험을 공유하고 그 경험을 협력적으로 탐색하면 유대감이 강화된다.

정서 인식을 높이는 측면에서 치료자의 간단한 공감적 반응(예: "너무 억울하셨겠어요.")은 내담자가 정서적 경험에 주의를 기울이고 정확하게 명명하는 데 도움이 될 수 있다. 이러한 반응은 자신의 감정을 알지 못하고 부정적인 평가를 두려워하는 내담자에게 특히 도움이 될 수 있다. 공감적 반응은 또한 내담자가 자신의 정서적 경험의 의미를 명확하게 표현하고 전달하는 데 도움이 되며, 이는 이해도를 높일 뿐만 아니라 대인관계의 연결성을 증진시킨다. 때로는 치료자의 공감적 반응이 내담자가 말한 내용의 요점, 핵심 관심사 또는 가장 가슴 아픈 부분을 강조하기도 한다(예: "그래서 너무 아픈 것은 완전히 보이지 않는 느낌이네요."). 또 다른 진술은 내담자에 대한 지식과 일반적인 인간 경험에 근거하여 내담자 경험에 대해 자세히 설명하거나 추측을 유도한다. 예를 들어, 무력감과 우울증에 빠졌다는 내담자의 설명에 대해 치료자는 "결국 다시 그 무력한 어린 소녀처럼 느껴지는 것 같네요."라고 말했다. 이러한 종류의 반응은 치료적 유대감을 강화하고 치료적 과제로서 정서 탐색의 가치에 대한 동의를 이끌어 낸다.

내담자 경험을 타당화하라

반응을 타당화하는 것은 치료 초기 단계에서 내담자의 불안을 줄이고, 내담자의 자기 발전을 촉진하며, 대인관계의 신뢰를 증진하는 데에도 중요하다. 타당화는 공감과는 구별되지만 공감적 이해가 필요하다. 공감적 반응은 이해를 전달하거나 탐색을 촉진하는 반면, 타당화는 일종의 안심시키기 또는 맥락에서 현실을 확인하는 것이다. 내담자 경험에 대한 타당화는 특정 상황에 대한 내담자의 경험이나 인식이 정확하고 타당한지, 정상인지에 대한 내담자의 명시적 또는 암묵적 불안감에 대한 대응으로 제공된다(예: 내담자가 "제가 이상해요." 또는 "제가 왜 그렇게 생각하는지 모르겠어요. 아무것도 아닐 거예요."라고 말할 수 있다). 타당화하는 반응(예: "당연한 일이에요." "완전히 말이 되네요." "외상 후 스트레스 장애의 한 부분이지요.")은 내담자의 감정과 지각을 정상화하여 부정적인 평가에 대한 불안과 두려움을 줄이고 자신의 경험을 신뢰하도록 도와준다.

Linehan(1993, 1997)의 획기적인 연구는 아동학대 외상의 역사와 밀접한 관련이 있는 경계선 성격장애 치료에서 타당화의 치료적 역할에 광범위하게 초점을 맞췄다. 그녀의 역기능 모델은 타당화받지 못한 환경과 내담자의 취약성을 경계선 과정의 주요 요인으로 가정한다. 많은 사람이 자신이 멍청하다, 미쳤다, 과장됐다는 말을 반복적으로 들으며 이러한 메시지를 내면화하고 자신의 감정과 지각을 불신하는 법을 배웠다. 치료자의 타당화는 이러한 조기 학습의 영향을 교정하여 내담자가 의사 결정과 적응 기능을 안내할 수 있는 정보의 원천으로서 자신의 내적 경험을 더 잘 신뢰할 수 있도록 도와준다. 타당화는 내담자의 의견과 인식에 대한 단순한 동의나 행동에 대한 승인과는 다르다는 점을 알아 두는 것이 중요하다. 예를 들어, 치료자는 약물 남용과 자해가 압도적인 고통에서 벗어나기 위한 이해할 수 있는 시도이며 동시에 덜 파괴적인 대처 방법을 배우는 것이 중요하다는 점을 강조할 수 있다. 마찬가지로, 엄격한 정서조절에 대한 내담자의 요구를 타당화하는 동시에 이러한 요구가 과도하고 최선의 이익이 되지 않는다고 이의를 제기할 수 있다.

정보를 제공하라

관계 발전은 공감적 이해를 넘어서는 것이다. 치료를 시작할 때 외상과 회복 과정, 치료자와 내담자의 역할에 대한 정보를 제공하고 EFTT의 치료 과정에 대한 명확한 기대치를 제시하는 것이 특히 중요하다. 이러한 정보는 구조 제공과 결합되어 치료에 대한 내담자의 불확실성을 줄이는 데 도움이 된다.

내담자가 혼란스러워하거나 괴로워하거나 잘못된 정보를 받았을 때 적절한 수준의 정보로 대응하는 것 자체가 공감적 조율의 표현이다. 다음과 같은 구체적인 정보를 내담자의 필요에 따라 적절한 타이밍에 맞춰 내담자에게 전달해야 한다.

외상 사건은 너무나 끔찍해서 사람들은 필사적으로 잊고 싶어 하지만, 정의상 잊을 수 없다. 내담자가 잊으려고 노력할수록 이러한 기억은 더욱더 강렬하게 떠오르게 된다. 외상 경험에 대해 인내하는 것은 외상을 기존의 의미 체계에 이해하고 통합하려는 노력의 한 방법이다.

내담자는 안전한 환경에서 이야기를 기억하고 반복해서 이야기하여 문제를 해결해야 한다. 내담자는 안내, 피드백, 지지를 제공할 수 있는 다른 사람과 함께 모든 세부 사항을 처리해야 한다. 전문가의 도움 없이 외상 경험을 극복할 수 있는 경우에는 일반적으로 가족이나 친구를 통해 이러한 자원을 이용할 수 있다. 외상의 감정과 기억을 만성적으로 회피하면 내담자는 외상 당시의 감정과 지각에 갇히게 된다. 이런 경우 내담자의 일부는 일반적으로 두려움 · 무력감 · 분노 · 수치심으로 남아 있으며, 이 부분은 현재 외상을 떠올리게 할 때 활성화된다.

외상의 핵심에는 내담자가 바꾸고 싶어 하는 반복되는 나쁜 감정과 평소 표현할 수 없었거나 처벌을 받아 억눌렸던 슬픔 · 분노와 같은 건강한 감정 등 강력한 정서가 있다. 이러한 감정은 표현하고 이해해야 한다.

과거의 외상에 초점을 맞추는 치료는 힘든 작업이며 용기가 필요하고 일시적으로 증상을 활성화하고 고통을 가중시킬 수 있다. 치료는 이를 관리할 수 있도록 전략을 통합하고 과거에 대한 집중과 현재의 우려에 대한 관심의 균형을 유지한다는 점을 내담자에게 상기시켜야 한다. 또한 내담자는 외상 탐색의 과정과 속도를 통제할 수 있다는 확신을 가져야 한다. 치료자와 내담자는 함께 내담자의 외상 탐색에 대한 고통의 정도와 내성을 모니터링하고 그에 따라 과정을 조정한다.

치료자와 내담자의 역할을 규정하라

한편으로 내담자는 자신의 경험에 대한 전문가이다. 그들의 역할은 실제 개방 과정에서의 우려와 어려움을 포함하여 자신의 경험(생각과 감정)을 치료자와 공유하고 자신의 한계를 설정하는 것이다. 반면, 치료자는 외상에 대한 전문가로서 내담자의 회기 내 과정을 관찰하고 이에 대응하는 역할을 한다('거울을 들고'). 다시 말해, 치료자는 개입이 전적으로 내담자의 과정에 의해 결정되고 안내되지만 효과적인 절차에 대한 전문가이다. 과업과 관련하여 이러한 상호 보완적인 관계는 표식 기반 접근법의 본질이자 모든 정서중심치료의 특징이다(제2장에서 설명한 대로). 그러나 동시에 치료자의 역할은 내담자가 자신의 한계를 뛰어넘도록 격려하고 이를 가능하게 하는 데 필요한 안내와 지지를 제공하는 것이다. 이것이 바로 내담자를 있는 그대로 무조건적으로 수용하고 변화를 촉진하는 변증법이다(Linehan, 1993). 치료자는 내담자와 치료자의 역할을 다음과 같이 설명할 수 있다.

> 우리는 당신의 외상 경험에 대해 회기마다 세차게 심문하듯 하지는 않을 거예요. 저는 전인격체로서 당신에게 관심이 있어요. 당신은 운전석에 앉아 있어요. 당시 자신에게 가장 중요한 것이 무엇이든 과거와 현재의 고민을 모두 살펴볼 거예요. 제 역할은 당신의 안전을 보장하는 동시에 당신의

성장을 지원하고 촉진하는 거예요. 물론 여기서는 당신이 감당할 수 있는 속도로 안전한 환경에서 고통스러운 문제를 해결할 수 있도록 도와드리는 것도 포함되지요. 당신의 임무는 당신이 감당할 수 있는 것과 감당할 수 없는 것을 알려 주는 것이에요.

치료를 시작할 때 내담자에게 도움을 받고자 하는 문제를 구체적으로 명시하고, 목표를 파악하고, 치료가 이러한 문제에 어떻게 도움이 될 수 있는지 논의하도록 요청할 수 있다. 이는 치료 과정에 대한 기대치를 명확히 하는 데 도움이 된다. EFTT의 대부분의 과정은 유동적이고 상황적 단서에 반응하므로 개별 내담자의 필요와 우려를 탐색하는 맥락에서 정보가 제공된다. 예를 들어, 내담자가 현재 상황에서 겁에 질린 어린 소녀처럼 느껴진다고 불평하면 치료자는 공감하고 다음과 같이 말할 수 있다.

당신의 일부는 어린 시절의 각본에 갇혀 있는 것 같아요. 당신의 이야기를 들어 보면, 당신은 이러한 경험들이 발전할 수 있도록 마음을 열고 탐색할 수 있는 안전한 장소가 없었던 것 같아요. 이것이 바로 우리가 여기서 하려는 일이에요.

과정을 관찰하라

치료자는 회기 중에 관찰한 내담자의 과정에 대한 피드백을 제공하며, 이는 정보 제공의 하위 집합으로 생각할 수 있다(예: "아버지 얘기를 시작할 때마다 당신이 약간 물러서는 것을 알 수 있어요."). 이러한 의사소통은 내담자의 행동에서 추론을 이끌어 내는 것이 아니라 낮은 수준의 추상화에 기반한 경험적 관찰이기 때문에 해석과는 구별된다. 그럼에도 불구하고 이러한 관찰의 목적은 기저의 내부 과정에 대한 탐색을 유도하는 것이다. 이러한 관찰은 내담자의 자의식, 방어성, 위축을 증가시키지 않는 방식(예: 공감적 반응이 선행되는 방식)으로 한번에 제공되어야 한다. 또한 과정 관찰은 개입의 근거와 회기 및 치료의 목표를 제공한다. 예를 들어, 치료자는 내담자에게 "자신을 너무 가혹하게 판단하다 보니 고개를 들기가 힘들겠군요. 우리는 그것을 바꾸고 당신이 내면화된 비판에 맞설 수 있는 방법을 찾도록 돕고 싶어요."라고 말할 수 있다.

안심시키기·격려·희망을 제공하라

안심시키기는 절망과 무망감을 완화하고 동기를 유지하기 위한 것이다. 대부분 외상 생존자는 외상을 극복하기 위해 반복적으로 노력해 왔으며, 때로는 다른 치료법에 참여했지만 소용이 없었고, 그 결과 절망과 무망감에 빠져 치료에 들어간다. 또한 고통스러운 감정과 기억을 떠올리는 것을 두려워하고 이것이 현재 삶에 미칠 영향을 두려워한다. 다시 말하면, 치료자는 내담자와 함께 고통과 대처를 모니터링하고 내담자가 치료의 과정과 속도를 최대한 통제할 수 있다는 점을 안심시켜야 한다. "당신은 혼자가 아니에요. 제가 도와드릴게요." 또는 "괜찮아요, 잘하고 있어요."와 같은 진심 어린 말을 통해 격려를 제공한다.

희망을 제공하는 것도 복합외상 치료의 중요한 측면으로 간주된다(Ford & Courtois, 2020). 이는 부분적으로는 기억 작업의 변화에 대한 기여도와 EFTT의 효능에 대한 정보를 통해 달성할 수 있다. 예를 들어, 치료자는 "치료 효과를 보장할 수는 없고 개인차가 있지만, 당신과 비슷한 문제를 가진 대부분 사람이 이러한 유형의 치료를 통해 효과를 보았어요. 낙관할 만한 충분한 이유가 있어요."라고 말할 수 있다. 따라서 내담자는 적절한 안내와 지지를 받으면 과거의 상처를 치유하고 의미 있는 삶을 살아갈 수 있다는 확신을 가져야 한다. 내담자는 치료자의 전문성을 신뢰하고, 치료자가 어렵고 고통스러운 치료 과정을 이해하고 안내할 수 있다는 확신을 가져야 한다. 이렇게 하면 내담자의 불안감이 줄어들고 안전감이 높아져 고통스러운 내용을 털어놓을 수 있다. 또한 내담자의 강점·성취·회복력·내부 및 외부 자원에 대한 관심을 통해 희망이 생긴다.

현실적인 기대감을 조성하라

물론 치료자는 내담자가 변화에 대한 현실적인 기대치를 갖도록 도와야 한다. 단기 치료는 당연히 초점이 한정되어 있으며 내담자의 모든 문제를 해결할 수는 없다. 하지만 치료가 가장 시급한 고민에 초점을 맞춘다면 내담자는 확인된 고민 영역 중 한두 가지에서 상당한 진전을 이룰 것으로 합리적으로 기대할 수 있다. 내담자가 가장 중요하게 묻는 질문 중 하나는 "극복할 수 있나요?"이다. 어린 시절의 경험이 더 이상 자신의 인생 이야기를 정의하는 것이 아니라 인생의 일부가 될 것이라는 현실적인 기대를 할 수 있도록 소통하는 것이 중요하다. 자신에게 일어난 일을 회상하는 괴로운 순간이 항상 있을 수 있지만, 그 괴로움을 잘 처리하고 맥락에 맞게 정리할 수 있게 될 것이다. 이것이 바로 치료 목표이다. 일부 내담자에게는 기억 자체가 어느 정도 가변적이라는 점을 명시적으로 설명하는 것도 유용하며, 이를 '기억 재구성(memory reconsolidation)'이라고 한다(제7장 참조). 과거의 역사적 사건은 변할 수 없지만, 그것을 회상하고 그것에 대해 느끼는 방식과 그 기억과 관련된 의미는 변화하고 발전할 수 있다.

EFTT 1단계에서의 동맹 형성 목표

EFTT에서 동맹 발달의 특징은 정서중심치료의 일반적인 모델에서 나타나는 특징과 크게 다르지 않지만(Greenberg & Goldman, 2019a 참조), EFTT는 특히 안전한 애착 유대감을 형성하고 정서조절의 어려움에 대처하는 것을 강조한다는 점을 제외하면 다르다. 이러한 목표는 서로 연관되어 있으며 다음 절에서 자세히 살펴본다.

외상에 초점을 맞추라

아동학대 외상으로 인한 문제를 해결하기 위해 치료를 받는 경우가 많다. 다른 사람들은 어린 시절 학대에 노출되었지만 주로 현재의 어려움에 관심이 있다. 또 다른 사람들은 과거의 외상을 해결하고 싶지만 여러 가지 지속적인 스트레스 요인과 현재 기능의 심각한 장애로 인해 과거의 제한된 문제에 집중할 수 없다. 따라서 외상 경험에 집중하기로 결정하는 것은 내담자의 욕구와 능력 또는 해결되지 않은 외상이 현재 장애의 근원에 있음을 나타내는 과업 표식을 기반으로 한다.

EFTT에서 외상에 초점을 맞추려면 치료의 초점이 될 구체적인 학대 관계를 파악하는 것도 포함된다. 재학대가 만연해 있기 때문에 치료를 받는 많은 내담자는 여러 가해자로부터 여러 형태의 외상·학대·방임을 경험한 적이 있다. 그러나 EFTT와 같은 단기 치료는 한정된 초점을 설정해야 한다. 따라서 내담자는 가장 문제가 되고 치료에서 집중하고 싶은 문제와 관계(한두 가지가 이상적)를 파악하도록 요청받는다. 이 중 하나는 학대의 직접적인 가해자이어야 하며, 다른 하나는 일반적으로 아동을 학대로부터 보호하지 않은 어머니와 같이 방임하거나 지지하지 않는 타자이다.

최근에는 난민 외상 생존자들과 함께 일하기 위해 EFTT를 확장하고 있다. 이러한 경우, 특정 관계에 초점을 맞추는 것이 목표가 아닐 수도 있고, 내담자의 고통의 초점이 되는 집단적 타자(예: 정부), 정치 지도자 또는 특정 개인(예: 교도관)과의 비인격적 관계가 있을 수도 있다. 난민과 함께 일하다 보면 때때로 다양한 외상 경험에 대한 극적인 사례를 접할 수 있다. 그러나 이러한 문제에는 종종 중복된 상실이 수반되며, 개인 변화의 핵심 문제는 적응적 정서를 함양하여 충족되지 못한 욕구를 해결할 수 있는 방법을 찾는 것이다. 특정 외상을 해결할 수 있을 때, 개인의 자신에 대한 감정과 필요한 것은 일반적으로 특정 내러티브 맥락에서 분리된다. 따라서 한 가지 핵심 문제를 해결하면 내담자가 오래된 문제에 대한 새로운 경험을 가져옴으로써 다른 여러 문제가 덜 어려워질 수 있다.

안전한 애착 유대를 형성하라

치료자와 내담자 사이에 안전한 유대감을 형성하는 것은 EFTT 초기 단계의 기본 과제이며 나머지 치료의 초석이다. Bowlby(1988)는 애착 욕구가 전 생애에 걸쳐 지속되며 성인 애착 관계는 아동기 때와 거의 동일한 기능을 수행한다고 일찍이 강조했다. 따라서 우리는 스트레스나 고통의 시기에 안전 · 안정 · 지지 · 편안함 · 진정 등을 제공하기 위해 성인 애착 대상에 의존한다. 치료적 관계는 내담자가 외상 자료를 공개하고 탐색하는 맥락에서 이러한 요구를 충족한다. 내담자는 고통스러운 감정을 느끼는 데 혼자가 아니며 자신의 감정과 욕구에 대해 지지하고 반응해 주는 치료자에게 의지할 수 있다. 어린 시절 발달 과정에서 발생한 대인외상에 대한 치료는 일종의 재양육 과정이다. 따라서 치료적 관계에서 안전한 애착 유대는 외상으로 인해 중단된 대인관계 능력을 확립하거나 재건하는 데 도움이 될 수 있다.

EFTT는 성인 간의 진정한 '실제' 관계의 맥락에서 진행된다는 점을 이해하는 것이 가장 중요하다. 전통적인 정신분석적 거리두기와 중립성은 이러한 치료 접근 방식에 적합하지 않으며, 이러한 입장은 일반적으로 이러한 내담자가 치료를 중단하게 만든다. 오히려 대인관계의 따뜻함을 명시적으로 표현하는 것이 가장 중요하다. EFTT 회기의 영상을 보면 상호작용의 친밀감의 질에 놀라움을 금치 못한다. 치료자는 내담자의 두려움 · 어려움 · 고통 · 아픔에 대한 연민을 직접적으로 전달할 뿐만 아니라 내담자가 인생에서 많은 고통을 겪은 것에 대해 미안하다고 명시적으로 전달할 수도 있다.

EFTT에 들어오는 많은 내담자는 처음으로 피해와 학대를 폭로하며 자신이 결함이 있는 존재로 드러나거나 치료자에게 판단을 받아 더 큰 수치심과 피해를 입을까 두려워한다(수치심–불안의 특징). 다른 내담자들은 과거에 사람들에게 개방했지만 자신의 경험을 타당화받지 못하거나 최소화했다. 따라서 치료자가 경험을 타당화하고 취약성에 대한 공감적 인정을 하는 것은 중요한 반응이다. 예를 들어, 이후 장에서 언급할 한 내담자('앨런')는 술에 취한 아버지가 어머니가 생일 선물로 사 준 장난감을 모두 부수고 자신이 울었다고 때린 이야기를 들려주었다. 치료자의 반응은 "어린 소년이 가장 사랑이 필요한 아버지로부터 그런 대우를 받아야 한다는 것이 너무 잔인하고 슬프네요." 하는 것이었다.

많은 내담자에게 이러한 유형의 타당화와 연민을 받은 경험은 처음일 수 있으며, 이러한 새로운 대인관계 경험은 EFTT에서 교정적 정서 체험(corrective emotional experience)을 구성하는 요소이다. 결국 치료자의 공감적 조율과 반응은 두 당사자의 유대감을 강화한다. 즉, 내담자가 이해받고 보살핌을 받고 있다고 느끼면 치료자도 내담자와 더 가까워지고, 이는 결국 초기 동맹 형성의 주요 목표인 더 깊은 이해와 연결을 촉진한다.

긍정적인 정동에 초점을 맞추면 애착 유대를 강화하는 데 중요한 역할을 할 수 있는 영역이다. 이 경우 긍정적 정동은 치료 과정 전반에 걸쳐 연결감을 느끼고, 공유하고, 명시적으로 논의하고, 내담자의 성공을 축하하는 경험과 관련이 있다. 학대 그리고/또는 방임의 생존자들은 애착 대상과의 부정적인 상호작용을 견뎌 냈을 뿐만 아니라 다른 건강한 관계를 놓치는 경우가 많다. 치료자는 대인관계의 연결성을 인정하고, 유머를 사용하고, 놀이성 있는 모습을 보여 줌으로써 긍정적인 경험을 공유하고 모델링할 수 있다.

정서에 초점을 맞추라

내담자에게 제공되는 외상의 본질과 회복에 대한 정보 중 일부는 외상 관련 장애에서 정서의 중심 역할에 관한 것이다. 예를 들어, 외상은 정서적 장애이며 정서 체계를 손상시키고, 정서는 무엇이 잘못되었는지 알려 주고 적응 기능을 안내할 수 있는 정보의 원천이다. 게다가 내담자는 정서적 경험을 차단하거나 불신하는 방식으로 대처하는 법을 배웠기 때문에 방향 감각을 잃게 된다. 내담자는 정서적 경험뿐만 아니라 때로는 배신과 고통의 원천인 신체적 경험으로부터도 단절된 채 머리로만 사는 법을 배운다. EFTT의 내담자는 생각 · 감정 · 신체 경험에 대한 인식을 포함하는 안녕감에 대한 보다 총체적인 접근 방식에 동의해야 한다.

정서 코칭 및 인식 훈련을 시작하라

EFTT의 초기 단계에서 애착 형성의 핵심은 안전한 애착 유대를 형성하는 것이지만, 두 번째는 내담자가 자신의 정서와 정서 과정에 대한 인식을 높이는 것이다. 애착 분야의 선구자들(예: Gottman, 1997)은 성인 애착 대상의 주요 기능 중 하나가 아동이 정동적 경험을 보유하고, 명명하고, 이해하도록 돕는 것이기 때문에 정서 인식과 애착 과정 간의 관계에 주목했다. 이러한 '정서 코칭' 양육 스타일은 우수한 기능의 많은 지표와 관련이 있다.

정서 인식 훈련은 EFTT의 첫 번째 회기에서 시작되며 주로 내담자의 감정과 욕구에 공감적으로 반응함으로써 이루어진다. 치료가 시작될 때부터 문제는 감정의 관점에서 정의된다. 내담자가 한 주 또는 과거의 사건에 대해 이야기할 때 치료자는 이야기의 세부 사항보다는 현재의 정서적 경험에 대해 반응한다(예: "이것이 얼마나 힘드신지 알겠어요." "그래서 이것이 당신의 인생에서 최악의 일이고 여전히 당신에게 많은 고통을 주는 일이군요."). 물론 치료자는 외상 이야기와 기타 자료의 내용에 반응하지만, 항상 일어난 일의 줄거리와 인물보다는 내적 경험에 초점을 맞춘다.

초기 회기에서 치료자는 치료의 대상이 될 적응적 및 부적응적 핵심 정서와 정서적 과정(즉, 과업 표식)에 내담자의 주의를 집중시킨다. 적응적 핵심 정서에는 위반 · 배신 · 학대에 대한 해결되지 않은 분노, 상실과 방임에 대한 슬픔 그리고 이와 관련된 갈망 · 욕구 및 행위 경향성이 포함된다(예: 치료자는 내담자에게 "당신은 불의에 화가 났으니 그가 범죄에 대한 처벌을 받았으면 하는군요." 또는 "정말 큰 상실감, 내면에 큰 아픔이 남겠군요."라고 말할 수 있다). 부적응적 핵심 정서에는 두려움 · 불안 · 수치심뿐만 아니라 자기와 타자에 대한 관련 신념도 포함된다(예: "그 모든 고통을 감당할 수 있을지 확신할 수 없는 것 같군요." "사용 후 버려지게 되어 있는 일회용처럼 느끼며 돌아다니는 것은 끔찍하군요."). 내담자가 이러한 정서적 과정을 인식하도록 돕는 것은 자기발전에 기여하고 장애와 치료의 목표 및 과업에 대한 협력적 이해를 발전시키는 데 기초가 된다.

자신의 정서적 경험에 대한 인식이 부족한 내담자의 경우 특정 정서와 관련된 신체적 경험(예: 분노의 에너지, 불안의 긴장 또는 떨림, 슬픔의 무거움, 수치심에 숨거나 움츠러드는 것)에 주의를 기울이는 것이 도움이 될 수 있다. 특히 치료의 초기 단계에서는 내담자가 자신의 정서를 인식하고, 자기모니터링하며, 자기조절하는 데 도움이 된다. 내담자가 상황에 대한 자신의 반응을 이야기할 때 치료자는 신체적 경험에 주의를 기울이도록 지시(예: "그 사건을 생각할 때 몸에서 어떤 느낌이 드나요?")와 내담자가 경험의 의미를 암묵적으로 표현하도록 유도하는 공감적 반응(예: "당신은 가슴이 울렁거리고 있는데, 무서운 게 있나요?")을 결합할 수 있다. 이렇게 하면 내담자가 자신의 신체적 · 정동적 경험에 주의를 기울여 이를 자신을 안내할 수 있는 정보의 원천으로 삼을 수 있다.

필요한 경우 EFTT에는 정서 · 정서 과정 그리고 정서 · 생각 · 감각 · 행위 또는 행동 사이의 연관성에 대한 명시적인 가르침도 포함된다. 이는 일반적으로 별도의 연습으로 제시되기보다는 현재 또는 과거의 문제를 탐색하는 순간순간의 과정에 통합된다. 예를 들어, 한 내담자와의 치료 초기 단계에는 다양한 유형의 분노에 대해 가르치는 것이 포함되었다. 이는 내담자가 잘 인식하지 못하는 상처와 수치심과 같은 더 취약한 감정을 다루는 방어적 분노의 징후에서 시작되었다.

정서는 적응 기능에 도움이 되는 중요한 정보의 원천이므로 이전 장에서 소개한 감정 표현불능증의 개념이 특히 여기에 적합하다. 내담자가 자신의 감정에 적합한 단어를 찾도록 돕는 것은 정서 인식을 높이는 목표에 필수적이며, 이는 다시 EFTT에서 동맹 형성의 필수적인 부분이다.

정서조절곤란을 해결하기 시작하라

정서조절 문제에는 정동적 경험의 과소조절과 과잉조절이 모두 포함되며, 두 가지 모두 이차 불안과 공포를 유발한다. 치료 초기에 내담자가 우려하는 일반적인 문제는 다음과 같다. ① 수치심–불안, 치료자의 부정적인 평가에 대한 두려움으로 인한 노출에 대한 두려움, ② 고통스러운 경험과 기억을 파헤치는 것이 현재 삶에 미칠 영향에 대한 두려움, ③ 자신이나 자신의 과거에 대해 끔찍한 것을 발견하는 것에 대한 두려움, ④ 실패에 대한 두려움, 치료가 도움이 되지 않거나 자신이 절망적인 사례라는 최악의 두려움을 확인시켜 줄 것이라는 두려움, ⑤ 특히 정서적 학대 및 방임 이력이 있는 내담자의 경우 자신의 문제가 충분히 중요하지 않거나 과장된 것이거나 그렇게 괴로워하는 것에 대해 자신에게 문제가 있는 것은 아닌지 두려워한다(예: "나는 정말 극복할 수 있어야 해요.").

치료자는 내담자의 두려움에 대해 명시적으로 묻고, 이러한 우려가 정상적인 것임을 인정하고 타당화한 다음 이를 해결해야 한다. 또한 EFTT 치료자는 내담자가 자신과 외상 경험에 대해 이야기하는 방식, 각성 수준, 개방성 및 공개 정도, 자발적인 정교화 능력 등을 관찰한다. 다시 한번 강조하지만, 치료적 관계에서 공감적 반응은 특정 기술 훈련을 제공하기보다는 EFTT에서 정서조절을 위한 주요 수단이다. 치료자의 진정시키는 현존, 내담자의 취약성에 대한 공감적 인정, 지속적인 타당화는 고립감과 고통을 줄이는 데 도움이 되며, 이 모든 것이 정서조절에 기여한다. 내담자가 정서적 경험에 압도되어 이러한 표준 EFTT 개입이 충분하지 않은 경우, 치료자는 다른 전통의 정서조절 전략을 활용하고 경우에 따라서는 내담자가 회기 사이에 사용할 수 있는 기술을 가르쳐야 한다.

일반적으로 정서적 경험을 강화하는 것은 EFTT 1단계의 초점이 아니다. 하지만 내담자가 매우 위축되고 과도하게 통제되는 경우 치료자는 이러한 과정을 파악하고 해결해야 한다(예: "이런 어려운 경험에 대해 이야기할 수는 있지만 실제로 그 감정과 연결하기는 어려운 것 같네요."). 회피에 대처하는 방법 중 하나는 외상과 회복에 대한 정보와 앞서 제시한 고통스러운 감정과 기억에 집중할 수 있는 근거를 제공하는 것이다. 또한 치료자는 내담자의 정서에 대한 오해와 비현실적인 신념(예: "울기 시작하면 절대 멈추지 않을 거예요.")을 해결하고, 본질적으로 이러한 신념을 '인질로 잡는' 감정에 대한 두려움으로 명명해야 한다.

강점과 회복탄력성을 강화하라

내담자의 강점과 회복탄력성은 내적 자원과 외적 자원 모두에서 비롯된다. 내적 자원에는 적응적 대처 전략뿐만 아니라 적응적 정서(학대에 대한 분노, 상실에 대한 슬픔), 그와 관련된 적응적 신념, 가치, 자신과 타인에 대한 적응적 지각을 경험할 수 있는 능력도 포함된다. EFTT를 포함한 심리치료의 내러티브 과정에 대한 연구에 따르면, 치료 초기에 내담자의 회기 중 내러티브에 이러한 적응적 내적 자원에 대한 언급이 포함된 경우 그렇지 않은 내담자보다 치료 성과가 더 좋았다(Angus et al., 2013). 외적 자원에는 애착 관계, 가족, 친구, 만족스러운 일, 영적 믿음 등이 포함된다. 치료자는 초기 회기에서 이러한 자원에 대해 구체적으로 문의하고 내담자가 언급하거나 치료자가 치료 회기에서 관찰할 때마다 강조해야 한다.

협력적으로 사례공식화를 발전시키라

협력적 사례공식화는 장애를 유발하는 요인에 대한 상호 이해를 증진하는 동맹 형성의 한 측면이다. 이러한 이해는 치료 목표에 대한 협력에 필수적이며, 이러한 목표를 달성하기 위해 치료에서 사용되는 모든 개입의 근거가 된다. 이러한 이해는 내담자의 정서처리 어려움에 대한 정확한 평가를 기반으로 하며, 이는 개입의 대상이 된다. 이러한 어려움은 과거와 현재의 속상한 사건에 대한 내담자 이야기의 내용과 질에서 관찰된다. 예를 들어, 지금까지의 문헌을 종합적으로 검토한 유일한 연구(O'Kearney & Perrott, 2006)에 따르면 외상 내러티브에는 정서 단어의 사용이 제한적이거나 압도적인 정동이 자주 포함되거나, 지나치게 일반적이거나 모호하거나 순서나 의미 측면에서 일관성이 없거나 통찰력이 부족하다는 사실이 밝혀졌다. 이러한 내담자 스토리텔링의 특성은 외상 사건을 부호화하고 처리하는 데 문제가 있음을 반영한다. 이에 대해서는 제7장 기억 작업에서 자세히 설명한다.

EFTT 내담자 사례공식화 또는 개념화의 차원은 〈표 4-1〉에 제시되어 있다. 정서중심치료의 관점에서 사례개념화에 대해 광범위하게 쓴 글도 있다(예: Goldman & Greenberg, 2015). 여기서는 복합외상과 관련된 내담자의 문제를 이해하는 데 도움이 될 수 있는 사용자 친화적인 체험적 방법을 제시한다. 중요한 것은 사례개념화는 고정된 것이 아니라

표 4-1 사례개념화의 차원

부적응적 핵심 정서도식
부적응적 정서(두려움, 수치심, 유기 외로움)
자기감
타자에 대한 인식
충족되지 못한 실존적 욕구 및 부정적인 핵심 자기평가
정서처리 어려움(인식, 조절, 반영, 변화)
과업 표식

일반적으로 발전하고 개선된다는 것이다. 그럼에도 불구하고 4회기가 끝날 때까지 치료자와 내담자는 내담자 문제를 일으키는 요인을 명확하게 이해해야 한다. 이는 다음 단계의 치료에서 정확한 개입을 위한 정보를 제공한다.

● 부적응적인 핵심 정서도식을 파악하라

사례개념화의 첫 번째 단계는 〈표 4-1〉에 나와 있듯이 부적응적 핵심 정서도식을 파악하는 것이다. 회피적이거나 분리된 내담자, 피상적이거나 모호하거나 지나치게 일반적이거나 감정에 대한 언급이 부족한 내담자의 경우 이를 쉽게 관찰하지 못할 수 있다(Macaulay & Angus, 2019). 그러나 공감적 탐색을 통해 부적응적 정서도식은 자기와 타자에 대한 생각 · 감정 · 신념의 건강하지 못한 패턴과 이를 고착시키는 행동에서 분명하게 드러난다. 치료자는 이를 내담자가 바꾸고 싶어 하는 '똑같은 오래된 이야기'로 인식하게 된다(Paivio & Angus, 2017).

부적응적 일차 정서 부적응적 정서의 핵심은 반복되는 피해에 대한 위협 · 굴욕감 · 방임에서 비롯되는 두려움이나 수치심과 관련된 감정이다(정서 하위 유형에 대한 제3장 참조). 정서적 욕구가 무시되거나 지지받지 못한 일부 내담자의 경우, 자신을 무가치하거나 사랑할 수 없는 존재로 경험하는 정도가 불분명할 수 있다. 이러한 경우 부적응적 핵심 정서도식은 만성적인 슬픔, 외로움, 타자로부터의 버림받음에 가깝다. 이러한 모든 정서적 경험은 내담자가 취약하고 불안정하며 안전하지 않다고 느끼는 현재의 스트레스 상황에서 활성화된다. 예를 들어, 한 내담자는 "사교적인 상황에 처할 때 알람벨이 울려요."라고 말했다. 또 다른 내담자는 "긴장을 풀거나 누구도 믿을 수 없고, 가까이 다가가자마자 도망치고 말아요."라고 말했다. 다른 경우에는 외롭고, 보살핌을 받지 못하고, 다른 사람들로부터 버림받았다고 느끼는 경우 "아무도 내 곁에 없는 것 같아요."라고 말할 수 있다. 다양한 유형의 학대와 방임이 함께 발생하는 경우가 많기 때문에 이러한 감정도 다양하다. 정확한 개입을 위해서는 전체적으로, 그리고 특정 시점에 어떤 핵심적인 정서 경험이 내담자에게 가장 지배적인지 파악하는 것이 중요하다.

자기감 부적응적 정서도식의 근본적인 구성 요소는 내담자가 자신을 바라보고 대하는 관점을 배운 방식이다. 이는 자기정체성, 자기존중감, 자기존중, 자기확신과 관련된 문제이다. 앞 장 [그림 3-1]에서 제시한 변화 모델(Pascual-Leone & Kramer, 2019)에서와 마찬가지로 이러한 자기감(sense of self)은 주로 부정적 핵심 자기평가, 즉 부적응적 감정의 의미에 의해 정의된다. 이러한 감정을 유발하는 것은 '인지'가 아니라 감정 자체에 내재된 암묵적인 의미이다. 이러한 자기평가를 명확히 하는 것은 변화 과정의 또 다른 필수 요소인 충족되지 못한 욕구를 구체화하는 데 도움이 된다(다음 절 참조). 개입은 내담자가 이러한 자기평가를 파악하고 이것이 현재 기능 및 외상 해결에 미치는 부정적인 영향을 구체화하는 데 도움이 된다. 현재의 문제에는 불안한 자기감시와 과도한 통제, 자신의 감정과 욕구 최소화, 적대적인 자기비판과 혐오, 완벽주의 또는 자신을 무력한 희생자로 여기는 만연한 자기감 등이 있다. 이러한 부적응적 자기조직을 변화시켜 내담자가 개방성 · 자발성 · 자기수용 능력을 높이도록 하는 것이 EFTT의 목표이며 치료 2단계의 초점이 될 것이다.

타자에 대한 지각 자기감과 유사한 부적응적 정서도식의 차원은 내담자가 타자, 특히 애착 대상과 친밀한 타자를 지각하는 방식이다. 대체로 내담자의 핵심 자기감(core sense of self)과 타자에 대한 지각은 함께 성인의 지배적인 애착 유형 또는 패턴을 구성한다(Bartholomew, 1993). 예를 들어, 버림받을까 봐 관계에서 '집착'하고 궁핍해지거나(수치심 기반 자기), 친밀함을 갈망하지만 상처받을까 봐 피하거나(불안정한 자기), 타자를 무시하고 극단적인 자율성을 발휘하는 것과 같은 유형이 이에 해당한다. 1단계에서는 해결되지 않은 과거 문제만큼이나 현재의 고민에 초점을 맞춘다. 내담자는 미워하고 용서할 수 없는 노부모를 돌보고 있거나, 학대하는 부모(또는 고용주)의 요구에 맞서 경계를 설정하지 못하거나, 자녀에게 애정을 표현하는 데 어려움을 겪고 있거나, 일반적으로 신뢰와 대인관계에 어려움을 겪고 있을 수 있다. 당연히 치료의 초기 단계에서는 내담자 스스로 과거 경험과 현재의 문제를 연결 짓는 경우가 많으며, '악순환의 고리를 끊는 것'이 처음에 치료를 받으려는 동기가 되는 경우가 많다. 또한 치료자는 과거 외상을 해결하기 위한 근거의 일부로 과거와 현재를 연결하기도 한다.

EFTT 1단계에서는 학대와 방임의 가해자였던 애착 대상에 대한 내담자의 인식을 이끌어 내는 개입도 이루어진다. 여기에는 다른 사람의 동기와 행동에 대한 내담자의 이해와 잘못을 인정하는 상대방의 능력에 대해 질문하는 것이 포함된다. 처음에는 내담자의 인식이 전반적으로 부정적(즉, '나쁜 타자'를 지칭하는)인 경향이 있지만 치료가 진행됨에 따라 점점 더 차별화된다. 이러한 초기 인식은 변화의 기준이 되며, 대인외상 해결에 중요한 역할을 하는 내담자의 공감 능력을 나타낼 수 있다. 가해자를 용서하는 문제도 치료 초기 단계에서 나타날 수 있으며, 이에 대한 내담자의 이해를 명확히 하는 것이 유용하다. EFTT 치료자는 이 영역에서 내담자의 가치 · 소망 · 바람에 관심이 있지만 경험적으로 용서가 해결의 필수 조건으로 떠오르지 않았기 때문에 용서를 옹호하지는 않는다(Chagigiorgis & Paivio, 2006). 예를 들어, 치료자는 "내 유일한 목표는 당신이 자신에 대해 기분이 나아지고 내면의 상처를 덜 받는 것이에요."라고 말할 수 있다. 용서의 문제는 제12장 분노에서도 다룬다.

충족되지 못한 핵심 욕구 부적응적 정서도식의 또 다른 필수 구성 요소는 충족되지 못한 핵심 욕구(core unmet needs; 예: 존중 · 안전 · 사랑)이다. 이전 장에서 제시한 변화 모델([그림 3-1]; Pascual-Leone & Kramer, 2019)을 참조하면, 충족되지 못한 실존적 욕구(unmet existential needs)는 부적응적 감정의 본질적 의미의 일부로서 내담자의 부정적 핵심 자기평가와 병치된다. 이러한 충족되지 못한 욕구(unmet needs)는 치료 목표를 알려주고 EFTT에서 사용되는 거의 모든 주요 과업과 개입에서 변화를 촉진하는 데 도움이 되는 중요한 동기 부여 요소이므로 개입은 내담자가 이러한 충족되지 못한 욕구를 구체화하는 데 도움이 된다.

● 지배적인 정서처리의 어려움을 파악하라

〈표 4-1〉에서 볼 수 있듯이, 협력적 사례공식화의 두 번째 주요 차원은 내담자의 주된 정서처리 어려움을 파악하는 것이다. 이러한 근본적인 어려움은 치료에서 사용되는 과업과 절차에 관계없이 나타나며 해결해야 한다. 정서처리의 어려움은 앞의 정서에 대한 장에서 설명한 정서 변화 과정의 유형에 해당한다. 여기에는, ① 정서 인식(예: 감정 식별 및 명명), ② 정서 경험의 조절(과소조절 및 과잉조절), ③ 정서 경험의 의미를 성찰하는 제한된 능력, ④ 내담자가 변화를 촉진하는 데 사용되는 적응적 정서 및 관련 자원에 제한

적으로 접근하는 정서 변화와 관련된 어려움이 포함된다. 여기서 사례개념화에는 내담자의 레퍼토리에서 누락된 특정 적응적 경험을 파악하는 것이 포함된다. 예를 들어, 어떤 내담자는 만성적으로 화를 잘 내고 두려움 · 슬픔 · 수치심과 같은 취약한 경험에 대한 접근이 제한적인 반면, 다른 내담자는 만성적으로 슬픔을 느끼지만 분노는 눈에 띄게 없을 수 있다. 이는 새로운 의미를 구성하기 위해 치료에서 활성화해야 하는 것이 무엇인지에 대한 정보를 제공한다.

처리 어려움은 서로 연관되어 있지만(예: 내담자는 자신이 인식하지 못하는 감정에 대해 성찰할 수 없음), 사례개념화에는 내담자가 치료 과업과 절차에 참여하는 데 방해가 되는 주된 어려움을 평가하는 것이 포함된다. 처리 어려움은 외상 증상의 더 깊은 기저에 있는 것으로 간주되며, 내담자가 치료의 혜택을 받으려면 이 두 가지를 모두 해결해야 한다.

내담자의 정서처리 어려움은 내담자가 참여하는 주제나 과업에 관계없이 내담자의 이야기 스타일의 내용과 질에서 쉽게 식별할 수 있다. Angus와 동료들(Angus et al., 2017; Macaulay & Angus, 2019)은 치료 초기에 일반적으로 관찰되는 처리 어려움을 반영하는 몇 가지 '문제' 내러티브—정서 하위 유형을 확인했다. 정서 인식 부족과 관련된 처리 어려움은 정서적 내용이 없거나 감정 단어의 사용이 제한적인 '공허한' 스토리텔링에서 분명하게 드러난다. 정서조절과 관련된 어려움은 불분명하거나 일관되지 않은 의미나 내용(예: 해리)으로 '이야기되지 않은' 정서, 즉 미분화된 과소 또는 과잉조절된 각성을 특징으로 하는 이야기에서 분명하게 나타난다. 정서적 의미에 대한 성찰 능력이 제한적인 경우, 내적 초점이 모호하고 추상적인 '피상적' 스토리텔링에서 분명하게 드러난다. 정서 변화와 관련된 처리 어려움은 부적응적 정서도식을 바꾸기 위한 적응적 경험에 대한 언급이 거의 없는 내담자의 이야기에서 분명하게 드러나며, 내담자는 '똑같은 오래된 이야기'에 갇혀 있다. 문제가 있는 외상 내러티브와 스토리텔링의 내용과 질을 파악하고 변화시키는 것은 제7장 기억 작업에서 EFTT의 주요 초점이다.

● 과업 표식을 파악하라

사례개념화의 세 번째 차원은 장애의 원인이 되는 특정 기저의 부적응 과정을 나타내는 회기 내 내담자 행동, 즉 특정 과업 표식(task markers)을 파악하는 것이다. 이는 여러 회기에 걸쳐 진행되는 두 의자 대화와 같은 복잡한 절차의 초점이다. 가해자와의 미해결 과제의 표식(예: "그가 내게 한 일을 잊을 수 없어요.")은 대인외상을 해결하기 위해 이전에 억압된 감정과 욕구를 활성화하고 표현해야 할 필요성을 나타낸다. 피해에 대한 내담자의 자기비난(예: “학대에 대해 누군가에게 말했어야 했어요.”) 또는 자기비판적 과정의 표식은 이러한 내면화된 메시지를 탐색하고 이에 도전하여 자기존중감을 강화하기 위한 대체 건강한 자원에 접근해야 할 필요성을 나타낸다. 내담자 회피 과정의 표식은 다른 과정으로 나아가기 전에 정서적 경험에 접근하고 이를 허용해야 할 필요성을 나타낸다. 내담자의 내적 경험에 대한 명확성 부족은 또 다른 표식으로, 이번에는 속도를 늦추고 신체적 경험에 집중하며 경험의 의미를 언어적으로 상징화할 필요가 있음을 나타낸다.

치료자는 과정 관찰을 통해 이러한 과업 표식에 내담자의 주의를 집중시키고 기저의 부적응적 처리를 설명한다. 과업을 협력적으로 파악하는 첫 번째 단계는 내담자가 자신의 내적 과정이 장애의 원인이 되고 있으며, 외부 환경이나 다른 사람이 아닌 내적 과정이 자신이 가장 통제할 수 있는 영역이라는 것을 이해하는 것이다. 첫 번째 회기에서 시작되는 자기발전과 자기존중감 향상을 위해서는 내담자의 주체성과 내적 과정을 변화시킬 수 있는 능력을 촉진하는 것이 필수적이다.

치료에 대한 시사점

사례개념화의 차원은 광범위한 목표와 과업의 협력적 발전, 목표 달성을 위한 절차, 과업 내 특정 정서처리 어려움을 해결하기 위한 개입이라는 측면에서 치료 과정에 분명한 영향을 미친다. 구체적인 목표는 내담자 장애의 근본적인 결정 요인에 대한 협력적 이해와 내담자의 어려움과 변화에 대한 희망에 대한 논의를 발전시키는 과정에서 나타난다.

첫 세 회기의 진행

처음 세 회기는 나머지 치료 과정을 설정하는 데 매우 중요하므로 다음 하위 절에서는 이러한 회기를 진행하기 위한 지침을 제공한다.

초기 회기의 구조화

치료자는 내담자가 치료를 받게 된 이유와 현재 어려움을 겪고 있거나 바꾸고 싶은 것이 무엇인지 물어보는 것으로 EFTT의 첫 회기를 시작한다. 이를 통해 내담자가 치료를 받으려는 동기와, 치료에 대한 희망과 두려움에 대해 논의할 수 있는 문을 열게 된다. 다시 말하지만, 희망과 동기는 치료 목표의 기초를 형성하는 반면, 두려움과 우려를 표현하면 기대와 오해를 명확히 하고 두려움을 직접적으로 해결할 수 있는 기회를 제공한다. 대부분의 내담자는 치료, 특히 외상 치료를 받는 것에 대해 양면적인 태도를 보이므로 이러한 양면성을 인정하고 타당화하는 것이 중요하다. 내담자가 이를 인정하지 않더라도 치료자는 내담자가 치료실에 있는 것에 대해 '뒤섞인 감정'과 긴장감을 가지고 있을 수 있다고 잠정적으로 제안하고 많은 내담자가 가지고 있는 불안의 유형을 언급할 수 있다. 예를 들어, 내담자는 특히 낯선 사람에게 개인적이고 잠재적으로 부끄러운 자료를 개방하거나 고통스러운 감정에 압도당하는 것에 대해 불안감을 느끼는 것이 일반적이다. 치료자가 내담자의 불안에 대한 추측을 사용하면 상의의 문이 열리고 기대치를 명확히 하며 구체적인 내담자의 우려를 해결할 수 있다.

EFTT의 모든 필수 요소는 첫 번째 회기에 나타난다. 공감적 조율이나 내담자의 명시적 또는 암시적 감정과 욕구에 대한 반응이라는 측면에서 평가와 치료는 구분되지 않는다. 내담자는 초기 회기에서 양 당사자가 서로를 알아 가고, 편안함을 느끼고, 내담자의 특정 문제와 그 문제의 원인이 무엇인지 명확하게 이해하는 데 중점을 둔다는 사실을 알 수 있다(즉, 사례개념화). 이러한 이해는 확인된 문제를 해결하기 위해 치료가 어떻게 진행될지 알려 준다. 일반적으로 내담자는 이후 회기에서 자신에 대한 기분을 개선하고 외상 경험을 극복하여 더 이상 외상에 사로잡히지 않고 평안함을 느끼며 삶을 살아갈 수 있도록 돕는 데 중점을 둔다고 듣는다.

초기 회기에서는 내담자의 문제에 대한 이론을 이끌어 내는 것이 유용하다. 예를 들어, 다음과 같은 질문을 내담자에게 고려하도록 권장해야 한다. 문제가 지속되는 이유는 무엇인가요? 방해가 되는 증상이 다시 나타나는 이유는 무엇인가요? 분노 감정이 왜 그렇게 만연하고 통제하기 어려운가요? 내담자가 60세가 되어도 장기적인 관계를 유지하지 못하거나 어머니에게 맞서지 못하는 이유는 무엇인가요? 이는 문제에 대한 상호 이해에 도달하는 첫 번째 단계일 뿐만 아니라 내담자가 자신의 문제에 대한 통찰력이 없거나, 자신의 이론이 치료 모델과 일치하지 않는 경우 동맹의 어려움을 알리는 신호이기도 하다. 예를 들어, 내담자는 우울이나 분노조절 문제를 외부 환경이나 다른 사람 탓으로 돌릴 수 있다. 내담자는 자신의 생각과 감정이 문제의 원인이라는 것을 이해하고 치료의 구체적인 목표가 이러한 내적 과정을 해결하고 변화시키는 것이라는 데 동의해야 한다. 결국 내담자는 자신이 어느 정도 통제할 수 있는 영역이라는 생각을 가져야 한다.

내담자에게 치료를 받으려는 동기에 대해 물어보는 것은 치료 목표를 설정하는 데 도움이 된다. 내담자가 원하는 것, 중요한 것, 가치와 기준에 대해 반복적으로 언급하면 치료 내내 동기를 유지하고 부적응적 정서도식을 변화시키는 데 도움이 된다. 복합외상을 겪은 많은 성인 생존자는 수년간 외상 증상과 기타 부작용을 반복적으로 겪으며 살아왔다. 또한 많은 사람이 이전에 현재의 삶의 문제(예: 결혼 생활의 어려움, 우울증, 약물 남용)에 초점을 맞춘 치료에 참여했지만 과거의 외상이나 학대를 명시적으로 해결하기 위한 치료는 하지 않은 경험이 있다. 외상이나 학대 문제를 해결하기 위해 명시적으로 치료를 받으려는 동기는 일반적으로 현재 상황에 대한 괴로움에서 비롯된다. 이러한 유발 요인에는 자녀의 출산, 자녀에게 반복되는 학대 또는 방임 패턴에 대한 두려움, 결혼 생활의 어려움, 이혼 또는 새로운 관계 시작, 미워하거나 두려워하는 노부모를 대하는 것과 같은 중대한 삶의 변화와 사건이 포함되는 경우가 많다.

초기 회기에서 치료자는 내담자의 치료 목표, 즉 변화하고 싶거나 성취하고자 하는 목표를 명시적으로 이끌어 낸다. 내담자는 방해가 되는 증상에서 벗어나고 싶거나, 더 나은 관계를 맺고 싶거나, 자신의 감정과 더 잘 소통하고 삶과 연결되기를 원할 수 있다. 치료자는 내담자가 이러한 문제가 자신의 삶을 어떻게 방해하는지 구체적으로 설명하고 그러한 문제가 없다면 삶이 어떻게 더 나아질지 상상할 수 있도록 돕는 것이 중요하다. 이는 변화에 대한 동기 부여에 기여하고 지속적인 협력의 기반이 되며 치료자가 치료 전반에 걸쳐 내담자의 목표를 추적하는 데 도움이 된다. 이러한 건강한 노력의 중요성을 확인하고 치료자로서 내담자가 이러한 목표를 달성할 수 있도록 최선을 다할 것이라는 확신을 심어 주는 것이 중요하다.

EFTT를 시작할 때 목표를 파악하는 것은 구조화된 과정이 아니라 유동적이고 개방적인 과정이다. 정서는 가치 · 관심사 · 욕구에 대한 정보의 원천이므로 목표 설정과 직접적인 관련이 있다. 공감적 반응은 내담자가 자신의 감정 및 우려와 관련된 소망 · 욕구 · 원함 · 갈망, 행위 경향성을 강조함으로써 변화에 대한 의도를 설정하는 데 도움이 된다. 목표(및 보다 구체적인 과업)는 이러한 개인적 세부 사항에서 비롯된다. 예를 들어, 성적 학대를 당한 내담자가 더럽다고 느끼는 것에 대해 이야기하면 치료자는 이에 대한 고통에 반응하고, 다른 사람의 행동으로 인해 오염되었다고 느끼는 것은 옳지 않다는 것을 타당화하고, 치료의 중요한 부분은 내담자가 자신에 대해 더 나은 느낌을 갖도록 돕고 '비난을 마땅히 받아야 할 곳에 돌려놓는 것'이라고 말할 수 있다. 마찬가지로, 자신의 학대 사실을 누구에게도 밝힌 적이 없는 내담자에게 치료자는 "혼자 짊어지기에는 너무 큰 짐이니 더 이상 이런 일을 혼자 감당하지 않았으면 좋겠어요."라는 반응을 보였다. 이는 지지를 제공함으로써 유대를 강화하고 개방과 상호 처리에 대한 암묵적인 목표를 강조한다.

내담자는 일반적으로 이러한 반응을 받으면 큰 안도감을 느낀다.

내담자의 정신건강 및 대인관계 이력, 과거 및 현재 기능에 대한 평가도 첫 회기에서 시작하며, 처음 몇 회기에서 다루어야 할 내용 영역이나 주제를 느슨하게 구조화한 형식으로 접근할 수 있다. 또한 정신과 진단의 정보는 진행 중인 과정 진단과 통합되어 치료에 영향을 미치기 때문에 현재의 증상 고통(예: 외상 후 스트레스 장애, 우울, 불안) 및 기능 수준을 평가하는 것도 중요하다. 예를 들어, 우울한 내담자를 대상으로 하는 2단계 치료에서는 우울을 이해하고 완화하는 데 초점을 맞출 가능성이 높다. 또한 내담자의 현재 강점과 자원(내부 및 외부)을 평가하는 것도 필수적이다. 이는 치료의 스트레스에 대처하고 자기존중감을 키우며 치료적 유대를 형성하는 능력에 영향을 미친다.

복합외상의 경우 발병 연령, 기간, 외상 경험의 유형(상실 · 학대 · 방임), 내담자가 성장하는 동안 이용할 수 있었던 자원 및 지원과 같은 요인을 평가하는 것이 특히 중요한데, 이는 치료에 영향을 미칠 수 있기 때문이다. 예를 들어, 장기간에 걸친 심각한 학대는 더 큰 장애와 연관되어 치료가 더 오래 걸릴 수 있는 반면, 외상 기간 동안 지원의 유무는 장애의 정도를 완화할 수 있으므로 내담자의 관계 능력과 치료 성공에 영향을 미칠 수 있다.

첫 번째 회기에서 잠정적인 협력적 사례개념화(collaborative case conceptualization)가 시작된다. 다음 몇 회기에 걸쳐 구체화되고 1단계(4회기)가 끝날 때 2단계의 근거와 방향으로서 내담자와 명시적으로 공유된다(예: "현재 진행 중인 상황에 대한 나의 이해와 집중을 시작하면 가장 도움이 될 수 있는 것은 다음과 같아요……. 이해가 되시나요?"). 내담자의 문제에 대한 이해를 내담자와 공유할 때, 치료자는 구성을 예시할 때 가능한 한 내담자의 말을 사용하는 것이 중요하다(예: "내 생각에 이것은 '나는 완전히 한 번 쓰고 버리는 일회용처럼 느낀다.'라고 말한 것과 관련이 있는 것 같아요.").

개별 내담자에 맞춘 사례개념화는 모든 개입의 근거가 된다. 내담자의 문제에 대한 명확한 이해를 공동으로 발전시키는 과정은 이해, 즉시성, 과정 관찰을 순간적으로 전달하는 치료자의 공감적 반응을 통해 이루어진다. 예를 들어, 내담자가 상황을 설명하면서 성인이 된 후에도 여전히 연로하신 아버지가 화를 내는 위협에 지배당하고 있다고 불평하면 치료자는 "마치 아버지의 분노에 여전히 묶여 있는 것 같군요. 그 사슬을 끊을 수 있도록 도와드리겠습니다."라고 말할 수 있다. 내담자의 문제는 치료 과정에 참여하는 방식과도 관련이 있다. 치료자는 이러한 어려움을 해결하기 위해 개입의 근본적인 의도를 투명하게 밝혀야 한다. 예를 들어, 일부 내담자의 이야기 스타일은 외부 사건에 대한 길고 상세한 이야기를 하는 방식이며, 내담자의 관심을 내적 경험으로 돌리기 위한 치료자의 공감적 반응에는 최소한의 반응도 보이지 않는다. 이러한 경우 치료자는 "잠깐 끼어들어도 될까요? 슬프다는 말씀은 매우 중요하기 때문에 그냥 넘어가고 싶지 않고, 우리가 집중하고 싶은 것은 내면의 경험이며, 바로 이 부분에서 변화가 시작될 거예요."라고 말할 수 있다. 내담자가 특정 상황에서 자신이 어떻게 느꼈는지 명확하지 않은 경우 치료자는 몇 가지 제안을 하고 "저는 당신이 어떻게 느낄 수 있는지에 대한 제안을 하고 있어요. 어느 것이 맞는지 확인한 다음 직접 표현해 보세요."라고 덧붙일 수 있다.

마지막으로, 장애의 근본적인 결정 요인에 대한 상호 이해에 도달하려면 내담자에게 정서와 아동학대 및 외상의 영향에 대해 명시적으로 교육하고 치료적 개입의 근거를 제공해야 할 수 있다. 예를 들어, 제10장에서 다시 언급할 사례의 한 내담자('폴')는 자신의 분노조절 문제에 대한 이해에 대해 질문을 받았다. 폴은 신체적으로 학대하는 아버지가 '나쁜 본보기'였으며 다시는 상처받지 않기 위해 분노를 사용했다고 말했다. 이 치료는 폴의 인식을 타당화하는 동시에 다양한 유형의 분노에 대해 교육하고, 이차 분노[예: 그의 거부적 화(rejecting anger) 및 격노]를 우회하는 목표를 위해 협력하고, 기저의 취약한 감정에 접근하여 정서 레퍼토리를 확장하도록 도울 수 있는 기회였다. 그 후 폴은 고통스러운 내용에 대해 분노로 반응할 때마다 자신의 더 취약한 경험에 다시 집중할 수 있는 상호 인정된 표식이 되었다.

목표와 과업은 모두 사례개념화에서 협력적으로 도출된다. 과업은 처리 어려움을 해결하고 목표를 달성하는 데 사용되는 거시적인 치료 과정 및 절차이다. 내담자와 치료자는 내담자가 참여해야 할 가장 중요한 과업에 대해 합의해야 하며, 내담자는 이러한 과업이 개인 목표를 달성하는 데 유용할 것이라는 데 동의해야 한다. EFTT의 1단계에서 가장 중요한 과업은 안전과 신뢰를 구축하여 내담자가 고통스럽고 개인적인 내용을 개방하고 중요한 감정과 의미를 경험하고 탐색하는 과정을 시작할 수 있도록 하는 것이다. 부적응적 두려움과 수치심을 변화시키고, 외상 경험을 재처리하고, 상실을 애도하는 심층적인 작업은 치료의 후반 단계에야 시작되지만, 내담자는 이러한 과업에 참여하는 것이 결국 목표 달성에 도움이 될 것이라는 데 잠정적으로 동의해야 한다. 새로운 과업 표식이 등장하고 이러한 과업을 해결하기 위한 새로운 절차가 도입됨에 따라 치료 전반에 걸쳐 협업이 이루어진다.

외상에 대해 개방하여 이야기하기

관계적 맥락에서 EFTT 1단계의 주요 과업은 내담자가 자신의 피해 경험을 이야기하도록 돕는 것이다. 이 주제는 첫 번째 회기에서 치료자가 직접 시작하며, 예를 들어 "어렸을 때 정말 안 좋은 일이 있었다는 것을 알고 있는데 무슨 일이 있었는지 조금 말씀해 주시겠어요?"라고 질문할 수 있다. 이 시기는 심화 또는 재경험을 위한 시간은 아니지만, 치료자는 내담자의 정서적 고통을 외면하지 않거나 외상, 학대 또는 방임의 유형과 정도에 대한 자세한 정보를 이끌어 내는 것이 중요하다(예: 치료자는 다음과 같은 질문을 할 수 있다. 정확히 무엇을 했나요? 언제 시작되었나요? 얼마나 오래 지속되었나요? 이런 일이 얼마나 자주 발생했나요?). 여기서 중요한 것은 외상으로 인한 고통과 여전히 낯선 사람인 치료자와의 치료에서 이러한 내용을 꺼내는 것이 얼마나 어려운 일인지 공감하고 내담자의 용기를 인정하는 것이다. 내담자가 이야기를 하는 과정은 또한 치료적 동맹, 정서조절, 경험하기 능력, 과거의 제한된 문제에 집중할 수 있는 능력을 평가할 수 있는 기회를 제공한다.

외상 이야기를 하는 것은 EFTT에서 혐오스러운 정서 유발 요인에 대한 둔감화뿐만 아니라 내담자가 일어난 일에 대한 개인적인 의미를 명확하게 표현하도록 돕는 것을 포함하는 노출의 한 형태이다. EFTT에서 강조하는 것은 자료에 대한 둔감화보다는 개방과 대인관계의 지지와 수용을 확인하는 것이다. 다시 말하면, 치료자는 내담자의 고통과 아픔에 대한 연민, 취약성에 대한 공감적 인정, 경험과 인식에 대한 타당화(예: "끔찍하네요." "너무 슬프네요." "정말 안타깝네요." "옳지 않아요.")로 내담자의 이야기에 반응한다. 이러한 유형의 공감적 반응은 애착 유대를 강화하고 안정감과 안도감을 제공한다. 예를 들어, 분노나 슬픔과 같은 적응적 핵심 정서를 강조하는 반응은 이러한 정서를 전반적 고통이나 혼란과 구별하기 시작한다. 이를 통해 정서적 경험에 대한 명확성을 키우고 외상 경험에 대해 사전에 타당화받지 못함 또는 최소화에 대응하기 시작한다. "정말 많은 것을 놓친 것 같네요!"와 같은 반응은 내담자의 정교함을 격려하고 정서의 의미를 상징화하는 데 도움이 된다.

내담자가 자신의 이야기를 할 때 공감적인 반응을 보이면 정서의 과소조절 문제와 같은 처리의 어려움도 드러난다. 치료자는 내담자에게 "네, 그 사람이 여전히 당신을 해칠 수 있다는 생각에 공포감을 느끼고 있는 것 같군요. 상처를 덜 느끼실 수 있도록 도와드리겠습니다." 또는 "이런 이야기를 하는 것이 어렵다는 것을 압니다. 괜찮아요, 정답은 없으니까요."라고 말할 수 있다. 이는 정서를 과도하게 통제하는 경우에도 마찬가지이다. 예를 들어, 한 내담자는 자신을 구타로부터 보호해 주지 않은 어머니에게 분노를 표현하는 것만 생각해도 죄책감을 느꼈다. 그녀는 치료자에게 어머니를 비난하고 싶지 않다고 설명했다. 치료자는 어머니를 보호하려는 내담자의 암묵적인 소망을 확인하고 공감하는 동시에 "어머니를 보호하는 과정에서 정작 자신의 감정과 욕구가 짓눌리는 것 같아요."

라는 점을 강조했다. 이와 같은 2단계 공감적 반응은 정서조절곤란의 부정적인 영향을 타당화하고 강조하는 동시에 암묵적인 원함과 소망을 반영한다. 또한 내담자의 목표에 초점을 맞추고 내담자의 변화 동기를 유지하는 데 도움이 된다. 다음 절에서는 생산적인 내담자 과정을 방해하는 동맹 요인에 초점을 맞춘다.

동맹의 어려움

이 절에서는 치료 초기에 자주 발생하는 치료자의 실수뿐만 아니라 동맹과 관련된 일반적인 어려움에 대해 간략하게 설명한 다음 이를 해결하는 방법에 대한 제안을 제공한다. 이 중 일부(예: 내담자의 자의식, 치료자에 대한 대인관계 통제 문제)는 대부분의 심리치료에서 발생할 수 있는 문제이다. 유사한 동맹 손상(alliance rupture)을 해결하기 위해 확립된 접근 방식은 다른 전문가들에 의해 설명되었다(예: Elliott et al., 2004). 일반적으로 손상의 징후는 내담자의 대립(예: 도전, 비판, 치료자에 대한 분노) 또는 철수(예: 수동성, 거리두기, 비참여, 회기 취소)의 형태를 취한다. 두 경우 모두, 동맹 손상을 해결하는 일반적인 과정은 치료자가 관찰된 어려움에 대한 논의를 시작하고 내담자의 참여를 유도하는 것으로 시작된다(예: "우리가 ……에 문제가 있는 것 같네요. 나는 ……을 알아차렸어요."). 그다음에는 치료자가 비방어적인 입장을 취하고 양쪽 당사자가 문제에 대한 자신의 입장을 제시한다. 다음으로, 양 당사자는 어려움에 대한 공동의 이해에 도달하고 처음에 손상을 일으켰을 수 있는 모든 우려 사항을 해결한다. 이 과정의 마지막 단계에서 치료자와 내담자는 갈등의 원인으로 작용했을 수 있는 관련 내담자의 욕구를 파악한다. 직면 손상(confrontation rupture)은 일반적으로 더 많은 독립이 필요한 것과 관련이 있는 반면, 철수 손상(withdrawal rupture)은 더 많은 지원이 필요한 내담자와 관련이 있지만 내담자의 관점에서 살펴볼 필요가 있다. 그런 다음 이자(dyad)는 생산적인 작업으로 넘어가기 전에 문제에 대한 실질적인 해결책을 모색하는 단계로 넘어간다.

다음 하위 절은 치료적 동맹의 주요 기능에서 발생할 수 있는 어려움의 종류에 따라 정리되어 있다. 특히 초기 동맹 발전을 방해하는 치료자의 오류에 초점을 맞추고 있다.

안전 애착 유대의 미형성

안전한 애착 형성의 어려움은 주로 치료적 관계에서 따뜻함과 친밀감의 부족과 관련이 있다. 이는 부분적으로 내담자의 애착 역사와 관련된 불신 또는 방어성 문제 또는 감정이 없는 외부 지향적이거나 지적인 태도를 취하는 것의 결과일 수 있다. 그러나 애착 유대를 형성하는 데 어려움을 겪는 것은 치료자의 스타일 때문일 수도 있다. 전통적인 냉정하고 거리감이 있으며 중립적인 정신분석적 태도는 아동학대 생존자에게 도움이 되지 않는다.

치료자는 내담자의 감정과 욕구에 공감할 수 있지만, 이러한 관찰에 충분히 반응하지 못할 수도 있다. 이는 종종 치료자가 '객관적인 임상 관찰자'의 역할에 너무 치중하여 정서적으로 개입하고 인간적인 만남에 적극적으로 참여하지 않기 때문이다. 이러한 관찰자의 자세는 진정한 관계나 친밀감을 형성하는 데 도움이 되지 않는다. 중립적인 태도는 내담자의 불안 · 불확실성 · 자기의심을 고조시키며 심지어 어린 시절에 경험했던 것과 유사할 수도 있다. 외상 병력이 있는 내담자는 치료자의 입장을 알아야 하므로 투명성과 진정성은 안전과 신뢰를 구축하는 데 매우 중요하다. 또한 내담자가 어려움을 겪고 있을 때 자신의 경험을 명확하게 표현할 수 있도록 돕는 것은 지지를 제공하는 데 있어 필수적인 부분이다. 이를 위해서는 치료자가 일부 정신역동 모델(예: Herman, 2019)과 인지 및 행동 접근법에서 흔히 볼 수 있는 소크라테스 스타일 또는 '강사 역할'에서 벗어나 보다 친밀하고 정서적으로 양육하는 관계를 추구해야 한다. 치료자가 이러한 방식으로 참여하기를 꺼리는 것은 종종 내담자의 독립성을 촉진하려는 의도에서 비롯되지만, 내담자는 이를 주지 않는 것으로 인식할 수 있다. 또한 이러한 태도는 내적 경험에 대한 인식이 부족하거나(예: 감정표현불능증) 부정적인 평가를 두려워하는 내담자의 수행불안을 악화시킬 수 있다.

주의해야 할 또 다른 치료자 스타일은 지나치게 지시적인 태도이다. 많은 외상 생존자의 문제는 외상 피해의 정의에 내포되어 있는 대인관계 통제력의 심각한 결여 경험에서 비롯된다. 치료 방향을 정할 때 공감적으로 반응하는 내담자 중심의 자세는 통제감을 회복하고 불안을 줄이며 안전과 신뢰를 높이는 데 도움이 된다. 여기서 강조하는 것은 내담자의 내용 작업 방법을 명시적으로 지시하거나 가르치는 것이 아니라, 내담자의 탐색 과정을 암묵적이고 잠정적으로 안내하는 것이다.

정서처리에 초점을 맞추는 것과 관련된 어려움

정서처리와 관련된 내담자의 어려움에는 정동적 경험에 주의를 기울이고, 조절하고, 탐색하는 능력이 제한되는 것이 포함된다. 이러한 내담자의 문제는 치료 초기에 나타나며 동맹을 방해하고 재외상이나 중도 탈락으로 이어질 수 있다. 첫 회기에서 매우 괴로워하고 생활에서 심각한 만성 불안을 겪는 내담자의 경우, 치료자는 괴로움을 진정시키고 줄이는 기술(예: 횡격막 호흡, 긍정적 심상 사용)을 가르칠 수 있다. 치료자는 정서적 경험 자체에 초점을 맞추는 데 지나치게 몰두하지 말고 내담자의 주요 염려에 반응하는 데 집중해야 한다. 모든 중요한 염려는 본질적으로 정동과 관련이 있으며, 다음 장에서 살펴보겠지만 염려에 집중하는 것은 단계적으로 경험을 심화하기 위한 전략이다.

인지 중심적이고 감정에 초점을 맞추는 것이 낯설고 어색하게 느껴지는 내담자에게는 치료자가 내담자의 목표와 우선순위를 강조하는 것이 좋다. "그것이 당신에게 얼마나 중요한지 알겠어요."와 같은 반응은 정서를 명시적으로 지적하는 반응(예: "상처를 많이 받으신 것 같네요.")보다 동맹을 구축하는 데 훨씬 더 효과적일 수 있다. 마찬가지로 치료자는 내담자가 정동적 경험을 인식하기 위한 진입점으로 자신의 신체적 경험에 주의를 기울이도록 도울 수 있다. 최적의 치료는 다양한 내담자의 성격과 스타일을 유연하게 수용하는 것이 특징이다.

또한 치료자가 너무 적극적이어서 내담자가 내면의 경험을 탐색할 수 있는 충분한 공간을 제공하지 않고 탐색적인 자세보다 전문가적인 자세를 취할 수도 있다. 반대로 불안이 심한 내담자에게 잠정적인 공감적 반응을 보이는 대신 감정이나 의미에 대해 묻는 것은 불안감을 증가시키고 폐쇄를 촉진할 수 있으며, 내담자에게 경험을 정확하게 분류하는 방법을 가르치지 못한다. 내면의 경험에 주의를 기울이고 탐색하는 데 어려움을 겪는 내담자에게는 정서를 다루기 위한 상당한 코칭과 방향성, 안내가 필요하다. 정서조절의 어려움과 관련하여, 스펙트럼의 한쪽 끝에서는 내담자를 압도하는 것을 두려워하거나 내담자의 경계를 너무 경건하게 존중하는 과도하게 신중한 치료자가 의도치 않게 내담자의 회피를 강화할 수 있다. 예를 들어, 학대에 대한 세부 사항을 직접적으로 묻거나 정서적 고통에 접근하는 데 있어서 잘못된 조심스러움은 해당 내용이 금기시되거나 내담자가 너무 연약하다는 것을 암묵적으로 전달할 수 있다. 따라서 내담자의 두려움과 회피에 대응하는 데 도움이 되는 사실적인 접근 방식을 채택(및 모델링)하는 것이 가장 좋다. 이를 위해 치료자는 일반적으로 내담자가 고통스럽고 위협적인 자료에 접근할 수 있도록 앞장서서 도와야 한다.

반대로, 고통스러운 소재를 공개할 때 내담자의 각성 및 고통의 징후에 반응하지 않는 치료자는 고통을 악화시킬 수 있다. 치료 초기에 고통스러운 소재에 접근하는 모든 노력은 점진적 노출 원칙에 부합하는 생산적인 경험이 되어야 한다.

내담자의 대인관계 스타일

일부 특정 대인관계 스타일과 성격 병리도 강력한 치료적 관계를 형성하고 유지하는 데 어려움을 줄 수 있다. 예를 들면, 극도의 방어성 및 신뢰의 어려움, 치료자의 부정적인 평가에 대한 두려움, 실연 절차 중 수행불안, 친밀감에 대한 갈망, 치료자의 조율과 칭찬에 대한 높은 욕구 등이 있다. 학대 유형과 심각성은 EFTT의 성과와 관련이 없는 것으로 보이지만, 우리의 연구에 따르면 성격 병리의 심각성은 회기 내 과정과 내담자 변화의 일부 차원에 부정적인 영향을 미칠 수 있다(Paivio et al., 2010; Paivio & Nieuwenhuis, 2001). 그럼에도 불구하고 이 연구에 따르면, 성격장애 증상이 있는 많은 내담자가 합당한 작업 동맹을 형성하고 치료를 통해 상당한 이점을 얻을 수 있는 것으로 나타났다. 이는 내담자의 감정과 필요에 공감적으로 반응하는 것을 변함없이 강조하는 EFTT에 기인하는 것으로 생각된다. 대인관계에 오랫동안 심각한 어려움을 겪고 있는 내담자의 경우 이러한 감정과 욕구는 치료적 관계 자체와 관련될 수 있다.

요컨대 안전하고 협력적인 치료적 동맹을 구축하는 것은 EFTT의 다른 모든 과업과 절차의 기초이다. 또 다른 주요 과업은 내담자가 새로운 의미를 구성하기 위해 내적 경험[경험하기(experiencing)]에 주의를 기울이고 탐색하도록 촉진하는 것으로, 다음 장의 초점이다. 강력한 동맹과 깊은 수준의 내담자 경험은 모두 좋은 치료 성과를 예측하는 강력한 요인이지만, 그렇다고 해서 모든 내담자가 반드시 더 많은 혜택을 받는다는 의미는 아니다. EFTT에 관한 최근 연구에 따르면, 4회기까지 어떤 내담자는 강력한 치료적 관계를 형성하는 데 어려움을 겪는 반면, 다른 내담자는 경험을 심화시키는 데 어려움을 겪는 것으로 확인되었다. 이들은 치료의 혜택을 극대화하지 못할 위험이 있는 뚜렷한 하위 내담자 집단이다(Harrinton et al., 2021). 또한 이 연구에 따르면 강력한 치료적 관계를 발전시키는 데 어려움을 겪는 내담자의 경우 동맹 관계의 질 개선이 좋은 성과를 가장 잘 예측하는 것으로 나타났다. 그러나 경험을 심화시키는 데 어려움을 겪은 내담자의 경우, 치료 성과를 예측하는 가장 강력한 요인은 경험하기의 깊이를 개선한 정도였다. 이러한 경우, 강력한 치료적 동맹만으로는 좋은 성과를 예측하기에 충분하지 않았다. 여기서 시사하는 바는 치료자가 이 두 가지 주요 치료 과정의 균형을 어떻게 잡느냐에 따라 내담자가 처음에 이 두 가지를 어떻게 활용하느냐에 달려 있다는 것이다. 이 장에서는 치료적 동맹을 개발하는 방법을 다루었으며, 다음 장에서는 내담자의 경험하기를 촉진하는 방법에 중점을 둔다.

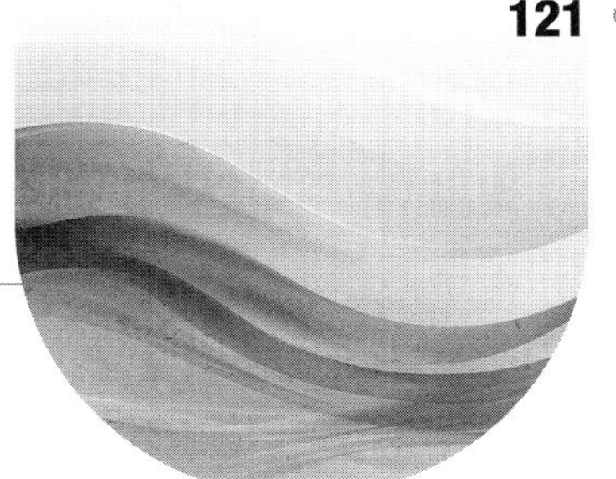

제5장

경험하기의 증진

앞 장에서는 외상에 대한 정서중심치료(emotion-focused therapy for trauma: EFTT)의 기본 과업인 안전하고 협력적인 치료적 동맹을 구축하는 데 중점을 두었다. 두 번째 기본 과업은 주관적인 내적 경험(즉, 감정과 의미)에 대한 주의와 탐색을 촉진하고 이 과정에서 새로운 의미를 구성하는 것이다. EFTT의 다른 모든 과제와 절차에 대한 성공적인 참여와 치료 성과는 이러한 과정에 달려 있다. EFTT의 핵심 주의 중 하나는 정서적 경험이 정보와 의미의 원천이기 때문에 정서적 경험에 주의를 기울이는 것이 중요하다는 것이다. 일반적으로 주관적 내적 경험이라는 용어는 정서구조 또는 도식의 내용, 구성 감정, 생각, 심상, 신체 감각 등을 의미한다. 내담자 경험의 심화에는 이전 장에서 설명한 반영 및 변화와 관련된 정서적 변화 과정이 포함된다. 또한 이러한 영역에서 처리의 어려움을 파악하는 것은 개입에 직접적인 정보를 제공하는 사례개념화의 일부이다. 물론 외상 치료에서 의미 구성에 중점을 두는 것은 EFTT에만 국한된 것은 아니다. 치료 접근법마다 부적응적인 대인관계 패턴에 대한 통찰, 병적 신념의 재구조화, 외상 내러티브 재구성 등 의미의 다양한 측면과 다양한 의미 구성 과정을 강조한다. 정서중심치료 전통에서는 이러한 의미 구성 과정의 질을 포착하고 측정하기 위해 경험하기의 구인을 사용해 왔다. 경험하기의 구인은 정동적 경험을 성찰하는 순간순간의 과정에 초점을 맞춘 Rogers(1980)의 인간중심 주의에 뿌리를 두고 있으며, 더 넓게는 주관적인 내적 경험을 성찰하고 이 과정에서 의미를 구성하는 과정을 말한다.

이 장에서는 경험하기 구인이 제공하는 독특한 관점과 외상 회복 측면에서 이러한 관점의 장점을 소개한다. 먼저 EFTT의 맥락에서 경험하기를 정의하고, 경험하기와 관련하여 EFTT와 다른 접근법 간의 유사점과 차이점을 강조한다. 다음으로, 경험하기의 측정에 대해 설명하고(조작화는 이 구인의 주요 장점 중 하나이다.) 관련 연구 결과에 대한 개요를 제공한다. 이 장의 후반부에서는 EFTT의 모든 주요 작업과 절차의 필수 구성 요소로서 경험하기를 촉진하는 과정에 대해 설명한다. 마지막으로, 경험적 '포커싱' 절차와 사례로 마무리한다.

경험하기의 특징

다음 하위 절에서는 모든 외상 치료와 관련된 경험하기 구인의 특징과 EFTT에 특화된 특징에 대해 설명한다.

공통 변화 요인으로써의 경험하기

외상의 사실에 대한 이야기보다는 감정과 기억에 대한 정서적 참여가 회복의 핵심이라는 이론적 방향에 전반적으로 동의한다(예: Cloitre et al., 2019; Foa et al., 2019, Ford & Courtois, 2020). 따라서 모든 노출 기반 절차는 어느 정도는 정서처리의 일부로 간주될 수 있는 경험하기를 촉진하도록 설계되었다. 기법은 다르지만 노출 기반 절차는 외상과 관련된 핵심 정서도식 또는 구조와 관련 정보 네트워크를 활성화하여 새로운 정보에 노출될 수 있도록 설계되었다. 내담자가 자기와 타자, 외상 사건에 대해 보다 적응적인 이해를 구축하도록 돕는 것이 공통된 목표이다. 그럼에도 불구하고 경험적 및 정서중심의 접근 방식에서 작업할 때 중요한 차이점을 간략하게 설명한다.

마지막으로, 새로운 의미를 구성하려면 우뇌의 경험적(정동, 감각 또는 신체) 체계와 좌뇌의 개념적 및 언어적 체계의 정보를 통합해야 한다는 데에는 상당한 공감대가 형성되어 있다. 이러한 개념은 외상과 특히 관련이 있는데, 외상 경험은 대부분 우뇌의 '경험적 기억'에 총체적으로 부호화되는 것으로 보이기 때문이다(Lanius et al., 2004; van der Kolk, 2015). 또한 해결되지 않고 처리되지 않은 외상(예: 외상 후 스트레스 장애 증상)을 가진 개인은 종종 이러한 경험을 이해하는 데 어려움을 겪으며 이러한 경험에 대한 적절한 단어를 찾지 못한다. 이는 모호하거나 지나치게 일반적이거나 일관성이 없는 외상 내러티브의 빈약한 질에서 분명하게 드러난다. (외상 기억의 부호화와 처리에 대해서는 앞서 제1장 외상의 본질에서 논의했으며, 제7장 기억 작업과 EFTT의 재경험에서 더 자세히 설명한다.) 따라서 외상에서 회복하려면 경험적 기억 체계와 언어적 기억 체계의 연결을 통해 외상 사건의 의미를 명확히 파악해야 한다고 널리 알려져 있다. 따라서 경험하기는 항상 외상적 경험의 의미를 언어적으로 상징화하는 것을 포함하며, 핵심적인 변화 과정으로 간주된다.

경험하기에 대한 EFTT의 정의

경험에 대한 EFTT의 독특한 관점은 현재의 정서중심치료 이론가들이 이 구조에 대해 광범위하게 저술한 내용을 기반으로 한다(예: Pos & Choi, 2019). EFTT에서 '경험하기(experiencing)'는 변화의 과정이자 핵심적인 개입 원리이다. EFTT에서 경험하기를 촉진하는 절차는 주로 정서, 감각, 신체 정보를 대상으로 하며 내담자가 내적 경험의 의미를 언어적으로 상징화하도록 돕는다. 일반적으로 내담자의 경험은 외부 세계의 사건과 내적 과정(즉, 감정 · 감각 · 생각) 사이의 지속적인 상호작용으로 간주된다. 따라서 EFTT 개입의 초점인 내담자의 순간순간 정서적 경험은 자기 성찰과 내러티브를 통해 해석되는 이러한 상호작용에서 나오는 점진적이고 발전하는 구성이다.

경험하기를 하기 위해서는 정서에 대한 인식과 적당한 수준의 정서적 각성(정서도식이나 정보 또는 의미 네트워크를 활성화할 수 있을 만큼 높지만 압도할 정도로 높지는 않은 수준)이 모두 필요하다. 필요에 따라 개입을 통해 정서적 각성을 높이거나 낮출 수 있다. 경험하기도 하나의 과정이다. 내담자는 무슨 일이 있었는지 이야기를 하고, 그 과정에서 기억 · 심상 · 신념 · 감정 · 소망 · 가치관 · 신체 감각 등 내면의 경험 내용을 탐색하기 위해 내면을 들여다본다. 이러한 경험적 기억의 측면은 더 깊은 경험을 통해 활성화(및 변화)되는 정서도식을 구성한다. 또한 경험하기 능력에는 내적 경험을 언어로 표현하는 역량이 필요하며, EFTT 개입은 이러한 역량을 향상시킨다. 말로 명명하고 상징화하면 정서적 경험에 대한 거리감을 좁히고, 결과적으로 정서적 경험에 대한 조절과 이해를 향상시킬 수 있다. 더 넓은 의미는 경험하기 역량과 과정이 내담자의 주체성과 자기통제에 기여하고 적응 기능을 안내할 수 있는 지혜의 원천으로서 내담자의 내적 경험에 대한 자신감을 높인다는 것이다. 이것이 바로 자기발전의 본질이다.

경험하기에 대한 EFTT와 다른 관점과의 비교

통찰 중심의 외상 치료에서는 내면의 주관적 경험에 대한 관심과 언어적 상징화가 변화를 위해 필수적이라는 데 보편적인 동의가 있다. 그러나 강조되는 내용과 양질의 경험을 달성하기 위한 방법은 관점에 따라 크게 다르다.

전통적인 정신역동적 접근법에서는 내담자가 고통스러운 감정에 주의를 기울이고 적극적으로 경험해야 하며, 회기에서 이러한 감정과 본능적으로 접촉하고 그 개념적 의미를 탐색해야 한다(Vaillant, 1994). 최근의 많은 애착 및 대인관계 또는 관계 접근법(예: Lowell et al., 2020)은 내담자가 현재 의식에서 사용할 수 있는 경험적 의미에 초점을 맞추고 있다. 정서중심 접근법과 가장 유사한 속성경험적 역동심리치료(accelerated experiential dynamic psychotherapy; Fosha, 2021)는 공감적으로 반응하는 치료적 관계에 대한 내담자의 경험과 이것이 초기 부정적인 애착 경험과 어떻게 다른지를 강조한다. EFTT에서는 현재의 고통스러운 감정과 욕구를 어린 시절의 경험과 연결하기도 한다. 그러나 이는 일반적으로 여러 사건을 연결하거나 주제를 파악하기보다는 하나의 경험이나 사건을 자세히 탐색하는 데 중점을 둔다(주제가 나타날 수도 있지만).

외상에 대한 현재의 행동 및 인지행동 치료 접근법도 경험의 구성과 어느 정도 관련이 있다. 전통적인 노출 절차(예: Foa et al., 2019)에서 새로운 의미는 외상 감정과 기억을 견딜 수 있고, 외상 경험의 새로운 측면을 지금-여기의 관점에서 고려하는 데서 비롯된다. 마찬가지로 안구운동 둔감화 재처리법(eye movement desensitization and reprocessing; Shapiro, 2018)에서 내담자는 외상 기억의 불안한 측면에 집중하고 자유연상을 한다. 이것은 사적인 경험적 탐색 과정으로, 치료자가 이 과정을 안내하여 내담자가 새로운 연상 연결고리를 만들고 외상 자료가 재처리된다.

최근의 인지 구성주의 및 내러티브 치료 접근법은 여러 면에서 EFTT와 유사하며, 특히 사람들의 해석의 진실성보다는 의미 탐색에 초점을 맞추고 있다(Madigan, 2019; Neimeyer, 2006). 그러나 이러한 접근법은 EFTT보다 내러티브 내용(예: 무슨 일이 일어났는지, 일관성)에 더 관심이 있다.

경험하기와 다른 구인과의 비교

'정서처리(emotional processing)'와 '경험하기'라는 용어는 때때로 동의어로 사용된다(예: Pos & Choi, 2019). 두 구조 모두 정서구조 또는 도식을 활성화하고 새로운 정보를 생성하여 수정하는 과정을 의미한다. 정서중심치료의 관점에서 볼 때, 두 구조 모두 정서 인식·조절·성찰·변화의 역량도 포함한다(제3장 참조). 그러나 '내담자 경험하기(client experiencing)'는 탐색 과정의 내용과 방식을 모두 정의하는 수준 또는 정도를 가진 위계적으로 조직된 과정으로 독특하게 조작화(Klein et al., 1986) 된다(부록 A: 내담자 경험하기 척도 참조).

경험은 자아 발달의 구조와도 어느 정도 유사하다(Loevinger, 1997). 자아 또는 자기발전 촉진 측면에서 내담자의 경험 역량을 높이는 것을 생각해 보는 것도 유용할 수 있다. 그러나 앞서 언급했듯이 경험하기의 구인은 개인의 역량뿐만 아니라 자신의 내적 경험을 탐색하는 순간순간의 과정을 의미한다. EFTT는 이 과정을 내담자의 자기감을 강화하는 데 필수적인 측면이자 치료의 핵심으로 간주한다. 정신화와 성찰적 기능의 구인은 발달외상 분야에서도 두드러지게 나타난다(Bateman & Fonagy, 2013). 이는 자신의 내적 정서적 경험에 접근하고, 서술하고, 성찰하는 능력을 의미하며(어린 시절 학대로 인해 종종 방해를 받음), 경험하기의 구인과 어느 정도 유사하다. 그러나 정신화(mentalization) 구인은 성찰 과정 자체보다는 광범위한 역량을 의미한다. 따라서 이와 관련한 경험하기의 특징은 내적 경험을 탐색하는 단일하게 관찰 가능한 과정이라는 점이며, 다시 한번 말하지만 주로 그 과정의 방식을 가리킨다.

외상에 대한 여러 치료법에 통합된 마음챙김(mindfulness)은 경험하기의 구인과 표면적인 유사성을 가지고 있다. 마음챙김은 불교 철학에서 비롯되었으며 서양 문화와 심리학에 적용되어 왔다(Kabat-Zinn, 1990). 마음챙김에 대한 폭넓은 관심은 내면의 경험을 받아들이는 것이 그것을 변화시키려는 노력보다 더 가치 있다는 인식이 이론적 방향에 걸쳐 증가하고 있다는 것을 증명한다. 마음챙김은 내담자가 고통을 유발하는 내외부 자극에 반응하지 않고 객관적으로 관찰할 수 있도록 돕는 효과적인 정서조절 전략이다. 마음챙김은 복합외상(Cloitre et al., 2019)을 포함하여 인지 및 행동치료에 대한 많은 제3의 물결 접근법에서 가르치는 핵심 기술이다(예: Hayes et al., 2012; Linehan, 2015; Segal et al., 2013). 마찬가지로, 최근의 EFT 접근법에는 마음챙김 연습과 EFT 개입의 완전한 통합이 포함되었다(Gayner, 2019). 그러나 마음챙김은 일반적으로 의미 탐색을 포함하지 않으며 대화적 과정이 아니다. 이런 의미에서 마음챙김은 '내용이 없는' 반면, 내담자 경험하기는 내용 중심적이고 내용 특정적이다. 따라서 경험하기의 목적은 본능적 경험의 흐름을 의도적으로 탐색하여 그 의미를 언어적으로 표현하기 위한 공동의 노력을 기울이는 것이다. 어떤 의미에서 마음챙김은 '밖으로 이동'하는 기술이고, 경험은 '안으로 이동'하는 기술이라고 할 수 있다. 이러한 이동의 초기 단계는 본질적으로 의도적인 정서적 참여를 나타내며, 더 깊은 단계는 개인적인 어려움을 해결하기 위해 새롭게 떠오르는 감정과 의미를 나타낸다.

경험하기의 측정

경험하기의 구인은 원래의 내담자 경험하기 척도(Client Experiencing Scale; Klein et al., 1986)에서 행동적으로 정의되었다. 이 척도는 원래 연구 도구로 고안되었지만, EFTT 치료자는 회기 중 내담자 경험하기의 질을 평가하여 사례개념화에 정보를 제공하고 치료 과정에서 내담자의 진행 상황을 추적하여 개입을 안내하기 위한 암묵적 지침으로 사용할 수 있다(부록 A 참조).

내담자 경험하기 척도는 내담자가 자신의 내적 경험에 초점을 맞추고 이 자료를 문제 해결을 위한 정보로 사용하는 방식을 측정한다(7점 척도). 낮은 수준의 경험하기에서 내담자는 자기와 타자에 대한 행동적 또는 지적 묘사와 함께 외부 사건에 대해 이야기한다(예: "우리는 부엌에 있었고, 어두웠으며, 그가 나를 너무 세게 때려서 코피가 나기 시작했고, 경찰이 왔고, 어머니가 울고 계셨어요."). 이런 종류의 낮은 수준의 경험은 초기 개방에 유용할 수 있지만, 이는 좋은 과정으로 간주되지 않으며 좋은 치료 성과를 예측할 수 없다. 이러한 관찰은 외상 이론 및 풍부한 연구와 일치하며, 외상 자료에 대한 정서적 참여가 성과를 예측할 수 있음을 시사한다(Foa et al., 2019).

내담자가 중간 수준의 경험하기(즉, 4수준)으로 이동하면 의사소통은 감정과 개인적인 관점에 관한 것이다. 이러한 방식은 내담자의 내면 상태를 그려 낸다. 이는 전환점을 의미하며 보다 생산적인 치료 과정을 나타낸다. 그러나 내담자가 사건에 대한 개인적이고 정동적인 설명을 하더라도 이러한 설명은 아직 자기점검에 사용되지는 않는다. 예를 들어, 성폭행에 대해 설명하는 한 내담자가 다음과 같이 말했다.

> 위층 침실에 우리 둘만 있었는데 누가 들어올까 봐 무서워서 조용히 하려고 노력했어요. 마침내 그 일이 끝났을 때 저는 참담하고 부끄러웠습니다. 그래서 그냥 잠을 자면서 그 일에 대해 생각하지 않으려고 노력했어요.

높은 수준의 경험하기(즉, 5수준 이상)에서 내담자는 자기와 경험에 대한 문제, 명제 또는 질문을 탐색하고 해결해 나간다. 앞의 예에서 내담자는 "어떻게 그렇게 오랫동안 비밀로 할 수 있었는지 모르겠어요." 또는 "내가 신뢰하는 사람이 아닌 것 같아요."라고 말할 수 있다. 내담자의 삶에서 일어난 사건과 관련된 감정과 의미(예: 원인 · 결과 · 해석)를 자세히 살펴보고 현재의 문제를 해결하기 위해 탐색한다. 자기성찰을 통해 새로운 의미를 담은 문제에 대한 새로운 대화가 시작된다. 다음은 남동생에 대한 자신의 감정에 대해 이야기하는 내담자의 예이다.

내담자: 그와 함께 있으면 불안한 기분이 들어요.

치료자: 불안하다고요?

내담자: 네, 그를 사랑하지만 가끔 화가 나거나 뭐 그런 느낌이……? 드는 것 같아요. 그리고 그런 기분이 싫어요.

치료자: 뭔가 원망하는 것처럼 화가 난다고요?

내담자: 네, 제가 갖지 못한 모든 것을 그가 다 가진 것처럼 느껴져요. [길게 멈춤] 그냥 질투가 나는 것 같아요. 저도 그 모든 것을 갖고 싶지만 절대 그럴 수 없다는 걸 알아요.

이 예시에서 정서가 그 순간에 생생하고 신선하게 경험되는 방식을 주목하라. 새로운 경험이 바로 지금-여기에서 펼쳐지고 있다. 또한 개인적인 고민에 대한 새로운 이해는 경험에 깊이를 더하고 때로는 상황에 대해 다르게 느끼도록 이끌기도 한다.

치료에서의 경험하기에 대한 연구

회기 중 내담자 경험하기는 50년 이상 성과 예측 변인으로 연구에서 연구되어 온 몇 안 되는 과정 변인 중 하나이다(예: Kiesler, 1971). 최근 메타분석에서는 내담자의 경험하기와 증상 성과 사이의 관계를 조사한 연구를 검토했다(Pascual-Leone & Yeryomenko, 2017). 해당 메타분석에 포함된 연구의 약 절반은 정서중심 및 내담자중심치료(예: Pos et al., 2009)를 조사했고, 나머지 절반은 인지행동, 정신역동 및 대인관계치료(Rudkin et al., 2007; Watson et al., 2011)를 포함했다. 이 연구들은 경험하기의 과정이 중소규모의 효과로 증상 변화를 예측하는 중요한 인자라는 결론을 내렸다. 이를 맥락에 맞게 설명하자면, 내담자의 경험하기의 깊이는 치료적 동맹의 영향만큼이나 치료 성과를 예측할 수 있는 것으로 보인다. 더욱이 이 과정의 중요성은 치료 접근법에 의해 조절되지 않는 것으로 보이며, 이는 경험하기의 구인이 일반적인 변화 요인을 나타낼 수 있음을 시사한다. 또한 Pascual-Leone와 Yeryomenko(2017)의 리뷰에 포함된 여러 연구에 따르면 특히 정서중심치료의 과정에서 내담자는 깊은 경험을 할 수 있는 능력을 향상시킬 수 있는 것으로 나타났다.

특히 외상 치료에서 경험하기 구인의 가치에 대한 지지는 다른 여러 연구에서도 확인할 수 있다. 예를 들어, Holowaty와 Paivio(2012)는 내담자가 치료 후 면담에서 가장 도움이 되었다고 밝힌 치료 일화에서 경험하기에 대한 높은 평가가 특징적이라는 사실을 발견했다. 또한 EFTT의 치료자 기술에 대한 과정-성과 연구(Paivio et al., 2004)에 따르면 치료자의 EFTT 개입 원리 준수가 내담자의 변화를 예측했으며, 가장 자주 사용되는 두 가지 개입 원리는 내적 경험에 주의를 기울이고 경험의 의미를 상징화하는 것으로 나타났다. 이는 EFTT에서 경험(또는 경험하기)의 의미를 탐색하는 데 지속적으로 집중하는 것의 가치를 뒷받침한다. 마지막으로, 심상적 직면 중에 정서적 각성과 외상 자료에 대한 더 깊은 경험하기의 형태로 내담자가 참여하는 것은 학대하고 방임하는 타자와 관련된 목표 문제의 해결과 관련이 있었다(Paivio et al., 2001; 이 책의 제6장도 참조).

이전 장에서 설명한 것처럼, 내담자의 경험하기 과정과 치료적 동맹은 모두 EFTT에서 중요한 과정이다. 또한 심리치료 연구에 따르면, 이 두 가지를 더 많이 촉진할수록 효과가 더 좋다고 알려져 있지만, 이러한 결론은 집단 평균에 근거한 것이다. 그러나 실제로 치료자가 특정 내담자와 작업할 때 특정 내담자가 각 과정을 사용하는 정도에서 관찰할 수 있는 상대적인 강점과 단점이 있는 경우가 많다. 이전 장에서 설명한 연구(Harrington et al., 2021)에 따르면, 치료 초기에 강한 관계를 형성할 수 있었지만 깊은 경험을 하지 못한 내담자의 경우, 치료가 진행되는 동안 경험하기 과정을 심화할 수 있었던 정도가 증상 변화를 더 잘 예측하는 것으로 나타났다.

다음 절에서는 치료자가 치료 시작부터 EFTT의 모든 단계에 걸쳐 중요한 순간에 정동적 의미 탐색을 촉진할 수 있는 방법에 대해 자세히 설명한다.

단계별로 경험하기를 심화시키는 과정

경험하기를 심화시키는 과정은 내담자의 일반적인 경험 수준을 평가하고, 촉진하는 방식으로 명시적인 지원을 받을 때 내담자가 무엇을 할 수 있는지를 평가하는 것부터 시작된다. 치료자는 또한 경험하기 심화를 명시적으로 목표로 하는 개입(예: 공감 · 지시 · 질문)에 대한 내담자의 반응도 고려한다. 또한 치료자는 정서처리의 어려움, 즉 심화를 가로막는 장애물과 그 과정을 방해하는 요소(예: 정서에 대한 인식 부족 또는 조절의 어려움, 내적 경험에 대한 회피 또는 두려움, 정서적 각성 조절 장애, 일관되지 않은 이야기)를 파악한다. 이는 이전 장에서 설명한 대로 사례개념화의 일부이다.

경험하기를 촉진할 때 가장 먼저 고려해야 할 사항은 치료적 환경의 질이 내면에 집중하는 성찰적 자세에 도움이 되는지 확인하는 것이다. 다른 기본적인 상황적 요인으로는 최적의 각성 보장(즉, 필요에 따라 각성을 줄이거나 늘리는 것), 탐색 과정에 대한 호기심과 관심의 태도, 치료자의 전문가적 자세보다는 촉진적인 자세 등이 있다.

경험적 처리는 일부 내담자에게서 자연스럽게 발생하며, 이러한 경우 치료 과정은 최소한의 개입으로 진행된다. 앞 장에서 소개한 내담자 모니카가 그러한 사례의 예이다. 그러나 다른 내담자의 경우 내적 경험에 주목하고 탐색하는 데 어려움을 겪는 경우가 많으며, 치료자는 이 과정에 지속적으로 주의를 기울이고 방향을 전환해야 한다. 무엇보다도 경험하기의 심화는 여러 회기 또는 전체 치료 과정에 걸쳐 점진적으로 진행될 수 있는 단계별 과정이다(Harrington et al., 2021; Paivio & Angus, 2017). 다음 절에서는 이 과정에 대한 안내를 제공한다.

낮은 수준에서 중간 수준의 내담자 경험하기

경험하기의 측정 절에서 언급했듯이, 낮은 수준의 내담자 경험하기는 행동(주로 타자의 행동)과 사건에 대한 외부 초점이 특징이다(부록 A 참조). 내담자의 내러티브 질을 파악하는 것은 과정을 심화하기 위한 개입을 안내할 수 있는 유용한 렌즈이다(Angus et al., 2017). 따라서 낮은 수준의 경험하기에는 정서 내용이 미미하거나 모호하고 추상적이며 지나치게 일반적이거나 지나치게 지적인 관점을 가진 내담자의 내러티브가 포함된다. 목표는 내담자의 내러티브를 보다 개인적이고 정동적이며 구체적인 내러티브로 전환하도록 돕는 것이다. 일부 내담자는 내적 경험에 대한 인식이 제한적일 뿐만 아니라 이를 중요하게 생각하지도 않는다. 많은 사회적 · 문화적 규범은 정서 공포증을 유발할 수 있으며, 특히 외상을 겪은 사람들에게 정서는 모든 종류의 부정적인 의미를 가질 수 있다. 예를 들어, 내담자는 감정이 반드시 높은 각성이나 약점을 수반한다고 믿을 수 있다. 이러한 경우에는 먼저 이러한 오해를 바로잡은 다음 정동적 자료에 집중하는 것의 중요성에 대한 근거를 제시하고 명시적으로 협력하는 것이 필수적이다. 내담자는 이를 수행하지 못하는 것이 자신의 문제를 야기하는 정서처리의 어려움임을 인식해야 한다.

외부 지향적 스토리텔링에 대한 전반적 개입 전략에는 내담자가 보다 개인적이고 정동적인 이야기를 할 수 있도록 돕는 것이 포함된다. 이는 자기에 대한 명시적인 초점으로 시작된다(예: "그 상황은 당신에게 매우 중요한 것 같군요. 그녀가 그렇게 당신에게 등을 돌렸을 때 내면의 기분이 어떤지 알 수 있나요? 마음이나 몸에서 무슨 생각을 하거나 느꼈는지 기억나요?"). 내담자가 내면의 경험을 파악할 수 없는 경우에는 행동과 사건에 대한 반응(예: "무슨 행동이나 말을 하셨나요?")에 초점을 맞춘 다음 이를 내면의 경험과 잠정적으로 연결할 수 있다(예: "당신이 떠났어요. 꽤 상처받았겠군요.").

내담자의 스토리텔링이 모호하고 지나치게 일반적인 경우, 핵심 정서도식을 활성화시키기 위해 개입은 가능한 기억의 단편부터 시작하여 구체적인 일화 기억을 이끌어 내야 한다(예: "예를 들어 말씀해 주시겠어요? 기억에 남는 특정 시간이나 그가 했던 말을 기억하시나요?"). 마찬가지로, 사건과 경험으로 인한 전반적인 속상함이나 괴로움은 개별 정서와 각 정서와 관련된 고유한 정보로 구분되어야 한다. 이를 통해 정서적 의미를 탐색할 수 있고, 이를 통해 과정을 진전시킬 수 있다.

내담자의 내러티브가 지나치게 분리되고 지적인 경우 개입은 개인적인 가치와 관심사에 집중할 수 있다(예: "그 사건이 당신에게 얼마나 중요한 일인지 들었어요. 더 자세히 말씀해 주시겠어요? 그 사건에서 무엇이 그렇게 중요했나요?"). 내담자가 자신의 가치와 관심사를 파악하도록 돕는 것은 정동적 경험을 탐색하는 또 다른 진입점이 될 수 있다. 가치와 관심사는 궁극적으로 정서적 의미의 중심이 되는 핵심적인 욕구를 나타내기 때문이다. 예를 들어, 지적 수준이 높은 한 내담자는 여자친구와의 이별이 임박했다는 사실을 인정할 수 있었지만, 이것이 '걱정'의 원인이라는 것을 인식하는 데 어려움을 겪었다. 치료자는 내담자가 우려를 구체화하도록 돕고(예: "그래서 당신에게는 동반자 관계가 중요하군요."), 그 과정에서 관련된 정동적 경험(걱정, 외로움)을 식별하여 의미를 더 탐색할 수 있도록 도와주었다.

정서 내용이 거의 없는 내담자의 스토리텔링은 종종 정서적 경험에 대한 인식이 부족함을 나타낸다. 이러한 경우 치료자가 정서적 경험에 대해 잠정적인 공감적 추측을 제시하는 것이 도움이 될 수 있다(예: "필요할 때 의지할 수 없는 엄마 때문에 꽤 억울한 기분이 드셨을 것 같네요?"). 또는 치료자는 관련 상황이나 사건에 대한 자신의 정서적 반응에 대한 개방(예: "누군가 저에게 그렇게 말한다면 매우 상처받을 것 같아요.")이나 은유를 사용하여 내적 경험을 설명할 수 있다("구멍을 파고 들어가 사라지고 싶을 것 같아요.").

감정을 식별하고 명명하는 데 어려움을 겪는 내담자(예: 감정표현불능증)의 경우, 개입에는 인간의 정상적인 정서에 대한 정보를 제공하고 정서를 명명하는 데 필요한 지침과 방향을 제공하는 명시적인 정서 코칭이 포함된다. 이는 신체적 경험과 감각과 정서 사이의 연결에 주의를 기울이는 것부터 시작할 수 있다(예: "뱃속의 이 매듭, 무언가 걱정스러운 일이 있어서 매듭을 짓고 있는 것 같지 않나요?"). 신체적 경험에 대한 인식이 제한적인(구어체로는 '목 아래로 죽은 사람'이라고 표현하는) 극단적인 내담자도 마음챙김이나 요가와 같은 수련을 통해 신체에 대한 인식력을 키우는 것이 도움이 될 수 있다.

중간 수준에서 높은 수준의 내담자 경험하기

경험적 스토리텔링은 구체적이고, 개인적이며, 정동적이고, 감각적이다(Angus et al., 2019; Paivio & Angus, 2017). 이러한 유형의 처리는 정서도식과 관련 정보 네트워크에 대한 진입을 제공하기 때문에 전환점이 된다. 따라서 중간 수준의 경험(부록 A의 4수준)은 정동적이고 개인적이거나 은유를 사용하지만 아직 정동적 경험에 대한 성찰이 포함되지 않은 내러티브가 특징이다. 이는 외부에 초점을 맞춘 스토리텔링보다 작업하기 쉬운데, 적어도 내담자의 내면을 들여다볼 수 있는 창이 있기 때문에 탐색의 출발점이 되기 때문이다. 목표는 특정 정서에 접근하고, 내적 경험에 대한 성찰을 촉진하고, 자기에 대한 질문을 던지고, 의미를 탐색하는 것이다(5수준로 이동).

중간 수준의 경험하기를 심화하기 위한 개입에는 내담자의 내러티브 또는 은유와 관련된 함축된 감정과 의미를 파악하는 것이 포함된다. 예를 들어, 내담자 마리안느는 자신을 '지하 감옥에 갇힌 어린 소녀'라고 묘사했다. 치료자는 암시된 감정에 공감적으로 반응하며 "지하 감옥에 갇힌 어린 소녀가 어떤 감정을 느낀다는 건 정말 슬프네요. 외로움?" 내담자는 "아까 말씀하신 것처럼 무기력하네요."라고 대답했다. 이를 계기로 추가 탐색의 문이 열렸다. (마리안느의 사례는 제8장에 소개되어 있다.) 어머니에 대해 설명하는 또 다른 내담자는 "제가 아니라 어머니가 돌봐야 하는 건데!"라고 말했다. 치료자는 내담자가 의도한 메시지에 대해 "당신이 그 짐을 지고 있는 것, 즉 그 반대가 아니라 그녀의 어머니가 되는 것에 대해 얼마나 억울해하고 있는지 잘 알고 있어요. 가끔은 자신만의 엄마 노릇을 하고 싶으실 것 같아요."라고 대답했다.

어떤 경우에는 내담자의 내러티브에 정서 단어가 포함되어 있고 내담자가 정서적 경험을 인지하고 있지만 이러한 언어적 명명은 낮은 각성을 동반한다. 예를 들어, 내담자 마크(뒷장에서 다시 소개할)는 어머니에 대한 분노를 "나는 어머니가 미워요."라고 평이하고 사실적인 어조로 표현했다. 여기서 환기적 공감(예: "당신은 그녀를 '미워'하네요, 정말 화가 나네요!") 또는 기타 환기적 절차(예: "다시 말해 봐요." "더 크게 말해 봐요.")는 각성을 높이고 탐색을 위한 관련 정보를 활성화할 수 있다. 마크의 경우, 심상적 직면에서 어머니를 상상하고(다음 장에서 설명) 어머니의 목소리 톤("내 가슴에 칼이 구멍을 파는 것 같아요."라는 표현)을 실연하여 정서적 각성을 높이고 탐색을 위한 핵심 정서도식을 활성화하는 회상을 사용했다.

내담자가 감정을 식별할 수 있고 정서적 각성이 적당할 때는 경험하기를 심화하기 위한 개입을 통해 감정의 의미를 탐색해야 한다. 의미에는 고통의 원인, 자기와 타자에 대한 견해, 행동과 사건이 자기나 관계에 미치는 영향, 특히 충족되지 못한 욕구 등이 포함된다. 후자는 욕구가 부적응적 정서도식을 변화시킬 수 있는 건강한 자원을 활성화하는 동기 부여의 다리를 제공하기 때문에 특히 중요하다.

마지막으로, 보통 수준의 경험하기에서 더 높은 수준의 반영적 경험하기로 전환하려면 자기에 대한 문제와 이를 변화시키기 위한 자신의 노력(예: 가해자와의 문제 해결, 대인관계 경계 주장, 학대에 대한 비난 중단)을 명시적으로 식별해야 한다. 이를 위해 개입은 핵심적인 소망 · 욕구 · 바람 및 이를 달성하는 데 방해가 되는 요소에 초점을 맞춰야 한다. 예를 들어, 치료자는 불안해하는 내담자에게 "당신의 일부는 더 개방적이기를 원하지만, 개방적인 태도가 자신에게 미칠 영향과 다른 사람들이 어떻게 반응할지 모르기 때문에 두려워하는 것을 이해해요."라고 말할 수 있다. 이는 차단을 더 잘 이해하고 줄이기 위한 지속적인 치료적 개입의 근거이자 이유이다.

높은 수준에서 최고 수준의 내담자 경험하기

높은 수준의 경험하기에서 내담자는 자기와 자신의 문제를 탐색하며 성찰한다. 최고 수준의 경험하기(부록 A의 6수준 및 7수준)에서 내담자는 자기에 대한 질문에 답하고, 문제에 대한 새로운 이해를 구축하고, 이전에 혼란스럽거나 불분명했던 경험을 이해하는 등 변화의 과정에 참여한다. 이것이 바로 정서적 변화의 과정이다. 예를 들어, 내담자 모니카는 초기 회기에서 어머니의 자살을 이해하지 못했던 것에서 나중에는 어머니가 불안해하고 갇혀 절망감을 느꼈다는 것을 상상할 수 있게 되었다. 이는 어머니에 대한 긍정적인 기억에 접근하는 것과 함께 치료가 끝날 때 어머니를 용서하는 데 도움이 되었다.

이후 장에서 설명하는 새로운 의미를 구성하기 위한 개입(예: 심상적 직면, 외상 기억 재경험, 자기의 일부분 간의 두 의자 대화)은 내담자가 변화를 위한 투쟁(예: 가해자 또는 자기를 용서하기, 자신의 인식 신뢰하기)을 탐색하고 그 과정에서 사용할 수 있는 지배적인 건강한 자원(감정 · 신념 · 욕구 · 행동)을 강조하는 데 도움이 된다. 개입은 내담자가 이러한 자원과 적응적 감정 및 욕구(예: 용서, 자기연민)에 관여할 때 나타나는 긍정적인 성과를 식별하고 이에 대한 경험적 인식을 높이도록 돕는다. 최고 수준의 경험하기는 또한 특정 문제와 새로운 이해를 더 넓은 의미와 자신의 전반적인 삶의 이야기에 연결하는 것을 포함한다. 예를 들어, 치료가 끝날 무렵 한 내담자가 이렇게 말했다.

> 제가 원하는 것이 무엇인지 알면 어머니에게 제 경계를 더 잘 주장할 수 있어요. 내 인생에서 엄마를 원한다고 말할 수 있지만, 엄마가 나를 존중하지 않는다면 관계를 끝내는 것이 나를 죽일지라도 기꺼이 관계를 맺지 않을 거예요.

치료자는 이러한 자세와 관련된 긍정적인 감정에 주의를 기울여 경험적 인식을 심화시키고 변화를 공고히 했다.

내담자 경험 심화 과정은 정서중심치료에서 어디에나 존재하며 대부분의 주요 개입에 전체 또는 부분적으로 원활하게 통합된다. 하지만 다음 절에서는 경험하기 심화를 명시적으로 목표로 하는 구조화되고 독립적인 절차에 대해 설명한다. 다음 절에 제시된 이 절차의 단계는 일반적인 경험하기 과정의 안내 역할을 할 수 있다.

구조화된 포커싱 절차에 대한 지침

Gendlin(1996)은 내담자가 신체적으로 느낀 경험(bodily felt experience)의 의미에 주목하고 언어적으로 상징화할 수 있도록 단계별로 체계적으로 돕는 포커싱(focusing) 방법을 개발했다. 따라서 내담자가 전개하는 이야기의 개인적 의미는 신체적 또는 본능적 경험에서 흘러나오며, 이를 말로 바꾸고 정교화한다. 포커싱은 내담자가 즉각적인 심리신체적 경험의 다양한 측면을 언어에 기반한 이해와 종합하여 이전에는 불분명했던 주관적 세계의 한 측면을 말로 포착할 때 성공적으로 이루어진다. Gendlin의 초기 연구 이후 이 접근 방식에 대한 관심이 높아졌다. 예를 들어, 일부 인지행동치료 접근법에서는 이 절차를 축약하거나 수정하여 내담자의 내적 경험에 대한 혼란을 줄이고 불안을 감소시키는 데 사용한다(예: Marks et al., 2019). 포커싱 절차는 EFTT에서 경험하는 기술을 가르치기 위해 체계적으로 사용하거나 필요에 따라 개별 구성 요소(예: 신체 경험을 설명하는 단어 찾기)를 단편적으로 사용할 수 있다. 포커싱(경험하기 또는 정서처리의 심화)의 기본 원칙은 이후 장에서 설명하는 대부분의 주요 EFTT 절차에 암묵적으로 통합되어 있다.

포커싱은 특히 내담자가 과거 또는 현재의 상황이나 상황에 대한 자신의 감정이 불분명하거나 혼란스러울 때 나타난다. 다음 단계는 정서적 · 신체적 학대와 관련된 가혹한 양육에서 비롯된 것으로 보이는 불안을 다루기 위해 EFTT를 찾은 린이라는 내담자를 예로 들어 설명한다. 그녀는 부모의 요구를 묵인하고 자신의 감정과 욕구를 억누른 경험이 있었고, 이러한 패턴은 현재의 대인관계에서도 그대로 드러났다. 린의 이야기 스타일은 매우 지적이었고, 자신의 정서적 경험(즉, 감정표현불능증)을 식별하고 명명하는 데 상당한 어려움을 겪었다. 이는 회기에서 경험하는 능력에 방해가 되었고, 따라서 EFTT의 혜택을 받는 데에도 방해가 되었다. 린은 또한 10대 시절에 준자살행동(parasuicide)을 시도한 병력이 있었는데, 어머니에게 자신이 얼마나 상처를 받고 있는지 말하기 위한 노력이었다고 인정했다. 린은 3회기에 극심한 불안감을 느끼면서도 그 이유를 알지 못한 채 왔다. 이것은 그녀가 자신의 경험을 명확히 하고 잠재적으로 일반적으로 경험하는 능력을 향상시키는 데 도움이 되는 포커싱 절차를 소개하는 표식이 되었다.

1단계: 긴장을 풀고, 마음을 진정시키고, 산만함에서 벗어나기

포커싱의 첫 단계는 많은 명상 수행법과 유사하다. 내담자가 자신의 경험을 이해하는 데 시간을 할애하는 것에 동의하면 표준 호흡법이나 점진적인 근육 이완 운동(필요에 따라)을 안내하고 방해 요소를 없애고 '그냥 알아차리는 것'으로 압박이나 강제 없이 부드럽게 주의를 안으로 집중하도록 권장할 수 있다.

정서조절에 어려움을 겪는 내담자에게는 긴장을 풀고 마음의 산만함을 없애는 방법을 배우는 것 자체가 중요한 치료 목표가 될 수 있다. 그러나 어렵거나 모호한 감정을 견딜 수 있고 더 깊은 경험을 촉진하는 것이 목표인 내담자의 경우, 이후의 포커싱 단계가 그 과정을 진행하는 데 도움이 될 것이다.

2단계: 신체적으로 느낀 경험에 집중하기

일단 긴장이 풀리면 내담자는 '자신의 감정을 느끼는 신체 부위' 또는 자신이 확인한 특정 감각이나 경험에 내면으로 집중하도록 지시받는다. 내담자는 경험을 분석하기보다는 '경험의 전체', 즉 '그 경험 전체'에 집중하도록 권장된다. 때때로 내담자는 압도당하거나, '죽었다.' 또는 '공허하다.'라는 느낌만 인식하지만, 이러한 경험의 흐름에 인내심을 가지고 집중할 수 있다면 상황은 필연적으로 발전하고 특정 문제가 더 두드러지게 드러날 것이다. 내담자가 답을 찾거나 무언가를 알아내려고 애쓰는 것이 아니라 수용하는 태도를 기르고 상황이 자연스럽게 발전하도록 돕는 것이 중요하다. 또는 내담자가 문제가 되는 특정 문제를 식별할 수 있다면 그 문제에 대해 신체적 감각느낌(bodily felt sense)에 집중하도록 유도할 수 있다. 내담자가 여러 가지 문제에 압도당한다고 느낄 때 치료자는 한 번에 한 가지 문제에 집중하도록 유도할 수 있다(예: "지금은 한 가지 문제만 선택하고 다른 문제는 당분간 제쳐 두세요.").

예를 들어, 내담자 린은 짧은 시간 동안 심호흡을 하고 근육을 이완한 후 목과 어깨에 긴장이 느껴지는 것을 알게 되었다. 치료자는 그녀에게 감각을 따라가 보라고 격려하고 이 긴장이 탐색의 대상이 아니라 더 많은 이완이 필요한 기능일 수 있다고 제안했다. 치료자는 린에게 어깨에 숨을 들이쉬고 내쉬는 호흡을 길게 하여 남아 있는 긴장을 풀어 주면서 동시에 몸의 경험에 계속 집중하고 관찰하도록 격려했다.

3단계: 적절한 단어 찾기

내담자가 불분명한 느낌을 내면으로 향하도록 하면, 이를 설명할 적절한 단어를 찾는 과업에 도달하게 된다. 치료자는 내담자가 이 경험에 대한 잠재적인 설명어를 검색하고 확인하도록 안내하여 도움을 줄 수 있다(예: "가슴에 느껴지는 느낌이나 감각의 질은 어떤가요? 어울리는 단어, 문구 또는 이미지가 있나요?"). 그러나 내담자는 자신의 경험을 외부에서 바라보는 시각으로 설명하지 말고 자신의 경험을 해석하거나 설명하지 않도록 권장해야 한다. 오히려 경험에서 우러나오는 이야기를 해야 한다. 게슈탈트치료의 개입도 마찬가지로 내담자가 자기의 한 측면이 '되도록' 유도한다는 점에 주목할 필요가 있다[예: "당신의 직감(또는 주먹)이 말할 수 있다면 뭐라고 말할까요?" 또는 "당신의 눈물에 말을 붙여 보세요."]. 이러한 유형의 상향식 치료는 내담자가 적절한 단어를 찾고 실험하면서 잠정적이고 불확실한 성격을 띠는 것이 특징이다.

치료자는 내담자의 말에 집중하고 어떤 형태의 추측이나 해석도 피하는 공감적 반응을 통해 이 과정을 촉진할 수 있다. 공감적 반응은 내담자와의 접촉을 유지하고, 이해를 전달하며, 반영적 명확성을 촉진하는 거울과 같은 기능을 한다. 올바른 단어를 찾는 과정에는 기술어(descriptor)나 심상과 느낌 그 자체를 오가는 과정이 포함된다. 이는 '적합성'을 확인하고 경험과 언어적 또는 상상적 표현 사이의 적절한 일치를 찾기 위해 조정하는 방법이다. 이는 더 나은 상징화를 위해 다양한 단어를 시도하는 설단(tip-of-tongue) 현상과 유사하다. 올바른 기술어 또는 '핸들'을 찾으면 즉시 알아볼 수 있다. 이 현상이 나타날 때까지 공동 탐색 과정은 계속된다.

린은 눈을 감은 채 뱃속으로 전해지는 긴장감을 언급했다.

치료자: 좋아요, 계속 그렇게 하세요. 뱃속의 느낌을 설명해 주시겠어요?

내담자: [잠시 멈춤] 보호받는 느낌이에요.

치료자: 어떻게든 자신을 보호하고 있다는 느낌이 드시나요?

내담자: 처음에는 방패 같았어요. 하지만 좀 더 긴장을 풀면 배 속에 구덩이가 생긴 것 같아요.

치료자: '구덩이'. 그 구덩이에 머물러 보세요. 더 설명해 주시겠어요? 설명하지 말고 그냥 '구덩이'가 말하게 놔둬요.

내담자: [잠시 멈춤] '두려움' 같은 느낌이에요.

치료자: '두려움'. 알았어요. '두려움'이라는 단어와 배 속의 그 느낌 사이를 왔다 갔다 하면서 맞는지 확인해 보세요.

내담자: [잠시 멈춤] 네. 뭔가 나쁜 일이 일어날 것 같은 느낌요.

치료자: 계속하세요, 더 말씀해 보세요. 나쁜 일이 다가오는 것처럼요? [환기적 공감]

여기서 치료자는 환기적 공감을 사용하여 린이 더 깊은 수준의 경험으로 이동하고 그 의미를 탐색하기 시작할 수 있도록 돕는다.

4단계: 경험을 탐색하기

일단 내담자가 그 느낌의 본질을 포착한 것으로 보이는 '핸들'을 잠정적으로 파악하면, 개입은 가치, 목표 또는 삶과 관련하여 이 경험이 어떤 역할을 하는지 성찰함으로써 더 깊이 탐색할 수 있도록 도와준다. 이 단계는 초기 상징화를 넘어서는 질문을 숙고하는 것을 포함하므로 '질문하기'라고 한다. 탐색적 질문이나 공감적 반응은 내담자가 인식을 확장하고 경험을 심화하도록 유도한다.

이 시점에서 린은 곧 있을 법학 학위 시험에서 떨어질지도 모른다는 두려움을 이야기했다.

치료자: 아, 그게 바로 시험에 실패하는 두려움이었군요. 그 두려움이 당신에게 말을 걸 수 있을까요?

내담자: "린, 넌 충분히 열심히 하지 않아서 넌 실패할 거야. 내 동료들만큼 잘하지 못할 거야……. 나만 빼고 모두 합격하고 앞으로 나아갈 거야. 나만 실패하는 사람이 될 거야."라고 말하죠.

치료자: 오, 그거 끔찍하네요, 유일한 사람이요.

내담자: 생각만 해도 식은땀이 나요.

치료자: [타당화한다] 네, 물론 매우 무섭죠.

린처럼 힘든 경험을 억누르는 방식으로 대처했던 가혹한 양육 환경에서 살아남은 사람들은 포커싱하는 상황에서 그러한 경험이 떠오를 때 이를 허용하고 받아들이는 데 어려움을 겪는 경우가 종종 있다. 이러한 경우 개입은 내담자의 어려움을 타당화하고 인정하여 불안을 줄인 다음 추가 탐색을 장려해야 한다.

내담자: [이마에 흐르는 땀을 닦으며] 그냥 땀일 뿐, 나는 그것과 관련이 없어요.

치료자: 음, 끔찍한 느낌이네요, 느끼고 싶지 않으세요?

내담자: 밀어내고 있어요.

치료자: 밀어내는 것, 엄청나게 고통스러워요. 이것은 당신의 자기존중감에 대한 엄청난 공격이에요.

내담자: 매우 무섭네요.

치료자: 당신의 일부가 그것을 밀어내려고 하는 것을 이해해요. 조금 더 가까이 다가가도 괜찮을까요? 지금 당신에게 일어나고 있는 일의 중요한 부분이 자기감에 영향을 미치고 있는 것 같으니까요.

내담자: 네, 아주 무서워요.

치료자: 린이 친구들만큼 잘하지 못하고 뒤처진다는 느낌이 들 거예요.

따라서 치료자는 린이 자기방해를 우회하도록 격려한다. (때로는 자기방해 및 회피 과정을 그렇게 쉽게 우회할 수 없는 경우도 있다. 이에 대해서는 나중에 공포와 회피에 관한 장에서 다룬다.)

5단계: 정교화하고 수용하기

여기서 목표는 정보 네트워크를 확장하고 지금 상징화된 경험을 내담자의 기존 관점, 즉 삶의 더 넓은 맥락에 통합하는 것이다. 잘 조율된 치료자가 내담자의 과정을 면밀히 추적하는 것처럼, 내담자 스스로도 자신의 발전하는 경험을 추적하도록 격려하고(예: 치료자가 "그 느낌에 머물러 보고 흐름을 관찰하세요."라고 말할 수 있음.) 새롭게 이해한 내용을 전달해야 한다. 치료자의 공감적 반응은 이해를 전달하고 더 자세한 설명을 유도한다. 이렇게 하면 일반적으로 구조화된 절차에 참여하는 것에서 치료자와의 일반적인 대화적 상호작용에서 핵심 문제를 탐색하는 것으로 전환된다.

린의 관심사는 시험공부에 방해가 되는 현재의 연애 관계로 옮겨졌다. 치료자는 이러한 우려를 확인하고 공감하며 린이 자신의 경험의 의미를 탐색할 수 있도록 다시 한번 도와주었다. 다시 린은 정서적 경험을 중단했고, 치료자는 다시 한번 그녀가 떠오른 어려운 감정에서 거리를 두지 말고 다가갈 것을 권유했다.

치료자: 당신에게는 매우 중요한 관계인 것 같군요. 가능한 한 많은 시간을 함께 보내고 싶으시군요.

내담자: 그 생각을 하면 다시 땀이 나기 시작해요.

치료자: 그 땀은 당신에게 무엇을 말하는 건가요?

내담자: 내가 그 일에 대해 말하고 싶지 않고, 불행하고, 두렵다고요?

치료자: 그래요, 무서우니까 생각하지 말고 밀어내고, 밀어내고, 다 속으로 삭이는군요.

내담자: 네, 모두 옆으로 밀어내요.

치료자: 모두 옆으로 밀어내는군요. 하지만 왠지 계속 방해가 되고 집중력을 방해하고 삶을 방해해요. 구분된 상태로 유지하기가 어렵지요[과정 관찰].

내담자: 네, 제 삶에 영향을 미치고 있어요.

치료자: 그래서 이 관계는 큰 문제군요. 당신은 그를 많이 아끼고 있군요. 하지만 뭔가 잘못된 건가요?

내담자: 아주 큰 문제예요.

그런 다음 린은 자신의 감정이 응답받지 못하고 자신이 받는 것보다 더 많은 것을 주고 있다는 두려움을 털어놓았다. 치료자는 환기적 공감을 사용하여 핵심 정서(슬픔과 분노)를 활성화하고 탐색 과정을 심화하여 가장 높은 수준의 경험으로 전환했다.

치료자: 그럼, 그가 주는 대로 만족하시겠다는 건가요?

내담자: 네. [눈물을 흘리며]

치료자: 그래서 슬프시군요. 원하는 것을 얻지 못하고 있지만 충분히 얻고 있나요?

내담자: 아니요, 충분하지 않아요……. 이용당하는 기분이 들어요……. 저를 그냥 갖고 노는 것처럼 느껴져요.

치료자: 갖고 노는 것처럼……. 기분이 좋지 않네요! 그런 식으로 이용당하는 것이 원망스러우실 거예요.

여기서 공감적 반응은 적응적 분노에 접근하여 타인을 묵인하고 자신의 감정과 욕구를 억누르는 기존의 패턴을 바꾸고, 충족되지 못한 욕구(사랑과 존중)를 인정하고 자격이 있다고 느끼며 적응적 행동을 하도록 동기를 부여한다.

6단계: 삶으로 연결하기

포커싱 절차의 마지막 단계는 내담자의 삶의 더 넓은 맥락에 대한 더 넓은 의미와 함의를 연결시키는 것이다. 회기가 끝날 무렵, 린은 자신의 불안과 연애 관계에서 자신이 어디에 서 있는지 이해하게 되었다. 그다음 주에 그녀는 남자친구에게 자신의 감정을 솔직하게 털어놓았고, 더 호혜적인 관계에 대한 열망과 자신의 바람에도 불구하고 이런 일이 일어나지 않을 수도 있다는 것을 받아들이고 쓴소리 없이 자신의 분노를 분명히 표현할 수 있어서 좋았다고 느꼈다. 그녀는 결과에 상관없이 자신의 입장을 말할 수 있게 된 것에 대해 기분이 좋았다고 말했다. 또한 린은 처음으로 자신의 문제를 이해하고 해결하는 데 있어 자신의 정서적 경험의 가치를 이해하게 되었다고 말했다. 그녀와 그녀의 치료자는 치료 과정에서 필요에 따라 구조화된 포커싱 절차를 계속 사용했다. 이를 통해 그녀는 자신의 정서적 경험에 주의를 기울이고, 탐색하고, 이해하는 능력이 크게 향상되었다. 이후 회기에서는 린이 특히 정서적·신체적으로 학대하는 어머니와의 관계에서 자신의 감정과 욕구를 파악하고 표현하며 심상적 직면 절차에 생산적으로 참여할 수 있도록 돕는 데 중점을 두었다(다음 장 참조).

마지막으로, 내담자의 경험하기 능력에는 다양성이 존재하지만, 경험하기 연습을 통해 향상시킬 수 있는 능력으로 취급하는 것이 중요하다. 이 능력을 향상시키기 위한 목표에 대해 협력하는 것이 첫 번째 단계이다. 내담자가 경험하기에 어려움을 느낄 때, 치료자는 내담자의 허락을 받아 주의를 내면으로 돌릴 수 있도록 해야 한다. 숙제를 좋아하는 내담자에게는 회기 사이에 포커싱하는 연습을 하도록 권장할 수 있다.

치료 과정에 통합된 포커싱 원리

다음은 내담자가 학대하고 방임하는 알코올 중독 어머니에 대한 혼란스러운 감정을 이해하는 데 도움이 되는 탐색 과정의 예이다. 이 사례는 원래 Paivio와 Angus(2017)에 소개된 사례이다. 다음 일화는 6회기에서 진행되었으며 포커싱의 원리가 치료의 모든 단계에 어떻게 통합될 수 있는지를 보여 준다. 이 사례에서 치료자는 탐색을 유도하지만, 앞서 설명한 구조화된 포커싱 절차와는 달리 호흡이나 점진적인 근육 이완 운동을 통해 내담자의 마음을 자유롭게 하도록 안내하거나(1단계) 신체가 느끼는 감각에 명시적으로 집중하라는 지시(2단계)로 시작하지 않는다. 다음 발췌문에서 치료자는 어머니에 대한 내담자의 불분명한 감정을 탐색하도록 유도하고, 내담자가 보다 정동적이고 성찰적인 자세로 전환하도록 돕는다.

치료자: 좋아요, 그럼 어머니가 어떤 행동을 하거나 하지 않으면 당신이 어머니와 더 가까워지고 싶을까요?

내담자: 어머니는 저를 필요로 하지 않았어요. [사려 깊고, 탐구적이고, 내면의 경험 탐색] 하지만 어머니는 모든 공간을 차지해서 아무것도 할 수 없었을 거예요.

치료자: 으흠. 어떻게 그랬을까요? [구체성 및 추가 탐색 촉진]

내담자: 그것은 느낌이었어요, 이 결핍감.

치료자: 무언가를 원하는 것과 같은 결핍감이 있었다고요? 정확히 무엇을 했나요? [침묵, 생각에 잠겨] 말로 표현하기 어렵다는 거 알아요…….

내담자: 와, 말로 표현하기 어렵네요! 어머니는 아무것도 하지 않았으니까요. 항상 제가 얼마나 예쁘고 똑똑한지 말해 주셔서 좋았는데, [잠시 멈추고 탐색] 저한테만 너무 집중하는 것 같아서요? [잠시 멈춤, 고개를 흔들며 속을 탐색] 어떻게 그 공간을 다 채웠을까요? 그래서 제가 돌아서게 만들려고요?

이러한 명확성의 부족은 내담자가 이해와 의미를 찾기 위해 내면의 경험을 계속 탐색하고 있다는 것을 나타낸다. 치료자는 내담자가 자신의 내적 경험, 특히 어머니와의 과거 상황에서의 욕구를 탐색하고 집중하는 동안 세심한 주의를 기울이고 따라가며 최소한의 격려를 제공한다.

내담자: 어머니의 존재 전체가……. 제가 떠올릴 수 있는 유일한 것은 어머니가 누구인지가 마음에 들지 않았다는 것이에요. [침묵, 내적 집중]

치료자: 당신이 파악한 것들을 계속 이어 가면, 모든 몸짓에서 어머니에게서 이런 결핍감을 느꼈고, 공간을 만들고 싶은 욕구를 느꼈다는 거군요?

여기서 치료자는 내담자가 단어를 찾을 수 있도록 발판을 제공하고, 내담자가 더 생각해 볼 수 있도록 유도하며, 내용은 내담자에게 맡기되 그 과정을 안내한다.

내담자: 네, 맞아요. 처음에는 비서, 간호사, 예술가 등이 되려고 했는데 제게는 선택의 여지가 없었어요.

치료자: 어머니가 당신의 정체성을 규정짓거나 침투해 버리는 것 같네요…….

내담자: 아주, 어머니가 저처럼 되려고 하고, 제 등에 올라타서 제 팔과 머리를 움직이려고 하고…….

여기서 내담자는 꼭두각시 같은 움직임을 실연했고, 이 실연된 심상은 앞으로의 함축적 의미를 더 잘 이해할 수 있는 '핸들'이 되었다.

치료자: 당신이 하는 모든 일을 통제하는 것뿐이네요.

이 시점에서 공동 구성 과정을 통해 새로운 이해, 새로운 의미(최고 수준의 경험하기), 자기인식, 자기내러티브의 변화가 생겨났다.

내담자: 네! 통제, 침투, 명령, 물론 그렇죠. 저는 그렇게 표현한 적이 없어요. 그래서 저는 제 감정을 알 기회가 없었고 제 자신이 될 기회가 없었어요.

이 예에서는 포커싱과 경험하기 과정이 순조롭게 진행되며 내담자는 치료자의 개입에 반응한다. 다음 절에서는 내담자가 포커싱 절차를 포함하여 경험하기를 하는 데 어려움을 겪고 있는 경우의 EFTT 개입에 대해 설명한다.

경험하기의 어려움

어린 시절 외상의 병력이 있는 많은 내담자는 평생을 내면의 경험으로부터 거리를 두며 살아왔다. 그들은 내면의 경험을 탐색하는 방법을 모르고 그렇게 하는 것을 두려워할 수 있다. 낮은 수준의 경험하기는 그들의 습관적인 작동 방식이며, 그들은 반복적으로 이 익숙한 참여 모드로 돌아갈 것이다. 이 문제를 해결하기 위해 치료자는 먼저 기본이 갖추어져 있고 치료 '환경'이 내면의 집중과 성찰에 도움이 되는지 확인해야 한다. 구체적으로, 이는 치료자가 잠정적이고 호기심 어린 목소리, 느린 속도, 해결 지향적이기보다는 탐색적인 의도를 사용한다는 것을 의미한다. 또한 치료자는 내담자가 과업의 가치를 이해하고 동의하는지 확인해야 하며, 본질적으로 내담자가 반복적으로 과정을 내면에 집중하는 탐색적 자세로 전환할 수 있도록 허락을 받아야 한다.

내담자의 주의를 내부로 유도하는 데 있어 인내심·끈기·일관성을 제공하라

인내심을 갖고 현실적인 기대치를 갖는 것이 중요하다. 외향적인 내담자는 일반적으로 줄거리와 인물에 집중하는 것이 더 익숙한 처리 방식이고 스트레스가 적기 때문에 개입을 통해 일시적으로 내담자가 더 내적인 자세로 전환하는 데 도움이 될 수 있다. 치료자는 적절한 순간에 귀를 기울이고, 선택적으로 내담자의 이야기에서 가장 가슴 아픈 부분에 개입해야 한다. 치료자와 내담자 간의 권력 투쟁이나 싸움을 피하는 동시에 끈기와 일관성을 유지하고, 규칙적으로 개입하며, 내담자가 외부의 이야기에 빠져들지 않도록 하는 것이 중요하다. 경험적으로 조율된 치료자는 내담자가 이러한 유형의 편향을 보일 때 주의를 기울이고 부드럽게 감정과 의미로 되돌아가도록 안내한다. 내담자의 말을 끊는 것을 꺼리는 치료자는 "제가 끼어들어도 될까요?"라고 말하는 것을 두려워해서는 안 된다. "말을 많이 하셨는데 놓치고 싶지 않아요. 다시 ……로 돌아가도 될까요?" 또는 "당신의 관점은 매우 중요하니 속도를 늦추고 더 잘 이해하여 그 중요성을 제대로 맛볼 수 있도록 도와주세요."라고 말해야 한다. 치료자는 이에 잘 반응하고 더 많은 구조가 필요한 내담자의 방향을 바꾸기 위해 모든 회기를 포커싱하는 형태로 시작하는 실험을 해 볼 수도 있다.

순간순간 과정의 맥락에서 정서 코칭을 제공하라

치료자는 내담자의 경험하기의 어려움에 대한 과정 관찰, 치료자의 의도에 대한 근거와 투명성, 순간순간의 과정에서 어려움이 드러날 때 경험하기 심화를 위한 방향과 지침을 제공한다. 예를 들어, 결혼 생활의 어려움을 겪고 있는 한 내담자는 치료자가 경험하기를 심화시키려는 시도에도 불구하고 계속해서 아내의 행동에 집중했다. 그는 자신의 내적 경험으로 주의를 돌리기 위한 치료자의 개입(공감적 반응 · 질문 · 지시)에 잠시 반응했다가 다시 아내에게 집중하는 것으로 빠르게 방향을 전환했다. 회기에서 이런 일이 다시 발생하면 치료자는 반응했다.

> 잠깐만 멈춰도 될까요, 칼? 아내의 행동에 대처하는 것이 얼마나 힘드신지 이해해요. 하지만 회기 중에 아내의 행동에 집중하다 보면 당신의 감정과 욕구에 주의를 기울이지 못하는 경우가 많아요. 제가 그 상황에 대한 당신의 경험에 대해 질문하는 이유는 그러한 어려운 상호작용에서 당신의 내면에서 어떤 일이 일어나는지 알아야 이를 바꿀 수 있기 때문이에요.

내담자의 스토리텔링이 정서적으로 살아 있을 때 제공되는 이 개입은 심리교육이나 회기 시작이나 끝에서 요약하기를 기다리는 것보다 경험하기를 심화시키는 데 더 효과적이다. 마찬가지로 치료자는 내적 경험을 탐색하고 내적 경험의 본질(예: 생각 · 감정 · 감각 사이의 연관성)에 대한 정보를 수집할 수 있도록 속도를 늦추기 위한 명시적인 지시와 안내[예: 현재에 집중하기(grounding), 균형 잡힌 호흡]를 제공해야 할 수도 있다. 이러한 지침과 정보는 특정 내적 경험이 순간적으로 활성화될 때 제공되어야 한다.

단순한 교육이 아닌 경험하기의 가치에 대한 '경험'을 제공하라

이후 장에서 설명하는 공감적 반응과 심상 기법은 찰나의 경험에 대한 반응으로 내담자의 어린 시절 고통을 불러일으키는 데 특히 도움이 될 수 있다. 이러한 기법은 문제의 핵심을 깊이 건드리고 내담자가 자신의 고민이 개인적으로 중요하다는 것을 느끼도록 도울 수 있다. 이러한 반응은 또한 내담자가 자신을 인정받고 있다고 느끼고 고립감을 줄이며 치료자와의 소중한 관계를 형성하는 데 도움이 된다. 예를 들어, 내담자 폴의 처리 스타일은 지나치게 이성적이고 지적인 편이었다. 12회기가 시작될 때 폴은 자신의 생일이었는데 아무도 생일 축하 전화를 하지 않았다고 말했다. 치료자가 "오, 외로운 어린 소년처럼 아무도 생일도 기억하지 못하니 너무 슬프네요."라고 공감적으로 반응하자 내담자는 치료 중 처음으로 울음을 터뜨렸다. 치료자는 또한 그 순간에 너무 생생하고 취약한 감정을 느낀다는 폴의 우려를 확인하면서 지지와 격려를 보냈다. "저는 당신이 행복하다고 느껴요, 폴. 당신은 변화하고 있어요. 전에는 몰랐던 자신의 일부분을 알아 가고 있는 것이 바로 당신이에요. 그리고 당신이 마음을 열었을 때 더 가까워진 느낌이 들어요." 그 회기 이후 치료의 질이 달라졌다.

또 다른 예로, 이야기 스타일이 외향적이고 행동에 초점을 맞춘 내담자 티나(제9장에 소개됨)는 자신을 사실적이고 감정 없는 사람으로 묘사했다. 치료자는 어린 시절 학대로 인한 '피해'의 일부로 이러한 감정적 경험을 '짓밟는' 것을 확인하고 내담자에게 맞은편 의자에 앉아 있는 어린 소녀의 모습을 상상해 보도록 초대했다. 이를 통해 내담자는 방에 혼자 있는 자신의 모습을 떠올리며 다른 엄마가 있었으면 좋겠다는 생각에 눈물을 흘렸다. 이러한 자기 자신에 대한 슬픔의 경험을 통해 그녀는 충족되지 못한 욕구에 대한 자신의 자격을 확인했다. "나는 분명히 더 많은 행복을 누릴 자격이 있어요." 이것은 그녀가 소중히 여기는 완전히 새로운 치료 경험이었고, 더 많은 자기 탐색과 인식의 문을 열었다. 이러한 회기 내 사례의 공통점은 이러한 사건이 주입식 교훈을 제공하기보다는 생생한 통찰을 이끌어 내는 내담자 경험이라는 점이다.

공감적으로 반응하거나 구체적으로 질문하라

수행불안으로 고통받는 내담자는 정답을 찾지 못할까 봐 '당황'하고, 자신의 내적 경험에 대해 질문하면 입을 닫는다. 공감적 추측(예: "상상해 봅시다." "저라면 그렇게 느낄 것 같아요.")은 내담자의 모호함과 불안을 줄이는 데 도움이 된다. 마찬가지로 개방형 질문(예: "지금 무슨 일이 일어나고 있나요?")보다는 구체적인 질문(예: "방금 제가 한 말에 어떻게 반응하시나요? 이해되나요? 어떤 생각이 떠올랐나요? 아니면 감정은요?")이 더 도움이 된다. 또한 내담자의 불안을 줄이기 위해 "숨을 쉬세요."라는 지시와 같은 간단한 정서조절 전략과 타당화를 개입에 포함시킬 수도 있다.

탐색하기 전에 취약성을 확인하고, 타당화하고, 인정하라

내담자가 새로운 경험에 대해 극도로 취약하거나 긴장하거나 수치심을 느낄 때(예: 성적 학대나 기타 굴욕감을 느낀 경험을 개방할 때) 치료자는 내담자의 취약성을 인정해야 한다(예: "네, 언급하는 것만으로도 큰 위험처럼 느껴지네요."). 또한 취약성에 대한 감각이 감소해야만 그 경험을 탐색할 수 있다. 복합외상을 겪은 많은 생존자는 자신의 감정과 관점이 정당한 것인지, 정상적인 것인지에 대해 확신이 서지 않는다. 이것이 명시적이거나 암묵적인 내담자의 메시지인 경우, 치료자는 탐색을 유도하기 전에 내담자의 감정이나 관점을 확인해야 한다(예: "당연히 긴장되시겠죠. 이런 얘기를 한 번도 해 본 적이 없으시니까요.").

내담자의 침묵 철수를 해결하라

때때로 내담자는 회기 중에 어색하고 긴장된 태도로 물러나는데, 이는 단순히 대화가 소강상태에 접어든 것 이상의 의미로 해석할 수 있다. 치료자가 이에 대해 문의할 때 내담자는 일반적으로 표현하는 데 어려움을 겪거나 자신의 경험을 공유하기를 꺼려 하는 것처럼 보인다. 이를 해결하기 위한 개입에는 침묵의 이유를 공동으로 평가하고 내담자를 끌어내어 치료 과정에 다시 참여할 수 있도록 돕는 것이 포함된다. 이러한 종류의 침묵은 인정해야 하며 치료자가 침묵의 암묵적 의미에 대해 잠정적으로 추측하여 해결하는 것이 가장 좋다(예: "당신이 여기서 물러나서 저에게서 멀어진 것 같은 느낌이 드네요." 또는 "왠지 마음이 닫힌 것 같네요.").

예를 들어, 한 EFTT 내담자는 일상생활에 관한 논의에서는 수다스럽고 적극적으로 참여했지만, 공감적 탐색이나 여러 남성 친척에 의한 성적 학대에 관한 질문에는 완전히 침묵했다. 이는 여러 회기 동안 계속되었다. 치료자는 상당한 인내심을 가지고 치료에 참여하는 것이 얼마나 어려운 일인지 공감해야 했다(예: "이런 경험에 대해 이야기하는 것이 힘들겠군요." "속으로만 삭이는 것이 얼마나 외로울까요?" "모든 일이 그냥 사라졌으면 좋겠지요."). 이러한 공감적 추측은 신뢰를 쌓고 회기에서 탐색적인 태도를 취하는 데 중요한 역할을 했다. 치료가 중반에 이르자 내담자는 자신의 내적 경험에 대해 마음을 열기 시작했고, 이를 통해 더 깊이 있는 치료가 가능해졌다.

EFTT에서 정서처리 또는 경험하기를 심화시키는 과정은 먼저 내담자의 정서 인식 및 조절 능력에 달려 있다. 이는 정서적 의미를 성찰하고 적응적 정서와 관련 정보를 통합하여 부적응적 정서도식을 수정하거나 '똑같은 오래된 이야기'를 바꾸어 새로운 의미를 구성함으로써 추가 처리에 필요한 기반이 된다. 이것이 절차에 관계없이 정서 변화의 본질이다.

요약하면, 경험하기 촉진은 첫 번째 회기에서 내담자가 자신의 내적 경험에 주의를 기울이고, 치료를 받게 된 문제 상황의 의미를 명확하게 표현하고, 치료 과정 자체에 대한 희망과 두려움을 탐색하고, 치료 목표를 식별하도록 장려하는 것으로 시작된다. 경험하기 촉진은 치료 과정의 후반 회기에서 사용되는 모든 과업과 절차의 기본이다. 다음 장에서는 심상적 직면 절차를 소개하면서 EFTT의 초기 단계에서 중간 단계로의 전환을 시작한다.

제6장

심상적 직면의 절차

안전한 애착 유대와 내적 경험에 대한 집중이 확립되면, 이제 심상적 직면(imaginal confrontation: IC) 절차를 도입하여 심층적인 외상 작업을 시작할 때이다. 이전 장에서 언급했듯이 IC는 일반적으로 정서중심치료에서 사용되는 기본 개입인 '미해결 과제'를 해결하기 위한 게슈탈트에서 유래한 빈 의자 대화와 유사하다(예: Greenberg & Goldman, 2019a; Paivio & Greenberg, 1995). 새로운 IC 용어는 이 절차를 외상 치료의 특정 맥락에 두고, 다른 노출 기반 절차들과의 관련성을 강조하며, 외상 노출의 직면적 성격에 초점을 맞추고 있다. IC 동안 내담자는 빈 의자에 앉아 있는 가해자를 상상하고, 떠오른 생각과 감정을 심상 속 타자에게 직접 표현하고, 자신의 표현에 대한 상대방의 반응을 상상하거나 실행하여 심상 속 타자와 대화에 참여한다. 이러한 맥락에서 내담자는 자기, 타자, 외상 사건에 대한 변화하는 인식을 탐색한다. IC에는 노출 기반 과정이 포함되지만, 외상 기억을 명시적으로 재경험하는 것은 다음 장에서 설명하는 별도의 독립적인 절차이기도 하다.

IC의 도입은 보통 4회기에서 이루어진다. 외상에 대한 정서중심치료(emotion-focused therapy for trauma: EFTT)에 관한 중요한 연구에 따르면 IC 동안 외상 자료에 대한 정서적 참여와 치료 초기의 동맹의 질은 각각 독립적으로 내담자의 변화에 기여한다(Paivio et al., 2001; Paivio, Holowaty, & Hall, 2004). 또한 이러한 변수들 사이에는 동맹의 과업 동의 차원에 겹치는 상호 관계가 있다. 내담자가 핵심 개입의 가치에 더 많이 동의할수록 더 잘 개입할 수 있고, 그 반대의 경우도 마찬가지이다. 따라서 3회기에서의 강력한 동맹은 4회기에서 IC에 대한 생산적인 참여를 예측하고, 이는 다시 동맹을 강화하고 후속 외상 탐색의 질과 긍정적인 치료 성과를 예측한다.

이 장에서는 IC와 관련된 특징과 개입 원리를 개괄적으로 설명하고, 해결 과정을 통해 내담자의 진행 상황을 평가하는 데 사용할 수 있는 과정 측정 방법을 설명하며, IC의 성공적인 참여와 관련된 내담자 및 치료자 특성에 대한 연구를 검토한다. 그다음에는 IC 절차의 각 단계에서 내담자 과정과 치료자 운영에 대한 자세한 설명과 함께 단기 및 장기 목표에 대한 로드맵을 제공한다. 또한 IC를 성공적으로 도입하고 실행하는 데 중요한 치료적 관계의 측면을 검토한다. 마지막으로, IC에 참여할 수 없거나 참여하지 않으려는 내담자를 위한 대안으로 환기적 탐색 절차(본질적으로 빈 의자 대화가 없는 IC)의 활용에 대해 자세히 설명한다. 이 장은 환기적 탐색 외에 내담자의 어려움을 해결하기 위한 다른 전략에 대한 절로 마무리한다.

가해자에 대한 IC

심상 속에서 가해자와 직면하는 것은 스트레스가 될 수 있지만, 개인은 피해 경험을 이야기하고 다시 이야기함으로써 고통스러운 감정과 기억을 견딜 수 있고 외상 경험에 대한 새로운 이해를 발전시킬 수 있다는 것을 배운다. 연구는 복합 대인외상의 생존자를 포함하여 다양한 외상 집단에 대한 노출 기반 치료의 효과성을 뒷받침한다(Ford & Courtois, 2020 참조).

EFTT에 대한 초기 연구에 따르면, IC 중 외상 자료에 대한 정서적 참여(비디오 녹화 치료 회기의 관찰을 통해 평가)는 내담자 변화의 여러 차원에 기여했으며 동맹의 질을 넘어서는 독립적인 이점이 있었다(Paivio et al., 2001). 치료 과정에서 참여의 질과 참여 빈도를 모두 고려했을 때, IC는 외상 증상, 전반적인 증상 고통, 대인관계 문제 감소, 자기존중감 향상 등 다양한 개선과 관련이 있는 것으로 나타났다. 또한 임상적으로 유의미한 개선을 보인 내담자 중에는 참여도가 낮은 내담자보다 IC 치료 중 높은 참여도로 분류된 경우가 더 많았다(71% 대 39% 회복). 외상 증상 감소에 대한 IC의 '적용량(dosage; 작업 빈도 × 참여도)'의 독립적인 기여도는 외상 기억의 정서처리에서 이 절차의 긍정적인 역할을 뒷받침한다. 외상 증상 감소에 대한 적용량의 기여도는 문헌에 인용된 둔감화 과정의 효과와 일치한다(Foa et al., 2019). 적용량이 전반적인 증상 고통과 대인관계 문제 감소에 추가로 기여한 것은 특정 가해자에 대한 반복적인 직면이 보다 전반적인 차원의 변화로 일반화되었음을 시사한다.

다른 노출 기반 절차와 EFTT의 IC와의 비교

문헌에 기술된 노출 절차는 내담자가 단순히 피해 이야기를 하는 것부터 장기간 노출의 측면을 통합하는 보다 구조화된 접근 방식까지 다양하다. 다음 장의 기억 작업과 재경험에 대한 장에서 더 자세히 살펴본다. 구체적인 기법은 다르지만 일반적으로 노출은 내담자가 외상 기억의 문제적인 측면에 내부적으로 집중하도록 체계적으로 장려한다. 이러한 이야기를 풍부하게 들려주면 경험의 다양한 측면에 주의를 기울일 수 있다. 치료자는 내담자의 고통 수준을 모니터링하여 부적응적인 신념이나 지각(예: 자기비난)의 출현을 인정하고 수용한다. 이러한 변화, 즉 고통이 감소하고 새로운 적응 정보(예: 비난하지 않는 자기에 대한 인식)가 나타날 때까지 계속 처리해야 한다. 외상성 사건은 대부분 경험적 기억에 부호화되어 있다고 생각되기 때문에(van der Kolk, 2015), 모든 치료 접근 방식에서 사용되는 회상 절차는 감정, 소리, 냄새, 심상 및 신체적 경험을 포함한 경험적 기억을 불러일으키기 위해 고안되었다. 일단 치료에서 활성화되면 정서 변화의 신경과학에 따라 정서 자료를 탐색, 작업, 정서처리 및 변화에 사용할 수 있다(Lane & Nadel, 2020; Pascual–Leone & Greenberg, 2020).

EFTT에 사용되는 IC는 노출 요소를 포함하는 체계적으로 구현된 절차이다. 학대 및 방임의 가해자와 심상적으로 직면하는 상황에서 특정 외상 기억이 떠오르거나 유발될 수 있지만, 앞서 언급한 것처럼 이러한 기억을 명시적으로 탐색하는 것은 별도의 작업이며 다음 장의 초점이다. 기억 작업 과업과 달리, IC는 심상 속 상대방에게 내담자에 대한 학대의 파괴적인 영향을 전달하고 피해에 대한 책임을 묻는 것을 포함한다. 이는 특정 불안한 사건을 재처리하는 것뿐만 아니라 애착 상처(화해를 포함할 수도 있고 포함하지 않을 수도 있는 과정)를 치유하는 데에도 목적이 있다.

또한 IC는 실행 방식과 내담자의 IC 참여 빈도 측면에서 기존의 노출 절차와 다르며, 이는 개별 내담자의 과정과 치료 요구에 따라 달라진다. 이 절차 자체는 과거의 대인관계 문제(미해결 과제)를 해결하는 과정의 단계, 특히 애착 대상을 통해 경험적으로 검증된 모델을 기반으로 한다(Greenberg & Foerster, 1996; Greenberg & Malcolm, 2002). 이 모델은 EFTT에서 대인외상을 해결하는 과정을 안내하는 지침을 제공한다. 다시 한번 강조하지만, 내담자(피해자 역할)가 학대 및 방임의 특정 가해자와 심상적으로 상호작용하는 대인관계 과정을 강조한다는 점에서 IC가 외상 노출에 대한 다른 접근 방식과 어떻게 구별되는지 이해하는 것이 중요하다. 가해자가 애착 대상인 경우, 이 가상 상호작용은 내적 대상관계 또는 상대방의 표상에 대한 행동 또는 관찰 가능한 지표로 생각할 수 있다.

대상관계는 정서도식의 대인관계 구성 요소로 이해할 수 있으며(제3장 참조), 이 경우 상대방을 상상함으로써 활성화된다. 따라서 IC 동안 외상 자료에 대한 정서적 참여는 외상 사건을 회상하는 동안 단순히 두려움을 표현하는 것보다 더 복잡하다. 또한 EFTT에서 외상 회복은 단순히 외상 자료에 대한 둔감화와 그에 따른 고통의 감소 그 이상이다. 메타분석에 따르면, 치료 방향과 진단(외상 작업 포함) 전반에 걸쳐 정서 표현은 좋은 치료 성과를 예측하는 데 중간에서 큰 영향을 미치는 내담자 과정이다(Peluso & Freund, 2018). 그리고 IC 개입은 노출과 같은 정서의 활성화로 시작하지만, 일반적으로 노출 기반 개입에는 포함되지 않는 정서의 후속 정교화와 표현을 촉진한다. 따라서 외상 단서에 대한 둔감화를 넘어 EFTT의 회복탄력성 구축에는 오래된 문제에 대응하기 위한 새로운 정서 레퍼토리를 적극적으로 만드는 것이 포함된다(Pascual-Leone & Kramer, 2019).

EFTT에서 회복은 주로 내면화된 대상관계를 재구성하고 자신과 가해자에 대해 새롭고 보다 적응적인 의미를 구성하는 것을 포함한다. IC 기간 동안 순간순간의 경험적 변화는 이러한 종류의 적응적 관계 변화를 점진적으로 발전시키는 데 기여한다. 이러한 변화에는 상대방에 대한 부정적인 감정(상처 · 분노 · 두려움 · 수치심)의 약화뿐만 아니라 자기비난 감소, 자기권한강화, 상대방과의 분리, 특정 상대방이 자신의 욕구를 충족시켜 줄 것이라는 경직된 희망 버리기, 학대하는 상대방을 실물 크기(life-sized)의 인간으로 보다 적응적으로 인식하는 것 등이 포함된다.

현재 대인관계 문제 대 과거 외상 다루기

외상 또는 과거의 미해결 과제에 대한 IC를 '현재의 대인관계 문제'와 구분하기 위해 여기에 간략한 설명을 제공한다. 둘 다 유사한 해결 모델을 기반으로 하는 '자기-타자' 갈등으로, 관계에서 감정과 관련된 바람 및 욕구(예: 경계, 존중)에 대한 인식을 높이고 이를 통해 자기와 타자에 대한 보다 적응적인 인식을 구축하는 것을 목표로 한다. 그러나 현재의 관계 문제를 해결하는 것은 현재 관계에서 욕구를 충족시키는 최선의 방법, 내담자가 기꺼이 만족할 수 있는 것, 앞으로의 관계 측면에서 '마지노선'이 무엇인지(즉, 내담자가 주장하거나 거부하거나 받아들이지 않으려는 것)에 초점을 맞추는 것이다. 예를 들어, 한 내담자의 전환점은 아버지와의 관계를 살리기 위해 어떤 것도 할 의향이 없다는 사실을 깨달은 것이었다. 요컨대 현재의 대인관계 문제는 현재 관계의 어려움을 협상하는 것이다. 이러한 문제는 현재의 상대방과 심상적으로 상호작용하는 것을 통해 해결될 수도 있지만, 자기주장과 같은 대인관계 기술을 연습함으로써 해결될 수도 있다. 반면, IC에서는 내담자가 과거의 심상 속 상대방과 상호작용하며 과거의 상처와 초기 외상 경험의 누적된 영향에 집중한다.

물론 내담자는 현재의 대인관계 문제와 과거의 대인외상을 동시에 겪고 있을 수도 있다. 예를 들어, 내담자는 어린 시절 부모로부터 만성적인 학대를 받았지만 그 부모와 상호작용하거나 노년기에 노부모를 돌보는 데 어려움을 겪고 있을 수 있다. 과거와 현재의 대인관계 문제가 모두 EFTT의 초점이 될 수 있지만, 오늘날의 문제를 협상하는 것은 과거의 망령이 있는 IC와는 다르므로 이 두 가지 종류의 문제를 분리하는 것이 중요하다. 내담자가 IC에서 과거의 문제를 상상하고 다룰 때는 다시 한번 현재 상대방(예를 들어, 늙고 연약한 부모)이 아니라 과거의 가해자라는 점을 명확히 하는 것이 중요하다. 내담자는 어렸을 때는 이러한 것들을 표현할 수 없었기 때문에 현재 성인의 관점에서 분노와 슬픔을 표현한다(예: "할 수 있다면 어떻게 말하거나 행동하고 싶었을까요?").

초기 대화의 중요성

치료의 초기 단계에서 IC 절차의 목표는 내담자의 가해자 문제를 심층적으로 탐색하는 과정을 시작하는 것이다. 이 개입은 핵심 정서 과정과 내담자의 처리 어려움을 빠르게 활성화하여 이후 탐색과 변화에 도움을 준다. 후자는 이전 회기에서 확인된 바와 같이 치료 작업의 고착화 지점이다. 이러한 방식으로 초기 IC 절차에서 내담자의 참여를 관찰하면 예비 사례개념화를 통합하는 데 도움이 된다. 내담자가 정서를 불러일으키는 상황을 어떻게 경험하고, 조절하고, 대처하는지에 대한 순간적인 관찰은 내담자의 장애 발생 조건을 이해하는 데 기여하고, 나머지 치료의 초점이 될 목표와 과제에 대한 논의를 이끌어 낸다. 다양한 접근법에 대한 연구는 오랫동안 양질의 내담자 과정과 치료 초기의 좋은 시작의 중요성을 뒷받침해 왔다(예: Horvath & Symonds, 1991; Jaycox et al., 1998; O'Malley et al., 1983). 초기 회기에서 과거의 외상 경험에 생산적으로 참여하면 나머지 치료 과정을 설정하는 데 도움이 되며, 탐색과 재처리를 위한 시간을 최대한 확보할 수 있다. 학습의 관점에서 볼 때, 심상 속의 가해자와 직면하고 고통스러운 자료에 접근하는 내담자의 초기 경험은 성공적이고 강화되어야 한다. 이 장의 뒷부분에서는 이를 돕는 방법에 대해 자세히 설명한다. 고통스러운 정서는 본질적으로 혐오스러운 것이며 많은 내담자가 회피해 왔기 때문에 IC에서 정서적 참여의 가치가 항상 자명하지는 않다. 이러한 경우에는 초기 IC를 도입할 때 이를 협력적 사례공식화에 연결하고 정서를 다루는 방법에 대한 심리교육을 지원해야 한다.

EFTT의 효과적인 사용에 대한 기존 연구에 따르면, IC를 진행하는 동안 내담자의 참여도는 초기부터 이후 회기까지 비교적 안정적으로 유지되었다(Paivio et al., 2001, 2004). 또한 연구에 따르면, 첫 번째 IC 개입이 내담자의 변화에 지속적으로 긍정적인 영향을 미칠 수 있는 것으로 나타났다. 한 연구(Holowaty & Paivio, 2012)에 따르면, 치료가 끝날 때 인터뷰에 응한 대부분의 내담자는 초기 IC를 치료에서 가장 도움이 된 사건 중 하나로 꼽았다. 내담자들은 특히 도움이 된 것은 학대와 방임의 초기 경험이 자신에게 미친 영향을 처음으로 직감 수준에서 깨달은 것이라고 말했다. IC 절차의 참신함이 이러한 초기 일화의 중요성에 영향을 미쳤을 가능성이 높다. 앞서 언급했듯이, 지지하는 치료자가 현존하는 상황에서 외상 감정과 기억에 직면하는 성공적인 경험은 치료적 동맹을 강화하는 데도 기여하며, 이는 특히 대인외상을 겪은 내담자에게 중요한 의미를 갖는 발견이다. 또 다른 기초 연구에 따르면, IC 치료 중 내담자의 초기 참여와 6개월 추적 관찰 시 학대 문제 해결 사이에 유의미한 연관성이 있는 것으로 나타났다(Paivio et al., 2001). 이는 첫 번째 IC 개입에 대한 참여가 치료 직후에는 나타나지 않던 문제 해결에 지연된 영향을 미칠 수 있음을 시사한다. 사람들은 치료가 종료된 후에도 이러한 경험을 계속 처리한다.

또한 초기 IC의 참여도와 이후 개입의 사용 사이에는 중요한 임상적 관계가 있다. 첫 번째 IC에 높은 참여도를 보인 내담자는 이후에도 계속해서 높은 참여도를 보였고, (안타깝게도) 처음에 낮은 참여도를 보인 내담자는 피상적인 참여만 이어 갔다. 그러나 IC 참여와 관련하여 참여의 질은 참여 빈도와는 무관하다. 따라서 참여의 질이나 빈도만으로는 성과를 예측할 수 없고, 참여의 양(질 × 빈도)이 성과를 가장 잘 예측하는 변수이므로(Paivio et al., 2001), 초기 IC에 최소한의 참여만 하는 내담자는 최대한의 혜택을 받기 위해 더 자주 참여하도록 권장해야 할 수 있다. 따라서 치료자가 첫 번째 IC 동안 내담자의 과정을 관찰하는 것은 해당 내담자의 치료 계획에 영향을 미친다. 요컨대 치료자는 초기 회기에서 참여도가 보통이거나 낮은 내담자에게 IC 절차를 반복적으로 사용하는 것을 자제해서는 안 된다. 이 장의 뒷부분에서는 내담자 참여의 어려움에 대처하기 위한 전략을 제시한다.

개입 원리

다음 하위 절에서는 IC 절차에서 내담자 참여의 질을 높이는 데 특히 중요한 개입 원리에 대해 자세히 설명한다.

경험의 소유권을 증진시키라

경험에 대한 소유권을 증진하는 이 원리에는 내담자의 경험을 최소화하고 무효화하려는 피해자의 입장에서 벗어나 내담자의 적극적인 의사소통의 입장으로 전환하는 것이 포함된다. 이는 부분적으로는 사건이나 상대방의 행동에 초점을 맞추거나 상대방에게 모욕을 던지는 대신 내담자의 주의를 자신의 내적 경험으로 돌리고 '나'라는 언어의 사용을 모델링하거나 장려함으로써 달성할 수 있다. 이러한 소유권을 증진하는 방법은 다음 예에서 설명한다.

내담자: 정말 역겨운 돼지예요!

치료자: 네, 얼마나 화가 났는지 알겠어요. 무엇이 당신을 그렇게 화나게 하는지 그에게 말해 보세요.

또 다른 예를 들어 보겠다.

내담자: 저는 그녀에게 화를 내고 싶지 않아요. 그녀는 힘든 삶을 살았거든요.

치료자: 비난하고 싶지 않으시다는 말씀은 이해하지만, 자신의 감정을 무시하지 않는 것도 중요해요. 그녀에게 이렇게 말해 보세요. "당신을 비난하고 싶지 않지만……."

본질적으로 이러한 개입은 내담자의 경험하기의 깊이를 촉진하며, 그 목표는 점점 더 개인적이고 정동적인 자기탐색이다.

기억을 환기시키라

학대와 방임에 대한 기억은 가해자와의 직면을 상상하는 과정에서 자연스럽게 떠오르거나 치료자가 의도적으로 이끌어 낼 수 있다. 구체적이고 명확한 사건에 대한 내담자의 기억(예: "부모님이 차도에서 싸우는 소리를 들었을 때의 공포가 기억나요.")은 막연하거나 일반적인 기억(예: "부모님이 항상 싸웠던 기억이 있어요.")보다 핵심 정서와 의미 구조를 활성화할 가능성이 더 높다. 따라서 치료자는 후자보다는 전자를 촉진하는 것을 목표로 한다. 개인적이고 구체적이며 명확하고 함축적이거나 은유적인 언어를 사용하는 환기적 공감 반응은 이 핵심 자료를 활성화하는 데 도움이 된다. 예를 들어, 치료자는 "어렸을 때 방에 혼자 있으면서 부모님이 싸우는 소리를 들으며…… 뭐랄까?…… 서로 죽일 거라고 상상하니 정말 무서웠겠어요?"라고 말할 수 있다. 내담자는 심상 속 부모에게 '부모님이 이해할 수 있게' 어떤 느낌인지 표현하도록 격려할 수 있다.

내적 경험에 대한 집중과 표현 사이의 균형을 유지하라

주관적인 내적 경험은 EFTT에서 새로운 정보의 주요 원천이므로, 앞서 살펴본 바와 같이 중요한 치료 목표 중 하나는 내담자가 주관적인 현실을 표현하도록 돕는 것이다(경험하기의 증진). 따라서 치료자의 개입은 내적 경험에 주의를 기울이는 것(예: "아버지가 한 일을 기억하면 꽤 억울한 마음이 드시는 것 같네요. 거기에 머물러 보세요.")과 표현을 유도하는 것(예: "이제 무엇이 당신을 그렇게 억울하게 만드는지, 좋은 아버지라면 어떻게 했어야 하는지 아버지에게 말해 보세요.")의 균형을 유지해야 한다. 이 과정에서 내담자는 주기적으로, ① 자신의 '내면'의 감정을 확인하고, ② 의도적으로 그 경험을 말로 표현하고, ③ 심상 속의 상대방에게 직접 표현하도록 요청받는다. 여기서 일반적인 규칙은 먼저 내담자가 내면을 들여다보도록 명시적으로 지시한 다음 그 내면의 경험을 표현하도록 하는 것이다.

초기 IC는 이전 회기에서 관찰된 처리 어려움을 포함하여 핵심 정서 과정을 강력하게 환기시켜 탐색에 활용할 수 있다. 다음은 초기 IC 절차를 실행하는 데 가장 적합한 몇 가지 일반적인 정서중심치료 개입 원리이다.

- 적절한 정서조절을 증진시키라. 공감적 인정과 호흡에 대한 주의, 현재 중심적 집중을 통해 과도한(무질서한) 각성을 줄이고/줄이거나 환기적 공감을 통해 각성을 생산적인 수준으로 높이라.
- 충족되지 못한 욕구, 어린 시절 학대가 자기와 관계에 미친 영향 등 내담자가 자신의 경험의 의미를 상징화하도록 도우라.
- 과업 협력을 돕기 위해 내담자의 과정에 대한 관찰 내용을 전달하라(예: "뭔가 느껴지는 것처럼 보이네요. 그 눈물을 말로 표현할 수 있나요?" "말은 하지만 왠지 그 감정을 표현하기가 어렵군요.").

IC 참여 과정

다음 절에서는 [그림 6-1]에 표시된 해결 모델에 대한 개요를 초기 대화에 중점을 두고 설명한다. 다음으로, IC에서 수준 높은 참여의 특징을 설명하는 데 도움이 되는 참여 수준 척도(Paivio et al., 2001)를 제시한다. 마지막으로, 치료 과정의 각 단계에서 내담자의 문제 해결을 촉진하는 치료자의 개입에 초점을 맞춘다.

해결 과정의 단계

EFTT의 IC 개입은 [그림 6-1]에 제시된 해결 모델에 따라 진행된다. 원래의 일반 모델과 이 과업의 세부 사항을 수정한 것(Greenberg et al., 1993)에는 외상 기억과 자기 관련 장애를 해결하는 별도의 과업에 중점을 두는 것이 포함된다([그림 6-1]의 하단). 따라서 대인외상을 해결하는 과정에서 학대에 대한 특정 기억을 명시적으로 불러일으키고 탐색한다. 또한 이러한 집단에 속하는 내담자와의 치료 초기 단계에서는 일반적으로 이차적인 자기 관련 장애(예: 두려움 · 회피 · 수치심 · 자기비난)로 인해 완전한 정서 표현이 차단된다. 이러한 어려움은 첫 번째 IC에서 관찰되며, 내담자가 학대하고 방임하는 타자와의 문

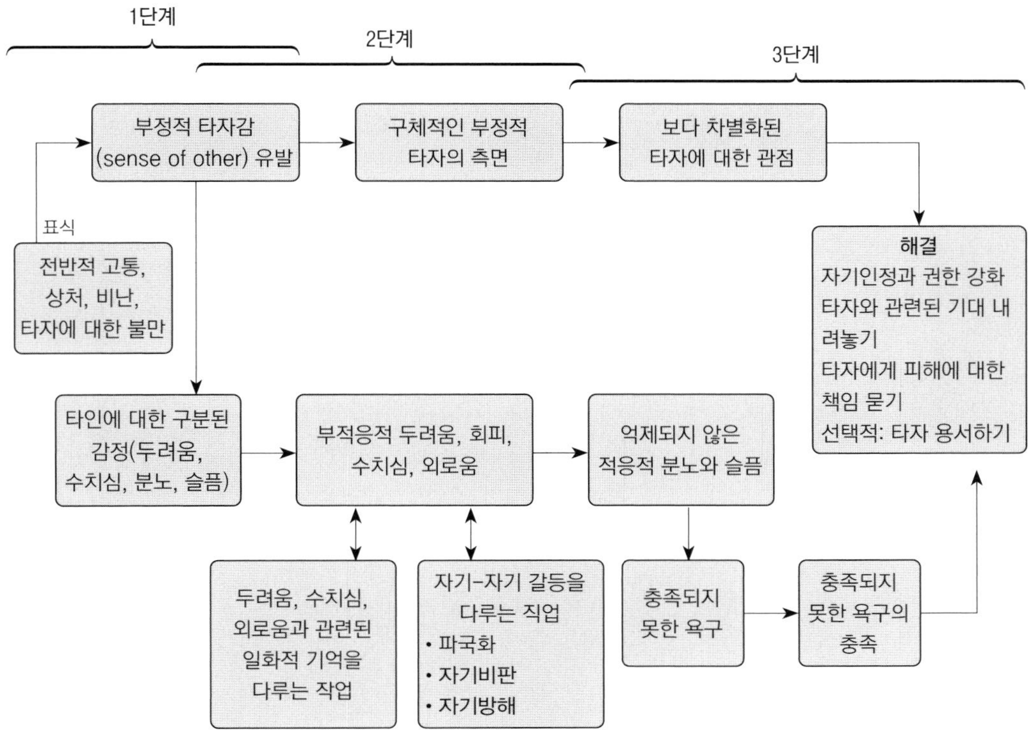

그림 6-1 심상적 직면 또는 환기적 탐색을 활용한 대인외상 해결의 모델

출처: *Facilitating Emotional Change: The Moment-by-Moment Process* (p. 248), by L. S. Greenberg, L. N. Rice, and R. K. Elliott, 1993, Guilford Press에서 수정됨. 저작권 1993 Guilford Press의 허가를 받아 수정됨.

제를 해결하는 데 있어 앞으로 나아가지 못하게 한다. 이러한 어려움은 치료의 중간 단계에서 별도의 과업이 된다.

[그림 6-1]에 표시된 IC 절차는 내담자의 과정(경험과 표현)을 따르고 지시하며, 다른 의자에 앉은 자기와 상상된 타자([그림 6-1] 상단)의 상호작용을 유도해야 한다. 초기 단계에서 내담자는 피해자로 느끼고, 타자는 내면화된 '나쁜 대상'으로 부정적으로 간주된다. 내담자가 상상한 타자가 실제로 존재하지 않더라도, 치료 과정과 치료가 진행되는 동안 내담자의 타자에 대한 인식이 변화하는 것을 추적하는 것이 중요하다. 마찬가지로 IC 기법을 명시적으로 사용하지 않더라도(이 장의 뒷부분에서 설명함) 모델의 단계는 개입 및 해결 과정을 안내한다(Paivio et al., 2010).

Greenberg와 Foerster(1996), Greenberg와 Malcolm(2002)의 초기 연구에서는 문제를 해결한 내담자와 그렇지 않은 내담자를 구별하는 원래의 이론적 모델에서 과정 단계를 확인했다. 이러한 핵심 구성 요소는 제3장 정서에 대해 논의하고 [그림 3-1]에 제시한 전반적 고통의 해결 과정과 관련된 구성 요소와 유사하다(Pascual-Leone & Greenberg, 2007). IC 중 해결의 핵심 구성 요소는 다음과 같다.

- 심상 속 타자에 대한 부정적인 인식의 확인
- 적응적 정서의 강렬한 표현(예: 주장적 화, 비탄-슬픔)
- 욕구 표현 및 충족되지 못한 욕구에 대한 권한
- 자기와 중요한 타자에 대한 인식 변화

이에 따라 문제를 해결한 내담자는 자기소속감을 높이고 자기권한을 강화하며 상대방과 분리하는 자세로 전환했다. 또한 타자에 대해 보다 차별화된 관점을 갖게 되었고, 자신이 아닌 타자에게 피해에 대한 책임을 지게 되었다. 예를 들어, 심상 속 타자가 후회하는 애착 대상으로 인식되는 경우에는 용서를 통해 문제를 해결할 수 있다. 심상 속 타자가 잔인하거나 학대적인 인물로 인식되는 경우, 해결 방법은 대부분 타자를 힘이 약하고 '병든' 또는 한심한 사람으로 보는 것이다. 어느 경우든 외상의 완전한 해결에는 항상 가해자가 가한 상처에 대해 적절하게 책임을 지는 것이 포함된다.

해결정도척도

해결정도척도(Degree of Resolution Scale; Greenberg & Hirscheimer, 1994)의 축약 버전이

부록 C에 제시되어 있다. 이 척도는 원래의 해결 모델에 명시된 단계에 따라 내담자가 치료의 초점이 되는 특정 가해자와의 문제를 어느 정도 해결했는지 평가하기 위해 개발되었다(Greenberg & Foerster, 1996). 이 척도는 계층적으로 구성된 단계별 과정을 설명하지만, 대인외상을 극복하는 것은 선형적인 과정이 아니다. 내담자는 특정 회기에서 특정 수준의 해결(예: 충족되지 못한 욕구에 대한 권한)에 도달했지만 다음 회기에서는 이전 수준(예: 자기의심 및 자기비난)으로 다시 미끄러질 수 있다. 같은 회기 내에서도 내담자는 단계를 순환하면서 점차 완전한 해결에 가까워질 수 있다. 또한 이러한 '두 단계 전진–한 단계 후퇴'의 진행은 생산적인 치료 회기뿐만 아니라 전체 치료 과정에서 정서처리의 일부이자 필수 요소임이 경험적으로 입증되었다(Pascual–Leone & Kramer, 2019).

복합외상의 최종 해결(즉, 좋은 성과)은 복잡하지 않은 우울이나 사회불안의 증상 감소처럼 항상 자명하지는 않다. 해결정도척도는 내담자가 추구하는 좋은 성과 또는 변화의 종류를 개념적으로 공식화하는 데 유용하다. 한편으로 이 척도는 치료의 과업과 목표를 예측하는 데 도움이 되며, 따라서 사례공식화에 정보를 제공한다. 다른 한편으로, 이 척도는 해결 과정을 통해 내담자의 진행 상황을 추적하는 데 유용한 임상 도구이기도 하다. 치료자는 각 회기가 끝날 때마다 회기에서 내담자가 달성한 정도를 기록하고 이를 다음 회기의 지침으로 활용하는 것이 도움이 될 수 있다. 예를 들어, 한 내담자는 한 회기에서 어머니의 애정에 대한 자신의 충족되지 못한 욕구("나는 어머니의 눈에 띄는 존재가 되고 싶었어요.")를 인정했지만 그 욕구를 충족시킬 자격이 충분하다고 느끼지 못했다. "내가 버릇없는 아이처럼 들려요!" 이것은 치료자가 후속 회기에서 자격을 향상시키는 데 집중해야 할 필요성을 나타낸다.

참여 수준

IC 절차의 어느 시점에서든 외상 해결 과정의 단계에 관계없이 외상 자료에 대한 내담자 참여의 질은 중요하다. 모든 치료 접근법은 주요 개입 과정에서 높은 질의 내담자 과정의 중요성을 인식하고 있다. 내담자가 IC에 생산적으로 참여하고 있는지 어떻게 알 수 있으며, 무엇을 관찰해야 할까? 이 질문에 답함으로써 치료자는 개입에서 무엇을 촉진하여 좋은 과정과 최대한의 변화를 도모하고자 하는지에 대해 알 수 있다.

임상 관찰 결과, 심상 속 타자와의 상호작용이 전혀 없는 경우부터 회기 내내 몇 번의 잠정적인 발언을 하는 경우, 때로는 전체 회기 동안 지속되는 지속적이고 강렬한 참여에 이르기까지 IC 동안 내담자 참여의 질에 상당한 변동성이 있는 것으로 나타났다. EFTT 개발의 토대가 된 초기 연구에서는 치료 과정의 변동성을 측정하기 위해 IC에서 내담자 참여의 최적 수준을 행동적으로 정의했다. 그런 다음 참여 수준 측정을 사용하여 이러한 기준이 더 나은 성과를 예측하는 방법을 조사했다(Paivio et al., 2001). 높은 수준의 참여를 구성하는 요소를 정의하는 것은 효과적인 개입에 중요한 의미를 갖는다. 중요한 문제는 이러한 참여의 측면을 치료자가 직접 관찰할 수 있다는 것이다. 이는 기존의 노출 기반 개입에서처럼 내담자에게 주관적 고통 척도(Subjective Units of Distress Scale: SUDS)로 내재적 경험을 평가하도록 요청하여 참여도를 모니터링하는 것과는 다르다. IC에서 좋은 참여의 지표가 관찰 가능한 정서 표현이어야 한다는 사실은 관찰자 기반의 내담자 정서 표현 측정이 내담자의 주관적 평가보다 훨씬 더 강력한 성과 예측 변수라는 메타분석 결과와 일치한다(예: SUDS; Peluso & Freund, 2018).

따라서 참여의 질은 표현적 · 경험적 치료에서 일반적으로 중요하고 외상 치료에서 특별히 중요한 과정 요소와 이 특정 개입에 고유한 특징의 관점에서 정의된다. 결국 참여의 질은, ① 빈 의자에서 심상 속 타자와의 심리적 접촉 유지, ② 치료 과정에의 참여, ③ 정서적 경험의 표현 및 탐색이라는 세 가지 차원으로 설명된다. 우리는 이러한 과정 차원을 기반으로 IC 중 내담자의 과정을 평가하기 위해 참여수준척도(Levels of Engagement Scale; Paivio et al., 2001)를 개발했다. 이 척도의 관찰 가능한 차원은 다음에 설명되어 있으며, 치료자가 IC 절차에서 내담자 참여의 질을 평가하는 데 사용할 수 있다.

첫째, 심리적 접촉의 차원을 정의하는 기준에는 심상 속 타자에 대한 묘사, 치료자가 아닌 심상 속 타자를 바라보는 것, 심상 속 타자와 대화할 때 삼인칭 대명사(그, 그녀)가 아닌 일인칭과 이인칭 대명사(나, 당신)를 사용하는 것 등이 있다. 즉, 내담자는 사건을 보고하는 것이 아니라 마치 상대방이 방 안에 있는 것처럼 행동한다. 둘째, 참여의 차원은 이전 장에서 설명한 내담자 경험하기의 구성과 밀접한 관련이 있다. 기준에는 저항(예: 심상 속 타자와 대화 거부)보다는 개입에 기꺼이 참여하는 것, 철회보다는 표현력, 단순히 치료자의 지시에 따르는 것보다는 심상 속 타자와의 자발적인 정교화 및 대화 시작이 포함된다. 셋째, 정서 표현의 기준에는 내담자가 감정을 인정하는 것(예: "그가 우리 가족에게 한 일을 기억하면 너무 화가 나요.")과 각성을 나타내는 비언어적 지표(예: 목소리 · 표정 · 눈물)가 포함된다.

참여수준척도에 대한 연구 평가는 비디오 녹화 치료 회기의 관찰을 바탕으로 이루어졌으며, 높은 평가는 IC 동안 외상 자료에 대한 정서적 참여가 장시간 지속되었음을 나타낸다. 예상대로 첫 번째 IC에서 내담자 참여의 질이 다양하다는 결과가 나왔다(Paivio et al., 2001). 대부분의 내담자는 심상 속 가해자와 처음으로 직면하기 위해 치료자로부터 상당한 지원과 코칭이 필요했다. 또한 앞서 논의했듯이 대부분의 내담자에게 초기 IC 참여의 질은 나머지 치료의 선례가 되며, 이는 가능한 한 빨리 최상의 과정을 촉진하는 것이 중요하다는 것을 강조한다.

IC에서 내담자 참여와 관련된 요인

내담자 참여에 관한 연구(Paivio et al., 2001, 2004)에 따르면, EFTT 회기의 약 4분의 1이 IC 절차를 사용하는 상당한 작업을 포함하고 있는 것으로 나타났다. 참여와 관련된 내담자 특성을 이해하고 절차의 적용 가능성을 탐색하기 위해 이 연구에서는 참여의 질과 여러 내담자 변수 간의 관계를 조사했다. 여기에는 성별, 학대의 유형 및 심각도, 현재 외상 증상의 심각도, 사회불안, 성격장애 유무 등이 포함되었다. 이전 연구와 임상 관찰을 통해 이러한 요인 중 일부와 다른 노출 기반 절차 참여 사이의 연관성이 이미 밝혀진 바 있다. 예를 들어, 정서조절곤란의 심각한 문제(즉, 현재 외상 증상)는 외상 기억에 직면하는 어려움과 관련이 있으며, 이 때문에 많은 효과적인 치료법이 치료 초기에 내담자 안정화(grounding) 단계를 포함한다(Ford & Courtois, 2020 참조). 그러나 EFTT에 대한 조사 결과에 따르면, 외상 증상의 심각성과 IC 참여 사이에 체계적인 연관성은 없는 것으로 나타났다. 여기서 중요한 주의점은 EFTT 임상 실험에 참여한 내담자들은 심각한 정서조절곤란 문제를 예방할 수 있는 단기 외상중심 치료에 적합한지 선별되었다는 것이다. 그러나 표준 임상 환경에서는 많은 내담자가 외상 작업을 준비하기 전에 해결해야 하는 심각한 조절곤란을 경험한다. 즉, EFTT의 치료자는 내담자가 언제, 어떻게, 얼마나 자주 외상 자료를 직면할 수 있다고 느끼는지에 대해 내담자와 협력하기 때문에 IC에 대한 내담자의 참여도도 높을 수 있다. 또한 IC 절차 중에 치료자는 내담자의 개별적인 필요에 따라 공감 · 지지 · 안내를 제공한다.

현재까지 연구된 내담자의 특성 중 IC 참여를 크게 방해하는 유일한 것은 성격 병리의 존재이다(Paivio et al., 2004). EFTT 임상 실험에 참여한 내담자의 약 1/3이 어떤 형태의 성격장애 기준을 충족했으며, 가장 흔한 유형은 회피성 · 자기애성 · 경계선 성격장애였다. 이러한 장애는 일반적으로 장기간의 치료 과정이 필요한 자기, 대인관계 및 정서조절의 어려움을 특징으로 한다. 전반적으로 성격 문제가 있는 내담자는 IC와 EFTT에서 정서 과정을 드러내고 탐색하는 데 지속적으로 집중하는 것이 어려울 수 있다. 그러나 중요한 것은 외상 자체의 해결보다는 억제와 일관성이 개입의 초점이 되는 경향이 있지만, 성격장애를 가진 사람에 대한 의자 작업 적용이 개발되었다는 점이다(Pos & Paolone, 2019 참조).

IC 절차에서는 내담자가 치료자의 면전에서 심상 속 타자에게 생각과 감정을 표현해야 한다. 임상 관찰에 따르면, 내담자의 심각한 사회불안이나 수행불안이 IC와 같은 절차에 참여하는 데 방해가 될 수 있다고 한다. 일반 임상 표본을 대상으로 한 정서중심치료에 대한 초기 연구에서 내담자의 비주장성과 사회불안이 더 나쁜 성과를 예견하는 것으로 나타났다(Paivio & Bahr, 1998). 아동학대 생존자들 사이에서 수치심, 불신, 부정적인 평가에 대한 두려움이 만연한 것을 고려할 때, 어떤 경우에는 내담자의 비주장성과 사회불안이 IC에 적절하게 참여하는 데 방해가 된다는 것은 놀라운 일이 아니다.

결국 의자 작업에 대한 제안과 내담자의 동의는 치료자가 사례공식화의 관점에서 과업을 맥락화하고, 내담자는 자신이 동의하는 내용을 점차 명확하게 이해하게 되는 협상 과정이다. IC와 같은 의자 작업에 내담자가 열정적으로 참여하도록 이끄는 대화 전환을 조사하는 연구가 시작되었다(Muntigl et al., 2020). 그러나 관찰 결과, 내담자가 이러한 실연에 참여할지 여부를 예측하는 가장 좋은 예측 변수 중 하나는 단순히 치료자가 보이는 확신이라는 사실이 일관되게 밝혀졌다. 따라서 치료자는 명확한 지침을 제공하고 내담자의 수행불안이 치료자의 확신이나 기술 부족으로 인한 것이 아님을 확인해야 한다.

전반적으로 IC는 대인관계 및 처리 스타일과 치료 요구 사항에서 개별 내담자의 차이를 수용하기 위해 유연하게 구현되도록 설계되었다. 따라서 이 절차는 다양한 유형의 학대와 다양한 외상 및 외상 증상의 심각성을 가진 남성과 여성에게 광범위하게 적용될 수 있다.

IC 절차 및 해당 치료자 작업의 단계

[그림 6-1]에서는 해결로 이어지는 내담자 과정을 설명하는 반면, 다음 절에서는 IC 절차를 촉진하는 치료자 작업을 요약한다. 치료자의 작업은 부록 C에 제시된 해결 정도의 증진을 통해 내담자의 움직임을 촉진하기 위한 것이다. 초기 IC의 경우, 주요 목표는 심상 속 타자에 대한 내담자의 부정적인 인식을 이끌어 낸 다음 내담자가 전반적 고통과 나쁜 감정을 개별 정서(분노 · 슬픔 · 두려움 · 수치심)와 그와 관련된 의미로 구분하기 시작하도록 돕는 것이다.

EFTT의 초기 단계에서 IC의 활용

다음 하위 절에서는 EFTT 1단계 중 각 단계의 내담자 과정 단계를 촉진하는 치료자 작업에 대해 설명한다.

● 사전 대화 단계

IC 절차의 첫 번째 사전 대화 단계에는, ① 과업에 대한 협력과 ② 개입을 시작하고 구조화하는 작업이 포함된다.

과업 협력 및 IC 절차 활용 IC를 처음 도입하기 전에 고려해야 할 문제는 심상화된 타자의 선택과 개별 내담자에게 맞는 근거를 개발하는 것이다. 첫 번째 IC의 초점이 될 사람(즉, 심상화된 타자)에 대한 결정은 회기 중 내담자 표식(예: 악몽이나 가해자와의 괴로운 만남에 대한 보고) 또는 내담자 선호도에 근거하거나 내담자에 대한 정보를 바탕으로 치료자가 선택할 수 있다. 때로는 심한 폭력과 공포의 기억을 동반한 악의적인 타자를 상상하는 것보다 학대를 최소화한 부모와 같이 덜 위협적인 타자를 참여시키는 것이 더 효과적일 수 있다. 초기 대화의 가장 중요한 목표는 내담자가 압도당하지 않고 이전 회기보다 더 깊은 수준에서 외상 자료를 다루고 처리하는 성공적인 경험을 보장하는 것이다.

또한 치료자는 내담자에게 맞는 이론적 근거를 개발하고, 내담자가 절차에 어떻게 반응할지 예상하며, 이전 회기를 바탕으로 발생할 수 있는 문제와 해결 방법을 고려하여 첫 번째 IC를 준비해야 한다. 물론 이러한 사전 계획은 회기의 순간순간 내담자 과정에 반응하는 것과 균형을 이루어야 한다.

4회기에서 IC 절차를 소개하기 전에 치료자와 내담자는 치료의 초점이 되는 특정 타자와의 고통스럽거나 위협적인 문제를 심층적으로 탐색하는 과업에 동의해야 한다. 치료자는 내담자에게 치료자가 이 초점을 제안할 때 어떤 감정과 기억이 떠오르는지 묻는다. 심상화된 타자의 선택이 미리 결정된 것이든 자발적으로 떠오르는 것이든, 치료자는 IC 시작을 위한 적절한 표식(예: "그가 한 일을 기억하면 여전히 매우 화가 난 것 같군요?")을 이끌어 내거나 확인해야 하며, 내담자는 이에 동의해야 한다.

IC 절차 시작 및 구조화하기 이 단계에서 치료자는 과정을 심화하기 위한 수단으로 심상 속의 타자와의 대화를 제안하고[감정에 대해(about feelings) 말하는 것이 아니라 감정으로부터(from feelings) 말하는 것] 간단한 근거를 제시한다(예: "당신은 항상 마음이 닫혀 있었어요. 이번 기회에 당신이 진짜로 느낀 감정을 말해서 우리가 살펴볼 수 있도록 솔직하게 말할 수 있는 기회가 왔어요. 제가 도와드릴게요."). 내담자가 과업 참여에 동의하면 치료자는 내담자 앞에 빈 의자를 놓고 참여에 대한 명확한 지침을 준다(예: "저기 있는 아버지를 상상하면서 내면에서 일어나는 일, 즉 생각과 감정에 주의를 기울이고 거기에 말을 붙여 보세요. 마음과 직감에서 우러나오는 말을 하세요."). 내담자의 저항, 거부감 또는 어려움을 확인하고 가능하면 우회하거나 신속하게 해결한다. 우회할 수 없는 어려움(예: 심한 회피 또는 조절곤란)을 다루는 것은 치료의 중간 단계의 초점이며, 이후 장에서 설명한다. 심상 속 타자와 처음 직면할 때는 경험하기의 깊이가 낮을 수 있으며(즉, 외부 사건과 타자의 행동에 집중), 내담자는 타자에 대한 비난과 불만, 미분화된 고통을 표현할 수 있다. 내담자를 발전시키는 데 있어 중요한 개입 원리는 경험에 대한 소유권을 촉진하여 탐색의 질이 점점 더 개인적이고 정동적으로 향상되도록 하는 것이다.

상대방이 절대 변하지 않을 것이기 때문에 '변한 척'하는 대화는 무의미하다고 생각하거나 '과거는 바꿀 수 없다.'고 생각하여 내담자가 저항하는 경우, 개입은 이러한 인식을 타당화하고 반복적으로 감정을 억누르는 것이 그들을 고착시킨 원인이라고 설명해야 한다. 또한 개입의 목적은 상대방(또는 과거)을 변화시키는 것이 아니라 진정한 자기를 이해하고 강화하여 내담자가 과거를 받아들이는 데 도움이 되도록 하는 것이다.

● 각성 단계

IC 절차의 각성 단계는, ① 정서적 반응을 불러일으키고, ② 타자에 대한 감정을 차별화하며, ③ 심상화된 타자에 대한 생생한 경험적 기억이나 실연을 촉진하는 단계이다.

심상화된 부정적인 타자에 대한 반응으로 정서적 반응을 불러일으키라 절차의 이 단계에서 심상화된 타자는 주로 자기의 정서적 반응을 불러일으키는 자극, 즉 타자에 대한 부적응적 정서도식이나 생각, 감정, 행동의 패턴을 활성화하는 역할을 한다는 점을 이해하는 것이 중요하다. 이는 빈 의자에 있는 심상 속 타자의 표정, 자세, 목소리 톤 등의 존재감을 불러일으킴으로써 이루어진다. 중요한 것은 내담자가 반응을 불러일으키는 데 필요한 만큼의 설명적인 세부 정보만 제공해야 한다는 것이다. 개입은 심상 속 타자의 본질적인 특성을 강조해야 한다(예: "등을 돌려서 당신을 차단하는 것 같아요." "저 목소리 톤은 무슨 메시지를 보내는 건가요?"). 타자와 관련된 일화 기억이 자연스럽게 떠오르거나, 내담자에게 특정 사건을 회상하도록 요청하거나, 치료자가 이전 회기에서 수집한 정보를 바탕으로 사건을 제안할 수 있다. 사건에 대한 구체적이고 감각적인 세부 사항을 이끌어 내는 것은 정서도식을 불러일으키는 데 도움이 된다.

타자의 존재가 명확하게 떠오르면 개입은 내담자가 타자에 대한 반응으로 내면의 경험에 주의를 기울이도록 유도한다(예: "그가 저기 있는 모습을 상상하면 어떤 생각이 떠오르나요?"). 그다음에는 타자에 대한 내담자의 반응을 표현하도록 격려한다. 전체 대화에서 중요한 원칙은 내담자의 표현을 유도하는 것과 내담자의 내적 경험에 주의를 기울이는 것의 균형을 맞추는 것이다.

치료의 초기 단계에서 내담자는 일반적으로 무력감과 희생의 입장에서 심상 속 타자에게 반응하며 절망감이나 체념에 빠질 수 있다. 이러한 징후에 대응하는 개입(예: 내담자가 "무슨 소용이 있어요? 내가 무슨 말을 해도 아무것도 바뀌지 않을 거예요.")이라고 말하는 경우 개입의 목적을 다시 한번 강조해야 한다. 다른 일반적인 내담자의 반응으로는 성적 학대, 폭력, 공포의 기억에 대한 극심한 고통이 있다. 예를 들어, 모니카라는 내담자는 어머니가 자살한 후 어머니를 찾았던 기억을 떠올리며 공포와 호흡곤란을 겪었다. 또 다른 내담자는 아버지가 동생을 구타하는 장면을 떠올리며 눈물을 흘렸다. 이러한 경우 치료자는 내담자의 취약성을 확인하고, 정서조절을 촉진하며, 즉각적인 어려움을 해결하고 치료적 관계의 안전한 맥락을 확인하기 위해 순간적으로 IC에서 벗어나도록 개입한다. 모니카의 경우, 어머니의 시각적 이미지를 차단하여 IC에 다시 참여할 수 있도록 도와주는 것이 포함되었다. 폭력적인 아버지를 회상하는 내담자에게는 심상 속의 아버지가 아닌 치료자에게 자신의 감정을 표현하는 것이 포함되었다.

이후 절에서 설명하는 환기적 탐색 절차는 가해자에 대한 감정과 욕구를 표현하기를 원하지 않거나 표현할 수 없는 내담자를 위해 고안되었다. 내담자는 필요에 따라 IC와 환기적 탐색 사이를 오갈 수 있다. 내담자가 학대하는 타자에 대한 분노 경험을 직접 표현하는 것이 가장 도움이 되는데, 이는 자기권한강화를 촉진하기 때문이다. 반대로 두려움·수치심·슬픔과 같은 더 취약한 감정은 지원이 필요하므로 치료자나 내담자의 고통에 잠재적으로 반응할 것으로 인식되는 상상의 타자를 향해 표현한다.

첫 번째 IC에서 내담자의 반응은 외부 상황과 타자의 행동에 초점을 맞추는 경우가 많다. 여기에는 내담자가 학대하는 타자를 지적하고, 피해를 최소화하고, 변명하는 것(예: "그녀가 힘든 어린 시절을 보냈다는 것을 알고 있어요.")이 포함될 수 있다. 다시 말하면, 경험하기를 심화하기 위한 개입은 내담자의 관점을 타당화하고 정동적 경험으로 주의를 돌리는 것이다(예: "기억하거나 상상할 때 마음, 직감 또는 몸에서 무엇을 느끼나요?" "당신은 그녀의 관점을 잘 이해하지만, 이것이 당신 자신의 희생이 되는 것을 원하지 않아요."). 다른 쪽 끝에서는 내담자가 괴로워하며 스스로를 폐쇄할 수 있다(예: 해리). 이는 너무 심해서 심상 속 타자와 대화를 계속할 수 없을 정도로 심각할 수 있다. 또는 일부 내담자는 심상 속 타자보다는 치료자와의 접촉을 유지하기를 원하거나(예: 내담자가 "당신과 대화하고 싶어요."라고 말함), 다른 이유로 IC 절차에 참여하는 것을 거부하기도 한다. 이러한 어려움을 탐색하고 해결해야 한다. 때로는 다른 문제가 해결될 때까지 외상 탐색을 완전히 중단할 수도 있다. 지속적인 자기 관련 어려움에 대한 심층적인 탐색은 외상 탐색 또는 IC 참여에 영향을 미치며, EFTT 2단계의 이후 회기에서 집중적으로 다루어진다.

심상 속의 타자에 대한 감정을 구분하라 IC 과정의 이 단계에서 즉각적인 과정 목표는 내담자가 전반적인 분노, 고통 또는 비난을 일차 정서의 명확한 표현으로 구분하여 각각과 관련된 고유한 정보에 접근할 수 있도록 돕는 것이다(제3장의 [그림 3-1] 참조). 목표는 내담자가 건강한 분노와 슬픔을 적극적으로 표현하는 방향으로 나아가도록 돕는 것이다. 내담자는 일반적으로 분노와 슬픔 사이를 오가는데, 개입은 두 경험 모두 정당하고 중요한 것으로 타당화하고 내담자가 한 번에 하나씩 각각에 집중하도록 격려해야 한다. 어떤 정서를 강조할지 결정할 때는 각 정서에 대한 우세한 표식의 존재 여부에 따라 결정할 수 있다. 예를 들어, 분노는 불의와 불공평에 대한 언급과 관련이 있는 반면, 슬픔은 박탈감 · 이별 · 상실감과 관련이 있다. 이러한 결정은 또한 치료자의 사례에 대한 이해를 기반으로 한다. 예를 들어, 내담자가 상실을 애도하도록 도울 때 치료자는 분노와 슬픔이 모두 존재할 때 우선적으로 슬픔(놓치거나 안 보고 넘어간)을 반영한다. 또는 내담자에게 현재 어떤 정서가 가장 강하게 느껴지는지 물어볼 수도 있다. 예를 들어, 초기 IC에서 모니카는 심상 속 어머니의 변명에 대해 "그런 변명은 받아들일 수 없어요!"라고 말하며 화를 냈다. 치료자는 분노에 구체적으로 명명하고 모니카가 그 의미를 상징화하도록 도왔다(예: "그래서 그런 변명을 받아들이지 않는군요. 어머니의 자살이 그동안 당신에게 끼친 해로운 영향에 대해 말해 보세요.").

복합외상 생존자를 치료할 때, 적응적 분노와 슬픔이 두려움이나 수치심, 자책감으로 자주 그리고 반복적으로 무너지는 경우가 있으므로 치료자는 이를 파악하여 별도로 다루어야 한다. 치료 2단계의 후반 회기에서는 이러한 부적응적 정서를 수정하는 데 중점을 둔다.

심상화된 타자의 실연(또는 생생한 경험적 기억)을 촉진하라 치료자가 내담자의 타자에 대한 경험을 생생하게 재현할 때, 그 목적은 심상화된 타자의 자극 기능을 강화하는 것이다. 내담자는 자신의 표정에 상대방이 어떻게 반응할지 상상하도록 요청받고, '의자를 바꾸어' 다른 의자에서 반응하도록 요청받을 수도 있다. 의자 바꾸기 표식은 타자의 반응을 요구하는 일반적인 대화 표식과 같다(예: 내담자가 "당신은 ……했어야 했어요." 또는

"나는 당신이 ……하기를 원해요."라고 말할 수 있다). 초기 IC 동안 내담자는 상상한 상대방을 실연할 수도 있고 그렇지 않을 수도 있다. 경험상 내담자는 무섭거나 역겹거나 비열한 것으로 여겨지는 심상 속 타자를 실연(또는 동일시)하고 싶어 하지 않는다. 치료 과정의 초기 단계에서는 타자의 실연 여부는 중요하지 않다. 치료자의 목표는 타자 반응의 핵심 의미를 강조하고, 명확히 하고, 강화하고, 과장하여 자기의 반응을 불러일으키는 것이다. 예를 들어, 한 내담자가 아버지의 이름을 부르는 어머니의 날카로운 목소리를 흉내 냈다("프랭크!!"). 치료자는 이 목소리에 반향을 일으키며 내담자에게 그 의미를 표현해 보라고 요청했다("성질 더러운 여자처럼요? 아니면 마녀처럼요? 어머니의 목소리를 기억하면 기분이 어떠세요?"). 다시 말하면, 내담자의 자기존중감과 자신감이 높아짐에 따라 치료 과정에서 타자에 대한 내담자의 인식이 변화하기 때문에 IC를 진행하는 동안 타자에 대한 내담자의 인식을 지속적으로 추적하는 것이 중요하다.

EFTT의 2단계에서 IC의 활용

발달 외상 병력이 있는 내담자는 자기 관련 어려움(예: 회피 · 자기방해 · 죄책감 · 자기비난)이 있어 IC 참여, 특히 분노와 슬픔의 억제되지 않은 표현을 방해한다([그림 6-1]의 하단 참조). 이전 회기에서 확인된 정서 인식, 조절, 성찰, 적응적 정서 및 정서 변화를 위한 자원에 대한 제한된 접근과 관련된 정서처리의 어려움(사례개념화에 대한 제4장 참조)은 첫 번째 IC에서도 관찰된다. EFTT의 2단계에서는 이러한 어려움을 해결하는 것이 치료의 초점이 되고 별도의 과업이 된다. 치료자는 과정 관찰(예: "당신은 당신이 어렸을 때였다는 것을 알면서도 여전히 자신을 비난하고 있어요.")과 기능 및 외상 해결을 방해하는 이러한 차단을 줄이기 위한 근거를 제공한다. IC 절차는 이 중간 단계에서 완전히 포기되는 것이 아니라 이러한 차단을 탐색하고 줄이기 위해 다른 개입과 함께 사용된다. 이러한 방법은 제8장과 제9장에 설명되어 있다.

EFTT의 3단계에서 IC의 활용

자기 관련 장애가 점진적으로 해결되면 내담자는 IC 동안 심상 속의 타자와 점점 더 잘 직면할 수 있게 된다. 해결 모델의 다음 단계는 해결의 촉매제인 분노와 슬픔을 충분히 경험하고 표현하는 것으로 시작된다. 이러한 단계는 이후 회기의 방향을 제시하기 위해 다음에 간략하게 설명되어 있으며, 제10장과 제11장에서 더 자세히 설명할 것이다. 다음 단계는 치료의 후반 단계에서 가장 전형적이지만 언제든지 발생할 수 있다는 점에 유의하는 것이 중요하다. 내담자가 치료의 어떤 단계에 있든 또는 내담자가 어느 정도의 해결을 이루었든, 목표는 단계별로, 회기별로, 가능한 한 신속하고 효율적으로 완전한 해결에 가까워질 수 있도록 돕는 것이다.

● 표현 및 탐색 단계

표현 및 탐색 단계는 심상 속 상대방에게 분노와 슬픔(및 관련 의미)을 온전히 표현하는 데 초점을 맞춘 더 높은 수준의 해결을 촉진하기 위한 것이다(부록 C 참조). 각성 증가는 내담자가 고통스럽거나 위협적인 정서에 접근하도록 격려하고, 초점 정서와 일치하는 신체 자세와 목소리를 채택하고, 정서 강화 기술을 사용함으로써 달성된다(제2장의 개입 원리 절 참조). 다음으로, 개입은 충족되지 못한 욕구를 표현하고 그에 대한 자격을 얻도록 촉진한다. 여기서 내담자는 정당한 바람과 욕구(예: 정의 · 관심 · 사랑)의 관점에서 자기를 정의하기 시작한다. 또한 내담자가 자신의 욕구가 무시되었을 때의 영향을 탐색하면서 각성은 감소하고 경험은 증가한다.

● 해결 단계

마지막 단계에서는 개입을 통해 자기와 타자에 대한 새로운 이해가 형성되도록 지원한다. 내담자는 더 이상 보복이나 사과를 구하지 않는다(예: "그가 어떻게 생각하든 더 이상 중요하지 않아요. 전 진실을 알아요."). 내담자의 표현에 대한 상대방의 반응을 상상하거나 표현함으로써 내담자는 상대방을 보다 차별화된 방식으로 보기 시작하고, 동시에 자신이 아닌 상대방에게 피해에 대한 책임을 묻기 시작한다.

특정 치료 회기에서 내담자가 어느 정도의 해결을 이루었든 간에, 당분간은 IC 과업을 끝내는 것으로 건너뛸 수 있다. 이는 내담자가 타자와 긴밀하게 접촉하고 지금까지의 경험을 처리하도록 도와주면서 지금까지의 작업에서 어느 단계에 있는지 파악하는 방식으로 이루어진다. 여기에는 다음 회기로 연결하거나(예: 치료자가 "아직 끝나지 않았으니 다시 연락하겠다고 말하세요"), 작별 인사를 하거나, 현재 관계에 대한 기대와 경계를 설정하는 것(예: "술이 깰 때만 만나겠다고 말하세요.")이 포함될 수 있다. 여기서 처리에는 후속 회기의 목표를 설정하고, 회기 사이에 내담자의 안전과 정서조절을 보장하며, 해결에 대한 안심과 희망을 제공하는 것도 포함된다(예: "아직 끝나지 않았다는 것을 알고 있어요. 우리는 계속 노력할 거예요. 시간이 있어요."). 시간이 지남에 따라 IC 경험을 처리하려면 다른 치료 경험 및 내담자의 현재 생활과 통합하는 것이 포함된다.

초기 IC에서의 관계 발전

4회기의 IC 절차 도입은 치료의 첫 번째 단계와 두 번째 단계 사이의 가교 역할을 한다. IC는 관계 역동에 새로운 요소를 도입하므로 첫 번째 IC에서는 관계의 특징에 특히 주의를 기울이는 것이 중요하다. 다음 절에서는 동맹 장에서 설명한 동맹 발전의 구성 요소를 IC 절차에 구체적으로 적용하여 설명한다. 이러한 특징은 치료 과정 전반에 걸쳐 여전히 중요하다.

안전 애착 유대를 수립하라

치료자는 단순히 과정을 지시하는 것이 아니라 내담자의 과정에 공감적으로 반응함으로써 IC 동안 안전과 지지를 보장한다. 여기에는 특히 내담자의 취약성에 대한 공감적 인정과 내담자가 필요로 하는 만큼 치료자(심상 속의 타자가 아닌)와의 상호작용을 제공하는 것이 포함된다. 치료 절차에 대해 내담자와 협력하고 궁극적으로 내담자가 치료 과정을 통제할 수 있도록 보장하는 것이 중요하다. 치료자의 역할은 과정을 안내하고, 지지를 제공하고, IC 경험을 처리하는 데 적절한 시간을 확보하고, 내담자의 평정심을 모니터링하고, 회기 후 내담자가 대처할 수 있는 적절한 자원을 확보하도록 하는 것이다.

정서 코칭과 인식 훈련을 제공하라

IC 중 정서 코칭에는 절차에 참여하는 방법과 그 이유에 대한 명시적인 정보와 안내가 포함된다. 초기 IC 동안 정서적 경험에 대한 내담자의 인식을 높이는 개입 원리에는 내적 경험에 대한 내담자의 주의를 유도하고, 경험의 소유권을 촉진하며(예: '나' 언어를 사용한 주장적 표현), 내담자가 자신의 감정을 정확하게 명명하고 경험의 의미를 상징화하도록 돕는 것이 포함된다. 소유권은 명시적으로 가르치거나 행동을 '교정'하기보다는 내담자의 행동을 모델링하고 점진적으로 형성함으로써 달성할 수 있다. 예를 들어, 내담자가 심상 속 상대방에게 "당신은 정말 이기적이에요!"라고 말하면 치료자는 이를 타당화하고 공감적으로 "그래요, 정말 화가 났군요! 그의 이기심이 당신에게 어떤 영향을 미쳤는지 자세히 말해 보세요."라고 반응한다.

정서조절을 촉진하라

IC 절차 중에 내담자의 고통 수준을 면밀히 모니터링하는 것이 중요하다(예: 치료자가

"지금 무슨 일이 일어나고 있나요?"라고 질문하는 것). 치료자의 진정 반응, 호흡에 대한 주의, 현재 중심 집중은 고통을 줄이는 데 사용될 수 있다. 내담자가 압도감을 느낄 때는 보다 명시적인 정서조절 전략을 사용할 수 있고, 가해자와 직면하는 것이 문제인 경우(예: 너무 자극적이거나 너무 불쾌한 경우) 환기적 탐색(evocative exploration: EE; 다음 절에서 설명)으로 개입을 전환하거나, 내담자가 정서조절 능력이 향상될 때까지 외상 탐색을 완전히 포기할 수 있다. 그러나 환기적인 공감적 반응(예: "그래서 당신은 쓰레기처럼 버려진 기분이군요.")은 이전에 회피했던 예에 대한 정서적 강도를 높일 수 있다. 이 시점에서 회피 과정이 관찰되고 지속될 경우 이후 절에서 개입의 대상이 된다.

협력적 사례개념화

IC의 환기적 특성은 핵심 과정을 빠르게 활성화하여 탐색과 변화에 사용할 수 있도록 한다. 따라서 이 개입은 외상 회복을 방해하는 특정 부적응 과정과 문제점에 대한 성과 기반 평가 역할을 할 수 있다. 처음 세 회기에서 확인된 인식·조절·성찰·변화와 관련된 정서처리 어려움(즉, 적응 자원에 대한 제한된 접근) 및 과업 표식(예: 자기방해, 자기비판)은 일반적으로 초기 IC에서 나타난다. 따라서 첫 번째 IC는 처음 세 회기에서 개발한 사례개념화를 구체화할 수 있는 기회이다. 이러한 어려움에 대한 협력적 이해를 개발하는 데 도움이 되는 개입에는 내담자의 주의를 탐색적 특성을 지닌 내적 경험과 과정 관찰로 유도하는 것이 포함된다(예: "당신의 일부는 분노하고 다른 일부는 그런 식으로 느끼는 것이 타당하지 않다고 말하는 것 같죠? 시간을 들여서 한번 살펴봅시다."). 이렇게 정제된 사례개념화는 치료의 중간 단계에서 개입의 기초를 형성한다.

IC의 대안으로서의 환기적 탐색

EFTT에 대한 초기 연구(Paivio et al., 2001)에 따르면, 상당수의 내담자(20%)가 치료 과정에서 IC 참여를 거부한 것으로 나타났다. 또 다른 하위 집단(36%)은 처음에 참여하는 데 저항하고 다양한 어려움을 경험했다. 이는 스트레스가 많은 다른 노출 기반 절차에 대한 연구와 일치하며(Ford & Courtois, 2020 참조), IC에 대한 스트레스가 적은 대안으로 환기적 탐색(EE) 절차를 개발하게 된 원동력이 되었다.

중요한 점은 EE 절차는 동일한 해결 모델을 기반으로 하며([그림 6-1] 참조), IC와 동일한 개입 원리와 참여 기준을 통합하지만 빈 의자를 물리적으로 사용하지 않는다는 점이다(Paivio et al., 2010). EE에서 내담자는 빈 의자가 아닌 '마음의 눈'으로 가해자를 상상하도록 권장되며, 학대하고 방임하는 타인에 대한 감정과 기억은 치료자와의 상호작용을 통해서만 탐색된다[예: 치료자는 "(그녀에 대해) 더 많이 말해 줘요. 그녀가 당신의 고통을 아무렇지 않게 대하는 것이 너무 끔찍했겠군요."라고 말할 수 있다].

한 임상 실험 결과에 따르면, EFTT를 단독으로 시행한 경우와 IC를 시행한 경우의 효과성이 비슷한 것으로 나타났다(Paivio et al., 2010). EE를 받은 내담자는 여러 측면에서 큰 향상을 보였으며, 이는 1년간의 추적 관찰에서도 유지되었다. 회기 내 과정에 대한 연구에서도 IC와 EE 개입 모두 경험하기 수준, 외상 자료에 대한 내담자 참여의 질, 내담자가 보고한 고통의 수준[주관적 고통 척도(Subjective Units of Distress Scale)로 측정]이 비슷했으며, 예상대로 치료가 진행되는 동안 감소(둔감화; Chagigiorgis, 2009; Ralston, 2006)하는 것으로 나타났다. 마지막으로, 관찰된 정서적 각성 수준(생산적인 정서든 비생산적인 정서든)은 EE 동안 더 낮았으며, EFTT에서 EE를 사용한 탈락률은 IC 조건의 23%에 비해 7%로 나타났다(Ralston, 2006). 다른 노출 기반 치료법(Goetter et al., 2015)의 중도 탈락률이 20~30%대인 것을 감안하면 EE를 사용한 EFTT에서 7%의 탈락률은 놀라운 수치이다.

전반적으로 이번 연구 결과는 EE가 IC 절차에 대한 효과적이고 스트레스가 적은 대안임을 뒷받침한다. 그러나 치료자가 IC 대신 EE를 선택하기 전에 몇 가지 요소를 고려해야 한다. 첫째, 두 치료 접근법의 효과성이 비슷한 것은 외상 작업에 지속적으로 집중하고, 효과성에 대한 내담자와 치료자의 기대치가 비슷하며, 해결의 기본 모델과 과정을 안내하는 구체적인 단계가 동일하기 때문일 가능성이 높다. 그러나 IC 절차는 실제 빈 의자를 사용하여 더 큰 구조를 포함하므로 심상 속 타자에 대한 인식을 추적하는 데 있어 내담자와 치료자 모두에게 이점이 있을 수 있다. 또한 본질적으로 연상 작용을 일으키고 참신함이 더 커서 기억에 더 오래 남을 수 있다(예: Holowaty & Paivio, 2012). 결국 IC는 내담자 맞은편에 앉아 있는 가해자를 상상하고 상대방을 실연하는(내담자가 상대방을 실연하기 위해 의자를 바꾸든 아니든) 더 복잡한 상호작용 과정으로, 더 많은 복합적인 경험적 기억을 불러일으킬 가능성이 높다. 직관적으로, 치료자와 이러한 감정에 대해 이야기하는 것보다 내 앞에 앉아 있다고 상상한 학대하는 상대방과 맞서 싸우는 것이 더 환기적이고 강력하다. 전반적으로 EE 중 외상 작업은 스트레스가 덜할 수 있지만, 다른 치료와 비교했을 때 외상이 덜 연상되고 뚜렷하지도 않다. 따라서 EE 동안 효과적인 개입을 위해서는 환기적 언어를 사용하고, 정서 기억을 활성화하고, 자기와 타자에 대한 인식을 의도적으로 추적하는 데 치료자의 세심한 주의가 필요하다.

이러한 이유와 앞서 제시한 IC의 적용량이 내담자의 변화에 기여한다는 증거와 대부분의 내담자(약 3분의 2)가 IC에 참여할 수 있기 때문에(Paivio et al., 2001), 우리는 명백히 금기 사항이 아닌 한 IC 사용을 옹호한다. 초기 회기에서 치료자가 흔히 범하는 실수는 내담자가 IC에 어려움을 겪을 때 너무 빨리 EE로 전환하는 것이다. 앞서 설명한 참여 수준 측면에서 대부분의 내담자는 심상 속의 학대적이고 방임하는 타자와 직면하는 것을 '꺼려' 한다. 따라서 치료자는 내담자의 IC 참여에 대한 현실적인 기대치를 갖고 내담자가 초기의 거부감에도 불구하고 지속할 수 있도록 도와야 한다. 또한 초기 회기의 이러한 내담자 과정은 내담자가 더 강해지면 이후 회기에서 IC를 다시 도입하는 것을 배제하지 않는다. 따라서 내담자는 이후 절에서 설명하는 것처럼 EE와 IC 사이를 오갈 수 있다. 어떤 경우이든, EE에 대한 연구는 원래의 (IC) 개입을 수행할 수 있는 유연성을 검증했으며, 치료자는 이러한 유연성을 자신 있게 활용할 수 있다. 이는 다른 방법으로는 서비스를 이용할 수 없고 의자 작업을 할 공간이 없는 내담자를 위한 원격 치료와 같은 다른 치료 전달 방법에 중요한 의미를 갖는다(Pugh et al., 2021).

EE 수행을 위한 지침

EE를 선택하는 표식은 내담자가 고통, 해리를 관리하지 못하거나 IC에 참여하기를 노골적으로 거부하는 경우이다. 치료자는 내담자의 병력, 재외상 위험 또는 극도로 악의적이고 폭력적인 타자의 개입으로 인해 IC를 사용하지 않기로 미리 결정하거나 IC를 도입한 후에야 이러한 어려움이 관찰될 수 있다. IC를 도입한 후 포기하는 또 다른 지표는 참여에 대한 저항이다. 이러한 저항은 내담자가 이전에 억눌렸던 감정과 의미를 표현하도록 돕는 절차의 목적을 무력화한다. IC에서 EE로 전환할 때는 EE도 똑같이 효과적이라는 점을 내담자에게 안심시키는 것이 중요하며, 본질적으로 "치료에는 여러 가지 방법이 있으니 지금은 나와 대화만 하고 의자는 신경 쓰지 마세요."라는 식으로 IC를 거부한 선택이 문제가 되지 않는다는 점을 알려 주는 것이 중요하다. 이렇게 하면 내담자가 과정에 대한 통제감을 강화하고, 부적절하다는 느낌을 피하며, 내담자가 최적의 혜택을 기대할 수 있다.

4회기에서 IC와 EE를 모두 도입하면 학대 및 방임 가해자와의 고통스럽고 위협적인 경험을 심층적으로 탐색하는 외상 작업이 시작된다. IC에서는 관계 문제에 집중하는 것이 중요하지만, EE는 이전 회기에서 이루어진 정상적인 대화 관계 과정과 쉽게 통합될 수 있다. 따라서 EE의 명시적 외상 작업은 내러티브 개방 초기 단계와 명시적으로 구분되어야 한다. 치료자는 언제 과업을 시작할지 결정한 다음 의도적으로 회상을 불러일으켜야 한다. EE는 본질적으로 빈 의자 없이 하는 가해자에 대한 IC이다. 따라서 먼저 과업에 대해 협력하는 것이 필수적이다.

4회기에서 치료자는 내담자에게 다른 긴급한 문제가 없는지 확인한 후 "이번 회기에서는 아버지와의 학대 경험에 대해 심층적으로 집중하는 것이 좋겠어요."라고 말할 수 있다. 일반적으로 이러한 초점을 제안하는 것만으로도 내담자는 이미 약간의 두려움을 느끼게 된다. 이런 일이 발생하면 신속하게 타당화하고, 내담자의 취약성을 공감적으로 인정하며, 안심시키고, 과업에 대한 협력적 동의를 확보하는 것이 중요하다. 내담자가 외상에 초점을 맞추는 데 동의하면 치료자는 과업을 명확하게 소개하고 내담자에게 가해자에 대한 생각과 기억을 안내하여 의도적으로 정서적 반응을 불러일으킨다. "아버지를 상상하면 무엇이 떠오르나요, 머릿속에? 구체적인 사건은요? 아버지가 어떻게 보이나요?" IC에서와 마찬가지로 반응을 불러일으키기에 충분한 외적 세부 사항만 이끌어 내는 것이 중요하며, 상상한 상대에 대한 외적 묘사에 너무 집중하면 과정이 냉각될 수 있다. 여기서 치료자는 지시와 환기적 공감을 사용하여 각성을 높이고 핵심 정서도식을 활성화한다.

치료자는 EE 과정의 모든 기능이 IC 과정과 비슷한지 확인한다. 절차는 앞서 설명한 것과 동일한 단계를 따른다. 치료자는 또한 절차에서 높은 질의 참여를 위한 모든 기준을 보장한다. 심상 속의 타자와의 심리적 접촉을 보장하기 위해 치료자는 타자에 대한 생생한 묘사와 '나' 언어 사용, 감각적으로 생생하고 개인적인 스토리텔링을 이끌어 낸다. 또한 치료자는 다른 차원의 참여, 즉 탐색(예: "무엇이 당신을 그렇게 화나게 했는지 그 영향에 대해 자세히 말해 보세요.")과 정서적 표현 및 각성을 촉진한다. 연구에서는 IC와 EE의 회기 내 과정(관찰된 참여 수준, 관찰된 정서적 각성, 내담자가 보고한 주관적 고통의 단위)이 각 치료 조건에서 치료 성과에 기여하는 바를 조사했다(IC 또는 EE를 사용한 EFTT; Ralston, 2006). 연구 결과, IC의 경우 가장 좋은 예측 변수는 IC 절차에 대한 전반적인 내담자 참여의 질이었으며, EE 조건에서는 좋은 치료 성과를 예측하는 가장 좋은 변수는 EE 절차 중 내담자의 높은 정서적 각성이었다. 이는 연상 효과가 적은 EE 절차에서는 치료자가 공감적 반응이나 기타 강화 전략을 통해 내담자의 각성을 높이기 위해 명시적으로 노력해야 함을 시사한다. 빈 의자의 본질적인 환기적 특성에 소품으로 의존해서는 안 된다. 예를 들어, 성직자에게 성추행을 당한 한 내담자는 EE 중에 학대 사건 이후 친구들을 만날까 봐 뒷골목을 걸어 집으로 돌아갔던 기억을 떠올렸다. "작은 범죄자처럼 몰래 돌아다녔네요."라는 치료자의 공감적 반응은 건강한 항의를 불러일으켰다. "그리고 나는 잘못한 게 없어요!" 치료자는 이러한 내담자의 반응을 강화하기 위해 그 말을 반복하고 그 말을 하면서 내면을 확인하도록 요청하여 이 적응 자원에 대한 경험적 인식을 심화시켰다. 이는 부적응적인 자기비난에 대응하는 데 도움이 되었다.

또한 타자에 대한 인식의 변화를 따라가는 것도 중요한데, 이는 내담자가 빈 의자에서 상대방을 실연하는 경우 분명하지만, EE에서는 치료자가 "그가 당신의 말을 들을 수 있고 당신의 감정을 안다면 어떻게 반응할 것이라고 상상하세요?"라고 명시적으로 질문해야 한다. IC에서와 마찬가지로, 내담자가 치료 과정에서 회복력이 높아짐에 따라 상대방에 대한 인식은 점점 더 차별화될 것이다. 이 사례의 내담자는 신부를 순전히 악의적인 '악마'로 보는 것에서 범죄를 저질러 감옥에 가도 마땅한 한심한 소아성애자로 인식하는 것으로 바뀌었다.

IC에서와 마찬가지로 EE도 치료 초기에 확인된 두려움 · 회피 · 수치심과 관련된 부적응 과정을 불러일으킨다. 신부에게 성추행을 당한 내담자는 "내가 왜 자꾸 돌아가는지 이해할 수 없어요." "나 자신을 그만 비난해야 해요."라고 계속 되풀이했다. 치료자는 이러한 자기비난의 징후를 파악하고 사례 협력의 정신에 따라 내담자에게 자기비난을 줄이는 것이 다음 단계의 치료의 초점이 될 것이라고 안심시킨다.

IC와 EE 사이의 전환

앞서 언급했듯이, EE의 초기 참여는 내담자가 더 강해졌거나 상대방이 부드러워졌을 때 또는 덜 위협적인 가해자(예: 잔인한 아버지에 비해 방임한 어머니)의 참여로 인해 회기 후반이나 치료 후반에 IC를 다시 도입하는 것을 배제하지 않는다. 또한 EE 중 내담자의 자기주장이 강해질 때 IC를 잠시 다시 도입할 수도 있다. 이는 심상 속의 상대방에게 단 한 마디의 말을 한 다음 내담자가 단호한 표현에 대해 어떤 경험을 했는지 확인하는 것 정도로 간단할 수 있다. 이러한 경우 스트레스가 덜한 EE는 점진적인 노출의 일부로 생각할 수 있으며, 나중에 IC에서 완전한 직면을 목표로 할 수 있다.

IC와 EE를 전환한 사례는 처음에 폭력적인 아버지와 대면했던 내담자가 IC를 진행하던 중 발생했다. 아버지가 동생을 잔인하게 때리던 기억을 떠올리며 "동생을 죽이려고 했어요."라며 흐느끼고 목을 움켜쥐고 더 이상 말을 잇지 못하는 극심한 고통에 시달렸다. "난 못하겠어요, 아버지를 쳐다볼 수도 없어요." 치료의 초기 단계에서 치료자는 특정 기술을 사용하기보다는 내담자가 이야기를 하고 자신의 감정을 표현하도록 돕는 데 우선순위를 두었다. 치료자는 내담자의 고통을 공감적으로 인정하고 계속 치료할 수 있도록 격려했다. "[의자를 밀어내는 것은] 신경 쓰지 마세요. 어떤 느낌인지 말해 보세요. 괜찮아요, 그냥 느껴지도록 두세요." 흐느끼며 잔인하게 구타당했던 상황을 자세히 설명한 내담자는 아버지가 오빠를 위해 이러는 것이라고 말하자 "아버지는 미친 사람 같았고, 마치 기계처럼, 인간도 아닌 것처럼 오빠를 때렸어요. 어떻게 그럴 수 있죠?"라고 항의했다. 이 건강한 항의의 표식으로 다음과 같은 대화가 오갔다.

치료자: 이런 짐승 같은 놈……. 할 수 있었다면 아버지에게 무슨 말을 하고 싶었나요? 잠깐만, 여기 아버지를 좀 봐 줄래요? [빈 의자를 향해 손짓] 말씀하세요.

내담자: 멈춰요!

치료자: 네, 멈춰요. 당신이 제대로 된 아버지가 될 수 없다면…….

내담자: 네, 제대로 된 아버지가 될 수 없다면 그냥 가세요, 우릴 내버려 두세요!

그런 다음 치료자와의 상호작용에서 EE 과정으로 다시 돌아갔다.

내담자: 하지만 그는 절대 듣지 않았어요……. 어머니에게도 화가 났어요. 어머니는 우리를 보호하지도 않았고 자신도 보호하지 않았어요. 아버지는 어머니도 때렸어요.

치료 후반에 내담자는 IC 절차에서 어머니와 아버지를 모두 직면할 수 있었다.

초기 IC에 대한 내담자의 어려움

IC를 통해 내담자의 어려움을 해결하려면 어려움의 성격을 공동으로 파악하여 내담자에게 이해가 되고 참여 동기를 높일 수 있는 근거를 제공해야 한다. '뜨거운' 핵심 내부 과정의 표식에 반응하면 항상 IC 절차를 사용한 개입이 더 쉬워진다.

심상화된 타자와의 대화에 도움이 되지 않는 구조

사전 대화 단계의 구조적 문제(IC 절차의 단계에 대한 이전 단락 참조)는 의자 준비와 IC

절차에 참여하는 방법에 대한 지침과 관련이 있다. 이러한 영역의 문제는 가장 쉽게 해결할 수 있는 문제이다. 치료자가 빈 의자가 있는 내담자의 시야에 들어오는 것을 피하고 언어적으로 덜 활동적이면 내담자는 심상 속 상대방과 더 쉽게 소통할 수 있다. 내담자는 빈 의자를 마주하고 치료자는 옆에서 과정을 지시하는 코치처럼 행동하며 필요한 만큼만 내담자와 접촉한다.

이러한 구조가 갖추어져 있고 내담자가 계속해서 치료자에게 주로 말을 하는 경우, 치료자는 내담자가 '나–너' 언어를 사용하여 심상 속의 타자에게 직접 말하도록 격려하고 간단한 근거를 제시해야 한다(예: "당신이 하는 말이 중요해요. 저기 계신 아버지에게 직접 말씀해 보세요. 지금 화나신 건 아버지니까요."). 내담자가 이에 응하면 치료자는 격려를 하고 내담자의 내적 경험으로 주의를 돌린다(예: "좋아요, 아버지께 그렇게 말하니 어땠어요?"). 여기서 치료자는 내담자가 심상 속 타자와 심리적 접촉을 하는 것이 경험적으로 어떤 영향을 미치는지 인식하고 어려움을 극복하는 것이 가치가 있다는 것을 이해하기를 원한다.

내담자가 상대방을 심상화하는 데 어려움을 겪는 경우, 상대방과의 상호작용에 대한 일화 기억을 떠올리는 것이 도움이 될 수 있다. "……할 때를 기억하시나요?" 개입은 내담자가 사건의 구체적이고 감각적인 세부 사항을 기억하도록 도와주어 제스처, 목소리 톤, 표정 또는 상대방의 크기나 냄새를 기억하는 데 도움이 된다.

과업에 대해 불분명해하는 내담자

내담자가 혼란스러워하는 일반적인 영역은 과거 또는 현재의 심상 속 타자에 초점을 맞출 것인지, 실제 생활에서 이렇게 말할 것인지 또는 그렇게 행동할 것인지이다. 명확성 부족은 IC 개입에 대한 적절한 표식이 없어서(즉, 내담자가 현재 상대방에 대해 해결되지 않은 나쁜 감정을 표현하지 않아서. [그림 6–1] 참조) 이해가 되지 않기 때문일 수 있다. 이러한 표식이 자발적으로 나타나지 않으면 개입을 통해 표식을 이끌어 내야 한다(예: "그래서, 아버지와 함께 있는 당신은 지금 어디에 있나요?"). 다시 말하면, 치료자는 짧고 간단하게 지시해야 한다(예: "저 의자에 앉아 있는 아버지를 상상해 보세요. 지금의 아버지가 아니라 당신을 때리던 젊은 아버지를요. 무엇이 보이거나 느껴지나요?"). 또한 내담자는 개입의 목적이 실생활을 위한 리허설이나 상대방의 변화, 과거를 바꾸기 위한 것이 아니라 스스로 명확하게 이해하고 해결책을 찾는 데 있다는 점을 명확히 이해해야 한다. 예를 들어, 치료자는 "이건 당신을 위한 것이니 검열하지 마세요. 감정적인 짐을 모두 내려놓으세요." 또는 "나중에 실제 생활에서 무엇을 하느냐는 다른 문제이며, 그것도 제가 도와 드릴 수 있어요."라고 말할 수 있다.

수행불안을 경험하는 내담자

내담자가 작업이 어리석거나 당황스럽다고 표현하는 경우, 개입은 내담자의 우려를 타당화하되 가능하면 그 어려움을 우회해야 한다. 예를 들어, 치료자는 "네, 처음에는 조금 이상하지만 대부분의 사람들은 익숙해져요. 정말 도움이 될 수 있으니 한번 시도해 보세요. 하지만 자신에게 맞지 않더라도 걱정하지 마세요. 다른 작업 방법을 찾아볼 테니까요."라고 말할 수 있다. 앞서 언급했듯이 내담자가 참여를 거부하지 않는 한 회기 도중 IC를 포기하지 말고, 내담자가 상대방에 대한 감정, 신념 또는 욕구를 표현하는 지점에서 IC와 EE 사이를 오가며 (빈 의자를 물리적으로 움직이지 않고) IC를 잠시 다시 도입하라.

치료자와의 상호작용을 필요로 하는 내담자

심상 속 타자와 상호작용하라는 지시에도 불구하고 내담자가 치료자와 대화하고 싶다고 말하거나 암시(예: 눈맞춤)하는 경우, 치료자는 이러한 선호에 긍정적으로 반응해야 한다. 동시에 치료자는 중요한 순간에 주기적으로 자신의 표현을 심상 속 타자에게 지시할 수 있도록 내담자에게 허락을 구할 수 있다(예: "단 몇 초 동안 상상 속에서라도 그녀에게 맞서면 저에게 직접 이야기할 때보다 더 단호해질 수 있을 거예요."). 다시 말하면, 내담자가 심상 속 타자에게 자신의 생각과 감정을 표현한 후에 개입은 이를 수행하는 내적 경험에 주의를 기울여야 한다. 이를 통해 해결 정도에 대한 정보(예: 내담자가 "기분이 좋았어요." 또는 "내가 이런 말을 했다니 믿기 어려워요."라고 말할 수 있음)에 접근하여 후속 처리를 위한 정보를 얻을 수 있다.

타자와의 실연을 어려워하는 내담자

IC 과정의 중요한 부분은 타자에 대한 내담자의 인식에 접근하는 것이다. 이러한 인식은 내담자의 표현에 대한 심상화된 타자의 반응에서 분명하게 드러난다. 명확한 지침이 제공되었다고 가정할 때, 내담자가 타자를 표현하는 데 어려움을 겪는 것은 타자를 상상하는 데 어려움이 있거나 타자의 역할을 맡는 것에 대한 혐오감 때문일 수 있다. 치료자의 개입은 타자를 실연하기를 원하지 않는 내담자를 지지한다(예: "괜찮아요, 신경 쓰지 마세요. 방금 말씀하신 내용에 대해 그가 어떻게 반응하거나 말할 것 같나요?"). 여기서 중요한 것은 겉으로 드러난 행동뿐만 아니라 타자의 성격에 대한 내담자의 인식을 이끌어 내는 것이다. 효과적인 개입은 타자의 본질적인 특성을 강조하여 자기의 반응을 불러일으킨다.

초기 IC에서는 기술적 어려움 외에도 많은 내담자의 정서처리 어려움도 관찰된다. 이러한 어려움을 해결하는 것은 다음 장의 초점인 EFTT의 중간 단계에서 이루어진다.

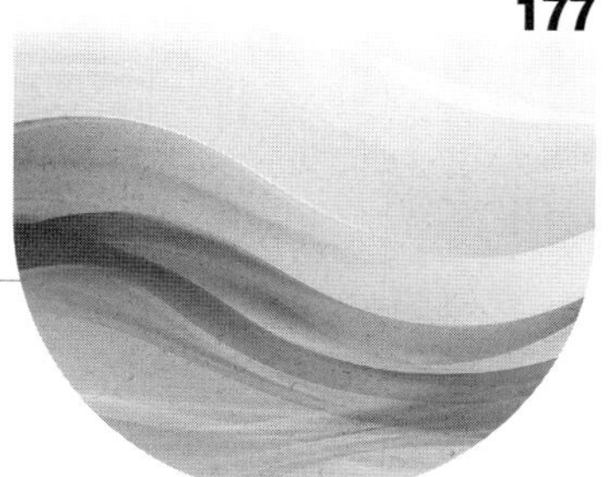

제7장

EFTT에서의 기억 작업

기억 작업은 이론을 막론하고 외상 치료의 핵심 주제이다. 기억 작업은 외상성 공포로부터 회복하는 데 핵심적인 역할을 할 뿐만 아니라, 애착에 기반한 수치심을 줄이기 위한 두 의자 자기비판적 대화(정서중심치료 접근법의 전형)의 대안이 되기도 한다. 앞 장([그림 6-1] 참조)에서 외상 기억은 가해자와 심상적으로 직면하는 상황에서 자주 나타나거나 의도적으로 접근하는 경우가 많다고 언급했다. 고통스러운 사건에 대한 일화적 기억에 의도적으로 접근하는 것은 외상에 대한 정서중심치료(emotion-focused therapy for trauma: EFTT) 전반에 걸쳐 사용되는 많은 개입의 중요한 측면이기도 하다. 이 장에서는 외상 기억에 접근하는 것뿐만 아니라 동일한 회기 또는 별도의 회기에서 심상적 직면(imaginal confrontation: IC) 전후 또는 동시에 사용할 수 있는 별도 또는 독립적인 과업 및 개입으로서 외상 기억을 심층적으로 탐색하는 데 중점을 둔다. 이 초점은 일반적으로 2단계 초반에 시작되며, 이 과정에서 수집된 정보는 이후 회기에서 개입 및 변화를 위한 참고 자료로 사용될 수 있다.

EFTT 재경험 및 기억 작업에서 변화의 주요 목표는 현재 상황에서 자동으로 활성화되는 불안정하거나 무가치하며 총체적이고 만연한 자기감이다. 제3장 다양한 정서의 유형에서 언급했듯이, 이러한 핵심 자기조직화는 인지 · 정동 · 신체 · 행동 차원으로 구성되지만 취약성이나 수치심 경험은 다른 기저의 인지적-정동적 과정에 의해 유발되거나 선행되지 않는 경우가 많다. 적절한 개입을 위해서는 부적응적 일차 공포에 대한 역조건화에 사용되는 것과 유사한 과정이 필요하다. EFTT에서는 일반적으로 외상 기억의 재경험을 통해 부적응적 일차 정서구조 또는 도식(공포, 수치심) 및 관련 자기감에 접근하는 것이 포함된다. 변화는 부적응적인 자기감을 재구성하기 위해 대안적인 건강한 내적 경험(예: 가해자에 대한 적응적 분노, 자신의 고통에 대한 슬픔, 자기연민)에 동시에 접근함으로써 일어난다.

이론

다음 하위 절에서는 외상 기억의 본질을 검토하고 회복에 있어 외상 기억의 재경험의 중요성, 생산적인 외상 내러티브의 질, 이론적 방향에 따른 변화 과정에 대해 설명한다.

외상 기억의 본질

먼저 제1장에서 제시한 내용을 요약하면, 외상 기억은 주로 비언어적이고 감각적인 심상·냄새·정서, 특히 두려움·공포·무력감 등이 우반구에 저장되는 것으로 알려져 있다. 또한 외상성 사건에 대한 기억은 종종 불완전하고 기억에 공백이 있거나, 사건 당시의 강렬한 각성과 집중력 저하로 인해 모호하고 일관성이 없어 기억 처리를 방해하는 경우가 많다. 이러한 요인들은 외상의 감정과 기억을 회피하는 대처 전략과 결합되어 생존자들이 외상 사건을 이해하고 균형 잡힌 해석을 내리는 데 어려움을 겪게 한다. 인지적 편견과 피해자에게 책임을 돌리는 가해자의 메시지는 문제를 더욱 악화시킨다. 기억 작업 절차와 관련된 재경험은 외상 기억의 이러한 특징을 다루기 위한 것이다.

기억 재구성과 정서처리

기억 재구성의 구조는 새로운 것은 아니지만, 최근 이 분야에 대한 관심과 연구가 활발히 이루어지고 있다(Lane & Nadel, 2020 참조). 기본 전제는 사건에 대한 기억은 재생할 수 있는 녹음처럼 정해진 것이 아니라 이야기를 다시 들려줄 때마다 발전하는 역동적인 구조를 나타낸다는 것이다. 즉, 기억을 회상하는 상황(예: 자비로운 치료자의 존재), 기억의 미개척 측면(예: 감정, 이전에는 말할 수 없었던 측면)을 정교화하는 방법, 이러한 의미의 모든 측면이 자기정체성과 어떻게 관련되는지가 기억의 공식화뿐만 아니라 기억이 '재구성' 또는 복원되는 방식에도 영향을 미친다(Ecker et al., 2012). 요컨대 일반적인 이해와는 달리 기억해야 할 '원래의 기억'은 존재하지 않는다. 기억하는 것은 마지막 기억의 재구성이며, 이는 보다 유동적으로 발전하는 회상을 만들어 낸다. 그러나 이를 위해서는 그 기억을 풍부하게 활용해야 한다. 외상 경험에 대한 기억은 정서처리의 기본 구조인 언어적 처리가 이루어지지 않을 때(지켜진 비밀) 발전하는 방식에 제한이 있다(Foa et al., 2019). 또는 적절한 지원 없이 각 이야기를 재연할 경우, 사건 당시 형성된 지각·감정·신념의 부적응적 패턴인 '똑같은 오래된 이야기'의 딱딱한 리허설이 될 수 있다. 이로 인해 외상 증상과 장애가 지속될 수 있다.

따라서 치료에서 기억 작업의 역할은 오래된 기억을 활성화하고 재구성 과정에서 통합할 수 있는 새로운 콘텐츠를 생성하는 것이다. 외상 기억을 활성화하고 경험의 새로운 세부 사항에 주의를 기울일 수 있는 공감적인 치료자와 함께 안전한 맥락에서 일어난 일을 다시 이야기하면 기억의 공백을 줄이고 보다 적응적인 의미를 재구성하며 생산적인 방식으로 기억을 변화시킬 수 있다. 예를 들어, 성적 학대의 정서적 중요성을 다시 경험할 때 치료자는 내담자가 어렸을 때의 혼란, 학대를 멈추려는 시도, 가해자의 강압적인 발언에 주의를 기울이도록 유도할 수 있다. 그리고 이러한 것들을 탐색함으로써 자신에 대한 기억이 잘못이 없는 사람으로 바뀔 수 있다. 따라서 재구성은 기억에 대해 느끼는 방식과 기존 기억에 새로운 내용을 통합함으로써 기억이 어떻게 변화할 수 있는지에 대한 신경학적 설명을 제공한다. 정서처리는 과거에 대한 기억에 새로운 내용을 주입하여 기억이 더 이상 예전과 같지 않도록 하는 메커니즘 중 하나이다.

생산적인 외상 내러티브의 질

외상 경험에 대한 내담자 내러티브의 내용과 질은 이러한 사건이 기억에 어떻게 부호화되고 처리되었는지를 반영한다. 성인 애착 면접(Adult Attachment Interview: AAI; George et al., 1984)에 대한 Mary Main의 중요한 연구를 시작으로 풍부한 연구가 내러티브의 질과 해결되지 않은 외상 사이의 연관성을 뒷받침한다. 예를 들어, George 등(1985)은 아동기 외상이 해결되지 않은 내담자가 말하는 애착 경험에 대한 이야기는 비일관성(순차적 순서나 의미가 없음)과 정서조절곤란이 특징이라는 것을 발견했다. 또한 이러한 서술의 특징은 내담자 자녀의 '혼란(disorganized)' 애착 상태를 예측할 수 있었다. 여러 연구에 대한 초기 검토에 따르면 치료 전후의 외상 후 스트레스 장애(posttraumatic stress disorder: PTSD) 증상(즉, 해결되지 않은 외상)은 일관성, 정서적 내용 및 통찰력이 부족한 외상 내러티브와 관련이 있는 것으로 나타났다(O'Kearney & Perrott, 2006). 최근에는 Callahan 등(2019)이 PTSD와 특정 일화 자서전적 기억이 부족한 일반적인 외상 서술 사이의 연관성을 설명했다. 마찬가지로 다양한 임상 및 비임상 표본을 대상으로 한 대규모 연구에서도 외상 서술과 건강 결과에서 정서적 내용의 중요성을 뒷받침했다(Pennebaker & Chung, 2011). 특히 EFTT에 관한 연구는 외상 내러티브의 질(경험하기의 깊이, 정서)과 내용(특정 정서, 자기관)이 치료 성과를 예측하는 것으로 나타났다(Khayyat-Abuaita et al., 2019; Mundorf, 2013; Mundorf & Paivio, 2011).

제4장의 사례개념화 절에서 소개한 Angus와 동료들(2017)의 내러티브 하위 유형 분류

는 특히 외상 경험에 대한 내담자의 스토리텔링과 관련이 있다. 간단히 살펴보면, '문제' 내러티브는 개인적이고 정서적인 참여가 부족하며, 정서적으로 공허하거나 지나치게 일반적이고 모호하며 연습된 것이거나 성찰이 부족하다(제5장에서 설명한 낮은 수준의 경험하기). 이러한 유형의 스토리텔링은 핵심 정서구조나 도식이 완전히 활성화되지 않았고 탐색과 변화를 위해 사용할 수 없기 때문에 비생산적이다. 기억 재구성 측면에서 이러한 유형의 이야기에는 새롭고 적응적인 요소가 거의 없기 때문에 다시 이야기할 때 변화가 미미하고 기억의 부적응적인 요소가 더욱 고착화될 수 있다.

따라서 외상 기억을 재경험하는 목표는 내담자가 문제에서 보다 생산적인 또는 '과도기적'(Angus et al., 2017) 스토리텔링을 통해 적응 요소(감정 · 욕구 · 신념)와 개인적이고 정동적이며 성찰적인 더 깊은 수준의 경험으로 전환할 수 있도록 돕는 것이다. 시작 · 중간 · 끝이 있는 구체적이고 개인적인 내러티브를 구성하면('영화처럼 재생하기') 기억의 공백 · 지나친 일반화 · 일관성을 줄여 외상 경험을 이해하는 데 도움이 될 수 있다. 내담자가 외상 경험의 의미(원인, 자신과 관계에 미치는 영향, 충족되지 못한 욕구)를 성찰하고 새로운 이해를 재구성하도록 돕는 개입은 내담자의 가장 깊은 수준의 경험하기를 포함한다. 이 새로운 관점은 재경험 과정이 끝날 때 내담자의 '변화' 내러티브에 반영되기 시작한다. EFTT를 포함하여 치료 초기에 과도기 및 변화 내러티브가 존재하면 적응 정보와 관점에 대한 조기 접근이 좋은 성과를 예측할 수 있다는 증거가 있다(Angus et al., 2017; Paivio & Angus, 2017).

다음 절에서는 제1장에서 처음 소개한 외상 치료에 대한 다른 주요 효과적인 접근법과 비교하여 EFTT에서 외상 재경험의 공통적이고 차별적인 특징을 설명한다.

기억 작업에 대한 다양한 접근법

안전한 치료 환경의 맥락에서 외상의 감정과 기억을 어떤 형태로든 다시 경험하는 것이 치유와 회복에 필요하다는 데는 여러 치료 접근법에서 동의하고 있다. 따라서 노출과 정서처리는 다양한 접근법에서 공통적인 변화 요인으로 간주된다. 제3장에서 언급했듯이 외상성 공포는 부적응적 일차 정서 또는 공포 단서에 대한 과도하게 일반화된 조건화 반응으로 간주된다. 일단 공포 또는 기억 구조가 활성화되면 이를 수정하는 새로운 정보나 경험에 노출될 수 있다. 이 과정은 일반적으로 복합 대인외상의 일부인 부적응적 일차 수치심의 경우에도 비슷하다.

공인된 외상 치료에서 사용되는 재경험 절차의 대부분은 Foa 등(2019)의 고전적인 지속 노출(prolonged exposure)을 기반으로 한다. 이 절차에는 관련된 감각적, 정서적 경험과 신념에 주의를 기울여 매 회기마다 반복되는 단일 일화(예: 폭행)를 상세하고 순차적으로 다시 이야기하는 것이 포함된다. 필요에 따라 표준 인지행동치료 정서조절 전략이 사용된다. 목적은 외상 후 스트레스 장애 증상을 줄이는 것이다. 내담자는 기억을 견디는 법(둔감화)을 배우고 이전에는 알지 못했던 사건의 측면을 인식하게 된다. 이 새로운 정보는 기억 구조를 수정하고 자기비난과 같은 부적응적 인지에 대응하는 데 도움이 된다. 표준 지속 노출 프로토콜은 복합외상을 입은 생존자를 위해 수정되었다(예: Cloitre et al., 2006). 이 접근 방식에는 노출 전 정서조절 기술 훈련 단계와 가장 문제가 적은 기억부터 시작하는 덜 강렬한 노출이 포함된다.

안구운동 둔감화 재처리법(eye movement desensitization and reprocessing: EMDR; Shapiro, 2018)도 재처리 단계에 앞서 안정화(grounding) 단계로 시작한다. 이 재처리 단계에서는 순차적인 재생이 아닌 특정 사건의 세부 사항에 초점을 맞춘 양방향 자극과 단독 자유연상이 동시에 이루어진다. 외상의 영향은 누적적이기 때문에 EMDR 노출은 내담자가 시간적으로 가장 먼저 경험한 외상 사건부터 시작된다. 기억 재처리는 자유연상 과제에서 떠오르는 새로운 자료에 대해 정해진 간격으로 논의를 통해 이루어진다. 이는 처리되지 않은 기억과 다른 기억 네트워크에 포함된 보다 적응적인 새로운 정보 사이에 새로운 신경학적 연결고리를 형성하는 것으로 생각된다.

감각운동 심리치료(sensorimotor psychotherapy; Ogden & Fisher, 2015)는 외상의 신경생물학적 영향(과각성, 마비, 근육 수축)을 줄이는 데 초점을 맞춘 유망한 접근법이다. 안정화 단계 이후 외상 재경험은 순차적인 재생보다는 특히 기억을 떠올리게 하는 측면이나 기억의 '단편'(예: 최악의 부분)에 초점을 맞추는 방식으로 이루어질 수 있다. 이 과정에서 치료자는 내담자가 외상 기억과 관련된 과각성 감각을 주의 깊게 따라가면서 동시에 이전의 안정화 단계에서 학습한 다른 긍정적인 구체화 경험(예: 안정 · 평온함 · 권한강화)을 경험하도록 돕는다. 이 과정은 각성이 가라앉을 때까지 계속된다. 이는 신경계와 관련 신경생물학적 과정을 재조정하는 것으로 알려져 있다.

Herman(1992)의 내러티브 개방 치료(narrative disclosure therapy)는 교정적 정서 체험(corrective emotional experience)과 변화의 메커니즘으로서 치유하는 치료적 관계에 명시적으로 초점을 맞추는 정신역동적 접근법이다. Herman에 따르면, 애착 관계의 맥락에서 반복되는 대인외상에 대해 스트레스가 많은 노출 절차는 금기이다. 오히려 치료자는 먼저 내담자가 처음으로 '말할 수 없는 것을 말하기' 위해 무슨 일이 있었는지 이야기하도록 돕는다. 점차적으로 사건의 정서적 영향에 초점을 맞추고 관계 및 도덕적 질문(예: '왜 나인가?' 복수, 용서)의 관점에서 사건의 의미를 탐색하고 경험에 대한 새로운 해석을 구성하는 것으로 전환한다. 복합외상에 대한 내러티브 개방 치료에서는 애착 관계에서 발생한 많은 상실을 인정하고, 이해하고, 애도하는 데 중점을 둔다.

어린 시절 외상의 기억을 다시 경험하는 접근 방식에는 몇 가지 공통점이 있다. 첫째, 지속 노출을 제외하고는 모두 점진적인 노출을 포함하며 내담자의 안전을 확보하는 것부터 시작한다. 둘째, 모든 접근 방식에서 내담자는 감각 및 지각적 세부 사항에 주의를 기울이고 외상 기억을 완전히 활성화하기에 적절한 정서적 각성을 통해 일어난 일을 이야기하도록 권장된다. 이를 통해 기억이나 공포 구조의 부적응적인 측면을 수정할 수 있다. 마지막으로, 모든 재경험 절차에는 활성화된 외상 기억 구조를 변화시키기 위해 새로운 정보와 경험에 접근하는 과정이 포함된다.

EFTT에서 기억 작업의 목표와 과정

다음 하위 절에서는 EFTT에서 뚜렷한 치료 과업인 기억 작업의 특징을 설명한다.

내담자 개방 대 과업으로서의 기억 작업

치료 과정에서 자연스럽게 떠오르거나 의도적으로 이끌어 낸 일화적 기억은 경험을 구체화하고 정서도식을 활성화하는 데 도움이 된다(예: "어떤 시간이나 사건을 기억하십니까?"). 그러나 '외상 재경험(trauma reexperiencing)'이라는 용어는 사건을 완전히 처리하기 위해 의도적으로 정서적으로 되살리는 것을 말한다. 전통적으로 이러한 기억은 알코올 중독자인 아버지의 예측할 수 없는 분노, 양육자의 신체적 구타 경험 또는 목격, 내담자 모니카의 경우처럼 어머니의 폭력적인 자살에 대한 공포와 같은 두려움과 공포의 경험과 관련이 있다. 그러나 어린 시절의 외상에는 두려움뿐만 아니라 수치심과 관련된 감정이 수반되는 경우가 많다. 내담자는 자신이 나쁘거나, 무가치하거나, 결함이 있거나, 사랑받을 수 없다고 느끼기 때문에 불안하고 해를 입거나, 버려지거나, 거절당할 수 있다고 느낀다. 이 장의 뒷부분과 이 책 전체에 소개된 대부분의 내담자 사례가 여기에 해당한다.

표 7-1 초기 개방과 기억 작업의 구분

초기 개방(1단계)	기억 작업(2단계)
신뢰 구축	정서처리 및 변화의 촉진
정보 도출	정서를 불러일으키고 강화
점진적 노출 시작(고통에 접근)	경험하기의 심화
내러티브 질 평가	생산적인 내러티브 질 향상

치료의 초기 단계인 1회기부터 내담자는 외상 경험에 대한 기억을 공개하고 자신에게 일어난 일에 대해 이야기하도록 권장된다. 치료자의 수용, 연민, 공감적 반응은 내담자의 수치심과 고립감을 줄이고 안전과 신뢰를 강화한다. 또한 내담자 이야기 개방의 내용과 질은 치료 과정 진단, 평가, 사례개념화, 치료 목표 설정에 도움이 된다. 따라서 치료 초기 단계의 내담자 개방은 전문적인 지식을 갖춘 공감적 반응을 보이는 타인에게 자신의 이야기를 들려주는 새로운 경험을 포함하므로 생산적인 기억 재구성과 정서처리의 첫 단계가 된다. 그러나 이러한 초기 개방은 치료의 후반 단계에서 고통스럽고 충격적인 기억을 명시적으로 재경험하는 것과는 구별된다. 〈표 7-1〉에는 이러한 차이점이 요약되어 있다.

EFTT에서 고유한 과업으로서 기억 작업의 변형

치료 2단계에서 독립적인 과업인 기억 작업은 두 가지 형태로 이루어질 수 있다. 두 가지의 공통된 목적은 경험을 생생하게 재현하는 것, 즉 정서적 참여를 높이고, 부적응적 핵심 정서도식과 자기감을 활성화하고, 대체 적응 자원(감정, 욕구, 자기보호 충동)에 접근하여 기억을 재구성하고 정서도식과 자기감을 변화시키는 것이다.

EFTT에서 가장 자주 사용되는 기억 작업의 첫 번째 형태는 다른 과업의 맥락에서 하위 과업으로 특히 기억을 떠올리게 하는 기억 조각(예: 최악의 부분)을 잠시 활성화하고 탐색하는 것이다. 구체적인 목적은 중요한 어린 시절이나 최근 경험에 대한 내담자의 스토리텔링이 모호하거나 지나치게 일반적이거나 정서적으로 위축되어 있을 때 정서적 참여를 심화시키는 것이다. 이러한 생생하고 정서적으로 살아 있는 기억은 내담자의 자기감을 상징하며 치료 과정에서 반복적으로 언급될 수 있다.

EFTT의 두 번째 형태의 기억 작업은 사건을 처음부터 끝까지 상세하게 순차적으로 재생하는 것이다. 이는 정서중심치료의 '심상적 재진입(imaginal reentry)' 과업으로, PTSD에 대한 고전적인 지속 노출(Hembree & Foa, 2020) 및 표준 정서중심치료 개입인 문제 반응을 명확히 하기 위한 체계적인 환기적 전개(systematic evocative unfolding: SEU)와 특징을 공유한다(Elliott et al., 2004). 두 절차 모두 회상 과정을 늦추고 기억과 관련된 감각적 세부 사항과 내적 경험에 새로운 주의를 기울이는 것을 포함한다. 그러나 이러한 절차는 목적이 크게 다르다. SEU의 목적은 특정 자극 또는 유발 요인과 그와 관련된 의미를 파악하여 그 상황에서 자신의 반응을 이해하는 것이다. 예를 들어, 파괴적인 연애 관계를 끝내기로 결심했던 한 내담자가 전화로 전 애인과 다시 만나기로 합의했다. 그녀는 이 결정에 혼란스럽고 당황스러워했다. "더 잘 알면서 왜 이런 일에 동의했는지 이해할 수 없어요!" 전화 통화 전후의 상황을 체계적으로 되짚어 보면서 그녀는 그의 목소리가 주는 위로와 안정감을 떠올렸고, 그 위로와 안정감을 다시 경험하고 싶은 깊은 갈망을 불러일으켰다. SEU 절차를 통해 그녀는 관계를 끝내기로 결정했음에도 불구하고 남자친구와 만나기로 동의한 이유를 이해할 수 있었다. SEU와 마찬가지로 외상 재경험의 한 가지 목적은 기억의 공백을 줄임으로써 내담자가 외상 사건 당시의 반응과 행동(예: 왜 맞서 싸우거나 다른 사람에게 개방하지 않았는지)을 더 잘 이해하도록 돕는 것일 수 있다. 대부분의 경우 외상 기억을 재경험하는 목적은 정서처리, 즉 기억 자체를 바꾸거나 재구성하는 것이다.

EFTT에서 기억 작업의 핵심 특성

개입에는 내러티브 처리 중 환기적 공감과 정서적 각성을 높이고 정서도식을 활성화하기 위한 심상 및 심상적 재진입 기법이 포함된다. 심상적 노출과 체계적인 환기적 전개에서와 마찬가지로 EFTT의 기억 작업에는 회상 속도를 늦추고 사건의 감각 및 지각적 세부 사항과 당시의 내적 경험, 특히 감정(공포, 수치심) 및 관련 의미(자기 · 타자 · 사건에 대한 견해)에 주의를 기울이고 구체화하는 작업이 포함된다. 그러나 EFTT에서 기억 작업의 중요한 특징은 건강한 성인 자기보호 자원(예: "그 상황에서 어린 시절 자신을 기억하는 성인이 된 지금 기분이 어떠세요?")에 동시에 접근하고 강화하는 것이다. 이는 거의 항상 가해자에 대한 적응적 분노를 불러일으키며, 가해자에게 피해에 대한 책임을 묻거나 자신의 고통에 대한 슬픔과 자기연민을 불러일으킨다.

EFTT에서 기억 작업의 또 다른 핵심 특성은 이 작업이 의도적으로 대체 적응적 스크립트나 내러티브를 생성하는 데 사용되기도 한다는 점이다. 외상 기억을 재경험하는 이 EFTT 접근 방식은 다른 심상적 재진입 기법과 유사하다. 예를 들어, 심상 재구성(imagery rescripting; 예: Arntz et al., 2007)은 내담자가 외상 사건을 재경험하는 동안 언어적 또는 비언어적 보호와 힘을 주는 반응을 제공할 수 있는 더 강력하고 보호적인 타자(또는 자기의 일부)와 함께 외상 장면에 다시 들어가는 것을 상상하도록 요청한다. 마찬가지로,

내담자가 외상 악몽의 결말을 더 강력하고 만족스러운 것으로 바꾸는 꿈 재구성(dream rescripting; 예: Kellner et al., 1992)도 EFTT에 통합될 수 있다(Paivio & Shimp, 1998). EFTT에서 사용되는 이러한 모든 절차에서 중요한 점은 정서도식 또는 기억 구조가 활성화되고 내담자가 외상 사건에 대한 수치심 그리고/또는 두려움을 느끼는 동시에 더 긍정적인 반응을 경험한다는 것이다. 이는 항상 안전한 치료적 관계의 맥락에서 이루어지며, 내담자가 정서조절 능력을 포함한 적응적 내부 자원에 어느 정도 접근할 수 있을 때만 이루어진다.

EFTT 기억 작업에 대한 실무 지침

다음 절에서는 EFTT에서 외상 기억 작업 및 재경험을 위한 몇 가지 회기 내 표식을 지정하고 이러한 절차의 단계를 설명한다. 기억 작업과 관련하여 한 가지 주의할 점은 잘못된 기억의 문제이다. 기억 작업의 목적은 내담자가 기억하는 대로 학대에 대해 논의하는 것이다. 치료자는 내담자에게 학대에 대한 억압된 기억이 있을 수 있다고 제안하는 것은 잠재적으로 해로울 수 있다는 점에 유의해야 한다(Patihis & Pendergrast, 2019). 명백한 함정은 여러 가지 이유로 내담자가 기억의 공백이 있거나 일관성이 없는 초기 기억의 파편을 가지고 있을 수 있다는 것이다. 이러한 기억의 공백은 당연히 내담자를 당황하게 할 수 있다. 치료자는 이러한 우려를 확인하고, 기억 공백은 일반적으로 혼돈이나 두려움의 환경에서 성장하는 것과 관련이 있다고 설명하며, 치료는 내담자가 접근할 수 있는 기억을 탐색하는 데 초점을 맞출 것이라고 안심시켜야 한다.

기억 작업을 위한 표식

기억 작업 과업에 대한 세 가지 일반적인 표식 또는 회기 내 지표가 있다. ① 기억이 얕은 경우, ② 기억을 회피하거나 차단하는 경우, ③ 기억에 결함이 있거나 손상된 자기감이 관여하는 경우이다. 기억 조각에 집중하든 세부적인 순차적 처리를 하든 관여 수준에 관계없이 기억 작업 절차의 단계는 동일하지만, 후자의 과정이 더 오래 걸린다. 또한 이러한 변형에서 기억 작업은 거의 항상 IC 또는 환기적 탐색(evocative exploration: EE) 개입 그리고/또는 내담자가 어린 시절의 상상된 자기에 대해 위로와 연민을 표현하는 자기진정 과업을 포함한다. 후자의 개입은 제10장에서 자세히 설명한다.

기억 작업 과업의 단계

기억 작업 또는 재경험을 위한 표식이 확인되면 다음 실무 지침이 과업을 지원한다.

- 1단계: 특정 외상 경험 탐색에 대한 협력

모든 EFTT 과업과 마찬가지로 외상 재경험은 과업에 대한 내담자와 치료자의 명시적인 협력으로 시작된다. 이는 내담자에게 최근 또는 어린 시절 경험의 예와 같은 특정 사건을 기억할 수 있는지 물어본 다음 그 사건 당시의 내적 경험을 탐색하는 데 암묵적 또는 명시적으로 동의하는 것처럼 간단할 수 있다(예: "너무 아팠군요. '넌 항상 실수만 해.'라는 말을 들었을 때 내면에서는 어떤 느낌이었나요?"). 정서적 참여를 유지하기 위해 치료자가 자극을 반복하는 것에 유의하라.

순차적 재경험은 특정 외상 사건과 관련 내적 경험을 처음부터 끝까지 천천히 자세히 회상하는 과업에 대한 명시적인 협력적 동의가 필요하다. 치료자는 내담자의 거부감을 확인하고 이러한 상처를 여는 것에 대한 두려움을 해소하는 동시에 이것이 치유로 가는 길임을 강조한다. 치료자는 격려 · 안심 · 지지(예: "제가 도와 드릴게요." "당신의 속도에 맞춰 갈게요.")와 개별 내담자에게 맞는 근거를 제공한다. 안전한 치료 환경에서의 재경험은 내담자가 더 이상 '이 추악한 비밀을 혼자 안고 있지 않다.'고 느끼거나 '어두운 구석에 빛을 비추어 그 경험을 이해하는 데 도움이 된다.'고 느끼는 데 도움이 될 수 있다. 모든 경우에 재경험 절차는 당시 형성된 고통스러운 부적응적 감정과 신념을 활성화하여 이를 견디고, 성찰하고, 이해하고, 도전할 수 있도록 한다. 이를 통해 외상 기억이 발전하고 변화할 수 있다.

- 2단계: 최적의 각성 유지

고통스러운 외상 사건을 다시 경험하려면 감정에 압도되거나 위축되지 않고 정서 기억을 활성화하고 탐색할 수 있는 최적의 각성이 필요하다. 기억을 순차적으로 다시 이야기하는 것과 가장 떠오르는 기억의 조각을 활성화하는 것은 모두 정서적 고통과 괴로움을 활성화하기 위한 것이다. 필요하고 적응적인 고통과 그렇지 않은 조절 곤란을 구별하는 것이 중요하다. 고통스러운 기억에 접근하는 것에 대한 반응으로 괴로워하는 내담자는 눈에 띄게 화가 나지만 격려와 지지를 받으면 계속 말할 수 있다. 이 경우 개입에는 불안을 줄이기 위한 취약성 인정(예: "알아요, 이렇게 노출된 느낌이 무섭다는 거."), 계속하도록 격려하고 안심시키는 것(예: "잘했어요, 거기에 머물러 보세요. 이건 정말 중요해요.")과 함께 필요에 따라 현재 중심의 인식과 조절을 돕기 위해 간단한 호흡법이나 안정화 안내(예: "바닥에 발을 대고 의자 위의 엉덩이를 느껴 보세요.", 제2장 참조)가 포함된다. 목표는 내담자가 계속할 수 있도록 돕는 것이다. 내담자가 정서로부터 거리를 두기 시작하면 정서 기억을 활성화하기 위한 환기적 공감 또는 심상 기법(예: "저기 앉아 있는 순진한 5세 아이가 보이세요?")과 함께 계속하도록 타당화와 격려 개입을 다시 포함한다.

조절 곤란이나 회피가 너무 극심하여 내담자가 계속하기를 꺼리거나 할 수 없는 경우에는 재경험에서 별도의 정서조절 과업으로 전환해야 한다. 제5장에서는 정서적 참여와 경험하기를 심화하기 위한 전략을 제시했으며, 다음 장에서는 내담자의 회피를 줄이기 위한 전략을 구체적으로 다룬다.

● 3단계: 일화적 기억 환기 및 탐색

외상 기억을 다시 경험할 때 치료자의 역할은 기억의 핵심 특징에 주의를 기울이고 내담자가 구체적이고 명확하며 개인적이고 정서적이며 일관된 이야기를 할 수 있도록 돕는 것이다. 이러한 특징이 기억 재구성을 촉진하는 데 도움이 된다. 내담자가 맥락을 떠올리고, 기억을 불러일으키는 데 필요한 만큼 상세하게 일어난 일을 설명하고, 분명한 정서적 반응을 이끌어 내도록 격려할 수 있다.

순차적 처리 개입은 내담자가 기억의 공백을 메우고 일관성을 촉진하는 시작 · 중간 · 끝을 사용하여 이야기를 자세히 말할 수 있도록 도와준다. 질문과 메시지는 가해자가 말한 감각적 세부 사항과 구체적인 단어 또는 암시된 메시지를 이끌어 낼 수 있다[예: "내가 (오빠를 때리는 것은) 오빠를 위해서 하는 거야." "널 낙태했으면 좋았을 텐데"]. 중요한 것은 치료자의 공감적 반응이 내담자의 반응과 내적 경험에 대한 지지와 주의를 환기시키고 이끌어 낸다는 점이다. 치료자는 내담자가 과거에 있었던 일을 이야기할 때 내용 · 목소리 톤 · 표정 · 호흡 · 떨림 · 땀 등 현재의 내담자 과정에 공감적으로 조율하고 반응한다.

● 4단계: 부적응적 자기감의 활성화

기억을 불러일으키는 핵심 목표는 외상 사건 당시 형성된 상황 그리고/또는 부적응적 핵심 자기감(예: 더럽다, 공모자, 탓할 대상)을 활성화하는 것이다. 중요한 것은, 다시 이야기하는 동안의 개입은 그러한 자기감을 상쇄할 수 있는 당시의 사건이나 내담자 경험의 세부 사항에 주의를 기울이는 것이다. 예를 들어, 치료자는 내담자가 자신을 보호하려는 시도(예: 숨기기 · 도망치기 · 항의하기 · 누군가에게 말하기), 당시 상황에서 어린아이로서의 무력감과 순진함, 당시의 분노, 혐오감, 혼란스러운 감정 또는 가해자의 강압적이거나 위협적인 말로 인해 무력감을 느꼈던 점 등을 강조할 수 있다. 성적 학대의 경우, 내담자는 당시의 관심이 좋았다고 기억할 수 있으며, 개입은 내담자가 자신을 취약하게 만든 충족되지 못한 욕구(예: 관심에 굶주림)를 파악하는 데 도움이 된다. 일부 내담자는 당시 성적 쾌감을 경험했다고 보고하여 죄책감을 유발하기도 한다. 이러한 경우 개입은 당시의 결백을 강조하고 정상적인 성적 반응에 대한 정보를 제공해야 한다. 이러한 유형의 죄책감은 제9장의 초점인 별도의 과업으로 처리해야 할 수도 있다.

사건의 가장 끔찍하고 정서적으로 고통스러웠던 부분의 일부를 다시 경험하는 것은 맥락의 측면에서 덜 상세하다. 기억의 공백을 줄이고 일관성을 높이는 것이 목적이 아니라 사건 당시의 감정과 신념을 생생하게 불러일으키는 것이 목적이다.

● 5단계: 적응적 성인 역량에의 접근

내담자가 초기 외상 경험의 정서적 고통을 깊이 경험하고 자신을 무고한 피해자로 경험하면, 개입은 대체로 가해자에 대한 분노 그리고/또는 자기와 관련된 바람 · 욕구 · 행위 경향성에 대한 연민과 슬픔과 같은 대안적인 성인의 자기보호적 반응에 접근하는 것을 포함한다. 이러한 적응적 정서 경험은 부적응적 정서를 원상태로 되돌리고 변화시키기 위해 다른 작업(IC 또는 EE)에서 사용된다. 그러나 적응적 정서는 먼저 인식하고, 묘사하고, 인정해야 한다. 이러한 정서는 자연스럽게 떠오르거나 의도적으로 활성화할 수 있는 경우 강화될 수 있다(예: "어렸을 때 자신을 기억하는 지금 기분이 어떠세요?" "아버지가 당신에게 잔인한 말을 했던 것을 기억하는 지금 기분이 어떠세요?").

● 6단계: IC나 EE 그리고/또는 자기진정으로의 전환

성인의 자기보호적 반응에 접근한 후(또는 이러한 반응에 접근하도록 돕기 위해), 재경험의 마지막 단계이자 EFTT의 특징은 내담자가 IC 또는 EE에서 가해자와 심상적으로 직면하여 감정과 의미를 표현하고 피해에 대한 책임을 묻도록 돕는 것이다(예: "그가 한 행동이나 말을 기억한다면 지금 그에게 뭐라고 말할 것 같나요?"). 이는 앞의 IC 장에서 제시한 지침을 따른다. 또는 상황에 자기비난과 자기에 대한 새로운 슬픔이 포함된 경우, 내담자가 어린 시절의 자신에게 연민이나 위로를 표현하는 자기진정 개입을 사용할 수 있다. 이 개입은 다음 두 장에서 설명하는 두 의자 개입과 특징을 공유하기 때문에 제9장 마지막에 자기진정 절차 실행을 위한 전체 지침이 제시되어 있다.

 기억이 흐릿할 때의 기억 작업

기억 작업의 첫 번째 주요 표식은 핵심 기억이 흐릿할 때, 즉 내담자가 일어난 일에 대한 회상에 풍부하게 관여하지 않을 때 발생한다. 대표적인 예로는, ① 제한된 정서적 참여, ② 모호하거나 지나치게 일반적이거나 일관성 없는 이야기, ③ 최근 또는 과거의 외상 반응에 대한 명확성 부족 또는 혼동 등이 있다. 이 모든 것은 특정 자서전적 기억에 대한 접근이 제한되어 있음을 나타낸다.

외상 후 스트레스 장애 및 복합외상성 스트레스 장애와 자주 동반되는 우울증은 자서전적 일화 기억에 대한 접근이 제한되는 경우가 많다. 이는 모호하고 일반적인 스토리텔링에서 분명하게 드러난다. 외상 후 스트레스 장애의 경우, 외상 사건 당시의 높은 수준의 공포 및 각성과 관련된 주의력, 부호화 및 처리 장애와 고통스럽고 위협적인 기억에 대한 만성적 회피의 기능으로 나타날 수 있다. 우울증의 경우, 주요 우울 장애에서 자서전적 기억 기능 장애의 기저에 있는 신경생물학적 기질을 조사한 여러 연구가 있다. 정확한 메커니즘은 아직 밝혀지지 않았지만(Köhler et al., 2015), 우울증과 관련된 모호하고 일반적인 기억은 정서적 고통의 회피라는 측면에서 설명되어 왔다(Hamlat & Alloy, 2018). 이러한 기억 결핍은 치료적 변화를 방해하기 때문에 여러 가지 개입이 이러한 기억 결핍을 목표로 삼았다. 내담자가 일화적 기억에 접근하도록 돕는 한 가지 접근 방식은 집단 기억 훈련(Callahan et al., 2019)으로, 내담자가 최근의 중립적이거나 긍정적인 사건을 회상하는 것으로 시작하여 점차적으로 최근의 부정적인 경험을 회상하는 것으로 넘어가는 것이다.

마찬가지로 EFTT에서는 치료자가 부적응적 핵심 정서도식이 활성화된 최근의 고통스러운 사건에 대한 구체적인 자서전적 기억에 접근하여 관련된 정서를 깊이 있게 재경험하도록 돕는 데 초점을 맞출 수 있다(재경험 및 기억 작업 지침 참조). 이를 통해 어린 시절 경험에 대한 기억이 자연스럽게 활성화될 수도 있고, 치료자가 고통스럽거나 위협적인 감정을 느꼈던 어린 시절 비슷한 경험에 대해 명시적으로 물어볼 수도 있다. 특정 일화적 기억을 사용할 수 없는 경우, 예를 들어 회기에서 높은 수준의 불안이나 고통스러운 정서적 경험에 대한 만성적인 회피 및 거리두기 등의 차단 요소를 파악하고 해결해야 한다.

주요 개입 원리

경험 작업의 모든 측면이 관련되어 있지만, 흐릿한 기억으로 작업을 시작할 때 두 가지 개입 원리가 두드러진다. 기억 환기와 탐색 그리고 내담자의 주의를 내적 경험으로 유도하는 것이다.

● 기억 환기 및 탐색

사건의 외적 세부 사항을 떠올리는 것은 핵심 정서도식을 불러일으키는 데 중요하다. 일단 기억이 떠오르면 재경험 작업은 사건 당시의 외적 세부 사항과 내적 경험을 의도적으로 탐색하는 과정을 포함한다. 다시 말하면, 효과적인 기억 환기 및 탐색에는 구체적이고 명확하며(예: 장소 · 시간 · 가해자의 정확한 말), 개인적이고(예: '나'의 언어 사용, 개인적인 반응), 감각적 세부 사항이 풍부하고, 정서적이며, 성찰적인(예: 지각 · 해석 · 효과) 기억의 회상을 의도적으로 촉진하는 것이 포함된다. 이러한 개입은 미미하거나 부재할 수 있는 생산적인 내담자 스토리텔링의 차원을 목표로 하여 정서적 참여와 경험을 심화한다. 내담자가 처음부터 끝까지 이야기를 전달하도록 돕는 개입은 기억의 공백을 줄이고 일관성을 증진하며 충격적인 사건을 이해하는 데 도움이 될 수 있다. 외적 세부 사항(예: "그녀의 얼굴에 서려 있는 경멸의 표정")은 또한 부적응적인 감정 · 지각 · 해석을 활성화하여 탐색하고 변화시킬 수 있도록 한다. 또한 외적 세부 사항은 부적응적 정서도식과 기억 재구성을 위해 적응적인 내적 경험(예: 다음에 설명한 내담자가 "그놈의 냄새!"라고 말함.)을 불러일으킬 수도 있다.

● 내적 경험에 대한 직접적인 집중

외상 경험에 대한 내담자의 스토리텔링은 종종 외부 사건, 즉 사건에 관련된 줄거리와 등장인물에 초점을 맞추는 경우가 많다. 그러나 (일관성을 조성하는 것을 제외하고) 외적 세부 사항은 주로 사건 당시의 내적 경험을 불러일으키는 자극 기능에서 중요하다. 이는 IC 또는 EE에서 심상화된 타자의 자극 기능과 유사하다. 유발된 내적 경험에는 부적응적인 생각과 감정이 포함되므로 이를 검토하고 변화시킬 수 있을 뿐만 아니라 부적응적인 감정과 신념에 대응하여 부적응적인 자기를 변화시키는 데 도움이 되는 적응적인 경험(예: 분노 · 항의 · 해를 피하려는 시도)도 포함될 수 있다. 내적 경험에 주의를 기울이는 개입(제2장 참조)에는 암시된 생각 · 감정 · 욕구에 대한 공감적 반응이나 추측 또는 신체적 경험으로 시작하여 내적 경험에 주의를 기울이도록 질문과 지시를 내리는 것이 포함된다.

흐린 기억을 다루는 사례

다음 사례는 앞서 설명한 흐린 기억의 각 예시를 통해 기억 작업을 설명한다.

● 제한된 정서적 참여

내담자는 무슨 일이 있었는지 이야기하고 때로는 정서 단어를 식별할 수 있지만 사건의 영향이나 낮은 각성에 대한 지적인 이해만 할 수 있다. 예를 들어, 차갑고 분노를 거부하며 취약한 경험에 대한 접근이 제한되어 있는 내담자 마크가 있다(Paivio & Angus, 2017). 1회기에서 마크는 아버지에게 맞고 어머니에게 몇 시간 동안 용서를 빌었던 일화를 공개했다. 이 이야기는 담담한 어조로 사실적으로 전달되었다. 그의 분노와 고통에 대한 치료자의 공감적 반응은 그의 경험을 더 깊게 만들지 못했다. 그와 치료자는 치료의 초점으로 정서적 참여를 심화시키는 데 협력했다. 이를 위해 치료 과정에서 이 일화적 기억에 의도적으로 접근하고 반복적으로 언급했다.

4회기에서 소개한 첫 번째 IC에서 마크는 자신이 "말만 하고 느끼지 못했다."라고 인정했다. 치료자가 내면의 기분이 어떠냐고 묻자, 그는 "온몸이 긴장되고 땀이 나고 심장이 뛰었다."라고 말했다. 그의 내적 경험과 외적 표현 사이의 이러한 불일치는 과도한 통제를 줄이고 정서적 경험을 더 완전히 활성화하기 위해 회상 조각으로 기억 작업을 시작하기 위한 표식이었다.

치료자: 내면에서 많은 일이 일어나고 있고, 답답하고, 당신을 그렇게 나쁘게 대하는 것에 대해 어머니에게 화가 났고, 그럴 만한 이유가 있네요.

치료자는 1회기에서 설명한 일화, 즉 아버지에게 매를 맞고 어머니에게 용서를 빌어야 했던 일화에 대해 깊이 있게 집중할 것을 제안했다.

내담자: 사소한 일로 어머니 앞에 무릎을 꿇고 몇 시간 동안 어머니께 용서를 빌었지만 어머니는 용서하지 않으셨어요.

치료자: 어머니가 뭐라고 하셨는지 기억나요?

내담자: "넌 진심이 아니야, 우리한테 관심도 없고 그냥 우릴 이용하는 거야."라고요. 저는 계속 "어머니를 이용하는 게 아니라 신경 쓰고 있어요."라고 말했죠. 제발 제 말을 믿어 달라고요. 계속 소파에 누워 TV를 보고 있었어요.

여기서 내담자는 외부 장면에 대한 생생한 설명을 제공하고, 치료자는 내담자의 내적 경험에 주의를 집중한다.

치료자: 당신을 쳐다보지도 않았네요. 당신은 정말로…….

내담자: 살인죄로 기소되어 감옥에 가는 것 같았어요.

치료자: 탈출구가 없고, 마치 유죄 판결을 받은 것처럼 무력했겠네요.

여기서 마크는 '정말 못된 년'이라는 분노와 비난으로 전환하고, 치료자는 마크가 어머니에 대한 기억과 감각적 세부 사항에 머물도록 도와 정서적 몰입을 심화시킨다.

치료자: 기억에 머물러 볼 수 있을까요?

내담자: 어머니가 고함을 지르고 미친 듯이 악을 쓰고 있어요.

치료자: 좋아요. 의자를 바꿔서 어머니가 되어[반응을 불러일으키는 자극], 고함을 지르고 악을 써 보세요. 어머니의 목소리가 어땠나요? 해 보세요. 어떤가요?

내담자: 어머니의 목소리는 등에 칼을 꽂은 것 같아요.

그러자 마크는 "저는 이걸 잘 할 수 없어요."라고 말하며 풀이 죽어 있었다. 치료자는 이러한 방해 요소를 우회하고 기억에 계속 집중할 수 있도록 격려했다.

치료자: 마크, 집중하세요. 잘하고 있어요. 계속하세요. 어머니가 계속 고함을 지르며 악을 쓰고 있어요. 어머니를 상상하니 어떤 기분이 드세요? 내면을 잘 살펴보세요. 그게 무엇이든 간에 여기[가슴에 손을 얹고] 있어요.

내담자: 어머니는 저를 미워하고 제 마음의 구멍이 점점 더 커지고 있어요. [분노에서 슬픔으로 전환]

치료자: 어머니가 자신을 미워하는 것처럼 느껴지는 마음의 큰 구멍이 소년인 당신에게 너무 고통스럽군요.

치료자의 공감적 반응과 연민의 표현과 함께 어머니와의 사건에 대한 이 일화적 기억에 접근하면서 마크는 자신의 취약한 어린 시절 경험에 대한 자각이 높아졌다. 이는 결과적으로 충족되지 못한 욕구에 대한 그의 자격 의식을 높이는 데 도움이 되었다.

마크와 치료자는 이후 회기에서 이 일화적 기억을 다시 다루었는데, 이번에는 아버지의 구타에 초점을 맞추었다. 이 개입에는 기억의 순차적 전개가 포함되었다. 치료자는 마크에게 매를 맞기까지의 사건, 두려움과 무력감 그리고 그 후 방에서 혼자 울면서 느꼈던 감정을 자세히 회상하도록 요청했다. 이를 통해 마크는 이러한 사건이 자신의 자기감과 친밀한 관계에 미치는 해로운 영향에 대한 경험적 인식을 높이는 데 도움이 되었다.

내담자: 저는 마치 총에 맞을 것처럼 울고, 소리치고, 빌고, 애원했어요.

이 진술과 발췌문 후반부에서 마크가 사용한 생생한 은유는 치료자가 공감적으로 반응하는 데 도움이 되는 그의 내적 경험을 들여다볼 수 있는 창을 제공한다.

치료자: 살려 달라고 애원하고 있었군요.

내담자: 전 아이가 있는데 어떻게 그런 짓을 할 수 있나요? 전 그런 취급받을 사람이 아니에요. 저는 인간 대접을 받을 자격이 있었어요.

치료자: 맞아요. 정말 끔찍한 일이었군요, 마크. 당시 기분이 어땠는지 기억나요? [내면의 경험에 직접적으로 주목]

내담자: 완전히 버려진 것 같았고 무력감을 느꼈어요.

여기서 마크의 발성은 어린 시절 경험의 영향을 경험하면서 내면으로 집중했다. 그는 어린 시절의 경험을 상징하는 이 특정 기억(및 다른 기억들)을 반복해서 언급했다. 그것은 그가 놓친 것에 대한 슬픔, 사랑과 지지에 대한 충족되지 못한 욕구, 자기감과 관계의 손상된 영향과 관련된 취약한 감정에 대한 문을 열었다. 이러한 경험은 결국 자기혐오보다는 자기연민을 키우는 데 기여했다. "내 자식에게 그런 짓을 한다는 것은 상상할 수 없어요. 아이들을 짓밟고 마음을 아프게 할 거예요."

● 모호하고, 지나치게 일반적이며, 일관성 없는 스토리텔링

이야기 질이 떨어지는 또 다른 예는 구체적이거나 명확한 세부 사항이나 예가 거의 없이 지나치게 일반적이고 모호한 이야기이다(예: 한 내담자가 "저는 항상 말썽을 일으키고 아버지가 저에게 말하는 방식, 심지어 제 누나들에게도 항상 그랬어요."라고 말했다). 이는 핵심 정서도식을 불러일으키고 경험하기를 심화하기 위해 구체적이고 명확한 일화적 기억 조각에 접근하기 위한 표식이다(예: 치료자가 "구체적인 사건, 당신이 실수했던 때, 아버지가 정확히 무슨 말을 했는지 기억나요?"라고 물었다).

그러나 이 장의 앞부분에서 설명한 순차적 처리의 지표는 사건에 대한 보고된 기억이 순차적 순서가 없거나 말이 되지 않는 서술적 비일관성이다. 이는 어린 시절 양쪽 부모로부터 신체적·정서적 학대를 받아 평생 원치 않는 존재, 거부당하는 존재, 사랑받지 못하는 존재라는 느낌을 받은 적이 있는 내담자에게서 관찰되었다. 이러한 자기감과 고통스러운 감정은 최근 원치 않는 결혼 생활의 별거로 인해 촉발되었다. 초기 회기에서 내담자는 부모로부터 보호받지 못하고 혼자 남겨졌을 때 나이 많은 아이들로부터 성폭행을 당한 사건을 반복해서 언급했다. 그러나 이야기는 흩어져 있었고 맥락과 세부 사항이 불분명했다. 폭행에 대한 이야기는 자해, 어머니의 생일 선물 보류, 아내의 애정 보류에 대한 모호한 언급으로 뒤섞여 있었다. 이러한 유형은 일관성이 없기 때문에 내담자가 이 중추적인 사건과 그 사건이 자신의 자기감과 인생 이야기에서 차지하는 역할을 이해하도록 돕기 위해 성폭행에 대한 순차적인 처리가 필요했다.

● 최근 또는 과거의 외상 반응에 대한 명확성 부족 및 혼란

기억 작업의 또 다른 표식은 과거의 외상 사건이나 외상과 유사한 현재 상황에 대한 내담자의 반응에 대해 혼란스러워하거나 명확하지 않다는 것이다. 내담자는 이러한 이해 부족으로 인해 계속 어려움을 겪는다. 이는 이전 회기에서 설명한 외상 후 스트레스 장애의 표식(체계적 환기적 전개; systematic evocative unfolding: SEU)과 유사하다(Elliott et al., 2004). 예를 들어, 몇 년 동안 신부에게 학대를 당한 내담자는 "내가 왜 돌아갔을까요?"라고 반복적으로 질문했다. 치료자는 처음에 이것을 자기비난의 표식으로 개념화했고, 치료의 중간 단계에서는 이러한 자기비판적 갈등을 해결하기 위해 표준 정서중심치료의 두 의자 대화로 시작했다(제8장 참조). 그러나 두 의자로 개입하는 방식은 내담자의 경험에 변화를 가져오는 데 효과적이지 않았다. "내가 왜 자꾸 돌아가는지 모르겠어요."라는 내담자의 진술을 어린 시절의 반응에 대한 혼란의 표식으로 해석하는 것이 더 도움이 되었다. 내담자의 자기질문("나는 왜 성당을 그만두지 않았을까?")이 나온 후 치료자와 내담자는 내담자가 자신의 반응을 더 잘 이해하도록 돕기 위해 기억 작업을 하기로 동의했다. 치료자는 "어떻게 해야 할지 고민한 적이 많으셨을 텐데요. 구체적인 시기를 기억하시나요?"라고 물었다.

그런 다음 치료자는 그가 신부의 집을 떠나 동네 공원에 가서 벤치에 혼자 앉아 상황을 어떻게 처리할지 고민했던 일화를 생생하게 기억하도록 도와주었다. 치료자는 그가 공원 벤치에 앉아 있을 때의 생각과 감정에 주목했다. 그는 어머니에게 말하고 싶었지만 어머니와 다른 사람들이 자신을 믿지 않거나 비난할까 봐, 또는 최근 아버지가 돌아가신 상황에서 학대 사실을 공개하면 어머니에게 더 큰 상처가 될까 봐 두려웠다고 회상했다. 그는 성당을 그만둘까도 생각했지만, 그렇게 하면 발각되어 심문받고 의심을 받을 수 있다는 생각이 들었다고 회상했다. 그는 최선을 다해 신부를 피하는 것 외에는 좋은 선택지

가 없는 무력하고 갇힌 소년으로 자신을 다시 경험했다. 치료자는 그에게 신부를 피하기 위해 어떻게 노력했는지, 즉 신부를 볼 때마다 늦게 오거나 일찍 나가거나 숨었던 일례를 물었고, 이는 그에게 힘을 실어 주는 데 도움이 되었다. 또한 치료자는 공원 벤치에 앉아 있던 일화를 기억하면서 지금 자신에 대해 어떻게 느끼는지 물었다. 그는 불가능한 상황에 최선을 다해 대처했다는 사실에 안도감을 느꼈다고 말하며, 비밀리에 혼자서 그 상황을 처리하기로 결정한 이유를 설명했다. 정서적으로 생생한 방식으로 다시 경험함으로써 내담자는 자신의 딜레마를 직감적으로 이해하고 자신을 비난하기보다는 무력한 소년으로서의 자신을 연민하는 데 도움이 되었다.

이러한 방식으로 새로운 정보를 생성하는 기억 작업은 특히 어렸을 때 심하게 방임된 내담자에게 적합하다. 방임은 학대와 달리 반응하는 정보의 부재와 관련이 있다. 방임된 아동은 자신에게 뭔가 문제가 있을 것이라는 암묵적인 느낌을 가지고 성장하지만 그것이 무엇인지 명확하지 않으며, 그것을 알아내기 위해 끊임없이 노력한다. 치료 과정에서 이러한 내담자는 조심하거나 억제하고 경험하는 데 어려움을 겪을 수 있으며 종종 치료자에게 지침을 구한다. 그러나 정서적 학대로 인한 사회불안은 주로 예상되는 부정적인 평가에 대한 두려움과 관련이 있는 것과 달리, 방임된 개인의 경험은 내적 경험과 자신에게 기대되는 것에 대한 불확실성에서 비롯되는 경향이 있다. 치료자의 개입은 어린 시절에 받지 못한 정서코칭과 반영(mirroring)을 제공한다. 여기에는 내담자가 자기 경험을 인식할 수 있을 때까지 일화적 기억을 탐색하면서 내담자의 경험에 대한 잠정적인 짐작이나 추측을 제공하는 것이 포함된다.

한 예로, 헬렌이라는 내담자가 자랑스럽게 자신의 빛나는 성적표를 보여 줬을 때의 아버지의 무관심을 회상했다. 치료자는 반영부터 시작했다. "당신의 성적표가 자랑스럽군요. 아버지의 반응이 너무 실망스러우셨나요? 방으로 슬그머니 들어가서 혼자 앉아 있잖아요." 그런 다음 치료자는 암묵적인 의미를 탐색하도록 도와주었다. "당신의 마음속에는 무슨 일이 있었나요…… 혼란스러웠나요, 슬펐나요, 화가 났나요? 그가 왜 그렇게 행동했는지 어떻게 이해하셨나요? 어떤 식으로든 당신에 대해 어떤 점이 잘못되었다고 생각했나요? 그 고통스러운 감정에 어떻게 대처했나요?"

이것은 이해를 높이고 새로운 의미를 구성하기 위해 경험을 촉진하는 과정이다. 헬렌의 예에서 그녀는 아버지의 무관심에 실망하고 외롭고 혼란스러웠으며, 자신에게 무엇이 문제인지 알아내려고 노력했다고 회상했다. 그녀는 자신이 왠지 지루하거나 이상하다고 생각했지만 명확한 해답은 없었고, 자신이 누구인지, 어떻게 하면 원하는 관심과 인정을 받을 수 있는지에 대한 끊임없는 부적절함과 불확실성만 남아 있었다. 변화는 먼저 부적응적 핵심 신념(예: "나는 틀림없이 이상해.")에 접근한 다음 건강한 대안적 과정을 통해 이루어진다. 헬렌의 경우, 결국 변화는 추측적인 질문("나한테 아무 문제가 없었을 수도 있고, 그냥 저 사람이 이상한 것일 수도 있지 않을까요? 내가 그 사람이 차갑게 대할 만한 일을 한 건 아닌 것 같아요.")을 통해 일어났다. 그 후 헬렌은 충족되지 못한 애착 욕구에 대한 자각을 통해 슬픔의 감정으로 전환했다("무엇보다도 저는 그의 인정을 받고 싶었어요. 나는 그것을 결코 얻지 못해서 너무 슬퍼요. 저는 정말 혼란스러운 어린아이였고, 어떻게 하면 아버지를 기쁘게 해드릴 수 있을지 열심히 노력했지만 항상 실패하고 실망했어요. 그렇게 살아왔어요."). 이것이 정서적 변화의 시작이었다.

차단된 기억

기억 작업의 또 다른 주요 회기 내 표식은 내담자가 극도로 고통스럽거나 위협적인 기억을 필사적으로 차단하고 피하려고 할 때 발생한다. 이러한 종류의 표식의 대표적인 예로는 내담자가, ① 방해가 되는 기억과 회상을 겪을 때, ② 일어난 일이 마치 '말할 수 없는 것'처럼 느껴질 때 등이 있다.

일부 내담자는 치료에서 외상과 학대(종종 성적 학대나 굴욕감)에 대한 세부 사항을 개방하는 것을 주저하거나 꺼리는 의사를 명시적으로 표현한다. 치료자는 먼저 거부하는 이유(너무 역겹거나 창피해서, 또는 압도당하는 것을 두려워해서)를 이해하고 확인해야 하지만, 정서처리와 회복을 촉진하기 위해 재경험을 주저하지 않아야 한다. 치료자는 근거를 제시하고(예: "이 비밀은 당신을 갉아먹는 거예요."), 안심시키고(예: "당신이 준비되면요." 또는 "언제든 멈출 수 있어요. 당신이 운전석에 앉아 있어요."), 순차적인 처리보다는 기억의 조각을 점진적으로 참여시킨다. 특정 일화적 기억의 회상을 유도하는 표식은 과거의 외상 경험에서 비롯된 것이 분명한 현재 문제를 처리하는 맥락에서 발생할 수 있다(예: "매우 익숙한 감정처럼 들리네요." "당신은 그런 감정이 계속해서 활성화되는 데 취약해지는군요." 또는 "당신의 버튼이 계속 눌러지네요.").

핵심 개입 원리

앞서 제시한 개입 원리의 중요성에 기반하여, 정서적 강도를 조절하고 내담자의 취약성을 확인하는 두 가지 원칙이 차단된 기억을 다룰 때 필수적이다.

● 정서적 강도의 조절

이 중요한 개입 원리는 내담자의 '인내의 창(window of tolerance)' 내에서 최적의 정서적 각성을 보장하여 정서 기억을 탐색할 수 있도록 하는 데 목적이 있다. 물론 공감이나 신체적 안정 기법의 사용과 같은 반응은 내담자가 압도당하거나 외상을 입지 않도록 각성과 고통을 줄이는 데 필수적이다. 그러나 중요한 것은 효과적인 개입에는 완전히 살아 있지 않은 정서적 경험(예: '쓰레기 조각 같은 느낌')을 불러일으키고 탐색 과정에서 정서적 참여를 유지하기 위한 강화 반응도 포함된다는 점이다. 때때로 유지 반응은 내담자가 말하기를 꺼려 하는 것을 '눈치 보지 않고' 단순히 큰 소리로 말한다(예: "그래서 당신이 가장 필요로 했던 바로 그 사람이 실제로 당신을 해치고 싶어 했군요.").

● 취약성의 확인

내담자가 외상 기억에 대한 정서적 고통과 두려움에 접근하면 극도로 취약해진다고 느낀다. 이들은 재경험 절차를 제안하거나 소개할 때 떨림과 불안의 언어적 및 비언어적 징후를 보인다. 현재의 취약성 경험을 확인·인정·타당화하는 개입을 통해 이들은 자신이 인정받고 있다는 느낌을 받고 고립감과 불안을 줄여 기억을 견디고 탐색할 수 있을 만큼 안전하다고 느낄 수 있다. 일반적인 경험 법칙은 먼저 확인한 다음 탐색하는 것이다. 물론 이에 수반되는 개입 원리는 명시적인 격려와 안심, 지지를 제공하는 것이다.

차단된 기억을 다루는 사례

차단되거나 회피된 기억의 지표로는 내담자가 외상의 세부 사항을 개방하기를 꺼리고 '말할 수 없는 것'이라고 생각하는 경우, PTSD의 방해 증상 등이 있다. 다음 사례는 이러한 각 과정의 기억 작업을 설명한다.

● '말할 수 없는 것'에 대해 말하기

외상성 피해 경험은 매우 굴욕적이고 소외감을 느끼게 한다. 따라서 많은 내담자가 어떤 일이 있었는지 자세히 밝히지 않은 채 상담을 받으러 온다. 수치심, 판단에 대한 두려움, 이해받지 못할까 봐, 때로는 다른 사람에게 고통을 주고 싶지 않아서 외상에 대해 이야기하지 못했다. 이 책 전체에 걸쳐 치료 과정이 설명되어 있는 내담자 모니카의 경우도 마찬가지였다. 초기 회기에서 그녀는 일반적인 방식으로 무슨 일이 있었는지 개방하고, IC에서 어머니와 직면하고(이전 장 참조), 자신과 가족에게 미친 파괴적인 영향에 대해 이야기했다. 5회기에서 그녀는 어머니의 자살을 '말로 표현할 수 없는 일'이라고 묘사하며 어머니가 죽은 것을 발견한 날 밤에 일어난 일에 대한 자세한 내용을 누구에게도 말한 적이 없다고 말했다. 이것은 그녀가 무슨 일이 있었는지 전체 이야기를 할 수 있도록 도와주는 표식이었고, 그래서 그녀는 "더 이상 이 추악한 비밀을 혼자 안고 있지 않게 되었어요."라고 말했다.

다음 발췌문(Paivio & Angus, 2017)에서 치료자의 반응은 지지를 제공하지만 단순한 개방을 촉진하는 것 이상의 의미를 지닌다(〈표 7-1〉 참조). 반응은 의도적으로 모니카가 자살을 구성하는 일련의 사건에 집중하고 이러한 사건의 정서적 영향을 강조하여 보다 완전한 처리를 촉진할 수 있도록 도와준다.

내담자: 인도를 걷고 있었는데 조용해서 현관문을 아주 조심스럽게 열고 들어 보니 고막에 소리가 들릴 정도로 조용했어요. [경험적 인식]

치료자: 이 귀가 먹먹한 침묵[환기적 공감]이요.

내담자: 평소 같으면 제 여동생이 거기 있었을 텐데, 이건 정말 미친 짓이라고 생각해요. [**치료자:** 으흠.] 그리고 저는 부츠를 벗고 부엌으로 내려갔는데, 어머니의 발이 먼저 보였고, 저는 완전히 충격에 빠져서 어떻게 해야 할지 몰랐어요.

치료자: 그리고 심장이 거의 멈출 뻔했군요. [환기적 공감]

내담자: 그리고 저는 여동생을 찾기 시작했고, 누구에게도 전화하는 게 무서웠어요, 왜냐하면 집 안에서는 본인 일이니까……. [**치료자:** 그럼요.] 1분 정도밖에 되지 않았지만 10시간처럼 느껴졌어요.

치료자: 그러다가 들어와서 실제로 무슨 일이 있었는지 보셨군요. [순차적 처리로 돌아가기]

내담자: 어머니를 깨우려고 흔들고 또 흔들고 깨우려고 하면서 맙소사, 어떡하지, 누구한테 전화해야 하나, 어떻게 해야 하나 생각했어요.

치료자: 음, 정말 끔찍하네요. [환기적 공감]

내담자: 그래서 제일 먼저 삼촌에게 전화했고 삼촌이 오셨어요. 지금 생각하면 삼촌이 그 현장에 왔을 때 어땠을지 상상할 수 없어서 마음이 아파요.

감각과 지각, 정서적 반응과 해석을 통해 사건의 순서를 상세히 이야기하는 것은 기억에 대한 보다 완전한 정서처리뿐만 아니라 치료자와의 동맹이자 목격자로서 교정적 정서 체험을 제공하여 고립감과 수치심을 줄였다.

● 침습적 증상

치료 초기에 내담자가 어렸을 때 겪은 일을 밝히기 시작하면 PTSD의 방해 증상(예: 플래시백, 악몽)이 가라앉는 경우가 많다. 그러나 외상 기억의 명백한 재경험을 나타내는 한 가지 분명한 지표는 이러한 침입 증상이 지속되거나 재활성화되어 외상이 완전히 처리되지 않았음을 나타내는 것이다. 이러한 처리는 치료 중 외상 기억에 대한 심상적 노출 그리고/또는 최근의 외상성 사건에 대한 노출을 통해 발생할 수 있다.

한 사례의 경우, 한 내담자는 어렸을 때 아버지의 손에 모욕과 분노, 구타, 어머니로부터 보호받지 못하는 등 극심한 가정폭력에 노출되었다. 이 내담자는 성공적인 직업인이 되었지만 우울증, 낮은 자기존중감, 자기주장 불능, 타인이 큰 소리로 분노를 표출할 때 PTSD 증상이 활성화되는 것을 계속 경험했다. 특히 남동생이 집으로 이사를 와서 신체적 폭력을 행사하지는 않았지만 큰 소리로 화를 내며 장황하게 비난하는 일이 잦아지면서 증상이 더욱 심해졌다. 치료는 어린 시절의 고통스러운 경험에 점진적으로 노출되어 권한을 강화하고 성인 자기보호 자원에 접근하고 이를 현재 삶에 적용하는 데 도움이 되는 과정이었다. 이 개입은 그녀에게 눈에 띄는 두 가지 기억 조각, 즉 아버지가 그녀를 "돼지처럼 멍청해."라고 반복해서 불렀던 것과 아버지가 고기 칼을 들고 그녀를 쫓아온 것에 초점을 맞추었다. 기억 작업은 가장 위협적이지 않은 일화, 즉 아버지의 모욕에 대해 IC에서 아버지와 직면하는 것으로 시작되었다. 이를 통해 그녀는 칼로 위협을 받았던 더 끔찍한 사건을 다시 경험하고 처리할 수 있었다.

처음에는 위협을 받았다는 기억이 공포 · 울음 · 차단 · 해리를 불러일으켰다. 개입은 먼저 치료적 관계의 현재와 안전에 대한 물리적 근거를 제공했다. 내담자가 쓰러져 흐느끼기 시작하자 치료자는 내담자의 취약성을 확인하고 현재, 현재의 성인 자기에 머물면서 그 관점에서 사건의 세부 사항을 회상하도록 명시적으로 격려했다. 치료자는 "그래요, 당신은 힘없는 아이였고 당시에는 스스로를 보호할 수 없었어요. 하지만 이제 당신은 성인이고 다 큰 여성이에요. 바닥에 발을 딛고 똑바로 앉아 심호흡하세요."라고 말했다. 내담자가 순응하고 차분해지면 개입을 통해 기억을 되살리고 적응적 분노 표현을 불러일으켰다. "좋아요, 이제 그 관점에서 이야기해 보세요. 어렸을 때 아버지가 당신을 위협했던 기억을 떠올리면 지금 기분이 어떠세요? 어떤 아버지가 고기 칼로 자식을 위협하나요?" 라고 물었다. 몇 차례의 회기 끝에 그녀는 IC에서 아버지와 직면하여 아버지의 폭력에 대한 책임을 물을 수 있었다. 내담자는 "아버지가 한 행동은 잘못된 거예요. 전쟁 외상이 있다고 해서 자녀를 위협할 권리는 없어요. 당신은 끔찍한 아버지였어요. 아버지는 도움을 받았어야 했어요."라고 주장했다. 이후 회기에서는 이러한 전략을 적용하여 자동 공포 반응을 줄이고 남동생과의 관계에서 경계를 설정했다.

결함이 있거나 손상된 자기에 대한 기억

기억 작업의 마지막 주요 지표는 핵심 기억의 내용에 관한 것이다. 가장 두드러진 특징은 내담자가 자신을 본질적으로 결함이 있어 이것이 학대의 원인이거나, 학대로 인해 돌이킬 수 없이 '오염'되거나 손상되었다는 명시적이고 깊은 고통스러운 경험이다. 이러한 기억은 내면화된 자기비타당화(self-invalidation) 또는 의심을 활성화하여 자기와 사건에 대한 고통스러운 '진실'을 회피하거나 최소화할 수 있다. 다른 경우에는 이러한 부적응적 핵심 자기가 현재 상황에서 명백하게 활성화되기도 한다.

핵심 개입 원리

결함이 있거나 손상된 자기에 대한 기억 작업의 경우, 현재 중심 인식과 의미 상징화라는 두 가지 개입 원리가 특히 적합하다. 이는 앞서 설명한 문제에 추가된다.

- 현재 중심 인식

재경험은 퇴행이 아니다. 개입은 내담자가 당시의 연약하고 무력한 아이로 돌아가지 않고 현재의 성인 관점에서 회상할 수 있도록 도와준다. 이는 해리를 예방하고 회복하는 데에도 필수적이다. 내담자는 과거를 점점 더 생생하게 회상하면서 현재의 순간에 머물러 압도적인 경험으로부터 거리를 유지하는 방법을 배운다. 개입을 통해 내담자는 과거의 외상 사건 당시 자신과 가해자를 다시 경험하는 현재의 성인 반응과 정서적 반응에 집중하도록 하는 것이 중요하다. 목표는 적응적인 자기보호 자원(예: "나는 너무 순진하고 무서웠어요. 도움이 필요했어요.")을 강조하고 통합하여 부적응적인 자기감을 변화시키고 생산적인 기억 재구성을 촉진하는 것이다.

- 의미 상징화

일련의 사건에 대한 상세한 회상은 의미 형성의 첫 단계인 일관성을 촉진할 수 있다.

내담자가 외상 경험의 의미를 명확하게 표현하도록 돕는 개입에는 자기에 가해진 손상과 이러한 손상이 수년에 걸쳐 자기 및 관계에 미친 영향을 구체적으로 설명하는 것도 포함된다. 또한 분노, 거부감을 나타내는 혐오감, 자기로부터 거리를 두고자 하는 욕구, 자기에 대한 슬픔, 상실과 놓친 것을 인정하는 등 외상 당시의 적응적 경험의 의미를 명확하게 표현할 수 있도록 도와야 한다.

결함이 있거나 손상된 자기의 기억을 다루는 사례

다음 사례는 외상 당시 형성된 부적응적인 자기감을 활성화하고 변화시키기 위한 EFTT 기억 작업의 예시이다.

● 내재화된 자기비타당화

아동학대 및 방임의 특징 중 하나는 환경적 비타당화(environmental invalidation)로, 이는 무슨 일이 일어나고 있는지에 대한 불확실성과 자기의심으로 가득 차고 내담자의 불안정한 자기감에 기여한다. 예를 들어, 오빠에게 성추행을 당한 클레어는 부모에게 학대 사실을 폭로했을 때 부모가 자신을 타당화하지 않아 분노했다. 이로 인해 그녀는 자신이 과장하고 '미쳤는지'에 대한 자기비타당화와 의심 그리고 자신의 경험과 인식을 신뢰하지 못하는 만성적인 투쟁을 활성화했다. 5회기는 내담자가 부모와 직면하여 "잊어버리고 싶어요."라는 거부 의사를 표현하는 IC로 시작되었다. 이것은 최소화를 줄이고, '진실을 말하며', 그녀의 지각에 대한 자신감을 강화하기 위한 기억 작업을 도입하는 표식이었다. 치료자는 내담자에게 심상 속의 부모에게 "당신에게 일어난 바로 그 일에 대해서요. 그들이 듣고 싶지 않은 말을 하세요."라고 이야기해 보라고 요청하며 구체적인 성추행 사건을 기억하도록 독려했다. 처음부터 끝까지 구강성교에 대한 상세한 순차적 설명은 클레어가 어렸을 때 겪은 일의 현실을 집으로 가져왔다. 이것은 클레어가 자신의 불안을 회상하고 오빠가 자신을 알아채지 못하도록 '바쁜 여자'가 되려고 노력하는 것으로 시작되었다. 치료자의 공감적 반응은 클레어가 피해를 피하려는 시도를 강조하고, '복종'이라는 용어를 사용하여 공모보다는 어쩔 수 없이 따랐음을 강화했으며, 당시 구강성교에 대한 그녀의 혐오감에 주의를 집중시켰다. 이는 자기비타당화를 줄이고 피해를 최소화하는 데 도움이 되었다. 그녀는 학대를 원하지 않았지만 강력하고 강압적인 상대방과 함께한 연약하고 순진하며 겁에 질린 아이로 자신을 다시 경험했다. 치료자는 그녀가 성인으로서 자기보호 충동을 동시에 사용하도록 도와주었다. 즉, 폭력에 대해 분노하고, 오빠에게 피해에 대한 전적인 책임을 묻고, 무고한 아이로서 자신에 대한 연민을 느끼는 것이었다. 회기가 끝날 무렵 클레어는 그 고통스러운 장면을 다시 떠올리는 것이 힘들었지만, 생애 처음으로 극복할 수 있을 것 같다고 말했다. 이 특정 기억 작업은 치료에서 반복되지는 않았지만, 학대에 대한 자기의심과 의문이 다시 떠오를 때마다 언급되었다.

● 결함이 있거나 손상된 핵심 자기감

해결되지 않은 외상의 특징 중 하나는 정서 기억과 부적응적인 자기감이 현재 상황에서 자주 활성화된다는 것이다. 예를 들어, 어린 시절 베이비시터에게 당한 성추행 문제와 자신을 보호하지 못한 채 정서적으로 학대하고 방임한 어머니와의 문제에 집중하기 위해 상담을 받으러 온 레이첼이라는 내담자가 있다. 처음 네 번의 회기에서는 여전히 관계를 유지하고 있는 어머니와의 문제에 초점을 맞추었다. 5회기가 시작될 때 레이첼은 자신의 어린 딸을 학대로부터 보호하지 못한 악몽에 대해 매우 괴로워했다. 치료자는 "꿈속의 그 어린 소녀가 당신과 많이 닮았어요."라고 잠정적으로 제안했다. 그녀는 학대에 대한 세부 사항이나 그로 인해 발생한 고통스러운 감정을 밝힌 적이 없었기 때문에 이것은 학대에 대한 특정 일화적 기억을 순차적으로 처리하기 위한 표식이었다. 레이첼은 먼저 당시 상황을 회상하도록 요청받았다.

내담자: 저희는 지하실에 있어요. 항상 퀴퀴한 냄새가 났던 기억이 나요. 저는 밖으로 나가고 싶었지만 그는 그곳에 머물고 싶어 했어요. 그러고는 그가 저를 만지기 시작했어요. [울음]

치료자: 거기 가기가 힘들다는 건 알지만, 할 수만 있다면 그대로 계세요. 그래서 당신은 6살 때 지하실에 있었고, 여기 로저라는 다 큰 남자가 성적인 방식으로 당신을 만지고 있었어요. 또 기억나는 게 있나요? [구체적이고, 명확하고, 개인적이고, 일화적인 기억을 계속 떠올림]

내담자: 그의 애프터셰이브 냄새가 나요……. 웁!

치료자: '웁'과 같은 혐오감을 계속 가지고 계세요? [적응적 항의에 주의를 기울이고, 내담자가 자신의 감정을 정확하게 표현하도록 도움]

내담자: 네, 역겨워요. 생각만 해도 구역질이 나요. 하지만 싫다고 말하거나 그만두라고 말하지 않고 그냥 따라갔어요. [목소리가 끊어지고 울음]

치료자: 그래요. 계속하세요. 그가 당신을 만지고 있고, 어떤 이유에서인지 당신은 그것을 따라가고 있어요. 더 말해 보세요……. [부적응적 자기비난에 대한 탐색을 촉진함]

내담자: 처음에는 관심이 좋았지만 얼마 지나지 않아서 싫었고 그곳에 가는 것이 두려웠어요. 어머니께 다시는 저를 보내지 말아 달라고 간청했지만 어머니는 새 남자친구 때문에 너무 바쁘셔서

듣지 않으셨어요…….

치료자: 그래서 그는 당신이 필요로 하고 갈망하는 관심을 주었지만, 당신은 성적인 부분은 원하지 않았네요? 사실 당신은 두려웠어요. 그리고 도움을 요청했지만 아무도 들어주지 않았어요. [충족되지 못한 욕구와 건강한 항의에 집중]

내담자: [숨을 몰아쉬며 부드럽게] 네.

치료자: 기분이 어떠세요? [내담자의 내적 경험의 변화에 공감적 조율]

내담자: 화가 났어요. 그에게 매우 화가 났어요.

치료자: 네, 당신은 그에게 매우 화를 내야 해요. [타당화 및 지지 제공] 저기 있는 그를 상상할 수 있나요? [빈 의자를 가리키며] 이제 어른의 입장에서 뭐라고 말하고 싶으세요?

여기서 치료자는 각성을 높이고 적응적 분노의 적극적인 표현을 촉진하기 위해 IC를 시작한다. 내담자는 이용당하고 학대당하는 것에 대한 분노를 표현하고, 이는 곧 보호받지 못한 것에 대한 슬픔으로 바뀐다.

치료자: 그래요, 네, 그 어린 소녀가 너무 슬퍼요. 더 말해 봐요. [빈 의자를 가까이 끌어당기며 의자 좌석을 쓰다듬으며] 레이첼이 여기 있는 게 상상이 되나요? 어떤 기분일까요? 두려움, 외로움? [자기연민과 자기진정을 촉진하는 공감적 반응과 안내]

내담자: 더러워요!

치료자: 아, 더러워요, 뭔가 문제가 있는 것처럼요. 이 순진한 소녀, 레이첼이 자신에게 뭔가 문제가 있는 것처럼 느끼는 게 너무 억울해요. 레이첼이 무슨 말을 들어야 한다고 생각하세요? [의자를 쓰다듬으며]

여기서 내담자는 자신에 대한 슬픔과 연민을 표현하고("네 잘못이 아니었어. 잃어버린 순수함을 모두 돌려주고 싶어."), 치료자는 내담자가 자기진정의 긍정적인 영향을 경험하도록 돕는다. 나중에 이 경험을 처리하는 과정에서 레이첼은 학대를 평생 숨기고 다른 사람을 기쁘게 하는 자신의 패턴과 연결 짓고 더 이상 가해자를 숨기고 보호하지 않겠다고 다짐한다. 레이첼은 어머니에게 성적 학대에 대해 이야기하기로 결심하고 치료자와 함께 향후 회기에서 이 문제에 집중하기로 동의한다.

또 다른 예로, 내담자 세레나는 어렸을 때 부모의 심각한 방임을 경험했다. 그녀는 13세에 집을 나와 마약과 범죄에 연루되었고 폭력적인 파트너와 몇 년 동안 살았다. 이후 세레나는 자신의 삶을 정상 궤도에 올렸지만, 반항적인 10대 딸과의 관계에서 극심한 불안이 활성화되었다. 세레나는 이를 10대 시절의 자신과 연결시켰다. 그녀는 딸의 안녕에 대한 불안과 함께 자기거부감, 즉 자신이 '뼛속까지 썩었다.'라는 느낌을 받았다. 그녀는 여전히 10대 시절의 범죄에 대해 자신을 용서할 수 없었다. 치료자는 10대 시절 자신에 대한 구체적인 기억이 있는지 물었다. 세레나는 심하게 맞았던 한 사건 이후 거울에 비친 자신의 모습을 떠올렸다. 그녀는 자신이 과체중이고 피부가 좋지 않다고 설명했다.

치료자: 그녀의 표정은 어떤가요?

내담자: 멍해요, 정신이 나간 것 같아요.

치료자: 자신을 바라보면서 어떤 느낌이 들었나요?

내담자: 제 자신이 역겨웠지만 슬프고 절망적이었어요.

치료자: 지금은 그 슬프고 절망적이었던 10대 소녀를 어떻게 생각하시나요? [적응적 정서에 집중]

내담자: 그 애가 안쓰럽긴 하지만, 왠지 여전히 그 애가 싫어요.

치료자: 그녀에게 "나는 너를 거부해."라고 말해 보세요. [부적응적 자기혐오에 대한 인식을 높이기 위한 환기적 공감]

내담자는 치료자의 지시에 따랐고 그렇게 말하는 것이 미안하다고 느꼈고 자신을 용서하고 싶지만 용서할 수 없다고 말했다. 치료자는 무엇이 용서를 방해하는지 물었다. "무엇이 당신을 막는 건가요?"

내담자: 그녀는 그 상황에서 스스로 빠져나왔어야 했어요. 선택의 여지가 있었어요.

치료자: 그녀는 머물기를 선택한 것처럼 들리네요. 그게 그녀의 범죄인 것처럼요.

이 환기적 공감은 내담자의 관점에 대한 인식을 높이고 추가 탐색을 위한 문을 열어 두기 위한 것이었다. 그들은 다음 회기를 계속하기로 동의했다.

다음 회기에서 내담자는 일주일 동안의 회기를 되돌아보고 처음으로 그 상황에서 벗어나려고 노력했던 자신의 절망감과 무망감을 기억해 냈다. 치료자는 다시 세레나에게 10대 소녀였던 자신을 떠올리며 그 당시의 감정을 표현해 보라고 요청했다. 세레나는 "정말 미안해. 너는 그 모든 고통을 받지 말았어야 했어. 네 엄마, 오빠, 아동 구호 단체 등 누군가의 어른이 개입했어야 했어. 어린 나이에 혼자서 감당하기에는 너무 많은 일이었어. 그들은 너를 크게 실망시켰어!"라고 반응했다. 세레나는 자신에 대한 용서를 표현할 수 있었다. 이 사례는 치료에서 기억 환기를 통해 정서도식을 열고 새로운 정보에 접근하여 변화를 촉진하는 방법을 보여 주는 예이다.

 요약, 고려 사항 및 주의 사항

요약하면, EFTT에서 외상 기억을 재경험하는 것은 특정 회기 내 표식과 처리 어려움에 도입되며, 이와 관련된 구체적인 개입 목표가 있다. 이 과정에서 중요한 단계에는 구체적이고 개인적이며 정동적이고 감각적인 스토리텔링을 촉진하고, 외상 사건 당시 발달한 내담자의 부적응적 핵심 자기감을 활성화하며, 부적응적 정서도식을 변화시키기 위해 새로운 적응적 정서와 자기보호 능력에 접근하는 것이 포함된다. 마지막 단계는 IC 또는 EE를 사용하여 가해자에 대한 IC로 전환하거나 어린 시절의 자기에 대한 진정과 연민을 표현하는 것이다.

얼마나 세부적일 필요가 있는가

EFTT의 일반적인 지침은 부적응적 핵심 정서도식을 활성화할 수 있는 만큼 사건의 세부 사항에 접근하는 것이다. 이는 예를 들어, 성적 학대를 공개하는 것이 금지된 문화권에서 특히 중요하다. 이전 회기에서 설명한 내담자들은 성추행에 대한 세부 사항을 자연스럽게 설명했다. 치료자는 이러한 세부 사항을 명시적으로 요구하지 않았다. 내담자가 세부 사항 공개를 꺼리는 경우, 치료자는 그 꺼리는 이유를 타당화하고 탐색하며 내담자가 치료 과정을 통제할 수 있음을 안심시켜야 한다. 개방되지 않은 사건의 측면이나 비밀이 내담자를 계속 괴롭히는 경우에는 추가적인 개방과 처리가 필요하다. 이는 점진적인 참여 또는 노출의 과정이다.

신체적 고통

내담자가 과거의 신체적 또는 성적 학대와 관련된 신체적 고통의 경험을 생생하게 회상하도록 하는 것은 생산적인 개입으로 간주되지 않는다. 적절한 개입은 내담자가 신체적 고통을 명시적으로 우회하여 정서적 고통과 당시 형성된 부적응적인 자기감 및 타자감(sense of self and other)에 도달할 수 있는 방법을 찾도록 돕는 것이다. 예를 들어, 한 내담자는 어머니가 청소기로 자신을 때리는 장면을 설명했다. "어머니가 저를 해치고 싶어 한다는 것을 알면서도 어머니의 표정이 너무 고통스러웠어요." 또 다른 내담자는 아버지에게 강간당했을 때의 신체적 고통을 떠올리며 매우 괴로워했다. 치료자는 그녀가 현재에 신체적으로 안착할 수 있도록 돕고 당시 아버지가 했던 말과 생각에 다시 주의를 집중하도록 했다. 그녀는 아버지가 어머니에게 말하지 말라고 경고했고, 자신이 나쁜 사람일지도 모른다고 생각하면서 "아버지는 어린 딸에게 이런 걸 하는 거야."라고 말했던 아버지와 관련된 혼란스러웠던 기억을 떠올렸다. 그 후 개입은 "아버지는 이러면 안 돼!"라는 어른의 관점에서 항의에 접근하는 데 초점을 맞추었다.

해리

외상에 대한 해리 병력이 있는 내담자는 치료 중 정서적 각성 및 외상 재경험에 대한 해리 위험에 노출되어 있다. 해리는 고통으로부터 자기를 멀어지게 하는 학습된 방식이다. 해리에 대한 EFTT 개입에는 치료자의 얼굴을 바라보는 것부터 시작하여 촉발 요인을 식별하는 과정 관찰(예: "당신이 화를 내기 시작하자마자, 그 순간에 일종의 차단이 일어났던 것 같은데 맞나요?")을 포함하여 지금-여기에서 신체적 안정화를 마련하기 위한 표준 절차가 포함된다. 학습된 자기보호 반응으로서 해리를 타당화하고 적응적인(비록 고통스럽기는 하지만) 정서 경험의 가치와 역할에 대한 정서코칭을 제공하는 것이 필수적이다. 그다음에는 점진적인 참여 과정에 대한 협력이 이어진다(예: "고통스러운 감정을 천천히 견디고 이해하도록 도와주어 더 이상 혼자가 아닌, 더 이상 무력한 아이가 아닌 치유를 할 수 있도록.").

해리성 정체성 장애는 외상 문헌에서 상당한 주목을 받고 있는 현상이다. EFTT 관점에서 볼 때, 이는 내담자가 자신의 해리성 경험을 이해하기 위한 틀로서 다중 정체성의 개념을 사용하는 이야기 처리 장애로 생각할 수 있다. 치료자는 내담자의 다양한 정체성을 동일시하지 않도록 주의해야 하며, 오히려 한 개인을 전인격체로서 지속적으로 다루어야 한다. 예를 들어, 어떤 상황에서도 의자 작업(제6장 및 제9장)을 사용하여 고립된 '정체성들(identities)' 간의 대화를 촉진해서는 안 된다. 앞서 설명한 해리를 다룰 때와 마찬가지로, 치료자는 내담자가 회상하는 내용에 너무 압도되어 대처할 수 없는 경우 내담자를 하향조절할 수 있도록 도와야 한다.

다음 두 장에서는 주요 치료 과업에 참여하는 데 방해가 되는 두려움과 수치심 관련 경험을 해결하고 복합외상을 해결하기 위한 다른 2단계 개입에 중점을 둔다.

제8장

내적 경험에 대한 두려움, 불안 및 회피 감소시키기

이전 장에서 설명한 재경험 및 기억 작업은 외상 경험을 통해 형성된 두려움 및 수치심과 관련된 핵심 자기감을 재구성하기 위한 것이다. 이렇게 만연한 무가치하거나 불안정한 자기감은 과거의 외상과 유사한 현재의 대인관계 상황에 대한 총체적인 반응으로, 지나치게 일반화된 외상 두려움 반응과 마찬가지로 자동적으로 활성화된다. 그러나 이 장에서는 기저의 생각과 감정에 이차적으로 나타나는 개별적인 부적응적 정서인 두려움과 불안을 줄이는 데 중점을 둔다. 이러한 이차 반응은 복합외상에서 자주 관찰되는 주요 정서 유형(제3장 참조)이다. 이러한 유형의 정서를 다루기 위해서는 이 장에서 설명하는 개입이 필요하며, 특히 명백하고 관찰 가능한 기저의 인지적-정동적 과정에 초점을 맞춰야 한다. 이 장의 다음 장에서는 죄책감과 수치심과 관련된 유사한 기저의 과정에 초점을 맞춘다.

두려움과 불안은 종종 외상 감정과 기억으로부터 자신을 회피하거나 거리를 두게 만들고, 이는 결국 회기 내 처리와 외상으로부터의 회복을 방해한다. 따라서 이 장에서 설명하는 개입은 내담자가 이전에 회피했던 정서적 경험을 허용하고 탐색하여 이해하도록 돕는 데 목적이 있다. 이는 단순히 자신의 감정을 인정하거나 명명하는 것과는 다르지만, 꼭 필요한 첫 단계이다. 많은 내담자가 자신의 감정에 이름을 붙일 수는 있지만 그 경험의 깊이나 강도를 온전히 느끼지 못한다. 감정을 인정하는 것과 그 경험적 영향을 완전히 허용하는 것의 차이는 제6장에서 설명한 심상적 직면(imaginal confrontation: IC) 절차에 대한 연구 가운데 내담자에게 외상에 대한 정서중심치료(emotion-focused therapy for traume: EFTT; Holowaty & Paivio, 2012)의 가장 도움이 되는 측면을 식별하도록 한 연구에서 분명하게 드러났다. 내담자들이 가장 자주 도움이 되는 측면으로 꼽은 것은 고통스럽고 위협적인 감정을 완전히 허용하고 어린 시절 학대와 방임의 피해를 처음으로 깊이 경험하는 것이었다.

이 장에서는 이차 두려움 관련 경험을 다루는 다른 접근법과 EFTT를 비교하고, 외상 치료에서 관찰되는 다양한 유형의 두려움을 구분하기 위한 임상 지침을 제공하며, 관련 변화 과정과 목표를 명시한다. 이 장의 후반부에서는 관찰된 다양한 유형의 경험회피와 각각에 대한 적절한 개입을 명시한다. 여기에는 내담자가 정서적 고통을 허용하도록 돕기 위한 단계별 지침과 내적 경험에 대한 두려움과 회피를 줄이기 위한 일반적인 단계 모델이 포함된다. 이 모델은 다음 장에서 소개하는 자기비판적 과정을 줄이는 데에도 적용된다.

두려움, 불안 및 회피에 대한 관점: EFTT와 다른 접근법 비교

이 책 전체에서 언급했듯이 외상 후 스트레스 장애(posttraumatic stress disorder: PTSD)와 복합외상성 스트레스 장애의 특징은 두려움·불안·외상 관련 내적 경험에 대한 회피이다. 또한 이러한 회피가 장애를 지속시킨다는 것은 보편적으로 알려져 있다. 따라서 내담자가 외상 감정과 기억을 회피하지 않고 허용하여 수용하도록 돕는 것은 모든 성공적인 외상 치료의 필수 요소이다. 예를 들어, 경계선 성격장애(아동학대 외상의 병력과 밀접한 관련이 있음)를 위한 변증법적 행동치료(dialectical behavior therapy: DBT; Linehan, 1993)는 파괴적인 행동(예: 자해, 약물 남용)을 바꾸는 데 초점을 맞추는 것과 자기에 대한 '급진적 수용' 및 내담자의 감정과 지각의 타당화를 균형 있게 다룬다. DBT는 또한 내담자가 생각과 감정에 반응하거나 바꾸려고 하기보다는 그 흐름을 관찰하고 수용하도록 돕는 마음챙김 명상 기법을 가르친다. 최근의 우울증 인지치료(cognitive therapy for depression; Segal et al., 2013)와 수용전념치료(accpetance and commitment therapy; 예: Hayes et al., 2012)도 마찬가지로 고통스러운 내적 경험의 수용을 강조한다. 현재 중심적 알아차림의 촉진과 내적 경험에 대한 비판단적 수용은 EFTT의 일부이자 핵심이다. 그러나 EFTT는 심각한 정서조절곤란에 대한 기술 훈련을 포함할 수 있지만, 내담자의 고통을 줄이기 위해 치료자의 공감에 더 의존하고 내적 경험의 단순한 관찰과 수용보다는 의미 탐색에 더 중점을 둔다.

EFTT는 또한 핵심 정동적 경험의 방어적 은폐(defensive covering)에 초점을 맞추는 정동 공포 치료(affect phobia therapy; McCullough Kuhn et al., 2003)와 같은 외상에 대한 현대 정신역동적 접근법과 특징을 공유하지만, 방어적 과정에 대한 직면과 해석은 EFTT 레퍼토리의 일부가 아니라는 점을 제외하면 유사하다. 이러한 정신역동적 접근법 중 속성경험적 역동심리치료(accelerated experiential dynamic psychotherapy; Fosha, 2021)와 정신화 접근법(mentalization approaches; Levy et al., 2006)과 같은 애착 기반 모델이 우리의 접근법과 가장 잘 부합한다. 따라서 공통점은 안전한 애착 유대의 제공과 내담자의 감정에 대한 공감적 반응성을 강조하고 방어적 회피를 줄이며 핵심 정동에 접근하는 것이다.

이전 장에서 설명한 효과적인 외상 치료법은 특히 PTSD 및 복합 PTSD와 관련된 역기능적 신념을 변화시키는 데 중점을 둔다. 여기에는 외부 상황과 내적 경험에 대한 파국적 기대와 회피가 포함된다. 인지행동 개입에는 일반적으로 이러한 역기능적 신념에 도전하기 위한 심리교육과 소크라테스식 질문이 포함된다. 그러나 게슈탈트에서 유래한 두 의자 대화와 같은 EFTT 개입은, ① 자신의 생각과 감정이 부적응적 두려움 · 불안 · 회피에 어떻게 기여하는지에 대한 내담자의 인식을 증진시키고 ② 내담자가 회기에서 이러한 정서 과정의 불편함을 깊이 경험하도록 하는 데 그 목적이 있다. 이러한 깊은 불편함의 경험은 ③ 부적응 과정에 대응할 수 있는 건강한 내적 자원(적응적 사고 · 감정 · 욕구)을 활성화하고 내담자가 거부한 고통스러운 경험을 허용하도록 돕는다. 이와 같은 정서적 고통을 허용하는 과정은 이 장의 뒷부분에서 설명한다.

과정 진단: 다양한 유형의 두려움과 불안 구별

EFTT에서 적절히 개입하려면 제3장에 제시된 유형에 따라 다양한 유형의 두려움과 불안, 그리고 이와 관련된 처리 어려움에 대한 정확한 과정 진단이 필요하다. 이러한 정서 유형은 다음 하위 절에 설명되어 있다.

적응적 두려움 및 불안

두려움과 불안은 흔히 동의어로 간주되지만, 아래에 설명된 바와 같이 치료적 개입에 영향을 미치는 뚜렷한 특성과 기능이 있다.

● 두려움

기본 정서인 두려움은 임박한 위험의 위협을 감지하면 자동으로 활성화되며, 위험을 피하거나 탈출하기 위해 싸우거나 도망치거나 얼어붙는(차단, 죽은 체하기) 행위 경향성과 연관되어 있다. 이러한 유형의 적응적 두려움과 관련된 외상 문제는 인식 부족과 그에 수반되는 적절한 자기보호적 반응의 부족과 관련이 있다. 예를 들어, 아동학대 생존자의 경우 재피해에 대한 취약성은 부분적으로 위험에 대한 자신의 인식을 알아차리지 못하거나 신뢰하지 못하는 데서 비롯되는 것으로 알려져 있다(Courtois et al., 2020).

● 불안

불안은 임박한 위험에 직면하는 것이 아니라 잠재적으로 해롭거나 위협적인 상황을 예상한다는 점에서 두려움과는 구별된다. 적당한 정도의 불안은 가정폭력을 피하기 위해 도움을 구하는 것처럼 예상되는 위험에 대처하기 위한 전략에 동기를 부여함으로써 적응력을 키울 수 있다. 불안의 본질적인 의미는 그 자체로 어려움의 원인은 아니지만, 적응적 불안의 강도가 높을 때 문제가 발생한다. 이런 일이 발생하면 정보 처리, 학습, 궁극적으로 위협에 적응적으로 대응하는 능력을 방해한다.

문제성 두려움 및 불안

부적응적인 두려움과 불안의 문제는 치료자와 내담자 모두 쉽게 알아차릴 수 있다. 다시 말하지만, 효과적인 개입을 위해서는 이러한 정서의 여러 유형을 구분하는 것이 중요하다.

● 부적응적 일차 두려움

부적응적 일차 두려움은 해로움과 연관된 자극에 대해 자동으로 활성화되고 조건화된 반응이다. 이것은 PTSD 반응에서 고전적으로 관찰되는 두려움의 유형이다. 예를 들어, 폭력적인 군대가 있는 나라에서 온 난민은 군복을 입은 사람을 보면 두려움과 공황 상태를 경험할 수 있다. 개인에 따라 이러한 두려움은 분노와 공격적인 행동, 상황 도피 또는 마비 증상으로 이어질 수 있다. 시간이 지나면 이러한 두려움 반응은 다른 자극과 상황으로 일반화되어 조절되지 않는 분노 · 상황 회피 · 만성적인 과잉 경계 · 과잉 통제 등으로 나타날 수 있다. 신경학적 관점에서 볼 때, 이는 좁아진 '인내의 창(window of tolerance)' (Porges & Dana, 2018)을 의미하며, 개인은 중립적인 자극에 점점 더 민감하게 반응하게 된다. 여기서 문제는 실제로는 무해한 상황에 대해 지나치게 일반화된 두려움과 회피이다.

● 취약하거나 불안전한 핵심 자기감

취약하거나 불안전한 핵심 자기감은 이전 장에서 설명한 외상 재경험 및 기억 작업의 초점인 부적응적 일차 두려움 또는 불안의 일종의 혼합물이다. 이러한 자기감은 애착 관계에서 비롯된 두려움 · 공포 · 만성적인 위험에 대한 예상을 중심으로 구성되며 현재의 대인 관계 상황에서 활성화된다. 이러한 만연한 취약성 감각은 총체적인 경험으로 활성화된다. 위험을 예상하고 파국적인 기대를 갖는 것은 이 복잡한 자기조직화의 일부이며 불안감을 지속시키지만, 이러한 인지 과정이 불안감의 활성화에 선행하거나 유발하지는 않는다. 이러한 의미에서 취약성 경험은 이차 불안과 구별되며, 이러한 구분은 차별적 개입에 영향을 미친다. 여기서 문제는 불안전하거나 취약한 자기감의 활성화가 사람들을 연약하고 무력하거나 희생당했다고 느끼게 하고 자기확신 · 대처 능력 · 대인 관계 능력을 방해한다는 것이다. 사람들은 과잉 경계하고, 정서를 과도하게 통제하며, 타자, 특히 친밀한 타자를 불신할 수 있다. 그러나 일부 사람들은 만성적으로 화를 내며 다른 사람들과 거리를 두기도 한다.

또 다른 중요한 점은 애착 관계의 복합외상은 일반적으로 만성적인 불안감과 무가치감 및 열등감을 초래한다는 것이다. 따라서 자기감은 일반적으로 두려움과 수치심을 모두 경험하는 것을 중심으로 구성된다. 한편으로는 두려움에 대한 외상적 경험이, 다른 한편으로는 수치심과 자기비난이 공존할 수 있지만, 일반적으로 이 중 하나가 더 두드러진 방식으로 세상에 존재하는 방식으로서 지배적인 역할을 한다. 개입은 지배적인 경험을 목표로 해야 한다. 그러나 복합외상을 겪는 내담자는 일반적으로 더 깊은 일차 감정을 회피하려는 노력으로 이차 불안과 회피의 영향을 받게 된다.

● 부적응적 불안

'부적응적 불안'은 명백한 부적응적 신념에 의해 선행되고 강한 영향을 받기 때문에 이차 정서적 경험으로 정의되는 경우가 대부분이다. 이러한 불안 문제는 위험에 대한 잘못된 귀인을 수반하고 부적절한 회피로 이어질 수 있다. 또한 불안은 분노 · 결핍 · 당혹감 · 수치심 등 다른 고통스럽거나 위협적인 감정에 의해 이차적으로 나타날 수도 있다. 예를 들어, 외상을 경험한 사람은 외상과 관련된 감정 · 기억 · 신체 감각의 출현에 대한 불안(공황장애와 관련된 예기불안과 유사)을 경험한다. 이것이 PTSD의 특징적인 회피 증상의 기초가 된다. 여기서 문제는 부적응적 불안과 그에 따른 외상 자료 회피가 처리와 변화를 방해한다는 것이다. 따라서 만성 불안을 줄이고 기저의 정서의 의미를 탐색해야 한다.

부적응적 복합 정서 대 정서적 고통

앞서 설명한 다양한 유형의 두려움과 불안 외에도 정서중심치료에서는 복합 '나쁜 감정'과 '정서적 고통'을 구분해 왔다(Greenberg & Paivio, 1997; Pascual-Leone & Greenberg, 2007). 이러한 유형의 경험은 불편하기 때문에 사람들은 이를 느끼지 않으려 하거나 없애려고 노력한다. 그러나 변화가 일어나기 위해서는 두 가지 모두 회기에서 경험해야 한다. 그럼에도 불구하고 두 가지 변화에는 서로 다른 변화 과정이 수반되며 서로 다른 개입 전략이 필요하다.

● 부적응적 복합 정서

무망감 · 무력감 · 자포자기 · 절망감은 복합외상을 겪은 피해자에게 흔히 나타나는 감정이다. 이는 이차 복합 정서 반응이거나 부적응적 핵심 정서도식 또는 자기조직화의 활성화의 산물이다. 이러한 감정은 조절 · 탐색 · 분화가 필요한 전반적 고통(global distress)을 유발하는 모호한 감정일 수 있으며, 부적응적인 자기감과 관련된 기저의 문제를 해결해야 한다. 일반적으로 이러한 종류의 나쁜 감정과 전반적 고통을 변화시키기 위해서는 앞서 설명한 일반적인 변화 모델과 [그림 3-1]에 설명된 것과 같은 복잡한 과정이 수반된다. 여기에는 나쁜 감정을 유발하는 인지적-정동적 구성 요소(예: 수치심, 본질적으로 사랑받을 수 없는 존재라는 자기감, 타자에 대한 거부감, 버림받음의 불가피성에 대한 믿음)를 탐색한 다음 적응적 정서 및 관련 건강한 자원에 접근하여 이 정보를 사용하여 기저의 부적응적 정서도식을 수정할 수 있도록 하는 것이 포함된다.

● 정서적 고통

복합 대인외상은 또한 원치 않거나, 사랑받지 못하거나, 무가치하거나, 열등하다는 느낌 또는 자기의 소중한 측면의 상실 또는 사랑하는 사람과의 상실 또는 이별과 관련된 극심한 고통스러운 정서적 경험을 수반한다. 이러한 종류의 감정은 차별화되지 않은 고통이라는 의미에서 '전반적인' 것이 아니라 정서적 고통의 적응적 일차 경험, 즉 과거에 겪었고 현재 겪고 있는 피해에 대한 포괄적인 구체화된 평가이다. 따라서 정서적 고통은 분노나 슬픔과 같은 기본 감정과는 달리 개별 정서보다 더 복잡하다는 점에서 다르다(Greenberg & Paivio, 1997). 이러한 유형의 정서적 고통은, ① 이전에 좌절되었던 감정을 점진적으로 받아들이고, ② 자기에 손상이 발생했음을 인정하며, ③ 손상이나 피해의 정확한 본질을 이해하도록 허용되어야 한다. 이러한 손상을 직면한 후에야 자기에 대한 정보를 통합할 수 있다. 시간이 지남에 따라 이러한 수용 과정을 통해 자기를 재정의하고 새로운 가치관 · 관심사 · 대처 전략을 개발하여 피해를 치유할 수 있다.

변화 과정 및 목표

EFTT에서 두려움 · 불안 · 경험회피를 해결하기 위한 가장 중요한 목표는 [그림 3–1]에 제시된 일반적인 변화 모델의 단계로부터 비롯된다(Pascual–Leone, 2018). 즉, ① 기저의 부적응적 정서구조 또는 도식(예: 두려움, 수치심)에 접근하고, ② 관련 인지 · 정동 · 동기 구성 요소를 탐색하고, ③ 다른 적응적 정서 및 관련 건강한 자원의 출현을 지원하고, ④ 이를 사용하여 부적응적 정서구조를 수정하거나 변형하는 것이다. 물론 이러한 각 단계에서 다양한 형태의 회피가 모델의 이후 단계의 진행을 계속 방해하고 변화의 과정을 차단할 수 있다. 따라서 다음에 제시된 모든 개입은 일반적인 모델을 따르지만 변화 과정의 특정 단계에서 발생할 수 있는 특정 차단을 해결한다.

조절되지 않은 두려움과 불안의 문제를 해결하는 것은 필연적으로 첫 번째 회기에서 시작된다. 그러나 두려움과 불안 및 경험회피를 줄이기 위한 명시적인 치료 작업은 일반적으로 치료자가 회기에서 이러한 과정을 반복적으로 관찰하고 문제를 우회하려는 시도가 실패한 후에야 시작된다. 때로는 치료자의 차분한 반응(예: "그냥 숨을 쉬세요. 그래요, 괜찮을 거예요.")과 위협적인 경험을 허용하는 초대(예: "당신이 그것을 밀어내고 싶다는 것, 사랑받을 수 없다는 느낌을 알고 있지만, 그 경험에 더 가까이 다가가는 것이 괜찮을까요?"), 억압된 경험에 주의를 기울이거나(예: "너무 고통스럽군요. 계속 그 느낌에 집중하세요. 더 말해 보세요."), 각성을 높이고 접근하기 위해 환기적 공감 반응을 사용(예: "너무 무섭군요. 혼자 그 모든 고통스러운 감정에!")하는 방법도 있다. EFTT는 외부 및 내부 자극에 대한 두려움과 회피를 줄이는 데 중점을 두지만, 특히 내적 경험의 수용을 촉진한다. 이 치료 접근법은 상처받은 자기의 일부를 거부하거나 부정하기보다는 알고, 존중하고, 양육하고, 보호하려는 욕구를 키운다. 예를 들어, 치료자는 "폴, 당신이 겪은 일, 즉 당신이 누구인지에 대한 심오한 의미 있는 부분은 매우 중요해요. 나는 당신이 자신이 아닌 다른 사람인 척하는 대신 자신의 그 부분을 포용하고 존중하는 법을 배우기를 바라요."라고 말할 수 있다.

정서중심치료의 일반 모델(Greenberg & Paivio, 1997)에서 확인된 다음과 같은 개입 원리는 외상과 관련된 두려움을 다루는 작업과 특히 관련이 있다. 먼저 다른 작업의 전제

조건인 두려움과 불안을 관리하는 작업과 관련된 과정과 목표를 파악하는 것부터 시작한다. 이 중 많은 부분이 다른 치료 접근법에서 사용되는 전략과 유사하다.

점진적 참여

점진적 참여의 원리는 내담자의 선택권을 명시적으로 인정하고 중요시한다는 점을 제외하면 점진적 노출의 전통적인 구성과 동의어이다. 이전 장에서 설명한 것처럼 점진적 노출은 초기 회기에서 외상 경험을 개방하는 것으로 시작하여 나중에 심층적인 재경험을 하고, 처음에는 IC 절차에서 다른 사람을 덜 위협하거나 치료자에게 감정을 표현하는 것으로 시작한다. 치료자는 분노와 같은 위협적인 감정에 접근하기 위해 의도적으로 덜 환기적인 언어를 사용하여 시작할 수도 있다(예: "당신은 싫어했어요."가 아닌 "당신은 증오했어요."로 표현). 이것은 위협적인 감정에 대한 연속적인 근사치를 구성하는 것이다. 일반적으로 내담자는 외상 자료를 어떤 방식으로 얼마나 자주 마주할지 결정한다.

압도적인 감정에 대한 정서조절

치료적 관계는 EFTT에서 정서조절을 위한 주요 수단이지만, 치료는 신체적 안정화(grounding), 주의 분산 또는 부드러운 자기대화(예: Linehan, 2015; Najavits, 2002)와 같은 잘 알려진 정서조절 및 고통감내 전략과 마음챙김 기반 연습(Kabat-Zinn, 1990)도 사용할 수 있다. 이러한 기술은 일반적으로 교육이나 지침서 맥락에서의 '차가운' 학습과 달리, 회기의 순간순간 과정에서 각성된 감정의 맥락에서 경험적인 '뜨거운' 학습을 통해 통합된다(Greenberg & Paivio, 1997). 관계 또는 정서조절 기술, 또는 두 가지 모두를 통해 내담자가 고통을 관리하고 두려운 경험에 점진적으로 접근하도록 돕는 것이 목표이다(예: 치료자는 "괜찮아요. 숨을 쉬세요. 좋아요. 무엇이 그렇게 힘겨운지 말씀해 주시겠어요?"라고 말할 수 있다). 이 과정에서 치료자는 겁에 질린 아이를 달래 주는 부모처럼 안전한 애착 대상으로 기능하거나 외상 커플을 위한 정서중심치료에서 지지적인 배우자와 비슷한 역할을 한다(S. Johnson, 2002).

고통스러운 경험의 허용 및 보유

이전에 거부했던 고통스러운 경험을 허용하는 데 있어 중요한 측면은 정보를 자기내러티브와 경험적으로 연결시키는 것이다. 이는 새로운 존재 방식과 새로운 자원에 동기를 부여하는 첫 번째 단계이다. 예를 들어, 오빠로부터 성적 학대를 당했지만 이를 별일 아닌 것으로 치부한 부모를 경험한 클레어(이전 장에서 소개한)는 결국 IC 절차 중에 극심한 고통스러운 감정("내가 더럽다고 느껴져요!")에 접근했고, 이는 순수함과 자기존중을 상실한 것에 대한 슬픔으로 빠르게 전환되었다. 치료자는 그녀의 취약성에 공감하며 클레어가 빈 의자에 앉아 있는 자신을 상상하고 어린 소녀로서 필요한 것이 무엇인지 표현하도록 격려했다. 자기에 대한 연민과 자기진정은 곧 오빠에 대한 분노로 바뀌었고, 이 두 가지 모두 치유를 촉진하는 새로운 적응 경험이 되었다.

적응적 무망감에 대한 직면

돌이킬 수 없는 상실이나 피해, 상황이나 타인을 바꾸려는 시도의 무익함을 받아들이는 것은 과거의 외상을 놓아 버리고 치유하며 앞으로 나아가는 데 필수적이다. 내담자는 아무리 노력해도 잃어버린 것을 되찾거나 학대하는 부모나 배우자의 변화 · 사랑 · 사과 · 책임 인정 · 양심의 가책을 느낄 수 없다는 사실을 직시해야 한다. 돌이킬 수 없는 진실에 맞서 싸우는 것을 포기하고 '사실이 아니기를 바라는 것'을 멈추고 현실적인 절망이나 패배를 받아들이면, 달성할 수 없는 목표나 실행 불가능한 전략을 포기하게 된다. 이것이 바로 익명의 알코올 중독자 평온 기도문(Alcoholics Anonymous Serenity Prayer)과 불교 및 마음챙김의 무집착 원칙에 구현된 원리이다. 평화와 평온은 삶을 있는 그대로 받아들이고 있는 그대로의 삶에 에너지를 집중함으로써 얻을 수 있다. 따라서 EFTT 개입의 목표는 내담자가 이에 대해 성찰하고(예: 치료자는 내담자에게 "밀어붙이고, 밀어붙이고, 밀어붙여도 원하는 것을 얻을 수 없다는 것을 알면서도 언젠가 그가 진실을 깨닫기를 간절히 바라는 마음이 어떤가요?"라고 질문할 수 있다) 절망적인 상황의 현실을 받아들이도록 하는 것이다. 이 경우 수용은 우울한 체념과 구별되어야 한다. 이 주제는 제11장의 슬픔과 애도의 맥락에서 다시 다룬다.

상징화

언어적 상징화는 내담자가 외상 경험을 이해하고 통제력을 얻는 데 도움이 되므로 불안을 줄여 준다. 또한 매우 고통스러운 경험을 다른 사람에게 전달할 수 있는 능력은 PTSD의 특징인 고립감을 줄여 준다. 개입의 목표는 내담자가 특정 감정뿐만 아니라 그 감정의 의미와 경험에 기여하는 내적 과정을 명확하게 표현하도록 돕는 것이다. 예를 들어, 치료자는 "무엇이 그렇게 상처를 주었나요? 일반적인 의미에서는 알지만 정확히 무엇이 그렇게 나빴는지 말하는 것이 중요해요."라고 질문할 수 있다. 일반적인 사례에서 개인에게 특정한 사례로 초점을 전환하는 것이 경험 촉진의 핵심이다.

주체성 증진

두려움과 불안의 가장 일반적인 행위 경향성은 더 이상의 참여를 회피하는 것이다. 특정 상황에서 적응적이든 부적응적이든, 정서적 및 행동적 회피는 일반적으로 개인의 선택에 의한 행동으로 경험되지 않는다. 한 내담자는 "평생 도망만 다니고 살아온 것 같아요."라고 솔직하게 말했다. 개인적 주체성의 경험은 두려움과 불안에 대한 해독제 역할을 할 수 있으며, 내담자는 두려움에 반응하는 자신을 경험하는 대신 이러한 경험에 기여하는 적극적인 참여자로 자신을 인식하게 된다.

정서조절과 영구적인 변화를 위해서는 내담자가 자신의 불안에 어떻게 기여하는지에 대한 인식을 높이는 것이 필요하다. 목표는 내담자가 생각하고, 느끼고, 필요로 하고, 원하고, 행동하는 것이 바로 '나'라는 것을 인식하도록 돕는 것이다. 내담자가 자신의 감정을 스스로 생성하는 것을 경험하면 감정을 어떻게 바꿀 수 있는지 알기 시작한다. "마치 부모님이 버리고 간 것을 이어받은 것 같아요."와 같은 과정 관찰은 내담자가 (좋든 나쁘든) 개인의 주체성을 인식하도록 촉진하기 위한 것이지 비난하기 위한 것이 아니다. 다시 말하면, EFTT 개입은 회기에서 과정이 진행됨에 따라 주체성에 대한 '뜨거운' 경험적 인식을 촉진한다. 이는 특히 두 의자 대화와 관련이 있으며 이 장의 뒷부분에서 자세히 설명한다.

불안과 두려움을 다루기 위한 개입

유발된 외상 자료에 직면했을 때, 회기 중에 조절되지 않은 두려움과 불안의 명백한 지표로는 공황, 해리, 현재 상황이나 내적 경험에 대한 파국적 기대 또는 현재 상황에서 과도하게 일반화된 두려움이 있다. 탐색과 이해를 촉진하기 위해서는 관리와 정서조절이 필요하며, 이는 EFTT의 주요 초점이다. 예를 들어, 어머니의 자살 후의 사건을 기억하며 두려움을 느낀 내담자 모니카가 있다. 그녀는 극심한 불안감 때문에 장례식에 참석할 수 없었고 어머니의 기일이 두려웠다. 이와 같은 내담자의 반응은 재경험과 반복적인 심상적 노출을 통해 해결되며, 때로는 IC 절차의 맥락에서 또는 두 의자 실연(나중에 설명)과 함께 진행되기도 한다. 필요한 경우, EFTT는 두려움과 불안을 관리하고 잠재적으로 압도적인 정서로부터 적절한 거리를 확보하기 위해 표준 기술 훈련 개입도 사용한다(예: Linehan, 2015). 여기에는 내담자가 현재 자신의 신체 현실(예: 의자 위에 엉덩이를 올려놓기, 바닥에 발을 올려놓기)에 집중하도록 돕는 안정화 전략, 불안을 고조시키는 생각보다는 외부 환경의 세부 사항(예: 길을 걸을 때 사람들의 옷 색깔)에 집중하도록 돕는 조절된 복식 호흡, 근육 이완 또는 주의 분산 등이 포함된다.

해리를 해결하기 위해 개입에는 경험을 처리하고 해리의 기능에 대한 교육을 제공하는 것이 추가로 포함된다. 장기적인 목표는 내담자가 두려운 경험을 처리할 수 있도록 자기를 강화하는 것이며(예: 치료자는 "우리는 당신이 더 이상 무방비 상태의 어린 소녀처럼 느껴지지 않기를 바라며, 그렇게 사라지거나 사라질 필요가 없어요."라고 말할 수 있다), 보다 적응적인 정서조절 전략 개발도 포함된다. 그다음에는 위협적인 소재를 점진적으로 접하게 된다. 실제로 가해자가 해리를 유발하는 자극인 경우 치료자는 가해자의 IC를 계속 유지해서는 안 된다. 예를 들어, 한 내담자는 성추행을 당하는 동안 자신을 그 경험에서 멀리 떨어진 '작은 천사'로 상상함으로써 심리적으로 탈출했다. 우리가 보기에 그녀는 그러한 감정과 기억을 직면할 수 있을 만큼 강해질 때까지 자신의 해리적인 부분을 놓아 버리지 못했을 것이다. 성공적인 개입에는 IC 동안 가해자와 잠시 직면하고 자기를 강화하기 위한 노력으로 가해자에 대한 혐오감과 분노에 접근하고 확인하는 것이 포함되었다. 또한 이 개입에는 겁에 질린(그리고 혐오감을 느낀) 어린 소녀와 자신의 작은 천사 부분 사이의 두 의자 대화도 포함되었다. 이러한 전략은 마침내 내담자가 그동안 자신을 지켜 준 작은 천사에게 감사를 표하고 작별 인사를 하는 심상적 대화로 끝났고, 그녀는 구식 대처 방식에서 벗어날 수 있었다.

EFTT에서 회피를 줄이는 과정과 자기진정에 접근하는 과정은 밀접하게 연결되어 있다. 내담자에게 가장 두렵고 고통스러운 경험을 허용하도록 요청하려면 스스로를 위로할 수 있는 능력이 있는지 확인해야 한다. 이러한 능력은 불안정한 애착 관계에서는 발달되지 않는 경우가 많다. 따라서 EFTT에서는 자기진정시키는 기술을 가르치고, 형성하고, 격려한다. 특히 내담자에게 어린 시절 두려웠을 때 무엇이 필요했는지 또는 자녀나 친구를 어떻게 위로했는지 상상하게 한 다음 이를 어른이 된 자신(즉, 내면의 두려운 아이)에게 적용하도록 하는 것이 도움이 될 수 있다. 수치심에 대한 다음 장에서는 자기진정을 위한 개입 방법을 소개한다.

모든 과정과 마찬가지로 내담자의 내적 경험회피를 줄이기 위한 효과적인 개입에는 정확한 과정 진단이 필요하다. 다음 절에서는 EFTT에서 일반적으로 관찰되는 경험회피의 유형과 그에 따른 개입 전략에 대해 설명한다.

다양한 유형의 회피

'경험회피(experiential avoidance)'란 내담자가 정서의 모든 범위, 특히 적응적 정서에 접근하고 표현하는 능력을 방해하는 모든 내적 과정(약물 사용과 같은 부적응 행동과는 구별됨)으로 폭넓게 정의한다. 일반적으로 무의식적 과정과 의식적 과정을 구분한다. 무의식적 회피 과정은 제5장에서 설명한 일부 유형의 낮은 수준의 경험에서 관찰된다. 내적 경험에 접근하는 데 어려움을 겪는 것은 기술 결함이나 고통에 대처하는 부적응 전략의 학습에 기인한다. 이러한 어려움은 불안정한 애착으로 인해 발생하며, 이로 인해 아동은 자신의 내적 경험에 관심을 기울이고 탐색할 자유를 얻지 못했다. 학대적이고 방임적인 환경에서 아동은 외부에 집중하고 위험 징후에 대해 과잉 경계하는 법을 배우거나 자신의 감정과 지각이 무시되거나 가치를 인정받지 못하거나 노골적으로 처벌받는다는 것을 배운다. 이러한 외부 지향적 처리 스타일은 내담자의 발성에서 분명하게 드러난다. 이전 장에서 기억 작업에 대해 설명한 것처럼 내담자의 이야기는 외부에 초점을 맞추고 정서가 결여되어 있거나(공허한 이야기), 지나치게 이성적이고 지적이거나, 모호하고 지나치게 일반적이거나 일관성이 없을 수 있다. 또한 내담자는 정서 레퍼토리가 제한적일 수 있으며, 이차적이거나 방어적인 정서로 인해 보다 주된 경험(예: 두려움이나 슬픔을 덮는 만성적인 분노)을 탐색하지 못하는 경우가 많다. 이러한 내담자는 일반적으로 제5장의 낮은 수준의 경험하기 심화 회기에 설명된 대로 심리교육 · 방향 제시 · 안내의 형태로 의도적인 정서코칭을 받아야 정서 경험에 접근하고 허용하기 시작할 수 있다. 이 과정은 점차적으로 경험하기를 심화하기 위해 여러 회기에 걸쳐 인내와 끈기를 필요로 한다.

적응적 정서를 덮는 이차 정서

회피의 한 형태는 일차 정서가 빠르게 뒤따르는 단순한 순서로 구성되며, 이 정서는 개인을 초기 경험으로부터 조절, 거리두기 또는 보호하는 기능을 하는 또 다른 감정으로 이어진다. 정신역동적 용어로는 이를 방어적 정서라고 한다. 이 과정은 의식적이고 의도적이거나 무의식적일 수 있으며, 내담자는 기저의 정서를 인식하지 못한다. 이렇게 한 가지 정서가 지배적인 경우, 내담자는 일반적으로 제한된 정서 레퍼토리를 가지고 있다. 예를 들어, 내담자가 학대에 대한 상처 · 슬픔 · 두려움 등을 반복적으로 표현하지만 분노에는 접근하지 못하는 것처럼 보이면 방어적 이차 정서의 징후가 분명해진다. 또는 내담자가 깊은 상처를 받았지만 분노만 표현하는 경우이다. 기저의 정서에 대한 짧고 미묘한 언어적 또는 비언어적 지표가 있을 수 있지만 이는 금방 사라진다. 더 복잡한 순서로는 내담자가 일차 수치심을 경험한 후 굴욕감에 대한 이차 분노를 표출하고, 분노에 대한 죄책감이나 불안을 느끼는 경우 등이 있다. 이차 정서와 관련된 이러한 모든 순서는 일반적으로 이차 정서가 일차 정서에서 발견되는 것과 같은 의미의 구체성이 부족하기 때문에 일반적으로 전반적 고통에 빠져 있다.

이차 정서가 일차 정서를 덮는 지점에서 치료자는 내담자에게 자신이 느끼는 감정을 살펴보도록 초대할 수 있다(예: "그녀의 거절로 인해 화가 났나요?"). 이를 통해 내담자가 일차 경험(이 경우 상처)에 접근할 수 있는 기회를 열 수 있다. 그러나 종종 치료자는 특정 경험이 어떻게 내담자의 레퍼토리를 지배하는 것처럼 보이는지, 어떤 보호(즉, 방어) 기능을 하는지에 대해 명시적으로 과정을 관찰하고 내담자와 논의해야 하는 경우도 있다. 여기에는 정상적인 정서적 과정에 대한 심리교육(예: 적응적 정서와 부적응적 정서를 구분하는 것)을 제공하고 내담자의 정서 레퍼토리를 확장하는 목표를 위해 협력하는 것이 동반될 수 있다.

예를 들어, 한 내담자는 분노 조절 문제가 있었고 분노가 정서적 경험을 지배했다. 한 회기에서 그는 어렸을 때 학대를 당한 것을 말다툼에 사용한 아내에 대해 분노를 표출했다. 도움이 되는 개입을 통해 배신에 대한 그의 분노를 확인하고 더 취약한 경험으로 주의를 돌렸다(치료자는 "당신이 얼마나 화가 났는지 들었어요. 하지만 동시에 그녀가 당신의 신뢰를 저렇게 이용해서 당신에게 그렇게 대한다는 것은 정말 큰 상처가 되겠죠."라고 말했다). 그 후 그는 아내가 자신을 사랑하지 않는 것 같다는 느낌을 받았다는 것을 인정할 수 있었다. 이를 통해 그의 분노가 어떻게 다른 사람들을 밀어내고 그가 원했던 연결과 사랑을 박탈했는지 탐색할 수 있는 문이 열렸다. 치료자는 공감적 반응을 사용하여 그의 슬픔, 외로움, 연결과 사랑에 대한 갈망을 불러일으키고 지지했다(예: "그 모든 분노의 이면에는 슬프고 외로운 사람, 사랑에 굶주렸지만 상처받을까 봐 다른 사람을 밀어내는 사람이 있군요."). 여러 회기에 걸쳐 내담자는 자신의 취약한 경험을 인정하고 치료자로부터 위로와 지지를 받을 수 있었다. 또한 개입을 통해 자신을 보호해야 할 필요성을 확인하고 회기 밖에서 취약성을 표현하면서 안전함을 느낄 수 있는 방법을 다루었다.

의식적이고 의도적인 억제

치료 회기에서 내담자가 고통스럽거나 위협적인 감정에 다가갈 때 의식적으로 정서를 억제하는 것을 쉽게 관찰할 수 있다. 표식에는 명시적인 진술(예: "울고 싶지 않아요."), 떠오르는 경험에 대한 비언어적 자기방해(예: 눈물이 솟구치는데 내담자가 의도적으로 억누름), 고통이나 피해의 최소화(예: "그만하길 다행이에요." "부모님은 최선을 다했어요.") 등이 있다. 내러티브 관점에서 이러한 유형의 내담자 스토리텔링은 '경쟁적인 줄거리'(competing plotline; Angus et al., 2019; Paivio & Angus, 2017)를 포함하며, 부적응적 억제와 고통스럽지만 적응적인 정서적 경험 사이의 내적 갈등을 나타낸다. 다음 회기에서 설명하는 전반적인 작업은 내담자가 정서적 고통을 허용하도록 돕는 것이다.

내담자가 일차 정서 경험을 할 수 있도록 돕기

고통스럽지만 적응적인 정서가 의식적으로 억제되거나 과도하게 통제되는 경우, 변화 과정에는 내담자가 이 회피된 정서가 적응적인 정보에 접근할 수 있도록 돕는 것이 포함된다.

고통스러운 정서를 허용하는 데 따르는 어려움 해결하기

거절이나 상실의 고통은 자신을 파괴하는 것처럼 느껴질 수 있으므로 고의적인 자기보호 전략으로 피할 수 있다. 고통스러운 정서에 다가가려면 그 정서에 의해 무너지거나 파괴될 것이라는 두려움을 서서히 극복한 다음, 그 정서를 허용하고 참여하기로 의식적으로 결정해야 한다. 점진적인 참여(노출)를 통해 고통을 유발하는 정서구조를 활성화하면 내담자가 고통을 감당할 수 없다는 믿음을 수정한 다음 의미 재구성이 뒤따른다.

정서중심치료에서 정서적 고통을 허용하는 과정은 비디오로 촬영된 치료 회기의 분석과 이전에 피했던 고통스러운 소재를 허용한 경험에 대한 내담자의 설명을 통해 연구되었다(Bolger, 1999; Greenberg & Bolger, 2001). 이러한 연구 결과를 종합하여 다음에 설명하는 4단계 과정을 도출했다. 이 과정은 EFTT 자체와 마찬가지로 여러 회기에 걸쳐 전개될 수 있으며 다른 개입 및 과업에 통합되거나 포함될 수 있는 메타과업(metatask)이라는 점을 분명히 해야 한다.

- 접근하기

첫 번째 단계에서는 이전에 회피했던 경험에 접근하여 논의한다. 예를 들어, 몇 번의 회기 후에 내담자 '존'은 약물 과다 복용과 어머니의 사망(기억 작업에 대한 이전 장 참조)을 둘러싼 사건, 즉 학교에서 집으로 돌아와 집 주변에서 구급차와 경찰을 본 일을 자세히 설명하도록 권장받았다. 내담자가 이러한 고통스러운 소재에 접근하는 데 도움이 되는 개입에는 치료 과정 전반에 걸쳐 내담자의 강점 · 자원 · 회복력을 강조하고 정서조절 전략을 사용하는 것이 포함된다. 무엇보다도 치료자는 내담자의 고통에 대한 연민을 전달하고 이러한 감정에 접근하는 것이 얼마나 어려운지 확인해야 한다(예: "아이가 외로움과 두려움을 느끼는 것은 끔찍한 일이지요. 그런 감정을 느끼는 것이 얼마나 힘드실지 알아요."). 또한 치료자는 이러한 경험을 자기의 일부로 보유하는 것의 중요성을 전달하고 지지를 제공해야 한다(예: "괜찮아요, 존. 그냥 두세요. 이건 정말 중요한 일이에요.").

● 허용하기

두 번째 단계에서는 외상 경험을 되살리는 동안 내담자는 외상으로 인해 피해를 입은 자신을 보고 받아들인다. 내담자가 정서적 고통의 무게를 인식하기 시작하기 때문에 처음에는 위협적인 경험이 될 수 있다. 존은 사랑하는 어머니가 돌아가신 후 보육원에 맡겨졌을 때 자신을 무방비 상태의 어린 소년으로 보았다. 이 단계에서는 내담자가 두려움에도 불구하고 경험의 고통을 온전히 받아들이기로 의식적으로 결정해야 한다. 이 단계의 목표 중 하나는 내담자가 그 과정에서 나타나는 복잡한 감정과 깨달음을 견딜 수 있도록 돕는 것이다. 존의 경우 어머니의 죽음과 그 후 보육원에서 겪은 잔인함과 배신의 고통을 마주하는 것은 분노와 자신이 필요한 사랑과 양육을 받지 못했다는 무망감과 절망을 마주하는 것과도 관련이 있었다. 또한 그는 약물 남용을 통해 대처해 온 자신의 역사와 낭비된 세월과 기회 상실을 직시하고 받아들이고 자신을 용서해야 했다. 시간이 지남에 따라 점차적으로 치료자의 위로와 공감적 인정은 내담자에게 내면화된다. 이러한 내적 자원은 이전에는 압도적이었던 상황에 직면하여 안정감을 확립하고 자기인정을 하는 자세로 나아가는 데 도움이 된다.

● 탐색하기

세 번째 단계에서는 새롭게 인식된 자기관에 대한 의문과 의심을 통해 자기탐색의 문을 열게 된다. 이를 위해서는 내담자가 산산조각 난 감정을 견디고, 자신에게 가해진 피해를 완전히 인정하고, 피해의 원인과 책임자를 파악하며, 외상성 사건에 대한 분노와 슬픔의 감정을 충분히 표현할 수 있도록 도와야 한다. 이때 IC 또는 환기적 탐색(evocative exploration: EE)을 도입하거나 재도입할 수 있다.

또 다른 내담자 '마르다'와의 상담은 30년 전 자신과 네 자녀를 버린 남편에 대한 분노를 표현하는 것으로 시작되었다("당신이 미워요. 어떻게 그렇게 무정한 사람이 될 수 있죠?"). 이를 계기로 그녀는 깊은 흐느낌으로 전환하여 처음으로 슬픔과 상실의 고통을 온전히 경험하게 되었다. 치료자의 진정시키는 반응(예: "눈물이 너무 많이 나네요. 그냥 흐르게 두세요.")은 마르다가 자신의 취약성을 받아들이고 자신의 고통에 대해 울 수 있도록 도와주었다. 이 과정을 통해 나중에 탐색할 수 있는 자신에 대한 질문에도 접근할 수 있었다.

내담자: 어떻게 그의 허튼소리를 그렇게 오래 참을 수 있었지?!? 내가 그렇게 절망적이었나요?

치료자: 그래서, 당신은 그가 당신에게 던지는 모든 것을 기꺼이 받아들이고, 절박하게……?

내담자: 그의 사랑, 아마도요. 하지만 그는 저를 사랑한 적이 없었어요. 항상 저를 깔아뭉개거나 혼자서 가 버렸죠. 그런 모습을 보고 싶지 않았어요.

치료자: 진실을 마주하고 싶지 않았다고요?

내담자: 참담했어요. 말 그대로 살아남을 수 없을 것 같았어요. 살아남지 못할 것 같았어요.

치료자: 당신의 목숨이 그에게 달려 있는 것처럼요.

이 탐색을 통해 마르다는 자신을 바라보는 시각이 취약하고 희생적인 젊은 엄마에서 네 명의 자녀를 혼자서 생존하고 키운 성숙한 여성으로 바뀌었다.

● 통합하기

이 과정의 네 번째이자 마지막 단계에서는 고통스러운 경험을 수용하고 자기감에 통합한다. 내담자는 자신과 이러한 경험이 자신의 삶에서 어떻게 작용했는지에 대해 더 명확하게 이해하게 된다. 내담자는 피해를 준 사람이나 사건과 관련된 감정을 명확하게 표현하고 자신의 고통에 기여한 것에 대해 책임을 질 수 있다(예: "내 분노가 다른 사람을 밀어냈어요."). 이러한 새로운 자기감을 지지하는 치료자의 반응(예: "버려지고, 겁에 질리고, 외로웠던 그 순간으로 인해 당신의 인생 전체가 정의된 것 같아요.")은 피해의식보다는 개인의 주체성과 통제력을 높이는 데 도움이 된다. 완전히 허용하는 경험은 또한 고통스러운 상태와 관련된 부적응적 신념에 도전하는 관련 욕구를 동원한다. 자신의 바람과 욕구를 알면 개인은 내부적으로 연민과 자기진정의 형태로 경계를 주장하거나 대인 관계에서 치료자 또는 다른 사람에게 지원을 구할 수 있다. Bolger(1999)에 따르면, 이는 '덮기' 또는 고통을 회피하는 부적응적인 방법(예: 약물 남용 · 과도한 업무 · 타인 통제 등)을 인식하는 과정이다. 치료에는 내담자가 이를 해결하기 위해 점진적으로 다른 삶의 선택을 하도록 돕는 별도의 과정이 포함될 수 있다.

사례 예시: 정서에 대한 자기방해 감소시키기

어린 시절 극심한 가정폭력에 노출된 내담자 안젤라(Paivio, 2013)는 처음에는 자신의 감정을 자유롭고 진실되게 표현하고 싶은 욕구와 지나치게 통제받고 싶은 욕구 사이에서 갈등을 겪었다. 이 개입은 고통을 허용하고 자기진정 자원에 접근함으로써 그녀가 진정한 정서적 경험을 통합하도록 돕는 것을 목표로 했다. 다음 발췌문에서 치료자는 어린 시절의 고통스러운 기억에 접근하는 데 있어 내담자의 취약성을 확인하고 감정을 억제하는 내담자의 노력을 확인했다. 동시에 치료자는 안젤라가 과도한 통제를 포기할 수 있도록 격려와 지지를 제공했으며, 어린 시절 충족되지 못한 욕구와 관련된 고통스러운 감정을 활성화하기 위한 환기적 공감과 과정 안내를 제공하였다.

치료자: 집중하고 싶은 특정 기억이나 사건이 있나요?

내담자: 제 모습을 떠올리면 지하 감옥에 있는 어린 소녀 같아요.

치료자: 네: 지하 감옥에……. 아주 슬픈 이미지네요.

내담자: [눈물을 닦으며 어깨를 으쓱함] 더 심한 것도 있어요. [최소화]

치료자: 네, 더 나쁜 것도 있긴 하지만 딸을 지하 감옥에서 키우는 건 원치 않으실 거예요. [내담자가 고개를 끄덕이며 동의함] 어떤 상황이었는지 말씀해 주시겠어요?

여기서 안젤라는 분명히 눈물을 억누르려고 애쓰고 있었다. 치료자는 그녀의 어려움을 확인했지만 억제를 우회하고 자기의 건강한 측면에 접근하는 데 집중했다. 치료자는 내담자가 어렸을 때 놓친 모든 것을 구체화하고 그러한 상실에 대해 공감적으로 반응함으로써 슬픔을 표현하도록 도왔다.

치료자: 힘들다는 거 알아요. 참으려고 애쓰고 있겠지만 지하 감옥에 있는 안젤라라는 소녀와 접촉을 시도해 보세요. 그녀는 어떤 기분일까요? 외롭나요?

내담자: 무기력해요. 전에도 말했잖아요.

치료자: 네, 무력하고 완전히 무력하고 외롭다고요.

내담자: [눈물을 억누르며] 미안해요, 전 울기 싫어요.

치료자: 울고 싶지 않으시다는 건 알지만, 그 어린 소녀를 위해 많은 눈물을 흘려야 해요. [내담자가 조용히 눈물을 흘림] 가장 그리운 것이 무엇이라고 생각하시나요?

내담자: [눈물을 닦으며] 사람들이 이야기하는 어린 시절의 행복한 추억이 가장 그리운 것 같아요.

치료자: 네, 아이들은 행복하고 평온하며 모든 종류의 행복한 추억을 가져야 하죠. 당신은 험한 일을 당했어요.

내담자: 우리 엄마 아빠는 노력했어요. [최소화]

치료자: 그들은 노력했고, 당신의 강점은 그들이 왜 그랬는지 이해하는 데 있어요. 하지만 그렇다고 해서 당신이 겪은 고통이 바뀌지는 않아요. 그게 중요해요.

내담자: 네. [휴지로 눈물을 닦으며]

치료자: 당신은 소중한 것들을 놓쳤어요.

안젤라는 어린 시절 기억의 고통을 잠시나마 허용한 후 건강한 분노에 접근하여 아버지에게 책임을 물었다. 치료자의 공감적 반응은 이 새로운 자기주장 표현을 지지하고 격려했다. 이후 회기에서 안젤라는 이 새로운 관점을 더욱 통합하기 위해 심상 속의 아버지와 함께 IC 또는 EE를 사용하도록 권장받았다.

개인 내 갈등 해결의 일반적 모델

자기방해는 파국적인 기대와 함께 불안을 유발하는 개인 내 또는 '자기-자기'(self-self) 갈등의 한 유형으로, 이에 대해서는 나중에 설명한다. (죄책감이나 수치심을 유발하는 자기비판은 다음 장에서 설명한다.) 감정에 대한 내담자의 신념이나 금지 명령(예: '분노는 죄다.' '울음은 자기를 불쌍히 여기는 것이다.')과 정서적 경험 및 표현에 대한 파국적 기대가 정서를 방해하는 경우('울기 시작하면 절대 멈추지 않을 거야.' '화를 내면 미치거나 누군가를 아프게 할 거야.' '화를 내면 아빠처럼 보일 거야.'), 첫 번째 단계는 적응적 정서 경험, 억제의 부정적인 결과, 회복 과정에 대한 정확한 정보를 제공하는 것이다. 내담자가 과업의 가치에 동의하면 다음 단계는 자기방해적 과정을 탐색하고 이해하는 것이다. 중요한 것은 정서적 차단이 통과할 수 없는 것처럼 보이는 경우에만 자기방해적 과정을 심층적으로 탐색해야 한다는 것이다. 일반적인 경험 법칙은 가능한 경우 자기방해 및 회피 작업을 우회하는 것이다. 앞서 설명한 내담자 안젤라의 경우처럼 내담자가 타당화와 공감의 지지만으로 일차 정서를 표현하도록 격려할 수 있다면 개입이 필요하지 않다.

가장 중요한 목표는 내담자가 억제된 정서를 수용하고, 자각하여 경험하고, 표현할 수 있도록 돕는 것이다. 하위 목표는, ① 자신의 경험을 방해하거나 두려움과 불안에 기여하는 방식(관련된 생각과 감정)에 대한 내담자의 인식을 높이고, ② 자기방해의 부정적인 경험적 결과에 대한 내담자의 인식을 높이며, ③ 방해된 경험을 허용하려는 욕구에 동기를 부여하는 것이다. 다시 말하면, 자신의 생각과 감정이 자신의 경험에 어떻게 기여하는지 이해하는 것은 선택권과 통제력을 높이기 때문에 자기를 강화한다. 기법은 다르지만 많은 독자에게 친숙한 인지행동치료 접근법도 내담자가 부적응적 신념과 우울증이나 불안 사이의 연관성을 이해하는 데 도움이 된다. 내담자가 그 연관성을 이해하지 못하면 변화할 수 없다.

다음의 일반적인 모델은 자기의 지배적이고 부적응적인 부분(억제 · 파국 · 비판)과 이러한 부적응적 과정의 영향을 느끼는 자기의 하위 부분(짓눌림 · 두려움 · 죄책감 · 수치심) 사이의 내적 갈등을 해결하는 과정을 제시한다. '상전(top dog; 자기의 지배적인 부적응 부분)'과 '하인(underdog; '목소리 없는' 약한 경험하기 부분)' 사이의 갈등에 대한 전통적인 게슈탈트(Perls et al., 1951) 개념화는 이 개입 과정을 이해하는 데 단순하지만 유용한 틀이다. 여기서는 표현을 강요하는 감정과 그러한 경험을 억누르는 자기의 일부 사이의 갈등에 초점을 맞추고자 한다. 여기서 치료자의 역할은 약자, 즉 만성적으로 억압받는 자기의 건강한 부분을 지지하고 그 부분이 목소리를 낼 수 있도록 돕는 것이다.

개인 내 갈등을 위한 의자 작업은 여러 단계를 구체화하기 위해 연구되고 개선되어 왔다. 또한 자기비판, 자기방해, 불안을 해결하기 위한 별도의 작업도 공식적으로 만들어졌다(예: Elliott & Shahar, 2019; Watson & Greenberg, 2017; Watson et al., 2019). 여기에서는 내적 장애물로 간주되는 이러한 다양한 과업들 간의 공통점에 초점을 맞춘 일반 모델([그림 8-1] 참조)을 제시하고, 이를 통해 복합외상 해결이라는 더 큰 과업의 하위 단계에 대해 설명한다. 많은 내담자는 IC 절차에서 가해자와 심상적으로 직면하는 것보다 자기의 일부와 두 의자가 마주 앉아 대화하는 것이 더 쉽다고 생각한다. 그러나 내담자가 수행불안으로 인해 두 의자를 사용하는 작업을 할 수 없는 경우에도 제6장에서 설명한 해결 모델이 스트레스가 적은 EE 개입을 안내하는 것처럼 일반 모델은 개입 과정의 지침으로 작용할 수 있다.

[그림 8-1]은 내담자의 과정과 지배적인 자기([그림 8-1]의 상단)와 경험하는 자기([그림 8-1]의 하단) 사이의 상호작용을 보여 준다. 다음 절에서는 이러한 과정을 촉진하기 위한 치료자의 작업에 대해 설명한다. 일반적으로 불안을 유발하는 메시지(즉, 안전하지 않다는 느낌)를 동반하는 자기방해를 다루는 데 중점을 준다. IC에서와 마찬가지로 두 의자 개입

은 선형적인 과정이 아닌 반복적인 과정을 포함한다. 이 과정 모델을 설명하는 사례는 다음과 같다.

● 과업을 협력하고 구조화하라

내적 갈등의 표식에 따라 초기 단계에서는 자기의 두 측면을 식별하고 분리하여 그 사이의 접촉을 설정하는 것이 포함된다. 자기방해 표식의 경우, 치료자는 어떤 새로운 경험과 내담자가 뒤로 물러서는 것을 관찰하고(예: "거기서 어떤 분노와 접촉했지만 왠지 모르게 어떤 일이 일어나서 더 이상 참기 힘들군요.") 이 과정이 치료에서 반복적으로 발생한다는 것을 추가로 관찰한다(즉, 쉽게 우회되지 않는다는 것). 내담자는 이 패턴을 인식하고 더 잘 이해하고 결국 부적응적 패턴을 바꾸기 위해 두 의자 절차에 참여하는 데 동의한다.

절차의 구조화는 내담자가 자기의 두 부분 사이에서 내부 대화를 한다는 점을 제외하면 제6장에서 설명한 IC 절차의 구조화와 유사하다. 내담자가 방해받거나 억제되고 있는 자기의 건강한 부분을 말할 때는 평소 의자에 앉는 것이 가장 도움이 된다는 사실을 발견했다. 이렇게 하면 내담자가 치료 내내 자기의 해당 부분과 동일시하는 데 도움이 된다. 자기의 지배적인 부적응적 억제 부분을 말할 때는 반대편 의자에 앉는다.

● 부정적 메시지를 분명하게 표현하라

내담자가 자기의 지배적인 부분의 역할을 맡아 대화를 시작하는 것이 가장 자연스럽고 효과적이다([그림 8-1] 상단). IC의 초기 단계에서 부정적인 타자를 상상하는 목적이 자기의 반응을 불러일으키는 것이라면, 이 단계에서는 억제되고 있는 자기의 일부, 즉 건강한 경험하는 자기의 반응을 불러일으키는 것이 목적이다. 다시 말하면, IC와 유사하게 자기와 심상화된 타자 사이의 심리적 접촉이 개입의 성공에 중요한 경우, 자기의 두 측면 간의 접촉은 두 의자 실연의 성공에 중요하다. 이는 내담자가 자기방해 과정에서 자신이 실연하는 역할과 주체성의 경험적 인식을 촉진한다. 내담자가 방해(및 불안 유발) 과정을 실행하면 의자를 바꾸고 차단과 위협에 대응하는 내적 경험에 집중하도록 안내한다([그림 8-1]의 하단).

● 부정적 메시지를 구체화하고 식별하라

다음 단계에서 치료자는 내담자에게 억제되거나 두려움을 느끼는 자기의 일부에 대해 자신의 입장([그림 8-1]의 상단)을 자세히 설명하고 표현하도록 요청한다(예: '약해 보일 수

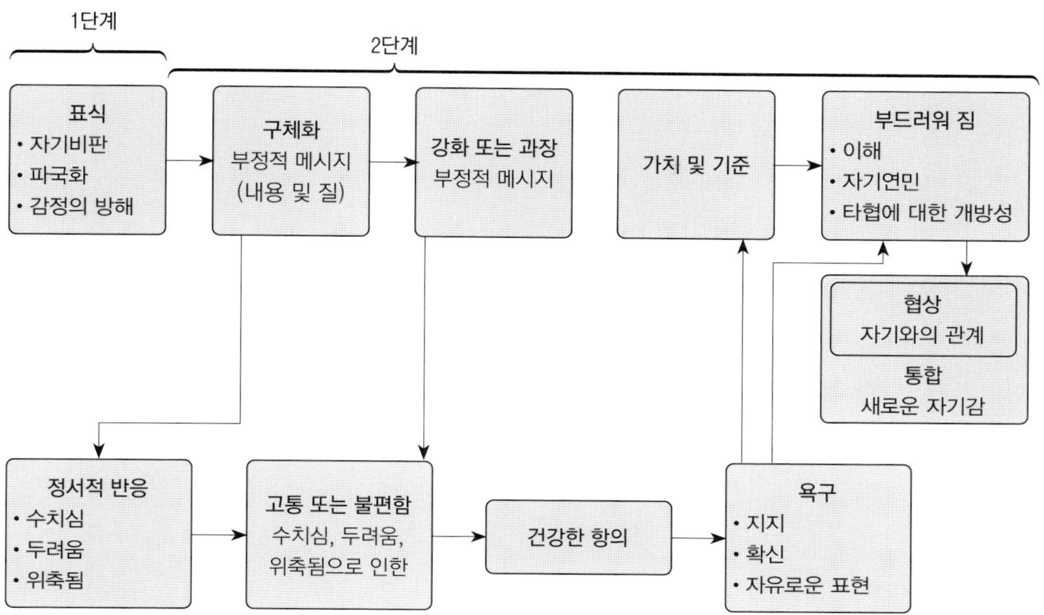

그림 8-1 외상에 대한 정서중심치료의 2단계에서 개인 내 갈등 해결 모델

주. *Facilitating Emotional Change: The Moment-by-Moment Process* (p. 193), by L. S. Greenberg, L. N. Rice, and R. K. Elliott, 1993, Guilford Press에서 수정됨. 저작권 1993 Guilford Press의 허가를 받아 수정됨.

있으니 아무 말도 하지 마.' '이용당할 수 있으니 아무 말도 하지 마.'). 이것이 지배적인 부정적 메시지의 구체적인 내용이다. 또한 내담자는 자신의 목소리 톤, 암묵적인 경고 또는 지배에 주의를 기울이도록 권장해야 한다. 이렇게 하면 내담자가 구체적으로 상상되는 위험(이 경우, [그림 8-1]의 하단)과 이것이 자신에게 미치는 부정적인 영향에 대한 인식을 높일 수 있다.

● 부정적 메시지를 강화하라

구체적인 부정적 메시지가 확인되면 치료자의 강화 개입([그림 8-1] 상단)과 환기적 공감을 사용하여 이 메시지를 과장할 수 있다(예: "어떤 상황에서도 절대로 감정을 드러내지 말고 속으로 꾹꾹 눌러 담아 두세요."). 내담자가 경험하는 자기를 향한 신체적 경험과 정동에 주목하도록 유도하거나(경고 · 요구 · 압박의 제스처), '자신의 진실'을 느끼고 표현하는 것을 스스로 막는 방법(예: "말 그대로 스스로 말하지 못하게 막는 것 같지 않나요? 일부러 그렇게 해 보고 어떻게 되는지 확인해 볼 수 있나요? 말을 하려고 할 때 자신의 입에 손을 대면 어떤 느낌일까요?"). 이러한 실연은 때때로 부자연스러운 듯하지만, 내담자가 스스로를 적극적으로 억제하고 있다는 주체성을 인식하게 한다. 또한 경험하는 자기의 반응을 불러일으키기 위한 것이다([그림 8-1]의 하단).

그런 다음 치료자는 내담자에게 경험하기 의자([그림 8-1]의 하단)로 전환하도록 요청하고, 자기방해 메시지의 부정적인 영향과 불편함에 주의를 기울이고, 이를 지배적인 타자에게 전달한다(예: "그 말을 계속하고, 그가 당신을 차단할 때 당신의 다른 부분이 어떻게 느끼는지 말해 보세요. 이것이 당신에게 미치는 영향에 대해 이야기해 보세요."). 실연과 상징화된 경험을 사용한 한 창의적인 예에서 한 내담자는 "자신의 감정을 옆으로 밀어냈다."라고 말했다. 치료자는 내담자가 결국 탁자 아래에 웅크리고 있을 때까지 (배낭에 담은) 자신의 감정을 점점 더 옆으로 밀어내는 연습을 하도록 격려했다. 이를 통해 내담자는 불편함을 느끼고 밖으로 나가고 싶다는 의사를 표현했으며, 이는 해결 과정의 다음 단계로 이어졌다.

이러한 실연은 내담자가 자신의 감정을 억제하거나 금지하는 암묵적이고 함축적인 과정을 표현한 것이다. 이러한 과정을 명백하고 의도적으로 만드는 것은 건강하지 않은 과정을 인식하게 하는 데 있어 핵심적인 측면이다. 인지적 접근 방식은 파국적 기대에 초점을 맞추기 때문에 이와 어느 정도 유사성이 있지만, 자기방해 및 억제 과정은 일반적으로 말이나 신념보다 더 깊은 과정을 수반한다는 점에 유의하라. 또한 감정을 억제하는 데는 언어적 요소와 신체적 요소가 함께 작용하는 경우가 많다.

● 건강한 항의 및 욕구를 이끌어내라

자기를 억누르거나 겁을 주는 부정적인 영향과 불편함(예: 긴장 · 호흡곤란 · 무력감으로 무너짐)에 대한 경험적 인식이 증가하면 내담자는 여러 가지 감정을 느끼게 된다. 이러한 경험의 일부는 고통스럽고 혐오스럽지만, 일반적으로 건강한 방어적 항의를 이끌어 내기도 한다([그림 8-1]의 하단). 이 시점에서 치료자의 임무는 이러한 후자의 반응을 파악하고 촉진하여 부적응적인 자기방해에 도전하는 건강한 자기표현 노력을 동원하는 것이다. 이 과정은 내적 경험의 위험성이라는 비합리적인 믿음에 대한 인식을 높이기 위한 인지적 개입과 유사하다. 그러나 인지적 접근에서와 같이 하향식 이성적 또는 논리적 프로세스에서 나오는 것이 아니라, EFTT의 도전은 회기에서 내담자가 스스로를 억누르는 것에 대한 영향을 경험하면서 상향식으로 만들어진다. 또한 인지적 접근은 일반적으로 내담자에게 '이성적 진실'을 명확히 하기 위해 '반대 증거'를 찾는 반면, 정서중심 접근은 완전히 다른 방식으로 주장을 동원하는 혐오스러운 정서적 반응을 강조한다.

내담자에게 경험하는 자기의 관점을 제시하도록 권장한다. "자신을 표현하는 것이 얼마나 중요한지 알게 해 주세요."([그림 8-1]의 하단). 치료자는 내담자가 새롭게 느끼는 욕구를 지지하고 감정과 관련 욕구를 자기의 다른 부분으로 표현하도록 격려한다.

● 가치와 기준에 접근하라

그런 다음 내담자는 의자를 바꾸고 자기의 지배적인 부분([그림 8-1]의 상단)에서 표현된 욕구에 반응한다. 이 단계는 자기방해의 동기가 된 핵심 관심사를 파악하고 명확하게 표현하는 것이므로 매우 중요하다. 자기의 이 부분은 변화나 소멸에 대한 두려움을 표현할 수 있으며, 부정적인 메시지는 건강한 가치와 기준, 즉 자기를 보호하려는 노력(예: "너는 내가 필요해, 내가 마음을 열면 감당하지 못할까 봐 두려워." 또는 "네가 마음을 열면 상처받을까 봐 두려워.")을 나타내는 것으로 바뀔 수 있다. 자기의 두 부분 사이의 이러한 상호작용은 두 부분 모두 상대방의 관점을 이해할 때까지 반복된다.

● 자기이해를 증진하고 새로운 상호작용을 협상하라

경험하는 자기의 관점과 요구를 듣고 이해하는 과정에서 자기의 지배적인 부정적인 부분은 보다 부드럽고 취약한 입장에서 자신의 관점을 제시한다([그림 8-1]의 상단). 그러면 경험하는 자기는 자기의 다른 부분을 움직이는 핵심 관심사를 인식하기 시작하고([그림 8-1]의 하단), 새로운 상호작용 방식, 즉 적응적 표현 욕구와 가치 및 기준을 존중하는 방법을 협상한다(예: "네가 나를 보호하려고 하는 건 알지만 더는 효과가 없어. 최소한 시도라도 하게 해 주면 더 좋을 것 같아."). 자기의 다른 쪽은 새로운 긍정적 메시지를 제공하고 내담자가 더 적응적인 행동을 하도록 지지하는 데 동의한다.

그러나 복합외상을 경험하는 내담자와 함께 일하다 보면 내담자가 자신을 지지하는 방법을 모르기 때문에 교육이 필요한 경우가 종종 있다. 치료자는 내담자와 협력하여 자기의 지배적인 부분에서 나오는 격려와 지지의 메시지(예: "너는 괜찮을 거야. 너는 충분히 강하다고 생각해." 또는 "누군가에게 도움을 요청할 수 있어.")가 더 도움이 되는지 정확히 파악할 수 있도록 도와준다. 여기에는 다양한 잠재적 지지 메시지의 영향을 경험하여 어떤 것이 개별 내담자에게 가장 적합한지 확인하는 것이 포함된다. 자기의 지배적인 부분은 앞으로 이 새로운 지지적 행동을 시도하는 데 동의한다.

● IC 또는 EE를 재도입하라

EFTT에서 방해된 감정은 가해자와 관련된 경우가 많으므로, 이 마지막 단계에서는 IC 절차(또는 EE 대안)를 다시 도입하고 내담자가 이전에 억제했던 감정을 심상 속의 상대방(또는 EE의 경우 치료자)에게 표현하도록 도와주는 것이 좋다. 내담자가 이러한 감정의 의미를 충분히 표현하고 탐색할 수 있게 되면 과업이 전환되고 내담자는 가해자와의 문제 해결로 넘어간다. 이는 EFTT의 세 번째 단계로 이어진다.

IC 맥락에서의 자기방해 사례 예시

정서적으로 학대하는 어머니를 IC로 직면하는 데 어려움을 겪었던 내담자 린에게 자기방해적 과정을 적용한 사례가 있었다(Paivio, 2016). 그녀는 어머니의 학대에 대한 분노를 드러냈지만, IC를 도입하자마자 두려움과 어려움이 계속되었다. 이는 외상 관련 핵심 정서도식을 활성화하는 IC의 힘을 보여 준다. 치료자는 그녀의 두려움을 확인하고 "어머니는 여기 없더라도 당신을 막을 힘이 있어요."라는 과정 관찰을 제공했다. 그런 다음 린의 두려움을 간단히 살펴보고 그 두려움을 극복할 수 있도록 격려와 지지를 제공했다.

치료자: 무엇이 걸림돌이 되나요?

내담자: 모르겠어요. 입 밖으로 내뱉으면 더 현실적으로 느껴져서 겁이 나요.

치료자: 아, 네, 소리 내어 말하면 더 현실적으로 느껴지죠. 하지만 당신의 경험은 진짜예요. 당신이 말하는 것은 강력하고 중요해요.

내담자: 네. [수줍게 웃으며]

치료자: 제가 도와 드릴게요. 규칙은 없어요. 시도해 보시겠어요?

이러한 반응은 린이 어머니의 학대에 대한 분노에 접근하는 데 도움이 되었지만, 다시 금방 마음을 닫고 경험을 방해했다. "나는 공허함을 그려 놓고, 마치 그것을 밀어내는 것처럼 느껴요." 이는 자기방해를 쉽게 우회할 수 없음을 나타내며, 자기방해 과정을 탐색하고 줄이기 위한 개입의 지표가 되었다.

치료자는 자기의 일부분(표식)이 "그래, 깊은 감정이 많지만 일부는 그것을 밀어내고 있어."라는 갈등을 파악하고, 갈등을 탐색하고 건강한 분노와 슬픔을 허용하도록 돕기 위해 두 의자 대화로 전환했다. 다음 발췌문은 자기의 지배적인 부분의 부정적인 메시지에 접근하기 위한 치료자의 과정 안내와 부정적인 메시지를 과장하고 잠재적으로 적응적 반응을 불러일으키기 위한 환기적 공감을 보여 준다.

치료자: 당신의 일부가 느끼는 것에 대해 뭐라고 말하겠어요? 어떻게 밀어낼 수 있을까요?

내담자: 거기까지 가지 마. 아무 일도 아닌 척해.

치료자: 아무 일도 아닌 척해 보세요. [과장, 강화] 그녀가 왜 그곳에 가면 안 되는지 그녀에게 왜 말해 주는 거지요?

내담자: 무서워요.

치료자: 무섭군요. 자신의 감정을 표현하면 일어날 수 있는 나쁜 일들에 대해 말해 주세요. [구체적 표현 유도]

내담자: 너는 약해질 거야……. 어머니가 제가 여기서 말하는 것을 알게 될까 봐 무서워요.

치료자: 그러니 진실을 말하지 마세요.

내담자: 너무 어려워요. 척하는 게 더 쉬워요.

다음 발췌문은 부정적인 메시지를 강화하여 경험하는 자기의 반응, 대체 적응적 감정 및 욕구를 불러일으킨 다음, 내담자가 이 새로운 경험과 관점을 방해하는 자기의 일부에 표현하도록 돕는 개입을 다시 한번 설명한다.

치료자: 취약하다고 느끼고 싶지 않으실 거예요. 그러니 내뱉지 마세요. 감정을 절대로 드러내지 마세요. [과장, 강화]

내담자: 끔찍하게 들리네요!

치료자: 당신의 다른 쪽에서도 끔찍하게 들린다고 하네요. 의자를 바꾸세요. 진실을 말하지 않는 것이 얼마나 끔찍한 일인지 말해 보세요.

내담자: 말하지 않고 병에 담아 두는 것은 말이 안 돼.

치료자: 이야기함으로써 얻을 수 있는 이점[건강한 항의에 대한 구체성을 찾는 것]에 대해 이야기해 보세요.

내담자: 가슴에서 털어놓게 될 거야.

치료자: 병에 담아 두면 기분이 어때요? [상징화된 정동을 건강한 항의에 통합]

내담자: 긴장하고 억눌린 느낌이 싫어요. 가슴에서 털어 버리고 싶어요.

치료자: 가슴에서 털어 내면 어떤 기분이 드시나요?

내담자: 마음이 가벼워질 것 같아요.

치료자: 가벼워지네요. 이제 느껴지세요? [가슴에 손 얹기, 정서 인식 강화]

내담자: [잠시 침묵, 내면 집중] 네, 안도감이 느껴지네요. [눈물을 흘림]

치료자: 당신을 편하게 느끼게 하는군요. 표현하는 게 좋겠네요. 어머니에게로 다시 돌아가도 괜찮으시겠어요?

진정한 표현에 대한 욕구의 출현은 어머니와의 IC로 다시 전환하고 이전에 방해된 분노를 표현하도록 장려하는 표식이다. 린이 다시 말을 멈추고 "무감각해지고 멍해졌어요."라고 인정하자 치료자는 어머니와의 특정 사건(자전적 기억)을 떠올리도록 격려하여 정서적 참여를 심화시켰다. 린은 어머니가 여동생을 잔인하게 모욕하고 비하하고 뚱뚱하다고 하면서 개밥그릇으로 먹으라고 강요했던 사건을 떠올렸다.

치료자: 너무 모욕적이네요!

내담자: 맞아요!

치료자: 그 사건을 기억하는 기분이 어떤지 엄마에게 말해 보세요.

내담자: 엄마는 여동생에게 그런 식으로 말할 권리가 없어요.

치료자: 너무 상처받았군요.

내담자: 네, 너무 아프죠……. 엄마는 자녀에게 최선을 다해야죠……. 간단명료하게 말해서 엄마는 괴롭히는 사람이에요.

치료자는 그녀의 자기주장이 강화되도록 지지하고 충족되지 못한 욕구에 대한 권리의식이 높아지도록 장려했다.

치료자는 회기가 끝날 때 치료 경험을 처리하는 과정에서 린이 앞으로 어떻게 하고 싶은지 물었다. "만약 엄마가 또 당신을 괴롭히면 어떻게 할 건가요?" 린은 할 말이 더 많다는 것을 인정하고 과거에 계속 살고 싶지 않으며 자기 자신이 되고 싶다고 말했다. "더 이상 그녀가 나를 괴롭히지 못하게 할 거예요." 이는 진정한 감정을 표현하는 능력이 향상되고 더 강한 자기감을 구축하기 위한 시작이었다. 린과 같은 내담자의 경우, 일반적으로 여러 회기에 걸쳐 자기방해적 과정을 거쳐 IC에 다시 참여하게 된다.

외부 상황에 대한 파국적 기대

자기방해에는 내적 경험에 대한 암묵적 또는 명시적인 파국적 기대가 포함될 수 있다. 이러한 기대는 정서적 경험의 본질에 대한 정보를 제공함으로써 직접적으로 도전할 수 있으며, 두 의자 대화를 통해 함께 해결할 수 있다. 외상 경험은 내적 경험뿐만 아니라 상황의 위험성과 그에 따른 상황 회피에 대한 비현실적인 믿음을 초래하는 경우가 많다. 복합 PTSD의 경우 이러한 위험과 신념은 대인 관계와 관련된 경우가 많다(예: "나는 다칠 것이다." "나는 버림받을 것이다." "나는 자기감을 잃을 것이다."). 앞서 설명한 개인 내 갈등 해결 모델은 외부 상황에 대한 파국적 기대와 불안을 줄이는 데도 적용될 수 있으며, 치료자는 내담자에게 자신이 어떻게 두려움을 느끼는지 구체적으로 설명하고 이해하도록 요청할 수 있다.

예를 들어, 앞서 설명한 남편에게 버림받은 내담자 마르다와의 2단계 치료에서는 과거의 문제에서 동반자 관계를 원하는 것과 또 다른 친밀한 관계를 시작하는 것에 대한 두려움 사이의 갈등으로 초점이 옮겨졌다. 마르다는 자신의 지배적이고 두려움을 유발하는 부분에서 새로운 관계를 시작하지 못하게 하는 예상되는 위험("너는 너무 집착하고 의존적이 되고, 무엇이든 참게 되고, 또 다른 거절로 인해 황폐해질 거야.")을 구체적으로 설명하도록 요청받았다. 이 과정은 다른 의자에 있는 자기의 경험하기 측면의 핵심 감정구조, 즉 버림받았을 때의 고통과 황폐화, 자신의 집착이 버림받음과 고통을 초래했다는 믿음을 활성화시켰다. 치료자는 자신을 보호하려는 그녀의 욕구를 확인하는 동시에 예상되는 위험을 강조하고 과장했다(예: "당신은 자신을 믿을 수 없으니 너무 집착해서 무엇이든 불만스럽지만 받아들일 것이고, 위험의 징후에 눈이 멀고, 파멸할 것이니 관여하지 않는 것이 좋은가 보네요."). 그런 다음 치료자는 내부적으로 생성된 이러한 경고에 대한 그녀의 반응에 주의를 기울이도록 격려했다. 이러한 치료자의 강조와 과장은 직면으로 전달되는 것이 아니라 암묵적인 의미를 공감적으로 반영한다는 점에 유의하는 것이 중요하다.

그 결과, 여생을 혼자 지내야 한다는 생각에 슬픔을 느낀 마르다는 동반자와 친밀감에 대한 욕구를 더욱 자각하게 되었다. 개입은 이러한 건강한 자원의 출현을 지지했고("당신에게 동반자 관계가 얼마나 중요한지 더 말해 보세요."), 그 결과 파국적인 기대에 대한 도전에 접근할 수 있었다("왜 내가 외로운 노인이 되어야 하나요? 저는 예전의 연약한 젊은 엄마가 아니에요. 30년 동안 많은 것을 배웠어요."). 치료자는 이러한 자기인정의 자세를 지지했다.

이 장에서 설명한 것처럼 두려움 · 불안 · 회피에 대한 개입을 사용할 때 치료자에게 항상 어려움이 나타날 수 있다(예: 건강한 항의가 자연스럽게 나오지 않는 경우). 이러한 어려움은 죄책감 · 수치심 · 자기비난을 다룰 때 나타나는 어려움과 유사하다. 다음 장의 마지막 부분에서 두려움과 수치심을 가지고 일할 때의 어려움에 대해 설명한다.

제9장

죄책감, 수치심, 자기비난 변화시키기

이 장에서는 치료 2단계의 연장선상에서 자기비판적 과정에서 발생하는 죄책감 · 수치심 · 자기비난을 변화시키는 데 중점을 둔다. 내담자가 자신을 비난하는 것을 멈출 때까지는 가해자와의 문제를 해결하고 피해에 대한 책임을 물을 수 없으며, 자신에 대해 더 연민을 느끼기 전에는 건강한 관계를 유지할 수 없다. 이전 장에서 논의했듯이 부적응적 두려움과 부적응적 수치심은 행위 경향성 측면에서 밀접한 관련이 있고 기능적으로 동등한 것으로 간주되며, 둘 다 내담자를 위축 또는 붕괴로 이끌고 명백한 부적응적 사고 또는 자기진술(파국화, 자기비판) 및 부적응적 핵심 자기감과 관련이 있다(이 책의 제3장 참조). 따라서 이 장에서 제시하는 많은 변화 과정, 개입 원리 및 전략은 이전 장에서 제시된 것과 유사하다. 그러나 복합 대인외상의 경우 수치심이 두려움보다 더 지배적이며 내담자의 자기감 손상에서 더 중심적인 역할을 하는 경우가 많다. 수치심은 극도로 고통스럽고 자주 회피하며 치료에서 접근하기 어려운 감정이다. 따라서 이러한 감정은 바꾸기 어렵기로 악명이 높다. 따라서 수치심을 다루는 작업은 치료자에게 독특한 도전을 제시한다.

이 장은 이전 장과 같은 구조로 되어 있다. 수치심을 줄이기 위한 다른 접근법의 맥락에서 외상에 대한 정서중심치료(emotion–focused therapy for trauma: EFTT)를 배치하고, 외상 치료에서 관찰되는 다양한 유형의 수치심 경험을 설명한 다음, 이 접근법에 특정한 변화 과정과 목표를 설명한다. 이 장의 마지막 절반은 개입에 초점을 맞추고 있으며, 많은 전략이 이전 장에서 설명한 것과 유사하다. 여기서 고유하게 관련된 자료로는 개인적 기준을 위반하는 것에 대한 적응적 수치심, 사회 공포증의 기저에 있는 수치심–불안, 두 의자 대화를 사용하여 적대적인 자기비판을 변화시키기 위한 지침 등이 있다. 또한 두려움과 수치심을 모두 다루는 데 도움이 되는 자기진정 자원에 접근하는 방법에 대한 절도 소개한다. 앞 장에서 언급했듯이 내담자에게 가장 위협적이고 고통스러운 경험을 털어놓으라고 요청하려면 스스로를 위로할 수 있는 능력도 갖추어야 한다. 이 장은 두려움과 수치심을 함께 다룰 때의 어려움을 해결하는 방법에 대한 절로 마무리한다.

죄책감과 수치심에 대한 관점: EFTT와 다른 접근법 비교

죄책감 · 수치심 · 자기비난은 대인외상으로 인한 외상 후 스트레스 장애(posttraumatic stress disorder: PTSD; American Psychiatric Association, 2013)와 복합외상 후 스트레스 장애(complex PTSD; World Health Organization, 2019) 모두의 특징적인 요소로 인식되고 있다. 이에 대한 이유는 외상에 관한 제1장에서 설명했으니 간단히 살펴보겠다. 첫째, 무력해지고 존엄성을 박탈당하는 피해는 매우 굴욕적인 일이다. 피해자들은 자신의 운명과 상황에 대한 책임이 전적으로 자신에게 있다는 믿음을 가지고 있으며, 따라서 자신의 피해에 대해 비난하는 경우가 많다. 또한 복합외상에는 시간이 지남에 따라 자기존중감을 약화시키는 실제 가해자의 명시적 또는 암묵적인 비난과 수치심에 대한 메시지가 포함될 수 있다. 또한 자기비난은 무작위적인 폭력 행위에 대해 인지된 통제 요소를 제공한다고 제안되었다. 예를 들어, 아동이 전적으로 의존하는 애착 대상이 신뢰할 수 없거나 위험하다는 것을 받아들이는 것보다 자신을 비난하는 것이 덜 위협적일 수 있다(Winnicott, 1965).

외상에서 수치심이 중심이 되는 또 다른 이유는 복합 PTSD와 동반되는 많은 장애에서 수치심이 두드러지기 때문이다. 따라서 수치심은 초진단적(transdiagnostic) 정서라고 불린다. 예를 들어, 수치심은 상실 후 지속되는 우울증뿐만 아니라 자기비판적 우울증에도 내재되어 있다(Greenberg & Paivio, 1997; Pascual-Leone & Greenberg, 2007). 따라서 애착 대상으로부터 거부당한 경험은 자신을 결함이 있는 존재로 인식하게 되고, 따라서 버림받기 쉬운 존재로 인식하게 된다. 나중에 성인이 된 후 실제 상실이나 거절을 경험하면 이러한 수치심에 기반한 자기감이 확인되는 것으로 보인다. 특정 유형의 성격 병리에도 유사한 과정이 관여하는 것으로 생각된다. 예를 들어, 경계선 및 자기애적 분노는 핵심적인 수치심에 대한 방어 수단으로 간주되며, 회피성 성격의 특징인 대인 접촉 회피는 거절에 대한 병적인 두려움(투사된 수치심 기반 자기감)으로부터 보호하는 것으로 간주된다. 마찬가지로 사회불안과 수행불안은 다른 사람들이 자신의 본질적인 결함을 보게 될 것이라는 두려움에 뿌리를 둘 수 있다. 성적 피해는 특히 낙인을 찍는다. 아동 성적 학대의 피해자는 가해자에게 혐오감을 느낄 뿐만 아니라 자신에 대해서도 혐오감을 느끼며 오염되거나 '더럽다.'고 느낀다. 약물 남용이나 자해와 같은 행동은 수치심을 무감각하게 만드는 역할을 할 수 있으며, 이러한 행동에 가담하는 것은 또 다른 수치심을 유발할 수 있다.

개입 측면에서 전통적인 인지 및 행동 접근법은 우울증과 관련된 자기비판적 사고와 외상과 관련된 자기비난을 변화시키는 데 중점을 둔다(예: Beck, 2021; Foa et al., 2019). 그러나 초기 애착 경험에 뿌리를 둔 수치심은 표준 인지행동치료(cognitive behavior therapy: CBT) 방법으로는 치료하기 어려울 수 있으며 치료적 관계를 방해할 수 있다는 인식이 증가하고 있다(Ford & Courtois, 2020). 수치심을 줄이기 위한 다른 접근 방식은 이러한 보다 복잡한 의미 체계를 대상으로 한다. 예를 들어, 이전 장에서 설명한 것처럼 변증법적 행동치료(dialectical behavior therapy: Linehan, 2015)는 과소 조절된 수치심을 줄이고 자기수용을 촉진하기 위해 치료자의 타당화가 중요하다는 점을 강조한다. 다른 접근법[예: 연민중심치료(compassion-focused therapy), Gilbert, 2014]은 다양한 경험적 도구를 사용하여 내담자가 성장하면서 배운 내면의 대화를 탐색하고 수정하여 자기진정 능력을 개발하도록 돕는다. 이러한 접근 방식은 EFTT와 유사점을 공유하지만, 본질적으로 기술 훈련 모델이라는 점에서 차이가 있다. EFTT는 기술 훈련 전략을 통합할 수 있지만, 주로 회기 내에서 경험 기반 개입을 통해 부적응적 정서를 활성화한 다음 건강한 대체 정서적 경험에 접근하여 정서도식을 수정하는 데 의존한다. EFTT는 공감, 경험하기의 심화, 심상 기법 등의 개입을 사용하여 이를 수행한다.

많은 정신역동적 관계 모델에서도 수치심을 부정적인 애착 경험을 통해 발달하는 핵심 자기감에서 비롯된 것으로 이해한다(예: Benjamin, 1996; Fairbairn, 1952; Kohut, 1984). 최근의 속성경험적 역동심리치료(accelerated experiential dynamic psychotherapy: AEDP; Fosha, 2021)는 진정한 감정과 욕구를 구현하는 '참 자기(true self)'와 승인을 확보하기 위해 진정한 경험을 짓누르는 '거짓 자기(false self)'에 관한 Winnicott(1965)의 견해를 바탕으로 한다. AEDP는 내담자가 자신의 방어를 포기하고 억제된 감정과 욕구에 접근하도록 돕는 안전한 애착 유대의 제공을 강조한다. 이러한 개념은 EFTT에서 사용되는 유용한 은유이며 변화의 필요조건과 충분조건, 즉 '가치의 조건(conditions of worth)'을 풀고 내담자가 진정한 경험에 접근하도록 돕는 치료적 관계의 특성에 관한 Rogers(1980)의 견해와 분명한 유사성을 가지고 있다. 이러한 관점은 특히 EFTT와 양립할 수 있다.

과정 진단: 다양한 유형의 수치심 경험 구별

이전 장에서 설명한 두려움 및 불안과 마찬가지로 EFTT는 수치심 경험의 여러 유형을 구분하며, 이러한 구분은 적절한 개입을 위한 정보를 제공한다. 이러한 유형은 적응적 수치심부터 시작하여 다음 하위 절에서 설명한다.

적응적 수치심

수치심은 다른 사람의 눈에 자신의 존엄성이나 가치가 부족하다고 노출되고 비난받는 느낌, 무시당하거나 열등하다고 느끼는 것이 특징이다(Greenberg & Paivio, 1997). 수치심 이론과 연구(예: Izard, 1977)에 따르면 수치심 능력은 2세 전후로 자의식 능력과 함께 발달한다. 수치심과 관련된 경험에는 자의식 · 당혹감 · 굴욕감 · 무가치함 또는 열등감 등이 포함된다. 수치심과 관련된 행위 경향성은 개인적인 결점이 노출되지 않도록 물러서거나 숨는 것이다. 수치심은 안면 의사소통을 감소시키고 눈을 내리깔고, 상체를 움츠리고, 심장이 두근거리고, 얼굴을 붉히는 등의 행동을 포함한다. 수치심과 관련된 숨기려는 반응은 '사라지고 싶다.' 또는 '구멍으로 기어 들어가고 싶다.'와 같은 표현으로 포착된다. 개인 심리치료의 맥락에서, 기본적인 수치심 반응은 진화적으로 적응되어 왔지만, 수치심은 부적응적인 경우가 더 많다.

수치심의 적응적 기능은 사회적 지위와 연결성을 보호하고 소속 집단에 대한 소속감과 사회적 기준에 대한 순응을 촉진하는 것이다. 특정 문화 집단에서 사회 규범 위반에 대한 처벌로 시행하는 공개적인 수치심은 이러한 사회적 기능을 잘 보여 준다. 예를 들어, 커플치료에서 적응적 수치심은 개인이 충실성과 같은 관계의 공유된 가치를 위반하거나 위반한 것에 대해 수치심을 느낄 때 나타난다(예: Meneses & Greenberg, 2011). 다른 경우에는 발달 외상의 피해자가 타인에 대한 학대를 지속한 것에 대해 적응적 수치심을 경험할 수 있다.

부적응적 수치심

다음 하위 절에서는 두려움이나 불안과 함께 복합 대인외상과 관련된 핵심 정동적 특징을 정의하는 두 가지 유형의 부적응적 수치심에 대해 설명한다.

● 부적응적 일차 수치심

'부적응적 일차 수치심(primary maladaptive shame)'은 외상 재경험과 기억 작업에 대한 이전 장의 초점이었다. 학대받고 방임된 아동은 자신을 근본적으로 결함이 있고 나쁘다는 인식을 가지고 자라며, 때로는 반대되는 명백한 믿음에도 불구하고 이러한 인식을 유지한다. 예를 들어, 한 내담자는 "작은 실수를 저지른 것에 대해 그렇게 걱정하는 것이 우스운 일이라는 것을 알지만, 마치 내가 무슨 범죄자인 것처럼 끔찍한 기분이 든다."라고 말했다. 이러한 사람들은 또한 지적으로 아동이 그러한 행위에 대해 책임을 질 수 없다는 것을 알고 있음에도 불구하고 자신의 학대에 대해 어떤 식으로든 책임이 있다고 느낄 수 있다. 부적응적 일차 두려움의 경우와 마찬가지로 이러한 자기감은 생각·감정·신체 감각 경험으로 구성된 총체적이고 암묵적이며 체화된 정서도식 또는 의미 체계이다. 이 정서도식이 활성화되면 수치심을 유발하고 명백한 비판적 자기진술을 생성할 수 있다.

● 부적응적 이차 수치심

'이차 수치심(secondary shame)'은 일반적으로 부적응적 일차 수치심보다 더 제한적이고 덜 확고하다. 이차 수치심은 다른 (보다 일차적인) 정서적 경험과 관련이 있다. 일어난 일을 개방하는 것에 대한 부끄러움, 자신의 더 깊은 정서(예: 취약성이나 두려움·질투·분노)에 대한 수치심, 외상이나 우울 증상(회복할 수 없음)에 대한 수치심 등이 이차 수치심의 예이다. 이 장의 개입 절 뒷부분에서 일차 수치심과 부적응적 이차 수치심의 차이에 대해 다시 설명한다.

수치심과 관련된 다른 정서

수치심은 다른 정서와도 관련이 있으며 종종 공존하기도 한다. 다음 하위 절에서는 이러한 뚜렷한 정서와 수치심과의 관계를 설명한다.

● 죄책감

수치심은 다른 사람의 눈에는 용납할 수 없을 것 같은 느낌에 관한 것이라면, '죄책감(guilt)'은 잘못된 행동에 대한 것이지만, 실제로는 내담자의 관심사에 따라 두 정서가 밀접하게 연관되어 있을 수 있다. 따라서 죄책감은 실제 범죄(예: 학대 또는 방임)와 관련된 경우 적응적 정보를 제공할 수 있으며, 이 경우 행위 경향성은 수정하거나 행동을 바꾸는 것이다. 예를 들어, 복합외상에서 적응적 죄책감은 자신의 가치를 배반하거나 종종 복잡하고 끔찍한 상황에서 불행한 선택을 한 것과 관련한 것일 수 있다(예: "내가 옳다고 생각한 일을 했으면 좋았겠지만 그러지 않았어요. 그 아이를 늑대들에게 맡겼으니……. 그 아이에게 일어난 일은 정말 내 잘못이고 내 책임이에요.").

그러나 외상과 관련된 부적응적 죄책감은 피해자가 자신 또는 타인의 피해에 대해 잘못 느끼는 것을 포함한다(예: "싫었지만 내 몸은 성적으로 반응했고…… 왠지 성적 학대가 오랫동안 지속된 것이 내 잘못인 것처럼 느껴져요."). 회기 내 죄책감의 표식에는 수치심 표식과 유사한 암묵적 또는 명시적 '해야 한다.'라는 말이나 비판적인 자기진술이 포함된다. 부적응적 죄책감의 또 다른 예는 학대 목격자가 생존자 죄책감을 겪을 때 발생한다(예: "구타를 당한 것은 쌍둥이 동생이 아니라 나였어야 했어요. 왜 내가 저지른 작은 실수마다 동생이 희생양으로 지목되었는지 모르겠어요.").

● 수치심-불안

사회불안은 열등감(수치심)의 핵심 감정이 이차적일 수 있으므로 사람들은 그러한 감정이 노출되는 것을 두려워한다(예: "사람들이 나를 꿰뚫어 보고 내가 얼마나 바보인지 깨닫게 될까 봐 불안해요."). 불안이 두드러지긴 하지만 이는 이차 정서이다. 한편, 일차 수치심의 근본적인 문제는 종종 실패나 결점으로 인해 꾸중을 듣거나 굴욕을 당한 경험에서 비롯되며, 개인은 이후 그러한 일이 재현되는 것을 두려워한다. (사회불안 장애와 관련된 이 문제에 대한 자세한 내용은 Elliott & Shahar, 2019 참조). '수치심-불안(shame-anxiety)'은 자신을 과도하게 통제하고 과도하게 감시하며, 자신의 결함적인 측면이 노출될까 봐 자발적으로 행동하지 못하는 것을 포함한다. 수치심-불안에 시달리는 개인은 다른 사람의 비난을 경계하고, 자신을 주장하거나 거절당할까 봐 "아니요."라고 말하는 데 어려움을 겪으며, 다른 사람을 기쁘게 하기 위해 특별한 노력을 기울일 수 있다. 수치심-불안은 치료적 관계에서도 관찰되는데, 내담자가 치료자로부터의 폭로와 판단을 두려워하고 주요 개입에 대한 내담자의 참여를 방해할 수 있다. 이에 대해서는 제4장 동맹에서 논의했다.

● 자기를 향한 분노, 경멸 및 혐오

내담자는 생각 · 가치관 · 사람 또는 불쾌하다고 생각하는 모든 것에 대해 '혐오(disgust)'를 느낄 수 있다. '경멸(contempt)'은 냉정한 분노와 혐오의 혼합으로 생각할 수 있으며, 거만하고 우월한 거부감이다. 혐오와 경멸은 다른 사람을 향할 때 분노와 동일한 거리두기 기능을 한다. 이러한 감정은 외부에서 자신의 신체적 완전성이나 권리 및 기준에 대한 침해에 대응할 때 적응할 수 있지만, 여러 가지 방식으로 문제가 될 수 있다. 예를 들어, 타인에 대한 만성적인 대응 방식이 되면 성격 병리를 나타낼 수 있으며 때로는 해결되지 않은 복합외상과 관련이 있을 수 있다(Pascual-Leone et al., 2013). 분노·경멸·혐오 또한 일반적으로 자기 자신에게 향할 때 문제가 된다. 이러한 정동적 특성은 자기비판적 인식과 진술을 유도하는 정서적 특성이다. 이러한 인지적-정동적(cognitive-affective) 과정은 수치심에 기반한 핵심 자기감과 함께 활성화되어 부적응적 수치심을 유발하거나 지속시킬 수 있다.

변화 과정 및 목표

정서중심치료에서 변화는 내담자의 정서에 대한 인식, 정서적 경험을 조절하고 성찰하는 능력, 부적응적 정서도식을 수정할 수 있는 건강한 자기보호 경험을 활성화하는 능력에 따라 달라진다. 부적응적 수치심을 포함한 부적응적 정서를 다루고 변화시키는 과정은 일반적인 정서처리 모델에 제시되어 있다(이 책의 제3장 [그림 3-1] 참조; Pascual-Leone & Greenberg, 2007). 이것은 절차에 관계없이 정서 변화의 본질이다. 따라서 수치심이 내담자의 고통의 원인으로 확인되면 개입은 정서구조의 일부인 구체적인 부정적 자기평가('나는 못났다.' '나는 결함이 있다.' '나는 사랑받을 수 없다.')와 충족되지 못한 욕구(예: 자기존중감, 자기에 대한 연민)에 접근한다. 그런 다음 탐색 과정은 내담자가 보다 긍정적인 자기평가와 충족되지 못한 욕구에 대한 자격감(sense of entitlement; 예: '나는 끊임없는 비판이 아니라 격려와 지지를 받을 자격이 있다.')의 형태로 건강한 내부 역량을 활성화하는 것으로 전환된다. 이는 학대에 대한 적극적인 분노나 상실에 대한 슬픔을 활성화하며, 이 두 가지 모두 적응적 행위 경향성과 관련이 있다. 이러한 적응적 정서는 변화하는 정서처리의 전형적인 예인 수치심에 대응하는 데 도움이 된다.

수치심을 다룰 때 (두려움과 마찬가지로) EFTT의 목표는 내담자가 이전에 피했던 수치심에 대한 고통스러운 경험을 허용하여 관련 정보를 자기에 통합할 수 있도록 돕는 것이다. 변화에는 기억 작업에 대한 이전 장에서 설명한 것처럼 잠재적으로 압도적인 수치심 기억에 점진적으로 노출되는 과정이 반드시 필요하다. 또한 개입은 수치스러운 외상 경험에 대한 새로운 의미를 탐색하고 구성하도록 돕고, 내담자의 주체성과 자기통제를 증진한다. 이는 내면화된 자기비판적 과정이 내담자의 자기존중감을 약화시키는 데 어떻게 기여하는지에 대한 점진적인 인식을 통해 이루어진다.

수치심과 관련된 개입 원리

다음의 정서중심치료 개입 원리는 수치심 관련 과정을 다룰 때 특히 유용하다.

내담자의 취약성 인정하기

본문 전체에 걸쳐 취약성을 인정하는 수많은 사례를 제시했지만, 수치심 치료와 관련된 가장 중요한 원리는 아마도 이것이 아닐까 싶다. 내담자는 창피하거나 굴욕적인 경험을 개방하는 데 매우 취약하다고 느낀다. 치료자의 간단한 말(예: "그래요, 이런 얘기를 하기가 힘들다는 거 알아요.")은 온화하고 연민을 담아 전달하면 내담자가 자신의 숨겨진 측면을 기꺼이 드러내도록 불안을 줄이는 데 매우 유용하다. 물론 수치심과 관련된 경험을 탐색하기 전에 취약성에 대한 인정이 선행되어야 한다. 내담자의 취약성을 나타내며 치료자가 이에 명시적으로 대응해야 하는 표식에는 수치심이나 당혹감의 노골적인 표현, 개방을 꺼리는 것, '고백'이나 깊은 비밀을 드러내는 음성적 특성 등이 있다. 내담자의 취약성을 인정한 후 치료자는 지지를 제공함으로써 추가 개방을 유도할 수도 있다(예: "이 비밀은 유해하니 안전한 이곳에서 개방해서 이야기하는 것이 중요해요.").

내담자의 관심을 내적 경험에 다시 집중시키기

수치심의 경험에서 피하려고 하는 것은 이 정서에 내재되어 있는 특성이기 때문에 수치심 작업에서는 내담자의 주의를 다시 집중시키는 것이 자주 필요하다. 내담자는 수치심을 유발하는 경험에 대해 자주 이야기할 수 있지만 불편함을 줄이기 위해 완전한 참여를 피할 수 있다. '……로 다시 돌아가서'와 같은 개입은 핵심적인 수치심 경험에 주의를 다시 집중시킬 수 있다. 치료자는 또한 자동적 대처 전략으로서 반응적 분노를 타당화하고 이에 따라 내담자의 주의를 기저의 핵심 수치심 경험으로 유도할 수 있다(예: "이용당하는 느낌에 접촉할 수 있나요? 그게 상처를 주는 부분이에요.").

현재 중심되기

'현재'라는 것은 치료자가 내담자가 현재 경험하고 있는 것에 주의를 기울이는 것을 포함한다(예: "지금 이 이야기를 나누면서 어떤 기분이 드세요?"). 수치심 경험에 주의를 집중할 때의 어려움은 내담자의 자의식이 높아져 감정적 경험과 치료자로부터의 철수(즉, 회피)를 더욱 촉진할 수 있다는 점이다. 그러나 자기비판을 통해 수치심에 기여하는 내담자 자신의 주체성에 대한 인식을 높이는 것이 필수적인 영역 중 하나이다. 두 의자 작업에서 내담자는 자기비판적 진술을 자신에게 직접 하고 그 순간 그 비판의 경험적 영향에 주의를 기울이도록 권장된다.

비언어적 표현의 의미 명확히 하기

비언어적 표현의 의미를 명확하게 설명하려면 내담자의 언어적 내용과 관련된 경멸과 혐오의 목소리에 주의를 기울여야 한다. 자기비판적 표현의 내용은 일반적으로 그 전달 방식만큼 상처를 주지 않는다. 예를 들어, 내담자가 심한 자기경멸의 어조로 자기비판을 표현할 때 치료자는 그 발성의 내포된 의미를 명확하게 표현하도록 도와준다. 비언어적 또는 언어적 표현에 내포된 의미를 자세히 설명하는 것도 부정적인 자기표현의 기원을 파악하는 데 도움이 될 수 있다(예: 치료자가 "누구의 목소리인가요? 당신이 말하는 건가요, 아니면 아버지가 말하는 건가요?"). 내담자의 몸짓 · 한숨 · 목소리는 비판에 대한 반응으로 상처받았거나 방어적이거나 자기에 대해 나쁜 감정을 느끼고 있음을 나타낼 수 있다. 이러한 비언어적 표현에 주의를 기울이면 자기비판의 부정적인 영향에 대한 경험적 인식을 높일 수 있다. 이는 가혹한 대우를 받아들이지 않고 건강한 실존적 욕구를 주장하는 자기의 보호 부분을 동원하는 데 도움이 된다.

주체성 증진하기

경험의 소유권 또는 주체성 인정은 두 가지 방식으로 이루어진다. 첫째, 내담자는 자신의 깊은 잘못에 대한 자신의 신념을 구체화하는 데 부끄러움을 느끼는 방법을 '스스로' 실연하도록 권장된다. 치료자는 이러한 메시지의 기원이 대인 관계에 있음을 확인하는 것부터 시작해야 하지만 결국 내담자는 자신의 나쁜 감정에 기여하고 있음을 이해해야 한다(예: "당신의 어머니는 여기서 더 이상 당신을 깔아뭉개지 않아요. 마치 당신이 이런 말을 믿게 된 것 같아요. 이제 이것은 당신 자신과의 싸움이에요."). 경험에 대한 내담자의 소유권은 우울이나 불안이 어떻게 증가하거나 유지되고 있는지에 대한 통찰력으로 작용할 수 있다. 이러한 메타인식(meta-awareness)은 문제가 되는 과정에 대한 통제감을 높여 의식적인 선택과 변화의 길을 열어 준다.

이것은 EFTT 치료자가 주체성을 촉진하는 두 번째 방법으로 맞서 싸움 · 주장 · 변화 열망과 같은 새로운 적응적 경험을 촉진하는 것을 안내한다. 이러한 방식으로 주체성을 촉진하는 것은 개념적인 숙제나 열망적인 노력보다는 상향식 경험의 출현을 촉진하는 방식으로 이루어진다. 예를 들어, 치료자는 경험의 찰나적인 부분일 수 있는 주장의 순간을 찾아내어 강화할 수 있다[예: "당신이 그렇게 말할 때 당신의 목소리에서 확고함이 느껴져요. 그분(심상 속의 상대)에게 '나는 그렇게 대우받을 사람이 아니에요!'라고 말해 보시겠어요?"]. 그다음에는 새로운 적응적 반응에 대한 내담자의 경험에 주의를 기울인다.

정서강도 높이기

두 의자 작업 중에 내담자의 정서적 경험을 강화하면 자기비판적 진술에 영향을 주고 내재된 자기증오(self-loathing), 혐오 또는 경멸을 드러내 수치심 기반 정서구조를 활성화할 수 있다. 그러면 이를 탐색하고 변화시킬 수 있다. 자기비판의 고통을 깊이 경험하면 피해에 대응할 수 있는 대체 자기보호 자원을 활성화하는 데 도움이 된다. 내담자가 수치심 경험에 집중하는 것에 저항하는 경우(너무 고통스럽기 때문에), 치료자는 수치심 경험을 멀리하기 위해 숨기고 끊임없이 경계하는 것의 해로운 영향을 강화하는 것이 도움이 될 수 있다(예: "나는 당신의 모든 섬유가 그것을 밀어내고 싶어 한다는 것을 알고 있지만, 항상 경계하는 것은 매우 부담스러운 일이지요.").

과정 관찰 제공하기

내담자가 수치심 경험을 인지하지 못하거나(회피) 인정하기를 꺼리는 경우가 많기 때문에 내담자에게 그 순간의 과정에 대한 피드백으로 관찰을 제공하는 것은 중요하다. 과정 관찰은 내담자가 자신의 핵심 정서적 상태를 성찰하고 불안의 발생 조건에 대한 협력적 이해를 발전시키는 데 도움이 된다. 예를 들어, 치료자는 특정 내담자가 자신에 대해 이야기할 때 종종 자신을 비하하는 목소리 톤을 사용하는 것을 관찰할 수 있다(예: "네, 그리고 당신이 자신을 비판할 때 나는 당신의 목소리 톤을 들어요. 마치 자신을 깔보는 듯한 톤이에요. 그 목소리 톤이 보내는 메시지는 무엇일까요?").

기억 환기시키기

전략은 내담자가 무가치하거나 결함이 있다는 자기감이 형성된 경험이나 이러한 자기감이 활성화된 현재 상황에 대한 자서전적 일화 기억에 접근하는 데 사용된다. 이것이 제

7장의 초점이었다. 일단 활성화되면 이러한 기억 구조는 자기 및 상황에 대한 새로운 정보를 생성하여 탐색, 정서처리 및 변화에 사용할 수 있다.

이차 수치심을 감소시키기 위한 개입

앞서 언급했듯이 애착 관계에서 비롯된 수치심은 치료에서 접근하고 탐색하기가 특히 어렵다. 따라서 치료에서 이러한 내담자의 경험을 다룰 때 치료자는 수치심과 관련된 다양한 임상적 표현을 구별하는 것이 특히 중요하다. 다음 하위 절에서는 이러한 점을 명확히 설명한다.

내적 경험에 대한 이차 수치심

내담자는 수용할 수 없는 것으로 간주되는 내적 경험에 대해 수치심을 느낄 수 있다. 이러한 이차 수치심은 부적응적 일차 수치심과 관련된 문제를 포함하여 더 깊은 문제에 완전히 관여하는 것을 방해한다. 이차 수치심 과정은 이전 장에서 논의한 내적 경험회피와 밀접한 관련이 있을 수 있다. 명백한 징후로는 분명한 자의식, 당혹감 또는 특정 주제와 경험을 숨기거나 회피하려는 노력이 있다. 일반적인 예로는 외상 증상에 대한 수치심을 들 수 있다. 거부된 경험에 대한 개입에는 일반적으로 정서나 취약한 상태의 위험에 대한 신념을 탐색하고 공감적 인정을 사용하여 거부된 상태를 직면하도록 돕는 것이 포함된다. 외상 증상에 대한 수치심의 예에서 개입에는 외상의 본질과 회복의 어려움에 대한 교육도 포함될 수 있다. 이는 특히 내담자의 사회적 지원이 제한적이고 내담자가 내면화한 사회적 태도(예: 사랑하는 사람을 잃은 것으로 인한 장기간의 슬픔에 대한 관용이 거의 없음)의 맥락에서 유용하다. 타당화와 대인 관계의 따뜻함은 내담자가 이러한 이차 경험을 극복하는 데 중요한 역할을 한다.

사회불안의 기저에 있는 수치심 해결하기

치료 초기에는 사회적으로 불안한 내담자가 자신의 불안만 인식하고 기저의 핵심 감정인 무가치감이나 부적절감에 대해서는 잘 인식하지 못할 수 있다. 또한 내담자가 수치심이 핵심 문제, 즉 자신이 무가치하다고 느끼고 당황하는 것에 대한 불안과 당혹감(즉, 일차 수치심에 대한 이차 불안)을 인정하기 어려울 수 있다. 따라서 개입의 첫 번째 단계는 사회불안이 부적응적 일차 수치심에 의해 유발된다는 것을 이해하고 협력적 사례공식화에 도달하는 것이다.

어떤 경우에는 명백한 부정적인 자기진술에 초점을 맞추는 것만으로도 개입이 충분하다. 다른 경우에는 형성적 정서 기억을 활성화하여 핵심 자기조직에 접근해야 한다. 예를 들어, 불안하고 회피적인 한 내담자는 비판적인 계부의 학대로 인해 내면화된 만성적인 열등감과 무가치감을 가지고 있었다. 그는 통제력을 잃고 바보처럼 보일까 봐 두 의자 작업에 참여하는 것이 불가능하다는 것을 알았고, 정서적으로 극도로 차단되어 있었다. 치료는 그가 어떻게 불안을 느끼게 되었는지 탐색하려고 시도했지만, 다시 불안이 탐색 과정을 방해했다. 성공적인 치료를 위해서는 먼저 회기에서 구조를 제공함으로써 그의 불안을 줄여야 했다.

심각한 정서적 학대 경험이 있는 또 다른 사회불안이 있는 내담자는 직장에서 승진한 후 기대에 부응하지 못할까 봐 두려움을 느끼고, 상사와 동료들이 자신의 긴장된 모습을 보고 부정적으로 평가할까 봐 불안해하는 것에 대해 이야기했다. 이는 자신의 (느껴지는) 부적절함에 대한 일차 수치심과 '발각될 것'이라는 이차 불안을 드러낸다. EFTT 개입에는 이차 불안을 (실제 경험으로서) 타당화하고 더 깊은 일차 무능감으로 주의를 돌리고 탐색하는 것이 포함되었다. 이를 위해서는 이러한 자기감이 변화해야 할 대상이라는 상호 이해에 도달해야 했다. 예를 들어, 치료자는 이렇게 말했다.

> 이런 상황에서 불안감을 느끼는 것을 좋아하지 않으시겠지만, 제 생각에는 실제로는 자신이 무능하거나 열등하다는 생각이 깊게 자리 잡고 있는 것 같아요. 당신의 불안은 어렸을 때 굴욕을 당한 경험에서 비롯된 '결함이 있는 나'를 다른 사람들이 볼지도 모른다는 두려움이에요. 그 깊은 결함이나 열등감을 바꿀 수 있다면 불안감이 사라질 것 같아요. 이해가 되시나요?

내담자는 즉시 이를 사실로 인식했다. 그 후 치료의 초점은 불안을 유발하는 인지에 도전하기보다는 기억 작업을 통해 자기감을 강화하는 것으로 바뀌었다.

개인 기준 위반에 관한 적응적 일차 수치심에 대한 개입

이 절에서는 치료자가 혼란스러워할 수 있는 또 다른 영역인 적응적 수치심의 개념을 다룬다. 복합 PTSD 병력이 있는 내담자가 수치심을 포함한 정서적 고통에 대처하기 위한 전략으로 자기파괴적인 행동을 하는 것은 드문 일이 아니다. 아이러니하게도 사람들은 이러한 행동을 하는 자신을 부끄러워하는 경우가 많으며, 이러한 자기비난은 발각되거나 낙인찍히고 거부당하는 것에 대한 두려움을 동반할 수 있다. 또한 많은 외상 생존자는 피해를 입히거나 더 취약한 다른 사람을 보호하지 못한 것에 대해 책임감을 느낀다. 예를 들어, 다른 내담자는 자신의 성적 학대 중 도덕적으로 용납할 수 없는 행동에 가담한 것에 대해 부끄러움을 느낀다. 이러한 경우에 개입할 방법을 결정하기 전에 내담자가 통제할 수 있었던 행동과 통제할 수 없었던 행동을 구분해야 한다.

내담자가 자신이 통제할 수 있는 행동(예: 약물 남용, 자녀 방임)에 대해 수치심을 느낄 때, 목표는 과도하게 일반화된 수치심과 자기비난(예: "나는 비열하고 나쁜 사람이에요.")을 특정 행동이나 실수에 대한 죄책감과 후회로 전환한 다음 수정 또는 변화하려는 욕구를 동원하는 것이다. 요컨대 이 개입의 목적은 내담자가 자신의 개인적 기준을 위반하는 것에 대해 갖는 적응적 일차 수치심을 활용하는 것이다. 첫 번째 단계는 고통스럽고 수치스러운 기억을 직면하는 것이 어렵다는 것을 받아들이고 공감적으로 인정하며, 이를 개방하는 내담자의 용기를 인정하는 것이다. 치료자는 내담자에 대한 무조건적인 긍정, 고통에 대한 연민 그리고 내용에 대한 사실적인 태도를 전달한다. 그런 다음 내담자의 가치관을 탐색하고 수치스러운 행동이 충족하는 핵심 욕구 및 바람(예: 탈출 욕구, 자유롭고 싶은 욕구)을 포함하여 수치스러운 행동의 기능에 대한 인식을 높이는 개입을 포함한다. 또한 개입은 행동에 대한 책임을 적절히 받아들이는 동시에 불완전함과 실수하는 자기에 대한 연민을 촉진하고 자기의 다양한 측면이 공존함을 인정하도록 지지한다. 요컨대 '나쁜 사람'에서 '나쁜 행동'으로 보다 명확하게 공식화를 변경하는 것이 목표이다.

한 예로, 부모님을 포함한 여러 가해자에게 신체적 · 성적 추행을 당하고 동생을 때리고 성적인 실험을 했다는 수치심에 시달리던 한 내담자가 있었다. 그녀는 자신이 당했던 방식으로 동생을 다치게 했던 기억을 떠올리면 울컥하는 기분이 들었다. 그녀는 자신이 "더 잘 알았어야 했다."라고 생각했고 처음에는 자신의 학대 행동에 대한 세부 사항을 개방하기를 꺼려 했다. 사랑스러운 자매가 되고 싶다는 그녀의 열망과 깊은 후회를 강조하는 치료자의 반응은 이 문제에 대한 불안(즉, 이차 정서)을 줄이는 데 도움이 되었다. 또한 "이것이 당신을 갉아먹고 있다."라는 치료자의 성찰은 울음을 터뜨리고 자신이 한 일에 대한 추가 폭로를 이끌어 냈다.

나중에 기억 작업(제7장 참조)을 통해 이 내담자의 어린 시절 동기 · 생각 · 감정에 접근하고 새로운 의미를 구성하기 위한 경험을 촉진했다. 그녀는 그 당시 삶의 혼란스러움에 대한 두려움·분노·혼란 그리고 그러한 상황을 스스로 처리하기 위해 애썼던 자신의 노력을 회상했다. 이를 통해 그녀는 어린 시절 자신에 대한 깊은 슬픔과 공감을 불러일으켰다. 치료자는 또한 부모님이 자신을 그렇게 대했던 것에 대해 후회를 표현한다면 어떤 기분이 들지 물었다. 그녀는 분명히 부모님을 용서할 것이라고 인정했다. 이는 자기용서를 동원하는 데 도움이 되었다. 마지막으로, 그녀는 오빠와의 심상적 직면(imaginal confrontation: IC)에서도 후회를 표현할 수 있었다.

적응적 수치심 치료의 또 다른 예로, 종교심이 강하고 정서적으로 위축된 내담자가 안마시술소를 몰래 방문했다. 한편으로 그는 교회의 도덕적 규율에 대한 '반항'과 신체적 접촉의 흥분을 즐겼다. 다른 한편으로는 아내를 '속이고' 젊은 여성들을 착취("그들은 모두 누군가의 딸이다.")하는 것에 부끄러움을 느꼈다. 수치심은 사실 적응 과정으로, 중요한 개인적 가치와 기준을 위반하고 있다는 것을 알려 주기 때문에 자기비판적 과정과는 다르다는 점에 유의하라. 이 경우 성공적인 개입은 내담자가 자유와 성적 친밀감에 대한 자신의 욕구를 인정하고 탐색하는 동시에 자신의 가치를 염두에 두고 자신의 욕구를 충족시킬 수 있는 보다 개인적으로 수용 가능한 방법을 찾도록 타당화하고 도와주는 것을 포함한다.

부적응적 일차 수치심을 변화시키기 위한 개입

다음 하위 절에서는 부적응적 일차 수치심에 대처하기 위한 표식과 개입 방법에 대해 설명한다. 가혹한 자기비판을 극복하기 위한 단계를 따르고 임상 사례를 통해 설명한다.

부적응적 일차 수치심의 표식

제3장에서 설명한 것처럼 적응적 일차 정서는 생물학적으로 발생하지만, 부적응적 정서는 학습의 산물이다. 어린 시절 학대와 방임의 경우, 부적응적 일차 수치심은 발달 경험에 깊이 자리 잡고 있다. 애착 관계의 복합외상의 특징 중 하나는 수치심에 기반한 자기가 회복할 수 없을 정도로 손상되었거나 무가치하다는 인식이다. 이러한 자기감은 현재 상황, 특히 외상과 유사한 상황에서 자동으로 활성화되는 총체적이고 암묵적이며 체화된 정서도식 또는 의미 체계이다. 이 핵심 자기감은 종종 복합외상과 동반되어 다른 정서에 의해 덮여 있는 다른 장애의 근원에 있다. 예를 들어, 사회불안 및 회피성 성격의 경

우, 부적응적 일차 수치심의 표식은 부정적인 평가에 대한 극심한 두려움과 상황에 따른 잦은 자의식 및 당혹감이다. 다른 예로는 우울증의 기저에 있는 무가치감, 자기애적 분노처럼 사소한 일에 대한 분노, 경계선 성격처럼 버림받을 위협에 대한 분노 등이 있다.

치료에서 부적응적 수치심과 죄책감의 명백한 표식은 명백한 내담자의 부정적인 자기평가(예: "나는 반품 정책이 없는 불량품처럼 느껴져요. 어디든 따라다녀요.")와 자기비판적 진술(예: "내가 더 잘 알았어야 했는데 어떻게 그렇게 어리석을 수 있지?")이다. 이는 가해자나 사회로부터 암묵적 또는 명시적으로 내면화된 메시지일 수 있다.

이러한 부정적인 자기평가의 가장 고통스럽고 해로운 점은 자신을 향한 적대감 · 경멸 · 혐오가 수반된다는 점이다. 따라서 부적응적 일차 수치심의 표식은 부정적인 자기평가와 자기비판과 함께 적대감을 나타내는 목소리 그리고/또는 표정(예: 비웃음, 경멸적으로 입을 삐죽거림, 거만한 오만)이다.

자기비판적 과정과 관련된 수치심 감소시키기

부적응적 일차 수치심을 변화시키기 위한 개입 전략은 부적응적 일차 두려움에 대한 개입 전략과 유사하다. 여기에는 핵심 자기감에 접근하는 동시에 다른 건강한 자원(예: 가해자에 대한 분노 또는 자신에 대한 슬픔과 연민)에 접근하여 이를 재구성하는 것이 포함된다. 이는 기억 작업에 관한 제7장에서 설명한 대로 일화적 기억을 활성화하고 탐색함으로써 달성할 수 있다. 또는 이전 장([그림 8-1])에서 설명한 것처럼 부적응적인 자기진술을 강조하는 두 의자 대화를 통해 이를 달성할 수도 있다.

죄책감과 수치심을 지속시키는 명백한 자기비판적 진술이 있는 경우, 이는 두 의자 개입의 지표가 된다. 예를 들어, 내담자가 인간관계나 직업 등 자신이 유능해야 한다고 생각하는 삶의 목표에 실패했을 때를 들 수 있다. 다른 예로는 강간 · 학대 · 사고와 같은 끔찍한 사건을 막거나 통제할 수 있었어야 한다고 생각하는 경우도 있다. 이러한 경우의 실패는 내담자에게 개인적인 결점이나 결함이 있음을 의미한다.

자기비판적 과정은 다른 사람들이 자신을 비판하고 있다고 믿는 투사로도 나타날 수 있다. 예를 들어, 오빠에게 성적 학대를 당한 클레어는 학대를 최소화하는 부모님에게 화가 났다("그들은 내가 과장하고 아무것도 아닌 일을 크게 소란스럽게 만든다고 생각해요!"). 주요 타자에 의한 내담자의 비타당화(invalidation) 의식을 확인하는 것도 중요하지만, 핵심 문제는 내담자 자신의 (내면화된) 최소화와 그에 따른 부모의 인정에 대한 절실한 욕구였다. 이러한 경우, 치료자는 이러한 투사를 잠정적으로 지적하는 것이 유용할 수도 있고 그렇지 않을 수도 있다("부모님의 비타당화가 당신 자신의 불안감을 불러일으키는 것 같고, 당신이 과장하고 있는 것은 아닐까 두려워하는 부분이 있는 것 같아요."). 내담자는 당장은 이러한 해석을 받아들일 수도 있고 받아들이지 않을 수도 있지만, 시간이 지나면서 타자의 실제 또는 상상의 부정적인 평가에 취약하게 만드는 것은 자신의 내면화된 수치심이라는 것을 경험적으로 이해하게 될 것이다. 어쨌든 치료자의 목표는 내담자가 상상한 비판을 명확하게 표현하도록 돕고("그들이 당신에 대해 무엇을 말하거나 생각하고 있다고 상상하세요?"), 이를 적대적인 정동과 함께 자기 자신에게 향하게 하고, 이러한 비난에 대한 내담자의 반응을 이끌어 내는 것이다.

비판은 상처를 주기 때문에 비난을 경험하면 이에 대한 반응으로 위로와 지지에 대한 욕구가 생긴다. 가혹한 비판에 대한 진정한 감정과 욕구를 탐색하는 것은 이러한 자기비하에 대한 내부적으로 생성된 도전을 활성화하는 데 도움이 된다. 제7장에서 설명한 기억 작업에서와 마찬가지로, 내담자가 이전에 연민 · 양육 · 자부심을 경험한 적이 있다면 건강한 내적 역량을 활성화하는 것이 더 쉽다. 내담자가 자신의 비판에 대한 경험적 영향을 느끼지 못하거나 다른 건강한 경험이 자발적으로 떠오르지 않을 때는 개입을 통해 그 과정을 촉진해야 한다. 예를 들어, 치료자는 자녀나 친구가 그러한 비판을 들었을 때 어떤 기분이 들었는지, 대신 어떤 말을 들어야 하는지, 친구로부터 지지를 들었을 때 내담자가 어떻게 느낄지 물어볼 수 있다. 이러한 유형의 자기진정은 뒷부분에서 자세히 설명한다. 다시 말하면, 이 과정은 상상을 통해 새로운 정보에 접근하는 과정 중 하나이다.

자기비판을 해결하기 위한 두 의자 개입의 단계는 앞 장에서 제시한 일반 모델 [그림 8–1]에 설명된 대로 자기방해(self–interruption)를 해결하기 위한 단계와 유사하다. 다음에서는 이 과정의 특징, 특히 자기비판(self–criticism)과 자기비난(self–blame)을 자기방해와 구분하여 살펴본다. 목표는 가혹한 비판에 맞서서 내담자의 사기가 저하된 자기를 강화하고 자기가치(self–worth)를 방어하는 것이다.

● 대화를 구성하라

자기비판 과정의 표식을 확인한 후에는 내부 대화를 통해 자기비판 작업에 대한 간단한 근거를 제시하는 것이 중요하다. 이는 수치심과 죄책감을 다루는 작업에서 특히 중요한데, 내담자는 개방하기를 주저하고 자신을 계속 모욕하거나 비판하거나 내려놓는 것이 어떤 의미인지 이해하지 못할 수 있기 때문이다. 치료자는 개입의 목적이 자신의 내적 과정을 더 잘 이해하고, 약하고 사기가 저하된 자기의 일부를 강화하여 스스로 비판에 맞서는 법을 배울 수 있도록 하는 것임을 명확히 설명한다. 다음으로, 개입은 자기의 두 부분(두 의자에서) 간의 접촉 또는 대화를 촉진하고 내담자에게 내면화된 비판을 실행하는 것부터 시작하도록 요청한다.

● 자기비판적 진술을 구체화하고 구별하라

개입은 내담자가 더 수용하기 위해 필요한 것이 무엇인지 스스로에게 말하도록 장려한다['해야만 한다(should)' 진술]. 자기비판의 경우, 자기비판적 진술과 관련된 정동, 즉 내담자가 자신에 대해 느끼는 경멸이나 혐오감(즉, 음성의 질)을 강조하는 것이 필수적이다. 자기비판에 대한 연구에 따르면 자기비판의 내용 자체보다는 정동적 어조가 정신병리와 가장 관련이 있는 것으로 나타났다(Whelton & Greenberg, 2005). 따라서 내담자에게 중요한 것은 말하는 내용이 아니라 말하는 방식이라는 점을 상기시킬 수 있다.

내담자가 자신의 가장 깊은 결점이라고 생각하는 것을 드러내려면 상당한 신뢰가 필요하며, 치료자는 이 과정에서 안내와 지지를 제공해야 한다. 여기에는 치료자가 내담자가 스스로를 인식할 수 있도록 가능성을 제시하는 것도 포함된다(예: "당신은 벌을 받아 마땅하다고 말하는 건가요?"). 예를 들어, 자신의 외상에 대해 자신을 탓하는 내담자는 자신이 그 외상을 막지 못했거나 막을 수 없었다고 생각하는 부분을 구체적으로 설명해야 한다(예: 치료자가 "그래서 무슨 말을 하고 싶은 건가요? '내가 너무 나약하고 어리석어서 내가 원해서 그런 거야.'라고요?"). 그런 다음 내담자는 의자를 바꿔서 자기비판적 발언의 부정적인 영향을 경험하고 다른 의자에서 자기비판의 영향을 전달하도록 권장된다.

● 부정적 메시지를 강화하거나 과장하라

부정적인 메시지를 강화하는 요점은 그 메시지가 얼마나 해롭고 손상을 입히는지에 대한 경험적 인식을 높여 적응적 자기보호 반응을 활성화하는 것이다. 이는 치료자가 특정 비판과 관련된 내용 그리고/또는 목소리를 과장함으로써 이루어질 수 있다(예: "그래서 당신은 자신의 이 부분에 대해 그녀가 바람직하지 않다고 말하는군요? 제 생각에 당신은 그녀에게 꽤 못된 사람인 것 같아요. 어떻게 생각하세요? 아까는 자신을 '뚱보'라고 불렀잖아요. 그럼 '누가 그런 뚱보를 사랑할 수 있겠어?'와 같은 반응인가요?"). 일단 반응을 불러일으키면(예: 내담자가 상처받은 것에 눈물을 흘리거나 불공평함에 분노하는 경우), 치료자는 내담자에게 의자를 바꿔 앉도록 요청하고 비판을 받은 효과를 표현하는 '자기-자기'(self-self) 갈등의 다른 측면을 자세히 설명하도록 도울 수 있다("당신이 얼마나 기분 나쁜지 비판적인 부분에 말해 보세요. 그렇게 무시당하면 기분이 어때요? 내면에서 무슨 일이 일어나는지 말해 보세요.").

주의할 점이 있다. 내면화된 학대하는 타자에 대한 부정적인 메시지를 강화하는 것은 자기비판적 작업에서 까다로울 수 있으며, 메시지가 너무 가혹하여 다시 외상을 주거나 악의적일 수 있고 완화될 가능성이 없는 경우에는 금기이다. 이러한 상황에서는 제7장에 제시된 기억 작업을 사용하는 것이 좋다.

● 건강한 항의와 욕구를 이끌어내라

자기비판의 부정적인 영향을 충분히 경험한 후에는 두 가지 경로 중 하나를 통해 자기비판을 해결할 수 있다(제3장 [그림 3-1] 참조; Pascual-Leone & Greenberg, 2007). 한 가지 경로에서는 상처나 슬픔 그리고 이와 관련된 연민 · 지지 · 진정 욕구를 활성화하는 결함으로서의 자기에 대한 완전한 경험을 통해 해결이 이루어진다. 다른 경로에서는 내담자가 비판에 반대하고, 불공평함에 분노하며, 존엄성과 존경에 대한 관련 욕구를 활성화한다. 두 경우 모두 치료자는 이러한 욕구를 강조한다(예: "네, 그런 종류의 위로와 지지를 받으면 기분이 정말 좋아지고 달라질 것 같네요. 그렇게 할 수 있나요? 어떤 의미가 있을까요?")를 강조하고 내담자가 이러한 욕구를 충족시킬 자격이 있다고 느끼도록 돕는다. 긍정적인 자기평가는 자격감(sense of entitlement)과 함께 활성화되며, 개입을 통해 긍정적인 자기평가의 출현을 지지한다[예: "당신의 좋은 점, 그녀(자기의 비판적인 부분)가 인정해야 할 부분에 대해 그녀에게 말해 주세요. 그녀가 이해하도록 해 주세요."].

● 자기이해를 증진하고 새로운 상호작용을 협상하라

자기의 양쪽이 각자의 관점과 욕구를 표현하면서 자기의 일부분 사이에 새로운 이해가 이루어지면 이상적으로는 비판적인 측면이 부드러워진다. 자기의 비판적인 부분은 상대방의 입장을 이해하기 시작하고 자기의 취약한 부분에 대해 보다 호의적인 자세를 취한다. 개입은 이 과정을 지지한다(예: "그의 입장, 그가 얼마나 힘들어하는지, 당신의 지지와 격려가 얼마나 필요한지 들을 수 있나요? 무엇이 도움이 될 수 있을까요?"). 이제 자기의 두 측면 사이의 '협상'이 가능해졌고, 이는 다시 자기의 이질적이거나 반대되는 측면으로부터 새로운 것을 변증법적으로 구성하는 것으로 이어진다. 이전 장에서 설명한 자기방해 과정과 마찬가지로, 협상은 비판의 의도된 기능, 예를 들어 실패나 실망으로부터 자기를 동기 부여하거나 보호하거나 가치와 기준을 준수하도록 하는 기능을 탐색하는 것을 포함할 수 있다([그림 8-1]의 상단의 가치 및 기준 참조). 자기의 중요한 부분은 외상과 위기 상황에서 내담자를 보호하는 역할을 해 왔기 때문에 소멸이나 버림받음을 두려워하여 부드러워지기를 주저할 수도 있다. 이러한 경우 자기와의 협상과 해결에는 자기의 비판적 부분의 의도를 존중하고 안심시키는 것이 포함된다.

내면화된 자기비판을 해결하는 것은 외상이라는 미해결 과제를 해결하는 것과는 다르지만, 둘 사이에는 발달적 뿌리를 가진 연속성이 있다. 따라서 엄격하고 빠른 규칙은 없지만, 내면화된 비판자가 실제로 내담자를 원하지 않는 악의적인 학대자의 목소리일 때는 비판자를 부드럽게 만드는 것이 더 어렵다. 이런 경우에는 기억 작업을 하는 것이 가장 바람직한 개입 방법이다.

● IC, 환기적 탐색 또는 자기진정으로 전환하라

두 의자 대화는 대인 관계 과정, 즉 비판적인 상대방과의 대화로 전환될 수 있다. 내담자가 비판적 메시지의 출처를 알아차리거나 치료자가 "누구의 목소리인가요?"라고 물어볼 수 있다. 이것은 비난하는 다른 사람에 대한 직면으로 전환하기 위한 표식이다. 또는 내담자가 스스로를 달래고 위로하는 과정으로 전환할 수도 있다. 이 과정은 이 장의 뒷부분에 자세히 설명되어 있다.

자기비판에 대한 두 의자 개입의 사례 예시

가혹한 자기비판에 대한 두 의자 개입의 예는 아버지의 손에 의한 정서적 · 성적 학대의 피해자인 크리스틴 내담자에게서 관찰되었다(Angus & Paivio, 2015). 그녀는 동생을 보호하지 못한 것에 대해 죄책감을 느꼈다. 다음 발췌문은 근거를 제시하고 두 의자 대화를 구조화하는 것으로 시작된다.

치료자: 가장 흔하고 비극적인 결과 중 하나는 피해자가 학대에 대한 책임감과 사랑하는 사람을 보호하지 못한 것에 대한 죄책감을 느끼는 것이에요. 우리가 그 문제를 해결하고 그러한 감정을 받아들이도록 도와드리는 것이 도움이 될 것 같아요. [**내담자:** 네.] 저는 당신이 죄책감을 느끼게 하는 부분, 즉 "그들을 보호했어야 했어."와 같은 특정 말을 하는 부분과 나쁜 죄책감을 느끼는 다른 부분 사이의 대화를 계속할 것을 제안할 거예요. 여기서부터 다시 시작할게요[내담자에게 의자를 바꾸라고 지시]. 여기 보호하지 못한 크리스틴이 있어요. 여기[경험하기 의자를 가리키며], 여기[비판자 의자]에서 죄책감을 느끼게 하는 것은 무엇일까요? 당신은 ……를 했어야 했을까요?

여기서 내담자는 치료자에게 자신의 반응을 지시했고, 치료자는 내담자에게 자기의 다른 부분과 연결하여 주체성을 인식하도록 지시했다. "그녀에게 그렇게 해서 내면에서 어떻게 작동하는지 경험해 보세요. 너는 ……해야 해."

다음 순서는 죄책감을 유발하는 부적응적 신념에 대한 크리스틴의 인식을 높이는 데 도움이 되는 치료자의 공감적 반응과 과정 지시를 보여 준다.

내담자: 너는 누군가에게 말했어야 했어. 너는 뭔가 조치를 취했어야 했어.

치료자: 그러니까 누군가에게 말했어야 했다는 거군요. 어떤 조치를 취했어야 했는지 자세히 말해 보세요. [구체성 증진]

내담자: [한숨] 너는 맞서 싸워서 그를 막았어야 했어.

치료자: 맞서 싸우지 않았다는 것에 대해 어떻게 생각하세요? [자신을 향한 부적응적 정동에 대한 인식을 높임]

내담자: 나는 화가 나. 너는 가족을 보호했어야 했어. [꾸짖는 듯한 목소리 톤]

치료자: 목소리 톤이 강의하는 듯한 느낌이 드시나요? [제스처, 손가락으로 가리키며 경험하기 의자를 흔드는 동작]

내담자: 네. [웃음, 이해했음을 인정하며]

다음 순서에서 치료자는 크리스틴이 경험하는 자기의 고통스러운 반응을 이끌어 내고 부적응적인 자기비판의 영향을 느끼도록 도와 내담자의 주체성을 촉진하는 데 도움이 되는 과정 지시를 제시했다.

치료자: 자, 이쪽으로 오세요. [경험하기 의자를 가리키며] 뭔가 했어야 했다는 말을 들으니 기분이 어떠세요?

내담자: 아버지가 하신 말씀과 똑같아. 나는 마치 '아무것도 아닌 사람'과 같이 가치 없는 사람처럼 느껴져. [눈시울을 붉히며] 나는 동의해.

치료자: 그래요, 나는 사실인 것처럼 느껴지는군요. 나는 나약한 존재라는 생각이 드는군요.

다음 순서에서 치료자는 내담자 자신을 향한 부적응적 메시지를 강화하여 대안적인 건강한 반응을 활성화한다.

치료자: 좋아요. 다시 이쪽으로 오세요. [비판자 의자를 가리키며] 좀 더 해 보세요. 죄책감을 느끼게

하세요. 넌 약해…….

내담자: 넌 아무 가치도 없고, 멍청하고……. [길게 멈춤]

치료자: 무슨 일이 벌어지고 있어요? [가슴에 손 얹기]

내담자: [울음] 아버지가 저에게 했던 말들이 다 들려요.

치료자: 아버지로부터 이런 메시지를 들으면 정말 마음이 아프고 울컥하나요? [내담자 고개 끄덕임] 그래서 이런 말을 스스로에게 하는 법을 배웠군요. [**내담자:** 음흠.] 그것은 마치 '머릿속의 아버지'가 당신을 때리고 폄하하는 것과 같네요. [**내담자:** 음…….]

다음 순서는 내담자가 건강한 반응을 충분히 경험하고 이 경험을 자기의 다른 부분으로 전달하도록 주의를 환기하고 촉진하는 과정을 보여 준다. 그런 다음 치료자는 내담자가 자기 이야기를 바꾸게끔 의도적으로 건강한 항의를 하도록 코칭한다.

치료자: 이리 오세요. [경험하기 의자를 가리키며] 당신의 머릿속에 있는 아버지에게 무슨 말을 하고 싶으신가요?

내담자: 그건 사실이 아니에요.

치료자: 거기에 머물러 있어 보세요. 당신의 이 부분에게 무엇이 진실인지 말해 보세요.

내담자: 나는 강해.

치료자: 당신이 강한 모든 방법을 이야기하고 그녀를 이해시키도록 하세요.

여기서 치료자는 정서적 참여를 높이기 위해 구체성을 촉진한다. 내담자가 자신의 강점에 대한 몇 가지 예를 이야기하면 치료자는 이러한 상황을 회상하는 내면의 경험에 주의를 기울인다. "그게 정말 맞는 느낌인지 느낄 수 있나요?" 변화를 촉진하는 측면에서 내담자가 이러한 내적 도전을 충분히 경험하는 것은 매우 중요한데, 새로운 자기감을 구성하는 과정에서 새롭고 적응적인 정서적 경험이 부적응적인 정서도식과 통합되기 때문이다.

초기 IC 또는 환기적 탐색 절차에서와 마찬가지로, 내담자는 일반적으로 한 번의 시도로 두 의자 대화 과정의 모든 단계(앞서 설명한)를 완료하지 않는다. 오히려 내담자는 후속 회기에서 단계를 반복적으로 순환하면서 갈등을 해결하고 건강한 자원을 완전히 통합하는 데 더 가까워진다. 그럼에도 불구하고 각 회기가 끝날 때 과정을 만족스럽게 마무리하는 것이 중요하다. 여기에는 절차에 대한 내담자의 경험을 처리하고 미래로의 연결이 포함된다. 많은 내담자의 경우 처음 두 차례의 개입을 통해 고통스러운 자기비판에 대한 인식이 높아질 뿐이다. 그런 다음 효과적인 개입에는 이것이 이후 회기에서 자기비판을 줄이는 데 기여할 중요한 시작임을 안심시키는 것이 포함된다. 내담자의 '숙제'는 회기 사이에 비판적인 목소리가 나올 때 자신의 내적 경험을 관찰하는 것이다. 회기 사이에 필요에 따라 내담자의 정서조절 능력에 적절한 주의를 기울인 후 회기를 종료한다. 중요한 것은 앞서 언급했듯이 자기비판적 과정을 강화하는 절차는 적응적 자원에 접근할 수 없거나 자살을 시도하는 내담자에게는 적합하지 않다는 것이다.

회기가 끝날 무렵 크리스틴은 아버지의 목소리가 여전히 '머릿속에' 얼마나 남아 있는지 몰랐다며 이것이 새로운 깨달음이라고 말했다. 일주일 동안 그 비판적인 목소리를 들었을 때 어떻게 대처할 것이냐는 질문에 크리스틴은 회기에서 강해지라고 했던 말을 모두 기억할 것이라고 말했다. 치료자는 그녀의 전략을 지지하며 그 말을 머리로만 기억하는 것이 아니라 가슴으로 느끼도록 격려했다. "이것이 바로 뿌리를 내리는 곳이에요." 이는 이전 장에서 언급한 자기비판에 대한 CBT 접근 방식과 비교했을 때 정서중심치료의 특징이다. 정서중심치료 개입의 효과는 하향식 이성적 도전이 아닌 적대적인 자기비판에 대한 적응적 정서 반응의 상향식 경험에서 비롯된다(예: "나 자신을 위해 일어서는 것이 이런 느낌이에요. 내가 필요한 것이 무엇인지 알고 있고, 그 느낌이 좋아요!"). EFTT의 장기 과정에서는 크리스틴과 같은 내담자가 새로운 감정과 신념을 깊은 경험적 수준에서 완전히 통합할 수 있도록 대화와 과정을 반복해야 한다. 크리스틴의 자기비판은 매우 명백하게 내면화된 메시지이기 때문에 크리스틴과의 치료는 아버지와 함께하는 IC로 옮겨 갈 가능성이 높다. 다음 절에서는 자기비판적 과정을 줄이기 위해 IC에 추가 또는 대안으로 사용되는 내담자의 자기에 대한 연민을 향상시키기 위한 개입에 초점을 맞추고 있다.

자비로운 자기진정

가장 기본적인 형태의 자기진정은 정서조절 능력이다. 사람들이 특히 괴로울 때 자신을 연민으로 진정시키는 정도는 안전한 애착의 맥락에서 학습된다. 좋은 부모는 아이가 괴로울 때 위로하고 진정시키는 것을 포함한다. 시간이 지나면서 아이는 부모의 태도와 반응을 내면화하여 삶의 어려움에 직면했을 때 스스로를 위로하고 진정시키며 안전하고 가치 있는 존재라고 느낄 수 있다. 학대나 방임 환경에서 자란 아동은 부모의 적절한 관심과 보살핌을 받지 못하기 때문에 스스로를 위로하고 진정시키는 능력이 제한적이다.

이러한 내담자는 안전한 애착 대상이자 내담자의 자기관리 코치 역할을 하는 치료자와의 관계를 통해 이러한 역량을 개발할 수 있다. 실제로 더 깊은 수준에서 자비로운 자기진정에는 자신의 고통과 아픔에 대한 슬픔과 연민을 경험하는 것이 포함된다. 이는 이전에 자신에 대해 증오·경멸·혐오만 느꼈던 내담자에게 강력한 변화를 가져다준다.

중요한 점은, 다른 표준 EFTT 개입과 마찬가지로 EFTT 자기진정 절차는 일반적으로 기술 기반이 아닌 경험 기반('뜨거운' 과정)이라는 점이다. 이 절차는 순간의 정서적 고통과 괴로움에 대한 상향식 정동적 반응을 포함한다. 자신이 상처받은 아이라고 상상하는 것과 같은 기법은 핵심 고통을 활성화하는 데 강력하게 연상되고 의도적으로 사용될 수 있다. 모든 경우에 내담자는 고통과 자비로운 자기진정 반응의 긍정적 효과를 모두 깊이 경험하도록 도움을 받는다. 그러나 EFTT에는 적절한 경우 명시적인 모델링과 자기진정 기술 교육도 포함될 수 있다. 예를 들어, 회기가 끝나는 시점에서 극심한 고통스러운 감정이 유발되었을 때 내담자가 진정하고 회기 사이를 조절하는 데 도움이 될 수 있다. 다음 하위 절에서는 자비로운 자기진정 능력을 향상시키기 위한 다양한 EFTT 전략을 설명한다.

가장 기본적인 과정은 치료가 진행되는 동안 내담자가 치료자의 자비롭고 진정시키는 존재감을 내면화하는 것이다. 이는 암묵적으로 또는 명시적으로 일어날 수 있다. 예를 들어, 특히 심도 있는 회기가 끝난 후의 회기에서 한 내담자는 일주일 동안 비슷한 괴로운 경험을 했을 때 치료자의 위로의 말을 떠올렸다고 보고했다. 내담자는 회기 사이에 활성화된 고통에 대처하는 데 도움이 되도록 "내 존재를 집에 데리고 가라."라고 명시적으로 격려할 수 있다. 다른 경우에는 내담자가 회기에서 자신을 진정시켜 주는 애착 대상이 어떻게 반응할지 상상하도록 격려할 수 있다. 이 애착 대상은 조부모(살아 계시든 돌아가셨든)와 같은 실제 인물일 수도 있고, 이상적이거나 '완벽한' 애착 인물(실제이든 가상이든)일 수도 있다. 일부 내담자에게는 자비로운 영적 지도자(예: 예수, 달라이 라마, 무함마드) 또는 신이 될 수도 있다.

아마도 가장 환기적이고 강력한 자기진정 전략은 내담자가 상처받고 도움이 필요했던 어린 시절의 자신을 떠올리고 상상하며 성인이 된 자신의 능력으로 고통과 아픔에 대응하는 것일 것이다. 이 과정은 내담자 클레어의 경우처럼 다른 개입의 맥락에서 자연스럽게 나타날 수 있다. 클레어는 IC에서 오빠에 대한 분노를 표현한 후, 성행위를 한 것에 대해 '더럽다'고 느낀 어린 소녀로서의 자신에 대한 슬픔을 경험하는 것으로 빠르게 전환했다. 치료자는 빈 의자를 더 가까이 옮기고 "클레어가 무슨 말을 들어야 할 것 같나요?"라고 물으며 어린 소녀로서 자신을 위로하도록 격려했다.

또한 내담자가 과거의 고통스러운 상황을 다시 떠올리는 성인이 된 자신을 상상하고 현재 어떻게 대응할지 고려하도록 명시적으로 지시할 수도 있다. 이는 제7장의 초점이었던 외상 재경험 및 기억 작업의 구성 요소이다. 예를 들어, 앞서 설명한 직장에서 승진에 대해 불안감을 느낀 내담자는 아버지로부터 잔인하게 비하되고 모욕을 당하고 어머니로부터 보호받지 못했던 기억을 떠올렸다. 그녀는 특정 상황에 다시 들어가서 자신이 그 어린 소녀라고 상상한 다음 자신이나 어머니에게 어떤 말을 할 수 있는지 생각해 보도록 요청받았다(예: "엄마가 좋은 부모가 되도록 도와주세요. 좋은 부모라면 겁에 질린 아이에게 어떻게 이야기할까요?"). 이 과정에서 내담자는 갑자기 자신에게 미안한 마음이 들었고, 어린 시절(그리고 성인으로서)에 필요한 것이 무엇인지 명확하게 표현할 수 있었으며, 그러한 욕구를 충족시킬 자격이 있다고 느꼈다. 이러한 경험에서 나온 정확한 위로와 보호의 반응과 제스처(예: "넌 정말 멋진 아이야, 어떤 아빠가 널 자랑스러워하지 않겠니?")를 내담자가 표현하고 실행할 수 있도록 돕는 것이 중요하다. 목표는 내담자가 이 새로운 의미의 영향을 느끼는 것이다(예: 치료자가 "그 말을 듣는다고 상상해 보세요. 내면에서는 어떤 일이 일어날까요?"라고 질문할 수 있다). 따라서 이러한 새로운 진정 능력은 경험적 수준에서 통합된다.

많은 내담자가 친구나 가족에게는 공감과 양육 능력을 가지고 있지만, 이러한 능력을 자신에게 적용하는 것은 더 어렵다고 느낀다는 점에 주목하는 것이 중요하다. 아기에게 애교를 부리는 것이 어색하거나 부끄럽다고 생각하거나, 자기방종(self-indulgent)이라고 생각하거나, 그런 애교를 부릴 자격이 없다고 생각할 수 있다. 이러한 내담자는 약하거나 결핍된 모습을 보이는 것이 금지된 환경에서 자란 경우가 많다. 어린 조카를 깊이 사랑하고 조카가 두렵거나 기분이 나쁠 때 위로해 주는 것을 쉽게 상상할 수 있는 한 내담자의 경우도 마찬가지였다. 그녀는 구체적인 고통스러운 상황에서 조카에게 어떻게 반응할지 명확하게 표현하고 이를 자신에게 적용하도록 권장받았다. 핵심은 내담자가 위로를 필요로 하는 가슴 아픈 장면을 생생하게 떠올리고, 이상적으로는 과거에 있었던 일을 떠올리게 한 다음 관련 정서도식을 활성화하는 것이다. 물론 일부 내담자의 경우, 자신은 위로를 받을 자격이 있는데 다른 사람은 그렇지 않다는 믿음에 도전하는 것도 포함될 수 있다.

수치심이 깊게 자리 잡고 있거나 양육 경험이 없는 다른 내담자의 경우 치료자는 이러한 보다 적응적인 반응을 명시적으로 모델링해야 할 수 있다. 예를 들어, 한 내담자는 어린 시절 신발을 잘못 신었다는 이유로 어머니에게 공개적으로 모욕을 당했던 사건을 설명했다. 그는 어린 시절의 긍정적인 경험이 없었기 때문에 어떤 반응을 원했을지 알 수 없었다. 이러한 경험 부족에 대응하여 치료자는 부드럽고 양육적인 어머니의 입장을 취했다("'좋은' 어머니라면 이렇게 말했을 것 같아요."). 따라서 그녀는 아들의 실수를 재미있고 사랑스럽게 여겼을 사람처럼 반응했고, 아들을 비난하기보다는 도와주겠다고 제안했다. 내담자는 눈물을 흘리며 "만약 우리 엄마가 저에게 그런 말을 했다면……."이라고 말했다. 치료자는 내담자가 얼마나 감동을 받았는지 인정했고, 이는 긍정적인 애착 경험을 공유하는 계기가 되었다. 이러한 방식으로 개입을 통해 내담자는 충족되지 못한 욕구에 대한 인식을 높이고 이것이 자신에게 얼마나 중요한지에 대해 감사하며 치료자의 동정심과 진정 반응을 내면화하는 데 도움을 받았다.

다음 하위 절에서는 EFTT에서 자비로운 자기진정이라는 표준 개입을 구현하기 위한 지침과 사례 예시를 제시한다.

아동으로서의 자기진정 모델

자기진정의 한 가지 목적은 회기에서 활성화된 불안, 두려움 또는 괴로움을 진정시키기 위한 정서조절 전략이다. 예를 들어, 행동적 자기진정 전략(예: 균형 잡힌 호흡, 현재에 대한 신체적 안정화, 안심시키는 자기대화)은 전반적인 고통을 줄이기 위해 초기 회기에서 사용된다([그림 3-1] 참조). 이러한 전략은 내담자가 자신의 고통에 대해 슬픔을 표현하는 후기 회기의 자비로운 자기진정과는 구별된다. 후자의 절차는 일반적으로 수치심과 자기비난과 관련된 감정을 변화시키는 데 사용되거나 부적응적 핵심 자기감을 활성화하여 변화를 위해 충분히 사용할 수 있도록 하는 데 사용될 수 있다. 자비로운 자기진정 작업의 표식은 IC, 기억 작업, 죄책감, 수치심, 자기비난에 대한 두 의자 대화 또는 핵심 자기감이 떠오를 때마다 발생할 수 있다.

● 표식을 식별하고 근거를 제시하라

일반적으로 내담자가 수치심, 자기비난, 거절, 외로운 버림받음과 관련된 고통스러운 감정을 불러일으켰던 특정 상황(최근 또는 과거)을 떠올리는 것이 자기진정의 표식이 된다. 치료자는 "아직도 아버지의 인정을 갈망하고 항상 실패하는 어린 소년이 되어 자신에게 뭔가 문제가 있다고 믿는다고 들었어요. 어렸을 때 정말 고통스러웠겠어요. 그 상처를 치유할 수 있는지 살펴봅시다."라고 말할 수 있다.

- 취약하고 도움이 필요한 아동으로서의 자기를 불러일으키라

여기서 내담자는 자신의 옆이나 다른 의자에 앉아 있는 상처받고 도움이 필요한 아이 또는 과거의 특정 상황을 생생하게 상상해 보도록 권장한다. 예를 들어, 치료자는 "저기 있는 8살짜리 소년이 된 자신을 상상할 수 있나요? 어떻게 보이나요?"라고 질문할 수 있다.

- 아동의 감정 및 욕구에 대한 집중을 안내하라

다음으로, 치료자는 내담자에게 아동이 느끼고 필요로 하는 것이 무엇인지 상상해 보도록 요청하고, 필요에 따라 내담자 자신의 말을 사용하여 예를 제공한다. 치료자는 내담자의 주의를 개인적이고 정동적인 경험에 집중하도록 유도하여 정서적 몰입을 심화한다.

치료자: 그 어린 소년은 지금 어떤 기분이라고 생각하시나요?

내담자: 뭔가…… 제 행동뿐만 아니라 제 모든 것이 잘못됐어요.

치료자: 아이가 한 사람으로서 모든 것이 잘못되었다고 하는 이런 감정을 느끼기에는 너무 고통스럽겠어요. 어린 시절의 자신을 상상하면서 그 아이가 기분이 나아지기 위해 무엇이 필요하다고 생각하시나요?

내담자: 자신이 괜찮다고 느끼는 것, 그런 단순한 것이요.

여기서 치료자는 이러한 기본적인 발달 욕구를 충족하는 것이 중요하다는 것을 확인했다.

- 성인의 관점에서 아동의 감정과 욕구에 반응하라

내담자가 건강한 성인 자원(예: 생각 · 감정 · 개인적인 성찰 · 삶의 관점)에 접근하고 그러한 성인 관점에서 대응하는 것이 필수적이다. 어렸을 때의 고통을 다시 경험하는 것에 압도된 내담자는 과업에 계속 참여하기 전에 정서를 조절하는 데 더 많은 도움이 필요할 수 있다. 내담자가 과업에 참여할 수 있게 되면 치료자는 "지금 어른이 되어 그 상황에서 그 아이가 얼마나 힘들었는지 기억하면서 그 아이에 대해 어떻게 느끼십니까? 그에게 필요한 것을 줄 수 있나요? 그가 무엇을 들어야 한다고 생각하시나요? 실제로 그에게 말할 수 있나요?" 이때 내담자는 자신에 대한 연민을 표현하는 것을 꺼릴 수 있으며, 치료자는 자신이 아끼는 사람에게 어떻게 반응할지 또는 양육하는 다른 사람이 자신에게 어떻게 반응할지 상상해 보라고 제안할 수 있다. 그런 다음 내담자에게 동일한 양육을 자신에게 적용하도록 격려한다.

● 진정시키는 반응의 효과를 경험하라

개입은 내담자가 스스로 진정 · 위로 · 양육하는 반응의 긍정적 효과를 깊이 경험하도록 돕는 것이 중요하다. "'너는 지금 이대로도 괜찮아.'라는 말을 들으니 기분이 어때요?" "그 말이 몸으로 느껴지세요?" "그게 사실인 것 같나요?"와 같은 예를 들 수 있다. 내담자가 다른 사람을 위로하거나 다른 사람으로부터 위로를 받는 상상을 하는 경우, 개입은 상대방이 어떻게 느낄지 또는 상대방으로부터 위로를 받는 기분이 어떨지 상상하도록 유도한다.

● 현재로 데리고 오라

마지막으로, 개입은 내담자의 현재 삶으로 연결하여 고통스러운 시기에 오래된 고통스러운 감정과 메시지가 활성화될 때 자비로운 자기진정을 다시 경험할 수 있도록 한다. 내담자가 다른 사람을 진정시키는 상상을 한 경우, 치료자는 이를 자신에게 어떻게 적용할 수 있는지 물어볼 수 있다. 이 작업은 또한 치료자와 내담자가 후속 회기에서 필요할 때 참조할 수 있는 시금석인 공식적인 기준점을 만들어 준다.

자비로운 자기진정 개입의 사례 예시

이 사례(Paivio, 2015)는 먼저 정서적 고통을 활성화하고 경험하기를 심화시킨 다음 슬픔과 연민에 접근하기 위해 자기진정 절차를 사용하는 방법을 보여 준다. '모린'은 어린 시절부터 성인 관계까지 여러 가해자로부터 여러 유형의 외상 경험(신체적 · 정서적 · 성적 학대 · 외상성 상실)과 학대를 당한 경험이 있다. 그녀는 자신에 대해 돌이킬 수 없는 '손상'을 입었다고 생각했다. 모린의 스토리텔링 스타일은 외부에 초점을 맞춘(즉, 낮은 수준의 경험하기) 방식이었다. 그녀는 자신이 겪은 많은 비극의 세부 사항을 사실 그대로 이야기했고, 내적 경험으로 주의를 돌리려는 치료자의 공감적 반응에는 최소한의 반응만 보였다. 이는 치료자가 내담자의 정서적 경험하기를 심화시켜 그녀의 이야기가 보다 개인적이고 정동적인 것이 되도록 하기 위한 표식이었다. 따라서 자기진정 절차는 처음에는 정서적 경험을 불러일으키기 위해 사용되었고, 나중에는 자신에 대한 양육과 연민을 구체적으로 이끌어 내기 위해 사용되었다.

모린과의 작업은 그녀가 정서적으로 작업에 몰입할 수 있도록 정서와 정서코칭, 안내 및 방향에 대한 상당한 타당화가 필요했다. 모린은 맞은편 의자에 앉은 자신의 모습을 긴 금발머리에 주근깨가 있는 어린 소녀로 쉽게 상상할 수 있었다. 그러나 질문을 받았을 때 그녀는 자신에 대한 감정에 접근하거나 어린 시절의 욕구, 심지어 자신의 자녀가 상처를 받고 있는지조차 파악하지 못했다.

내담자: 그게 문제예요. 저는 감정적인 사람이 아니라 사실에 충실한 사람이라서 [아이들이 들어야 할 말이 무엇인지] 잘 모르겠어요.

치료자: 알겠어요. 그래서 그것도 일종의 억압이었던 셈이죠……. [타당화, 문제 파악]

내담자: 네, 저는 양육적인 사람이 아니고 감정을 잘 드러내지 않고 구체적인 사고를 하는 사람이에요. 그래서 제가 무슨 말을 해야 할지 모르겠어요.

치료자: 모린, 그 작은 금발 소녀에게 무엇이 필요했다고 생각하세요? 그녀가 슬프다고 생각하세요? 누군가 자신을 사랑해 주길 원했나요? [**내담자:** 네, 물론이죠.] 사랑해 주고, 똑똑하고 예쁘다고 말해 주고요? [환기적 공감, 제안을 제시함]

내담자: 음흠. 그 당시에도 그녀는 자신의 인생이 이렇게 되어야 한다고 느꼈던 것 같아요.

치료자: 그렇다면 상황을 개선하는 데 도움이 될 만한 말을 해 줄 수 있나요?

내담자: [잠시 멈춤] 모르겠어요.

치료자: 그녀는 자신의 인생이 이렇게 될 거라고 생각했군요. 절대 나아지지 않을 거라고요.

내담자: 불행히도, 전혀 나아지지 않았어요. [부드럽게 웃으며 눈물을 흘림] 그냥 대처하는 삶이었어요.

치료자: 기분이 어떠세요? 슬프군요, 네. [내담자의 눈물에 맞춰] 그러니까 "모린, 너는 그저 대처하는 삶만 살았어, 미안해."라고 말하는군요. 모린이 어떤 삶을 살았으면 좋았을지 말씀해 주시겠어요? [다른 의자를 쓰다듬으며] 그녀는 무엇을 받을 자격이 있었나요? 당신은 그럴 자격이 있었어요…….

내담자: [내적 초점] 너는 행복을 누릴 자격이 있었어.

치료자: 행복, 재미, 평온한 어린 시절, 순수함.

내담자: 순수함, 네, 그건 5살 때 빼앗겼으니까요.

치료자: 네. 그럼 당신은 이 모든 것을 누릴 자격이 있었어요, 모린…….

내담자: 네, 그랬어요.

치료자: "너는 누릴 자격이 있었어, 모린."이라고 말할 수 있나요?

내담자: 너는 당연히 [**치료자:** 당연히.] 훨씬 더 행복하고, 어깨의 무게도 덜고, 문제도 덜 겪을 자격이 있었어.

치료자: 당신은 그런 끔찍한 취급을 받을 이유가 없었어요. 당신은 괜찮은 삶을 살 자격이 있었어요.

내담자: 그래, 난 이 모든 어려움을 겪을 이유가 없었어. 하지만 내가 더 나아지게 할게. 너를 위해 노력 중이야. 우린 아이들을 통해 살고, 아이들을 통해 행복해질 거야.

치료자: 그래요, 그럼 우리도 기쁨을 느낄 수 있을 테니 이제 그 기쁨의 일부를 직접 느껴 보세요. 그

게 제 소원이에요. [연민과 진정성]

이 사례에서 치료자는 내담자가 정서적 경험을 다루는 데 어려움을 겪고 있다는 사실을 확인하고 수용하면서 안내와 함께 내담자의 정서적 참여와 경험을 단계적으로 심화시키는 데 도움을 주었다. 이는 치료자의 모델링과 결합되어 내담자가 자신에 대한 슬픔과 연민에 접근하는 데 중요한 역할을 했다. 회기가 끝날 무렵, 모린은 자신과 관계를 맺는 새로운 방식에 마음을 열게 해 준 이 경험에 대해 깊은 감사를 표했다.

두려움 및 수치심을 다룰 때의 어려움

이 절에서는 두려움(이전 장)과 수치심(이 장)을 해결하기 위한 개입, 특히 두 의자를 사용하는 맥락에서 내담자가 겪을 수 있는 일반적인 어려움을 해결하기 위한 전략을 제시한다.

자기의 부분 사이에 접촉이 없는 경우

명확한 지시에도 불구하고 내담자가 두 의자 실연에서 자기의 각 부분 간의 접촉을 유지하는 데 계속 어려움을 겪는 경우, 치료자는 먼저 내담자와 협력하여 이러한 어려움의 원인을 이해해야 한다. 구조화 문제, 과업에 대한 명확성 부족, 수행불안 또는 치료자와의 직접적인 관계적 접촉에 대한 내담자의 욕구 때문일 수 있다. 다시 말하면, IC 절차의 변형과 마찬가지로 최적의 EFTT 개입은 내담자가 필요로 하는 만큼의 지지와 치료자와의 접촉을 제공하는 것을 의미한다. 두 의자 절차의 기본이 되는 개입 원리는 대부분의 상호작용이 치료자와 직접 이루어지는 경우에도 거의 동일하게 사용된다. 이러한 경우에는 건강한 새로운 경험의 출현을 나타내는 중추적인 진술만 다른 의자를 향해 전달된다. '뜨거운' 과정과의 접촉을 유지하기 위해 정교한 근거 없이 내담자를 다른 의자로 물리적으로 이동시키지 않고 신속하게 이루어진다.

자기의 두 부분 사이에 갈등이 없는 경우

자기의 두 부분 사이의 변증법적 긴장을 유지하려고 할 때 두 가지 일반적인 어려움이 있다. 한 가지 어려움은 활성화되지 않는 것, 즉 두 의자가 실제로 활성화되지 않는 것이다(이는 기술적 어려움 때문이 아니다). 다른 하나는 내담자가 자기의 지배적인 부분에 '동의'하고 더 이상 분열이 없는 경우이다. 두 경우 모두 개입을 위해서는 실연과 갈등의 재활성화가 필요하다. 목표는 지배적인 자기가 보내는 메시지의 정서적 영향을 높이는 것이다. 이는 부정적인 메시지를 구체화하고 강화함으로써 달성할 수 있다. 예를 들어, 비판자의 경멸은 반응을 이끌어 내기 위해 더 취약한 자기를 향해야 한다[예: 내담자가 (자기비판자로서) "너는 현실에 눈이 멀 정도로 인정받아야 해!"라고 말함.].

치료자가 고통스러운 감정을 활성화하기를 꺼리는 경우

이러한 어려움은 자기비판, 자기진정 절차 및 기억 작업을 위한 두 의자 실연에도 적용된다. 고통스러운 감정, 특히 수치심을 조장하고 강화하는 것을 꺼리는 치료자는 대신 이러한 감정을 변화시키는 데 집중하는 경향이 있다. 그러나 EFTT의 변화는 부적응적 핵심 정서구조를 불러일으키는 데 달려 있기 때문에 내담자는 회기에서 두려움 또는 더럽거나 사랑스럽지 않다고 느껴야 한다. 이 문제는 핵심 문제가 무엇인지 명확하게 경험하기 전에 해결책을 찾는 것과 비슷하다. 또한 EFTT는 변화에 초점을 맞추기보다는 탐색하는 치료자의 자세가 필요하다. 탐색에는 내담자의 건강한 과정에 대한 신뢰가 필요하다. 이러한 신뢰는 지식, 훈련, 임상 경험 그리고 내담자가 변화를 위해 육성할 수 있는 건강한 내적 역량을 가지고 있다는 평가에 기반한다. 자해 위험이 있는 심각한 정동조절 장애의 병력이 있는 내담자의 경우 정서적 고통의 심화에 대한 주의가 필요하다. 이러한 경우에는 점진적으로 개입하고, 내담자의 고통 수준을 모니터링하며, 필요한 경우 조절 전략을 통합해야 한다.

내담자가 두 의자 실연에서 자기를 향해 극심한 적개심을 표출하는 경우

특히 내담자가 자신에게 극단적인 적대감을 표출한 후 그 적대감으로 인해 파괴감을 느끼거나, 그 적대감에 동의하거나, 두 가지 모두에 동의하는 경우 우려할 수 있다. 다시 말하지만, 자기에 대한 분노·경멸·혐오를 증가시키는 목적은 이러한 정서가 자기에게 향할 때 어떤 해로운 영향을 미치는지, 얼마나 상처를 주는지, 자기존중감을 약화시키는 데 있어 내담자의 주체성을 인식하도록 하기 위한 것이다. 이러한 경험적 인식은 고통을 줄이고 수치심을 변화시키는 자기보호 반응을 활성화하는 것으로 생각된다.

그러나 타인에 대한 분노를 강화하는 것이 적절하지 않은 것처럼 내담자의 자기파괴적 성향을 조장하거나 부추기는 것 역시 적절하지 않다. 따라서 치료자는 비판이 얼마나 파괴적인지 그리고 완화될 가능성이 있는지를 지속적으로 평가해야 한다. 자기의 일부분 사이에 대화의 여지가 거의 없는 경우(즉, 주고받기가 없는 경우)에는 제7장에서 소개한 기억 작업을 사용하는 것이 바람직하다. 공격성을 보다 적극적인 분노 표현으로 전환하기 위해 개입을 사용하는 것처럼, 극도의 적대감이 자기를 향할 때는 부정적인 감정을 인정하되 각성을 높이기보다는 줄이는 것이 적절하다. 예를 들어, 두 의자 대화의 경우 개입을 통해 내담자가 자신의 인지된 결함을 구체화하고 자기의 더 취약한 부분의 감정에 더 집중하도록 유도할 수 있다. 적대감이 줄어들지 않는다면 치료자는 내담자에게 자기를 향한 자기파괴적인 적대감은 건강하지 않다는 것을 명시적으로 알려 주고 이를 바꾸기 위해 협력해야 한다. 치료자는 자기에 대한 내담자의 적대감을 공감적으로 탐색하는 것으로 전환하거나, 예를 들어 실연 목적을 재구성할 수 있다.

> 좋아요, 하지만 이건 진실과 거짓의 문제가 아니잖아요? 누가 옳고 그른가? 중요한 것은 그런 종류의 비판을 받으면 어떤 기분이 드시나요? 당신은…… 상처받는다고 느끼나요? 기가 꺾이나요? 너무 위축되고 짓눌린 것 같죠?

취약한 경험에 초점을 맞추면 충족되지 못한 욕구를 강조하여 보다 적응적인 활성화로 이어진다. 여기서도 다시 한번, EFTT 개입('이 비판이 당신에게 미치는 영향')과 내담자가 믿음에 대한 증거를 검토하도록 장려하는 CBT 개입을 구별하는 것이 유용하다.

내담자가 고통스러운 경험을 허용하고, 자기확신이 생기고, 자기비난이 줄어들면 심상 속 가해자에게 감정과 욕구를 더 잘 표현할 수 있게 된다. 이 단계는 다음 몇 장의 초점인 EFTT의 3단계로 넘어가는 단계이다.

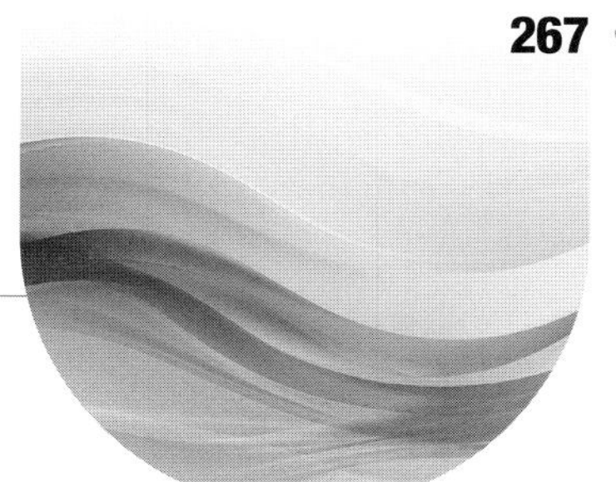

제10장

적응적 분노를 통한 대인외상의 해결

앞 장에서는 외상에 대한 정서중심치료(emotion–focused therapy for trauma: EFTT)의 2단계에서 두려움 · 회피 · 수치심을 극복하도록 도와 내담자의 자기감을 강화하는 방법에 대해 다루었다. 이는 내담자가 가해자에게 피해에 대한 책임을 묻고, 상실을 충분히 애도하여 가해자 및 애착 대상과의 문제를 해결하기 전에 필요하다. 이 장은 특정 회기 수가 아니라 대인관계 문제 해결에 보다 지속적으로 초점을 맞추는 것으로 정의되는 EFTT의 3단계의 시작을 알리는 장이다. 따라서 이 장에서는 외상 해결과 관련된 이론과 연구에 대한 간략한 검토로 시작하겠다. 그다음에는 이 장의 대부분을 분노에 집중한다. 이 단계에서 해결의 촉매제는 이전에 억제되었던 학대에 대한 적응적 분노와 상실에 대한 슬픔을 충분히 경험하고 표현함으로써 의미 탐색과 변화로 이어지는 것이기 때문이다. 이러한 정서에 접근하면 해결 과정은 일반적으로 비교적 빠르게 진행되며, 이 각성 및 해결 단계의 치료는 단 몇 번의 회기로 끝날 수 있다. 이를 위해 건강한 분노 표현의 이점을 뒷받침하는 연구와 개입 원리 및 전략, 먼저 부적응적 분노를 줄이고 심상적 직면(imaginal confrontation: IC) 절차 중 학대에 대한 적응적 분노에 접근하는 방법을 설명한다.

대인외상의 해결에 대한 이론 및 연구 개관

복합외상에 대한 모든 치료법은 양육자와 사랑하는 사람에 의한 반복적인 배신과 학대가 단 한 번의 외상성 사건에 노출되는 것보다 더 복잡한 장애를 유발한다는 사실을 인식하고 있다(Ford & Courtois, 2020). EFTT는 현재의 증상적 고통과 자기 및 대인관계 문제를 줄이는 것뿐만 아니라 계속해서 고통의 원인이 되는 특정 애착 대상(및 가해자)과의 과거 문제를 해결하는 데 중점을 두는 차별화된 치료 접근법이다.

대인외상 해결에 대한 EFTT의 정의

EFTT에서 대인외상을 해결하려면 정서적 역량을 키우고 치료의 초점이 되는 자기와 특정 타자(예: 가해자)에 대한 보다 적응적인 관점을 개발하는 것이 포함된다. 보다 적응적인 정서적 과정에는 상대방에 대한 부정적인 감정(예: 상처 · 두려움 · 수치심 · 분노 · 슬픔)이 감소하고 자신의 필요를 인정하고 주의를 기울이는 능력이 증가하는 것이 포함된다. 내담자가 과거 가해자와 계속 관계를 유지하는 경우, 이는 가해자가 자신의 욕구(예: 관심 · 승인 · 존중)를 충족시켜 줄 것이라는 희망을 버리고 상대방이 피해에 대한 책임을 인정하거나 사과하거나 변화할 것이라는 기대를 버리는 것을 의미할 수도 있다. 그러나 내담자는 자신의 욕구를 포기하지 않고 이를 충족할 수 있는 다른 방법을 찾는다.

해결에는 타자의 의견과 상관없이 자기존중감을 높이는 것도 포함된다. 여기에는 자신의 피해에 대한 자기비난이 줄어들고 자신을 주장하고 옹호하는 능력이 향상되는 것이 포함된다. 전반적으로 타자와 외상 사건으로부터 거리를 두거나 분리감이 증가한다. 상대방에 대한 내담자의 인식 변화에는 타자('나쁜 대상')에 대한 전적으로 부정적인 시각에서 보다 차별화되고 현실적인 관점으로의 전환, 내담자에 대한 타자의 입장과 행동에 대한 더 나은 이해, 타자들이 입힌 피해에 대한 책임을 그들에게 분명히 묻는 것 등이 포함된다. 내담자는 타자에 대해 더 긍정적으로 느끼거나 용서할 수 있다고 느낄 수도 있고 그렇지 않을 수도 있다. 여기서 해결과 용서의 관계는 중요하며 다음 절에서 설명한다. 애착 대상과의 관계에서 문제를 해결하고 강력한 치료적 관계를 구축하면 일반적으로 증상 고통이 감소하고 자기존중감이 높아지며 일반적인 대인관계 문제가 감소한다. 이러한 변화는 외상으로 인해 무너진 대인관계 능력을 배양하거나 회복하는 데 도움이 된다. EFTT의 이러한 해결의 정의는 외상 후 성장의 구성과 특징을 공유한다(Tedeschi et al., 2018). 이 개념에 따르면, 사람들은 외상 경험을 받아들이기 위해 고군분투한 후 외상 전의 기능 수준을 뛰어넘는 개인적 성장을 보고한다. 따라서 외상의 황폐함 속에서도 새로운 무언가를 만들어 낼 수 있는 가능성이 있다. 이러한 새로운(회복된 것이 아닌) 혜택에는 개인의 힘 증가, 가치관(예: 관계의 중요성)의 명확성, 가족 및 사랑하는 사람들과의 더 긴밀한 관계, 일반적으로 더 강한 영성 또는 삶의 개인적인 의미 등이 포함된다.

EFTT 3단계의 대인관계 해결 과정은 내담자가 자신에게 가해진 손상과 피해를 완전히 인정하고 피해의 원인과 책임자를 파악하는 과정에서 발전한다(예: "그의 분노는 나를 두렵게 했고, 어머니를 파괴했으며, 우리 가족을 망치고, 가족에 대한 책임을 내 나이대보다 훨씬 많이 지게 만들었어요."). 이는 타자와 충격적인 사건에 대한 분노와 슬픔의 감정을 허용하고 충분히 표현해야만 가능하다(예: "그가 나와 어머니에게 한 일 때문에 그가 미워요." "우리 모두가 너무 많은 것을 놓쳐서 너무 슬퍼요."). EFTT에서는 내담자가 심상 속의 가해자와 직접(또는 간접적으로) 직면하는 IC 절차(또는 대안)의 맥락에서 이런 일이 발생한다.

용서의 문제

EFTT에서 용서의 구성은 해결과 겹치지만 동일하지는 않으며, 특히 분노를 통한 해결과 관련이 있다. 용서는 때때로 일부 개인에게 불쾌감을 줄 수 있는 도덕적 · 종교적 의무를 수반하기 때문에 용서를 촉진하는 것은 부분적으로 논란의 여지가 있다. 또한 극심한 잔인성과 아동학대 상황에서 용서가 적절한지 여부와 치료적 결과로서 용서가 다른 형태의 해결 방법 이상의 추가적인 이점을 제공하는지 여부도 불분명하다(Chagigiorgis & Paivio, 2006). 어떤 경우든 용서는 가해자의 행동을 묵인하고 분노를 우회하는 것이 아니라 범죄를 인정하고 분노를 극복하는 것을 포함한다.

널리 통용되는 용서의 정의는 가해자와의 심리적 분리와 관계 개선이 모두 필요하다는 것을 시사한다. EFTT 내담자와의 치료 후 인터뷰 분석에 따르면 대부분의 내담자(82%)가 가해자와의 문제를 해결했다고 보고했지만, 문제를 해결한 내담자 중 일부(23%)만이 가해자를 용서했다고 보고했다(Chagigiorgis & Paivio, 2006). 이는 빈 의자 개입을 사용하여 '정서적 상처'를 용서하기 위한 정서중심치료에 대한 연구 결과와 일치한다(Greenberg et al., 2008). 명시적으로 용서를 목표로 한 비임상 표본을 대상으로 한 이 연구에서도 실제로 가해자를 용서(분노를 '놓아 버리기'로 표현)한 내담자는 절반도 되지 않았다.

특히 EFTT에서 내담자들은 학대하는 타자보다 방임하는 타자를 더 자주 용서했다(Chagigiorgis & Paivio, 2006). 이러한 방임적인 타자는 비보호적인 어머니인 경우가 많았다. 한 예로, 내담자 모니카는 치료가 끝날 무렵 죽은 어머니를 용서할 수 있었다는 사실을 상기해 보라. 이는 내담자가 일차 애착 대상자를 용서하려는 동기가 더 강할 수 있음을 시사한다. 이는 또한 치료에서 더 많은 시간을 주 애착 대상(예: 학대하는 아버지나 비가족 구성원)과의 문제에 집중했기 때문에 과업에 더 많은 시간을 할애한 결과일 수도 있다. 또한 용서에 관한 연구에 따르면, 사람들이 용서하려는 동기는 종교적 또는 도덕적 신념, 용서가 개인의 고통을 줄여 줄 것이라는 믿음 등 여러 요인의 영향을 받는 것으로 나타났다(자세한 내용은 Chagigiorgis & Paivio, 2006 참조). 또한 커플을 위한 정서중심치료의 내담자들은 연인이 자신의 잘못을 진정으로 후회하고 수치심을 느낀다고 믿을 때 용서할 가능성이 더 높았다(Woldarsky Meneses & McKinnon, 2019). 이 결과는 EFTT에서 가해자를 용서할 때도 적용될 가능성이 높다.

따라서 앞서 언급했듯이 EFTT는 용서를 치료의 목표로 삼지 않고 개별 내담자에게 맡긴다. 타자에 대한 용서가 내담자에게 적절하고 바람직한 목표였다면, 이 문제는 내담자가 해결에 가까워지면서 치료의 3단계에서 다시 표면화될 것이다. 또한 이 단계에서는 자기와 타자에 대한 인식이 발전하면서 용서 문제가 처음으로 등장할 수도 있다. 두 경우 모두 이 문제에 대한 내담자의 관점을 추적하는 것이 해결 과정의 핵심이 될 수 있다.

EFTT에서 대인외상 해결 과정

EFTT의 대인관계 해결 과정은 제6장에 소개되었고 [그림 6-1]에 제시된 모델의 단계를 기반으로 한다. 이 해결 과정은 제3장의 [그림 3-1]에 표시된 일반적인 변화 과정과도 유사하다. 이 두 그림에서 우리는 다음 장의 초점인 분노와 슬픔 또는 비탄을 통해 해결과 변화로 가는 경로가 있음을 알 수 있다. EFTT에서 적응적 분노의 완전한 표현은 두려움과 수치심(2단계와 이전 장의 초점)이 감소한 후에 일어난다. 적응적 분노가 나타나면 내담자는 IC(또는 환기적 탐색) 절차에 다시 참여하여 상상한 타자에게 직접 분노를 표현하도록 권장된다. 다시 말하면, 심상화된 가해자에게 비교적 억제되지 않은 적응적 정서를 표현하는 것은 3단계로의 전환을 의미한다. 분노를 통한 해결이 반드시 상실을 슬퍼하기 전에 일어나는 것은 아니지만, 분노가 주는 힘은 종종 내담자가 슬픔과 상실의 취약성을 직면하는 데 도움이 된다.

이론적 관점에서 본 분노와 외상

외상에서 분노의 중심성에 대한 풍부한 문헌이 있다. 폭력과 학대에 대한 분노는 자기방어의 동기가 되는 건강한 정서이지만, 지나치게 일반화되거나, 조절되지 않거나, 더 취약한 정서적 경험을 덮기 위해 사용되거나, 자기에 대한 분노로 바뀌면 문제가 된다. 정동조절을 담당하는 뇌 영역은 안전한 애착 관계의 맥락에서 발달하기 때문에, 뇌 발달의 실패는 아동학대 외상의 많은 생존자에게서 관찰되는 즉각적인 분노 반응을 설명할 수 있다(Schore, 2003). 분노와 공격성 또한 학습된 반응이자 대처 방식이다. 어린 시절의 신체적 학대와 폭력 노출이 나중에 공격적인 행동으로 이어지는 것 사이의 연관성을 뒷받침하는 상당한 증거가 있다(Wolfe, 2007). 분노조절 장애는 장기간 극심한 폭력에 노출된 참전용사들 사이에서 특히 문제가 되고 있다(Novaco & Chemtob, 2015). 분노조절 장애는 또한 아동기 학대의 병력과 관련된 경계선 성격장애의 특징이기도 하다.

치료에서 분노를 경험하고 표현하도록 장려하는 것은 논란의 여지가 있다. 분노는 강력한 정서이며 공격적인 행동과 동반될 경우 개인적·대인관계적·사회적으로 파괴적인 결과를 초래할 수 있다. 또한 대부분의 연구에 따르면, 분노 각성(분출 또는 카타르시스)을 증가시키면 즉각적인 안도감을 얻을 수 있지만 장기적으로는 분노를 감소시키지 못한다(Fernandez, 2016). 따라서 몇 가지 예외를 제외하고는 분노가 문제로 확인된 경우 외상 치료에 대한 대부분의 접근 방식은 부적응적 분노를 줄이는 데 중점을 둔다(예: Linehan, 2015; Novaco & Chemtob, 2015). 그러나 최근의 일부 인지행동치료(CBT) 접근법은 복합외상에 대한 치료를 위해 분노에 대한 두려움도 문제로 인식한다(예: Jackson et al., 2020). 이러한 접근 방식에는 정서 인식 및 주장적 의사소통 기술 훈련도 포함된다.

그러나 EFTT는 다양한 유형의 분노를 구분하고, 적응적 분노 경험 및 표현에 대한 기준과 치료에서 어떤 분노를 강화하는 것이 적절한 범위의 한도인지를 명시하고 있다. EFTT에서 적응적 분노의 건강한 표현에 대한 기준(나중에 설명)은 이러한 치료 이론이 여러 종류의 분노를 명시적으로 구분하지 않더라도 CBT 주장 훈련(예: Linehan, 2015)에 적용되는 원리와 양립할 수 있다. 연구자들이 경계선 성격장애에 대한 변증법적 행동치료에서 기술 훈련의 이점을 조사한 결과, 분노 자체의 감소보다는 주장적 화(assertive anger)의 증가가 치료의 이점을 매개하는 것으로 나타났다(Kramer et al., 2016). 이 결과는 EFTT 이론과 일치한다. 그러나 이러한 적응적 정서 경험을 촉진하기 위해 EFTT는 기술 훈련의 행동적 측면보다는 거부된 분노의 개인적 의미를 탐색하는 데 더 중점을 둔다.

전통적인 정신역동적 접근법은 방어적 화(defensive anger), 즉 '내면으로 향하는 화'와 관련된 의미에 초점을 맞추고 내담자가 기저의 감정을 인정하거나 적절한 분노를 표현하도록 돕는다. 한편, 집중 단기 역동적 심리치료(intensive short-term dynamic psychotherapy; Abbass & Town, 2013)는 억압된 분노와 무의식적 충동에 대한 인식을 높이기 위해 각성을 높이는 데 중점을 둔다. EFTT에는 특정 조건에서 분노 강화 전략이 포함되는데, 각성 증가는 억제된 적응적 분노에 접근하여 관련 적응적 정보에 접근하는 데에만 적절하다. 역설적이게도, 건강한 분노 경험은 때때로 용서를 촉진할 수 있다. 예를 들어, 모니카가 자살한 어머니를 용서할 수 없었던 것은 어머니에 대한 모니카의 분노가 오랫동안 타당화 받지 못하고 억제되어 있었기 때문이다. 자신의 분노를 인정하고, 타당화하고, 적극적으로 표현하고, 이해하게 되면 사람들은 더 강해지고 자기확신을 갖게 되며, 다른 사람에게 집중하고 공감하고 용서하는 데 더 자유로워진다.

여러 연구에서 EFTT 및 이와 유사한 접근법에서 적응적 분노 표현의 이점을 뒷받침하고 있다. 첫째, 일반적으로 적응적 분노 표현에 중점을 둔 치료 모델을 뒷받침하는 성과 및 과정–성과 연구를 통해 간접적인 지지를 얻을 수 있다(Paivio et al., 2010; Paivio & Nieuwenhuis, 2001). 억제된 분노의 표현이 핵심 치료 과정인 다른 장애에 대한 유사한 정서중심 치료법에서도 비슷한 결과가 보고되었다(Greenberg & Goldman, 2019a 참조). 다양한 치료 문제에 대한 정서중심치료 과정 연구에서는 관찰 방법을 사용하여 건강한 주장적 화를 추적한 결과, 회기 후와 치료 종료 시 증상 감소를 예측할 수 있는 것으로 나타났다(Pascual–Leone & Kramer, 2019). 이러한 연구 중 하나는 EFTT를 구체적으로 조사한 결과, 치료 과정에서 내담자의 주장적 화 표현(다른 주요 적응적 정서 중)이 증가하면 치료 성과가 좋을 가능성이 두 배 이상 높아지는 것으로 나타났다(Khayyat–Abuaita et al., 2019).

분노 표현의 이점에 대한 직접적인 근거는 EFTT에서 분노의 역할을 구체적으로 조사한 연구 결과에서 찾을 수 있다. 한 연구(Holowaty & Paivio, 2012)에 따르면, 내담자가 도움이 되었다고 응답한 일화 중 50%에서 분노가 가장 많이 표현된 정서로 나타났다(그다음으로 슬픔 · 두려움 · 수치심이 뒤를 이었다). 또한 도움이 되는 일화에서 정서적 각성이 대조군보다 훨씬 더 높게 나타났다는 연구 결과도 있다. 또 다른 연구에서는 IC와 환기적 탐색 모두에서 더 높은 각성이 EFTT의 결과를 예측했으며, 이러한 일화에서 지배적인 정서는 분노였다는 사실이 밝혀졌다(Ralston, 2006). 또한 EFTT에서 분노 표현은 단순히 치료자의 지시와 치료 모델에 대한 내담자의 순응도에 따른 결과만은 아닌 것으로 보인다. 치료 전 단계에서 내담자의 64%가 치료에서 해결하고자 하는 세 가지 목표 불만 중 분노 관련 문제를 확인했다. 이 중 학대 가해자에 대한 해결되지 않은 분노와 분노 경험에 대한 제한된 접근으로 인한 어려움(예: 무력감, 비주장성)이 가장 빈번하게 확인되었다. 따라서 많은 복합외상 피해자는 분노와 이와 관련된 건강한 노력에 접근할 수 있는 능력이 제한된 상태에서 치료에 들어갔다.

또 다른 연구에서는 아동학대 외상 해결에 있어 분노 표현이 EFTT에서 구체적으로 어떤 기여를 하는지에 대해 조사했다(Paivio & Carriere, 2007). IC 절차 중 내담자의 대화는 건강한 분노 표현 기준을 사용하여 분석되었다. 그 결과, 건강한 분노 표현과 학대 문제 해결 및 대인관계 차원의 변화, 특히 치료 후 12개월 시점에 중간 정도의 관계가 있는 것으로 나타났다. 이러한 결과를 종합해 볼 때, IC 치료 중 건강한 분노 표현이 EFTT의 치료 성과, 특히 대인관계 기능에 미치는 유익한 효과를 뒷받침한다.

과정 진단: 다양한 유형의 분노 구별

분노는 자기조직화와 대인 관계에 지대한 영향을 미치는 강력한 정서이다. 분노조절에 관한 기존 문헌에서 강조하는 분노의 표출과 공격적인 행동과의 연관성에 관한 중요한 사회적 함의가 있다(Sturmey, 2017). 분노는 아드레날린의 급상승, 크고 단단한 목소리, 직립 자세, 대상과의 직접적인 눈맞춤 등을 수반하며, 이 모든 것이 사람이 앞으로 나아가 공격할 준비를 하게 한다.

적응적 분노

다음 하위 절에서는 적응적 기능이 있는 분노에 대해 설명하고 치료에서 건강한 분노 표현의 기준을 명시한다.

● 적응적 일차 분노

다른 기본 정서와 마찬가지로 적응성 분노는 명백한 인지적 또는 기타 정동적 요소가 선행되거나 매개되지 않는 환경의 실제 위협이나 침해에 대한 즉각적이고 직접적인 반응이다. 대인 관계 위반과 학대에 대한 분노는 자기보호 자원과 행동을 신속하게 동원한다. 분노는 개인이 자기방어를 준비하거나 자신의 진실성과 경계를 보호할 수 있는 에너지와 힘의 감각을 제공한다. 대인 관계에서 분노는 다른 사람에게 공격이 발생했음을 알리고, 분리와 거리를 조성하며, 물러나라는 신호를 보낸다. 여기서 어려운 점은 분노의 강도를 조절하는 것인데, 이는 조절 장애(즉, 너무 많은 분노)나 과잉조절(즉, 적절하고 적응할 수 있는 상황에서 너무 적은 분노)을 초래할 수 있다. 두 경우 모두 분노 경험과 관련된 정보는 적응 행동을 안내하는 데 사용할 수 없다. 압도적인 분노의 부정적인 결과는 분명하다. 분노 회피의 부정적인 결과에는 만연한 피해의식, 반복되는 우울, 주장의 어려움, 적절한 대인 관계의 경계 설정 문제 등이 있다. 또한 적응적 분노를 만성적으로 억압하면 고혈압과 '병뚜껑 폭발'이 발생할 수 있으며, 반복되는 억압의 긴장이 결국 상황에 맞지 않는 분노를 폭발적으로 분출시키는 경우가 발생할 수 있다(Novaco & Chemtob, 2015).

● 건강한 분노 표현을 위한 기준

EFTT는 적응적 일차 정서의 정의와 일치하는 특정 기준에 따라 건강한 분노 표현을 정의한다(Greenberg & Paivio, 1997; Paivio & Carriere, 2007; Pascual-Leone, 2018). 이러한 기준은 분노 표현을 촉진하기 위한 개입(예: IC 중 가해자와 직면할 때)에 정보를 제공하고 지침을 제공한다.

건강한 분노 표현의 기준은 다음과 같다. 첫째, 분노는 자신을 향한 것이 아니라 가해자를 향한 것이어야 하며, 실제적이고 구체적인 피해, 위반 또는 침해에 관한 것이어야 한다. 원칙적으로, 화난 내담자가 무엇을 위해 싸우고 있는지, 어떤 충족되지 못한 욕구를 주장하고 있는지 불분명하다면 이는 건강한 분노 표현이 아닐 수 있다. 둘째, 분노는 슬픔 · 죄책감 · 두려움과 같은 다른 정서와 구별되어야 한다. 예를 들어, 눈물이나 두려움이 섞인 분노 표현은 개인이 분노 경험과 관련된 인지적 · 동기적 또는 신체적 정보에 완전히 접근할 수 없게 한다. 셋째, 분노는 공격적 · 수동적 또는 간접적으로 표현되기보다는 경험의 소유권을 가지고 단호하게 표현된다. 예를 들어, 내담자는 자신을 3인칭으로 지칭하거나 다른 사람을 비난하고 불평하거나 공격하거나 모욕을 던지는 대신 '나'라는 표현을 사용한다. 부적절하게 표현된 분노는 환경에 바람직한 영향을 미치지 못하며, 결과적으로 존중이나 거리두기에 대한 적응적 욕구를 충족시키지 못한다. 넷째, 분노 표현의 강도는 상황에 맞게 적절해야 한다. 변화의 촉매제가 되는 격렬한 정서 표현은 긴장을 완화하고 해소하는 역할을 할 수 있지만 카타르시스와는 다르다. 적절한 분노의 강도는 몸의 자세, 목소리의 질, 분노 및 상황과 일치하는 표정 등 언어적 및 비언어적 각성 지표를 통해 평가된다. 부적절한 분노의 강도에는 압도적인 분노와 신념이나 에너지가 부족한 분노가 모두 포함된다. 다시 말하면, 두 경우 모두 자신의 행동을 안내할 수 있는 관련 적응적 정보가 없거나 다른 사람에게 명확한 사회적 주장 메시지를 전달할 수 없다. 마지막으로, 분노 표현에는 의미에 대한 정교한 설명과 탐색이 포함되어야 한다. 건강한 분노는 말로만 화를 내는 것이 아니라 분노를 이해하기 위해 노력하는 것이다. 이는 내담자의 경험이 문제 해결과 변화를 촉진하는 데 사용되는 새로운 정보의 주요 원천이라는 EFTT의 기본 원리와 일치한다.

문제성 분노

대부분의 치료적 접근법은 부적응적 분노를 줄이는 데 초점을 맞추지만 일반적으로 하위 유형을 구분하지 않는다. 그러나 문제성 분노의 종류에 따라 각기 다른 개입 전략이 필요하다(Pascual–Leone et al., 2013). 다음 하위 절에서는 임상적으로 관련된 문제성 분노의 하위 유형별 구분을 설명한다.

● 부적응적 일차 분노

대부분의 부적응적 분노는 상황에 부적절하며 특정 위반에 대한 즉각적이고 일시적인 반응이 아니라 오래 지속된다. 부적응적 일차 분노(primary maladaptive anger)는 지각된 환경 위협에 대한 즉각적이지만 지나치게 일반화된 반응으로, 외상 후 스트레스 반응과 관련이 있는 경우가 많다. 예를 들어, 강간 피해자는 남성의 신체 접촉에 분노로 반응할 수 있고, 신뢰를 배신당한 아동학대 생존자는 타인의 애정 표현에 분노로 반응할 수 있다. 여러 가지 면에서 부적응적 일차 분노는 성격적으로 고착화된 반응 스타일로, 효과적인 기능을 저해하고 있다.

● 이차 분노

'이차 분노(secondary anger)'는 분노를 생성, 지속 또는 확대하는 부적응적 인지(예: 악의적 의도에 대한 잘못된 귀인 또는 복수 공상에 대한 집착)에 대한 반응이다. 또는 방어적 이차 분노는 슬픔 · 두려움 · 수치심과 같은 더 취약한 핵심 정서를 가린다. 경계선 성격장애를 가진 일부 내담자나 일부 교제 폭력의 남성 가해자에게서 관찰되는 수치심(즉, 굴욕감의 분노)이나 버림받는 것에 대한 두려움(즉, 절망의 분노)에 대한 분노와 공격성이 대표적인 예이다. 이러한 경우 이차 분노는 고통스러운 취약성을 일시적으로 완화하는 부적응적 기능을 수행하며, 이러한 기능이 반복적으로 성공하면 더욱 강화된다.

● 도구적 분노

분노가 의식적이든 무의식적이든 다른 사람을 조종하거나 통제하는 데 사용될 때, 분노는 '도구적(instrumental)'이다. 따라서 화를 내고 공격적인 행동의 사회적 영향은 원하는 대인관계 목표(즉, 통제)를 달성하기 위한 수단으로 작용할 수 있다. 이 역시 행동의 강화 패턴이 될 수 있다. 성격장애가 없는 사람들도 분노의 도구적 기능에 영향을 받기 쉽지만, 정동이 없는 공격성은 비슷하면서도 더 반사회적인 행동이다.

분노 과정의 복잡성

같은 사람이라도 서로 다른 유형의 분노를 경험하고 표현할 수 있다. 분노 경험의 복잡성과 정확한 평가는 이전 장에서 설명한 내담자 폴의 사례를 통해 알 수 있다. 폴은 아버지로부터 신체적 학대를 당하고 남성 친척으로부터 성추행을 당한 경험이 있으며, 수치심에 대한 적응적 분노와 방어적 이차 분노를 자주 경험했다. 폴은 또한 분노와 공격성을 사용하여 다른 사람을 통제하고 자신의 남성성을 증명한 전력이 있었다. 게다가 그는 종종 아내에게 배신감과 모욕감을 느꼈고, 자녀는 부모를 존중해야 한다는 문화적 신념을 가지고 있었으며, 무례한 징후가 감지되면 폭발했다. 마지막으로, 그는 아버지의 학대에 대한 분노의 감정을 인정하는 데도 어려움을 겪었는데, 이는 아버지가 그토록 열심히 노력해 온 현재의 관계가 위태로워질까 봐 두려웠기 때문이다. 이러한 각기 다른 분노의 과정에는 각각 다른 개입 전략이 필요했다.

경멸과 혐오 역시 분노 경험과 관련이 있다. 분노와 마찬가지로 경멸과 혐오는 자신을 향할 때는 부적응적이지만(이전 장에서 설명한 것처럼), 정당한 도덕적 위반이나 비열한 행동(예: 성적 학대)에 대한 반응으로 타인을 향할 때는 적응적일 수 있다. '경멸(contempt)'은 비웃거나 입술을 구부려 경멸의 뜻을 나타내는 반면("이 벌레 같은 놈!"), '혐오(disgust)'는 메스껍게 느끼거나 토해내어 그 대상을 없애고 싶어 하는 것이다("넌 나를 아프게 해!"). 비슷한 원리가 적용되지만 분노·경멸·혐오에 대한 정확한 개입에는 이러한 서로 다른 정서의 뉘앙스를 정확하게 인식하고 공감적으로 반응하는 것이 포함된다.

개입 원리

앞 장에서 설명한 많은 개입 원리는 분노를 다루는 작업에도 적용된다. 다음 절에서는 이러한 원리가 특정 정서의 맥락에서 구현되는 구체적인 방법에 대한 예를 제시한다.

조절

내담자는 통제력을 잃을까 봐, 가해자처럼 될까 봐, 상대방을 부당하게 비난할까 봐 등 다양한 이유로 학대하거나 방임하는 타자에 대한 정당한 분노를 억누를 수 있다. 이러한 경우 EFTT 개입은 내담자의 우려를 확인함과 동시에 정당한 분노 감정을 인정하고 이러한 감정을 적절하고 단호하게 표현하는 방법을 모델링하고 형성하며 가르친다.

그러나 조절되지 않은 분노는 그 자체가 피해에 대한 정당하고 적응적인 반응이라 할지라도 적응 기능을 발휘하지 못한다. 높은 수준의 각성은 분노하는 개인과 그 분노에 직면한 사람 모두를 압도한다. 정서적 각성이 증가하면 내담자가 집중할 수 있는 의미의 구체성이 저하되어 생산적이었을 수도 있는 일이 집중력을 잃게 된다(Pascual-Leone et al., 2013). 마찬가지로, 상처 · 슬픔 · 수치심과 같은 더 취약한 경험에 대한 만성적인 방어적 분노는 그 사람을 더 주된 경험과 관련된 정보로부터 단절시킨다.

점진적 참여

내담자가 분노를 두려워하거나 부정하거나 사회적으로 용납될 수 없다고 믿는 경우, 변화 원리는 위협적인 경험에 점진적으로 노출되거나 관여하는 것과 유사하다. 개입에는 경험에 대한 연속적인 접근이 포함된다(예: '나는 ……을 좋아하지 않는다.'에서 '짜증 나거나 원망스럽다.'로, '화가 난다.'로, 극단적인 끝의 '격노와 격분을 느낀다.'로 이동하는 것). 내담자가 일반적으로 분노를 유발할 수 있는 상황에서 분노를 느끼지 않는다면 치료자는 공감적 반응, 질문 또는 도전을 사용하여 반응을 이끌어 내거나 경험을 인정할 수 있는 문을 열어야 한다(예: "꽤 불공평하다고 생각하셨군요." "그녀가 한 행동이 마음에 들었나요?" "저라면 정말 열받았을 거예요!"). 여기서 내담자는 분노 경험의 범위와 적절한 조절을 암묵적으로 배우게 되며, 생생한 경험은 모든 분노가 위험하다는 부적응적인 믿음에 도전하는 데 도움이 된다. 다른 경우에는 내담자의 자발적으로 나타나는 행동에 초점을 맞춘 다음 이러한 행동에 대해 말로 표현하도록 격려할 수 있다(예: "저런 목소리는 '감히 어떻게'라고 말하는 건가요?"). 마찬가지로 치료자는 내담자에게 "당신이 말할 때 주먹을 움켜쥐고 있는 것이 보이네요……. 그것에 대해 설명해 주시겠어요?"라고 말하면서 내담자의 신체 제스처에 단어와 의미를 부여해 달라고 요청할 수 있다. 분노를 덮는 이차 정서(예: 죄책감 · 두려움 · 패배감 · 무력감)는 선택적 성찰을 통해 우회하거나 암묵적으로 억제한다. 대신 치료자는 불의, 불공정 또는 학대에 대한 내담자의 진정성 있고 자발적인 분노 표현을 확인하고 지지한다.

이전 장에서 소개한 내담자 존은 어머니가 돌아가신 후 보육원에 보내져 신체적 · 성적 학대를 당한 후 점진적으로 분노에 관여하는 좋은 예이다. 처음에 그는 자신의 인생 경험에 대한 분노를 인정하는 데 완전히 저항했다. 개입은 먼저 내담자의 저항을 탐색하고("화를 내면 '크리스천'이 아니야……. 나는 그저 좋은 사람이 되고 싶을 뿐이야."), 분노에 대해 교육한 다음, 결국 그가 자신의 분노를 인정하도록 돕기 위해 연속적인 접근법을 사용해야 했다.

치료자: 조카와 같은 다른 어린 소녀들에게 그런 일(구타, 성추행)이 일어났다고 지금 생각해 보면 기분이 어떠세요?

내담자: 글쎄요, 마음에 들지 않아요. 신경 쓰여요.

치료자: 그렇겠죠. 거기에 머물러 있을 수 있나요? 더 말씀해 보세요. 어떤 점이 신경 쓰이세요?

결국 존은 자신이 기거하던 기숙 학교의 학대 사제들이 "옳지 않은 행동을 해서는 안 되는 사람들이었어요. 제가 겪은 모든 정서적 문제의 책임은 그들에게 있어요."라고 말할 수 있었다. 그는 자신을 보육원에 보내고 가족과 원주민 문화를 박탈한 '시스템'에 대한 분노와 자신을 학대한 개별 사제들에 대한 분노를 인정할 수 있었다.

특정 문화권에서는 특히 부모에 대한 분노 표현도 금지되어 있다. 예를 들어, 많은 아시아 문화권에서는 부모와 연장자를 존중하는 강력한 사회적 규범이 존재한다. 이러한 경우 개입에는 적응적 분노의 역할에 대한 교육, 존중받고자 하는 내담자의 욕구를 확인하고, 자녀를 훈육하고 최선을 다하려는 부모의 의도와 도를 넘어선 잔혹성 및 학대를 구분하는 것이 포함된다. 예를 들어, 치료자는 "그가 당신의 최선의 이익을 염두에 두고 있다고 생각하세요?"라고 질문할 수 있다. "옳지 않았어요." "너무 극단적이었어요." "잔인했어요."에서 "싫었어요." "그런 대우를 받지 않았어야 했어요." "학대였어요."에 이르기까지 점진적인 참여의 원칙이 여기에 적용된다. '분노'라는 실제 명명은 정서도식과 관련 적응적 정보를 활성화하기에 충분한 각성을 생성하는 것만큼 중요하지 않다. 예를 들어, 중국계인 한 내담자는 화를 잘 내고 가혹하게 비판적인 아버지에 대한 IC 중에 '분노'라는 단어를 사용하는 것을 불편하게 느꼈다. 치료자는 처음에는 내담자의 직면을 측정하고 통제하여 '올바른' 주장적 의사소통에 초점을 맞추었다. 치료자는 그의 불편함을 확인하고 '건강한 분노'(아버지의 '격노' 대비)에 대한 정보와 IC에 참여하기 위한 명시적인 지침("이것은 완벽한 반응에 관한 것이 아니에요. 아버지가 그렇게 욕하는 모습을 상상하면 어떤 기분이 드나요? 직감적으로 무슨 말을 하고 싶으신가요?")을 주었다. 내담자는 즉시 심상 속의 아버지에게 "물러서요! 날 내버려 둬요!"라고 말했다. 치료자는 이 반응에 대해 자세히 설명하도록 돕고("더 말해 보세요. 그의 행동에서 무엇이 그렇게 독한지 말해 보세요.") 결국 경계를 설정하도록 했다(예: "당신은 그에게서 무엇을 기꺼이 참거나 참지 않으실 건가요? 당신의 '기준선'은요?").

이차 분노를 탐색하라

이차 분노는 일반적으로 변화가 필요하다. 한편으로 부적응적 사고 과정에서 발생하는 분노는 이러한 부적응적 인지에 접근하고, 탐색하고, 재구성함으로써 변화할 수 있다. 따라서 이차 분노를 다루는 작업은 보다 이성적이거나 인지적인 개입 방식(예: "하지만 이게 정말 효과가 있나요?")을 취할 수 있다. 반면에 더 취약한 감정을 가리는 분노를 바꾸려면 가능한 한 단순히 화를 내고 비난하는 반응을 우회하는 것이 가장 좋다. 이는 궁극적으로 더 핵심적인 정서 경험과 관련 정보에 가능한 한 빠르고 효율적으로 접근하는 것이 목표이기 때문이다. 방어적 분노를 쉽게 우회할 수 없는 경우, 핵심적인 주요 경험에 접근하기 위해 다시 명시적으로 탐색해야 한다. 예를 들어, 대인관계에서 사소한 일에도 일상적으로 분노를 표출하는 내담자는 방어적 분노를 유발할 수 있는 상처, 거절 또는 슬픔의 기저의 감정을 인식할 필요가 있다.

분노의 도구적 기능을 식별하라

도구적 분노에 대한 적절한 개입에는 이러한 분노의 도구적 기능을 직시하고 해석하며 자신의 욕구를 충족시킬 수 있는 보다 적응적인 방법을 가르치는 것이 포함된다. 이차 분노와 도구적 분노 모두 강도에 따라 문제가 될 수 있으며, 이 경우 개입에는 분노조절 전략을 가르치는 것이 포함되어야 한다. 모든 유형의 분노는 만성성 또는 빈도 수준에서 문제가 될 수 있으며, 일부 내담자에게는 분노가 경험하거나 표현하는 지배적인 정서일 수 있다. 이러한 개인은 일반적으로 다른 [덜 지배적인(subdominant)] 감정에 대한 인식이나 경험이 제한적이며, 치료적 개입을 위해서는 정서 인식 훈련이 필요하다. 이 훈련은 내담자가 다른 감정에 주의를 기울이고 정확하게 명명할 수 있도록 도와주는 공감적 반응으로 구성된다. 또한 정서 인식 기술을 명시적으로 가르치는 구조화된 연습을 포함할 수도 있다(Linehan, 2015 참조). 도구적 정서는 내담자의 정서적 경험의 내러티브와 사회적 맥락(예: 자신의 욕구와 필요를 충족시키기 위해 다른 사람을 통제하거나 압도하려는 욕구)을 반영함으로써 여러 가지 방식으로 해결된다(Pascual–Leone, Paivio, & Harrington, 2016).

의미를 상징화하라

분노의 경험을 탐색함으로써 내담자는 분노와 관련된 가치와 욕구, 학대나 불의가 자신에게 미친 영향, 자기에 대한 인식과 타자에 대한 불쾌감 등 자신의 분노를 이해하게 된다. 이 새로운 정보는 새로운 개인적 의미를 구성하는 데 사용된다. 부적응적 또는 이차 분노의 경우, 부적응적 의미(예: 적대적 의도에 대한 잘못된 귀인)를 검토하고 수정할 수 있다.

부적응적 분노의 변화를 위한 개입

다음 하위 절에서는 조절되지 않은 분노와 공격성을 줄이는 것부터 시작하여 부적응적 분노를 줄이기 위한 EFTT의 접근 방식에 대해 설명한다.

분노조절

건강한 분노 경험을 촉진하여 대인외상을 해결하는 과정에 관심을 돌리기 전에, 먼저 어떤 유형의 분노를 조장하지 말아야 하며 어떻게 대처해야 하는지 명확히 하는 것이 중요하다. 앞서 언급했듯이 만성적이고 조절되지 않은 분노는 외상, 특히 복합 대인외상에 노출되는 것과 관련이 있는 경우가 많다. 분노조절 장애 및 이와 관련된 공격적인 행동 문제는 개인의 성격 스타일을 강화하고 성격 스타일의 일부일 수 있기 때문에 변화시키기가 어려울 수 있다(Novaco & Chemtob, 2015; Pascual-Leone et al., 2013). 공포증에서 회복할 때와 마찬가지로 신경 경로는 완전히 사라지지 않지만 동기 부여가 된 내담자는 더 선호하는 경로를 개척할 수 있으며 오래된 반응은 시간이 지나고 사용하지 않게 되면 사라질 수 있다(Lane & Nadel, 2020; LeDoux, 2012). 부적응적 분노는 대인외상 해결을 방해하며, 내담자는 적대적 비난과 분노 거부로 특징지어지는 정서처리의 초기 단계에 갇혀 있다([그림 3-1] 및 [그림 6-1] 참조).

EFTT는 이 영역과 관련하여 CBT 전략과 유사성이 있지만, EFTT는 분노 관리 치료가 아니다. 오히려 이러한 유형의 분노를 조절하거나 줄이기 위한 전략은 해결 과정에 통합되어야 하며, 특정 정서의 강도를 줄이기 위한 고립된 기술이 아니라 개인적인 의미 형성 과정의 일부가 되어야 한다. 많은 경우 만성적인 분노 문제가 있는 내담자는 복합외상을 해결하기 위한 방법으로 분노 대신 비탄과 슬픔을 표현하는 데 집중하는 것이 더 중요할 것이다. 그러나 불의 · 폭력 · 학대에 대한 분노 역시 정당성을 가지므로 피할 수 없다는 것이 딜레마이다. 치료는 내담자의 적응적 분노 경험을 타당화하고 적절하게 표현할 수 있도록 돕는 방법을 찾아야 한다.

이차 정서 넘어서기

EFTT에서 만성 분노를 다루는 첫 번째 단계는 분노와 관련된 내적 경험과 분노를 확대하고 지속시키는 데 기여하는 요인(내부 및 외부)에 주의를 기울이고 식별하는 내담자의 능력을 평가하는 것이다. 내담자가 자신의 분노 경험을 통제할 수 있도록 제한된 인식을 높여야 한다(예: 치료자는 "자녀가 당신을 존중하지 않는다고 생각하고 그것에 집착하면 점점 더 화를 내는 자신을 느끼는군요."라고 말할 수 있다). 다음 단계는 내담자가 다양한 유형의 분노 경험을 구분하여 언제 분노를 받아들이고, 표현하고, 조절하고, 우회해야 하는지 알고 더 핵심적인 취약한 경험에 집중할 수 있도록 돕는 것이다. 필요한 경우 개입에는 호흡 · 이완 · 타임아웃 · 주의 분산 등 CBT 문헌에서 잘 설명되어 있는 정서조절을 위한 전략이 포함된다. 이전 장에서 설명한 것과 같은 기억 회상 전략은 문제가 되는 분노 반응의 유발 요인을 명확히 파악하는 데 도움이 될 수 있다. 이차 분노의 경우, 기저의 인지적–정동적 과정을 인식하고 부적응적인 측면을 변화시켜야 한다. 물론 EFTT는 특징적으로 부적응적 인지에 직접적으로 도전하기보다는 의미를 탐색하는 데 더 중점을 둔다(예: 치료자가 내담자에게 "10대 자녀의 무례함을 참을 수 없다는 느낌이 뭐죠?"라고 질문할 수 있다). 앞서 설명한 폴의 경우처럼 지각된 무례함에 대한 분노는 상처나 수치심에 대한 방어로도 이해될 수 있으며, 이 경우 치료자는 내담자의 주의를 핵심 경험으로 유도한다(예: "그래서 당신이 나쁜 아버지이고 무능하다는 느낌을 받는 거군요? 많이 아프시겠어요. 거기에 머물러 보세요. 그게 중요하니까요.").

IC 절차에서 가해자와 직면할 때, 분노조절에 문제가 있는 내담자에게는 분노 격화를 피한다. 그러나 치료자는 앞서 제시한 건강한 분노 표현 지침을 사용하여 적절한 주장적 표현 기술을 모델링하고 때로는 직접 가르친다. 분노가 지배적인 정서인 내담자의 경우 과거 외상 해결에는 학대에 대한 적절한 분노를 인정하는 것이 포함되지만, 해결은 주로 상처와 슬픔에 접근하는 것을 통해 이루어질 수 있다.

한 예로 분노와 공격성 문제가 있었던 폴을 들 수 있다. 그는 폭력적인 아버지가 나쁜 롤 모델이었으며 자신도 분노를 사용하여 힘을 느끼고 다른 사람을 통제한다는 것을 인식했다. 그는 이러한 행동을 바꾸고자 하는 동기가 있었지만 여전히 쉽게 화를 냈고, 처음에는 분노 경험이 치료 회기를 지배했다.

치료 초기에 치료자는 폴의 분노가 치료 과정을 지배하고 탈선할 위험이 있음을 관찰했다. 치료자는 분노에서 더 취약한 감정에 접근하는 것으로 초점을 전환하기 위해 그와 협력했다. 폴은 자신의 내적 경험에 주의를 기울일 수 있었고 분노의 흥분을 완화하는 전략을 배웠기 때문에 분노와 분노의 고조에 기여한 생각과 감정을 탐색할 수 있었다. 다양한 유형의 분노와 기저의 취약한 경험이 회기에서 드러나면서 식별되고 탐색되었다('뜨거운' 처리). 시간이 지남에 따라 내담자는 치료자에게 취약한 자신을 허용했다. 과거의 외상 해결은 마침내 내담자가 부적응적 분노를 통해 자신의 고통에 기여한 것을 인정하고 자신이 겪은 많은 상실을 슬퍼하는 것을 포함했다. 특히 그는 어린 시절 아버지와 건강하고 지지적인 관계를 맺지 못한 것에 대해 느꼈던 깊은 슬픔을 회기에서 그리고 실제 생활에서 노쇠한 아버지에게 인정하고 표현할 수 있었다. 이를 통해 현재 아버지와의 관계가 더욱 돈독해졌다.

적응적 일차 분노를 촉진하기 위한 개입

줄여야 하는 문제성 분노와 달리, 분노의 어려움은 분노의 위축과도 관련이 있다. 요컨대 때때로 문제는 건강한 분노가 충분하지 않다는 것이다. 이 문제는 학대 및 방임 가해자와의 문제를 해결하는 맥락에서 자주 다루어진다.

3단계에서 심상적 직면을 활용한 해결 모델

IC를 활용한 해결 모델은 제6장에서 설명했다([그림 6-1] 참조). 여기서는 과정의 후반 단계와 해결 과정에서 적응적 분노의 구체적인 역할에 초점을 맞추어 이 모델을 검토한다. IC는 안전한 치료적 관계가 확립된 후 1단계가 끝나는 4회기에 처음 도입된다는 점을 기억하라. 그런 다음 치료 2단계 전반에 걸쳐 다른 절차(예: 기억 작업, 자기방해를 통한 작업, 자기비판)와 함께 사용된다. 치료 과정에서 내담자가 IC에 참여하는 빈도는 개별 내담자의 치료 과정과 치료 요구에 따라 달라진다.

두려움과 수치심을 극복하고 내담자가 외상 자료를 다루는 것을 견딜 수 있게 되면, IC 절차 중에 심상 속 가해자를 직면하는 데 겪는 내담자의 어려움은 점차 줄어들게 된다. 내담자는 이전에 억눌렸던 감정을 심상 속 타자에게 직접 자유롭게 표현할 수 있게 된다. 그런 다음 EFTT의 3단계는 적응적 정서(이 경우에는 자신이 겪은 학대에 대한 분노)를 명확하고 억제되지 않은 상태로 표현하는 것으로 시작된다. 부록 C에 제시된 해결정도척도는 내담자의 진행 상황을 추적하고 회기별 과정 목표를 설정하는 데 사용할 수 있다. 다음 예시는 EFTT에서 성적 학대를 겪고 있는 내담자 '줄리'의 사례로, 이 모델의 세 단계를 보여 준다. 해결 과정은 역동적이고 반복적인 과정이기 때문에 이후 회기(예: 3단계)에서는 때때로 이전 단계의 측면을 요약하기도 한다. 이 발췌문은 이전 작업을 빠르게 요약한 다음 해결 과정의 단계를 진행하는 모습을 보여 준다([그림 6-1] 참조).

내담자: 아버지는 정말 역겨운 돼지예요! 누가 자기 딸을 그렇게 대하겠어요?

치료자: 당신이 아버지를 얼마나 싫어하고 경멸하는지 들었어요. 저기[의자를 가리키며] 당신이 싫어하는 것이 무엇인지 아버지에게 말해 보세요. 이해시키세요.

내담자: 네, 당신이 자신의 이기적인 욕구를 위해 나를 조종하고 타락시킨 방식이 싫어요. 당신은 모든 것을 왜곡했어요. 나는 순수했는데 당신은 내 어린 시절을 망쳤고 섹스를 역겹게 만들었어요. 지옥에서 썩어 버렸으면 좋겠어요! [한숨을 쉬며 물러남]

치료자: 방금 무슨 일이 있었나요, 줄리? 한숨을 쉬며 무너졌나요?

내담자: 싫어요. 내가 아버지와 비슷하게 말했어요.

치료자: 하지만 당신은 아버지가 아니에요. 당신은 아버지와 전혀 다르죠. 당신은 정당하게 화가 났고, 아버지의 비열한 행동과 범죄에 대해 아버지가 처벌받는 것을 보고 싶어요. 아버지에게 말해 봐요.

내담자: 네, 아버지가 처벌받는 걸 보고 싶어요. 아버지는 아버지가 저지른 모든 해악에 대해 처벌을 받아 마땅해요. 아버지는 저를 완전히 망쳤어요. 내 인생은 엉망이었지만 더 이상 아버지가 내 인생을 망치게 놔두지 않을 거예요.

치료자: 그렇게 말하니 기분이 어떠세요?

내담자: 기분이 좋아요. 아버지는 어른이었고 저는 어린아이였어요. 저는 사랑과 안정감을 받을 자격이 있었어요. 아버지가 강요한 뒤틀린 삶이 아니었어요.

치료자: 저기 계신 아버지가 방어적이고, 후회하고, 비난하고, 화를 내는 당신의 감정을 안다면 어떻게 반응할 것 같나요?

내담자: 웃기네요. 예전에는 그렇게 거대하고 강력해 보였는데 지금은 한심한 노인네로만 보이네요. 아버지가 이해할 능력이 없다고 생각하지만 더 이상 중요하지 않아요. 전 진실을 알아요.

이 사례에서 치료자의 개입은 내담자의 분노와 정의에 대한 권리를 지지하고 학대의 영향을 명확히 표현하며 가해자에게 피해에 대한 책임을 물을 수 있도록 도왔다.

여기서 목표 중 하나는 내담자가 타자에 대한 보다 현실적인 관점을 개발하는 것이다. 이를 위한 중요한 단계는 그러한 직면을 통한 심상 속 가해자의 반응에 대한 내담자의 이해를 이끌어 내는 것이다. 타자를 실연하거나 심상화하는 것은 내담자의 공감 자원을 이끌어 낼 수 있다. 이는 애착 관계를 치유하는 것이 내담자에게 적절하고 중요한 경우 특히 중요할 수 있다. 예를 들어, 내담자는 부모 중 한 명 또는 양쪽 모두 피해자였으며 내담자에 대한 자신의 행동을 후회했을 것이라는 사실을 이해하게 될 수 있다. 반대로 줄리의 사례처럼 애착 관계를 치유하는 것이 적절하지 않은 경우, 내담자가 타자의 반응을 심상화하고 실행하도록 돕는 것은 타자를 더 인간적이고 덜 권력적인 존재로 보는 데 도움이 될 수 있다.

IC 중 치료자 작업: 치료의 3단계에서의 분노 표현

다음 논의에서는 EFTT의 3단계(제6장 [그림 6-1]에 설명된 대로)에서 발생하는 IC 개입을 활용한 해결 모델의 특정 단계에 초점을 맞춘다. 이 절에서는 자기 및 타자 의자의 과정을 촉진하는 개입에 대해 설명한다. 일반적으로 해결의 어려움은 제12장 종결의 맥락에서 논의된다. 분노를 단호하게 표현하기 전에 분노를 다른 정서와 구별해야 한다. 치료자는 내담자가 나타내는 여러 가지 특정 정서적 구성요소 중 어떤 정서에 먼저 초점을 맞추어야 할지 결정해야 한다. 이 단계에서 내담자는 자기 관련 문제(그리고 두려움과 수치심이라는 부적응적 정서)를 해결하는 데 상당한 진전을 이루었지만 외상은 아직 해결되지 않은 상태이다. 따라서 이제 분노에 집중하기로 한 결정은 분노가 현재 내담자의 가장 두드러진 경험이며 충분히 경험하고 표현해야 한다는 언어적 및 비언어적 지표에 근거한 것이다. 기억 작업의 맥락에서 또는 두 의자 실연(2단계)의 자기비판적 과정을 탐색하는 과정에서 내담자는 가혹한 비판이나 다른 형태의 학대에 대해 부모에게 자발적으로 분노를 표출했을 수 있다. 이것은 IC에서 심상 속의 부모에게 그 분노를 표현하도록 전환하는 표식 역할을 한다. 그러나 두 가지 정서가 동시에 존재하고 표현될 때(예: 분노와 눈물이 섞여 있는 경우) 치료자는 분노와 슬픔 중 어떤 적응적 정서에 초점을 맞출지 결정해야 하는 경우가 종종 있다. 이 선택은 이전 회기 과정, 개별 내담자의 이력, 치료 진행 상황에 따라 결정된다. 자율성 · 정의 · 공정성 · 존중의 문제에 대한 내담자의 반복적인 우려는 적응적 분노의 표현을 촉진하는 지표가 된다. 또한 내담자에 대한 과거 정보는 권한강화와 취약성에 대한 접근 중 어떤 것이 가장 변화시킬 수 있는지에 대한 임상적 판단을 내리는 데 도움이 된다. 일반적으로 치료자는 내담자의 레퍼토리에서 가장 잘 드러나지 않거나 가장 덜 두드러진(덜 지배적인) 정동과 의미에 초점을 맞추고 이에 조율한다.

분노가 활성화하기에 가장 적절한 정서라고 가정하고, 개입은 내담자의 주의를 분노의 미세 신호에 집중하도록 유도한다(예: "여기 감정이 많네요. 지금은 분노에 집중해 보세요. 거기에 머물러 있어요."). 내담자가 다시 두려움 · 죄책감 · 수치심 또는 상처의 감정으로 전환하면 치료자는 다시 명시적으로 내담자의 주의를 분노로 돌린다. 이러한 정서 사이로 계속 왔다 갔다 하는 것은 [그림 3-1]에 설명된 순서대로 내담자가 '두 걸음 앞으로, 한 걸음 뒤로' 이동하는 것이다(이 패턴에 대한 경험적 연구는 Pascual-Leone, 2009 참조). 줄리의 예에서 치료자는 자신이 아버지와 같다는 내담자의 두려움에 직접적으로 도전했고, 이는 내담자가 두려움을 극복하는 데 도움이 되었다. 다른 경우에는 치료자가 "할 수만 있다면 거기까지 가지 말아요. 지금은 상처받은 감정에서 벗어나 분노에 집중하세요." 또는 "그녀의 비판은 정말 당신의 감정을 아프게 하지만, 학대에 가깝고 도를 넘어섰다고 말하는 것도 들었고, 그래서 화가 나신다고 말하는 것도 들었어요."라고 말할 수 있다. 내담자가 동의한다고 가정하면 치료자는 계속해서 "좋아요, 그것도 말할 가치가 있어요! 당신이 얼마나 화가 났는지 말해 보세요."라고 하면서 적응적 분노 표현을 장려한다.

이 과정에서 개입은 분노 경험을 불러일으키고 내담자의 변화하는 타자에 대한 인식을 추적하기 위해 내담자 실연이나 심상화한 타자에 대한 생생한 경험적 기억을 촉진시킨다([그림 6-1] 상단). 내담자가 자기자각(self-awaress)과 자기주장이 강해지면 타자를 다른 시각으로 보기 시작한다. IC 절차의 다음 단계는 치료 3단계의 특징이다([그림 6-1]에 설명된 대로).

● 타자를 향한 적응적 분노의 표현을 촉진하라

IC 중 분노 표현을 장려하기 위한 지침은 이 장의 앞부분에 제시된 기준을 기반으로 한다. 분노는 일반적으로 상대방의 구체적인 피해 행위나 행동에 대해 먼저 표현된다. 또한 정서 표현의 언어적 · 비언어적 요소가 현재 상황이나 맥락과 일치할 때에만 분노와 그와 관련된 의미를 완전하고 신속하게 활성화할 수 있다. 치료자는 지나치게 지시적이거나 '적절한' 표현에 대해 염려하지 않아야 하지만, 내담자가 심상 속의 타자(또는 치료자)를 바라보고 똑바로 앉아 발을 바닥에 단단히 붙이고 목이 아닌 배에서 힘 있게 말하도록 권장할 수 있다.

적절한 각성 수준의 측면에서 외상 경험은 그 심각성이 다양하며, 강간에 대한 분노부터 비타당화(invalidation) 및 방임에 대한 분노에 이르기까지 관련 분노의 강도도 비슷하게 다양하다. 마찬가지로 내담자마다 표현 스타일과 정서조절 문제의 역사가 다르다. 정서를 과도하게 통제하는 경향이 있는 내담자에게는 강화 전략이 유용하고 적절하지만, 분노조절에 문제가 있는 내담자에게는 금기이다. 이상적으로는 분노 경험에 대한 내담자의 자기의심(self-doubt) 표식을 우회할 수 있지만, 그렇지 않은 경우 2단계의 치료 원리로 돌아가서 추가 처리를 해야 한다.

복수 환상을 다루는 것은 내담자에게도 문제가 될 수 있다. 복수 환상을 불안하게 여기고 회피하는 내담자뿐만 아니라 집요하게 반복하고 반추하는 내담자도 마찬가지이다. 내담자는 복수 환상을 비밀에 부치기보다는 치료자에게 공개하되 그 환상에 대해 깊이 생각하지 않는 것이 좋다. 대부분의 내담자에게 이러한 분노에 찬 환상은 불의와 학대에 대한 정상적인 반응이며, 해결되지 않은 상처와 분노, 정의에 대한 열망으로 재구성되어야 한다. 다음으로, 치료자는 외상을 극복하고 해결하면 이러한 긴장감과 상대방을 해치려는 욕구가 줄어들 것이라는 확신을 심어 줄 필요가 있다. 아동학대의 많은 사례에서 가해자의 행동은 실제로 범죄 행위이며, 학대의 심각성과 정의에 대한 자격을 타당화하는 데 도움이 되도록 내담자에게 이 사실을 전달해야 한다는 점에 유의하는 것이 중요하다.

주장적 화(assertive anger)를 표현할 때는 '나'의 언어를 사용하고 타자에 대한 욕구 · 필요 · 기대 · 바람직한 대체 행동을 명시하고 이러한 행동이 가져올 수 있는 긍정적인 효과를 명확히 설명해야 한다. 예를 들어, 내담자가 "저는 당신의 딸이었어요. 저를 믿어 주셨어야 평생 저를 의심하며 살지 않았을 텐데 말이죠. 정말 큰 차이를 만들었을 거예요."라고 말할 수 있다. 주장적 화를 건강하게 표현하려면 특히 현재 관계에서 한계와 경계를 명확히 설정하는 것도 포함된다. 이는 이전에 충족되지 못한 욕구에 대한 내담자의 권리 의식을 증진하는 데 있어 핵심적인 부분이며, 문제 해결을 위한 필수적인 처리 단계이다.

다시 말하면, 주장성 '훈련'에 대한 EFTT 접근 방식은 명시적인 가르침보다는 모델링과 연속적인 접근을 통해 내담자의 행동을 점진적으로 형성하는 것을 포함한다. IC의 초기 활성화 단계에서 내담자는 '제대로 말하는 것'에 대해 걱정해서는 안 된다. 실제로 이러한 집착은 내담자가 자신의 감정의 복잡성을 인정하는 데 방해가 될 수 있다. 내담자가 타자를 질책하거나 비난할 때(예: "당신은 딸인 나보다 술병과 남자친구에게 더 신경을 썼어요!"), 치료자는 대신 분노 경험의 소유권과 의미의 상징화를 촉진해야 한다(예: "그래요, 그녀가 초래한 모든 피해에 대해 너무 화가 나니 무엇이 당신을 그렇게 화나게 하는지 더 이야기해 보세요."). 치료의 마지막 단계에서 보다 적극적인 표현으로 자발적으로 전환하지 않는 내담자에게는 그렇게 하도록 명시적으로 지시하고 코칭할 수 있다(예: "'당신이 ……할 때 싫었어요.'라고 말해 보세요."). 어떤 경우든 개입은 내담자가 명확하고 구체적인 분노 단어를 사용하도록 돕는 것이 중요하다. 분노를 암시하거나 함축하는 개입은 충분히 구체적이지 않으며 분노와 반추의 억제를 암묵적으로 강화할 수 있다.

마지막으로, 건강한 분노 표현을 위해서는 경험을 촉진하는 개입이 필요하다(제5장의 지침 참조). 이를 위해서는 내담자가 외적 표현과 정서의 신체적 대상에 대한 내적 주의 사이의 균형을 유지하도록 돕는 것이 필수적이다. 언어적 표현은 대본이나 리허설 또는 계획된 표현이 아닌 진정한 경험에서 우러나오는 것이어야 한다. IC의 표현적이고 상호작용적인 특성으로 인해 초심 치료자들이 흔히 빠지는 함정은 이 과정의 경험하기 부분을 소홀히 하는 것이다. 일부 치료자들은 분노 표현의 드라마틱함에 도취되어 탈선하기도 한다. 효과적인 EFTT 치료자는 내담자의 내적 경험과 외적 표현 사이의 일치를 찾고, 언어적 표현이 여전히 내적 경험과 일치하는지 확인하기 위해 내담자에게 '내면을 확인'하도록 자주 요청한다. 분노 탐색을 촉진하는 개입은 타자의 행동이 자기에게 미치는 영향에 초점을 맞춘다. 이는 피해자 영향 진술을 공식화(formulating)하는 것과 비슷하지만, 실제 정동적 각성까지 포함하는 것이다. 때때로 내담자는 이러한 진술을 공식적으로 숙제로 준비하거나 가해자에게 편지를 쓸 수 있는지 물어보기도 한다(하지만 보내지는 않는다). 이러한 연습은 회기에서 내담자가 큰 소리로 읽어 주고 그 경험을 탐색할 때 효과적일 수 있다. 이러한 회기 내 경험은 일반적으로 매우 환기적이다.

● 충족되지 못한 욕구의 표현을 촉진하라

의미 탐색의 필수 요소는 타자와의 관계에서 충족되지 못한 욕구와 기대를 명확하게 표현하는 것이다. 분노의 경우, 자율성 또는 개인적 통제에 대한 욕구, 위협이나 위험으로부터 자신을 방어하고 불의를 바로잡고자 하는 욕구, 타인으로부터 공정하고 존중받는 대우에 대한 기대가 포함된다. 이러한 욕구는 동기를 부여하고 과정을 진전시킨다. 따라서 내담자는 자신이 원했거나 필요했지만 얻지 못한 것(또는 여전히 원하고 필요하지만 얻지 못한 것)에 관심을 기울이고 상대방에게 말하도록 명시적으로 지시받는다. 때로는 충족되지 못한 욕구를 표현하면 내담자가 상대방에 대해 취약한 느낌을 받게 되는데, 특히 잔인하거나 냉담한 가해자인 경우 더욱 그렇다. 이러한 상황에서는 내담자를 심상 속의 실연에서 끌어내어 치료자와 함께 충족되지 못한 욕구를 탐색하도록 격려할 수 있다. 여기에는 타자의 행동 중 무엇이 내담자에게 피해를 주었는지, 내담자가 자신이 어떻게 대우받았어야 한다고 생각하는지 그리고 그 이유가 무엇인지 파악하는 것도 포함된다. 예를 들어, 치료자는 내담자에게 "분노와 비판, 끊임없는 두려움 속에 사는 대신 어렸을 때 무엇이 필요했는지 말해 보세요." 또는 "엄마가 실제로 당신에게 관심을 보이는 것이 얼마나 중요했을지 말해 보세요."라고 말할 수 있다.

● 자기와 타자에 대한 인식을 추적하라

개입은 심상 속 타자에 대한 또는 그에 관한 내담자의 표현의 질을 강조한다(예: "꽤 명확하게 들리네요." 또는 "여전히 그에게 맞서기가 쉽지 않죠?"). 이러한 내담자의 표현은 상대방의 반응을 이끌어 내기 위한 표식이기도 하다(예: 치료자가 "그가 당신의 요구에 어떻게 반응할 것이라고 상상하세요?"라고 질문할 수 있다). 이러한 관계 과정의 질은 내담자가 진정한 감정과 욕구를 점점 더 잘 표현할 수 있게 되면서 내면화된 대상관계의 행동 지표로 작용한다. 해결 과정에서 내담자의 단계를 나타내는 지표로서 이러한 발전하는 인식을 추적하는 것이 필수적이다(부록 C의 해결정도척도 참조). 이 추적의 목적은 치료자가 내담자의 과정에 대한 메타인지적 성찰을 제공하고 치료 변화에 대한 지속적인 평가로서도 활용하기 위한 것이다.

● 충족되지 못한 욕구에 대한 권리의식을 증진하라

여기서 목표는 내담자가 충족되지 못한 욕구를 파악하는 것뿐만 아니라 정당한 소망과 욕구의 관점에서 자신을 이해하도록 돕는 것이다. 궁극적으로 내담자의 자기의심(예: "내가 뭔가 잘못해서 이런 일이 생긴 건 아닐까요?")과 자신의 욕구가 비현실적이거나 달성할 수 없다는 인식에서 확신으로 전환된다. 내담자는 다른 모든 사람과 마찬가지로 자신도 공정하게 존중받고 보호받을 자격이 있으며 상대방의 의견, 행동 또는 한계에 관계없이 자유롭고 순수했던 어린 시절을 보낼 자격이 있다고 믿게 된다(예: "나는 가장 쉬운 아이는 아니었지만 여전히 어린아이였어요! 지도가 필요했어요."). 이러한 건강한 권리는 내담자가 타자에게 책임을 묻고(예: "당신이 어른이었잖아요! 어쨌든 이걸 제공했어야 했어요!") 현재의 삶과 관계에서 욕구를 충족시키기 위한 노력에 동기를 부여하는 데 도움이 된다.

자격을 촉진하는 표식은 내담자의 단호한 욕구 표현(예: "나는 격려가 필요했지, 계속 무시받는 것이 아니었어요.") 또는 타자로부터의 기대(예: "나도 다른 사람과 마찬가지로 존중받을 자격이 있어요.")이다. 개입은 이러한 내담자의 주장을 타당화한 다음(예: "그래요, 물론 모든 사람은 이런 것을 필요로 하고 받을 자격이 있어요.") 심상 속의 타자에게 명확하게 표현하도록 안내한다. 자격을 촉진하는 방식으로 분노를 다룰 때는 일반적으로 '~할 것이다.' '~하지 않을 것이다.' '주장하다.' '거절하다.' 등의 동사를 사용한다. 다시 한번 강조하지만, 이러한 표현이 자신의 내적 경험에 맞는지 내담자가 확인하도록 하는 것이 중요하다. 내담자가 여전히 자신이 얼마나 자격이 있는지 확실하지 않은 경우, 치료는 충족되지 못한 욕구의 생생한 경험과 자격이 있다는 것이 무엇을 의미하는지 탐색하고 이를 해결하는 데 더 많은 시간을 할애해야 한다. 보호 · 존엄성 · 사랑 · 보살핌 등에 대한 자격을 온전히 경험하는 것은 [피상적인 자기인정(self-affirmations)이 아니라] 자기확신과 자기존중감을 강화한다.

● 내담자의 자기에 대한 새로운 관점의 출현을 지지하라

치료가 해결에 가까워질수록 분노 경험과 관련된 개입은 충족되지 못한 욕구와 기대를 내려놓으면서 자기권한을 강화하고 상대방으로부터 점진적으로 분리하는 것을 촉진하고 지지한다. 내담자가 가해자와 얽혀 있다는 것은 타자에게 집중하거나 과거의 불의와 범죄에 집착하는 것에서 분명하게 드러난다. 타자와 현재 지속적으로 상호 작용하는 상황에서 내담자는 타자를 기쁘게 하기 위해 특별한 노력을 기울이거나, 타자의 기분을 상하게 할까 봐 자신을 주장하는 데 어려움을 겪거나, 타자에게 사과, 잘못을 인정 또는 변화하도록 강요할 수 있다.

개입은 먼저 내담자의 얽매임 · 희생 · 무력감에 대한 인식을 높이거나(예: "너는 결코 행복해질 수 없는 것 같아. 그녀가 변하지 않으면 너는 끝이야!"), 타자의 변화를 강요하려는 내담자의 부적응적인 노력을 과장해야 한다("'나는 당신이 사과하도록 강요할 거야. 당신이 사과해야 해.' 또는 '나는 당신이 나를 존중하지 않으면 살 수 없어.'라고 말해 보세요."). 또는 치료자는 내담자가 충족되지 못한 욕구를 놓아 버리도록 유도하기 위해 심상화한 타자의 반응을 역할극으로 표현할 수도 있다(예: "그럼 '네가 어떻게 하든 상관없어, 네가 그 어떤 불가능을 가능으로 만들더라도 난 개의치 않아, 난 네가 원하는 것을 절대 주지 않을 거야.'와 같은 반응이라면 어떨까요?"). 이는 분명히 역설적인 개입으로, 내담자가 두려운 결과에 대해 구체적인 방식으로 대응하거나 타자가 변화할 것이라는 헛된 희망을 버릴 수 있도록 도와줄 수 있다. 이런 종류의 실연이나 심상화를 통해 내담자는 결국 타자에게 변화를 강요하거나 잘못을 인정할 수 없다는 것을 깨닫게 된다.

놓아버리기(letting go)는 부분적으로 초기 단계에서 충족되지 못한 욕구에 대한 자격이나 권리가 있다는 느낌을 완전히 경험하는 데서 비롯된다. 여기서 내담자는 더 이상 무방비 상태의 어린아이처럼 느끼지 않으며, 자신에 대해 좋은 감정을 느끼기 위해 더 이상 상대방의 승인을 구하지 않는다. 예를 들어, 원주민 아동을 위한 '인디언 기숙 학교'에서 가족과 떨어져 언어와 문화를 빼앗기고 성적 · 신체적 학대를 당한 한 내담자는 성당, 정부, 가해자 개인으로부터 공식적인 인정과 사과를 당연히 원했다. 이 내담자는 분노를 표현한 후 치료자의 확인을 통해 비록 사과를 받지 못할지라도 사과를 받을 자격이 있다고 느끼기 시작했다. 또한 많은 내담자가 정의와 존중의 문제가 자신에게 얼마나 중요한지 더 잘 인식하고 현재 삶에서 이러한 가치를 증진하기로 결심한다. 예를 들어, 어렸을 때 학대를 받았던 한 내담자는 변호사가 되기로 결심했고, 또 다른 내담자는 피해자 지원 기관에서 일하기로 자원했으며, 또 다른 내담자는 더 나은 부모가 되겠다고 다짐했다.

● 내담자의 타자 및 관계에 대한 새로운 관점의 출현을 지지하라

한 내담자는 신체적으로 학대하고 거부하는 어머니를 '악마'로 여기는 등 치료와 IC의 초기 단계에서는 상대방을 편협하고 부정적으로 인식한다. 그러나 이 단계에서는 자신의 감정과 욕구가 표현되고 타당화되었기 때문에 상대방을 더 현실적으로 볼 수 있다. 따라서 내담자가 문제 해결에 가까워질수록 심상 속 타자를 실현하는 목표가 바뀐다. 이제 심상 속 타자를 내담자의 감정을 불러일으키는 자극제로만 사용하기보다는 내담자가 '다른' 의자에 앉아 있는 동안 경험을 촉진하는 데 더 중점을 둔다. 이를 통해 심상 속 타자의 관점·감정·동기를 구체화할 수 있다. 궁극적으로 이 과정은 내담자의 공감 능력을 끌어낸다. 예를 들어, 치료자는 내담자에게 상대방이 후회를 표현하거나 직접 사과하는 모습을 상상할 수 없더라도 상대방이 '내면'이나 '마음속'으로 어떻게 느낄지 심상화해 볼 수 있도록 물어볼 수 있다. 내담자는 타자에 대한 이해가 점점 더 풍부해지고 자신을 학대한 사람들의 한계와 연약함에 대한 인식을 발전시킬 수 있다. 내담자가 타자에 대해 연민을 느끼든, 느끼지 않든, 가해자를 더 인간적이고 실물 크기(life-sized)이며 덜 강력한 존재로 보게 된다.

중요한 것은 타자에 대한 연민과 용서는 분노를 부정하는 것이 아니라 정당한 분노와 그에 따른 의미를 인정하고 표현하는 데서 비롯된다는 것이다. 이상적인 상황에서는 타자가 자신이 저지른 피해에 대해 후회하고 책임을 지고 있다고 심상화할 수 있다(또는 후회는 느끼지만 인정할 수 없는 경우). 이런 경우에는 용서가 수반될 가능성이 높다. 앞서 설명했듯이 타자가 내담자가 관계를 회복하고자 하는 주요 애착 대상이었거나 소홀히 했던 사람인 경우 특히 그렇다. 다른 경우에 내담자는 타자가 자신의 감정과 욕구에 절대 반응하지 않을 것, 즉 타자는 자기가 필요한 것이 없다는 사실을 받아들이기 시작한다. 어떤 내담자는 타자를 정신병자나 한심한 사람으로 인식하게 된다. 어떤 경우든 우리가 정의하는 용서는 타자의 행동을 변명하거나 용인하는 것이 아니라 타자가 해를 끼친 것에 대해 명확하고 적절하게 책임을 지는 것이다.

● 심상화한 타자와의 접촉을 종료하고 IC 경험의 의미를 처리하라

이 마지막 두 단계는 각 IC가 끝날 때마다 진행되며, 특히 최종 IC와 치료 종결에 있어 중요한 부분이다. 그러나 각 회기에서 달성한 해결의 정도를 파악하고 받아들이는 것도 중요하다. 타자와의 문제가 아직 해결되지 않은 경우, 내담자에게 그렇게 말하도록 권장하고 다음 회기에서 그 문제를 다시 다루겠다는 의사를 밝혀야 한다. 해결은 주기적이고 반복적인 과정이므로 치료자는 해결정도척도(부록 C)를 사용하여 내담자의 진행 상황을 평가하고 다음 회기의 과정 목표를 설정할 수 있다.

이 장에서는 EFTT의 기초가 되는 대인외상 해결 모델을 살펴보았다. 이 모델은 변화의 촉매제로서 적응적 정서의 경험과 표현을 명시하고 있다. 또한 외상 해결에 있어 분노의 역할에 특히 중점을 두고 이 모델을 검토했다. 다음 장에서는 해결에 있어 슬픔의 역할에 초점을 맞춘다.

제11장

슬픔 및 비탄을 통한 대인외상의 해결

내담자가 자기감이 강해지면 상대방에 대한 분노와 원한을 극복하는 과정에서 슬픔을 충분히 경험하고 표 현하는 경우가 많다. 외상에 대한 정서중심치료(emotion–focused therapy for trauma: EFTT)에서 적응적 분노를 활성화하는 데 초점을 맞추는 것은 주로 적응적 분노와 감소해야 하는 파괴적 분노[외상 후 스트레스 장애(posttraumatic stress disorder: PTSD)와 관련이 있음]를 구별하지 못하기 때문에 논란이 될 수 있다(Fernandez, 2016 참조). 그러나 연구자와 실무자 모두 슬픔과 애도를 통해 외상을 해결하는 것을 치유와 치료로 보고 있다. 실제로 많은 치료자에게 외상 치료는 애도와 동의어이다. 그러나 애도의 복잡한 과정에 대한 많은 문헌에도 불구하고 슬픔이라는 개별 정서를 다루는 방법에 대한 연구는 거의 이루어지지 않았다. 또한 대부분의 복합외상 치료 접근법이 외상적 상실을 애도하는 것의 중요성을 인식하고 있지만, 적응적 슬픔을 더 큰 과정의 구체적이고 필수적인 단계로 접근하는 데 명시적으로 초점을 맞추는 것은 EFTT뿐이다.

이 장에서는 외상성 슬픔에 관한 문헌을 이론적 관점에서 간략히 검토하고, 그 과정에서 슬픔을 개별적인 요소로 강조하는 EFTT의 독특한 점을 강조한다. 또한 외상 치료에서 관찰되는 다양한 슬픔의 유형과 각 유형에 대한 개입 원리에 대해서도 설명한다. 개입 절에서는 심상적 직면(imaginal confrontation: IC) 중 대인외상을 해결하고, 자기 관련 상실을 해결하며, 우울을 줄이기 위한 경로로서 슬픔과 애도를 다루기 위한 지침을 제공한다.

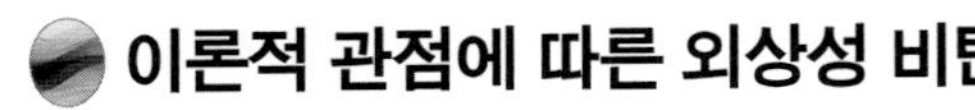

이론적 관점에 따른 외상성 비탄

슬픔의 깊이를 온전히 경험하고 상실을 받아들이는 것은 외상 회복의 가장 어려운 측면일 수 있다. 외상에는 사랑하는 사람과 소중한 자기의 측면을 잃는 경험이 포함된다. 외상과 관련된 슬픔에는 강렬한 외로움, 고립감, 자신의 감정을 표현할 수 없다는 느낌도 종종 포함된다. 특히 아동학대로 인해 순수함·자존감·안정감·사랑을 박탈당했을 때 깊은 상실감을 느끼게 된다. 방임의 경우, 발달 중인 아동은 애착 대상으로부터의 관심·인정·접촉·위로뿐만 아니라 환경으로부터의 기본적인 자극과 피드백도 박탈당하게 된다. 방임은 깊은 외로움, 관심과 인정에 대한 갈망, 자신을 무시하거나 주목할 가치가 없는 자기감으로 인식하게 만든다. 애착 대상에 대한 정보와 피드백의 부재는, 예를 들어 자신의 감정과 가치에 대한 불확실성과 타자의 기대에 대한 불안을 초래한다.

상실을 애도하는 것은 부인·불안·분노·절망·우울·슬픔 등 여러 가지 정서적 과정을 수년에 걸쳐서 겪게 되는 복잡한 과정이다. 사람들은 '극복할 수 없기' 때문에 외상성 이별과 상실에 대한 치료를 받는다. 애도 과정을 완료하고 삶을 살아갈 수 없기 때문이다. 여러 가지 요인이 정상적인 애도를 방해할 수 있다. 사람들은 외상의 영향에 대처하는 데 몰두하거나 대처에 대한 지지가 제한되어 애도가 중단되고 수년 동안 불완전한 상태로 남겨질 수 있다. 깊은 상실에 대한 애도는 외상으로 인한 두려움이 줄어들고 어느 정도 안전감이 회복된 후에야 가능하다. 그 시기가 되면 내담자의 상실을 인정하고 타당화하는 개입과 함께 지지적인 치료적 관계를 통해 환경에서 누락되었을 가능성이 있는 지지를 제공할 수 있다.

다른 경우에는 치료 과정이 더 복잡하며 애도 및 해결을 방해하는 특정 부적응적 과정을 적극적으로 변화시키는 것이 포함된다. 예를 들어, 다른 정서(분노·두려움·죄책감·수치심)나 애도에 대한 금지 명령(예: "나는 이 일로 너무 화내면 안 되는데, 다른 사람들은 훨씬 더 심해.")이 슬픔을 가리거나 방해할 수 있다. 이러한 부적응적 과정을 바꾸는 것은 일반적으로 제7장, 제8장, 제9장에 제시된 EFTT의 두 번째 단계의 초점이다. 과거 대인외상의 해결은 내담자가 여전히 정서적·재정적·기능적·사회적으로 애착을 갖고 있는 가해자와의 지속적인 상호작용으로 인해 복잡해질 수도 있다. 이러한 경우, 외상적 상실을 슬퍼하는 과정에서 건강한 슬픔의 표현을 현재 상황에서 부적응적 무력감이나 우울과 구분해야 할 수 있다.

어머니가 자살한 내담자 모니카는 어머니의 죽음을 극복하지 못해 복잡한 슬픔을 겪고 있는 내담자 사례였다. 그녀의 슬픔은 고뇌에 가까웠고, 눈물은 배신감과 삶의 혼란에 대한 분노와 섞여 있었다. 기억의 외상, 반복되는 외상 증상, 가족에 대한 책임감으로 인해 그녀는 행복한 어린 시절과 평범한 가정생활을 박탈당했다. 모니카는 아버지의 조기 사망과 이후 자신과 형제자매들이 겪은 어려움과 고통에 대해 어머니를 탓했다. 또한 그녀는 '말로 표현할 수 없는' 잔혹함에 수치심을 느꼈다. 이러한 감정은 한 번도 타당화되거나 충분히 표현된 적이 없었고, 어머니의 자살을 받아들이는 데 방해가 되었다. 수년 동안 그녀가 가족과 사회로부터 받은 메시지는 "그냥 넘어가세요. 이미 지나간 일은 생각하지 마세요. 당신의 엄마는 아프셨으니 용서하고 잊어야 해요."라는 메시지였다. 이러한 선의의 메시지는 모니카가 충분히 애도하지 못하게 했을 뿐만 아니라 어머니의 죽음을 제대로 이해하지 못하게 만들었다. 예를 들어, 모니카는 "이해가 안 돼요. 변명처럼 들리고 어머니가 한 일은 변명할 수 없는 일이에요."라고 말했다. 나중에 어머니와의 심상화된 직면에서 그녀는 결국 "왜 그런 행동을 했는지 알고 싶어요."라고 말했다. 수년 동안 그녀는 '통곡'을 했지만, 그 의미가 명확하게 드러나지 않은 이 전반적 고통은 치료적인 울음이 아니었다. 모니카는 슬픔의 깊이를 온전히 경험하기 전에 먼저 외상의 고통과 괴로움을 견디고 수치심을 해소하며 분노와 억울함을 충분히 표현하는 데 도움을 받을 필요가 있었다.

외상성 상실을 받아들이는 데는 제8장에서 소개한 정서적 고통을 허용하는 과정(Greenberg & Bolger, 2001; Greenberg & Paivio, 1997)이 포함된다. 내담자는 이별이나 상실의 고통을 허용하기로 의식적으로 결정하고, 때로는 처음으로 관련 슬픔을 충분히 경험하고 표현해야 한다. 이 과정을 통해 내담자는 슬픔과 관련된 구체적인 정보와 의미에 접근하고, 충족되지 못했거나 충족되지 못하고 있는 욕구 중 놓쳤거나 놓치고 있는 것이 무엇인지 파악할 수 있다. 명확하게 인식된 욕구는 동기를 부여하고 행동 목표로 작용한다. 내담자는 잃어버린 사람, 자기의 일부 또는 놓친 기회를 되찾을 수는 없지만 새로운 삶을 개척하고 개인적인 욕구를 충족하며 새로운 의미를 찾기 위해 나아갈 수 있다.

대부분의 현대 애도 모델(예: Neimeyer, 2016)은 상실을 의미의 혼란이라는 측면에서 이해한다. 예를 들어, 비행기 추락 사고로 20년간의 남편을 잃은 한 여성은 "도저히 감당할 수 없어요. 저는 더 이상 B 부인이 아니에요……. 나는 누구지요?"라고 한탄하였다. 복잡한 슬픔에 대한 현대의 인지행동치료 접근법(예: Boelen et al., 2006; Currier et al., 2015)은 회복을 방해하는 우울한 금단과 회피를 줄이기 위해 표준 인지 재구조화 개입을 사용한다. 이러한 접근 방식은 또한 고인과의 '의사소통'을 촉진하여 상실을 수용하도록 촉진하기 위해 EFTT에서 사용되는 IC와 같은 기술을 사용할 수 있다. 현대의 내러티브 구성주의 접근법(narrative constructivist approaches; 예: Neimeyer, 2016)은 외상적 상실을 통해 발생하는 개인 내러티브(일관된 의미)의 혼란에 초점을 맞추고 있다. 이러한 접근 방식에서 치료는 힘 · 생존 · 성장을 포함하는 새로운 개인적 내러티브를 구성하는 과정이다. EFTT는 이러한 내러티브 구성주의 접근법과 상당한 유사성을 지니지만, 상실감의 해결에 있어 정동, 특히 슬픔의 중심 역할에 보다 명확하게 초점을 맞춘다는 점에서 차이가 있다. 내담자는 EFTT 3단계에서 슬픔을 충분히 경험하고 표현함으로써 자기에 대한 보다 명확한 관점을 갖게 되고 상실 경험이 자신의 삶에서 어떻게 작용했는지 충분히 인정하고 이해할 수 있게 된다. 또한 이 과정은 따뜻함 · 친밀감 · 유대감을 제공하는 치료적 관계의 맥락에서 전개된다. 이는 내담자가 다른 관계에서 도움을 구할 가능성을 높이는 새로운 학습 경험이 될 수 있다. 따라서 상실에 대한 완전한 슬픔의 경험은 특히 외상 후 성장을 촉진하는 것으로 보인다(Tedeschi et al., 2018). 상실의 공허함을 직시하고 '작별 인사'를 할 때에만 새로운 무언가를 만들 수 있다.

고통스럽지만 적응적 슬픔을 충분히 표현하는 것은 박탈 · 분리 · 상실과 관련된 애착 상처를 해결하는 촉매제가 된다. 슬픔은 일시적일 수 있으며 내담자는 다시 분노나 두려움으로 바뀔 수 있다는 점에 유의해야 한다. 내담자는 사별 추념일과 같이 고통과 슬픔의 재발을 예상하고 이에 대처하는 방법을 배워야 한다. 해결과 성장이 추념일 반응이나 다른 고통의 시기를 배제하는 것이 아니라, 오히려 이러한 시기는 고통에 대처하고 앞으로 나아갈 수 있는 능력의 증가와 관련이 있다. 내담자는 자신에게 친절해지는 법(제9장에 설명된 자기연민)을 배우고 다른 사람의 도움을 구할 수 있지만, 깊은 상실의 고통이 완전히 사라지지 않을 수 있다는 사실을 받아들여야 할 수도 있다. 이들은 고통의 재발을 상실의 깊이와 정도를 나타내는 징후로서, 즉 상실된 사람과 자기의 잃어버린 측면이 고통의 가치가 있다는 것을 존중하는 법을 배울 수 있다. 예를 들어, 장성한 두 딸이 알코올 관련 질환으로 사망한 한 내담자는 시간이 지나면서 크리스마스와 같은 휴일에 기억이 떠오르고 오래된 상처가 다시 떠오르는 것을 두려워하지 않는 법을 배웠다. 대신, 그녀는 이럴 때일수록 딸을 잃은 슬픔에 대해 다시 슬퍼할 수 있는 여유를 갖고 슬픔을 존중해야 한다는 사실을 받아들이는 법을 배웠다. 이처럼 슬픔을 충분히 경험하고 관련 욕구를 인식하는 것은 내담자가 추념일 반응에 대처하고 자신을 더 잘 돌보기 위해 무엇을 해야 하는지 배우는 데 도움이 될 수 있다.

 과정 진단: 다양한 유형의 슬픔 구별

다음 하위 절에서는 슬픔을 기본 정서로 설명하고 외상 치료에서 관찰되는 다양한 유형의 슬픔을 구분한다.

기본 정서로서 슬픔의 특징

분노는 위반에서 비롯되고 그 표현은 타자와의 분리와 거리를 조장하는 반면, 슬픔은 자기와 타자와의 친밀감과 연결을 촉진한다. 후자는 부분적으로 슬픔의 취약성과 고통을 공유함으로써 위로와 지지를 이끌어 내기 때문에 발생한다. 슬픔은 분노와 달리 내면으로 향하며 에너지 상실, 무겁고 무너지는 느낌, 침울한 눈빛, 약하고 조용한 목소리 등을 수반한다. 사람들은 때때로 누워 있거나 공 모양으로 웅크리고 싶은 기분을 느끼기도 한다. 이는 슬픔의 경험과 표현을 촉진하기 위한 치료적 개입에 영향을 미친다. 슬픔과 관련된 두 가지 행위 경향성이 있다. 하나는 상실을 치유하고 회복하기 위해 몸을 움츠리는 것으로, 사랑하는 사람을 잃은 애도 상황에서 자주 관찰된다. 다른 하나는 고통을 줄이기 위해 자신을 지지하는 타자에게 접촉하고 위로를 구하는 것이다(예: '울 때 내어 줄 어깨'). 지역 사회와 가족의 애도 및 의식(예: 장례식)은 집단 구성원 간의 유대를 강화한다. 따라서 이러한 형태와 다른 형태의 슬픔 공유는 대인 관계를 강화할 수 있다.

정서적 고통(emotional pain)과 고통(distress)은 슬픔의 경험과 밀접한 관련이 있다. 제8장에서 설명한 바와 같이 '정서적 고통'은 상실감이나 산산조각 난 느낌의 경험으로, 심리적 상처에 대한 복잡하고 독특한 의미를 내포하고 있다. 정서적 고통은 박탈, 이별 또는 상실과 관련된 고통(pain)일 때만 일차 슬픔과 관련이 있다. 반면, '고통(distress)' 속에서 우는 것은 괴로움(suffering)의 일반적인 신호이자 도움을 요청하는 외침이며, 정서적 고통과 마찬가지로 '전반적 고통(global distress)'은 두려움 · 수치심 · 분노 · 슬픔과 같은 광범위한 정서와 연관되어 있다. 치료를 시작할 때 내담자는 종종 매우 괴로워하며 자신을 괴롭히는 일에 대해 쉽게 울기도 한다. 그러나 일반적으로 상실에 대한 일차 슬픔을 표현하지는 않는다. 적절한 개입을 위해서는 먼저 고통의 원인을 명확히 하고 이를 구체적인 정서로 구분해야 한다(제3장 [그림 3-1] 참조). 이후 개입은 정서에 따라 달라진다.

적응적 슬픔

다음 하위 절에서는 적응적 일차 슬픔에 대해 설명하고 치료에서 건강한 슬픔 표현의 기준을 명시한다.

● 적응적 일차 슬픔

적응적 슬픔은 보다 복잡한 치료 과정에 포함된 유동적인 순간으로 나타날 수도 있고, 깊이 느껴져 격렬한 흐느낌을 수반할 수도 있다. 이러한 유형의 슬픔은 다른 정서와 구별되는 방식으로 억제되거나 표현되지 않는 경우가 드물지 않기 때문에 다루기 어려울 수 있다. 슬픔 억제의 표식에는 주지화(intellectualizing), 고통 최소화, 분노로 덮기, 울거나 '고통 속으로 들어가는 것'에 대한 명시적인 거부감, 압도당하는 것에 대한 우려 등이 포함된다. 억제의 생리적 표식으로는 근육 긴장 · 숨 참기 · 눈물 참기 등이 있다. 상황과 개별 내담자에 대한 지식은 치료자가 적응적 슬픔과 우울과 같은 부적응적 슬픔을 구별하는 데 도움이 된다. 슬픔은 상실을 받아들이고 상실을 되돌릴 수 없다는 현실적인 절망감을 포함하는 것으로, 우울의 지속적인 절망감 · 체념 · 패배감과는 구별된다.

상황에 대한 지식은 또한 미분화된 정서적 경험의 일부로서 슬픔과 함께 존재할 가능성이 있는 다른 정서에 대한 정보를 제공한다. 예를 들어, 배신 상황에서 슬픔은 일반적으로 분노와 섞여 있고, 외상 상황에서 슬픔은 두려움과 분노와 섞여 있을 수 있으며, 위반 및 학대 상황에서 슬픔은 일반적으로 분노 · 두려움 · 수치심과 섞여 있을 수 있다. 이러한 모든 정서는 일차적일 수 있으며, 모두 개별적으로 완전히 경험하고 표현해야 한다. 개입은 내담자가 각 정서를 한 번에 하나씩 표현하고 경험하도록 도와줌으로써 이를 수행한다. 슬픔에 대한 개입은 경험에서 박탈과 상실의 측면에 초점을 맞춘다(예: 치료자는 "당신이 엄마로부터의 버림받음에 얼마나 화가 났는지 이해해요. 동시에 혼자서 이 모든 것을 감당하는 것이 너무 힘들고 외롭겠군요."라고 말할 수 있다).

● 건강한 슬픔 표현을 위한 기준

치료에서 적응적 슬픔의 경험과 표현에 대한 기준은 분노에 대해 설명하는 기준과 유사하다. 건강한 슬픔은 무력감이나 두려움보다는 상실의 눈물과 같은 다른 정서와 구별되어야 한다. 슬픔을 표현하는 각성 수준은 놓친 기회에 대해 조용히 울거나 사랑하는 사람의 죽음에 대해 깊이 흐느끼는 등 상황에 맞게 적절해야 한다. 또한 슬픔은 경험에 대한 주인의식을 가지고 단호하게 표현해야 하며(예: '나'라는 언어 사용, 비난이 아닌 내면에 집중), 각성 수준이 진정된 후(예: '잘 울었다.') 그 의미를 탐색하는 과정이 포함되어야 한다. 그러나 분노와는 달리 적응적 슬픔은 자신의 고통을 인정하고 연민하는 것처럼 자기 자신에게로 향할 수 있다.

문제성 슬픔

다음 절에서는 외상 치료에서 관찰되는 세 가지 주요 유형의 문제성 슬픔을 부적응적 일차 슬픔부터 구분한다.

● 부적응적 일차 슬픔

외상성 상실과 관련된 일차 슬픔의 표현이 실제로 부적응적인지 여부를 판단하는 데는 시간이 걸린다. 슬픔을 유발하는 상황은 적절할 수 있지만, 반복적인 표현 후에도 아무런 변화가 없거나 두려움, 분열, 상실에 대처하지 못함, 무력감 등의 역기능적 특성이 나타난다면 조절 부족이나 취약성 또는 낮은 자존감의 문제를 시사할 수 있다. 이러한 특징에는 부적응적 일차 수치심이나 두려움이 깔려 있으며, 이는 만성적이고 지속적이며 고통스럽게 익숙한 슬픔의 보다 근본적인 요소일 수 있다. 그러나 두려움과 수치심이 부적응적 일차 슬픔의 근원을 더 잘 설명할 수 있지만, 사례공식화와 임상 작업에는 내담자가 스스로를 경험하는 방식도 반영해야 한다. 안타깝게도 내담자가 슬픔이나 외로움을 자신의 정체성의 일부로 붙잡고 있을 때 특히 그렇다.

두려움 · 분열 · 조절 문제는 상실의 심각성 및 규모와 관련이 있을 수 있다. 예를 들어, 공동체의 파괴와 사랑하는 사람의 절단 그리고/또는 살해를 목격한 일부 난민 외상 생존자의 경우가 이에 해당한다. 이러한 경우 개입은 고통의 억제와 조절에 중점을 둔다. 병적이거나 복잡한 슬픔은 대처하고 앞으로 나아갈 수 없는 부적응적 일차 슬픔의 또 다른 예이다. 이 경우 표현되지 않은 분노와 죄책감(예: 사랑하는 사람을 보호하지 못한 것에 대한 죄책감)에 접근하고 이를 해결하는 것이 개입의 중요한 부분이 될 수 있다.

부적응적 일차 슬픔의 또 다른 극적인 사례는 타자의 친절과 다정함의 표현에 반응하는 역설적 슬픔이다. 이러한 타자의 표현은 깊은 박탈감, 충족되지 못한 의존 욕구 그리고 이러한 욕구가 충족되기를 바라는 갈망의 바다를 떠올리게 하는 것과 같다. 예를 들어, 한 내담자는 치료자의 연민의 표현에 눈물을 흘렸다. 이러한 경우의 개입에는 외롭고 사랑받지 못하는 부적응적 핵심 자기감에 접근하고 탐색하는 것이 포함된다. 변화의 과정은 부분적으로는 공감적으로 반응하는 치료자와 함께 교정적 정서 체험(corrective emotional experience)을 통해 내담자의 고립감과 고통을 줄이고, 스스로를 진정시키고 타자로부터 위로를 구할 수 있는 능력을 개발함으로써 이루어진다. 아이러니하게도 내담자는 종종 박탈감을 덜 느껴야만 친절을 견디고 받을 수 있다.

● 이차 슬픔

눈물은 슬픔 외에도 다양한 경험을 동반할 수 있으므로 치료자는 첫 번째 울음 징후를 보고 선불리 결론을 내리지 않도록 주의해야 한다. 예를 들어, 폭력과 학대를 당한 내담자는 분노가 더 주된 일차 정서인 경우 상처·무력감·희생감 또는 체념에 반복적으로 무너질 수 있다. 이러한 이차 반응은 언어적 또는 비언어적 단서에 의해 인식되며, 다른 이차 정서와 마찬가지로 시간적 순서에 따라 인식된다. 이 경우 눈물은 사랑하는 사람에 대한 분노의 표현과 분노로 인한 거절에 대한 기대와 같은 인지적-정동적 과정이 선행된 후 두려움·고통·슬픈 감정으로 이어진다. 개입은 이러한 이차 정서로 이어지는 인지적-정동적 순서를 탐색하고 핵심 경험에 도달하기 위해 더 깊은 의미에 대한 이해를 촉진한다.

이차 슬픔의 가장 두드러진 특징은 그것이 얼마나 차별화되지 않고 전반적이라는 점이다. 내담자는 압도당하고 혼란스러워할 수 있다(예: "그냥 슬프고 눈물이 나는데 무슨 일인지 잘 모르겠어요."). 의미의 구체성이 부족하다는 것은 전반적 고통([그림 3-1] 상단)의 특징이며, 내담자가 보다 구체적인 정서적 경험을 상징하는 적절한 단어를 구별하고 찾는 데 도움이 필요하다는 신호이다. 만성적인 상태가 되면 전반적 고통 역시 우울 증상의 흔한 부분이다.

● 우울

'우울'은 슬픈 기분을 특징으로 하는 복잡한 병리적 상태로, 그 핵심에는 인정되지 않는 일차 정서가 있을 수 있으며, 그 정서는 부적응적 또는 적응적 일차 정서일 수 있으며 종종 두 가지가 모두 있을 수 있다. 우울은 무쾌감 또는 즐거움을 경험하지 못하거나 자신에 대한 부정적인 생각, 즉 반추적인 생각과 가장 두드러지게 연관되어 있다. 앞 장에서 언급했듯이 정서중심치료에서는 우울을 약하거나 나쁜 자기감(weak or bad sense of self)을 특징으로 하는 부적응적 정서도식 또는 구조의 활성화에서 비롯된 것으로 본다(Greenberg & Watson, 2006; Salgado et al., 2019). 이는 자기에 대한 부정적인 생각(예: "나는 정말 괴짜인데 누가 나를 사랑할 수 있을까요?")과 무가치함·절망감·무력감·패배감을 포함하는 의미망으로 구성된다. 우울한 정서도식에는 무거움, 기력 저하와 같은 신체적 경험과 사회적 위축과 같은 행동도 포함된다. 우울 유발성(depressogenic) 자기감은 위험과 배신에 직면하여 깊은 무기력과 무력감을 반복적으로 경험한 복합외상에서 흔히 나타나는 현상이다.

사람들은 일반적으로 부정적인 생각을 억제하거나 주의를 돌림으로써 우울한 기분(mood)을 조절하려고 노력한다. 그러나 주의 분산(distraction)과 억제가 오히려 기분 상태를 유지하거나 악화시킬 수 있다는 견해를 뒷받침하는 풍부한 증거가 있다(제8장 회피에 관한 내용 참조). 우울에 대한 마음챙김 기반 인지치료(mindfulness-based cognitive therapy)는 이러한 관점을 기반으로 한다(Segal et al., 2013). 이 접근법에서 내담자는 생각과 감정을 반추하거나 억누르려고 하기보다는 피할 수 없는 생각과 감정의 흐름을 무비판적으로 관찰하고 받아들이는 법을 배운다. EFTT 개입도 마찬가지로 내담자가 절망과 패배의 나쁜 감정을 허용하도록 돕는 것을 포함한다. 그러나 마음챙김과 달리 나쁜 감정을 허용하는 것은 나중에 새로운 의미를 탐색하고 구성하기 위한 목적이 있다. 내담자의 변화는 마침내 적응적 일차 슬픔과 같은 건강한 경험에 도달함으로써 이루어지며, 이는 자비로운 자기진정의 반응을 생성하는 데 도움이 될 수 있다. 이러한 경험의 시너지 효과는 애도하고, 상실을 받아들이고, 대인관계를 맺는 데 도움이 된다([그림 3-1] 하단 참조).

변화 과정 및 목표

정서적 고통의 강도와 애도 과정의 기간은 상실의 성격과 애도자가 직면한 문화, 성격 및 기타 요구 사항에 따라 다르다. 외상성 슬픔은 기저의 외상을 먼저 다루기 때문에 해결에 더 오랜 시간이 걸린다. 마찬가지로 EFTT에서 복합외상과 관련된 슬픔은 두려움과 수치심이 해결되고 분노의 경험을 통해 내담자의 자기감이 강화된 후에야 적절하게 다룰 수 있는 경우가 많다. 또한 외상성 상실에 끔찍한 이미지와 기억(예: 총격으로 인한 어머니의 자살, 전쟁 난민 경험)이 포함된 경우 애도하기 더 힘들고 시간이 더 오래 걸린다. PTSD가 있다는 것은 반복되는 외상 기억과 슬픔의 반응도 나타난다. 외상 생존자는 반복되는 슬픔에 더 민감하게 반응하며, 외상으로 인해 상처를 받았으며 상처가 치유되는 데 시간이 걸린다는 사실을 받아들여야 한다. 여기서 강조하고 싶은 것은 애도 과정의 일부로서 상실의 고통을 받아들이는 것은 단순한 카타르시스가 아니라 보통 상당한 시간에 걸쳐 일어나는 복잡한 감정과 과정을 수반한다는 점이다. 외상성 상실을 해결하는 초기 단계의 치료 목표는 내담자가 이러한 복잡한 과정을 견디고 머물러 있을 수 있도록 돕는 것이다. 슬픔의 표현은 이러한 더 큰 맥락에서 발생하며 일반적으로 치료의 마지막 단계인 3단계에서 완전히 경험하고 표현한다.

정서적 고통을 허용하고 IC 또는 환기적 탐색(evocative exploration: EE)을 사용하여 대인외상을 해결하는 과정의 단계는 앞 장에서 설명했다. 다음 논의에서는 애도 및 해결에 있어 슬픔의 구체적인 역할에 초점을 맞추어 중요한 과정과 목표를 요약하고 결합한다.

고통을 허용하고, 상실을 수용하며, 슬픔을 표현하라

첫 번째 목표는 내담자가 고통을 피하려는 노력을 포기하거나 잃어버린 대상을 붙잡으려는 노력을 포기하도록 돕는 것이다. 상실을 적어도 당분간은 돌이킬 수 없는 것으로 받아들이면(예: 내담자가 "그 순수함은 영원히 되찾지 못할 거예요."라고 말하는 경우) 자기에 대한 새롭고 보다 현실적인 시각이 생겨날 수 있다. 따라서 이 단계의 치료 목표는 슬픔의 표현을 포함한 깊은 애도의 과정을 촉진하고 지지하는 것이다. 이 과정은 치료자, 심상 속의 지지적인 타자 또는 심상 속의 자기의 일부와의 상호작용을 통해 이루어질 수 있다. 내담자가 자기에게 발생한 피해를 받아들이게 되면 현실적인 가능성의 새로운 지평에 기반한 주체성을 키울 수 있는 길도 열리게 된다.

특정 상실 및 관련 욕구에 대한 인식을 증진하라

슬픔을 다루는 데 있어 중요한 목표는 내담자가 대인관계 및 개인적 상실(예: 희망 · 꿈 · 소중한 신념 · 가정 · 정체성)의 측면에서 무엇을 놓쳤거나, 놓치고 있거나, 원하거나, 갈망하는지를 구체화할 수 있도록 돕는 것이다. 구체적인 상실에 대한 인식은 아직 놓치고 있는 것을 현실적으로 대체하고 자신의 욕구를 충족시키기 위한 정보와 동기를 제공한다.

자기탐색을 촉진하라

목표는 상실과 관련된 감정과 의미를 경험하고 탐색하는 것을 촉진하는 것이다. 내러티브 측면에서 이는 혼돈에서 일관성으로 전환하고(Neimeyer & Sands, 2015; Paivio & Angus, 2017), 새로운 의미를 만들고, 상실을 받아들이는 것을 의미한다. 이러한 종류의 변화 과정은 내담자가 자신과 상실에 대해 질문하기 시작할 때 시작된다(예: "하나님이 왜 이것을 빼앗아 가셨을까? 나의 목적은 무엇인가?" 또는 "그 오랜 세월의 수모, 누가 나를 존중할 것이라고 생각하게 만드는 것은 무엇인가?"), 내담자는 답을 공식화하고 자기와 외상 사건에 대한 보다 일관된 이해를 구축하기 위해 의도적인 노력을 기울인다.

의미 구성과 관련된 중요한 문제는 모니카의 사례를 통해 설명할 수 있다. 치료의 주요 초점은 모니카가 어머니의 자살을 이해하려고 노력하는 것이었다. 물론 어머니가 왜 그런 행동을 했는지 알 수는 없으며, 이런 상황에서 치료자가 해야 할 일은 어떤 특정한 내용이나 결말을 강요하지 않는 것이다. 또한 모니카와 같이 사건이나 주요 타자(significant others)에 대한 확증적인 정보를 얻을 수 없는 내담자에게는 내담자 자신에게 의미가 있고 기존의 경험적 기억 및 이야기와 일치하는 새롭고 일관된 이해가 필요하다. 이러한 이해는 경험과 이야기의 측면을 탐색하고 명확히 하는 과정(제7장 재경험 참조)을 통해 회기에서 드러날 때만 나타난다.

적응적 슬픔을 촉진하기 위한 개입 원리

이 절에서는 이별과 상실에 대한 건강한 슬픔의 경험과 표현을 촉진하는 데 중요한 개입 원리를 제시한다. 이러한 원리는 앞서 설명한 슬픔 경험의 특정한 특성에서 비롯된다.

슬픔에 도움이 되는 적당한 시간 및 치료적 환경을 확보하라

첫째, 치료자와 내담자는 애도에 집중할 수 있는 적절한 시간을 정하기 위해 협력해야 할 수 있다. 애도는 내담자가 외부의 요구와 외상으로 인한 문제에 대응하는 데 압도되지 않는 시간으로 미루어야 할 수도 있다. 애도가 치료 회기의 초점인 경우, 치료자는 내담자가 치료 외의 시간에 자신의 감정과 함께할 수 있는 시간과 장소를 확보하거나 회기 사이에 자신의 감정을 합리적으로 관리할 수 있도록 해야 한다. 슬픔과 상실감을 다루기 위한 적절한 치료적 환경을 조성하는 것은 안전의 제공에서 시작된다. 내담자는 치료자에게 무너지고 취약해질 수 있을 만큼 충분히 안전하다고 느껴야 한다. 또한 IC 작업에서 내담자는 심상 속의 타자(일반적으로 관계를 회복하고 싶은 사람)가 잠재적으로 연민과 위로로 반응할 것이라고 느껴야 한다. 내담자는 계속해서 잔인하거나 학대하는 것으로 여겨지는 심상 속 타자 앞에서 자신이 취약해지는 것을 허용하지 않을 것이다. 이러한 상황에서 EE 개입을 사용하거나 전환하면 내담자가 심상 속의 가해자 없이 개방하도록 함으로써 이러한 잠재적 장애물을 효과적으로 피할 수 있다.

취약성과 표현된 슬픔은 심상 속 타자의 지지적인 반응의 가능성을 불러일으키기 때문에 친밀감의 가능성을 높인다. 예를 들어, 내담자 모니카는 심상 속 어머니가 자신의 분노를 듣고 자신이 초래한 피해에 대해 전적으로 책임을 질 것이라고 심상화한 후에야 심상 속 어머니에 대한 슬픔을 충분히 표현할 수 있었다. 그러나 치료자는 내담자가 치료 초기에 심상 속 상대방에 대한 슬픔을 표현할 수 없거나 표현하지 않았다고 해서 그 상황이 변하지 않을 것이라고 가정해서는 안 된다. 앞 장에서 언급했듯이, 적절한 개입을 위해서는 상대방과의 관계에 대한 내담자의 변화하는 인식과 목표를 지속적으로 추적하고 평가해야 한다.

타당화, 격려 및 지지를 제공하라

무엇보다도 슬픔을 다룰 때 치료자는 내담자의 고통과 아픔에 대해 깊은 연민을 느끼고 소통해야 한다. 상실의 중요성과 이러한 감정에 접근하는 것이 얼마나 어려운지 확인해야 한다(예: "아이가 외롭고 사랑받지 못한다고 느끼는 것은 끔찍한 일이지요. 그것을 다시 느끼는 것은 얼마나 힘들겠어요." "아름다운 딸을 위해 얼마나 많은 눈물을 흘리셨을까요?"). 이러한 개입은 내담자의 슬픔을 정상화하고 더 이상 혼자서 고통받지 않기 때문에 고통스러운 감정을 허용하도록 돕는다. 치료자의 연민과 양육은 내담자가 내면화하여 자기에 대한 연민과 자기진정 능력을 키우는 데 기여한다. 지지를 제공하는 개입에는 치료자의 진정시키는 현존, 목소리 질, 내담자가 내면에 집중하고 치유를 위해 개인적인 접촉에서 잠시 물러나는 데 필요한 '공간'을 제공하는 것이 포함된다. 자발적으로 나오지 않는 자기진정 반응을 이끌어 내는 측면에서(제9장 참조), 치료자는 내담자에게 친구나 사랑하는 사람이 중요한 상실을 겪었다면 어떻게 반응할지 물어볼 수 있다.

내담자의 자기감을 강화하라

결국 상실의 고통을 허용하는 의식적인 선택은 내담자가 그 환경에서 더 안전하다고 느끼기 때문이기도 하지만 자신이 덜 연약하다고 느끼기 때문이기도 하다. 해결되지 않은 외상의 특징 중 하나는 상실감(즉, 슬픔)을 받아들이기보다는 가해자와 무력감(즉, 두려움과 수치심)에 대한 괴로움으로 울음을 터뜨리는 것이다. 우리는 이 책에서 위반에 대한 건강한 분노에 접근하는 것이 내담자의 피해의식과 무력감을 줄이는 데 어떻게 도움이 될 수 있는지 언급했다. 기본적인 정서인 분노는 힘과 활력, 자신의 '근간'을 찾는 것과 관련이 있으므로 상실을 극복하는 동안 자기를 강화하는 데 기여한다. 예를 들어, 어머니가 약물 과다 복용으로 사망한 내담자 존은 어머니의 죽음에 대한 고통을 직면하는 것을 거부했다. 이후 보육원에서의 학대에 대한 분노와 슬픔에 대한 짧은 표현에 초점을 맞춘 몇 차례의 회기 끝에 존은 어머니의 죽음과 그와 관련된 많은 상실과 고통을 애도하는 데 더 온전히 집중할 수 있게 되었다.

앞 장에서 설명한 여러 가지 기본적인 정서중심치료 개입 원리는 슬픔을 경험하고 표현하는 데 특히 중요하다. 첫째, 내담자가 내면에 집중할 수 있도록 평화롭고 조용한 환경을 조성하는 것이 필수적이다. 둘째, 일차 슬픔의 출현은 미묘하고 찰나적일 수 있기 때문에 현재 중심주의와 내담자의 순간순간 과정에 반응하는 것이 중요하다(예: 순간적으로 눈물이 고이는 눈, 침울한 눈빛, 아쉬운 목소리 톤). 치료자는 내담자의 새로운 경험에 맞춰 반응(예: 목소리의 질)을 유연하게 조절해야 한다. 슬픔은 두려움이나 분노와 같은 다른 정서로 빠르게 전환되거나(또는 그 반대의 경우도 마찬가지) 자기보호적 철수로 바뀔 수도 있다. 또한 치료자는 분노와 같은 다른 일차 정서로의 자연스러운 전환과 취약성이나 고통을 회피하는 이차 정서로의 전환의 차이를 인식해야 한다. 이러한 구분은 적절한 개입에 분명한 영향을 미친다.

상실에 대한 슬픔을 촉진하려면 억제된 슬픔을 더 이상 무시할 수 없을 정도로 각성을 높이는 것도 포함될 수 있다. 개입에는 기억 불러 내기(예: 어린 시절의 내담자에 대한 언급), 개인적이고 신랄하며 이미지와 은유를 사용하는 공감적 반응(예: '무너진 마음' '내면의 큰 구멍'), 신체적 경험에 대한 언급(예: 무거움 · 아픔 · 공허함), 실연 사용 등이 포함된다. 예를 들어, 어린 시절의 자신을 심상화하고 사랑받지 못하는 고통을 온전히 경험하는 것은 자기에 대한 깊은 연민이나 공감을 불러일으킬 수 있으며 양육적이고 진정된 반응을 이끌어 낼 수 있다.

마지막 개입 원리는 내담자가 슬픔과 상실의 의미를 상징화하도록 돕는 것이다. 내담자의 일관된 노력과 치료자의 세심한 성찰이 없다면 슬픔은 보다 전반적인 고통으로 빠르게 드러날 수 있다. 이것이 바로 '치료적 울음'의 본질이며, 해결의 실마리가 보이지 않는 '통곡'을 하는 내담자와는 대조적이다. 제5장에서 제시한 내담자의 경험을 촉진하는 데 관련된 개입 원리는 여기에도 적용된다. 탐색 대상에는 신체적 경험, 고통의 원인, 구체적인 상실과 관련된 소망 · 욕구 · 바람 · 상실이 자기와 자기정체성에 미치는 영향, 자기와 타자에 대한 지각 등이 포함된다. 예를 들어, 치료자는 내담자가 신체적 경험을 말로 상징화하도록 권장한다(예: "눈물을 말로 표현하세요." 또는 '내면을 아프게 하는 것' 또는 '무엇이 당신을 짓누르는지'). 상실의 고통을 상징화하면 상실과 거리를 두고 이해할 수 있게 된다. 다시 한번 강조하지만, 무엇을 놓쳤거나 놓치고 있는지를 파악하는 것이 슬픔의 의미와 공허함과 고통의 근원을 파악하는 데 핵심이다. 내담자가 슬픔을 느낄 때 무엇이 슬픈지 알아야 한다(예: 치료자는 "그 공허함은 무엇입니까? 무엇이 결여되어 있나요?" 또는 "그 무엇보다도 어떤 것을 그토록 바라거나 갈망했나요?"라고 질문할 수 있다).

슬픔 및 상실에 대한 애도를 촉진하는 개입

애착 대상에 대한 슬픔이 IC 중에 충분히 표현되면 구체적인 변화 과정이 이어진다. 이는 특히 타자에 대한 공감과 연결을 촉진한다. 다음 절에서는 분노와 관련된 과정(제10장 참조)과 유사한 단계를 확인하는데, 분노와 슬픔은 종종 동전의 양면처럼 작용한다.

애착 손상에 대한 일차 슬픔을 촉진하라

애착 대상에 대한 해결되지 않은 박탈감 · 분리감 · 상실감(예: "그녀를 생각할 때마다 가슴이 찢어져요.")에 대한 내담자의 표식에 대해 치료자는 슬픔의 경험에 초점을 맞추기 시작할 수 있다(예: "이 고통과 슬픔에 잠시만 머물러 봅시다."). 또는 치료자와 내담자가 협력하여 슬픔과 상실에 집중하는 것이 내담자에게 가장 생산적이라고 결정할 수도 있다. 예를 들어, 비생산적인 분노가 내담자의 지배적인 경험인 경우, 치료자는 이 문제를 제기하여 논의하고 내담자의 정서 레퍼토리를 확장하는 목표를 제안할 수 있다(예: "필요한 관심을 받지 못해서 슬픔을 느끼는 것 같네요. 이것도 마찬가지인 것 같네요. 동전의 다른 면을 살펴보는 것도 도움이 될 것 같아요. 거기까지 가기는 힘들겠지만 그래도……."). 슬픔이 활성화되면 내담자는 이를 심상 속 타자에게 IC로 표현하도록 지시받을 수 있다.

IC 과업의 단계 중 치료자 작업

IC 작업의 일반적인 단계는 제6장 [그림 6-1]에 설명되어 있으며, 분노와 관련된 단계는 앞 장에 설명되어 있다. 슬픔과 관련된 과정의 경우, 심상 속의 타자와 다시 심리적 접촉을 촉진하려면 타자가 공감과 지지로 반응할 수 있는 사람으로 여겨져야 한다. 그렇지 않은 경우, 내담자가 치료자(예: EE에서) 또는 자기의 다른 부분(예: 두 사람 간의 대화)에게 슬픔을 표현하는 것이 가장 유익하다. 치료 초기 단계에서 내담자가 우는 것은 일반적으로 타자에 대한 상처 · 비난 · 불만을 동반한다. 예를 들어, 모니카와의 치료 초반에 모니카의 눈물은 분노와 섞여 있었고, 그 과정은 분노와 슬픔 사이를 오갔다. 초기에는 모니카가 분노를 극복하도록 돕는 데 집중했지만, 치료자는 모니카가 어머니와 관련된 새로운 사건을 설명할 때(예: "젊고 아름다웠던 어머니의 옛 사진을 보니 너무 슬퍼요.") 슬픔의 존재에 지속적으로 주목하고 공감적으로 반응했다("그래요, 정말 많은 것을 놓치다니 비극적이네요."). 치료 후반부에 치료자는 모니카에게 이러한 고통스러운 슬픔의 감정에 머물도록 명시적으로 격려했다("당신이 그동안 얼마나 어머니를 그리워했는지, 당신이 그리워했던 모든 것을 어머니에게 말해 주세요."). 그녀가 놓친 것을 명시함으로써 슬픔의 전형적인 부드러움, 즉 취약성, 내면으로의 전환, 접촉과 위로에 대한 갈망("내가 졸업하고 결혼하고 심지어 쇼핑하러 가는 모습을 어머니가 볼 수 있게 하고 싶었어요. 어머니와 함께 있는 다른 여성들을 보면 항상 너무 아파요."). 이것은 치료 3단계의 전형적인 해결 과정의 단계로 전환하는 계기가 되었다. 슬픔에 적용되는 이러한 단계는 [그림 6-1]의 중간 부분부터 다음에 설명되어 있다.

● 건강한 슬픔의 표현을 장려하라

슬픔을 충분히 경험하고 표현할 수 있도록 돕기 위해서는 먼저 정서조절 문제를 해결해야 할 수 있다. 여기에는 취약성에 대한 공감적 인정 · 안심 · 진정 · 위로를 제공하여 고통을 줄이는 것이 포함된다. 다른 경우에는 각성을 높이고 핵심 정서구조를 활성화하기 위해 환기적인 언어를 사용하는 것도 포함된다. 앞서 언급했듯이 내담자가 어린 시절의 자신을 다시 경험하도록 돕는 것이 특히 도움이 될 수 있다. 치료자의 비언어적 행동(조용하고 차분한 목소리, 앞으로 기대는 자세 등)이 슬픔을 경험하는 데 도움이 되고 내담자가 내면으로 시선을 돌리는 데 도움이 되는 것이 중요하다.

● 충족되지 못한 욕구를 파악하라

모니카의 예에서처럼 충족되지 못한 애착 욕구는 타자와의 관계에서 구체적인 상실을 확인하면서 나타난다. 내담자는 정서적 고통, 해결되지 않은 분노, 약점이나 취약성을 인정하는 데 어려움을 겪기 때문에 자신의 결핍과 갈망의 깊이를 인정하기 어려울 수 있다. 취약성에 관한 내담자의 어려움에 대한 효과적인 개입은 취약성 경험 자체를 회피하는 문제인지, 대인관계에서 심상 속의 타자나 치료자에게 취약성을 드러내는 문제인지에 따라 달라진다. 내담자가 심상 속 타자에게 결핍을 표현하는 것을 거부하는 경우, 개입은 현재와 과거(즉, 어렸을 때 필요했던 것)를 구분하고 내담자가 성인 상황보다 더 잘 환기되는 과거의 욕구에 대해 이야기하도록 유도해야 한다.

예를 들어, 한 내담자가 "몇 년 동안 슬펐어요."라며 치료실에 들어왔다. 내담자는 어머니를 '못된 사람'으로 인식하고 끊임없이 비판했으며, 어머니에게 사랑한다는 말이나 칭찬을 한 번도 하지 않았다. 내담자는 여전히 어머니와 관계를 유지하고 있었지만 어머니를 경멸했다. 회기 중에 그녀는 어머니로부터 포옹과 같은 애정을 얼마나 원하는지 인정하지 못했다("지금은 안 돼요. 너무 늦었어요. 생각만 해도 아파요."). 애정에 대한 욕구를 거부하는 것은 그녀의 분노와 갈망의 강렬함 때문에 갈등을 일으켰다("역겹고 부끄러워요."). 치료자는 내담자의 저항을 인정했지만(예: "당신이 어머니를 얼마나 불신해서 지금 당장은 절대 어머니에게 감정을 드러내지 않는지 알겠어요."), 슬픔에 반응했다. 이러한 반응은 내담자의 박탈감과 고통의 정도를 확인하고 어머니의 사랑에 대한 굶주림과 갈망을 인정하는 데 도움이 되었다. 치료자는 내담자에게 "몇 년 동안 슬픔을 느낀다는 것은 무엇 때문인가요? 내면의 큰 아픔을 말로 표현할 수 있나요? 어렸을 때 가장 간절히 원했던 것은 무엇인가요? 최악의 부분은 무엇이었나요?" 내담자는 처음에 치료자에게 그리움을 표현했고, 나중에 개입을 통해 어머니에 대한 IC로 돌아왔다.

● 자기와 타자에 대한 인식을 추적하라

대화 과정에서 내담자가 자기와 타자에 대해 어떻게 인식하는지 추적하는 것은 내담자의 경험을 촉진하여 의미를 탐색하는 과정의 일부이다. 내담자는 심상화한 타자에게 말하도록 지시받거나 EE의 경우 치료자에게 자기에 대해 말하도록 지시받을 수도 있다(예: "아버지가 놓친 것이 무엇인지, 당신이 어떤 사람인지 말해 보세요."). 타자에 대한 지각은 내담자가 표현한 슬픔·실망·그리움에 대한 타자의 반응을 실연하거나 심상화함으로써 이끌어 낸다. 타자의 반응 능력에 대한 인식 외에도 슬픔 표현과 관련된 핵심 문제는 내담자가 실제 또는 내면화된 애착 대상과의 관계를 유지하거나 회복하기를 원하는지 여부와 관련이 있다. 이는 또한 내담자가 가해자를 용서하는 데 얼마나 중요하게 생각하는지와도 관련이 있다. 이러한 문제는 심상 속 타자와의 상호작용 과정을 형성하고 가능한 해결 유형을 결정한다.

● 욕구에 대한 자격감을 향상하라

내담자의 충족되지 못한 애착 욕구를 과도하거나 제멋대로 하거나 사소한 것으로 보는 것이 아니라 자신의 발달과 행복에 필수적이며 마땅한 것이라는 확신을 심어 주는 것이 중요하다. 이는 내담자의 주의를 타자와 관련된 이 욕구에 집중시키고 타당화함으로써 이루어진다(예: "그래요, 물론 모든 아이는 관심과 인정이 필요하고, 자신이 중요하다는 것을 알아야 해요."). 완전히 인정되고 소유된 욕구는 의미의 동기 부여 측면이 된다. 외로움의 정도와 연결과 친밀감에 대한 욕구를 경험하고 인정할 수 있는 내담자는 일상생활에서 이러한 욕구를 충족할 수 있는 방법을 찾을 가능성이 더 높다.

● 자기에 대한 새로운 인식의 출현을 지지하라

자기에 대한 보다 명확하고 현실적인 관점은 부분적으로는 정서적 고통을 허용하고, 타자에 대한 욕구와 기대를 내려놓고, 상실을 받아들일 때 나타난다. 여기서 우리는 상실의 해결과 수용을 체념과 무력감이라는 옹호될 수 없는 가짜 해결과 구별할 필요가 있다. EFTT의 개입은 상실을 받아들이고 놓아 버리는 점진적인 과정을 촉진한다. 치료자는 미숙한 수용이나 가짜 수용을 강요하거나 지지하지 않아야 한다. 이 영역의 어려움은 다음 장의 종결에서 자세히 설명한다. 진정한 수용을 촉진하려면 내담자가 상실의 돌이킬 수 없는 본질에 대한 절망감에 빠져들도록 도와야 한다(예: "거기에 머물러 보세요. 당신이 원했던 가족을 가질 수 없다는 것을 알지만, 그것을 놓아 버리기가 너무 힘들군요."). 치료자는 내담자가 자신의 신체적 경험에 집중하도록 지시할 수 있다(예: "안으로 들어가서 그 무거움에 대해 이야기해 보세요. 그것이 무슨 말을 할까요?"). 대인관계 상실과 함께 내담자는 외상으로 인해 자신에게 부과된 한계(예: 현재 친밀감과 신뢰에 대한 어려움)도 받아들여야 한다.

특히 고통스럽고 어려운 상황은 내담자가 애착 대상으로부터 원하거나 사랑받지 못했다는 현실을 받아들이고 슬퍼해야 할 때 발생한다. 이전 장에서 설명한 내담자 중 한 명은 고용주와의 비협조적인 현재 문제와 정서적 · 신체적으로 학대했던 알코올 중독자인 아버지와의 과거 문제를 번갈아 가며 이야기했다. 중요한 회기에서 내담자는 아버지가 내담자의 생일에 술에 취한 채 늦게 나타나 "내 선물을 모두 부수며 내 마음을 아프게 했던 사건"을 회상했다. 이 내담자와의 치료는 아버지가 자신을 사랑하지 않았고 그 사랑을 얻기 위한 모든 노력이 헛수고였다는 고통스러운 현실에 접근하고 받아들이는 점진적인 과정이었다. 내담자의 슬픔을 돕기 위한 개입에는 취약성 확인, 위로와 지지 제공, 경험과 인식에 대한 타당화 등이 포함되었다. 치료자는 "가장 필요한 사람에게서 사랑을 받지 못했다는 사실을 받아들이기가 너무 힘들군요. 두 분 모두 너무 많은 것을 놓치셨어요. 정말 안타까운 일이지요."라고 말했다. 치료는 내담자가 자신의 박탈감과 상실감을 완전히 인정하고 받아들일 수 있을 때까지 이 주제로 반복해서 돌아왔다.

IC 또는 두 의자가 실연되는 동안 놓아 버리기를 촉진하는 데 사용되는 한 가지 전략은 심상 속의 타자, 관계 또는 잃어버린 자기의 일부와 작별 인사를 하는 것이다. 이것이 내담자에게 강력하고 가치 있는 방법이라는 인식이 보편적으로 퍼져 있으며, EFTT 외에 다른 애도 치료 접근법에서도 이 절차를 일부 변형하여 사용하고 있다(Neimeyer, 2016 참조). 어떤 경우에는 내담자에게 이제 사라진 모든 것을 나열하도록 초대함으로써 놓아 버리는 과정을 상징화할 수 있다. 예를 들어, 치료자는 내담자에게 "모든 좋은 것과 작별 인사를 하세요. 그것들은 무엇이었나요?" "모든 나쁜 것과 작별 인사를 하세요. 무엇과 작별 인사를 하나요?", 마지막으로 "모든 희망과 꿈과 작별 인사를 하세요. 그것들은 무엇이었나요? 결코 이루어지지 않을 것은 무엇인가요?"라고 질문할 수 있다.

고통을 허용하고 상실을 받아들이는 과정에서 내담자는 상실로 인해 산산이 부서지고 황폐해진 자기를 인정하고 받아들이며, 이러한 황폐함에도 불구하고 살아남는 것으로 전환한다. 또한 이러한 경험을 허용하기로 선택하는 데 있어 자기통제감이나 주체성이 증가한다. 특히 분노와 대조적으로 슬픔 표현의 특징 중 하나는 취약성 경험과 연관되어 있다는 점이다. 슬픔의 눈물은 자기에 대한 안도감 · 부드러움 · 연민을 동반하며 때로는 타자에 대한 연민을 동반하기도 한다.

● 심상화된 타자에 대한 새로운 인식을 지지하라

적응적 일차 슬픔은 비난이 없으며, IC 동안 슬픔과 그리움에 대한 진심 어린 표현은 (심상 속의) 타자로부터 위로, 진정 그리고 내담자에게 고통을 준 것에 대한 후회라는 반응을 이끌어 낼 수 있다. 그러나 슬픔과 상실감의 수용은 관계의 질적 측면에서 타자의 한계를 인정하는 것을 의미할 수도 있다. 예를 들어, 앞서 설명한 내담자는 아버지가 사랑할 수 없는 사람이라는 사실을 받아들이고 안타까워할 수 있었다. 두 경우 모두 애착 대상에게 또는 (EE에서) 애착 대상에 대해 슬픔을 표현할 때는 거의 항상 타자에 대한 부드러움이 동반된다(예: "그는 자신이 가진 것으로 최선을 다했어요." 또는 "그녀는 피해자예요."라고 말할 수 있음). 예를 들어, 모니카는 어머니의 자살을 자기중심주의와 배려 부족이 아니라 절망에서 비롯된 '끔찍한 실수'로 볼 수 있었다. 타자의 부정적인 행동에 초점을 맞추기보다는 타자가 '마음속으로' 느낄 것이라고 심상화하는 것에 주의를 기울이면 내담자의 공감을 이끌어 내는 데 도움이 될 수 있다. 이는 치료의 초기 단계에서 종종 발생하는 타자에 대한 최소화와 변명과는 구별된다. 엄밀히 말하면, 이는 심상 속의 타자를 자극으로 사용하여 자기의 반응을 불러일으키는 것에서 공감적 이해를 촉진하는 방법으로 타자의 관점에서 경험하기를 촉진하는 것으로의 전환을 포함한다.

어머니가 돌아가신 후 보육원에 맡겨졌던 내담자 존의 사례에서도 타자에 대한 보다 현실적인 인식으로의 전환이 잘 드러난다. 치료 초기에 그는 어머니를 '천사'로 여기며 이상화했다. 그의 경험하기가 깊어지면서 피상적인 경험에서 벗어나 보다 진정성 있는 경험을 하게 되었고 어머니에 대한 이해가 깊어졌다.

치료자: 물론 다섯 살 때 어머니는 당신의 천사였고 당신의 세상이었죠. 하지만 어머니는 진짜 여자였어요. 이제 성인이 된 지금, 어머니를 어떻게 보시나요?

내담자: 삼촌들은 항상 어머니가 중독자라고 말했지만 저는 항상 어머니를 사랑한다고 느꼈어요. 식탁에 둘러앉아 어머니는 숙제 같은 것을 도와주곤 했어요.

치료자: 그래서, 어머니의 문제에도 불구하고 어머니는 당신을 사랑했군요……. 어머니를 잃다니 정말 비극적이네요. 가슴이 아프네요.

내담자: [눈물을 흘림]

치료자: 거기에 머물러 보세요. 어머니는 당신이 눈물을 흘릴 만한 가치가 있는 분이에요. 어떤 점이 가장 힘들었나요?

내담자: 어머니가 혼자서 고통받고 있을 것을 생각하면 너무 슬퍼요. 어머니는 정말 어렸어요.

치료자: 네, 어머니가 온화한 영혼인 것처럼 들리네요. 그리고 어머니의 사랑하는 아들이자 늑대들에게 던져진 당신도 홀로 고통받고 있군요.

내담자는 지속적인 탐색을 통해 어머니의 비극적인 삶의 현실을 인정하고 피상적으로 어머니를 이상화하는 대신 어머니에 대한 깊은 연민을 경험할 수 있었다. 동시에 그는 보육원에서 슬픔과 외로움을 느끼며 보낸 세월과 원주민 문화 정체성(상실했을 뿐만 아니라 비하된), 가족과 어린 시절, 파괴된 성, 망가진 건강 등 자신이 견뎌 온 많은 상실에 대해 자신에 대한 연민도 느낄 수 있었다.

복합외상을 겪은 많은 생존자는 학대 및 방임 가해자와 지속적인 관계를 맺고 있으며, 이로 인해 문제 해결이 더욱 복잡해질 수 있다. 예를 들어, 제7장에 소개된 레이첼이라는 내담자는 베이비시터의 성적 학대로부터 자신을 보호하지 못한 알코올 중독 어머니에게 분노와 배신감을 느꼈다. 현재 두 사람의 관계에서 어머니는 딸(내담자)을 조종하여 자신의 뜻을 관철시켰다. 그녀의 어머니는 신뢰할 수 없었고 제대로 된 할머니의 역할을 할 수 없었다. 레이첼은 평생 자신이 '자신의 어머니에게 어머니'였다고 느꼈고, 충족되지 못한 의존 욕구를 한탄했다. 그녀는 어머니와 함께 '살얼음판을 걷는 기분'으로 어머니를 기쁘게 해 드리기 위해 끝없이 노력했다. 치료자는 "당신이 옳은 일을 하면 어머니가 마침내 깨어나 당신을 보고 고마워할 것 같군요."라고 말했다. 내담자는 웃으며 어머니를 있는 그대로 받아들이지 못했다고 말했다. 치료에는 어머니의 현재 행동이 내담자에게 미치는 영향, 끊임없는 실망, 내담자가 갈망하는 것 그리고 그것을 얻지 못한 고통에 대해 탐색하는 여러 회기가 포함되었다. 절망적인 상황에서 레이첼은 관계를 완전히 끝낼 가능성도 고려했고, 두 의자 대화를 나누면서 이 딜레마의 양면을 탐색했다. 이를 통해 그녀는 모든 실망에 대한 깊은 슬픔에 접근했고, 상황이 바뀔 것이라는 희망을 버리고 어머니가 자신의 필요를 충족시킬 수 없다는 사실을 받아들였다. 그리고 다른 사람들로부터 필요한 양육과 지지를 받을 수 있는 다른 방법을 모색하기 위해 나아갈 수 있었다. 마침내 레이첼은 어머니에 대한 연민을 느낄 수 있었다["(어머니를 지칭하며) 말로는 표현할 수 없지만 제가 이 관계를 끝내면 어머니는 큰 충격을 받으실 거예요. 어머니는 어린아이와 같아서 제가 필요해요."]. 게다가 사실 레이첼은 관계를 끝내고 싶지 않다는 것을 분명히 깨달았다. 그러나 그녀는 그 관계에서 용납할 수 없는 행동에 대한 한계를 설정할 수 있게 되었다. 후자는 어머니의 용납할 수 없는 행동에 대한 원망(분노)을 표현하고 치료자가 이를 확인함으로써 촉진되었다.

다양한 유형의 슬픔에 대한 개입

모든 슬픔이 대인관계에서의 이별과 상실과 관련된 것은 아니다. 다음 하위 절에서는 복합외상과 연관되는 경우가 많은 자기 관련 상실감 및 우울에 대한 EFTT 개입에 대해 설명한다.

자기 관련 상실 수용하기

모든 종류의 외상은 자신의 경험을 전달하지 못하거나 다른 사람과 대인관계에 어려움을 겪는 등 소외와 고립 등 수많은 자기 관련 상실을 초래할 수 있다. 어떤 의미에서 외상의 공포는 개인의 내면에 갇혀 있는 것과 같다. 두려움이 감소한 후에는 학대에 대한 분노가 외상의 세부 사항과 가장 자주 연관되는 적응 경험인 반면, 슬픔은 학대와 상처로 인해 명백해지는 많은 상실과 관련이 있는 것으로 보인다. 이러한 상실감은 분노 · 수치심 · 두려움과 같은 더 강력한 정서적 경험에 의해 최소화되거나 가려지는 경우가 많지만 결국에는 인정하고 슬퍼할 필요가 있다.

특히 발달 과정에서 복합외상을 경험하는 경우, 일반적으로 성생활이나 친밀감 능력의 상실, 순수함과 자기존중감의 상실, 희망과 꿈의 산산조각, 기본적인 애착 욕구의 박탈과 이것이 성인 기능에 미치는 영향 등 자기에 대한 치명적인 상실을 경험하게 된다. 가해자가 계속해서 회개하지 않고 비열하고 잔인한 사람으로 여겨지는 경우, 이러한 상실을 슬퍼하는 것은 치료적 관계의 맥락에서 또는 자기에 대한 슬픔과 연민의 표현을 포함하는 두 의자 대화에서 이루어진다(제9장). 이러한 실연은 단독으로 사용하거나 IC 또는 EE와 함께 사용할 수 있다. 예를 들어, 이전 장에서는 오빠에게 성추행을 당한 내담자 클레어가 심상 속의 오빠를 화내면서 직면하는 것과 어린 시절의 자신을 위로하는 것 사이에서 어떻게 전환했는지 설명했다. 치료자는 "자신에 대해 나쁜 감정을 느끼는 어린 소녀를 상상해 보세요. 그녀에게 무슨 말을 해 주고 싶나요? 그녀가 무엇을 알았으면 좋겠어요?"라고 물음으로써 클레어가 자신에 대한 연민에 접근하고 스스로를 진정시키고 위로하는 반응을 발전시키도록 도왔다.

복합외상을 겪은 다른 생존자들은 대인관계 능력을 상실하고 극심한 외로움을 느낀다. 이는 단순히 혼자 있고 사회와 연결될 적절한 기회가 없을 때 느끼는 적응적 일차 슬픔과는 다르다. 연결 능력이 손상된 경우, 이는 부적응적 일차 수치심이라는 더 깊은 자기 관련 문제의 결과일 수 있다. 아버지로부터 정서적 공포와 신체적 학대를 당하고 어머니로부터 냉정하게 거부당한 경험이 있는 한 내담자는 "어렸을 때 나는 뭔가 이상했어요."라며 "사람들과 연결하려는 노력에 실패했어요."라고 말했다. 그녀는 외로움으로 "벽을 오르고 있어요."라고 스스로를 묘사했지만, 경험적으로 자신의 정서적 고통을 인정하기 어려웠다. 역설적인 슬픔의 예로, 그녀는 치료자의 따뜻함이나 연민의 표시만 있어도 눈물을 흘렸다. 개입을 통해 그녀는 자신이 경험한 박탈감의 정도와 그리움의 깊이를 서서히 인정할 수 있었다.

치료자: 이런 친절의 표현이 당신 내면의 큰 공허함을 건드리는 것 같아요.

내담자: [어린 소녀 목소리로, 눈물을 억누르며] 싫어요. 제가 어리석은 사람처럼 느껴져요.

치료자: 어리석다고요? 애정을 갈구하는 건 어리석은 게 아니라 굶주린 거나 마찬가지예요.

내담자: 인정하기 싫어요.

어머니에 대한 IC를 진행하는 동안 내담자는 분노를 표현할 수는 있었지만, 고통이 분명했음에도 불구하고 충족되지 못한 양육 욕구를 명확하게 인정하지는 않았다.

내담자: 어머니를 원하지 않아요.

치료자: 지금은 아닐 수도 있고, 너무 늦었을 수도 있지만 어렸을 때는요?

내담자: 아, 네, 어렸을 때요. 어머니 옆에 가까이 서서 기분이 좋았다고 생각했던 기억이 나요.

치료자: 포옹을 원하셨나요?

내담자: 오, 세상에, 포옹은 말도 안 되는 일이었죠!

치료자: 어린아이들은 포옹과 키스를 많이 받아야 해요. 영혼의 양식과도 같으니까요.

내담자: [한숨] 네, 전 그런 양식을 먹어 본 적이 없어요.

개입은 이 내담자가 어렸을 때 어땠는지에 계속 초점을 맞추었고, 충족되지 못한 애착 욕구와 평생의 외로움에 대한 슬픔을 표현하도록 도왔다. 또 다른 내담자는 학대적인 환경에서 성장한 후 자신의 잠재력을 깨닫지 못한 것에 대한 후회를 경험했다. 그는 어렸을 때 항상 두려움과 긴장을 느꼈고, 학교 성적이 좋지 않았으며, 자신이 어리석다고 믿었다. 또한 이 내담자는 파탄 난 결혼 생활을 후회했는데, 이는 자기비난이 아니라 결혼 파탄에 기여한 책임을 받아들이는 일환으로 자신의 한계에 기인한 것이었다고 진심으로 후회했다. 이 내담자는 처음에는 이러한 상실을 최소화했다("불평하면 안 되죠. 저는 좋은 직장을 다니고 있잖아요? 심지어 상사까지 승진했고 사람들은 저를 존경해요."). 이 내담자와의 개입은 그의 경험을 타당화하고 그가 상실의 중요성을 완전히 인식하도록 도왔다. 예를 들어, 치료자는 "네, 당신은 불우한 어린 시절에도 불구하고 많은 것을 성취하셨지만 다른 일을 시도하고 잠재력을 시험해 볼 기회가 없었던 것 같네요. 사실 많은 기회는 영원히 사라져 버렸고, 당신은 결코 알 수 없을 것이며, 그것이 당신을 슬프게 하는 것 같아요."라고 말했다. 이를 통해 내담자는 자신의 잠재력을 잃은 현실을 슬퍼하며 받아들이고, 극단적으로 낙천적인 태도를 유지하는 대신 새로운 가능성을 고려할 수 있게 되었다.

우울 다루기

우울은 애도 과정의 초기 단계에서 발생한 후 변화하는 정상적인 애도의 일부일 수 있다. 대인외상 해결을 방해하는 부적응적 과정을 변화시키는 것이 포함되므로, 전환되지 않는 우울을 해결하는 것이 일반적으로 EFTT 2단계의 초점이다. 다른 책에서는 우울을 구체적으로 다루기 위한 정서중심치료를 설명한다(예: Greenberg & Watson, 2006; Salgado et al., 2019). 여기서는 앞서 설명한 이별 및 상실 시 적응적 일차 슬픔을 촉진하는 것과 우울 치료 과정을 구분하기 위해 우울에 대한 치료적 작업에 관하여 간략하게 설명한다.

외상으로 인해 자신이나 사랑하는 사람을 보호하지 못한 내담자는 무력감에 빠지고 무감각해질 수 있으며, 현재 생활에서 이러한 감정이 다시 활성화되는 데 취약할 수 있다. 또한 자신과 사랑하는 사람의 고통에 대해 느끼는 슬픔을 표현할 기회가 없었을 수도 있다. 최근 우리 클리닉에서 많은 난민 외상 생존자를 만났고, 이들에게는 우울증이 만연해 있다. 주거 · 학교 · 취업 · 영어 학습 등 기본적인 필요를 충족하는 데 초점을 맞춘 초기 '허니 문'과 적응 기간이 지나면 가족과 집을 그리워하기 시작하고 새로운 삶에 연결하고 적응하는 데 어려움을 겪을 수 있다. 또한 이러한 내담자들은 가족과 집을 다시는 볼 수 없다는 사실을 받아들이는 데 어려움을 겪을 수 있다. 이들은 환상에 매달리다가도 현실의 벽에 부딪히면 곧바로 희망을 잃기도 한다. 두 차례에 걸쳐 강간을 당하고 몸값을 요구당한 후 가족이 고국을 떠날 수 있도록 주선해 준 한 내담자의 경우도 마찬가지였다. 그녀는 고국의 상황이 바뀔 것이라는 희망이 없었고, 따라서 무사히 돌아와 부모님을 다시 만날 수 있을 것이라는 희망도 없었다. 또한 캐나다에서 적절한 일자리와 새로운 친구를 찾는 것도 어려웠고, 계획했던 대로 일이 잘 풀리지 않았다. 새로운 실망을 겪을 때마다 그녀는 우울증에 빠졌다.

이러한 경우 우울증은 외로움 · 이별 · 상실에 대한 일차적인 슬픔에 뒤따르는 부산물인 이차적인 증상이다. 또한 나쁘거나 나약한 자기감(bad or weak sense of self)과 관련된 부적응적 일차 수치심이나 두려움으로 인해 이차적으로 나타날 수도 있다. 우울증으로 지속되는 이러한 슬픔의 여파는 주어진 상실이 영구적이라는 사실을 받아들이지 못하고 이와 관련된 패배감에 빠지는 것을 나타낸다. 여기서 외로움은 현재의 고립과 이별에 대한 적응적 일차 슬픔과 함께 부적응적 정서의 요소도 수반한다. 그녀가 우울증에 빠졌을 때, 그녀는 새로운 현실(즉, 부적응적 두려움)에 위협을 느끼고 대처할 수 없었으며, 이는 이러한 현실을 새로운 사회 세계에 통합하지 못하는 것(즉, 부적응적 수치심과 소외감)을 반영했다. 적절한 개입은 내담자의 패배감 · 무의미함 · 무능력을 탐색하고 변화시키는 데 목적이 있다. 이는 부분적으로는 매우 실제적인 상실에 대한 적응적 일차 슬픔의 표현을 타당화하고 촉진함으로써 이루어진다. 희망을 제공하는 것은 복합적이고 누적된 외상 치료의 중요한 부분이지만 현실적이어야 한다. 희망은 불가능한 꿈이나 비현실적인 기대에 집착해서는 안 된다. 따라서 절망감을 느끼는 내담자에 대한 개입은 궁극적으로 그들이 절망감을 직시하고 실제로 통제할 수 없는 이별과 상실의 현실을 받아들이도록 돕는 것이다.

슬픔은 끝을 맺고 작별을 고하는 것이다. 다음 장에서는 종결 치료와 종결 과정에서 겪을 수 있는 어려움에 대해 다룬다.

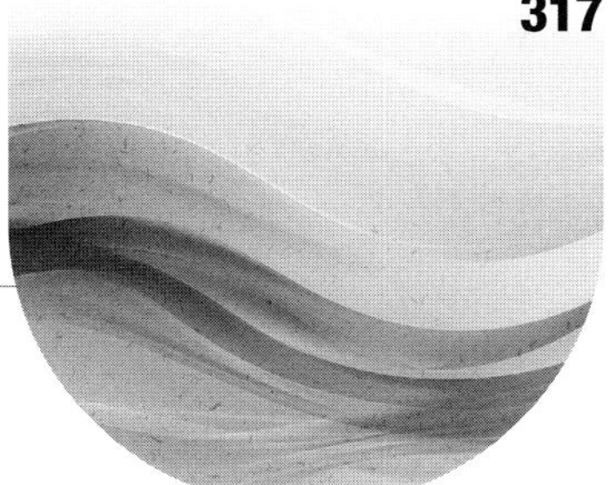

제12장

종결

치료 종결은 해결 과정을 완료하고, 내담자의 변화를 통합하고, 작별 인사를 나누고, 미래로 나아가기 위한 과정이다. 종결 단계의 길이는 내담자의 요구와 치료 기간에 따라 다르며, 한 회기에서 여러 회기까지 다양할 수 있다. 대부분의 치료에서와 마찬가지로, 치료 환경이나 내담자의 상황(예: 재정적 자원)에 따라 회기 수가 시간적으로 제한되어 있는 경우, 실제 마지막 회기 훨씬 전에 치료 종료에 대한 논의가 이루어져 내담자가 충분히 준비할 수 있도록 한다. 이 책에 제시된 표준 EFTT 모델에서 내담자는 일반적으로 처음에 16~20회기 계약을 맺는다. 16회기 전에 내담자의 진행 상황, 종결에 대한 느낌, 마무리하기 위해 몇 번의 회기가 더 필요한지 여부에 대해 논의하기 시작한다. 치료가 끝나고 치료의 지원을 잃는 것에 대해 불안해하는 내담자의 경우, 회기를 점차적으로 줄이고 추가 회기를 위해 돌아올 수 있는 가능성이 항상 있다.

경험상 단기 치료에 적합한 대부분의 내담자에게는 종결이 큰 문제가 되지 않으며, 회기 수와 종료 시점에 대한 합의는 쉽게 협력하여 결정하고 준수한다. 하지만 내담자가 회기 수를 통제할 수 없거나(예: 일부 기관에서 제공할 수 있는 회기 수를 제한하는 경우), 치료가 장기간 지속되었거나, 신뢰를 쌓기가 더 어려웠거나, 내담자가 더 취약하고 외부 자원이 거의 없는 경우에는 종료가 더 복잡해진다. 이러한 경우에는 당연히 서비스 지속을 위한 조항을 마련하는 것이 필수적이다. 외상에 대한 정서중심치료(emotion-focused therapy for trauma: EFTT)에 대한 연구와 일부 클리닉에서는 종결이 보다 명확해야 하지만, 개인 진료 환경에서는 더 많은 유연성을 제공한다.

이 장에서는 핵심 문제를 재검토하고 심상적 직면(imaginal confrontation: IC) 또는 환기적 탐색(evocative exploration: EE)의 마지막 라운드를 사용하여 종결을 만들고 내담자의 치료 성과를 통합하는 방법을 설명한다. 이러한 마무리 개입의 목표 중 하나는 내담자가 자신의 내부 과정을 모니터링하고 통제할 수 있는 새로운 인식과 능력을 강조하는 것에 역점을 둔다. 또한 치료 과정과 경험에 대한 치료자와 내담자의 상호 피드백을 제공하고 이끌어 내기 위한 지침을 제공한다. 마지막으로 EFTT 치료가 끝날 때, 특히 시간이 제한된 상황에서 나타날 수 있는 어려움에 대해 논의한다. 마지막으로, 내담자가 치료 과정에서 수행한 작업과 앞으로의 삶을 연결하는 것에 대한 몇 가지 언급으로 마무리한다.

변화의 완성 및 공고화

치료 종결 시 내담자의 변화를 명시적으로 검토하면 이러한 변화를 통합하고, 목표가 달성된 정도를 평가하며, 추가 성장의 영역(치료 안팎)을 파악하는 데 도움이 된다. 이 치료 종결 논의에서는 자기 관련 과정의 변화와 치료의 초점이 되었던 중요한 타자와의 관계에 초점을 맞춘다.

최종 IC 또는 EE

치료의 대상이 된 심상 속 타자와의 최종 IC 또는 EE는 일반적으로 합의된 내용이 최종 회기가 되기 한두 회기 전에 진행된다.

● 해결 과정을 완료하고 마무리하라

마지막 IC(또는 EE)의 목적은 내담자가 최대한 해결을 향해 나아갈 수 있도록 돕고, 느슨한 끝을 매듭짓고, 해결 과정을 마무리하는 것이다. 예를 들어, 치료자는 "끝을 맺으며 작별 인사를 하니 기분이 어떠세요? 끝나기 전에 어머니에게 더 하고 싶은 말이 있나요?"라고 질문할 수 있다. 심상 속 타자와의 마지막 대화를 시작하는 회기 전에 내담자의 목표를 검토하는 것이 중요하다. 치료자는 내담자의 해결 정도를 명확히 파악하고(부록 C의 해결정도척도 참조), 심상 속 타자와의 최종 대화에서 아직 달성해야 하거나 달성할 수 있는 것이 무엇인지 명확히 파악해야 한다. 예를 들어, 이전에 용서가 목표로 명시되었더라도 내담자는 여전히 타자를 용서하지 못할 수 있다. 이러한 경우 최종 IC의 초점은 용서를 방해하는 요인이 무엇인지, 초기 목표를 달성하기 위해 무엇이 필요한지, 또는 목표를 수정할 수 있는지를 탐색하는 것이다. 타자에 대한 용서를 촉진(또는 적어도 이해를 증진)하는 한 가지 전략은 내담자의 타자에 대한 인식과 관념에 특히 주의를 기울이고 타자의 관점에서의 경험을 촉진하여 내담자의 공감 자원을 이끌어 내는 것이다. 또 다른 전략은 타자의 관점을 이해하는 데 방해가 되는 내담자의 분노를 탐색하도록 돕는 것일 수 있는데, 이에 대해서는 나중에 자세히 설명한다.

마지막 대화는 종결을 촉진할 수 있는 기회이지만, 치료자는 새로운 정보가 나올 것에 대해서도 대비해야 한다. 내담자는 이 시간을 치료의 초점이 되었던 문제를 해결할 수 있는 마지막 기회로 여기며 회기 전에 이에 대해 충분히 생각해 보았을 수 있다. 이러한 성찰과 준비는 치료 과정에 도움이 되며, 치료자는 내담자가 지나간 치료 과정을 고려하여 자신의 목표를 다시 생각해 보도록 격려할 수 있다. 예를 들어, 한 내담자는 몇 년 동안 자신의 양육자였던 잔인하게 폭력적이고 학대적인 할아버지에 대해 완전히 악의적인 시각으로 굳게 굳어져 있었다. 그러나 마지막 IC에서 그는 후회하면서도 자존심이 너무 강해서 사과하지 못하는 천국에 계신 할아버지를 심상화했다. 이 내담자는 할아버지가 "네 할머니에게 더 좋은 남편이 될 수 있었으면 좋았을 텐데(좋은 분이셨어), 너에게 더 좋은 할아버지가 될 수 있었으면 좋았을 텐데."라는 말만 할 수 있을 것이라고 심상화했다. 이 심상 속 반응은 내담자에게 진정성 있게 느껴졌고, 그는 분노를 내려놓고 만족스럽게 대화를 마무리할 수 있었다. 치료 후 몇 달 후 회기에서 이 내담자는 계속해서 완전히 해결되었다고 느낀다고 말했다.

그러나 많은 내담자는 치료가 끝난 후에도 그 효과를 유지할 수 없을 것이라는 우려를 표명한다. 통제적이고 지배적인 어머니와 함께 자기주장과 경계 설정에서 상당한 성과를 거둔 한 내담자의 경우도 마찬가지였다. 다음 발췌문에서 치료자는 내담자의 적응적 관계 욕구에 주의를 기울이고 이전 회기에서 설명했던 어머니의 요구를 묵인했던 상황에서 "아니오."라고 말하는 것을 심상화해 보도록 요청한다.

내담자: 저는 제가 하는 말이 그냥 밀려나지 않고 진지하게 받아들여지길 원해요. 전 성인이에요.

치료자: 그렇다면 그 순간에 가볍게 여기지 않고 존중받기 위해 필요한 것은 무엇인가요?

내담자: 제가 하고 싶은 일을 통제하고 싶어요, 그게 다예요.

치료자: 충분히 그럴듯하게 들리는데요. 그런 상황에 처한 어머니에게 어떻게 말씀하시겠어요?

내담자: [잠시 멈춤] 제 의사를 존중해 주세요. 제가 원하지 않는다고 말할 때는 원하지 않는다는 뜻이에요!

치료자: 제가 책임자예요. [**내담자:** 네.] 저는 제가 원하는 것과 원하지 않는 것을 알고 있어요. 경계를 지키는 것은 또 어떤가요?

내담자: 내가 하는 말을 진지하게 받아들이고, 내 선택을 진지하게 받아들였으면 좋겠어요.

치료자: 제 선택이에요. 내가 중요하다고 생각하는 거요. [**내담자:** 네.] 그럼 어머니는 어떻게 반응하실까요?

내담자: 아, 실례 좀 할까나! 그게 다예요. 그럼 어머니가 파헤치는 것에 내가 화를 냈을 거예요.

치료자: 어머니는 당신의 경계에 구멍을 파고 있어요.

내담자: 잠깐만요! 내가 그렇게 하도록 허용하고 있어요!

치료자: 그래서, 이제요?

내담자: 저는 그런 일이 일어나도록 내버려 두지 않을 거예요. 그냥 무시하거나 제가 원하는 것을 다시 말할 거예요.

치료자: 좋아요. 어머니와 권력 다툼을 하고 싶지 않다고 들었어요. [**내담자:** 네, 맞아요.] 하지만 어머니가 "실례 좀 할까나!"라고 말하면 당신은 파고드는 것을 느낍니다. 이제 어떻게 반응하시겠어요?

내담자: 엄마, 전 다 큰 성인이에요. 제 의사를 존중해 주세요. 엄마를 다치게 하려고 하는 게 아니에요. 제 선택을 존중해 주세요.

치료자: 지금 당신 속에서는 무슨 일이 일어나고 있나요?

내담자: 기분이 정말 좋아요.

치료자: 그 느낌에 대해 좀 더 구체적으로 말씀해 주시겠어요? 오랫동안 막혀 있었기 때문에 정말 중요하거든요.

내담자: 분노도 없고, 혼란도 없고, 갈등도 없어요. 이제 제 정서를 통제하고, 제 결정을 통제하고, 저 자신을 통제하고 있는 것 같아요.

여기서 내담자는 자신을 보다 자율적이고 강력한 존재로 여기는 해결정도척도(부록 C 참조)에서 6수준을 분명히 달성했다.

다른 경우에는 심상화한 타자와의 최종 상호작용을 완성하는 과정에서 새로운 문제가 자연스럽게(그리고 예기치 않게) 발생하며, 이러한 문제를 해결해야 한다. 이에 대한 좋은 예가 모니카와의 마지막 IC였다. 이 회기 전에는 어머니와의 문제가 완전히 해결된 것처럼 보였지만, 마지막 IC에서 어머니와 작별 인사를 하도록 권유받았을 때 모니카는 그렇게 하지 못했다. 이로 인해 내담자는 내면화된 어머니에 대한 애착 문제가 제기되었고 이를 탐색해야 했다. 이 문제를 탐색하면서 내담자는 어머니로부터 사랑을 받았다는 느낌에 대한 깊은 욕구와 갈망 그리고 이에 대한 불안감을 표현했다. 이어진 치료자와의 대화는 모니카가 어렸을 때 어머니와 교류했던 가슴 아프고 위로가 되는 기억을 이끌어 냈다.

이러한 경험적 기억은 내면화된 어머니에 대한 애착을 강화하고 충족되지 못한 욕구를 건강하고 현실적인 방식으로 충족시켜 그리움을 내려놓고 삶을 살아갈 수 있도록 도와주었다.

● 변화를 공고화하라

복합외상성 스트레스의 개선은 단순한 증상 감소 이상의 의미를 갖는다. 또한 학대하거나 무시하는 타자에 대한 개인적인 의미와 애착의 변화는 구체적인 방법으로 측정하기 어렵다. 이를 위해 최종 IC 또는 EE는 치료자와 내담자가 어떻게 다르게 반응하는지 목격할 수 있는 성과 기반 측정인 변화의 지표로 의도되고 명시적으로 구성된다. 이는 내담자가 치료를 받게 된 핵심 문제와 관련하여 자신의 현재 상태를 경험할 수 있는 기회이다(예: 치료자가 내담자에게 "아버지와의 관계가 어떤지 봅시다. 아버지와 과거의 문제에 대해 지금 어떻게 느끼는지 말씀해 보세요. 현재 어떻게 이해하고 계신가요?"라고 말할 수 있다). 치료자는 또한 내담자가 현재 상태와 치료 시작 당시의 상태를 비교하도록 유도할 수 있다(예: "처음에 느꼈던 감정과 비교하여 지금 느끼는 감정에 주목하세요. 어떻게 변했는지 아버지께 말씀해 보세요."). 이렇게 하면 내담자가 자신의 현재 위치와 치료 과정에서 성취한 것에 대한 인식을 높일 수 있다. 또한 아직 주의가 필요한 부분과 앞으로의 성장에 대한 인식을 높여 내담자의 방향을 제시한다.

복합외상에 대한 다양한 종류의 해결

대인관계 해결이 특정 내담자에게 어떤 형태로 나타날지는 치료 시작 시점에 명확하지 않다. 내담자가 과거에 대한 복합 내러티브를 해결하도록 돕는 것은 관계적 이야기의 '결말'을 요구하지만, 우울이나 불안으로만 치료받는 내담자에게는 반드시 그런 것은 아니다. 가해자에 대한 해결책은 개인적이면서도 관계적이고 사회적인 행위(명시적이든 암묵적이든)이다. 아동학대 문제를 해결하는 데는 항상 피해 당사자보다는 가해자에게 적절한 책임을 묻는 것이 포함된다. 해결은 관계적 위반이나 배신을 용서하는 것으로 끝날 수도 있고 그렇지 않은 것으로 끝날 수도 있다. 마찬가지로 타자와 화해하여 새롭게 회복된 관계를 구축할 수도 있고 그렇지 않을 수도 있다. 분노에 관한 제10장에서 자세히 설명했듯이, EFTT에 관한 초기 연구(Chagigiorgis & Paivio, 2006)에 따르면 가해자를 용서함으로써 문제를 해결한 내담자는 4분의 1도 안 되는 것으로 나타났다. 용서하는 경우, 문제의 가해자는 어렸을 때 내담자를 적절히 보호하지 못하고 방임한 양육자와 어머니인 경우가 많았다. 그러나 용서하는 하위 집단 내에서도 상당한 변동성이 있었다. 일부는 용서에 대한 연구 기준(즉, 가해자에 대한 적대감 감소와 가해자와의 분리 증가)을 충족했지만 실제로 용서라는 용어를 사용하지 않아 용서라는 개념 자체가 그들에게 중요하지 않음을 시사했다. 용서의 기준을 충족한 일부 내담자는 상대방과 화해하고 긍정적인 감정을 느낀 반면, 그렇지 않은 내담자도 있었다. 후자(즉, '용서하되 잊지 않는다.')는 본질적으로 원한과 보상에 대한 권리를 포기했지만, 그 관계에서 어떤 종류의 친밀감이나 취약성으로 돌아가지 않기로 선택했다.

그러나 EFTT 연구에서 가해자와 문제를 해결한 내담자의 4분의 3 이상이 가해자를 용서하지 않은 것으로 나타났다(Chagigiorgis & Paivio, 2006). 이러한 경우의 가해자는 일반적으로 학대적이고 잔인하며 약탈적이고 양심의 가책을 느끼지 않는 사람이었다. 그럼에도 불구하고 이렇게 화해하지 않고 용서하지 않는 것은 내담자가 가해자를 바라보는 시각에 극적인 변화를 가져왔다. 내담자는 가해자를 강력하고 위험한 사람이 아니라 약하고, 병들고, 심지어 한심한 사람으로, 처벌을 받든 안 받든 처벌(정의)을 받아 마땅한 사람으로 바라보게 되었다. 치료 초기에는 해결의 형태가 모호하기 때문에 복합 대인외상에 대한 실행 가능한 해결책을 알고 있으면 종결에 가까워질수록 치료에 집중하는 데 도움이 될 수 있다. 이는 치료 성과를 위한 골대와 같은 것으로, 내담자가 자신에게 가장 적합한 구체적인 해결책을 명확하게 표현할 수 있도록 도와주는 일반적인 방향을 제시한다.

내적 과정의 변화에 대한 내담자 인식

EFTT의 자기 관련 목표는 내담자가 정서적 고통을 더 잘 견디고 스스로를 진정시키며 비판적인 자기진술에 맞서고 실생활에서 타자와의 관계에서 더 자신감을 가질 수 있도록 돕는 것이다. 이러한 내담자의 변화를 통합하는 데는 기본적인 EFTT 개입 원리가 적용된다. 치료 모델 제2장에서 설명한 것처럼, 내담자는 '변화' 내러티브에서 자기와 관계에 대한 발견을 보고하고 EFTT를 포함한 치료의 종료 단계에서 새로운 결과를 보고한다(Angus et al., 2017). 치료자는 이러한 긍정적인 변화를 인정할 뿐만 아니라 내담자가 이러한 변화에 집중하고 깊이 경험할 수 있도록 시간을 할애하는 것이 중요하다. 예를 들어, 내담자가 일반적으로 더 이상 불안감을 느끼지 않는다고 보고하면 치료자는 보통 특정 상황을 떠올리고 불안감을 극복하는 방법을 설명하도록 요청한다(예: "불안감을 느꼈다가 스스로 진정했던 상황을 떠올릴 수 있나요? 내면에는 어떤 일이 있었나요? 스스로에게 어떤 행동이나 말을 했나요?"). 또한 치료자는 변화와 성취에 대한 내담자의 감정(예: 자부심, 자신감)에 공감적으로 반응한다(예: "그 지속적인 압박감에서 벗어나니 정말 안심이 되겠어요." 또는 "미소를 보니 뭔가 기분이 좋아지는 것 같아요!").

다음 예에서 내담자는 앞서 소개한 내담자 어머니의 독단적인 행동에 대해 새롭게 보고했다. 치료자는 내담자에게 자신의 내적 경험에 대해 자세히 설명해 달라고 요청했다.

치료자: 그쪽으로 가 보죠. 전에는 어떻게 해서 거절할 수 있었나요?

내담자: 네, 이제 저는 어머니의 문제를 처리하기 위해 제 삶을 재정비하지 않을 거예요. 저는 제 경계와 우선순위를 정했고 어머니는 전혀 논쟁하지 않았어요. 저는 꽤 만족스러웠어요.

치료자: 당신이 원하는 것이 무엇인지 명확히 알고 있었군요. 그리고 주변 사람들도 반응하고 있군요. 이에 대해 어떻게 이해하시나요?

내담자: 제가 말하고 있으니까요. 문제는 제가 속으로만 삭이고 있었기 때문에 무엇이 저를 괴롭히는지, 경계가 어디인지 아무도 몰랐는데 이제 다들 알게 되었어요.

치료자: 그래서 자신이 어디에 서 있는지 말할 수 있는 것이 중요하군요.

내담자: 자신감 있고, 강하고, 존중받는 느낌이 들어요.

다음 부분에서는 치료자가 계속해서 긍정적인 변화를 탐색하고 내담자의 성공을 함께 축하하며 변화를 공고히 하는 데 기여한다.

치료자: 달라진 점을 설명한다면, 이 새로운 자신감은 어디에서 오는 건가요?

내담자: 제 감정을 말로 표현할 수 있고 실제로 확신할 수 있게 되었기 때문이에요. 제 정체성을 알게 되었어요. 나에 대해 더 많이 알게 되었어요.

치료자: 흥미롭군요.

내담자: 더 신나는 것은 제 몸의 신호와 감정 그리고 그에 대해 어떻게 해야 하는지 알게 된 거예요.

치료자: 몇 가지 신호에 대해 말씀해 주세요.

내담자: 오늘처럼 어머니가 돈을 요구했을 때 보통 저는 죄책감, 슬픔, 속상함을 느꼈어요. 오늘은 침착하고 돕고 싶은 마음이 들었고 남편이 돈을 주지 말라고 했을 때 화가 났지만 몸에서 나오는 정보를 인식하고 처리한 후 재빨리 돈을 줬어요. 몇 시간 동안 고민할 필요가 없었어요.

치료자: 그래서 당신은 몸에 귀를 기울였고, 그 덕분에 모든 것이 상처받지 않고 통제할 수 있었군요. [**내담자:** 네.] 정말 놀라워요. 그 말을 들으니 정말 기쁘네요. 이것이 바로 우리가 여기서 하려는 일, 즉 인식을 높이는 것이에요.

중요한 것은 내담자의 치료적 이득은 항상 진정으로 성취의 관점에서 이루어지며 대부분 내담자의 노력에 기인한다는 것이다. 예를 들어, 마지막 회기에서 한 치료자가 "당신이 성취한 것에 대해 꽤 기분이 좋으실 거예요. 정말 열심히 노력하셨어요!" [둘 다 웃으며] "정말 열심히 하셨어요."라고 말했다. 물론 동시에 내담자는 치료자가 말하거나 행동한 의미 있는 것을 자주 떠올리게 되므로 이를 무시하지 않는 것이 중요하다. 치료자는 내담자의 칭찬과 기여에 대한 감사를 개방적으로 받아들이되 '우리가 함께 해냈다.'는 점을 강조하면서 치료 과정의 협력적 성격을 인정한다. 어떤 경우든 전달해야 할 암묵적인 메시지는 '당신은 협력적인 관계를 형성하고 치료가 제공하는 것을 활용할 수 있는 사람이에요.'라는 것이다. 이는 자기존중감을 높여 줄 뿐만 아니라 내담자가 향후 도움이 필요할 때 도움을 요청할 가능성도 높여 준다.

제한된 변화에 대한 인식 및 수용

어떤 경우에는 내담자가 치료 목표와 열망을 완전히 달성하지 못하는 경우도 있다. 다음 하위 절에서는 치료 종결 단계에서 이러한 문제를 해결하기 위한 전략을 설명한다.

내담자가 제한된 이득 또는 해결의 정도에 실망한 경우

안타깝게도 내담자(및 치료자)가 치료에서 기대했던 것을 항상 달성하는 것은 아니다. 첫째, 치료 과정 전반에 걸쳐 양 당사자가 변화에 대한 현실적인 기대치를 갖는 것이 중요하다. 목표는 구체적이고(특히, 단기 치료의 경우) 현실적으로 달성할 수 있어야 한다. 내담자는 적어도 한두 가지 중요한 영역에서 의미 있는 개선을 합리적으로 기대할 수 있다. 내담자가 이러한 개선이 일어나지 않았고 앞으로도 일어나지 않을 것이라고 인식하는 경우, 치료가 마지막 회기에 가까워질수록 내담자의 실망감을 논의하고 처리해야 한다. 예를 들어, 내담자는 여전히 화가 나고 부모나 다른 가해자를 용서하지 못하거나 현재 관계에서 불안감을 느끼거나 우울과 씨름하고 있다는 사실에 괴로워할 수 있다. 이러한 실망에 대해 의미를 부여하면 이를 진정시키는 데 도움이 되고 때로는 해결 과정을 조금 더 진전시킬 수 있다.

현재 치료 과정이 끝났다고 가정할 때, 기본적인 개입 전략은 내담자의 실망을 인정하고 탐색하며 이 영역에서 '있는 그대로'를 받아들이고 자기수용을 촉진하는 것이다. 치료자는 내담자의 실망에 공감한다는 점을 전달할 수 있다(예: "그래요, 나도 당신이 이 일에 대해 완전히 평안함을 느낄 수 있으면 좋겠지만 지금은 그런 상태가 아니지 않나요? 자신이 아닌 다른 사람이 되려고 억지로 노력하거나 느끼지 않는 것을 느낄 수는 없어요."). 또한 개입은 내담자가 자신의 현재 위치에 대해 탐색하고 이해하도록 도와주어 종결에 대한 고군분투를 촉진한다. 어떤 경우든 개입은 내담자의 지속적인 성장 능력에 대한 자신감과 미래에 대한 희망을 심어 주어야 한다(예: "중요한 것은 당신의 경험에 계속 주의를 기울이고 신뢰하는 것이에요. 치료에서 그랬던 것처럼 어떤 일이 닥치더라도 열린 마음으로 임하세요. 이렇게 하면 필연적으로 상황이 발전할 것이라고 믿으세요."). 따라서 이 마지막 단계의 개입 목표는 지금까지의 변화 상태와 현재 상황을 인정하는 동시에 내담자에게 지속적인 개인적 성장을 위한 방향 감각을 제공하는 것이다.

내담자의 변화가 유사 해결로 나타나는 경우

가해자와의 문제가 유사 해결(pseudoresolution)된 경우 일반적으로 내담자는 문제를 해결했고 '다 끝났다.'고 주장하는 반면, 치료자는 그렇지 않을 수 있다는 우려를 하게 된다. 예를 들어, 내담자는 특히 애착 대상인 가해자와 지속적인 상호작용이 있고 화해를 원할 때 희망적 사고가 발생할 수 있다. 때때로 내담자는 IC 또는 EE 동안 높은 수준의 해결을 달성한 것처럼 보이지만, 실제 생활에서 처음으로 상대방과 상호작용할 때 이는 완전히 취소되고 크게 실망하는 경우가 있다. 또한 도덕적 또는 종교적 이유로 내담자가 분노를 우회하여 빠르게 용서로 넘어가고자 하는 경우에도 유사 해결이 발생할 수 있다. 다른 경우에는 내담자가 타자에 대한 기대치를 내려놓고 수용한다는 표현을 하면서도 패배와 체념에 가까운 실망스러운 어깨를 으쓱하는 경우도 있다. 또 다른 경우에는 내담자가 타자에 대해 차갑고 적대적인 거리두기(예: 내담자가 "나는 더 이상 그 사람한테 관심 없어요. 그는 나에게 죽은 사람이에요."라고 말하는 경우), 즉 분노를 거부하는 초기 단계의 특징이 더욱 두드러진다. 이러한 상황을 해결하지 않으면 치료가 조기에 종결되고 재발할 수 있다. 유사 해결을 처리하기 위한 개입에는 내담자의 근본적인 경험을 타당화하고 해결에 대한 내담자의 인식에 도전하는 것이 포함된다. 여기에는 일반적으로 '내가 진정으로 원하고, 바라고, 노력하는 변화'와 '현재까지 실제로 일어난 변화'를 명확하게 구분하는 것이 포함된다.

또한 치료자는 내담자가 실망할 가능성을 예상하고 직접적으로 해결해야 한다. 예를 들어, 한 내담자는 청소년 시절 자신과 어머니를 버린 알코올 중독자인 아버지와 다시 연결되기를 간절히 원했다. 심상 속의 아버지와의 대화는 가슴 뭉클하고 진심 어린 것이었다. 그는 아버지를 용서하고 후회하고 아들에게 보상하고 싶어 하는 아버지로 표현했다. 치료의 어느 시점에서 내담자는 아버지와 실제 만남을 주선하여 과거의 문제를 직면하고 실제 생활에서 해결하려고 했다. 치료자는 아버지의 반응 능력이 제한적일 수 있다는 정보와 함께 내담자의 깊은 그리움으로 인해 내담자가 스스로를 실망시킬 수 있다는 점을 우려했다. 그래서 치료자는 "아버지와 다시 연결되기를 간절히 원하지만 실망할 수도 있어서 약간의 희망적인 생각이 있는 것은 아닌지 궁금하네요."라고 말하며 논의의 포문을 열었다. 그런 다음 아버지와 관련된 가능한 시나리오와 내담자가 어떻게 대처할 수 있는지에 대해 논의했다.

마찬가지로, 내담자가 체념하거나 타자에 대한 분노로 거리를 두는 상황에서는 이러한 과정에 대해 잠정적으로 관찰하는 개입이 필요하다. 예를 들어, 치료자는 "당신이 그녀를 있는 그대로 받아들이고 앞으로 나아가고 싶다는 것을 알지만, 당신의 목소리에서 수용보다는 포기 같은 일종의 체념이 들려요." 또는 "당신의 목소리에서 여전히 많은 분노가 들려요. 당신이 때로는 화를 낼 수 없다는 것은 아니지만, 그는 여전히 부정적인 방식으로 당신에게 영향을 미칠 힘이 있는 것 같아요."라고 말할 수 있다. 이러한 소개가 끝나면 내담자는 문제를 더 자세히 살펴보도록 초대받는다. 치료자는 내담자에게 들쭉날쭉한 해결 과정에 대한 정보를 제공하고 일반적인 어려움의 원인을 확인할 수도 있다. 결국 더 많은 회기를 제공하여 과정을 진전시키거나 내담자가 보다 현실적인 태도를 취하고 자신이 원하는 만큼 완전히 해결되거나 타자와 평화롭지 않다는 사실을 받아들이도록 도울 수 있다.

물론 치료자는 도움을 주고 싶어서, 과정을 서두르고 싶어서, 변화를 성공적으로 촉진하고 싶어서 내담자를 유사 해결로 밀어붙이지 않도록 주의해야 한다. 또한 치료자는 있는 그대로의 현실을 받아들여야 한다.

상호 피드백 공유

다음 하위 절에서는 치료자와 내담자의 서로 다른 역할을 고려하여 치료자와 내담자 모두에게 적합한 피드백 유형을 명시한다.

치료자가 내담자에게 피드백을 제공하는 경우

치료자는 외상과 치료 과정에 대한 전문가이다. 따라서 치료자의 피드백은 내담자가 보고한 삶의 변화가 아니라 치료 과정에 대한 관찰에 관한 것이어야 한다. 치료자의 피드백은 항상 치료 초기에 확인된 문제와 내담자의 목표 그리고 치료 과정에서 이러한 목표가 어떻게 변화했는지와 관련되어 있다. 치료자는 마지막 회기에서 이 피드백을 제공하기 전에 사례 노트를 검토하고 내담자와 사례에 대해 신중하게 생각하는 것이 중요하다. 피드백은 구체적이어야 하며, 가능하면 치료의 특정 단계나 회기 및 내용을 언급해야 한다. 피드백 및 토론의 가장 분명한 영역은 내담자와 가해자 간의 해결 과정과 정도 그리고 치료 중에 발생한 치료적 관계 문제이다. 치료자는 해결정도척도(부록 C 참조)를 참조하여 피드백을 위한 해결의 관련 차원에 대한 지침을 얻을 수 있다. 예를 들어, 내담자의 감정이 회피되거나 억제된 정도 또는 주요 적응적 정서가 경험되고 표현되었는지에 대해 언급할 수 있다. 피드백에 유용한 다른 사항으로는 내담자가 인식하고 중요하게 여겼을 수 있는 핵심 실존적 및 대인관계적 욕구, 자기와 타자에 대한 인식의 변화 등이 있다. 이러한 변화된 인식에는 치료 중에 표현된 새로운 통찰과 이해뿐만 아니라 치료자가 회기에서 내담자가 표현하는 것을 관찰한 수반되는 정서적 특성(예: 타자에 대한 분노 감소, 외상 기억에 직면했을 때의 분리감 또는 평온함 증가, 타자의 승인에 대한 필요성 감소, 자기확신 및 자기수용 증가)도 포함된다.

치료자 피드백의 주제가 될 수 있는 다른 관찰 과정으로는 외상 해결을 반영하는 내담자의 정서적 기능 및 내러티브의 질적 특징이 있다. 정서적 기능의 관련 측면에는 정동적 경험(또는 인지적 스타일이 문제인 경우)에 대한 내담자의 관심, 내면의 경험을 탐색하고 이를 문제 해결에 활용하는 능력, 문제를 이해하고 해결하는 능력 등이 포함된다. 한 사례에서 치료자는 "훨씬 차분해지셨네요. 기억하시나요? 처음에는 꽤 흥분했었는데, 어머니에 대한 분노 등 자신의 진정한 감정을 표현하는 데 정말 능숙해졌고, 어머니와의 경계도 명확해졌어요."라고 말했다. 또 다른 사례에서 치료자는 "당신은 그 어려운 감정과 기꺼이 씨름하고 아버지의 한계를 이해하게 되었으며, 동시에 아버지를 눈감아 주지 않았어요."라고 반영했다.

피드백의 주제가 될 수 있는 내러티브 질의 다른 특징으로는 외상에 대해 이야기할 때의 명확성과 일관성, 감정과 욕구를 표현하거나 자신의 의견과 관점을 말할 때의 자신감과 확신 등이 있다. 내담자의 이야기 스타일에 대한 관찰에는 내담자가 과거보다 현재와 미래에 더 집중하고 있다는 사실이나 긍정적인 감정에 대한 언급도 포함될 수 있다. 물론

이 모든 것이 내담자에게 새로운 소식이 되어서는 안 된다. 이러한 유형의 피드백은 치료 과정 관찰과 목표 검토를 통해 직접 제공되거나 치료 전반에 걸쳐 간접적으로 제공되어야 한다. 따라서 마지막 회기는 내담자의 과정 발전과 목표 달성에 대한 내담자의 실망스러운 부분 및 추가 성장을 위한 영역을 관찰한 요약 메시지이다. 치료자는 미래로의 연결 과정에서 내담자가 남은 과제를 해결할 수 있는 방법을 찾도록 돕는다.

관계 문제와 관련하여 치료자는 내담자가 치료적 동맹을 형성하는 과정에서 겪은 어려움을 강조해야 한다(예: “당신이 여기 와서 완전히 낯선 사람과 고통스러운 일을 공유하는 것이 얼마나 어려운지 보았어요.”). 또한 이러한 어려움을 극복하는 데 있어 내담자의 강점을 강조하는 것도 중요하다(예: “나는 당신이 얼마나 헌신적인지, 한 번도 빠지지 않고 두려움을 극복하기 위해 얼마나 열심히 노력하는지 보았어요.”). 어려움에 직면한 내담자의 노력과 강점을 인정하는 것은 내담자의 자기존중감과 자기확신을 높이는 데 기여한다. 치료자는 애착 유대감 및 협력 과정과 관련된 긍정적인 감정을 언급할 수 있다[예: “당신이 마침내 저와 (특정 사건을) 공유할 수 있었을 때 얼마나 안도감을 느꼈는지 알았어요.” “깊은 수준에서 연결되는 것이 얼마나 기분이 좋았는지 알았어요.”]. 적절한 경우, 치료자는 관계에 대한 자신의 경험을 개방할 수 있다(예: “저에게 기꺼이 취약한 모습을 보여 주셔서 정말 감사했어요. 친밀감을 많이 느꼈어요.” “당신의 삶에 들어온 것은 진정한 특권이었어요.”). 이러한 개인적인 교류는 내담자가 건강한 애착에 대해 감사하고 치료 밖에서도 애착을 추구하는 데 기여할 수 있다.

내담자가 치료자에게 피드백을 제공하는 경우

내담자는 자신의 경험에 대한 전문가이다. 따라서 치료자는 내담자만이 알 수 있는 삶의 사실과 내적 경험에 관한 내담자의 피드백을 이끌어 낸다. 여기에는 내담자에게 성장의 영역(외상을 극복함으로써 얻은 긍정적인 결과), 일상생활에서의 현재 기능 및 대처, 자기와 타자에 대한 변화된 견해에 대해 질문하는 것이 포함된다. 또 다른 중요한 영역은 치료의 도움이 되는 측면과 방해가 되는 측면, 치료 과정과 일상생활의 개선 사이의 연관성에 관한 내담자의 피드백을 이끌어 내는 것이다. 치료자는 사례와 상황의 구체성을 조사해야 하는데, 이러한 정보는 치료자가 치료를 개선하는 데 유용한 정보일 뿐만 아니라 이러한 구체성은 내담자가 얻는 이득을 공고히 하는 데도 기여한다. 또한 이렇게 함으로써 내담자는 '무엇이 자신에게 효과가 있었는지'에 대해 고민하고 자신의 삶에서 어떤 종류의 지원이나 기회를 더 찾을 수 있는지 파악하게 된다. 또한 평생 무능하고 무력하며 자신감이 없다고 느꼈던 개인에게는 자신의 의견이 인정받고 소중하게 여겨지며 보답할 기회를 갖는다는 것이 특히 의미 있는 일이 될 수 있다.

해결의 어려움

내담자는 해결 과정의 어느 단계에서든 어려움을 겪을 수 있다. 때때로 어려움은 부분적으로 지속적인 자기 관련 장애(예: 경험의 어려움, 두려움 및 회피, 고착화된 무가치감)에 기인하며, 이러한 장애가 관계적 어려움의 해결을 방해하기도 한다. 이 경우, 2단계에서 치료의 초점이었던 과정으로 돌아가야 하며, 치료가 장기화될 가능성이 높다. 이제 치료 종결 단계의 전형적인 어려움에 초점을 맞추고 몇 번의 추가 회기로 해결할 수 있다.

내담자가 분노 및 슬픔을 놓아 버리기 어려운 경우

내담자는 3단계(제10장 및 제11장)에서 진행되는 해결 과정의 마지막 단계(〈표 6-1〉 참조)에 어려움을 겪을 수 있다. 슬픔의 측면에서 내담자가 돌이킬 수 없는 상실을 받아들이고 앞으로 나아가기를 원할 수 있지만, 조급하게 받아들이도록 강요하지 않는 것이 중요하다. 이는 내담자가 자신의 경험적 현실을 받아들이도록 돕는다는 기본적인 개입 원리와도 일치한다. 내담자가 놓아 버리는 데 어려움을 겪을 때, 효과적인 치료자는 내담자가 그 경험적 현실에 집중하고 "언젠가는 할 수 있지만 지금 당장 작별 인사를 할 수는 없어요. 지금은 아니에요."라는 사실을 받아들이도록 도와준다. 어떤 경우에는 이러한 종류의 개입에는 환상처럼 보이더라도 관계를 회복할 수 있다거나 고국으로 돌아갈 수 있다는 희망에 매달리려는 내담자의 욕구를 지원하는 것이 포함된다. 돌이킬 수 없는 상실의 경우, 개입은 내담자가 자신의 저항에 대한 인식을 높이고 놓아 버리고 작별을 고하는 데 방해가 되는 요소를 탐색해야 한다. 예를 들어, 치료자는 "그러니까 마치 '나는 ……을 받아들이지 않겠다.'라고 말하는 것 같군요. 이것을 탐색하는 방법으로 그렇게 명시적으로 말해 볼 수 있을까요?"라고 말한다. 내담자가 "저는 ……을 받아들이기를 거부해요."라고 하면서 이에 따른다. 그러면 치료자는 "그게 어떻게 받아들여지나요?"라고 묻는다.

내담자 모니카는 돌아가신 어머니와 작별 인사를 하고 싶지 않았고, 이는 어머니를 완전히 잃는다는 것을 의미했기 때문에 (내면화된) 관계를 유지하고 싶었다. 애도에 대한 현대적 관점은 새로운 자기내러티브를 구성하는 데 초점을 맞추며, 여기에는 사랑하는 사람을 잃은 사람과의 새롭고 변화된 내면화된 관계가 포함된다(Neimeyer, 2016). 따라서 이러한 정신에 따라 모니카의 치료자는 관계를 유지하려는 그녀의 욕구를 강조하고 이것이 그녀에게 얼마나 중요한지 자세히 설명해 달라고 요청했다. 모니카는 어머니가 자신의 일부라고 느꼈고, 외상으로 인해 파괴된 기억, 위로가 되었던 기억을 항상 되찾고 싶었다고 설명했다. 이 경우 개입은 내담자의 소망을 지원했다. 그녀의 '내면화된 어머니'는 항상 그녀와 함께할 것이고, 그녀는 언제든지 그 기억을 떠올리며 위안을 얻을 수 있으며, 이러한 이해가 해결의 일부가 되었다.

다른 경우에는 내담자가 영향력 · 통제 · 정서적 고통에서 벗어나기 위한 방법으로 악의적인 상대방과 작별 인사를 할 수도 있다. 물론 이러한 방식으로 경계를 설정하고 관계를 단절하는 것은 슬픔보다는 분노의 경험과 표현에서 비롯될 가능성이 더 높다. 어느 경우든 작별 인사를 한다는 것은 영원히 잃어버린 것에 대해 슬퍼하고 받아들이며 상대방과 새로운 내면화된 관계를 구축하는 데 열려 있다는 것을 의미한다.

분노를 놓아 버리려면 먼저 의존성 문제와 분리에 대한 어려움은 부분적으로 내담자의 발달 단계 또는 기저의 성격 병리의 기능일 수 있다는 점을 인식하는 것이 중요하다. 예를 들어, 한 어린 내담자는 치료가 끝날 때까지 영원히 오지도 않을 어머니의 사과를 바라고 어머니가 변하기를 바라며('어머니가 치료를 받았으면 좋겠다.') 버티고 있었다. 내담자의 절박한 '희망사항'과 가해 상대방에 대한 끈질긴 집중은 상처의 특성과 어린 나이의 순진함의 결과였다. 이러한 종류의 장애물을 해결하는 데 유용한 전략 중 하나는 내담자가 원하는 변화의 중요성을 타당화하는 동시에 그러한 노력의 무용함에 대한 인식을 높이는 것이다. 이는 절박함을 과장하거나, 치료자가 상대방의 변화 거부를 역할극으로 연기하거나, 내담자의 주의를 암묵적인 부적응 인식으로 유도함으로써 이루어질 수 있다. 예를 들어, 치료자는 "그녀가 변하거나 사과할 때까지 당신은 살 수 없는 것 같아요. 당신은 결코 행복할 수 없어요. 당신은 고통스럽고 성취되지 않은 삶을 살아야 할 운명이에요."라고 말할 수 있다. 내담자가 이러한 비현실적인 희망을 버리고 앞으로 나아가지 못하더라도 이와 같은 개입은 미래의 성장 방향을 강조한다.

또 다른 내담자는 부모로부터 소홀히 대접받는다고 느꼈고, 일상생활에서 다양한 수동공격적 행동(도구적 분노)을 통해 부모가 더 많은 관심을 기울이도록 강요했지만 아무 소용이 없었다. 그녀는 자신이 원하는 것을 결코 얻을 수 없고 부모가 결코 변하지 않을 것이라는 사실을 받아들일 수 없었다. 그녀는 또한 IC에서 부모를 실연하거나 부모님의 관점을 심상화하는 데 어려움을 겪었다. 치료자가 부모님의 암묵적인 메시지로 보이는 말을 그대로 전달했을 때 비로소 수용이 시작되었다. "우리는 네가 원하는 것을 절대 주지 않을 거야.

네가 원하는 대로 발로 차고 소리를 지를 수는 있지만, 네가 원하는 것을 절대 주지 않을 거야." 이를 계기로 그녀는 노력의 허무함을 온전히 깨닫게 되었다. 그녀는 자신이 처한 현실적인 절망감을 경험하고 눈물을 흘렸다. 이것이 바로 놓아 버리기의 시작이었다.

내담자가 심상화된 타자에 대한 제한된 공감 능력을 가진 경우

때때로 내담자는 타자의 관점을 심상화하지 못하거나 개인적인 공감에 접근하지 못하기 때문에 충족되지 못한 애착 욕구를 놓아 버리지 못하고 가해자와의 문제를 해결하지 못한다. 타자는 여전히 '나쁜 대상'으로 남아 있으며, 그들에 대한 인식은 분화되지 않고 전반적으로 부정적이다. 이 경우 개입은 내담자가 IC를 진행하는 동안 타자를 경험하도록 명시적으로 장려해야 한다.

그러나 내담자의 공감 능력이 나르시시즘과 취약한 자기감으로 인해 제한되어 있다면 이러한 방식의 공감 훈련은 효과가 없으며 타당화받지 못하는 것으로 보일 수 있다. 이러한 상황에서는 치료 초기 단계의 전형적인 과정에 초점을 맞추어 치료해야 할 가능성이 높다. 특히, 치료적 관계에서 공감을 통해 내담자의 자기감을 강화하는 데 사용해야 한다. 이러한 내담자와의 성공적인 해결을 위해서는 더 긴 치료 과정이 필요할 수도 있다.

치료 종결의 어려움

애착 대상과 관련된 문제를 해결하는 데 어려움을 겪을 뿐만 아니라, 특히 치료 시간이 제한되어 있고 종결을 직접 통제할 수 없는 경우 내담자는 치료 자체를 놓아 버리는 데 어려움을 겪을 수 있다. 다음 하위 절에서는 이러한 어려움을 해결하는 방법에 대해 설명한다.

내담자가 종결을 두려워하는 경우

대인관계 능력은 외상, 특히 복합 대인외상으로 인해 자주 방해를 받기 때문에 치료 회기 밖에서 사회적 지지를 키울 수 있도록 일찍부터 내담자를 격려해야 한다. 그럼에도 불구하고 많은 내담자는 여전히 사회적 지지 네트워크가 빈약하여 치료가 제공하는 친밀감과 지지를 놓아 버리기가 어려울 수 있다. 대부분의 경우 종결에 대한 두려움은 부분적으로 외부 자원이 제한되어 있는 내담자와 관련이 있다. 정기적인 지원 없이는 대처할 수 없을 것이라고 두려워하는 취약한 내담자의 경우 치료를 점차적으로 축소할 수 있다. 물론 치료자는 내담자가 고통에 대처할 수 있는 대체 대처 자원과 전략을 가지고 있는지 확인해야 하며, 이러한 문제는 종결에 대비하여 명시적으로 논의해야 한다.

내담자가 종결에 대해 화내거나 슬퍼하는 경우

치료 종결과 관련한 치료자의 역할에 대한 내담자의 반응은 치료에서 어려움을 겪었던 문제의 본질을 반영할 가능성이 높다. 이것은 본질적으로 전이이지만, EFTT 치료자는 일반적으로 전이 해석으로 내담자를 대면하지 않고 진정한 대인관계의 만남을 통해 관계 종결에 대한 실제 경험을 다룬다. 한 내담자는 치료 내내 분노와 불신이라는 일반적인 문제를 극복하는 데 어려움을 겪었고, 특히 치료자에게 취약한 모습을 보이는 것과 씨름했다. 그러나 결국 그는 치료자에게 취약해질 수 있었다. 그는 자신에게 관심을 기울이고 깊이 이해받고 있다는 친밀감을 느끼게 되었다. 그는 이전에는 이런 친밀감을 느껴 본 적이 없었고, 이런 친밀감을 갈망했다. 마지막 회기가 가까워지고 치료 종결이 논의될 무렵, 그는 화를 내며 "당신은 정말 나를 신경 쓰지 않아요. 이건 단지 직업일 뿐이에요."라고 말했다. 이런 상황에서는 관계의 즉시성과 진정성이 다른 기본적인 정서중심치료 개입 원리와 함께 치료의 최우선 순위이다. 치료자는 내담자의 (이차) 분노를 인정한 다음 우회하고, 대신 내담자가 마음을 여는 데 너무 오래 걸린 것을 고려하여 치료가 끝나는 것에 대한 실망(일차 슬픔)에 반응했다. 이로 인해 내담자에게 자기 자신이 되고 받아들여진다는 느낌의 중요성에 대한 논의가 이어졌고 치료자는 "이것을 놓아 버리기가 힘들겠군요."라고 확인했다. 화를 낸 내담자는 처음에는 실망감을 최소화했지만("당신이 전문가라는 걸 알아요. 내담자들을 계속 만날 수는 없잖아요.") 결국 자신의 화를 사과하고("당신이 정말 친절한 사람이고, 정말 돕고 싶어 한다는 걸 알아요.") 자신의 외로움을 인정했다. 두 사람은 내담자가 현재 삶에서 친밀감 욕구를 충족시킬 수 있는 방법(예: 방금 회기에서 했던 것처럼 분노로 반응하지 않고 다른 관계에서 적절히 취약해지도록 허용하는 것)과 친밀한 관계가 없을 때 어떻게 대처하거나 견딜 수 있는지에 대해 함께 논의했다.

다른 내담자들에게는 치료를 중단하는 것이 엄청난 손실로 인식될 수 있다. 예를 들어, 한 난민 외상 생존자는 새로운 삶에서 대인관계에 어려움을 겪었고, 직업을 제외하고는 극도로 고립된 상태였다. 치료 회기에서 그녀는 외로움과 집에 대한 그리움에 대해 솔직하고 취약한 태도를 보였지만 치료는 산발적으로 이루어졌고, 업무 일정의 변화와 육아에 대한 요구로 인해 자주 회기를 취소했다. 치료자가 치료가 그다지 중요하지 않다고 가정하고 종결을 제안했을 때 내담자는 눈물을 참기 위해 애를 썼다. 치료자가 자신의 취약성을 공감하고 개방하도록 격려하자 내담자는 치료자가 그리울 것이고 이야기할 수 있는 다른 사람이 없다고 말하며 개방적으로 울었다. 종결 제안은 내담자에게 견딜 수 없는 또 다른 손실로 인식되었다. 치료자는 연민을 느끼며 내담자의 취약성과 지원의 필요성을 과소평가한 것에 대해 사과했고, 불가피한 치료 과정의 중단에도 불구하고 치료를 계속하기 위해 협력했다.

내담자가 종결에 대한 반응으로 재발하는 경우

종결에 대한 내담자의 재발은 비교적 생산적인 해결 과정을 거쳐야 하므로 조기 종결과 관련된 문제와 구별된다. 일반적으로 (해결 후) 재발 가능성에 대해 내담자와 논의하고, 재발이 발생할 경우 추가 회기가 선택적으로 제시된다. 그러나 치료에 의존하게 된 일부 내담자의 경우 증상이 심해지고 치료가 종결되는 시점에 위기가 발생할 수 있다. 거절에 대한 공격적 자해 행동의 병력이 있는 한 내담자는 치료가 종결되면서 극도로 괴로워하며 자신이나 여자친구(치료의 초점이었던)를 다치게 할까 봐 두려움을 표현했다. 치료 목표는 이 위기를 관리하는 것으로 바뀌었고 종결은 연기되었다. 개입에는 내담자에게 정서조절 및 고통감내력 연습을 숙제로 주고, 보다 행동 지향적인 스타일을 사용하여 회기에서 이를 처리하는 것이 포함되었다(예: Linehan, 2015 참조). 이는 내담자가 치료 종결에 대한 불안감과 버려짐에 대한 두려움을 탐색하도록 돕는 것과 결합되었다.

생산적인 치료 과정에도 불구하고 증상 반응으로 인해 이러한 방식으로 종결을 연기하는 경우 두 가지 지침을 따르는 것이 유용하다. 첫째, 내담자와 치료자는 개방형 연기를 하는 대신 지정된 회기 수 동안 치료를 연장하는 것을 명시적으로 구두계약해야 한다. 이를 위해 추가적인 종결 연기를 허용하는 것은 내담자에게 최선의 이익이 되지 않을 가능성이 높다. 그 이유는 내담자의 고통 표현(즉, 재발)에 대해 보상(즉, 추가 회기 제공)을 하는 상황을 만들지 않기 위해서이다. 둘째, 새로운 회기의 치료 목표는 증상 관리와 의미 탐색, 특히 종결에 관한 것으로 명시적으로 전환되어야 한다. 이를 통해 내담자는 앞으로 다가올 종결에 대해 더 잘 준비할 수 있다.

미래를 향한 다리

미래로의 연결에는 치료 과정과 내담자의 현재 삶 사이의 연관성에 대해 논의하는 것이 포함된다. 예를 들어, 회피 또는 자기비판을 줄이기 위한 개입이 현재의 자기확신과 자기존중감에 미치는 영향 또는 IC 중 과정이 현재 관계에 미치는 영향에 대해 논의할 수 있다. 종결의 이러한 측면에는 내담자의 지속적인 어려움과 대처 자원 그리고 가장 중요한 미래에 대한 희망과 계획에 대한 논의도 포함된다. 또한 내담자에게 일반적인 회복 패턴과 재발의 본질에 대한 솔직한 정보를 제공하는 것도 유용하다. 예방 조치로 치료자는 내담자가 재발 가능성을 고려하도록 격려해야 한다. 예를 들어, 치료자는 다음과 같이 말할 수 있다.

> 우리가 함께 일할 수 있다는 것은 정말 멋진 일이에요. 하지만 당신과 저는 인생에는 기복이 있다는 것을 알고 있어요. 그러니 언젠가는 어떤 일이 일어나서 이 문제가 다시 고개를 들 수도 있어요. 어떤 일이 잘못될 수 있거나 가장 괴로울 수 있다고 생각하시나요? 그런 일이 발생했을 때 어떤 것들이 당신에게 도움이 될까요?

또한 내담자가 향후 치료를 다시 받고 싶어 할 가능성을 정상화하는 것도 유용하다. 치료자는 "그 문을 열어 둘게요."라는 의지를 표현하거나 "마침표 대신 쉼표로 치료를 끝내지요."라고 종결을 언급해야 한다. 이러한 확신을 주는 것은 내담자의 이용 여부와 관계없이 재발을 방지하는 역할을 할 수 있다. 한 예로, 가족 내 성적 학대와 관련된 문제를 성공적으로 해결한 한 청년이 어려움 없이 치료를 종결했지만 1년이 지나지 않아 치료자와 다시 연락을 취했다. 그는 개인적으로 성장하면서 동생들도 겪은 학대에 대해 더 깊이 생각하게 되었고, 동생들을 보호하지 못한 것에 대한 죄책감을 호소했다("이제 이 모든 것이 머릿속에 명확해졌으니 가족 관계를 다시 회복하고 제 연애 생활도 고치고 싶어요."). 치료자는 현재의 관계 문제에 집중하기 위해 짧은 치료를 재개하기로 동의했다. 하지만 불과 4회기 만에 내담자는 다시 "모르겠어요, 잘하고 있는 것 같아요."라고 말하며 종결할 준비가 되어 있었다. "제가 제 역할을 다하고 있는 한, 제 형제자매가 결국 보답을 하지 않아도 괜찮아요. 한 달 전처럼 그렇게 큰 문제가 되지 않는 것 같아요."

유기 및 방임 문제를 다루었던 또 다른 내담자는 치료를 종결하는 것이 특히 어려운 일이라고 생각했다. 내담자는 '정말 정말 천천히 보조 바퀴를 떼어 내고 싶다.'라는 바람을 표현했다. 그래서 치료자와 내담자는 3개월 간격으로 두 번의 추수 회기(booster sessions)와 1년 후의 마지막 회기를 포함하여 치료 종결 후 장기간에 걸쳐 회기를 축소하는 데 동의했다. 또한 마지막 약속을 1년 전에 확정하는 것이 내담자에게도 중요했고 치료자에게도 실현 가능한 일이었다. 이 내담자에게는 구체적인 약속의 형태로 '문이 아직 열려 있다.'라는 확신이 희망과 지속적인 개인적 회복을 촉진하는 안정감과 연대감을 제공하기에 충분했다.

맺는말

미디어, 형사 사법 시스템, 전문 문헌에서 아동학대에 대한 관심이 높아졌음에도 불구하고 아동학대는 여전히 놀라울 정도로 흔한 일이다. 이러한 어린 시절의 경험은 거의 모든 성인 정신 장애의 위험 요인으로 인식되고 있다. 따라서 이러한 내담자의 문제를 해결하기 위한 효과적인 치료법이 필요하다. 외상 분야에는 풍부한 임상적 지혜가 있으며, 신체적 접근법(Ogden & Fisher, 2015), 환각제(psychedelic; Krediet et al., 2020), 보조 및 보완치료(Smith & Ford, 2020) 등 흥미로운 새로운 치료법들이 등장하고 있다. 이 책은 이러한 자원에 추가하여 치료자에게 내담자를 도울 수 있는 추가 도구를 제공함으로써 내담자에게 문제 해결, 치유 및 지속적인 성장을 위한 새로운 도구를 제공한다. 이 책에 설명된 개입 전략은 내담자가 자신의 감정 · 인식 · 원칙 · 필요를 소중히 여길 수 있도록 돕기 위한 것이다. 또한 이 치료 접근법의 의도는 내담자가 자신의 고통에 대한 연민과 자신의 강점에 대한 존중을 느끼고, 타자에 대한 신뢰를 발전시키거나 새롭게 하며, 필요한 지지를 다른 사람에게 의지하도록 하는 것이다. 이 책이 이러한 과정에 도움이 되기를 바란다.

이 책은 복합외상을 다룰 때 새롭고 정교한 개입을 배우고자 하는 사람들이 쉽게 접근할 수 있도록 만들었다. 치료자가 이 페이지에서 자신의 내담자를 어떤 의미에서 인식할 수 있도록 많은 '방법'을 구체적으로 제시하고 회기 내 세부 사항을 포함했다. 정서중심 접근법을 처음 접하는 치료자는 이 책에 설명된 관련 치료 단계와 정서 표식에 익숙해지면 내담자의 순간순간 정서 과정을 파악하는 데 도움이 될 것이다. 앞서 설명한 대로 생산적 과정의 패턴에 대한 기본 지식을 습득하고 내담자의 정서 변화에 대한 인식을 높임으로써 이 모델은 외상 생존자 치료에서 특정 순간에 가장 유익한 공감적 성찰 또는 절차의 개입 유형을 알려 주는 데 사용될 수 있다.

심리치료가 통합 치료의 2세대, 3세대에 접어들었기 때문에 이 책은 외상 치료에 대한 다른 접근법에 이미 전문가이고 자신의 레퍼토리를 확장하고자 하는 노련한 치료자들에게도 유용할 것으로 믿는다. 요컨대 외상에 대한 정서중심치료(emotion-focused therapy for trauma: EFTT)를 정형화된 방식으로 실행하는 것이 아니라 그 아이디어와 원리를 치료자의 개인 스타일과 기존 실무에 통합하는 것을 목표로 한다.

맥락

이번 2판에서 소개하는 EFTT 치료 모델은 외상 및 기타 정서중심치료 분야의 이론과 연구 맥락에서 발전해 왔다. 정동 신경과학과 외상에 관한 연구는 학대와 방임이 개인에게 어떤 해를 끼치는지 이해하는 데 특히 중요한 역할을 해 왔다. 예를 들어, 신경영상 연구(예: Lanius et al., 2004; Neria, 2021)와 후성유전학 및 외상의 세대 간 전염에 관한 새로운 연구(Yehuda & Lehrner, 2018)는 고통받는 개인과 치료를 제공하는 치료자 모두가 직면한 문제에 대한 새로운 이해를 제공한다. 그러나 정동 신경과학과 뇌 영상은 매우 유익한 정보를 제공하지만, 이러한 결과를 해석할 수 있는 정교한 정서 및 심리적 기능 이론이 있어야만 치료자가 복합 대인외상을 해결하는 데 도움을 줄 수 있다. 이러한 이유로 우리는 정서중심 이론과 이를 뒷받침하는 과정 연구가 외상과 회복의 신경 기질에 대한 관련 연구를 중재하고 해석하는 데 중요하다고 믿는다. 외상을 이해하는 새로운 방향이 효과적이려면 치료자가 회기에서 연민과 깊이 공감하는 치료적 동맹의 맥락에서 무엇을 해야 하는지 알려야 하며, 이 책에 제시된 개념적 틀이 실무자가 이를 수행하는 데 도움이 될 것으로 믿는다.

EFTT는 정서중심치료의 발전이다. 이 치료법은 처음부터 과학과 치료 모델을 통합하고자 하는 전문가들에 의해 독특하게 발전해 온 경험적이고 인본주의적인 전통에서 비롯되었다. 그 결과, 이 특정 치료 모델의 이론과 개입 원리는 심리치료 분야에서 정서 과정에 대한 가장 포괄적인 연구 프로그램인 정서중심치료 연구의 맥락에서 종합적으로 발전해 왔다. 현재까지 우울증, 범불안, 사회불안, 성격장애, 부부, 가족 등 다양한 장애에 적용되는 정서중심치료를 뒷받침하는 연구와 실천이 많이 이루어지고 있다(Greenberg & Goldman, 2019a 참조). 이러한 모든 장애는 복합외상의 병력과 관련이 있다. 지난 20년 이상에 걸친 EFTT에 대한 연구는 이러한 발전으로부터 상호적으로 정보를 얻고 제공했다.

EFTT: 과거, 현재와 미래

심리학 및 신경과학 분야에서 일어나고 있는 정동 혁명으로 인해 '감정과 각성' 대 '생각과 의미'라는 오래된 이분법은 지나치게 단순하고 지속 불가능한 것으로 간주되고 있다. 이러한 이유로 경험적 · 정서중심 · 신체중심 치료법이 빠르게 발전하고 있으며, 현재 외상 분야에서 가장 유망한 치료법으로 여겨지고 있다.

2010년 이 책의 초판이 출간된 이래, EFTT는 복합외상성 스트레스 장애에 대한 경험적으로 뒷받침되는 몇 안 되는 효과적인 치료법으로 인정받고 있다. 이 책에 설명된 EFTT 치료 모델은 효과뿐만 아니라 회기 내 변화 과정을 뒷받침하는 상세한 과정 및 성과 연구를 통해 개발되었다. 이 책에서 설명하는 각 개입은 수백 명의 내담자와의 실무와 전 세계 전문가들의 교육을 통해 정보를 얻었다. 이러한 정서중심치료 이론 · 연구 · 실무 · 훈련의 전통을 바탕으로 치료자들은 이 치료 모델에 대한 높은 신뢰도를 갖게 되었다.

EFTT 치료 모델(관계 및 개입 구성요소)은 문헌에서 점점 더 두드러지고 있는 다양한 유형의 복합적이고 누적된 대인외상에도 유망하게 적용될 수 있다. 우리를 포함한 많은 치료자가 난민 외상 · 인신매매 · 가정폭력 · 전투 외상 · 트랜스젠더 집단 등에 EFTT를 적용하고 있다. 또한 치료자들은 환각제나 요가 치료에서 가져온 신체 기반 개입의 통합과 같은 EFTT의 보조적인 방법을 탐구하기 시작했다(부록 D 참조). 앞으로의 연구와 실천이 이러한 새로운 방향을 계속 탐구하고 발전시켜 나가기를 바란다.

외상에 대한 깊은 정서적 참여가 치료자에게 미치는 영향

외상을 다루는 사람은 누구나 사람들이 서로, 특히 어린이에게 가할 수 있는 잔인함, 고통, 괴로움에 자주 경악하고 슬퍼하며 때로는 혼란스러워한다. 훈련 회기에서 내담자와 깊은 수준의 정서적 교감을 나누는 EFTT가 치료자에게 미치는 영향에 대한 질문을 자주 받는다. 이러한 우려는 초심 치료자와 외상에 더 집중하거나 더 깊은 정서적 수준에서 작업하는 데 관심이 있는 중견 치료자 모두에게서 나타난다. 건강 관리 실무자들의 대리외상 문제는 수년 동안 논의와 연구의 초점이 되어 왔다(Harrison & Westwood, 2009; Pearlman et al., 2020). 내담자가 제시하는 문제와 관계없이 EFTT 치료자는 자신과 내담자의 극심한 고통스러운 정서를 편안하게 받아들일 수 있어야 한다. 이는 복합외상 분야에서 특히 그렇다. 우리 모두는 자녀와 손주들이 천진난만하고 평온하게 노는 모습을 보고 있다가 갑자기 내담자 중 한 명의 이야기를 떠올리며 우리 아이도 이런 식으로 상처받을 수 있다는 생각에 가슴이 아팠던 경험이 있다. 이러한 경험은 외상 치료자들에게 흔한 일이며, 불안하고 떨쳐 버리기 어려운 감정이다. 치료자는 이러한 경험을 자신의 치료자 또는 지지하는 동료와 함께 처리하는 것이 중요할 수 있다. 그럼에도 불구하고 내담자와 깊은 정서적 유대감을 형성할 수 있는 잠재력은 바로 EFTT와 같은 정서중심치료의 힘이다.

복합외상의 핵심은 정서 체계의 혼란을 수반하며, 효과적인 치료를 위해서는 단순한 두려움 억제 이상의 것이 필요하다. 우리의 경험에 따르면, EFTT의 공감적이고 자비로운 관계의 특성은 내담자뿐만 아니라 치료자에게도 영양분을 공급하고 깊은 보람을 주는 인간과의 깊은 연결을 가능하게 한다. 또한 EFTT는 복합외상성 스트레스 장애의 특징인 다양한 정서와 정서처리 어려움을 다루는 데 필요한 풍부한 도구[과정 지도(process maps) 및 특정 개입]를 제공한다. 우리는 EFTT에서 일어나는 내담자의 정서적 변화 과정이 치료자의 개인적 · 영적 성장을 향상시키는 매우 창의적인 공동 구성 과정이라는 것을 발견했다. 이 책이 치료자들이 이러한 강력하고 풍부한 임상 접근법을 배우고 실천할 수 있도록 영감을 주고 힘을 실어 주기를 바란다.

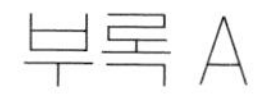

부록 A
내담자 경험하기 척도 단축형

수준	내용	대우
1	외부 사건, 참여 거부	비인격적, 분리됨
2	외부 사건, 자신에 대한 행동적 또는 지적 설명	관심, 개인적, 과정에 참여함
3	외부 사건에 대한 개인적인 반응, 자신에 대한 제한된 설명, 감정에 대한 행동 설명	반응적, 정서적으로 관여함
4	감정 및 개인적인 경험에 대한 설명	자기서술적, 연상적
5	감정과 개인적인 경험에 대한 문제 또는 명제	탐색적, 정교함, 가설적
6	내적 참조 대상에 대한 '감각느낌'	'그것'(주제)에 대해 더 많은 것에 초점을 맞춤
7	내용을 연결하는 일련의 '감각느낌'	발전하는, 출현하는

출처: *The Experiencing Scale: A Research and Training Manual, Vol. 1*, by M. H. Klein, P. L. Mathieu, E. T. Gendlin, and D. J. Kiesler, 1969, University of Wisconsin Extension Bureau of Audiovisual Instruction에서 수정됨. 저작권 1970 The Regents of the University of Wisconsin의 허가를 받아 수정됨.

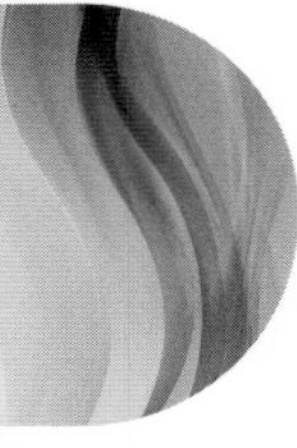

부록 B
작업동맹척도 단축형

척도: 1=전혀, 2=드물게, 3=때때로, 4=가끔, 5=자주, 6=매우 자주, 7=항상

질문:

1. 치료자와 나는 내 상황을 개선하기 위해 치료에서 해야 할 일들에 대해 동의한다.	1 · 2 · 3 · 4 · 5 · 6 · 7
2. 치료에서 내가 하는 일은 내 문제를 바라보는 새로운 방법을 제공한다.	1 · 2 · 3 · 4 · 5 · 6 · 7
3. 치료자가 나를 좋아한다고 믿는다.	1 · 2 · 3 · 4 · 5 · 6 · 7
4. 치료자는 내가 치료에서 성취하고자 하는 것을 이해하지 못한다.	1 · 2 · 3 · 4 · 5 · 6 · 7
5. 나는 나를 도울 수 있는 치료자의 능력에 대해 확신한다.	1 · 2 · 3 · 4 · 5 · 6 · 7
6. 치료자와 나는 상호 합의된 목표를 향해 노력하고 있다.	1 · 2 · 3 · 4 · 5 · 6 · 7
7. 치료자가 나를 높이 평가한다고 느낀다.	1 · 2 · 3 · 4 · 5 · 6 · 7
8. 우리는 내가 노력해야 할 중요한 것이 무엇인지에 대해 동의한다.	1 · 2 · 3 · 4 · 5 · 6 · 7
9. 치료자와 나는 서로를 신뢰한다.	1 · 2 · 3 · 4 · 5 · 6 · 7
10. 치료자와 나는 내 문제가 무엇인지에 대해 서로 다른 생각을 가지고 있다.	1 · 2 · 3 · 4 · 5 · 6 · 7
11. 우리는 나에게 좋은 변화의 종류에 대해 잘 이해하고 있다.	1 · 2 · 3 · 4 · 5 · 6 · 7
12. 내 문제를 해결하는 방식이 옳다고 믿는다.	1 · 2 · 3 · 4 · 5 · 6 · 7

출처: "Development and Validation of the Working Alliance Inventory," by A. O. Horvath and L. S. Greenberg, 1989, *Journal of Counseling Psychology, 36*(6), p. 266 (https://doi.org/10.1037/0022-0167.36.2.223)에서 수정됨. 저작권 1989 by the American Psychological Association.

부록 C
해결정도척도 단축형*

다음 척도는 내담자가 확인된 타자와의 과거 문제 해결을 향해 나아갈 때 계층적으로 조직화된 과정을 설명한다.

1수준. 내담자는 주요 타자와 관련하여 오래 지속되는 나쁜 감정, 상처, 비난, 불만을 표현한다. 내담자는 체념하거나 관련 감정을 억누를 수도 있다.

2수준. 심상 속의 타자와 심리적 접촉을 할 때 정서적 반응이 유발된다. 내담자는 상처, 괴로움, 두려움 또는 나쁜 감정을 해결할 수 없다는 절망감을 표현한다.

3수준. 타자에 대한 나쁜 감정은 관련된 의미를 지닌 분노나 슬픔의 명확한 표현과 높은 수준의 정서적 각성으로 구분된다.

4수준. 내담자는 충족되지 못한 욕구를 충족시킬 자격이 있다고 느끼며, 이는 타당하고 적절한 것으로 경험된다.

5수준. 내담자는 더 이상 보복이나 충족되지 못한 욕구 충족을 추구하지 않고 타자로부터 더 분리되어 있다. 내담자는 타자를 자신의 문제를 가진 '실물 크기의' 사람으로 여겨 보다 차별화된 관점을 가지고 있다.

6수준. 내담자는 자신을 인정하고, 타자가 사과하거나 변화할 것이라는 기대를 버리며, 타자를 용서하거나 타자에게 피해에 대한 책임을 묻는다.

---

* 출처: Facilitating Emotional Change: The Moment-by-Moment Process (p. 249), by L. S. Greenberg, L. N. Rice, and R. Elliott, 1993, Guilford Press에서 수정됨. 저작권 1993 Guilford Press의 허가를 받아 수정됨.

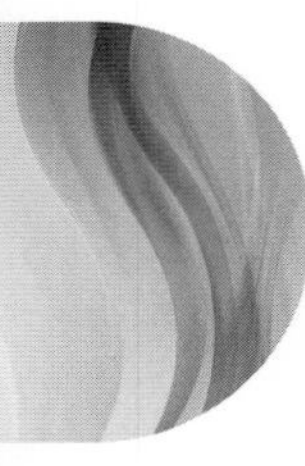

부록 D
EFTT 보완으로서의 요가 치료: 신체 기반 개입의 통합

Sandra C. Paivio, Katlin J. P. Robinson*, and Antonio Pascual-Leone

이 부록은 이 책의 부가 정보로, 복합외상을 다루는 치료 선택사항을 고려할 때 특별한 필요를 충족하는 독립적인 기고문이다. 신체 기반 접근법을 사용한 보완 치료는 특히 복합외상과 관련된 정신건강 문제의 지속적인 치료에 유용한 지원이 될 수 있다. 이 책의 부록은 외상에 대한 표준 정서중심치료(emotion-focused therapy for trauma: EFTT)를 실행하는 데 반드시 필요한 것은 아니지만, 치료자가 신체 기반 개입을 통해 EFTT를 더욱 강화할 수 있는 방법을 설명하는 데 그 목적이 있다. 요가 기반 개입을 EFTT 치료에 통합하는 것은 전통적인 대화 치료에서 부족할 수 있는 특정 내담자 과정을 강화하는 데 도움이 될 수 있는 신체 기반 작업의 한 예이다. 또한 요가는 정신건강 문제 치료법 개발의 최전선에 있지만, 치료자가 이러한 접근법을 기능적으로 통합하는 방법에 대한 구체적인 지침이 상당히 부족하다. 이 부록은 적어도 EFTT에 구체적으로 적용될 때 이러한 격차를 메우는 데 도움이 된다.

이 부록의 첫 번째 목표는 요가 치료에서 파생된 신체 기반 중재가 어떻게 EFTT에 통합될 수 있는지 탐구하는 데 관심을 불러일으키는 것이다. 두 번째 목표는 요가 치료를 통합하기 위한 기준을 충분히 상세하게 명시하여 독자들이 임상에서 요가 치료의 사용을 탐색할 수 있도록 하는 것이다. 가장 중요한 목표는 더 넓은 범위의 내담자와 내담자의

---

* Katlin Robinson은 캐나다-국제 요가 치료사 협회(Canadian-International Association of Yoga Therapist)에서 인증한 요가 치료사이다. 그녀는 500시간의 요가 교사 연수(ERYT200/RYT500)를 이수한 숙련된 등록 요가 교사 자격증(Experienced Registered Yoga Teacher)을 보유하고 있다. 캐나다 온타리오주 런던에 거주하며 정신건강과 여성 건강을 위한 요가를 전문으로 하고 있다. 그녀는 거의 20년 동안 요가와 마음챙김 기술을 수련해 왔다. Katlin은 워크숍, 집단 수업, 일대일 요가 치료를 통해 내담자와 함께 일한다. 또한 요가 교사(RYT300 및 CE)를 위한 고급 교육과 멘토링, 요가 수련법에 관심이 있는 치료자 및 정신건강 전문가를 위한 신체와 움직임, 내담자의 정신건강을 지원하는 철학을 제공한다. 그녀는 스트레스를 줄이고, 사람들의 삶을 풍요롭게 하며, 자기의 가장 깊은 수준에서 치유를 촉진하는 요가의 풍부한 내적 가르침과 전통을 가르치는 데 중점을 두고 있다. https://www.katlinrobinson.com

어려움을 처리하는 데 EFTT의 이점을 확대하는 것이다.

이 책을 읽는 많은 치료자(및 내담자)는 전통적인 요가 수련에 익숙할 것이며, 기본적인 요가 기술을 배우고자 하는 독자를 위한 자료도 부족하지 않다. 그러나 이 부록의 개입을 실행하기 위해 요가 자체에 대한 전문 교육이 반드시 필요한 것은 아니다. 신체 언어에 민감하고 요가를 포함한 신체 기반 실천에 익숙한 치료자라면 신체 기반 개입과 대화 치료를 통합하는 것이 직관적으로 이해될 것이다. 여기에 설명된 개입은 심리치료 문헌에서 친숙하고 잘 받아들여지는 구성을 기반으로 하며, EFTT 회기에 쉽게 통합할 수 있다. 예를 들어, EFTT를 포함한 모든 심리치료 접근법은 호흡과 정서조절의 관계, 신체와 정서의 연결, 내적 경험을 불러일으키는 시각화와 이미지의 힘, 행동 동기 부여에서 의도, 욕구, 바람의 역할, 현재 중심 인식을 함양하는 마음챙김의 가치를 인정하고 있다.

이 책은 12개의 장으로 구성된 기본 EFTT 모델을 설명하고 있으며, 이 부록은 이에 기여한다. 요가 치료에서 가져온 신체 기반 실무를 통합하여 EFTT 개입을 강화하고 내담자의 변화를 극대화하기 위한 지속적인 탐구를 설명한다. EFTT의 변화는 내담자의 정서에 대한 인식, 정서 경험을 조절하고 성찰하는 능력, 부적응적 정서도식에 대응할 수 있는 건강한 역량에 대한 접근성을 통해 '똑같은 오래된 이야기'를 바꿀 수 있는 능력, 즉 정서 변화의 본질에 달려 있다. 하지만 EFTT를 배우고 실천하는 사람이라면 누구나 앞 장에서 설명한 표준 EFTT 개입이 부족한 내담자를 만나게 될 것이다. 다음 회기에서는 이러한 고착화된 내담자 처리의 어려움과 요가 기반 실무가 EFTT의 보조 수단으로 어떻게 도움이 될 수 있는지 설명한다.

정서조절곤란

공감적 반응은 내담자의 고통을 줄이기 위해 사용되는 주요 EFTT 개입 방법이다. 심각한 정서조절곤란이 있는 경우, EFTT는 외상 치료에 대한 다른 접근법에서 사용되는 신체적 안정화(grounding), 호흡 또는 마음챙김과 같은 잘 알려진 기법을 활용한다(예: Linehan, 2015). 많은 내담자에게 이러한 정서조절 기법은 조절곤란의 표식이 나타날 때 회기에서 사용될 수 있다. 그러나 일부 내담자는 순간순간의 과정에서 이러한 개입을 도입해도 반응하지 않는다. 이 책의 앞 장에서 언급했듯이, 예를 들어 높은 수준의 정서적 고통과 괴로움에 대처하기 위해 자해 행동을 하는 내담자는 심층적인 외상 탐색이 안전하기 전에 회기와 회기 사이에 정서조절 전략을 배우고 연습해야 하는 경우가 많다. 다른 내담자에게는 내적 경험에 주의를 기울이는 마음챙김과 같은 기법이 자극적이거나 너무 흥분하여 당장의 조절 전략으로 효과적이지 않을 수 있다. 또한 치료 외부와 회기 중 모두 만성 불안이 높으면 불안을 탐색하고 줄이기 위한 두 의자 대화를 포함한 EFTT 개입에 참여하는 데 방해가 될 수 있다. 요가 치료는 정서적 무감각과 우울에 대응할 수 있는 다양한 진정 기법과 활성화 전략을 제공한다.

정서적 경험에 대한 인식 부족

정서중심치료의 정서 인식 개입에는 공감적 반응과 추측 그리고 이 글 전체에서 설명하는 명시적 정서코칭이 포함된다. EFTT 전후로 감정표현불능증(alexithymia)이 80%에서 20%로 감소했다는 연구 결과는 이러한 표준 개입의 효과를 뒷받침한다(Paivio et al., 2010). 그러나 Paivio 등(2010)의 연구에 참여한 내담자의 20%는 치료가 끝났을 때에도 계속해서 감정표현불능증 기준을 충족했다. 다른 내담자는 특정 정서(분노 대 취약성 또는 그 반대의 경우)에 대한 접근이 제한적이다. 특정 내적 상태[예: 권한강화(empowerment) 또는 놓아 버리기(letting go)]를 촉진하는 요가 치료 신체 기반 개입은 일반적으로 내적 경험에 대한 인식과 특정 정서적 경험에 대한 인식에 기여할 수 있다.

이와 관련된 결핍은 신체적 경험에 대한 인식 부족이다. 경험적 포커싱과 같은 EFTT 개입은 신체 인식을 정서 인식을 위한 진입점으로 사용하여 경험하기를 심화시킨다(이 책의 제5장 참조). 그러나 일부 내담자는 외상, 질병 또는 거식증이나 공황과 같은 동반 장애로 인해 신체적 경험을 차단하거나 무시하는 법을 배웠다. 이들의 신체는 배신감 · 혐오감 · 두려움의 원천이 될 수 있다. 요가 치료 전략은 신체 경험에 대한 인식을 높이는 데 명시적으로 초점을 맞추며 신체 경험을 설명하기 위한 풍부한 언어 레퍼토리를 보유하고 있다.

경험하기(정서적 의미 탐색)의 어려움

많은 내담자가 감정을 식별하고 명명하고 개인적으로 의미 있는 사건에 대한 설명을 할 수 있지만, 이는 지나치게 이성적이고 지적이며 경험에 근거한 것이 아니다. 회기에서 이들은 정동적 경험에 집중하고 탐구하도록 돕는 공감적 반응, 질문 또는 지시에 최소한의 반응을 보이거나 그러한 초점에서 계속 벗어날 수 있다. 요가 치료 개입은 내담자가 문제가 되는 정서, 생각, 자기와 타자에 대한 신념으로 인한 신체적 불편함(예: 긴장 · 무거움 · 약함)과 반대로 가치와 진심 어린 욕구를 포함한 건강한 경험으로 인한 편안함(예: 균형 · 힘 · 가벼움 · 개방성)을 식별하고 경험하도록 돕는다. 이렇게 구체화된 자원은 의미 탐색에 사용할 수 있으며 적응적 행동에 동기를 부여할 수 있다.

정서적 변화의 어려움

절차에 관계없이 EFTT의 변화는 내담자가 부적응적 정서도식을 수정하기 위해 내면의 긍정적이고 자기보호적인 자원(즉, 적응적 정서 및 관련 핵심 욕구 · 바람, · 신념 · 행동)에 접근하는 데 달려 있다. 그러나 일부 내담자는 이러한 긍정적인 경험에 접근할 수 없기 때문에 대인관계 및 자기 관련 문제를 해결하지 못한다. 학대, 자기권한강화 또는 연민에 대한 건강한 항의는 자발적으로 나타나지 않으며, 치료자가 이러한 긍정적 경험을 코칭하거나 제안하려는 시도도 지속적인 변화를 가져오는 것 같지 않다. 변화는 일어나지 않고 몇 주 동안 지속될 수 있는 기존의 부적응 패턴에 '막혀 버린다'. 요가 치료에는 긍정적인 경험을 촉진하는 다양한 개입 레퍼토리가 있다. 다음 절에서는 EFTT와 관련이 있고 호환되는 요가 치료의 특징에 대해 설명한다.

요가 치료란 무엇인가

요가 치료는 외상과 불안을 포함한 신체적 · 심리적 장애의 치료에 적용되는 새로운 분야이다. 요가 치료는 요가 수업과는 달리 운동이나 '스트레칭'이 아니라 다차원적인 치유 접근법으로, 대화 치료의 보조 치료로 사용할 수 있다(Emerson et al., 2009; Gerber et al., 2018).

전인적 접근

요가 치료의 다차원적 접근 방식에는 신체와 호흡 인식, 명상, 가치와 기준, 실존적 및 영적 의미가 포함된다. 전통 요가에서는 이러한 모든 차원을 통합적으로 수행하면 고통을 줄이고 온전함 · 행복 · 평화 · 평온함 등 긍정적인 존재 방식을 위한 역량을 강화할 수 있다고 생각한다(Devi, 2007). 이러한 원리와 수행법 중 다수는 정서중심치료(Gayner, 2019)를 포함하여 대중적인 서구 문화 및 현대의 심리치료적 접근법[예: 변증법적 행동치료(dialectical behavior therapy)—Linehan, 2015; 수용전념치료(acceptance and commitment therapy)—Hayes et al., 2012; 우울증에 대한 인지치료[cognitive therapy for depression]—Segal et al., 2013]에서 두드러지는 현대 불교 수행법과 겹치는 부분이 많다.

신체 기반 실무

서양 문화에서 요가의 가장 친숙한 측면은 아사나(asanas) 또는 자세와 호흡 연습이다. 전통적인 요가 수련과 요가 치료에는 다양한 효과(평온 · 에너지 · 균형)를 내기 위해 호흡을 '조각'하는 정교한 기술이 많이 있으며, 이러한 기술은 자세와 명상에 통합될 수 있다. 현재 요가 치료에서는 개별 내담자의 한계와 필요에 따라 전통적인 자세를 필요에 따라 수정하거나 독특한 자세, 제스처 및 동작을 공동으로 개발할 수 있다. 다시 말하면, 이러한 요가는 '운동'이 아니라 일반적으로 현재 중심의 신체 인식과 특정 심리 및 정서 상태(예: 개방성과 취약성, 힘과 권한강화, 안정과 균형, 평온, 에너지, 활력)에 대한 인식을 증진하는 데 사용된다. 요가의 관점에서 신체는 심리적 경험의 상관관계일 뿐만 아니라 긍정적인 상태를 유도하고 부정적인 상태에 대응하기 위해 의도적으로 사용할 수 있는 다른 차원의 존재(즉, 생각 · 감정 · 바람)로의 진입점이기도 하다.

명상

요가 치료에는 몸과 호흡에 기반을 둔 다양한 명상 수련법도 포함되어 있다. 모든 요가 신체 기반 수행법은 그 자체로 현재 구체화된 현실에 대한 비판적 관찰 · 인식 · 수용을 향상시키기 위해 고안된 명상의 한 형태라고 할 수 있다. 안내되는 명상은 누워 있거나 앉아서 할 수도 있고, 걷기 등의 움직임, 소리, 음악, 영감을 주는 글이나 이미지의 사용, 기본적인 마음챙김 관찰을 포함할 수도 있다. 요가 치료 명상은 또한 삶에 대한 진심어린 의도의 구체화된 경험(다음 절 참조)과 실존적 및 영적 의미와 가치에 초점을 맞추는 경우가 많다.

가치 및 기준

전통적인 요가 철학에는 개인적 및 사회적 행동에 대한 가치와 기준[야마(yamas)와 니야마(niyamas), Adele, 2009]이 포함된다. 이러한 원리는 서양 문화와 심리학적 실무에 통합된 인본주의적 가치와 불교 철학(예: 자기인식, 연민 또는 사랑의 친절, 현재 현실의 수용)과 일치한다. 요가 치료는 이러한 원리를 바탕으로 내담자가 자신에게 가장 중요한 것, 핵심 실존적 가치와 관심사, 자신과 타자를 대하는 방식에 대한 진심 어린 의도[상칼파(sankalpa)]를 파악하고 깊이 경험하도록 돕는다. 이는 적응적 정서 경험에 내포된 EFTT의 핵심 가치·관심사·의도와 일치한다.

실존적 및 영적 의미

요가에 대한 현대 서양의 많은 접근 방식은 순전히 세속적이지만, 전통 요가의 가장 높은 단계는 영적 차원의 발전이다(Devi, 2007). 요가의 영적 원리에는 온전함, 상반된 것들의 균형과 조화, 변화의 주기, 모든 것의 상호 연결성, 생명의 소중함 등이 포함된다. 오랜 세월 동안 영적 신념과 실무는 사람들이 삶의 어려움 속에서 평화를 찾고 기분이나 정서 상태를 넘어 보다 지속적인 행복·조화·평온의 상태를 경험하도록 도와왔다. 세속적인 관점에서 볼 때, 이러한 차원의 웰빙을 증진하려면 자연·예술·시·음악·과학·아이들과 함께하는 등 경이로움과 경외감을 느끼는 경험과의 정기적인 연결이 필요하다. 많은 사람에게 요가의 매력은 물질적 가치관이 제공하는 것 이상의 더 깊은 수준의 행복과 평온을 약속한다는 점이다. 다시 말하면, 요가 치료는 내담자가 이러한 긍정적인 상태를 깊이 경험하고, 맛보고, 이러한 경험이 가능하다는 것을 알고, 이러한 경험을 배양하고 삶에 더 규칙적으로 통합하는 데 있어 자신의 선택권을 높이는 데 도움이 된다.

요가 치료에 대한 배경 문헌

외상에 대한 신체 기반 개입은 심리적 기능 영역에 영향을 미치는 스트레스 호르몬 분비, 근육 수축, 신경계 조절 장애 등 외상의 신경생물학적 영향에 대한 상당한 인식에 의해 뒷받침된다(Ford, 2020; van der Kolk, 2014). 신경생물학적 관점에서 볼 때, 외상에 만성적이고 반복적으로 노출되면 지속적인 신경계 조절 장애가 발생하여 유기체가 균형을 잡거나 조절하려고 노력한다. 심리적 관점에서 볼 때, 이는 단기적으로는 효과가 있지만 개인을 지속적인 불균형 상태로 유지하여 과각성(hyperarousal)과 차단(shutting down) 사이를 순환하는 자기보호적 거리두기 반응을 수반하며, 이는 결국 피로로 이어진다. 다미주 이론(polyvagal theory; Porges & Dana, 2018)에 따르면, 외상에 노출되고 외상성 공포가 해결되지 않고 재활성화될 때마다 정서적 각성에 대한 '인내의 창(window of tolerance)'이 줄어들기 때문에 위협의 유발 요인에 대한 회복력이 떨어지게 된다. 공포 반응이 더 쉽게 활성화되고 동일한 신경생물학적 반응 · 감정 · 신념 · 방어 행동이 활성화된다. 정서중심치료의 관점에서 볼 때, 이는 사람들이 치료에서 변화시키려고 하는 부적응적 정서도식에 내재된 '똑같은 오래된 이야기'이다. 이러한 효과는 심리치료와 외상의 정서처리의 부산물로 감소될 수 있다. 그러나 때때로(예: 내담자가 외상 감정과 기억에 압도된 경우) 신경계 조절 장애는 호흡 및 이완과 같은 신체 기반 개입을 통해 직접적으로 표적화해야 할 필요가 있다. 시간이 지남에 따라 내담자는 신경계 조절 장애를 통제하는 방법을 배우게 된다.

요가 기반 개입의 목표

기능 장애 이론에서 비롯된 외상에 대한 요가 치료의 일반적인 목표는 신경계를 조절하여 인내의 창을 키워서 유발 요인에 덜 반응하게 함으로써 회복력과 조화와 균형(평정심)의 잠재력을 높이는 것이다. 요가 치료에서 사용하는 실무(뒷부분에 설명)는 균형 또는 조화와 이러한 긍정적인 경험을 생성하는 데 있어 내담자의 선택권을 높이기 위해 고안되었다. 이러한 새로운 긍정적인 신체적 경험은 심리적 · 정서적 차원의 인식에 영향을 미치며 일상생활에 통합된다.

요가 및 신체 기반 접근법의 효과성

심리학적 실무에서 심신 연결에 대한 인식은 풍부하다. 마음챙김에 기반한 스트레스 감소(mindfulness–based stress reduction; Kabat–Zinn, 1990, 2003)와 같은 인기 있는 프로그램은 호흡법 · 명상 · 요가 수련을 결합하여 심리적 웰빙을 증진한다. 요가 프로그램은 불안(하향조절)과 우울(상향조절, 예: Weintraub, 2003)의 증상을 해결하기 위해 개발되었다. 요가에 대한 연구는 초기 단계에 있지만, 심리치료의 보조제로서 이러한 프로그램의 효과를 뒷받침하는 증거가 있다(예: Capon et al., 2021; Simon et al., 2021). 외상 생존자의 욕구를 충족하기 위해 전통적인 요가 수업을 수정한 외상 민감성 요가 프로그램(trauma–sensitive yoga programs; Emerson & Hopper, 2011; Smith & Ford, 2020)도 개발되었다. 가정폭력 생존 여성(Clark et al., 2014), 대인외상 병력이 있는 여성(van der Kolk et al., 2014), 남성 퇴역 군인(Reinhardt et al., 2018) 등을 대상으로 한 연구에서도 이러한 접근법의 효과를 뒷받침하고 있다. 또한 재향군인의 외상 후 스트레스 장애(posttraumatic stress disorder: PTSD)를 줄이기 위한 보조적인 대체 치료법으로 나중에 설명하는 명상의 한 형태인 통합 회복 요가 니드라(nidra; Miller, 2015)의 효과에 대한 연구도 뒷받침하고 있다.

EFTT 내 요가 치료의 과정 및 목표

앞 장에서 설명한 대로 요가 치료의 몇 가지 특징이 EFTT와 양립할 수 있다. 첫째, 요가 치료는 교사가 지시하는 것이 아니라 일대일 협력 과정이다. 개입에는 열린 대화가 포함되며, 치료자는 수련 내내 내담자와 함께 수련의 효과를 모니터링하고 필요에 따라 조정 및 수정한다. 둘째, 모든 치료법은 규범적이기보다는 개인에 맞게 조정된다. 내담자는 자신의 경험에 있어 전문가이며, '올바른' 실무란 존재하지 않는다. 모든 수련에서 내담자는 자신의 신체적 한계 · 선호도 · 필요에 맞는 옵션과 선택권을 제공받는다. 중요한 것은 요가 치료는 호기심 · 놀이성 · 탐구심을 자극하는 분위기를 조성한다는 점이다.

EFTT에 특별히 맞춘 요가 치료의 목표는 인식, 조절, 정서적 의미에 대한 성찰, 변화(긍정적 경험에 대한 접근)와 관련된 내담자의 정서처리 어려움을 해결하기 위한 표준 EFTT 개입을 보강하는 것이다. 이러한 목표는 다음 하위 절에 설명되어 있다.

내적 경험에 대한 인식 향상

정의에 따라 거의 모든 요가 치료 개입은 신체적 경험으로 시작하여 내적 경험(긍정적이든 부정적이든)에 대한 개인의 인식을 높이기 위한 것이다. 마찬가지로 EFTT에서도 신체 인식은 정서 인식과 정서적 경험하기의 심화를 위한 시작점이 될 수 있다(제5장 참조). 요가 치료와 EFTT 모두에서 특정 경험을 촉진하는 자세(나중에 설명)는 내담자의 능력을 평가하고 원하는 내적 상태(예: 권한강화)를 편안하게 하며 감정(예: 주장적 화)을 불러일으키고 심화하기 위한 도구로 사용된다. 요가 치료는 손과 발을 부드럽게 흔들고, 움직이고, 관련 감각(예: 따뜻함, 따끔거림)을 인식하는 것부터 시작하는 등 신체 경험에 대한 잘못된 인식을 개선하는 기술을 제공한다. 이는 점차 관련된 정서적 경험과 의미에 대한 인식으로 확장될 수 있다.

정서적 각성 하향조절

정서조절을 촉진하고 인내의 창을 넓히는 요가 치료 개입(예: 호흡 기법 · 자세 · 시각화)은 모든 치료에서 외상 탐색을 지원할 수 있다(Porges & Dana, 2018). EFTT에서 적절한 정서조절은 내담자가 정서적 의미를 탐색하고 EFTT 절차에 생산적으로 참여하기 위해서도 필요하다. 각성은 정서도식을 활성화할 수 있을 만큼 충분히 높아야 하며, 그다음에는 의미를 탐색할 수 있도록 조절되어야 한다.

의도 설정

요가 치료 개입은 내담자가 자신의 상칼파(산스크리트어로 '영원한 진리'로 번역됨), 즉 회기 · 하루 · 치료 또는 자신의 삶에 대한 진심 어린 의도 · 열망 · 바람을 확립하고 삶에서 이러한 것들이 상상으로 표현되는 것을 깊이 경험하도록 돕는다. 이 상칼파는 내담자의 소망 · 욕구 · 바람 · 가치 · 우려 · 정서적 경험과 관련된 행위 경향성을 동원하는 것을 목표로 하는 기본적인 정서중심치료 개입 원리인 의도 설정(제3장 참조)을 보완한다. 이 글 전체에서 언급했듯이, 이는 부적응적 정서도식을 바꾸고 변화에 동기를 부여하는 데 사용되는 치료 목표와 적응적 내부 자원의 기초가 된다. 의도는 또한 내담자의 핵심 가치 및 우려와 관련이 있으며, 이는 낮은 수준의 경험하기를 심화하기 위한 진입점이 될 수 있고(제5장 참조) 정서적 의미 탐색을 촉진할 수 있다.

부정적 상태에서 벗어나기

EFTT 내의 요가 치료 개입은 내담자가 수치심 · 두려움 · 경험에 대한 과도한 통제와 같은 부적응적 정서에서 벗어날 수 있도록 지원할 수 있다. 예를 들어, 정서중심치료의 두 의자 대화에서 변화 과정을 지원한다. 요가를 기반으로 한 개입은 내담자가 수축 · 긴장 · 얕은 호흡 · 위축 등 정서적으로 자신을 '아프게 하는' 신체적 불편함을 깊이 경험하고 더 편안하게 느끼려는 반대의 욕구를 활성화할 수 있도록 인식을 높이고 도움을 줄 수 있다.

긍정적 경험 강화

요가와 요가 치료의 특징은 긍정적인 내적 경험을 향상시키기 위해 개입이 설계되었다는 점이다(Devi, 2007; Emerson et al., 2009). 예를 들어, 자세와 제스처는 분노와 관련된 힘과 자기권한에 대한 인식, 슬픔과 비탄에 굴복하거나 '주먹을 꽉 쥔' 과도한 통제에서 벗어나는 안도감과 해방감에 대한 인식을 높일 수 있다. 이렇게 구체화된 자각은 EFTT에서 이전에 지배적이었던 적응 경험을 구체화하고 강화하여 변화를 공고히 하는 데 도움이 된다.

이 과정에서 중요한 하위 목표는 긍정적 감정 상태와 부정적 감정 상태를 모두 생성하는 데 있어 내담자의 주체성을 높이는 것이다. 따라서 요가 치료 개입은 이 책 전체에서 설명하는 정서중심치료에서 정서 변화의 과정을 지원한다. 다음 하위 절에서는 요가 치료 개입이 촉진하도록 설계된 긍정적 경험의 유형에 초점을 맞춘다.

긍정적인 경험 요가 치료는 다음을 촉진하도록 설계됨

특히 EFTT에서 사용되는 요가 치료는 안정화 또는 평온, 안전, 권한강화 또는 선택, 연민 또는 친절, 항복 또는 놓아주기 등 다섯 가지 기본 그룹의 긍정적 경험을 촉진하는 데 중점을 둔다. 이러한 그룹은 다음과 같이 설명된다.

● 현존을 증진하기 위한 안정화 또는 진정

안정화 기법은 내담자가 집중력 · 중심 · 균형감 · 현재를 느낄 수 있도록 도와준다. 진정하는 것이 전제 조건이지만 안정화는 이완과는 구별된다. 안정화는 정서중심치료의 핵심인 내성(introspection)과 성찰(경험)에 필수적이다. 몸과 호흡의 현재 현실에서 안정화하는 것은 해리, 동요, 정신적 과잉행동('머릿속에서 사는' 내담자)에 대응한다. 요가 치료에는 다양한 안정화 전략(예: 간단한 호흡 · 자세 · 제스처 · 동작 · 이미지)과 감각이나 외부 자극에 집중하는 것과 같은 표준 신체 안정화 기법이 포함된다.

● 두려움에 대응하는 안전

외상 노출의 가장 큰 특징은 두려움과 보호와 안전의 필요성이다. 안전의 제공은 자기 권한강화를 위한 첫 번째 단계이다. 요가 치료에는 내담자가 안전하고 강하며 보호받고 있다고 느끼도록 돕기 위한 자세나 제스처가 포함된다. 이러한 자세는 회기 중에 고통스럽고 위협적인 자료에 접근하는 데 도움이 될 수 있다. 이러한 두려움에 대한 신체적 자기진정은 EFTT 및 기타 외상 치료에서 사용되는 언어적 자기진정(예: "당신은 여기, 지금, 안전해요.")을 동반할 수 있다.

● 무기력감에 대응하는 권한강화 또는 주체성

권한강화를 위한 개입의 목표는 내담자가 강인함과 자신감을 느끼고 외상 피해와 관련된 무력감과 무기력감에 대응할 수 있도록 돕는 것이다. 임파워먼트는 안전, 취약한 감정 허용, 심상 속 타자에 맞설 때 적응적 분노 표현, 충족되지 못한 욕구에 대한 자격 표현, 건강한 대인관계 경계를 주장하는 데 필요한 요구 사항이며, 이 모든 것이 EFTT에서 치유에 필수적이다. 요가 치료 개입은 자기주장을 촉진하는 데 사용되는 EFTT 신체 기반 개입을 보완한다(예: 내담자가 심상 속 가해자와 마주할 때 발을 바닥에 대고 똑바로 앉도록 격려하는 것).

● 자기비판 또는 분노에 찬 거부에 대응하는 연민 또는 친절

연민 기반 개입의 목표는 자기와 타자에 대한 친절함을 키우는 것이다. 자기에 대한 부드럽고 배려하는 행동은 자기비판이나 불안한 완벽주의로 인해 발생하는 고통스러운 수치심 기반 감정에 대응할 수 있다. 타자에 대한 연민은 거부적 화(rejecting anger)에 대응하고 타자를 결점이 있고 고통받는 인간으로 받아들이고 동정이나 용서를 제공하는 대인관계 해결의 일부가 될 수 있다. 부적응적 수치심과 거부적 화에 대응하는 요가 치료 개입은 이러한 부적응적 경험의 신체적 고통에 주의를 기울임으로써 이 책의 제10장에서 설명한 EFTT 개입을 보완한다. 이렇게 하면 온화함과 편안함에 대한 건강한 욕구를 활성화하여 고통을 줄일 수 있다.

● 과잉 통제에 대응하는 항복 또는 놓아 버리기

항복의 목표는 예측 불가능성과 잠재적 위협에 반복적으로 노출되면서 생긴 만성적인 과잉 경계와 과잉 통제에서 벗어나는 것이다. 이러한 정서 상태는 만성적인 신체적 긴장을 동반한다. 과잉 통제를 내려놓는 첫 번째 단계는 앞서 설명한 대로 안전과 권한을 강화하는 것이다. EFTT에서 항복은 정서적 고통과 슬픔을 허용하는 데 필수적이다. 항복하고 비현실적인 기대치를 놓아 버리는 것은 자기와 타자를 받아들이는 데 필수적이다. 요가 치료 개입은 내담자가 만성적인 과도한 통제로 인한 신체적 불편함과 피로를 인식하도록 도울 수 있으며, 이러한 부정적인 경험에 대응하기 위해 '풀어 주는' 자세를 사용한다.

이러한 목표 외에도 요가를 기반으로 한 개입은 때때로 복합외상 후 스트레스 장애와 동반되는 우울증(Weintraub, 2003)의 둔마(numbness)나 차단(shutting down)에 대응하기 위해 내담자의 활력을 증진시킬 수 있다. 호흡과 간단한 동작(예: 손발 흔들기, '풍차 팔')에

초점을 맞춘 개입은 혈류, 산소 섭취량, 기본 감각(예: 따끔거림, 따뜻함)에 대한 인식을 증가시켜 내담자가 더 살아 있다고 느끼도록 도와준다.

개입 원리

EFTT와 요가 치료의 개입 원리는 몇 가지 특정 도구나 기법을 통해 실현할 수 있는 치료자의 의도이다. 기본 원리를 이해하면 치료자는 개별 내담자에게 맞는 특정 도구를 적절하고 유연하며 원활하게 채택할 수 있다.

몇 가지 기본적인 개입 원리는 EFTT(제2장 참조)와 요가 치료 모두에 공통적이지만, 요가 치료는 신체와 호흡 그리고 적절한 경우 이러한 차원을 정서와 연결하는 데 더 중점을 둔다는 점을 제외하면 몇 가지 기본 원리가 있다. 이러한 개입 원리에는 현재 중심 인식, 내적 경험에 대한 비판단적 관찰 및 수용, 경험 타당화, 신체 경험의 정확한 명명, 내적 경험 상징화 등이 포함된다. 요가 치료는 언어적 상징(단어와 은유)뿐만 아니라 시각적 이미지와 소리도 사용하여 구체화된 경험의 본질을 묘사하고 포착한다. 이는 초점 맞추기 절차(제5장)에서 '핸들'을 식별하는 것과 유사하다. EFTT와 호환되는 다른 기본 개입 원리로는 의도 설정, 주체성 증진(앞 장에서 설명), 내담자의 편안한 영역부터 시작하여 원하는 경험에 대한 연속적인 근사치를 만드는 것 등이 있다. 이에 대해서는 이 책의 제9장(분노)에서 설명했다. 요가 치료는 운동 프로그램이 아니지만, 많은 내담자가 요가를 포함한 다양한 형태의 운동에 참여하고 있으며, 요가 치료 개입은 내담자에게 익숙하고 편안한 것부터 시작한다. 예를 들어, 내담자는 신체적 긴장을 줄이기 위해 '스트레칭' 자세에 익숙할 수 있다. 대신 긴장을 유발하는 만성적인 과잉 통제에 대응하기 위해 '놓아 버리기' '항복하기'(중력에 대한, '어머니 대지'에 대한) 경험에 집중하도록 권장할 수 있다.

마지막으로, 요가 치료의 중요한 개입 원리는 내담자와 함께 연습하는 것이다. 치료자는 요가 수업에서처럼 멀리서 내담자를 가르치고, 시범을 보이고, 관찰하는 것이 아니라 내담자와 함께 연습에 참여한다. 이를 통해 내담자의 수행 불안과 외로움을 줄일 수 있다. 신경생물학적 관점에서 볼 때, 이러한 반영연습(mirroring)과 대인관계 경험은 정서조절을 촉진하기도 한다(Porges & Dana, 2018).

다음 절에서는 EFTT에 통합할 수 있는 특정 신체 기반 실무와 도구에 대해 설명하고 각각의 예를 제공한다. 표준 요가 자세와 호흡법에 대한 자세한 설명과 지침은 이 장의 범위를 벗어난다. 이에 대한 일반적인 지침을 제공하며, 구체적인 표준 요가 수행법에 대한 자세한 그림과 지침을 제공하는 풍부한 서면 및 온라인 자료를 참조하기 바란다(예: Emerson & Hopper, 2011; Le Page & Le Page, 2013; Robinson, 2021).

실무 및 도구

다음 실무와 도구는 원하는 심리 상태를 만드는 데 도움이 되는 순간순간 과정이나 회기의 시작 또는 끝에서 EFTT 회기에 쉽게 동화될 수 있다. 하위 절은 이 장의 앞부분에서 설명한 주요 실무 영역에 따라 구성되어 있다.

호흡에 대한 주의

호흡 운동은 정서조절을 촉진한다. 요가 치료는 다양한 효과를 위해 수십 가지 호흡법을 제공한다. 호흡 연습에는 평온함과 안정감을 주기 위한 하향조절, 에너지와 활력을 높이기 위한 상향조절, 집중력과 평정심(마음의 평정, 침착함)을 높이기 위한 균형 잡기 등 세 가지 기본 범주가 있다. 이러한 호흡 연습은 이후 절에서 설명하는 자세 · 움직임 · 이미지 · 명상 연습과 함께 사용된다.

이완과 진정 반응을 유도하는 표준 호흡법에는 일반적으로 복식 호흡과 날숨을 길게 내쉬는 호흡법이 포함된다(Linehan, 2015; Najavits, 2002). 요가 치료에서 내담자는 한 손을 배에 얹거나 한 손은 배에, 다른 한 손은 심장 부위에 얹고 몸의 상승과 하강에 주의를 기울이도록 권장된다. 손의 위치는 적절한 부위에 주의를 기울여 적절한 호흡을 촉진하고 편안함과 따뜻함을 제공할 수 있다.

그러나 벨로우즈 호흡(bellows breath; 빠른 속도로 강제로 들이쉬고 내쉬는 호흡)은 산소 섭취량과 심박수를 증가시키도록 설계되어 우울하고 무감각한 내담자가 에너지와 활력을 증진하는 데 도움이 될 수 있다(Weintraub, 2003). 사자호흡(lion's breath; 사자의 포효나 마오리족 전사를 떠올려 보라)은 눈과 입을 크게 벌리고 혀를 내밀며 강제로 숨을 내쉬는 호흡으로, 힘이 솟는 느낌을 줄 수 있다. 순환 호흡(circular breathing)은 균형 감각과 평정심을 높이기 위해 사용된다. 숨을 들이쉬고 내쉴 때마다 4~5번씩 똑같이 세면서 배에 손을 얹고 배의 오르내림을 느끼며 점차 횟수를 늘리고 숨을 들이쉴 때 멈추는 것을 알아차린다.

몸에 대한 주의

요가 치료 신체 연습에는 자세 또는 아사나, 손 자세 또는 무드라(mudras), 제스처 및 움직임이 포함된다. 이 글 전체에서 언급했듯이, 분노를 느낄 때 주먹을 쥐고 다리를 쓰다듬어 진정시키고, 팔을 가슴에 접거나 심상 속 타자에게 등을 돌려 '벽'을 쌓거나, 손과 팔을 뻗어 멈추거나 '뒤로 물러나는' 제스처로 경계를 명확히 하는 등 신체 경험에 대한 관심은 EFTT의 본질적인 요소이다. 이러한 제스처는 특정 정서 경험을 활성화하고 인식을 높이고, 생산적인 정서 표현을 촉진하며, 경험하기를 심화시키는 데 사용된다. 요가 치료 개입은 이러한 EFTT 개입을 보강하고 강화할 수 있다.

요가는 전신 자세 또는 아사나로 가장 잘 알려져 있으며, 느리고 리드미컬한 동작으로 차분하고 활기차게 에너지와 활력을 증진하는 것으로 유명하다. 요가에는 단독으로 또는 신체 자세 및 호흡 연습과 함께 사용할 수 있는 다양한 손 자세 또는 무드라(Le Page & Le Page, 2013; Robinson, 2021) 레퍼토리도 포함되어 있다. 일반적으로 사용되는 예로는 존경이나 인사를 위한 '기도 손' 또는 연민을 위한 '심장 위에 손 얹기'가 있다. 잘 알려지지 않은 수많은 예시들은 섬세하고 환기적이며 심미적으로 만족스러운 효과를 가져올 수 있다. 또한 무드라는 순간순간의 치료 과정에 쉽게 통합될 수 있으며, 지하철에 앉아 있거나 마트에서 줄을 서거나 길을 걸을 때 등 언제 어디서나 내담자가 눈에 띄지 않게 사용할 수 있다. 손은 신경학적으로 매우 민감하고 신체의 다른 부위와 연결되어 있으며 표현력이 뛰어나다. 내담자에게 각 무드라의 표준 요가 의도를 가르치고 이를 상징으로 사용하여 수련하고자 하는 것(예: 안정화 · 권한강화 · 연민)을 알려 줄 수 있다. 또는 내담자에게 전통적인 무드라에 대한 자신의 경험을 이야기하도록 요청할 수도 있다.

신체 기반 실무에 대한 일반적 지침

언어는 종종 구체화된 정서적 경험(예: 어깨에 가해지는 세상의 무게)을 반영하기 때문에 많은 자세의 효과는 직관적으로 분명하게 드러나는 경우가 많다. 그러나 특정 자세나 동작을 제안할 때 치료자는 내담자의 내부 처리 어려움과 욕구에 따라 결정되는 의도를 명확히 파악해야 한다. 또한 적절한 개입을 결정하기 위해 유사하지만 다른 경험과 욕구를 구별하는 것도 중요하다. 예를 들어, 평온함(조절), 중심 잡기(현재 중심), 균형(평정, 침착), 고요함(내적 집중), 자기진정(친절 또는 편안함) 등 유사하지만 서로 다른 경험을 촉진하기 위해 다양한 개입을 사용할 수 있다. 이는 정서중심치료의 정서 경험에 대한 고도로 차별화된 관점과 일치한다.

일반적으로 아래를 향하는 자세(엉덩이를 의자에 붙이거나 발을 바닥에 대는 자세)는 안정감과 존재감을, 똑바로 서거나 앉는 자세(척추를 곧게 세우고 다리를 튼튼하게 하는 자세)는 힘과 권한을, 닫힌 자세(팔다리를 안으로 모으고, 팔을 몸에 말거나 손가락을 안으로 말아 올리는 자세)는 보호와 안전을, 열린 자세(팔을 벌리고, 심장 쪽을 드러내는 취약한 자세)는 신뢰와 환영을 촉진하는 자세가 된다. 시선의 방향은 자세를 보완할 수 있다. 견고함과 안정감을 위해 정면을 응시하고, 보호, 안정화 또는 몸을 돌릴 때는 아래를, 고양을 위해서는 위를 응시한다.

모든 경우에 개입은 내담자가 특정 자세 및 제스처와 관련된 감각을 설명하고 신체적 경험에 대한 언어적 또는 비언어적(예: 이미지, 소리) 상징을 생성하도록 돕는다. 또한 내담자는 다양한 자세를 실험하여 구체화된 효과를 명시적으로 경험하고 인식을 높이도록 권장된다. 개입은 내담자가 자세로 인해 경험할 수 있는 불편함을 타당화하고 인식을 높이는 데 도움을 주며, 팔을 벌리고 닫는 자세, 손바닥을 위로 올리거나 무릎에 얹는 자세, 위아래 또는 정면을 바라보는 시선 등 필요에 맞게 자세를 수정하도록 권장한다.

다음 하위 절에서는 특정 긍정적 경험을 키우기 위해 신체 기반 개입에 대한 제안을 제공한다.

● 안정화 및 평온

몸의 중심을 잡고 현존을 드러내는 가장 기본적인 요가 자세는 '산(山) 자세'이다. 산 자세는 단순하고 편안하게 서서 다리를 엉덩이부터 곧게 뻗고 바닥에 발을 딛고 나무처럼 뿌리를 내리며 강하고 유연하게 서 있는 자세이다. 내담자에게 자신이 좋아하는 나무를 상상해 보거나 팔의 위치와 시선에 따른 효과를 알아보고 어떤 나무를 선호하는지 확인하도록 요청할 수 있다. 손가락을 '접지선(接地線; grounding wires)'이라고 심상화하면서 부(bhu) 무드라 검지와 가운데 손가락을 바닥을 향하게 하고 엄지손가락을 다른 말린 손가락 위에 올려놓는 등의 손 자세를 통해 이러한 안정화 경험을 향상시킬 수 있다. '나는 내가 있어야 할 곳에 정확히 있다.' 또는 '나는 지구의 지혜와 연결되어 있다.'라는 의도가 수반된다. 이 방법은 앉아서도 연습할 수 있다. 정서조절 전략으로 마음챙김을 연습한 한 내담자는 이 무드라를 좋아했고, 몇 주 동안 연습에 포함시킨 후 이 무드라가 빠르게 안정감과 존재감(feeling of grounding and presence)을 느끼게 해 준다는 사실을 발견했다. 안정화와 고요함을 기르는 데 도움이 되는 또 다른 손 자세는 아디(adhi) 무드라로, 엄지손가락을 주먹 안에 집어넣고('자궁 속의 아기'처럼) 손을 무릎 위에 편안하게 얹는 자세이다. 수반되는 의도는 '자기 자신에게로 돌아오는 것'이다. 이 무드라는 느린 복식 호흡과 함께 내담자가 집중하기 전에 외부에서 내부로 주의의 초점을 이동('집어넣기')하는 데 도움이 될 수 있다.

움직임은 또한 안정화를 촉진할 수 있다. 손과 발을 부드럽게 또는 세게 흔든 다음 사지의 감각(예: 따뜻함, 따끔거림)에 주의를 기울이고 묘사하면 신체적 경험에 대한 인식이 높아지고 내담자가 머리에서 벗어나 말 그대로 주의를 머리에서 멀어지게 하는 데 도움이 된다. 내담자가 매우 불안하고 초조해하는 경우 팔과 다리를 흔들거나 '수피 돌리기(sufi grind; 앉은 상태에서 상체를 돌리는 동작)'와 같은 동작을 통해 긴장된 에너지를 떨쳐내거나 '돌린(grind out)' 후 평온함을 찾을 수 있도록 도와줄 수 있다. 안정화를 용이하게 하는 섬세한 움직임의 예로는 엄지손가락을 집게손가락부터 시작하여 각 손가락을, 그러고 나서 반대 방향으로, 양손 엄지손가락을 사용해서, 그러고는 양손 엄지손가락을 사용하여 반대 방향으로 천천히 마음속으로 호흡에 맞춰 터치하는 것이 있다. 한 내담자는 지하철에서와 같이 정서적 고통이 유발될 때 이 동작을 하면 정서적 고통에서 벗어날 수 있을 뿐만 아니라 리드미컬하고 진정되는 효과가 있다고 말했다.

메루단다(merudanda) 무드라는 팔꿈치를 90도로 구부리고 양옆으로 집어넣은 상태에서 엄지손가락 두 개를 치켜세우는 동작으로 균형을 찾는 내담자에게 인기가 높다. 똑바로 선 자세에서 수행하면 몸의 오른쪽과 왼쪽의 균형을 분명히 맞출 수 있으며, 머리(이성, 논리)와 마음(정서, 경험)의 균형을 맞추는 내적 경험으로 더 일반적으로 확장할 수 있다. 내담자는 이 무드라를 엄지손가락 두 개를 치켜세우거나 균형에 대한 '칭찬'이라는 대중적인 의미와 함께 놀이처럼 사용할 수 있다.

● 안전

보호와 안전을 위한 기본 요가 자세는 '어린이 자세', 바닥에 엎드려 얼굴을 아래로 향하고 무릎을 가슴으로 끌어당겨 완전히 '어머니 대지의 지지'를 받는 자세이다. 하지만 이 자세는 모든 사람이 물리적으로 취할 수 있는 자세는 아니다. 소파나 의자에 웅크리고 무릎을 가슴에 껴안거나 베개를 껴안고 아래를 바라보는 자세로 대체할 수 있다. 이 자세는 부드럽게 흔들면서 할 수 있다.

친마야(chinmaya) 무드라는 엄지와 검지를 집게처럼 부드럽게 만지고 다른 손가락은 집어넣는 간단한 손 자세로 안정감과 신뢰감을 키우는 데 도움이 될 수 있다. 모든 내담자가 안정감을 높이는 의도된 효과를 경험하는 것은 아니지만, 손바닥을 아래로 하여 무릎에 손을 얹고 이 자세를 유지하면 숨을 길게 내쉬고 어깨와 등의 긴장을 완화하는 데 도움이 될 수 있다. 이렇게 생리적 긴장이 감소하면 안전감이 높아질 수 있다.

● 권한강화

무력감과 신체적 마비는 외상 피해자에게 흔히 나타나는 증상이다. 무력감으로 어려움을 겪는 내담자를 위한 신체 기반 개입은 서 있는 파워 자세를 실험해 보고 단단함, 안정감, 힘의 경험, '일어서기' '굳건히 서기'에 주의를 기울이도록 유도한다. 다리의 안정성과 힘을 필요로 하는 표준 요가 파워 자세(예: 전사, 여신)가 많이 있다. 다리를 약간 벌리고 팔을 가슴에 접거나 엉덩이에 손을 얹는 '슈퍼 히어로' 자세도 재미있는 대안이 될 수 있다. 한 내담자는 심상적 직면(imaginal confrontation: IC)에서 심상 속 아버지와 맞설 때 팔을 가슴 위로 교차하고 주먹을 불끈 쥐는 '원더우먼' 자세를 취했다.

특히 용기를 불러일으키는 손 자세로는 용기를 상징하는 힌두교 신화 속 독수리의 이름인 가루다(Garuda) 무드라가 있다. 이 자세는 자비심을 위해 양손을 심장 위에 올려놓는 익숙한 자세와 비슷하지만(다음 하위 절에서 설명), 가루다에서는 손가락을 부드럽게 펴고 엄지손가락을 서로 말아 보호 · 안정 · 힘 · 결연한 집중력을 나타낸다. 극심하게 고통스러운 회기가 끝날 때 이 무드라를 배운 한 내담자는 눈물을 흘렸다. 치료자는 그녀의 경험을 확인하며 "네, 정말 사랑스럽지 않나요? 이것이 당신에게 매우 의미 있는 일인 것 같군요."라고 말했다. 내담자는 "저에게는 두려움에 직면하는 것이 용기예요. 그리고 제 딸에게 이걸 가르칠 거예요."라고 답했다. 또 다른 내담자는 어머니의 분노가 두려워 움츠러들었던 어린 소녀 시절의 자신을 떠올릴 때마다 이 방법을 사용했다.

● 연민

일반적으로 자기연민과 양육을 촉진하는 자세와 제스처는 느리고 부드러우며 편안하다. 부드러움과 자기진정을 강화하는 단순하지만 환기시키는 자세는 부드럽게 호흡하면서 손을 얼굴에 얹고 따뜻하고 편안한 느낌에 주의를 기울이는 것이다. 연민과 친절을 상징하는 친숙한 손 자세는 흐리다야(hridaya) 무드라로, 양손을 심장 위에 얹는 자세이다. '나는 마음의 지혜를 믿습니다.'라는 요가적 의도가 담겨 있다. 카포타(kapota) 무드라(흰비둘기)는 나비를 안은 듯 양손을 부드럽게 컵 모양으로 모은 것으로, 자기돌봄과 치유를 상징하는 고전적인 요가 기도 손의 미적 대안이 될 수 있다.

타자에 대한 친절과 연민을 위한 아사나는 일반적으로 가슴과 팔을 활짝 열어 마음을 열고 환영하는 제스처를 취한다. 내담자는 두 팔을 활짝 벌리고 천천히 두 손을 모아 기도 자세를 취하거나 가슴에 얹고 상대방인 세상을 마음속으로 모으는 상상을 할 수 있다. 팔과 손바닥을 위로 뻗은 손은 의도에 따라 개방성 · 관대함 · 베풂의 경험을 강화하거나 받는 경험을 강화할 수 있다. 이러한 모든 무드라와 제스처는 EFTT의 순간순간 과정에 쉽게 통합되어 자기와 타자에 대한 연민을 위한 내담자의 건강한 노력을 지원하고 심화할 수 있다.

항복 또는 놓아 버리기

항복하고 놓아 버리는 고전적인 요가 자세는 사바사나(savasana; 편안한 자세)로, 다리와 팔을 몸에서 약간 벌리고 가슴을 열어 드러낸 채 등을 대고 평평하게 누워 있는 자세이다. 이 간단한 자세는 자신이 취약하다고 느끼고, 만성적으로 불안하고 긴장하며 지나치게 통제하는 내담자에게는 매우 어려울 수 있다. 항복과 놓아 버리기의 경험을 촉진하기 위한 요가 치료 개입에는 엉덩이를 앞으로 구부린 자세(또는 팔꿈치를 구부린 무릎에 얹은 자세), 헝겊 인형처럼 매달린 자세, 척추를 길게 늘어뜨리고 숨을 내쉴 때마다 머리와 상체의 무게가 더 많이 풀리는 느낌 등의 이완 자세가 포함된다. EFTT에서는 치료자가 "모든 긴장을 놓아 버리라. 그냥 놓아 버리라." "바닥으로 바로 흘러내리게 하라." "중력의 힘에 완전히 맡겨라."는 언어적 격려와 함께 이 자세를 취한다. 같은 자세를 앉아서도 연습할 수 있다. EFTT 치료자는 또한 내담자가 긴장의 원인(걱정 · 압박감 · 만성적인 분노 · 강박적인 생각)을 파악하고 이를 연습에 포함하도록 도와준다. 이는 회기 중 특정 표식(예: 명백한 내담자의 신체적 긴장 또는 "걱정하는 것이 무의미하다는 것을 알지만 놓아 버릴 수 없어요."와 같은 진술)에 대응하거나 회기의 시작이나 끝에서 구현할 수 있다. 또한 내담자가 책상에 팔짱을 끼고 머리를 얹고 놓아 버리고 싶은 것이 무엇인지 파악하고, 긴장을 푸는 데 도움이 되는 단어를 사용하면서 그 경험에 집중하고 즐기면서 하루 동안 정기적으로 휴식을 취하도록 권장할 수 있다.

'항복'이라는 개념은 외상적 피해의 전형적인 경험인 무력감과 패배의 동의어라고 생각하는 일부 내담자에게는 부정적인 의미를 가질 수 있다. 이러한 경우 치료자는 내담자가 무력감과 패배의 무너지고 구겨지고 주저앉는 자세와 고의적이고 의도적으로 척추를 길게 펴고 앞으로 접는 자세의 차이를 경험하도록 도울 수 있다.

시각화 및 심상

요가 치료에서 시각화와 심상은 일반적으로 긍정적인 상태를 상징하거나, 단서를 주거나, 촉진하는 데 사용되는 실무 영역이다. 외상 치료에서 일반적으로 사용되는 시각화의 예로는 EFTT를 포함하여 절차나 경험적 집중을 다시 경험하기 전에 '안전한 장소'를 심상화하는 것이 있다. EFTT는 또한 내담자가 현재(및 어린 시절) 경험을 설명하는 데 사용하는 환기적인 은유에 주목한다. '절벽에서 떨어지는 것처럼, 완전히 무력한 상태' '지하 감옥에 갇힌 어린 소녀' '아버지의 분노에 묶인 상태' '참호 속에 사는 상태' 등이 그것이다. 제5장에서 언급했듯이 이러한 단어는 내담자의 내적 경험을 들여다볼 수 있는 창으로, 감정과 의미에 접근할 수 있게 해 준다. 그러나 내담자가 암시된 정서 경험을 식별하거나 허용하는 데 어려움을 겪을 때는 이러한 은유에 대한 구체화된 경험(감각, 자세 또는 호흡)에 주의를 기울이는 것이 도움이 될 수 있다. 치료자는 부정적인 심상의 불편함에 공감적으로 반응하고, 예를 들어 '지하 감옥'이나 '참호'에서 벗어나면 얼마나 기분이 나아질지 심상화하도록 내담자를 도와준다. 이는 변화에 동기를 부여하기 위해 진심 어린 의도(다음 절에서 설명)를 파악하기 위한 기초가 되는 구체화된 치료 목표이다.

요가 치료에서는 기존의 연상을 피하기 위해 내담자의 개인적인 이야기에서 시각화를 끌어내지 않는 것이 좋다. 개입은 시각적 이미지의 복합적인 감각 경험에 주의를 기울이고, 호흡 · 손 자세 · 단어(기호 또는 '핸들')를 동반하여 새로운 원하는 경험을 심화시키고 단서를 제공해야 한다. 어린이 자세 · 산 · 여신 · 전사 · 독수리 등 많은 전통적인 요가 자세의 이름은 신체적 경험을 활성화하고 심화시키는 데 사용할 수 있는 심상을 떠올리게 한다.

예를 들어, 자기확신과 자기존중감 향상에 초점을 맞춘 여러 회기 끝에 '과감히' 온라인 데이트를 시작하기로 결정한 한 내담자가 있었다. 그러나 그녀는 취약하다는 느낌에 마비되어 데이트 사이트에 로그인조차 할 수 없는 자신을 발견했다. 그녀는 자신을 '베이지색 벽지'라고 표현하며 전혀 흥미롭지 않다고 느꼈다. 어떤 기분을 느끼고 싶냐는 질문에 그녀는 "아름답고 강한 다이아몬드처럼."이라고 대답했다. 내담자가 좋아하는 '다이아몬드'의 구체적인 의미를 먼저 탐색하는 것이 중요하지만, 이 이미지를 '빛나게' 하고 구현하는 데 도움이 되는 요가 치료(K. J. P. Robinson, 개인 대화, 2021년 2월 14일)는 그녀가 서서 천천히 엉덩이로 8자 모양을 만들어 빛이 들어올 수 있는 공간을 열고, 하늘을 향해 팔을 활짝 벌려 빛을 전달하는 자신을 심상화하도록 격려할 수 있다. 독수리의 힘과 우아함을 위한 가루다 무드라도 소개할 수 있다. 이러한 실무는 내담자와 공동으로 개발하여 내담자가 자신의 긍정적인 경험에 집중하도록 안내하고 이것이 데이트 사이트에 가는 경험에 어떤 영향을 미칠지 설명한다.

의도 설정(상칼파)

앞서 언급했듯이, 내담자가 상칼파, 즉 세상에서 어떻게 되고 싶은지에 대한 진심 어린 의도를 설정하도록 돕는 것은 내담자의 소망·욕구·바람·핵심 가치 및 관심사(예: 진정성, 삶과 인류와의 연결, 평화, 평온)에 초점을 맞춘 EFTT와 일치하여 긍정적인 행동 동기를 부여하는 데 도움을 준다. 의도를 설정하기 위한 요가 치료 개입은 내담자가 심장과 배에 손을 얹고 몸의 호흡을 느끼며 마음의 가장 깊은 욕구가 무엇인지 물어보도록 유도한다. 세상에 어떻게 나타나고 싶나요? 어떤 사람이 되고 싶나요? 이는 그날의 의도(회기를 떠날 때), 특정 상황(예: 다음에 어려운 부모를 만날 때) 또는 더 일반적인 의도를 나타낼 수 있다. 중요한 것은 이러한 의도를 삶에서 실현하면 어떤 느낌일지, 삶이 어떻게 달라질지 경험적으로 심상화하는 것이다(앞의 시각화 참조). 개입은 내담자가 자신의 의도에 대한 상징(시각적 이미지, 소리 또는 단어)을 생성하여 경험을 심화시키고, 단서를 제공하고, 활성화할 수 있도록 도울 수 있다. 이러한 긍정적 경험에 대한 상징을 생성하는 것은 회기에서 나타나는 보다 친숙하고 지배적이며 반대되는 부정적 경험에 주목하는 것에서 시작되는 경우가 많다.

경험의 반대에 집중

요가 치료에서 내적 경험에 대한 인식을 높이기 위해 사용되는 또 다른 도구는 경험의 반대에 주의를 집중하는 것이다. 이 기법은 다음 절에서 설명하는 요가 니드라 명상의 핵심 구성 요소이다(Miller, 2015). 예를 들어, 가장 기본적인 수준에서, 몸이 무감각하거나 심하게 단절된 내담자를 위한 시작점으로, 개입은 부드러운–딱딱한, 따뜻한–차가운, 무거운–가벼운, 긴장된–이완된, 열린–닫힌 등 반대되는 감각에 대한 인식을 촉진한다. 이러한 기본적인 신체 감각에 대한 인식은 보다 복잡한 부정적이거나 불편한 상태와 그 반대의 긍정적이거나 편안한 경험에 대한 인식으로 일반화된다. 내담자가 부정적인 신체적 경험을 묘사한 다음 반대되는 긍정적이거나 선호하는 상태의 심상이나 상징을 생성하여 두 가지를 모두 본능적으로 경험하도록 유도할 수 있다. 예를 들어, 다이아몬드처럼 느껴지고 싶었던 내담자에게 먼저 '베이지색 벽지'처럼 느껴지는 침체되고 위축된 신체적 경험에 주목하도록 유도할 수 있다.

반대의 경험에 대한 이러한 초점은 EFTT의 두 의자 작업과 분명한 관련이 있다. 내담자가 부적응적 정서에 갇혀 있고 적응적인 자기보호 능력이 나타나지 않을 때, 개입은 부적응적 두려움이나 수치심(긴장·수축·위축)의 신체적 경험에 주의를 기울이고 더 바람직한 상태를 구현하는 자세나 몸짓을 채택하고 새롭게 구현된 경험에 주의를 기울이도록 유도할 수 있다. 신체에 대한 인식이 부족하거나 자의식이 강한 내담자에게는 '함께 연습하기'의 원리가 매우 중요하다. 내담자가 의도적으로 부정적인 경험과 긍정적인 경험 사이를 오가도록 장려하면 자각력과 주체성이 향상된다.

명상

요가 치료에는 EFTT에 통합할 수 있는 다양한 명상 수련법이 포함되어 있다. 구조화된 명상(특정 경험에 대한 짧은 마음챙김 관찰과 비교)은 회기의 시작과 끝에서 다양한 목적으로 사용할 수 있다. 가장 기본적인 연습은 마음챙김 호흡, 들숨과 날숨의 파동, 배의 움직임, 생각과 감정의 흐름에 주의를 기울이는 것이다. 요가 기반의 안내되는 명상에는 일반적으로 심상, 은유, 자연에 대한 언급이 포함되어 모든 사물의 상호 연결성을 강조하는 데 도움이 된다[예: 바다의 파도처럼 숨을 쉴 때마다 배가 오르내리는 것, 들숨의 영양과 날숨의 항복, 들숨의 가벼움(하늘을 향해 들기), 날숨의 안정화(땅과 연결됨)]. 요가 기반 명상은 또한 일반적으로 복합적인 방식으로 진행된다. 예를 들어, 요가 니드라는 깊은 이완 상태를 촉진하는 구조화된 수련법이다. 이 편안한 상태에서 떠오르는 모든 생각과 감정을 환영하고, 개인의 상칼파를 식별하고 깊이 경험하며, 창의적인 시각화나 심상을 사용하여 온전함 · 연결성 · 조화 · 평화 · 기쁨의 경험을 향상시키는 것이 기본이다.

중요한 것은 EFTT의 요가 기반 명상 수행은 의미에 초점을 맞추고 치료자와의 상호작용 요소 그리고/또는 처리를 포함한다는 점이다. 예를 들어, 외상에 대한 통합 회복 요가 니드라(Miller, 2015)는 특히 외상 경험과 관련된 고통스러운 감정과 기억을 관찰하고 환영하는 데 중점을 둔다. EFTT에서는 이러한 과정을 치료자와 함께 진행하며, 치료자는 내담자가 개인에게 맞는 심상과 의도를 개발하도록 돕는다.

연민에 기반한 명상은 현재 많은 심리치료 접근법(예: Gilbert, 2014)과 대중문화(Brach, 2019)에서 중요한 측면으로 자리 잡았다. 이는 특히 자기 자신에 대한 친절과 연민이 자기방종적이고 '아기 취급'한다고 믿는 복합외상 내담자에게 적합하다. 예를 들어, '사랑의 친절' 명상은 불교 수행에서 유래한 것으로, 치료 과정에 유연하게 통합하여 개별 내담자의 욕구에 맞게 가르칠 수 있는 다양한 변형이 있다. 표준 프로토콜은 자기와 타자의 행복 · 건강 · 안전 · 생명의 소중함에 대한 인식을 위한 진심 어린 소망이다. 요가 치료 접근법에는 이미지나 소리를 생성하고 소원이나 가치를 구현하기 위해 손 자세나 제스처를 취하는 것이 포함될 수 있다. EFTT에서 내담자는 각 소원의 효과를 천천히 깊이 집중하고 본능적으로 경험하고, 특히 공명하거나 어려운 소원을 평가하고 그 어려움을 탐구하도록 권장된다. 다른 치료법에서와 마찬가지로, 긍정적인 경험을 통한 초기 어려움은 변화의 기준이 될 수 있다.

실존적 및 영적 실무

회복력, 대처 전략, 내담자가 자신을 돌보는 방법을 평가할 때 내담자의 실존적·영적 신념과 실무가 EFTT 초기 단계에서 종종 드러난다. 많은 내담자가 특정 신앙을 가지고 있으며, 많은 내담자가 자신을 '영적이지만 종교적이지 않은' 사람으로 분류한다. 예를 들어, 중독 병력이 있는 내담자 중 12단계 회복 프로그램에 참여한 적이 있는 내담자는 '더 높은 힘'에 대한 믿음을 키우도록 권장받는다. 이러한 신념 체계는 사랑의 친절, 용서, 상호 연결성, 공동체, '하나님의 자녀' 또는 '우주의 자녀'와 같은 가치와 연관되어 있으며 변화를 위한 긍정적인 자원으로 활용될 수 있다. 이 책의 제9장에서 언급했듯이, 예를 들어 자기를 진정시키는 데 어려움을 겪는 내담자에게 사랑하는 영적 인물이 자신을 어떻게 대할지 또는 자신이 원하는 것이 무엇인지 물어볼 수 있다. 요가 기반 개입은 내담자가 이러한 긍정적인 상태(온전함 · 평화 · 평온 · 생명에 대한 경외감)를 맛보게 함으로써 이러한 경험이 가능하고 배양될 수 있다는 것을 알 수 있도록 고안되었다. 또한 자연 속 산책, 아이들과 함께하기, 음악 듣기, 시 읽기, 미술관 방문, 지지적인 타자 및 공동체와의 교류, 경건한 수행 등 일상생활에서 경이로움을 느끼게 하는 모든 경험에 참여하도록 권장한다.

EFTT 과정 동안의 신체 기반 개입

다음 하위 절에서는 요가 치료의 신체 기반 개입을 치료 과정에서 EFTT 회기에 통합하는 방법을 설명한다. 사례는 이러한 개입이 특정 정서처리의 어려움을 해결하는 데 어떻게 사용되는지 보여 준다.

EFTT의 1단계: 정서에 대한 포커싱

EFTT의 초기 단계의 주요 초점은 강력한 치료적 동맹을 구축하고 경험하기를 심화시키는 과정을 시작하는 것이다. 관련 하위 작업에는 내담자의 처리 어려움을 평가하고 신체 기반 개입이 이러한 어려움을 해결하는 데 도움이 될 수 있는지 여부와 방법을 결정하는 것이 포함된다.

● 신체 기반 개입에 대한 근거 제시

모든 EFTT 절차와 마찬가지로 신체 기반 개입을 도입하려면 개별 내담자의 목표와 치료 요구에 맞는 근거를 제공하고 내담자의 목표를 달성하는 데 있어 이러한 절차의 가치에 대한 협력적 합의가 필요하다. 예를 들어, 외상이 체화된다는 풍부한 증거(신경생물학적 효과), 신체는 우리 존재의 가장 기본적인 표현이며 적응 기능을 안내할 수 있는 정보의 원천, 신체는 대인관계 의사소통 시스템(신체 언어)으로 다른 사람에게 우리의 내부 상태를 알리고 우리에 대한 반응에 영향을 미치며 웰빙은 '머리로만 사는 것'이 아니라 존재의 모든 영역에 균형과 관심을 기울이는 것이라는 등 다양한 관점과 가장 시급한 문제에 따라 내담자에 공감할 수 있는 수많은 근거가 있을 수 있다. 외상에서 회복하려면 사용 가능한 모든 도구를 사용하여 자신에게 맞는 것이 무엇인지, 무엇이 자신을 행복하고 더 살아 있고 자신이 원하는 사람이 되는 것을 느끼게 하는지 알아내는 것이 필요하다.

모든 EFTT 절차와 마찬가지로 신체 기반 개입에 참여하는 근거는 일반적으로 간단하다. 회기 중 표식에 따라 절차가 도입될 때, 즉 절차가 '뜨겁고' 생생할 때 대부분의 내담자는 신속하게 반응한다. 필요에 따라 보다 정교한 근거와 지침이 제공된다. 물론 치료자는 신체 기반 개입에 익숙해야 하며, 이러한 개입이 EFTT와 어떻게 호환되는지 명확히 알고 있어야 한다. 정서중심치료 의자 작업이 처음에는 내담자에게 낯설고 어색하게 느껴질 수 있는 것처럼, 의자 작업과 신체 기반 실무에 대한 내담자의 참여를 가장 잘 예측하는 것은 치료자의 개입에 대한 편안함이다.

초기 회기에서는 정서조절곤란과 내적 경험에 대한 제한된 인식으로 인한 내담자의 어려움을 해결하기 위해 명시적인 신체 기반 기술 훈련을 포함할 수 있다. 구조화된 개입을 통해 내담자가 속도를 늦추고, 진정하고, 긴장을 풀고, 마음을 다스리고, 포커싱하여 내면의 경험에 더 잘 집중할 수 있도록 도울 수 있다. 안내되는 명상은 회기 중에 소개할 수 있으며, 원하는 내담자가 회기 사이에 사용할 수 있도록 온라인으로 제공된다. 안내되는 명상은 5~10분 정도로 짧게 진행해야 한다. 내담자가 자신의 진심 어린 의도와 욕구를 확립하도록 돕는 것도 회기 초반에 소개할 수 있다. 이는 치료가 진행되는 동안 더욱 구체화되고 반복적으로 참조되어 참여와 변화의 동기를 부여하는 데 도움이 될 수 있다.

대부분의 경우, 자신의 내적 경험(신체와 정서)에 대한 인식이 부족한 내담자는 치료 과정 전반에 걸쳐 지속적인 정서코칭과 연습이 필요하다. 일부 내담자는 EFT 치료자가 일반적으로 제공하는 표준 자기관찰 이상의 체계적인 숙제 및 기술 연습을 좋아하고 요청하기도 한다. 일단 학습하고 개인화하면 이러한 절차의 측면을 순간순간 과정에 통합할 수 있다. 신체 기반 도구(호흡 · 자세 · 명상 · 의도 설정)는 회기가 끝날 때 내담자가 생산적인 상태(예: 평화롭고 강인한 느낌, 평온함, 활력, 희망, 남은 하루의 명확한 의도)로 회기를 떠날 수 있도록 돕기 위해 실행할 수도 있다.

● 안정화 및 정서의 하향조절

다음 사례는 EFTT 초기 회기에서 주로 정서조절을 목적으로 하는 여러 신체 기반 도구를 사용하는 방법을 보여 준다. 내담자 레베카는 사춘기 자녀 둘을 둔 유일한 가장으로서 '도박 중독자' 남편의 재정적 파탄이 두려워 절망적이고 지친 상태로 치료를 받으러 왔다. 레베카는 몇 년 동안 재정적 · 정서적 불안정을 겪으며 '참호 속에' 있었다고 자신을 묘사했다. 그녀는 혼란스러운 알코올 중독자 가정에서 자랐고, 아무도 자신을 돌봐 줄 수 없다는 것을 배웠다. 성인이 된 그녀는 항상 경계심을 늦추지 않고 지나치게 책임감이 강한 직업인이었다. 첫 번째 회기 동안, 그녀는 최근 과거의 사건과 미래에 대한 두려움을 설명하면서 반복적으로 눈물을 흘리며 너무 말이 많고 조절곤란을 보였다. 공감적 반응은 그녀의 조절력 저하를 돕는 데 최소한의 효과가 있었기 때문에 치료자는 그녀의 문제를 탐색하고 이해하기 시작하기 전에 그녀가 속도를 늦추고 머리에서 벗어나 현재에 더 집중하도록 돕기 위해 신체 기반 개입을 제안했다.

개입은 팔과 다리를 부드럽게 흔들어 마음의 불안한 에너지를 '떨쳐 내기' 위한 움직임으로 시작되었다. 그다음에는 천천히 복식 호흡을 하도록 안내하고, 그녀의 신체적 경험에 주의를 기울이고 상징화했다(**내담자:** 머리와 어깨에 전기가 흐르는 것 같은 긴장이 느껴져요. **치료자:** 마치 모든 실린더에 불이 붙은 것 같군요. 잠시 그 느낌에 머물러 있어 보세요, 레베카. 그냥 감각에 집중하세요. 계속 숨을 쉬세요. 네, 좋아요. 지금 무슨 일이 일어나고 있는 거죠?). 레베카가 긴장이 풀렸다고 말하자 치료자는 긴장된 에너지의 반대를 심상화할 수 있는지 물었다. 그녀는 재빨리 '프랑스 시골의 벤치에 앉아 있는' 심상을 떠올렸다. 그런 다음 개입은 안정화에 초점을 맞추었다. 그녀는 숨을 내쉴 때 배에 손을 대고 숨을 길게 내쉬고, 벤치에 앉아 있는 상상을 계속하면서 발로 숨을 쉬고 머리에서 멀리 떨어진 '따뜻한 땅'으로 숨을 내쉬는 것을 상상하도록 안내를 받았다(**치료자:** 그 경험을 설명해 주시겠어요? **내담자:** 온몸에 막힘없이 흐르는 느낌이었어요. **치료자:** 그 경험을 포착할 수 있는 단어나 상징이 있나요? **내담자:** [잠시 멈춤] 네, '조용함'이요, 조용한 느낌이에요. [웃음] **치료자:** 아, 조용하군요. 그 말을 계속하세요, 정말 음미해 보세요). 두 사람은 이 '고요함'이라는 경험이 내담자의 삶에서 결여되어 있었으며 더 많이 키우고 싶다는 데 함께 동의했다.

회기가 끝날 때 이 경험을 처리하면서 레베카는 이 연습이 마음에 들었고, 자신의 심리적 상태와 신체 상태 사이의 연관성을 이해했으며, 머리·마음·몸 사이의 '균형'을 더 많이 달성하려는 목표가 마음에 들었다고 말했다. 그녀와 치료자는 일주일 내내 몸에서 신경 에너지가 느껴질 때마다 잠시 '고요함'이라는 경험에 집중하여 '참호'에서 벗어나 휴식을 취할 수 있는 방법에 대해 협력했다. 그녀는 '희망적인' 느낌으로 첫 회기를 마쳤다.

이후 회기에서는 팔과 다리를 부드럽게 흔드는 것으로 시작한 후, 앉거나 서 있는 산 자세, 바닥에 발이 닿는 느낌에 집중하는 자세, 나무처럼 뿌리를 내리고 땅에서 일어나는 자세, 편안하고 유연한 자세 등 다양한 '조용함'과 안정화 경험을 몇 분간 연습하는 것으로 이어졌다. 이를 통해 일상생활의 불안한 에너지를 다시 떨쳐 내고 속도를 늦추고 중심을 잡아서 회기 중에 자신의 감정과 욕구를 탐색하는 데 집중할 수 있었다. 레베카는 자신을 '투사'라고 표현하며 평생 외상과 스트레스에 대처하는 방식을 이렇게 설명했다. 그녀의 지배적인 정서 경험은 적응적이고 힘을 실어 주는 분노였으며, 한편으로는 방어적이고 핵심 자기감을 안전하지 않은 것으로 덮어 버려서 의지할 수 있는 것은 자신뿐이었다. 레베카와의 EFTT 중간 단계에서는 혼란스러운 알코올 중독 가정에서 자라면서 형성된 핵심 자기감을 인정하고 탐색하도록 돕는 데 중점을 두었다.

EFTT의 2단계: 자기 관련 어려움

EFTT의 중간 단계에서는 내담자의 두려움과 수치심을 줄이고 EFTT 개입 및 해결에 참여하는 데 방해가 되는 처리 어려움을 해결하는 데 중점을 둔다. 다음 하위 절에서는 신체 기반 개입이 이러한 과정을 어떻게 개선할 수 있는지 설명한다.

● 경험하기의 심화 및 적응적 경험에의 접근

EFTT에서 관찰되는 어려움 중 하나는 내담자의 극심한 무력감과 자기주장에 대한 어려움이다(예: IC 중). 내담자의 역량 강화를 목표로 하는 신체 기반 개입은 내담자에게 안정감과 강인함을 느끼는 데 도움이 되는 자세를 취하도록 요청하는 것으로 시작할 수 있다. 어떤 내담자는 운동 프로그램이나 요가 수업을 통해 이러한 자세에 익숙할 것이고, 어떤 내담자는 그렇지 않아서 가르쳐야 할 수도 있다. 어떤 경우든 내담자는 회기 중 또는 회기 사이에 자신이 좋아하는 파워 포즈를 놀이처럼 실험해 보고 힘과 권한강화의 경험에 집중하여 이러한 상태를 만드는 데 있어 인식과 주체성을 높이도록 권장한다.

거식증과 폭식증의 병력이 있고, 지배적이고 비판적인 아버지와 심하게 우울한 어머니 밑에서 자란 에이미라는 내담자는 전통적인 요가 자세를 사용하여 역량을 강화한 예이다. 내담자의 어머니는 그녀가 사춘기였을 때 돌아가셨고 아버지는 몇 달 후 재혼했다. 에이미는 이에 대해 분노와 배신감을 느꼈고 새어머니를 싫어했다. 그녀는 매우 불안해했고 평생 자신이 투명하고 일회용이며 무력하고 무기력하다는 느낌으로 힘들어했다. 예를 들어, 회기 중에 그녀는 심상 속의 아버지에 대한 분노를 표현하지 못하고 힘없이 울음을 터뜨리기를 반복했다. 그녀의 긍정적인 대처 전략 중 하나는 정기적인 요가 수업에 참여하는 것이었고, 치료자가 요가를 치료에 통합할 것을 제안했을 때 그녀는 열광했다. 그녀의 정기적인 요가 수련은 안전하고 평온한 느낌을 주는 닫힌 자세에 중점을 두었기 때문에, 그녀와 치료자는 힘의 경험을 늘리고 권한강화를 촉진하는 데 도움이 되는 파워 포즈를 실험해 보기로 동의했다. 이 연습은 처음에는 회기가 시작될 때 이루어졌으며 나중에 순간순간 치료 과정에 통합되었다.

에이미가 가장 좋아하는 요가 파워 자세는 다리에 힘이 느껴지는 전통적인 '여신' 자세(특히 상징성이 마음에 들었다)였다. 치료자는 다양한 팔과 시선의 변화・동작・호흡・소리(예: 팔 벌리기, '선인장' 팔, 기도하는 손, 차분한 '쉿' 소리와 함께 천천히 깊게 내쉬는 숨, 눈을 뜨거나 감기, '사나운 여신'을 위한 사자 호흡 등)를 실험하고 자신의 경험에 집중하도록 격려했다. 에이미는 더 열린 자세에 불편함을 느꼈고 "가슴에 불안이 느껴진다."라고 말했다. 치료자는 그녀의 불편함을 확인하고 가장 편안한 자세를 취하고 (집에서) 점차적으로 편안한 공간에서 벗어나도록 연습하도록 격려했다. 이후 회기에서 무력감과 무너짐의 징후가 나타날 때, EFTT 개입은 자신의 강력한 '여신' 부분을 강화하는 것을 언급하고 그녀가 강력한 자세를 취하고 그 느낌에 주의를 기울이고 그 강한 곳에서 말하도록 격려했다.

치료는 또한 에이미가 세상에서 어떤 사람이 되고 싶은지에 대한 의도를 설정하는 데 도움이 되었다. 그녀는 두려움과 위축감보다는 '놀이성 넘치는' 사람이 되고 싶다는 것을 확인하고 따뜻한 햇살이 비치는 야생화밭에서 춤을 추는 자신의 모습을 상상했다. 에이미는 체구가 작아 치료 소파에 웅크리고 앉아 있는 경우가 많았는데, 한 회기에서 치료자는 사무실과 세상에서 '더 많은 공간을 차지하라.'고 격려했다. 에이미는 자리에서 일어나 넓은 자세를 취한 후 상체와 팔을 최대한 쭉 뻗어 큰 원을 그리기 시작했다. 치료자도 이 놀이성 가득한 동작에 동참하며 둘 다 웃었다. 에이미는 치료 중이나 실생활에서 아버지를 대할 때 점차 더 단호해질 수 있었다. 치료가 끝나기 전에 그녀는 여성을 위한 호신술 수업에도 등록했다.

● 두 의자 대화를 향상시키기 위한 신체 기반 개입

EFTT의 중간 단계에는 일반적으로 내적 경험과 수치심에 대한 두려움과 회피를 줄이기 위해 두 의자 대화를 사용하는 것도 포함된다. 신체 기반 개입은 이러한 절차를 보강하여 경험하기를 심화시키고, 내담자가 부정적인 상태에서 벗어나 건강한 대안적인 긍정적 경험을 강화하도록 도울 수 있다.

이런 종류의 작업의 한 예로 가족에게 수치심과 모욕을 당하고 형에게 괴롭힘을 당한 제레미라는 내담자를 들 수 있다. 그는 현재의 연애 관계를 계속 유지할 것인지에 대해 양가감정을 느끼며 상담을 받으러 왔다. 그는 여자친구를 사랑했지만 그녀의 과거의 '짐', 즉 이전의 친밀한 관계가 싫었고 그녀의 '느슨한' 행동은 그의 도덕적 기준에 맞지 않았다. 초기 개입에는 그의 '마음과 머리' 사이의 갈등을 탐색하기 위한 두 의자 대화가 포함되었지만 이러한 탐색은 지적인 수준에 머물렀다. 치료자는 두 의자 절차를 포기하고 치료적 관계에서 탐색을 계속하기로 결정했다. 시간이 지나면서 제레미는 여자친구의 과거 친밀한 관계로 인해 자신이 덜 '특별하다.'고 느낀다는 것을 인정했다. 그는 아직 결혼하지 않았고 이전에 두 번의 거절(수치심-불안)을 겪었기 때문에 자신이 '패배자'가 된 것 같다고 걱정했다. 그는 '자신감이 더 있다면 그렇게 신경 쓰이지 않을 것 같다.'고 인정했다. 그와 치료자는 그의 불안정한 자기가치감을 핵심 문제로 집중하기로 합의했다. 그는 치료자에게 점점 더 개방적이고 취약해졌지만(예: 사랑할 사람을 찾지 못한 것에 대한 슬픔을 표현하는 등), 여러 회기 동안 자기가치감에 대한 탐색은 주로 지적인 수준에 머물렀다.

제레미는 여자친구가 바람을 피우고 자신을 모욕하고 바보처럼 보이게 할 것이라는 강박적인 걱정으로 매우 괴로워하며 21회기를 찾아왔다. 그녀는 부인했지만 그는 자신의 불안을 '통제'할 수 없었다. 치료자는 두 의자 대화를 하는 것이 문제의 근원을 파악하는 데 도움이 될 수 있다고 제안했다. 이러한 맥락에서 그의 신체적 경험에 명시적으로 초점을 맞추면 부정적인 경험을 심화시키고 긍정적인 대체 경험에 접근하는 데 도움이 되었다.

제레미는 먼저 여자친구를 믿지 말라고 경고하는 자신의 불안을 일으키는 부분, 즉 "너는 이용당하고 바보처럼 보일 거야." "이것은 참을 수 없을 거야. 너를 파괴할 거야."라는 불안을 일으키는 부분에 집중했다. 치료자는 이러한 경고에 대한 반응으로 그의 신체적 경험에 주의를 기울였다. 제레미는 가슴이 무겁고 숨이 얕아지면서 몸이 작아지고 수축되는 느낌을 받았다고 말했다. 그런 다음 치료자는 "이 느낌이 마음에 드세요?"와 같은 질문을 하면서 "그 느낌에 머물러 보세요."라고 격려했다. "기분이 좋나요?" "이 느낌이 편안합니까?" "이것이 당신이 원하는 삶의 방식인가요?" 이러한 질문은 "아니요, 싫어요. 이렇게 살고 싶지 않아요!"라는 강한 항의의 반응을 이끌어 냈다. 치료자가 어떻게 하면 기분이 더 좋고 편안해질 수 있는지 묻자 제레미는 즉시 두 팔을 크게 벌리고 심호흡을 시작했다.

치료자: 와, 기분이 정말 좋겠네요. 그 좋은 기분에 머물러 있어 보세요, 제레미. 그런 기분을 더 많이 느낄 수 있다면 삶이 어떻게 될지 상상할 수 있나요?

내담자: 더 개방적이고 편안할 거예요……. 더 많은 위험을 감수하고 인생을 충분히 경험할 수 있을 것 같아요.

치료자: 일을 처리할 수 있다는 자신감이지요.

내담자: 네, 자신감 있고 자유로워요.

그런 다음 치료자는 제레미에게 "마음에서 우러나오는 말을 하는 것"이 얼마나 중요한지 자신의 다른 부분(다른 의자에 있는)에 대해 이야기하도록 초대했다. 여기서 제레미는 처음으로 자신의 두려움 · 의심 · 수치심–불안의 패턴을 바꾸는 데 도움이 되는 개방성과 삶에 대한 참여에 대한 건강한 욕구를 깊이 경험하고 표현했다.

이 개입은 또한 제레미가 이러한 긍정적인 경험을 심화하기 위한 시각화를 개발하는 데 도움이 되었다. 그는 완전히 '우주에 열려 있는' '낙원'인 산속 강가에서 휴식을 취하는 평화를 심상화했다. 그런 다음 치료자는 그에게 여자친구가 강변에서 '당신 옆에 앉아 있는' 모습을 심상화해 보라고 권유했다. 이것은 치료자가 확인한 긴장감을 불러일으켰고, 치료자는 그에게 편안한 심상에 머물도록 격려했다. 또한 주체성에 대한 인식을 촉진하기 위해 두 의자에 있는 자신의 일부분, 즉 위축과 속박감을 일으키는 두려운 경고와, 개방과 확신의 경험을 일으키는 다른 신체 자세 · 바람 · 심상 사이를 오가도록 유도했다. 회기가 끝날 무렵 제레미는 이 회기가 자신에게 돌파구처럼 느껴졌다고 말했다. 치료자는 그가 열린 마음 자세와 심호흡을 취하고 이 심상을 떠올리며 회기 사이에 불안하고 불신하는 생각과 그에 수반되는 신체적 위축을 발견했을 때 자신의 진심 어린 의도에 집중하도록 격려했다.

다음 회기가 시작될 때 제레미는 회기 내 연습을 계속하고 일주일 동안 훨씬 덜 불안해져서 '기쁘다.'고 보고했다. 치료자가 그의 몸자세와 시각화를 다시 도입했을 때, 그는 여자친구가 '강가에서 그의 옆에 앉을 수 있도록' 허용할 수 있었다. 그는 어떤 일이 닥쳐도 감당할 수 있다는 자신감이 생겼다. 제레미는 자신이 '타인의 승인에 너무 의존하고 있다.'고 결론을 내리고 앞으로의 회기에서는 자신감을 키우는 데 집중하고 싶다고 말했다. 그와 치료자는 이 목표를 달성하기 위해 '과거의 오래된 상처'를 치유하는 데 집중하기로 합의했다. 다시 말하면, 그의 신체적 경험에 대한 관심은 그의 자기가치감을 활성화하고 탐색하며 강화하기 위한 EFTT 개입의 중요한 부분이었다.

또 다른 사례는 내담자의 제한된 자기연민 능력을 강화하기 위해 EFTT 개입과 함께 사랑의 친절 명상을 사용하는 방법을 보여 준다. 아이리스의 부모님은 잔인한 혁명의 생존자였다. 특히 어머니의 신체적 훈육을 포함한 가혹한 양육은 아이리스가 세상에서 살아남을 수 있도록 강인하게 키우기 위한 것이었다. 아이리스는 직장에서의 반복적인 고통과 폭력에 노출되어 생긴 외상 후 스트레스 장애(대리 외상)를 해결하기 위해 치료를 받으러 왔고, 자신의 증상을 용납할 수 없는 나약함의 징후로 여겼다. 그녀는 '너무 예민하다.'고 스스로를 자책하고 취약한 감정을 억누르려고 노력했다. 그녀와 치료자는 이것이 자신을 강화하기 위한 어머니의 내면화된 메시지라는 데 동의했지만, 실제로는 효과가 없었고 오히려 PTSD 증상을 악화시키고 있었다.

두 의자 대화를 통해 아이리스는 자기비판과 끊임없는 압박으로 스스로에게 '상처'를 주고 있다는 사실을 자각하고 덜 가혹해지려는 바람을 활성화했다. 기억 작업은 어린 시절 어머니를 기쁘게 해 드리기 위해 얼마나 열심히 노력했는지 회상하면서 깊은 슬픔에 접근했다. 그녀는 어머니의 수용과 가치를 충족되지 못한 핵심 욕구로 인정했다. 아이리스는 어렸을 때 어머니가 자신의 발달에 미친 긍정적인 영향을 지적으로 이해했지만 성인이 되어서는 자신의 취약성을 받아들이는 데 어려움을 겪었다. 한 회기가 끝날 무렵, 치료자는 아이리스에게 자신에 대해 보다 양육적인 태도를 기를 수 있도록 '사랑의 친절' 명상을 가르칠 것을 제안했다. '내가 행복해지기를'이라는 말을 반복하자 아이리스는 자신의 행복에 대한 소원을 표현하거나 스스로 행복해지도록 허락하는 것조차 불편해하는 자신의 어려움을 빠르게 극복할 수 있었다.

많은 내담자는 이러한 '아기 취급'에 당혹감을 느끼고, 다른 내담자는 이러한 '애지중지'가 자기중심적이라고 생각하며, 또 다른 내담자는 이를 무의미한 '희망적 사고'로 경험한다. 치료자는 일반적으로 이 책의 앞 장에서 설명한 기본적인 EFTT 개입을 사용하여 내담자가 자신의 저항을 탐색하도록 돕는다. 내담자가 사랑의 친절 명상이 자기 자신에 대한 사랑의 감정을 키우는 것이 아니라 자신(그리고 궁극적으로는 타인)을 친절과 존중으로 대하겠다는 약속이라는 것을 이해하도록 돕는 것이 도움이 될 수 있다. 이 사례에서 치료자는 아이리스에게 자신의 불편함을 탐색하도록 초대했다("어떻게든 당신 자신에게 좋은 일이 생기기를 바라는 것은 용납할 수 없는 일이군요. 그것은 마치 당신이 어머니의 신념 체계를 받아들인 것과 같네요."). 아이리스는 이러한 깨달음에 놀라움과 슬픔을 느꼈다(**내담자:** 물론 저도 행복하고 싶어요. 적어도 어느 정도는요! **치료자:** 네, 지금보다는 확실히 더 많이요. 지금보다 더 행복해진다는 것이 어떤 의미인지 명확하게 알아볼 수 있는지 살펴봅시다). 여기서 아이리스는 삶의 압박과 스트레스를 줄이고 싶은 자신의 진정한 소원과 바람을 확인했고, 이것이 개인화된 사랑의 친절 명상의 기초가 되었다. "압박감으로부터 자유로워지기를. 스트레스와 두려움으로부터 자유로워지기를. 내가 편안해지기를." 이 말은 그녀에게 잘 맞았다. EFTT와 요가 치료 원리에 따라 이 명상에서는 이러한 진심 어린 의도를 삶에서 어떻게 실현할 수 있을지 심상화하고, 실현될 경우 감정 · 행동 · 관계 측면에서 삶이 어떻게 달라질지 본능적으로 경험하는 것이 포함되었다.

아이리스와 치료자는 과거와 현재의 어려움을 계속 탐색하면서 이러한 건강한 욕구를 시금석으로 반복해서 언급하여 변화를 유도하는 데 도움을 주었다. 아이리스는 또한 명상으로 하루를 시작하면서 그날의 사건을 예상하고 보다 자기연민적인 자세로 어떻게 구체적으로 접근할 수 있을지 심상화하는 간단한 연습을 시작했다. 아이리스는 치료가 끝날 무렵, 어머니를 사랑의 친절 명상에 포함시킨 것을 보고 기뻐했고, 결국 더 이상 스트레스가 많은 환경에서 일하고 싶지 않다는 결심을 하게 되었다.

EFTT의 3단계: '타자'와 관련된 어려움

EFTT의 후기 단계는 내담자가 적응적 정서와 관련 의미를 완전히 경험할 수 있게 되면 시작된다. 이 단계에서는 처리의 어려움이 대부분 해결되었기 때문에 신체 기반 개입은 처리의 어려움을 해결하는 데 사용되지 않는다. 그러나 개입은 내담자가 적응적 분노와 관련된 권한강화의 본능적 경험, 슬픔과 상실 수용과 관련된 안도감 또는 항복 그리고 치료 과정에서 성취한 변화에 주의를 기울일 수 있도록 유도할 수 있다. 이러한 신체적 경험은 특히 신체 기반 개입이 내담자의 치료 과정에서 두드러진 부분인 경우 변화를 공고히 하는 데 도움이 될 수 있다.

해결에 가까워질수록 내담자에게 현재 자신의 경험과 치료 초기의 경험을 비교하도록 요청할 수 있다(예: 주장적 화 대 거부적 화, 눈물을 흘리게 하는 것 대 눈물을 억제하는 것, 수용하는 것 대 체념하거나 타자를 바꾸려고 싸우는 것, 유발 요인에 대한 반응성 대 중심을 잡고 균형 잡힌 느낌 등). 해결은 타자에 대한 용서나 연민의 새로운 경험으로 구성될 수 있으며, 내담자는 이러한 새로운 긍정적 경험을 반영하는 자세·제스처·호흡(예: 팔 벌리기, 타자를 마음속으로 맞이하는 심상, 제의의 제스처, 타자를 자유롭게 하는 제스처)을 취하고 이러한 제스처의 의미를 말로 상징화하도록 권장할 수 있다. 마지막으로, 내담자에게 이전의 투쟁과 타자와의 관계에서 평화롭게 '끝났다.'는 구체화된 경험에 주목하고 설명하도록 요청할 수 있다.

가장 기본적인 수준에서 상담 종결에는 내담자의 현재 증상 상태를 검토하는 것이 포함된다. 외상 후 스트레스 장애, 불안, 우울은 명백한 생리적 경험과 관련이 있으며, 이를 완화하는 것도 마찬가지이다. 신체 기반 개입은 호흡 조절 개선과 기분 좋은 신체적 변화 경험(예: 긴장감 감소, 가벼워진 느낌, 에너지와 활력 증가, 움직임이 편해진 느낌)에 주의를 집중하고 긍정적인 감정을 만들어 내는 내담자의 주체성을 강조함으로써 경험하기를 심화할 수 있다.

종결에는 또한 내담자의 초기 진심 어린 의도(예: 더 놀이성 있고, 조용하고, 마음을 열고, 자기연민을 갖기 위해)를 검토하고 이러한 의도가 치료 과정과 현재 경험에 따라 어떻게 변화했는지 확인하는 것도 포함된다. 개입은 자신의 핵심 가치 및 기준과 조화를 이루고, 더 '되고 싶은 사람'이 되어 가는 구체화된 경험에 주의를 기울이고, 앞으로 해야 할 일이 무엇인지 파악한다. 미래로의 연결 과정에서 내담자가 미래에 문제가 될 수 있는 상황을 예상하고 심상화할 때 신체 기반 개입은 긍정적인 경험을 만들어내는 내담자의 주체성을 강화하는 데 도움이 될 수 있다. 내담자는 미래에 대한 의도를 개발하고 앞으로 자신의 삶에서 이것이 어떻게 나타날지, 어떤 느낌을 받을지 심상화하도록 장려할 수 있다.

결론적으로, 이 부록에서는 요가 치료 이론과 실무를 간략하게 소개하고 이러한 신체 기반 원리를 EFTT에 어떻게 통합할 수 있는지에 대해 계속 탐구하고 있다. 성공적인 통합을 위해서는 무엇보다도 EFTT의 가장 중요한 변화 원리에 초점을 맞추는 것이 필요하다. 이러한 원리는, ① 자비롭고 협력적인 치료적 관계, ② 정서적 경험과 변화, 즉 감정과 의미에 접근하고 탐색하며 이 과정에서 새로운 의미를 구성하는 것이다. 새로운 의미는 새로운 적응적 정서와 의미를 부적응적 정서구조나 도식에 접근하고 통합하는 데서 비롯된다.

요가 치료(또는 다른 접근법)를 EFTT에 성공적으로 통합하려면 다음 사항에 대한 명확한 이해가 필요하다. ① 요가 이론 및 개입의 특정 특징이 EFTT와 양립 가능한지, ② 특정 요가 치료 개입이 관련성이 있는 이유(즉, 해결하고자 하는 특정 정서처리 어려움)와 실행

시기(즉, 특정 회기 내 표식), 마지막으로 ③ 특정 요가 치료 실무를 구현하고 EFTT 치료 과정에 원활하게 동화시키는 방법. 이러한 기준이 마련되면 치료는 치료자와 내담자 간의 창의적이고 탐색적이며 협력적인 과정이 될 수 있다.

이 부록을 통해 EFTT 치료 모델을 더욱 세분화하고 평가하기 위한 지속적인 연구와 실무가 촉진되기를 바란다. 이러한 발전은 모든 방향의 치료자가 복합 대인외상의 파괴적인 영향을 다루는 개별 내담자의 욕구를 더 잘 충족하는 데 도움이 될 것이다.

참고문헌

Adele, D. (2009). *The yamas and niyamas: Exploring yoga's ethical practice*. On-Word Bound Books.

Brach, T. (2019). *Radical compassion: Learning to love yourself and your world with the practice of RAIN*. Viking.

Capon, H., O'Shea, M., Evans, S., & McIver, S. (2021). Yoga complements cognitive behaviour therapy as an adjunct treatment for anxiety and depression: Qualitative findings from a mixed-methods study. *Psychology and Psychotherapy, 94*(4), 1015-1035. https://doi.org/10.1111/papt.12343

Clark, C. J., Lewis-Dmello, A., Anders, D., Parsons, A., Nguyen-Feng, V., Henn, L., & Emerson, D. (2014). Trauma-sensitive yoga as an adjunct mental health treatment in group therapy for survivors of domestic violence: A feasibility study. *Complementary Therapies in Clinical Practice, 20*(3), 152-158. https://doi.org/10.1016/j.ctcp.2014.04.003

Devi, N. J. (2007). *The secret power of yoga: A women's guide to the heart and spirit of the Yoga Sutras*. Harmony.

Emerson, D., & Hopper, E. (2011). *Overcoming trauma through yoga: Reclaiming your body*. North Atlantic Books.

Emerson, D., Sharma, R., Chowdry, S., & Turner, J. (2009). Trauma-sensitive yoga: Principles, practice, and research. *International Journal of Yoga Therapy, 19*(1), 123-128. https://doi.org/10.17761/ijyt.19.1.h6476p8084l22160

Ford, J. D. (2020). Developmental neurobiology. In J. D. Ford & C. A. Courtois (Eds.), *Treating complex traumatic stress disorders in adults* (2nd ed., pp. 35-61). Guilford Press.

Gayner, B. (2019). Emotion-focused mindfulness therapy. *Person-Centered and*

Experiential Psychotherapies, 18(1), 98–120. https://doi.org/10.1080/14779757.2019.1572026

Gerber, M. M., Kilmer, E. D., & Callahan, J. L. (2018). Psychotherapeutic yoga demonstrates immediate positive effects. *Practice Innovations, 3*(3), 212–225. https://doi.org/10.1037/pri0000074

Gilbert, P. (2014). The origins and nature of compassion focused therapy. *British Journal of Clinical Psychology, 53*(1), 6–41. https://doi.org/10.1111/bjc.12043

Hayes, S., Strosahl, K., & Wilson, K. (2012). *Acceptance and commitment therapy* (2nd ed.). Guilford Press.

Kabat–Zinn, J. (1990). *Full catastrophe living*. Delta Press.

Kabat–Zinn, J. (2003). Mindfulness–based stress reduction (MBSR). *Constructivism in the Human Sciences, 8*(2), 73–107.

Le Page, J., & Le Page, L. (2013). *Mudras for healing and transformation*. Integrative Yoga Therapy.

Linehan, M. (2015). *DBT skills training manual* (2nd ed.). Guilford Press.

Miller, R. (2015). *The iRest program for healing PTSD: A proven–effective approach to using yoga nidra meditation and deep relaxation techniques to overcome trauma*. New Harbinger Publications.

Najavits, L. M. (2002). *Seeking safety: A treatment manual for PTSD and substance abuse*. Guilford Press.

Paivio, S. C., Jarry, J. L., Chagigiorgis, H., Hall, I., & Ralston, M. (2010). Efficacy of two versions of emotion–focused therapy for resolving child abuse trauma. *Psychotherapy Research, 20*(3), 353–366. https://doi.org/10.1080/10503300903505274

Porges, S. W., & Dana, D. A. (2018). *Clinical applications of the polyvagal theory: The emergence of polyvagal–informed therapies*. Norton.

Reinhardt, K. M., Noggle Taylor, J. J., Johnston, J., Zameer, A., Cheema, S., & Khalsa, S. B. S. (2018). *Kripalu yoga for military veterans with PTSD: A randomized trial. Journal of Clinical Psychology, 74*(1), 93–108. https://doi.org/10.1002/jclp.22483

Robinson, K. J. P. (2021). Yoga for anxiety and trauma. https://www.katlinrobinson.com

Segal, Z. V., Williams, J. M. G., & Teasdale, J. D. (2013). *Mindfulness–based cognitive therapy for depression: A new approach to preventing relapse* (2nd ed.). Guilford Press.

Simon, N. M., Hofmann, S. G., Rosenfield, D., Hoeppner, S. S., Hoge, E. A., Bui, E., & Khalsa, S. B. S. (2021). Efficacy of yoga vs cognitive behavioral therapy vs stress education for the treatment of generalized anxiety disorder: A randomized clinical trial. *JAMA Psychiatry,*

78(1), 13–20. https://doi.org/10.1001/jamapsychiatry.2020.2496

Smith, S. E., & Ford, J. D. (2020). Complementary healing therapies. In J. D. Ford & C. A. Courtois (Eds.), *Treating complex traumatic stress disorders in adults* (pp. 569–590). Guilford Press.

van der Kolk, B. (2014). *The body keeps the score: Brain, mind, and body in the healing of trauma*. Viking.

van der Kolk, B. A., Stone, L., West, J., Rhodes, A., Emerson, D., Suvak, M., & Spinazzola, J. (2014). Yoga as an adjunctive treatment for posttraumatic stress disorder: A randomized controlled trial. *The Journal of Clinical Psychiatry, 75*(6), e559–e565. https://doi.org/10.4088/JCP.13m08561

Weintraub, A. (2003). *Yoga for depression: A compassionate guide to relieve suffering through yoga*. Harmony.

참고문헌

Abbass, A. A., & Town, J. M. (2013). Key clinical processes in intensive short–term dynamic psychotherapy. *Psychotherapy, 50*(3), 433–437. https://doi.org/10.1037/a0032166

Adele, D. (2009). *The yamas and niyamas: Exploring yoga's ethical practice.* On–Word Bound Books.

Afifi, T. O., MacMillan, H. L., Boyle, M., Taillieu, T., Cheung, K., & Sareen, J. (2014). Child abuse and mental disorders in Canada. *Canadian Medical Association Journal, 186*(9), 324–332. https://doi.org/10.1503/cmaj.131792

American Psychiatric Association. (2000). *Diagnostic and statistical manual of mental disorders* (4th ed., text rev.).

American Psychiatric Association. (2013). *Diagnostic and statistical manual of mental disorders* (5th ed.). https://doi.org/10.1176/appi.books.9780890425596

Angus, L., Boritz, T., & Carpenter, N. (2013). Narrative, emotion and meaning making in psychotherapy: From theoretical concepts to empirical research findings. *Psychiatry and Psychotherapy, 32*(4), 329–338.

Angus, L., Boritz, T., Mendes, I., & Goncalves, M. M. (2019). Narrative change processes and client treatment outcomes in emotion-focused therapy. In R. N. Goldman & L. S. Greenberg (Eds.), *Clinical handbook of emotion–focused therapy* (pp. 243–260). American Psychological Association. https://doi.org/10.1037/0000112–011

Angus, L. (Host), & Paivio, S. C. (Therapist). (2015). *Narrative processes in emotionfocused therapy for trauma* [Film; educational DVD]. American Psychological Association. https://www.apa.org/pubs/videos/4310940.aspx

Angus, L. E., Boritz, T., Bryntwick, E., Carpenter, N., Macaulay, C., & Khatna, J. (2017). The Narrative–Emotion Process Coding System 2.0: A multi–methodological approach to identifying and assessing narrative–emotion process markers in psychotherapy. *Psychotherapy Research, 27*(3), 253–269. https://doi.org/10.1080/10503307.2016.1238525

Arntz, A., Tiesema, M., & Kindt, M. (2007). Treatment of PTSD: A comparison of imaginal exposure with and without imagery rescripting. *Journal of Behavior Therapy and Experimental Psychiatry, 38*(4), 345–370. https://doi.org/10.1016/j.jbtep.2007.10.006

Askeland, I. R., & Heir, T. (2014). Psychiatric disorders among men voluntarily in treatment for violent behaviour: A cross-sectional study. *BMJ Open, 4*(4), Article e004485. https://doi.org/10.1136/bmjopen-2013-004485

Bartholomew, K. (1993). From childhood to adult relationships: Attachment theory and research. In S. Duck (Ed.), *Understanding relationship processes: Vol. 2. Learning about relationships* (pp. 30–62). SAGE.

Bateman, A., & Fonagy, P. (2013). Impact of clinical severity on outcomes of mentalisation-based treatment for borderline personality disorder. *The British Journal of Psychiatry, 203*(3), 221–227. https://doi.org/10.1192/bjp.bp.112.121129

Beck, J. S. (2021). *Cognitive behavior therapy: Basics and beyond* (3rd ed.). Guilford Press.

Benjamin, L. S. (1996). *Interpersonal diagnosis and treatment of personality disorders* (2nd ed.). Guilford Press.

Blow, A. J., Curtis, A. F., Wittenborn, A. K., & Gorman, L. (2015). Relationship problems and military related PTSD: The case for using emotionally focused therapy for couples. *Contemporary Family Therapy, 37*(3), 261–270. https://doi.org/10.1007/s10591-015-9345-7

Boelen, P. A., Van den Hout, M. A., & van den Bout, J. (2006). A cognitive-behavioral conceptualization of complicated grief. *Clinical Psychology: Science and Practice, 13*(2), 109–128. https://doi.org/10.1111/j.1468-2850.2006.00013.x

Bolger, E. A. (1999). Grounded theory analysis of emotional pain. *Psychotherapy Research, 9*(3), 342–362. https://doi.org/10.1080/10503309912331332801

Bowlby, J. (1988). *A secure base*. Basic Books.

Brach, T. (2019). *Radical compassion: Learning to love yourself and your world with the practice of RAIN*. Viking.

Cabrera, C., Torres, H., & Harcourt, S. (2020). The neurological and neuropsychological effects of childhood maltreatment. *Aggression and Violent Behavior, 54*, Article 101408. https://doi.org/10.1016/j.avb.2020.101408

Callahan, J. L., Maxwell, K., & Janis, B. M. (2019). The role of over-general memories in PTSD and implications for treatment. *Journal of Psychotherapy Integration, 29*(1), 32–41. https://doi.org/10.1037/int0000116

Capon, H., O'Shea, M., Evans, S., & McIver, S. (2021). Yoga complements cognitive behaviour therapy as an adjunct treatment for anxiety and depression: Qualitative findings from a mixed–methods study. *Psychology and Psychotherapy, 94*(4), 1015–1035. https://doi.org/10.1111/papt.12343

Carpenter, N., Angus, L., Paivio, S., & Byrntwick, E. (2016). Narrative and emotion integration processes in emotion–focused therapy for complex trauma: An exploratory process–outcome analysis. *Person–centered and Experiential Psychotherapies, 15*, 67–94. https://doi.org/10.1080/14779757.2015.113276

Chagigiorgis, H. (2009). *The contribution of emotional engagement with trauma material to outcome in two version of emotions focused therapy for trauma (EFTT)* [Unpublished doctoral dissertation]. University of Windsor.

Chagigiorgis, H., & Paivio, S. C. (2006). Forgiveness as an outcome in emotion focused therapy for adult survivors of childhood abuse (EFT–AS). In W. Malcolm, N. DeCourville, & K. Belicki (Eds.), *Women's perspectives on forgiveness and econciliation: The complexities of restoring power and connection* (pp. 121–141). Routledge, Taylor & Francis Group.

Chard, K. M. (2005). An evaluation of cognitive processing therapy for the treatment of posttraumatic stress disorder related to childhood sexual abuse. *Journal of Consulting and Clinical Psychology, 73*(5), 965–971. https://doi.org/10.1037/0022–006X.73.5.965

Clark, C. J., Lewis–Dmello, A., Anders, D., Parsons, A., Nguyen–Feng, V., Henn, L., & Emerson, D. (2014). Trauma–sensitive yoga as an adjunct mental health treatment in group therapy for survivors of domestic violence: A feasibility study. *Complementary Therapies in Clinical Practice, 20*(3), 152–158. https://doi.org/10.1016/j.ctcp.2014.04.003

Cloitre, M., Cohen, L., & Koenen, K. C. (2006). *Treating survivors of childhood abuse: Psychotherapy for the interrupted life*. Guilford Press.

Cloitre, M., Cohen, L. R., Ortigo, K., Jackson, C. L., & Koenen, K. (2019). *Treating survivors of childhood abuse: Psychotherapy for the interrupted life*. Guilford Press.

Cloitre, M., Koenen, K. C., Cohen, L. R., & Han, H. (2002). Skills training in affective and interpersonal regulation followed by exposure: A phase–based treatment for PTSD related to childhood abuse. *Journal of Consulting and Clinical Psychology, 70*(5), 1067–1074. https://doi.org/10.1037/0022–006X.70.5.1067

Courtois, C., Ford, J., Cloitre, M., & Schnyder, U. (2020). Best practices in psychotherapy for adults. In J. D. Ford & C. Courtois (Eds.), *Treating complex traumatic stress disorders in adults* (2nd ed., pp. 62–98). Guilford Press.

Courtois, C. A., Sonis, J., Brown, L. S., Cook, J., Fairbank, J. A., Friedman, M., Gone, J. P., Jones, R., La Greca, A., Mellman, T., Roberts, J., & Schulz, P. (2017). *Clinical practice guidelines for the treatment of posttraumatic stress disorder (PTSD) in adults.*

American Psychological Association. https://www.apa.org/ptsd-guideline/ptsd.pdf

Cox, K. S., Resnick, H. S., & Kilpatrick, D. G. (2014). Prevalence and correlates of posttrauma distorted beliefs: Evaluating DSM-5 PTSD expanded cognitive symptoms in a national sample. *Journal of Traumatic Stress, 27*(3), 299-306. https://doi.org/10.1002/jts.21925

Currier, J. M., Irish, J. E. F., Neimeyer, R. A., & Foster, J. D. (2015). Attachment, continuing bonds, and complicated grief following violent loss: Testing a moderated model. *Death Studies, 39*(4), 201-210. https://doi.org/10.1080/07481187.2014.975869

Damasio, A. (2010). *Self comes to mind: Constructing the conscious brain*. Pantheon/Random House.

Damasio, A. R. (1999). *The feeling of what happens: Body and emotion in the making of consciousness*. Harcourt.

Devi, N. J. (2007). *The secret power of yoga: A woman's guide to the heart and spirit of the Yoga Sutras*. Harmony.

Ecker, B., Ticic, R., & Hulley, L. (2012). *Unlocking the emotional brain: Eliminating symptoms at their roots using memory reconsolidation*. Routledge. https://doi.org/10.4324/9780203804377

Eckman, P., & Friesen, V. W. (1975). *Unmasking the face: A guide to recognizing emotions from facial cues*. Prentice-Hall.

Elliott, R., & Shahar, B. (2019). Emotion-focused therapy for social anxiety. In L. S. Greenberg & R. N. Goldman (Eds.), *Clinical handbook of emotion-focused therapy* (pp. 337-360). American Psychological Association. https://doi.org/10.1037/0000112-015

Elliott, R., Watson, J. C., Goldman, R. N., & Greenberg, L. S. (2004). *Learning emotion focused therapy: A process experiential approach to change*. American Psychological Association. https://doi.org/10.1037/10725-000

Emerson, D., & Hopper, E. (2011). *Overcoming trauma through yoga: Reclaiming your body*. North Atlantic Books.

Emerson, D., Sharma, R., Chowdry, S., & Turner, J. (2009). Trauma-sensitive yoga: Principles, practice, and research. *International Journal of Yoga Therapy, 19*(1), 123-128. https://doi.org/10.17761/ijyt.19.1.h6476p8084l22160

Fairbairn, W. R. D. (1952). *Psychoanalytic studies of the personality*. Routledge.

Fernandez, E. (Ed.). (2016). *Treatments for anger in specific populations: Theory, application, and outcome*. Oxford University Press.

Foa, E., Hembree, E., Rothbaum, J., & Rauch, S. A. M. (2019). *Prolonged exposure for PTSD: Emotional processing of traumatic experiences* (2nd ed.). Oxford University

Press.

Ford, J. D. (2020). Developmental neurobiology. In J. D. Ford & C. A. Courtois (Eds.), *Treating complex traumatic stress disorders in adults* (2nd ed., pp. 35–61). Guilford Press.

Ford, J. D., & Courtois, C. A. (Eds.). (2020). *Treating complex traumatic stress disorders in adults* (2nd ed.). Guilford Press.

Fosha, D. (Ed.). (2021). *Undoing aloneness and the transformation of suffering into flourishing: AEDP 2.0*. American Psychological Association. https://doi.org/10.1037/0000232–000

Fosha, D., & Thoma, N. (2020). Metatherapeutic processing supports the emergence of flourishing in psychotherapy. *Psychotherapy, 57*(3), 323–339. https://doi.org/10.1037/pst0000289

Fredrickson, B. L. (2001). The role of positive emotions in positive psychology: The broaden–and–build theory of positive emotions. *American Psychologist, 56*(3), 218–226. https://doi.org/10.1037//0003–066x.56.3.218

Freud, S. (1961). New introductory lectures. In *The standard edition of the complete psychological works of Sigmund Freud* (Vol. 22; J. Strachey, Ed. & Trans.; pp. 3–182). Hogarth Press. (Original work published 1933)

Frijda, N. H. (2016). The evolutionary emergence of what we call "emotions." *Cognition and Emotion, 30*(4), 609–620. https://doi.org/10.1080/02699931.2016.1145106

Gayner, B. (2019). Emotion–focused mindfulness therapy. *Person–Centered and Experiential Psychotherapies, 18*(1), 98–20. https://doi.org/10.1080/14779757.2019.1572026

Gendlin, E. T. (1996). *Focusing–oriented psychotherapy: A manual of experiential method*. Guilford Press.

George, C., Kaplan, M., & Main, M. (1985). *Adult Attachment Interview*. University of California.

Gerber, M. M., Kilmer, E. D., & Callahan, J. L. (2018). Psychotherapeutic yoga demonstrates immediate positive effects. *Practice Innovations, 3*(3), 212–225. https://doi.org/10.1037/pri0000074

Gilbert, P. (2014). The origins and nature of compassion focused therapy. *British Journal of Clinical Psychology, 53*(1), 6–41. https://doi.org/10.1111/bjc.12043

Goetter, E. M., Bui, E., Ojserkis, R. A., Zakarian, R. J., Brendel, R. W., & Simon, N. M. (2015). A systematic review of dropout from psychotherapy for posttraumatic stress disorder among Iraq and Afghanistan combat veterans. *Journal of Traumatic Stress, 28*(5), 401–409.

https://doi.org/10.1002/jts.22038

Goldman, R. N. (2019). History and overview of emotion-focused therapy. In L. S. Greenberg & R. N. Goldman (Eds.), *Clinical handbook of emotion-focused therapy* (pp. 3-35). American Psychological Association. https://doi.org/10.1037/0000112-001

Goldman, R. N., & Greenberg, L. S. (2015). *Case formulation in emotion-focused therapy: Cocreating clinical maps of change*. American Psychological Association. https://doi.org/10.1037/14523-000

Gottman, J. M. (1997). *The heart of parenting: Raising an emotionally intelligent child*. Simon & Schuster.

Greenberg, L. S. (2002). *Emotion-focused therapy: Coaching clients to work through their feelings*. American Psychological Association. https://doi.org/10.1037/10447-000

Greenberg, L. S. (2019). Theory of functioning in emotion-focused therapy. In L. S. Greenberg & R. N. Goldman (Eds.), *Clinical handbook of emotion-focused therapy* (pp. 37-59). American Psychological Association. https://doi.org/10.1037/0000112-002

Greenberg, L. S., & Bolger, E. (2001). An emotion-focused approach to the overregulation of emotion and emotional pain. *Journal of Clinical Psychology, 57*(2), 197-211. https://doi.org/10.1002/1097-4679(200102)57:2〈197::AID-JCLP6〉3.0.CO;2-O

Greenberg, L. S., & Foerster, F. S. (1996). Task analysis exemplified: The process of resolving unfinished business. *Journal of Consulting and Clinical Psychology, 64*(3), 439-446. https://doi.org/10.1037/0022-006X.64.3.439

Greenberg, L. S., & Goldman, R. N. (Eds.). (2019a). *Clinical handbook of emotionfocused therapy*. American Psychological Association. https://doi.org/10.1037/0000112-000

Greenberg, L. S., & Goldman, R. N. (2019b). Theory of practice of emotion-focused therapy. In L. S. Greenberg & R. N. Goldman (Eds.), *Clinical handbook of emotionfocused therapy* (pp. 61-90). American Psychological Association. https://doi.org/10.1037/0000112-003

Greenberg, L. S., & Hirscheimer, K. (1994, February). *Relating degree of resolution of unfinished business to outcome* [Paper presentation]. North American Society for Psychotherapy Research Meeting, Santa Fe, NM, United States.

Greenberg, L. S., & Malcolm, W. (2002). Resolving unfinished business: Relating process to outcome. *Journal of Consulting and Clinical Psychology, 70*(2), 406-416. https://doi.org/10.1037/0022-006X.70.2.406

Greenberg, L. S., & Paivio, S. C. (1997). *Working with emotions in psychotherapy*. Guilford Press.

Greenberg, L. S., & Pascual-Leone, A. (2006). Emotion in psychotherapy: A practicefriendly research review. *Journal of Clinical Psychology, 62*(5), 611–630. https://doi.org/10.1002/jclp.20252

Greenberg, L. S., Rice, L. N., & Elliott, R. K. (1993). *Facilitating emotional change: The moment–by–moment process*. Guilford Press.

Greenberg, L. S., Warwar, S. H., & Malcolm, W. M. (2008). Differential effects of emotion–focused therapy and psychoeducation in facilitating forgiveness and letting go of emotional injuries. *Journal of Counseling Psychology, 55*(2), 185–196. https://doi.org/10.1037/0022–0167.55.2.185

Greenberg, L. S., & Watson, J. (2006). *Emotion–focused therapy for depression*. American Psychological Association. https://doi.org/10.1037/11286–000

Gross, J. J. (Ed.). (2015). *Handbook of emotion regulation* (2nd ed.). Guilford Press.

Hamlat, E. J., & Alloy, L. B. (2018). Autobiographical memory as a target of intervention: Increasing specificity for therapeutic gain. *Practice Innovations, 3*(4), 227–241. https://doi.org/10.1037/pri0000075

Harrington, S., Pascual–Leone, A., Paivio, S., Edmondstone, C., & Baher, T. (2021). Depth of experiencing and therapeutic alliance: What predicts outcome for whom in emotion–focused therapy for trauma? *Psychology and Psychotherapy: Theory, Research and Practice, 94*(4), 895–914. https://doi.org/10.1111/papt.12342

Harrison, R. L., & Westwood, M. J. (2009). Preventing vicarious traumatization of mental health therapists: Identifying protective practices. *Psychotherapy, 46*(2), 203–219. https://doi.org/10.1037/a0016081

Harvey, A. G., Bryant, R. A., & Tarrier, N. (2003). Cognitive behaviour therapy for posttraumatic stress disorder. *Clinical Psychology Review, 23*(3), 501–522. https://doi.org/10.1016/S0272–7358(03)00035–7

Hayes, S., Strosahl, K., & Wilson, K. (2012). *Acceptance and commitment therapy* (2nd ed.). Guilford Press.

Hébert, M., Cénat, J. M., Blais, M., Lavoie, F., & Guerrier, M. (2016). Child sexual abuse, bullying, cyberbullying, and mental health problems among high school students: A moderated mediated model. *Depression and Anxiety, 33*(7), 623–629. https://doi.org/10.1002/da.22504

Hembree, E., & Foa, E. (2020). Prolonged exposure therapy. In J. Ford & C. Courtois (Eds.), *Treating complex traumatic stress disorders in adults* (pp. 207–225). Guilford Press.

Herman, J. L. (1992). *Trauma and recovery*. Basic Books.

Herman, J. L. (2019). Forward. In J. Ford & C. Courtois (Eds.), *Treating complex traumatic stress disorders in adults* (pp. xi–xvi). Guilford Press.

Herrmann, I. R., Greenberg, L. S., & Auszra, L. (2016). Emotion categories and patterns of change in experiential therapy for depression. *Psychotherapy Research, 26*(2), 178–195. https://doi.org/10.1080/10503307.2014.958597

Holowaty, K. A. M., & Paivio, S. C. (2012). Characteristics of client–identified helpful events in emotion–focused therapy for child abuse trauma. *Psychotherapy Research, 22*(1), 56–66. https://doi.org/10.1080/10503307.2011.622727

Horvath, A. O., & Greenberg, L. S. (1989). Development and validation of the Working Alliance Inventory. *Journal of Counseling Psychology, 36*(2), 223–233. https://doi.org/10.1037/0022–0167.36.2.223

Horvath, A. O., & Symonds, B. D. (1991). Relations between working alliance and outcome in psychotherapy: A meta–analysis. *Journal of Counseling Psychology, 38*(2), 139–149. https://doi.org/10.1037/0022–0167.38.2.139

Ingram, R. E., & Price, J. M. (Eds.). (2010). *Vulnerability to psychopathology: Risk across the lifespan* (2nd ed.). Guilford Press.

Izard, C. (1977). *Human emotions*. Plenum. https://doi.org/10.1007/978–1–4899–2209–0

Izard, C. E. (2002). Translating emotion theory and research into preventive interventions. *Psychological Bulletin, 128*(5), 796–824. https://doi.org/10.1037/0033–2909.128.5.796

Jackson, C., Nissenson, K., & Cloitre, M. (2020). Cognitive–behavioral therapy. In J. Ford & C. Courtois (Eds.), *Treating complex traumatic stress disorders in adults* (pp. 370–389). Guilford Press.

Janoff–Bulman, R. (1992). *Shattered assumptions: Towards a new psychology of trauma*. Free Press.

Jaycox, L. H., Foa, E. B., & Morral, A. R. (1998). Influence of emotional engagement and habituation on exposure therapy for PTSD. *Journal of Consulting and Clinical Psychology, 66*(1), 185–192. https://doi.org/10.1037/0022–006X.66.1.185

Johnson, M. W., Hendricks, P. S., Barrett, F. S., & Griffiths, R. R. (2019). Classic psychedelics: An integrative review of epidemiology, therapeutics, mystical experience, and brain network function. *Pharmacology & Therapeutics, 197*, 83–102. https://doi.org/10.1016/j.pharmthera.2018.11.010

Johnson, S. (2002). *Emotionally focused couples therapy for trauma survivors*. Guilford Press.

Jowett, S., Karatzias, T., Shevlin, M., & Albert, I. (2020). Differentiating symptom profiles of ICD–11 PTSD, complex PTSD, and borderline personality disorder: A latent class analysis in a multiply traumatized sample. *Personality Disorders: Theory, Research, and Treatment, 11*(1), 36–45. https://doi.org/10.1037/per0000346

Kabat-Zinn, J. (1990). *Full catastrophe living: Using the wisdom of your body and mind to face stress, pain, and illness*. Delacorte.

Kabat-Zinn, J. (2003). Mindfulness-based stress reduction (MBSR). *Constructivism in the Human Sciences, 8*(2), 73-107.

Katz, C., & Fallon, B. (2020). Protecting children from maltreatment during COVID-19. *Child Abuse & Neglect, 110*(Pt. 2), Article 104753. https://doi.org/10.1016/j.chiabu.2020.104753

Kellner, R., Neidhardt, J., Krakow, B., & Pathak, D. (1992). Changes in chronic nightmares after one session of desensitization or rehearsal instructions. *The American Journal of Psychiatry, 149*(5), 659-663. https://doi.org/10.1176/ajp.149.5.659

Kessler, R. C., Aguilar-Gaxiola, S., Alonso, J., Benjet, C., Bromet, E. J., Cardoso, G., Degenhardt, L., de Girolamo, G., Dinolova, R. V., Ferry, F., Florescu, S., Gureje, O., Haro, J. M., Huang, Y., Karam, E. G., Kawakami, N., Lee, S., Lepine, J. P., Levinson, D., Navarro-Mateu, F., Pennell, B. E., Piazza, M., Posada-Villa, J., Scott, K. M., Stein, D. J., Ten H. M., Torres, Y., Viana, M. C., Petukhova, M. V., Sampson, N. A., Zaslavsky, A. M., Koenen, K. C. (2017). Trauma and PTSD in the WHO world mental health surveys. *European Journal of Psychotraumatology, 8*(Suppl. 5), Article 1353383. https://doi.org/10.1080/20008198.2017.1353383

Khayyat-Abuaita, U., Paivio, S., Pascual-Leone, A., & Harrington, S. (2019). Emotional processing of trauma narratives is a predictor of outcome in emotionfocused therapy for complex trauma. *Psychotherapy, 56*(4), 526-536. https://doi.org/10.1037/pst0000238

Kiesler, D. J. (1971). Patient experiencing and successful outcome in individual psychotherapy of schizophrenics and psychoneurotics. *Journal of Consulting and Clinical Psychology, 37*(3), 370-385. https://doi.org/10.1037/h0031963

Kilpatrick, D. G., Resnick, H. S., Milanak, M. E., Miller, M. W., Keyes, K. M., & Friedman, M. J. (2013). National estimates of exposure to traumatic events and PTSD prevalence using DSM-IV and DSM-5 criteria. *Journal of Traumatic Stress, 26*(5), 537-547. https://doi.org/10.1002/jts.21848

Klein, M. H., Mathieu-Coughlan, P., & Kiesler, D. J. (1986). The Experiencing Scales. In L. S. Greenberg & W. M. Pinsof (Eds.), *The psychotherapeutic process: A research handbook* (pp. 21-71). Guilford Press.

Köhler, C., Carvalho, A., Alves, G., McIntyre, R., Hyphantis, T., & Cammarota, M.(2015). Autobiographical memory disturbances in depression: A novel therapeutic target? *Neural Plasticity, 2015*, Article 759139. https://doi.org/10.1155/2015/759139

Kohut, H. (1984). *How does analysis cure?* University of Chicago Press. https:// doi.

org/10.7208/chicago/9780226006147.001.0001

Kramer, U., Pascual–Leone, A., Berthoud, L., de Roten, Y., Marquet, P., Kolly, S., Despland, J. N., & Page, D. (2016). Assertive anger mediates effects of dialectical behavior–informed skills training for borderline personality disorder: A randomized controlled trial. *Clinical Psychology & Psychotherapy, 23*(3), 189–202. https://doi.org/10.1002/cpp.1956

Krediet, E., Bostoen, T., Breeksema, J., van Schagen, A., Passie, T., & Vermetten, E. (2020). Reviewing the potential of psychedelics for the treatment of PTSD. *The International Journal of Neuropsychopharmacology, 23*(6), 385–400. https://doi.org/10.1093/ijnp/pyaa018

Lane, R. D., & Nadel, L. (Eds.). (2020). *Neuroscience of enduring change: Implications for psychotherapy*. Oxford University Press. https://doi.org/10.1093/oso/9780190881511.001.0001

Lanius, R. A., Williamson, P. C., Densmore, M., Boksman, K., Neufeld, R. W., Gati, J. S., & Menon, R. S. (2004). The nature of traumatic memories: A 4–T FMRI functional connectivity analysis. *The American Journal of Psychiatry, 161*(1), 36–44. https://doi.org/10.1176/appi.ajp.161.1.36

LeDoux, J. (2012). Rethinking the emotional brain. *Neuron, 73*(4), 653–676. https:// doi.org/10.1016/j.neuron.2012.02.004

Le Page, J., & Le Page, L. (2013). *Mudras for healing and transformation*. Integrative Yoga Therapy.

Levy, K. N., Mehan, K. B., Kelly, K. M., Reynoso, J. S., Weber, M., Clarking, J. F., & Kernberg, O. F. (2006). Change in attachment patterns and reflective function in a randomized control trial of transference–focused psychotherapy for borderline personality disorder. *Journal of Consulting and Clinical Psychology, 74*, 1027–1040. https://doi.org/10.1037/0022–006X.74.6.1027

Linehan, M. (1993). *Cognitive–behavioral treatment of borderline personality disorder*. Guilford Press.

Linehan, M. (2015). *DBT skills training manual* (2nd ed.). Guilford Press.

Loevinger, J. (1997). Stages of personality development. In R. Hogan, J. A. Johnson, & S. R. Briggs (Eds.), *Handbook of personality psychology* (pp. 199–208). Academic Press. https://doi.org/10.1016/B978–012134645–4/50009–3

Lowell, A., Lopez–Yianilos, A., & Markowitz, J. (2020). Interpersonal psychotherapy. In J. Ford & C. Courtois (Eds.), *Treating complex traumatic stress disorders in adults* (pp. 350–369). Guilford Press.

Macaulay, C. B., & Angus, L. E. (2019). The narrative–emotion process model: An integrative approach to working with complex posttraumatic stress. *Journal of Psychotherapy Integration, 29*(1), 42–53. https://doi.org/10.1037/int0000118

Madigan, S. (2019). *Narrative therapy* (2nd ed.). American Psychological Association. https://doi.org/10.1037/0000131–000

Main, M. (1991). Metacognitive knowledge, metacognitive monitoring, and singular (coherent) vs. multiple (incoherent) model of attachment: Findings and directions for future research. In C. M. Parkes, J. Stevenson–Hinde, & P. Marris (Eds.), *Attachment across the life cycle* (pp. 127–159). Tavistock/Routledge.

Main, M., & Goldwyn, R. (1984). Predicting rejection of her infant from mother. *Child Abuse & Neglect, 8*(2), 203–217. https://doi.org/10.1016/0145–2134(84)90009–7

Marks, E. H., Walker, R. S. W., Ojalehto, H., Bedard–Gilligan, M. A., & Zoellner, L. A. (2019). Affect labeling to facilitate inhibitory learning: Clinical considerations. *Cognitive and Behavioral Practice, 26*(1), 201–213. https://doi.org/10.1016/ j.cbpra.2018.05.001

McCullough, L., Kuhn, N., Andrews, S., Kaplan, A., Wolfe, J., & Hurley, C. L. (2003). *Treating affect phobia: A manual for short term dynamic psychotherapy*. Guilford Press.

Meneses, C. W., & Greenberg, L. S. (2011). The construction of a model of the process of couples' forgiveness in emotion–focused therapy for couples. *Journal of Marital and Family Therapy, 37*(4), 491–502. https://doi.org/10.1111/j.1752–0606.2011.00234.x

Mikaeili, N., Molavi, P., Einy, S., & Tagaery, R. (2017). Effectiveness of emotionfocused therapy on emotion dysregulation, hopelessness, and suicidal ideation in posttraumatic stress veterans. *Iranian Journal of War and Public Health, 9*(3), 111–117. https://doi.org/10.18869/acadpub.ijwph.9.3.111

Miller, R. (2015). *The iRest program for healing PTSD: A proven–effective approach to using yoga nidra meditation and deep relaxation techniques to overcome trauma*. New Harbinger Publications.

Mlotek, A. E. (2019). *Contributions of emotional competence to the link between childhood maltreatment and adult attachment* [Unpublished doctoral dissertation]. University of Windsor.

Moody, G., Cannings–John, R., Hood, K., Kemp, A., & Robling, M. (2018). Establishing the international prevalence of self–reported child maltreatment: A systematic review by maltreatment type and gender. *BMC Public Health, 18*(1), 1164. https://doi.org/10.1186/s12889–018–6044–y

Morgan, T., & Cummings, S. L. (1999). Change experienced during group therapy by female survivors of childhood sexual abuse. *Journal of Consulting and Clinical Psychology, 67*(1), 28–36. https://doi.org/10.1037/0022–006X.67.1.28

Mundorf, E. S. (2013). *Childhood abuse survivors' experiences of self over the course of emotion-focused therapy for trauma: A qualitative analysis* [Unpublished doctoral dissertation]. University of Windsor.

Mundorf, E. S., & Paivio, S. C. (2011). Narrative quality and disturbance pre- and post-emotion-focused therapy for child abuse trauma. *Journal of Traumatic Stress, 24*(6), 643-650. https://doi.org/10.1002/jts.20707

Muntigl, P., Horvath, A. O., Chubak, L., & Angus, L. (2020). Getting to "yes": Overcoming client reluctance to engage in chair work. *Frontiers in Psychology, 11*, Article 582856. https://doi.org/10.3389/fpsyg.2020.582856

Najavits, L. M. (2002). *Seeking safety: A treatment manual for PTSD and substance abuse*. Guilford Press.

Neimeyer, R. A. (2006). Complicated grief and the reconstruction of meaning: Conceptual and empirical contributions to a cognitive-constructivist model. *Clinical Psychology: Science and Practice, 13*(2), 141-145. https://doi.org/10.1111/j.1468-2850.2006.00016.x

Neimeyer, R. A. (Ed.). (2016). *Techniques of grief therapy: Assessment and intervention*. Routledge/Taylor & Francis Group.

Neimeyer, R. A., & Sands, D. C. (2015). Containing the story of violent death. In R. A. Neimeyer (Ed.), *Techniques of grief therapy* (pp. 330-335). Routledge.

Neria, Y. (2021). Functional neuroimaging in PTSD: From discovery of underlying mechanisms to addressing diagnostic heterogeneity. *The American Journal of Psychiatry, 178*(2), 128-135. https://doi.org/10.1176/appi.ajp.2020.20121727

Novaco, R. W. (2007). Anger dysregulation. In T. A. Cavell & K. T. Malcolm (Eds.), *Anger, aggression, and interventions for interpersonal violence* (pp. 3-54). Erlbaum.

Novaco, R. W., & Chemtob, C. M. (2015). Violence associated with combat-related posttraumatic stress disorder: The importance of anger. *Psychological Trauma: Theory, Research, Practice, and Policy, 7*(5), 485-492. https://doi.org/10.1037/tra0000067

Ogden, P., & Fisher, J. (2015). *Sensorimotor psychotherapy: Interventions for trauma and attachment*. Norton.

Ogrodniczuk, J. S., Joyce, A. S., & Abbass, A. A. (2014). Childhood maltreatment and somatic complaints among adult psychiatric outpatients: Exploring the mediating role of alexithymia. *Psychotherapy and Psychosomatics, 83*(5), 322-324. https://doi.org/10.1159/000363769 O'Kearney, R., & Perrott, K. (2006). Trauma narratives in posttraumatic stress disorder: A review. *Journal of Traumatic Stress, 19*(1), 81-93. https://doi.org/10.1002/jts.20099

O'Malley, S. S., Suh, C. S., & Strupp, H. H. (1983). The Vanderbilt Psychotherapy Process Scale: A report on the scale development and a process–outcome study. *Journal of Consulting and Clinical Psychology, 51*(4), 581–586. https://doi.org/10.1037/0022-006X.51.4.581

Paivio, S. C. (Therapist). (2013). *Emotion–focused therapy for trauma* [Film; educational DVD]. American Psychological Association. https://www.apa.org/pubs/ videos/4310912.aspx

Paivio, S. C. (Therapist). (2015). *Emotion–focused therapy with a middle–aged woman suffering from depression* [Film; educational DVD]. American Psychological Association.

Paivio, S. C. (Therapist). (2016). *Emotion–focused therapy with empty–chair technique* [Film; educational DVD]. American Psychological Association.

Paivio, S. C., & Angus, L. E. (2017). *Narrative processes in emotion–focused therapy for trauma*. American Psychological Association. https://doi.org/10.1037/0000041-000

Paivio, S. C., & Bahr, L. (1998). Interpersonal problems, working alliance, and outcome in short–term experiential therapy. *Psychotherapy Research, 8*(4), 392–407. https://doi.org/10.1080/10503309812331332487

Paivio, S. C., & Carriere, M. (2007). Contributions of emotion–focused therapy to the understanding and treatment of anger and aggression. In T. A. Cavell & T. Malcolm (Eds.), *Anger, aggression, and interventions for interpersonal violence* (pp. 143–164). Erlbaum.

Paivio, S. C., & Greenberg, L. S. (1995). Resolving "unfinished business": Efficacy of experiential therapy using empty–chair dialogue. *Journal of Consulting and Clinical Psychology, 63*(3), 419–425. https://doi.org/10.1037/0022-006X.63.3.419

Paivio, S. C., Hall, I. E., Holowaty, K. A. M., Jellis, J. B., & Tran, N. (2001). Imaginal confrontation for resolving child abuse issues. *Psychotherapy Research, 11*(4), 433–453. https://doi.org/10.1093/ptr/11.4.433

Paivio, S. C., Holowaty, K. A. M., & Hall, I. E. (2004). The influence of therapist adherence and competence on client reprocessing of child abuse memories. *Psychotherapy: Theory, Research, & Practice, 41*(1), 56–68. https://doi.org/10.1037/0033-3204.41.1.56

Paivio, S. C., Jarry, J. L., Chagigiorgis, H., Hall, I., & Ralston, M. (2010). Efficacy of two versions of emotion–focused therapy for resolving child abuse trauma. *Psycho therapy Research, 20*(3), 353–366. https://doi.org/10.1080/10503300903505274

Paivio, S. C., & Kuo, B. (2007). *New application of EFTT: Refugee trauma* [Paper presentation]. Society for the Exploration of Psychotherapy Integration Meeting, Lisbon, Portugal.

Paivio, S. C., & Laurent, C. (2001). Empathy and emotion regulation: Reprocessing memories of childhood abuse. *Journal of Clinical Psychology, 57*(2), 213–226. https://doi.org/10.1002/1097–4679(200102)57:2〈213::AID–JCLP7〉3.0.CO;2–B

Paivio, S. C., & McCulloch, C. R. (2004). Alexithymia as a mediator between childhood trauma and self–injurious behaviors. *Child Abuse & Neglect, 28*(3), 339–354. https://doi.org/10.1016/j.chiabu.2003.11.018

Paivio, S. C., & Nieuwenhuis, J. A. (2001). Efficacy of emotion focused therapy for adult survivors of child abuse: A preliminary study. *Journal of Traumatic Stress, 14*(1), 115–133. https://doi.org/10.1023/A:1007891716593

Paivio, S. C., & Shimp, L. N. (1998). Affective change processes in therapy for PTSD stemming from childhood abuse. *Journal of Psychotherapy Integration, 8*(4), 211–229.

Pascual–Leone, A. (2009). Dynamic emotional processing in experiential therapy: Two steps forward, one step backward. *Journal of Consulting and Clinical Psychology, 77*, 113–126. https://doi.org/10.1037/a0014488

Pascual–Leone, A. (2018). How clients "change emotion with emotion": A programme of research on emotional processing. *Psychotherapy Research, 28*(2), 165–182. https://doi.org/10.1080/10503307.2017.1349350

Pascual–Leone, A., Gillis, P., Singh, T., & Andreescu, C. (2013). Problem anger in psychotherapy: An emotion–focused perspective on hate, rage, and rejecting anger. *Journal of Contemporary Psychotherapy, 43*(2), 83–92. https://doi.org/10.1007/s10879–012–9214–8

Pascual–Leone, A., & Greenberg, L. S. (2007). Emotional processing in experiential therapy: Why "the only way out is through." *Journal of Consulting and Clinical Psychology, 75*(6), 875–887. https://doi.org/10.1037/0022–006X.75.6.875

Pascual–Leone, A., & Greenberg, L. S. (2020). Emotion focused therapy: Integrating neuroscience into practice. In R. D. Lane & L. Nadal (Eds.), *Neuroscience of enduring change: Implications for psychotherapy* (pp. 215–244). Oxford University Books. https://doi.org/10.1093/oso/9780190881511.003.0009

Pascual–Leone, A., Kim, J., & Morrison, O. P. (2017). Working with victims of human trafficking. *Journal of Contemporary Psychotherapy, 47*(1), 51–59. https://doi.org/10.1007/s10879–016–9338–3

Pascual–Leone, A., & Kramer, U. (2019). How clients "change emotion with emotions": Sequences in emotional processing and their clinical implications. In L. S. Greenberg & R. N. Goldman (Eds.), *Clinical handbook of emotion–focused therapy* (pp. 147–170). American Psychological Association. https://doi.org/10.1037/0000112–007

Pascual–Leone, A., Paivio, S., & Harrington, S. (2016). Emotion in psychotherapy: An experiential–humanistic perspective. In D. J. Cain, S. Rubin, & K. Keenan (Eds.), *Humanistic psychotherapies: Handbook of research and practice* (2nd ed., pp. 147–181). American Psychological Association. https://doi.org/10.1037/14775-006

Pascual-Leone, A., & Yeryomenko, N. (2017). The client "experiencing" scale as a predictor of treatment outcomes: A meta-analysis on psychotherapy process. *Psychotherapy Research, 27*(6), 653–665. https://doi.org/10.1080/10503307.2016.1152409

Pascual-Leone, A., Yeryomenko, N., Morrison, O.-P., Arnold, R., & Kramer, U. (2016). Does feeling bad, lead to feeling good? Arousal patterns during expressive writing. *Review of General Psychology, 20*(3), 336–347. https://doi.org/10.1037/gpr0000083

Patihis, L., & Pendergrast, M. H. (2019). Reports of recovered memories of abuse in therapy in a large age-representative U.S. national sample: Therapy type and decade comparisons. *Clinical Psychological Science, 7*(1), 3–21. https://doi.org/10.1177/2167702618773315

Pearlman, L. A., Caringi, J., & Trautman, A. R. (2020). New perspectives on vicarious traumatization and complex trauma. In J. D. Ford & C. A. Courtois (Eds.), *Treating complex traumatic stress disorders in adults* (2nd ed., pp. 189–206). Guilford Press.

Peluso, P. R., & Freund, R. R. (2018). Therapist and client emotional expression and psychotherapy outcomes: A meta-analysis. *Psychotherapy, 55*(4), 461–472. https://doi.org/10.1037/pst0000165

Pennebaker, J. W., & Chung, C. K. (2011). Expressive writing: Connections to physical and mental health. In H. S. Friedman (Ed.), *Oxford handbook of health psychology* (pp. 417–437). Oxford University Press. https://doi.org/10.1093/oxfordhb/9780195342819.013.0018

Perls, F. S., Hefferline, R. F., & Goodman, P. (1951). *Gestalt therapy*. Julian Press.

Pessoa, L. (2013). *The cognitive-emotional brain: From interactions to integration*. MIT Press. https://doi.org/10.7551/mitpress/9780262019569.001.0001

Polaris. (2020). *Analysis of 2020 National Human Trafficking Hotline data*. https://polarisproject.org/2020-us-national-human-trafficking-hotline-statistics/

Pollak, S. D., & Sinha, P. (2002). Effects of early experience on children's recognition of facial displays of emotion. *Developmental Psychology, 38*(5), 784–791. https://doi.org/10.1037/0012-1649.38.5.784

Porges, S. W. (2011). *The polyvagal theory: Neurophysiological foundations of emotions, attachment, communication, and self-regulation*. Norton.

Porges, S. W., & Dana, D. A. (2018). *Clinical applications of the polyvagal theory: The emergence of polyvagal-informed therapies*. Norton.

Pos, A. E., & Choi, B. H. (2019). Relating process to outcome in emotion-focused therapy. In L.

S. Greenberg & R. N. Goldman (Eds.), *Clinical handbook of emotionfocused therapy* (pp. 171–191). American Psychological Association. https://doi.org/10.1037/0000112–008

Pos, A. E., Greenberg, L. S., & Warwar, S. H. (2009). Testing a model of change in the experiential treatment of depression. *Journal of Consulting and Clinical Psychology, 77*(6), 1055–1066. https://doi.org/10.1037/a0017059

Pos, A. E., & Paolone, D. A. (2019). Emotion–focused therapy for personality disorders. In L. S. Greenberg & R. N. Goldman (Eds.), *Clinical handbook of emotion–focused therapy* (pp. 381–402). American Psychological Association. https://doi.org/ 10.1037/0000112–017

Power, M. J., & Fyvie, C. (2013). The role of emotion in PTSD: Two preliminary studies. *Behavioural and Cognitive Psychotherapy, 41*(2), 162–172. https://doi.org/10.1017/S1352465812000148

Pugh, M., Bell, T., & Dixon, A. (2021). Delivering tele–chairwork: A qualitative survey of expert therapists. *Psychotherapy Research, 31*(7), 843–858. https://doi.org/10.1080/10503307.2020.1854486

Ralston, M. (2006). *Emotional arousal and depth of experiencing in imaginal confrontation versus evocative empathy* [Unpublished doctoral dissertation]. University of Windsor.

Reinhardt, K. M., Noggle Taylor, J. J., Johnston, J., Zameer, A., Cheema, S., & Khalsa, S. B. S. (2018). Kripalu yoga for military veterans with PTSD: A randomized trial. *Journal of Clinical Psychology, 74*(1), 93–108. https://doi.org/10.1002/jclp.22483

Resick, P. A., Nishith, P., & Griffin, M. G. (2003). How well does cognitive–behavioral therapy treat symptoms of complex PTSD? An examination of child abuse urvivors within a clinical trial. *CNS Spectrums, 8*(5), 340–355. https://doi.org/10.1017/S1092852900018605

Robinson, K. J. P. (2021). *Yoga for anxiety and trauma*. https://www.katlin.robinson.com

Rogers, C. R. (1980). *A way of being*. Houghton–Mifflin.

Rudkin, A., Llewelyn, S., Hardy, G., Stiles, W. B., & Barkham, M. (2007). Therapist and client processes affecting assimilation and outcome in brief psychotherapy. *Psychotherapy Research, 17*(5), 613–621. https://doi.org/10.1080/10503300701216298

Safran, J. D., & Greenberg, L. S. (1987). *Emotion in psychotherapy: Affect, cognition, and the process of change*. Guilford Press.

Salgado, J., Cunha, C., & Monteiro, M. (2019). Emotion–focused therapy for depression. In L. S. Greenberg & R. N. Goldman (Eds.), *Clinical handbook of emotion–focused therapy* (pp. 293–314). American Psychological Association. https://doi.org/10.1037/0000112–013

Sareen, J. (2018). Posttraumatic stress disorder in adults: Epidemiology, pathophysiology, clinical manifestations, course, assessment, and diagnosis. *UpToDate*. https://medilib.ir/

uptodate/show/500

Saxe, B. J., & Johnson, S. M. (1999). An empirical investigation of group treatment for a clinical population of adult female incest survivors. *Journal of Child Sexual Abuse, 8*(1), 67–88. https://doi.org/10.1300/J070v08n01_05

Schore, A. (2003). *Affect dysregulation and disorders of the self*. Norton.

Schore, A. N. (2019). *Right brain psychotherapy*. Norton.

Segal, Z. V., Williams, J. M. G., & Teasdale, J. D. (2013). *Mindfulness–based cognitive therapy for depression: A new approach to preventing relapse* (2nd ed.). Guilford Press.

Shapiro, F. (2018). *Eye movement desensitization and reprocessing (EMDR) therapy: Basic principles, protocols, and procedures* (3rd ed.). Guilford Press.

Simon, N. M., Hofmann, S. G., Rosenfield, D., Hoeppner, S. S., Hoge, E. A., Bui, E., & Khalsa, S. B. S. (2021). Efficacy of yoga vs cognitive behavioral therapy vs stress education for the treatment of generalized anxiety disorder: A randomized clinical trial. *JAMA Psychiatry, 78*(1), 13–20. https://doi.org/10.1001/jamapsychiatry.2020.2496

Smith, S. F., & Ford, J. D. (2020). Complementary healing therapies. In J. D. Ford & C. A. Courtois (Eds.), *Treating complex traumatic stress disorders in adults* (pp. 569–590). Guilford Press.

Stover, C. S., Ippen, C. G., Liang, L.–J., Briggs, E. C., & Berkowitz, S. J. (2019). An examination of partner violence, polyexposure, and mental health functioning in a sample of clinically referred youth. *Psychology of Violence, 9*(3), 359–369. https://doi.org/10.1037/vio0000131

Sturmey, P. (2017). *The Wiley handbook of violence and aggression*. Wiley–Blackwell. https://doi.org/10.1002/9781119057574

Taillieu, T. L., Brownridge, D. A., Sareen, J., & Afifi, T. O. (2016). Childhood emotional maltreatment and mental disorders: Results from a nationally representative adult sample from the United States Applied Health Sciences PhD Program. *Child Abuse & Neglect, 59*, 1–12. https://doi.org/10.1016/j.chiabu.2016.07.005

Taylor, G. J., Bagby, R. M., & Parker, J. D. A. (1997). *Disorders of affect regulation: Alexithymia in medical and psychiatric illness*. Cambridge University Press. https://doi.org/10.1017/CBO9780511526831

Tedeschi, R., Shakespeare–Finch, J., Taku, K., & Calhoun, L. G. (2018). *Posttraumatic growth: Theory, research, and applications*. Routledge. https://doi.org/10.4324/9781315527451

United Nations High Commissioner for Refugees. (2020). *Global trends: Forced displacement in 2019*. https://www.unhcr.org/5ee200e37.pdf

Vaillant, G. E. (1994). Ego mechanisms of defense and personality psychopathology. *Journal of Abnormal Psychology, 103*(1), 44–50. https://doi.org/10.1037/0021-843X.103.1.44

van der Kolk, B. (2014). *The body keeps the score: Brain, mind, and body in the healing of trauma*. Viking.

van der Kolk, B. A. (2015). *The body keeps the score: Brain, mind, and body in the healing of trauma*. Penguin Books.

van der Kolk, B. A. (2020). Afterword. In J. D. Ford & C. A. Courtois (Eds.), *Treating complex traumatic stress disorders in adults* (2nd ed., pp. 603–615). Guilford Press.

van der Kolk, B. A., & McFarlane, A. C. (1996). The black hole of trauma. In B. A. van der Kolk, A. C. McFarlane, & L. Weisaeth (Eds.), *Traumatic stress: The effects of overwhelming experience on mind, body, and society* (pp. 3–23). Guilford Press.

van der Kolk, B. A., Stone, L., West, J., Rhodes, A., Emerson, D., Suvak, M., & Spinazzola, J. (2014). Yoga as an adjunctive treatment for posttraumatic stress disorder: A randomized controlled trial. *The Journal of Clinical Psychiatry, 75*(6), e559–e565. https://doi.org/10.4088/JCP.13m08561

Watson, J. (2019). Role of the therapeutic relationship in emotion-focused therapy. In L. S. Greenberg & R. N. Goldman (Eds.), *Clinical handbook of emotion-focused therapy* (pp. 111–128). American Psychological Association. https://doi.org/10.1037/0000112-005

Watson, J., Timulak, L., & Greenberg, L. S. (2019). Emotion focused therapy for generalized anxiety disorder. In L. S. Greenberg & R. N. Goldman (Eds.), *Clinical handbook of emotion-focused therapy* (pp. 315–336). American Psychological Association. https://doi.org/10.1037/0000112-014

Watson, J. C., & Greenberg, L. S. (2017). *Emotion-focused therapy for generalized anxiety disorder*. American Psychological Association. https://doi.org/10.1037/ 0000018-000

Watson, J. C., McMullen, E. J., Prosser, M. C., & Bedard, D. L. (2011). An examination of the relationships among clients' affect regulation, in-session emotional processing, the working alliance, and outcome. *Psychotherapy Research, 21*(1), 86–96. https://doi.org/10.1080/10503307.2010.518637

Weintraub, A. (2003). *Yoga for depression: A compassionate guide to relieve suffering through yoga*. Harmony.

Weissman, N., Batten, S., Rheem, K., Wiebe, S., Pasillas, R., Potts, W., Barone, M., Brown, C., & Dixon, L. (2017). The effectiveness of emotionally focused couples therapy with veterans with PTSD: A pilot study. *Journal of Couple & Relationship Therapy, 17*(1), 25–41.

https://doi.org/10.1080/15332691.2017.1285261

Whelton, W. J., & Greenberg, L. S. (2005). Emotion in self-criticism. *Personality and Individual Differences, 38*(7), 1583–1595. https://doi.org/10.1016/j.paid.2004.09.024

Wilker, S., Pfeiffer, A., Kolassa, S., Koslowski, D., Elbert, T., & Kolassa, I. T. (2015). How to quantify exposure to traumatic stress? Reliability and predictive validity of measures for cumulative trauma exposure in a post–conflict population. *European Journal of Psychotraumatology, 6*(1), Article 28306. https://doi.org/10.3402/ejpt.v6.28306

Winnicott, D. W. (1965). *The maturational processes and the facilitating environment.* International University Press.

Woldarsky Meneses, C., & McKinnon, J. M. (2019). Emotion focused therapy for couples. In L. S. Greenberg & R. N. Goldman (Eds.), *Clinical handbook of emotionfocused therapy* (pp. 447–469). American Psychological Association. https://doi.org/10.1037/0000112–020

Wolfe, D. A. (2007). Understanding anger: Key concepts from the field of domestic violence and child abuse. In T. Cavell & K. Malcolm (Eds.), *Anger, aggression, and interpersonal violence* (pp. 393–402). Erlbaum.

World Health Organization. (2019). *International statistical classification of diseases and related health problems* (11th ed.). https://icd.who.int/

Yehuda, R., & Lehrner, A. (2018). Intergenerational transmission of trauma effects: Putative role of epigenetic mechanisms. *World Psychiatry, 17*(3), 243–257. https://doi.org/10.1002/wps.20568

찾아보기

인명

내용

ㅅ

ㅇ

ㅈ

저자 소개

Sandra C. Paivio, PhD, CPsych

캐나다 온타리오주 토론토에서 개인 클리닉을 운영하고 요크대학교 심리 클리닉(York University Psychology Clinic)에서 임상 교육을 제공하고 있으며, 윈저대학교(University of Windsor) 심리학과 명예교수이다. 특히 복합외상에 적용되는 정서중심치료(EFTT)의 개발자 중 한 명이며, EFTT의 효과와 변화 과정을 평가하는 임상 실험을 수행했다. 외상과 심리치료에 관한 다수의 저서를 집필했다. 여기에는 『Working With Emotions in Psychotherapy』*(Leslie S. Greenberg 공저), 『Emotion–Focused Therapy for Complex Trauma 초판』(Antonio Pascual–Leone 공저), 『Narrative Processes in Emotion–Focused Therapy for Trauma』(Lynne E. Angus 공저)가 포함된다. 그녀는 미국심리학회(American Psychological Association)에서 제작한 여러 DVD에 출연했고 정서중심치료의 공인 트레이너(국제정서중심치료협회; International Society for Emotion Focused Therapy)이며 EFTT에 관한 수많은 국제적 임상 교육 워크숍을 진행했다. 더불어 복합외상 치료 연구 및 교육에 기여한 공로로 캐나다 심리학회 외상 분과(Trauma Section of the Canadian Psychological Association, 2014)에서 평생 공로상(Lifetime Achievement Award)을 수상했다.

Antonio Pascual–Leone, PhD, CPsych

캐나다 윈저대학교의 심리학 교수이자 정서 변화 연구소(Emotion Change Lab) 소장이며, 스위스 로잔대학교(University of Lausanne)의 정신과 명예교수이다. 그는 정서중심치료의 이론과 연구에 대한 중요한 공헌을 발표했으며 정서처리 분야의 세계적인 전문가로 인정받고 있다. 『Emotion–Focused Therapy for Complex Trauma 초판』(Sandra C. Paivio 공저)을 공동 집필했으며, 정서 변화에 관한 이론서(미국심리학회)를 집필 중이다. 그의 연구는 국제 학회(Society for Exploration of Psychotherapy Integration, 2009, Society for Psychotherapy Research, 2014)의 경력상 및 미국과 독일의 학회(American Psychological Association, 2010, Society for the Research and Treatment of Personality Disorders, 2016)의 저명한 출판상 수상으로 인정받았다. 그는 공인 트레이너(국제정서중심치료협회)로서 12개국에서 워크숍을 진행했으며, 교육 리더십과 심리치료 기술 교육에 대한 혁신을 인정받아 교육 및 멘토링 부문에서 수상(2016, 2018)하였다. 대인외상 해결에 관한 그의 TEDx 강연은 약 6백만 회 조회되었다. 그는 개인과 커플을 치료하는 개인 클리닉을 운영하고 있다.

---

* 국내에서 『심리치료에서 정서를 어떻게 다룰 것인가』(학지사, 2008)로 번역 · 출간됨.

역자 소개

김영근(Kim, Youngkeun, PhD)

충북대학교 심리학과 상담심리학 전공으로 석사학위를, 서울대학교 교육학과 교육상담 전공으로 박사학위를 취득하여 현재 인제대학교 상담심리치료학과에서 부교수로 재직하면서 학부생, 일반대학원생 및 교육대학원생들을 지도하고 있다. 그는 박사과정 재학시절 교육과학기술부로부터 「Global PhD Fellowship」에 선정되어 3년간 장학금을 전폭적으로 지원받았으며, 서울대학교 BK21플러스미래교육디자인연구사업단장으로부터 연구 실적이 우수함을 인정받아 「Junior Scholar Fellowship」에 선정되기도 하였다. 그리고 (사)한국상담심리학회로부터 우수박사학위논문상에 이어 박사학위 취득 후 7년 이내의 학자로서 4년간의 실적을 인정받아 소장학자 학술상을 수상하기도 하였다. 또한 (사)한국상담학회로부터 두 차례에 걸쳐 학술상을 수상했고, 그가 재직하고 있는 인제대학교에서 인제학술상을, 교육부 장관으로부터 제41회 스승의 날 학술진흥 분야의 유공 교원으로서 표창장을 수여받았다. 그는 박사학위 논문을 준비하면서부터 지금까지 정서중심치료에 지대한 관심을 가지고 있으며 국제정서중심치료협회에 소속되어 정서중심치료자로 훈련받으면서 관련 연구와 교육을 수행하고 있다. 현재 교내에서는 사회과학대학 부학장을, 교외에서는 (사)한국상담학회『상담학연구』및『상담학연구: 사례 및 실제』학술지의 편집위원장을 맡고 있다.

복합외상에 대한 정서중심치료(원서 2판)
–통합적 접근법–
Emotion-Focused Therapy for Complex Trauma: An Integrative Approach, Second Edition

2025년 2월 20일 1판 1쇄 인쇄
2025년 2월 25일 1판 1쇄 발행

지은이 • SANDRA C. PAIVIO · ANTONIO PASCUAL-LEONE
옮긴이 • 김영근
펴낸이 • 김진환
펴낸곳 • ㈜학지사
• 04031 서울특별시 마포구 양화로 15길 20 마인드월드빌딩
대표전화 • 02-330-5114 팩스 • 02-324-2345
등록번호 • 제313-2006-000265호

홈페이지 • http://www.hakjisa.co.kr
인스타그램 • https://www.instagram.com/hakjisabook

ISBN 978-89-997-3344-4 93180

정가 26,000원

역자와의 협약으로 인지는 생략합니다.
파본은 구입처에서 교환해 드립니다.